LA BRUYÈRE

LES
CARACTÈRES
OU LES MŒURS DE CE SIÈCLE

PAR

GEORGES PELLISSIER
Docteur ès lettres,
Professeur de rhétorique au lycée Janson.

Armand COLIN & Cie, Éditeurs
5, RUE DE MÉZIÈRES, PARIS

LA BRUYÈRE

LES CARACTÈRES

ou

LES MŒURS DE CE SIÈCLE

Armand COLIN et C¹ᵉ, éditeurs, 5, rue de Mézières, Paris.

AUTEURS FRANÇAIS

Petite histoire de a Littérature française, principalement depuis la Renaissance, par M. A. GAZIER, docteur ès lettres, professeur adjoint à la Faculté des lettres de l'Université de Paris. 1 vol. in-18 jésus, broché. 4 »

Cours de Lecture expliquée, textes choisis des auteurs français du xvᵉ au xixᵉ siècle, expliqués et annotés par M. LÉON ROBERT, inspecteur général de l'Enseignement secondaire. 1 vol. in-18 jésus, broché. 3 »

Morceaux choisis des classiques français, prose et vers, par M. DAVID-SAUVAGEOT, agrégé de l'Université, professeur au collège Stanislas.
Classe de sixième. 1 vol. in-18 jésus, cartonné. 2 50
Classe de cinquième. 1 vol. in-18 jésus, cartonné. 2 50
Classe de quatrième. 1 vol. in-18 jésus, cartonné. 3 50

La Chanson de Roland, Histoire, analyse, extraits, avec notes et glossaires, par M. PETIT DE JULLEVILLE, professeur à la Faculté des lettres de l'Université de Paris. 1 vol. in-18 jésus, broché, 1 25. Relié toile. 1 75

Extraits des Chroniqueurs français du moyen âge (Villehardouin, Joinville, Froissart, Commines), avec notices biographiques et notes grammaticales, par M. PETIT DE JULLEVILLE. 1 vol. in-18 jésus, br., 2 50. Rel. toile. 3 »

Lettres du XVIII° siècle. *Lettres choisies de Voltaire, de Mᵐᵉ du Deffand, de Diderot, de Mᵐᵉ Roland et de divers auteurs*, publiées avec une Introduction, des notices et des notes par M. ALBERT CAHEN, professeur de rhétorique au lycée Louis-le-Grand. 1 vol. in-18 jésus, broché, 3 50. Relié toile. 4 »

BOSSUET. Oraisons funèbres, annotées par M. A. GAZIER. 1 vol. in-18 jésus, broché, 2 ». Relié toile. 2 50

LA FONTAINE. Fables, annotées par M. L. CLÉMENT, professeur agrégé au lycée Hoche. 1 vol. in-18 jésus, broché, 2 75. Relié toile, 3 25

LA FONTAINE. Fables, classées par ordre de difficulté avec notes, par M. A. GAZIER. 1 vol. in-18 jésus, cartonné, 1 fr. 50. Relié toile. 1 75

BOILEAU. Œuvres poétiques, annotées par M. A. GAZIER. 1 vol. in-18 jésus, cartonné, 2 25. Relié toile. 2 50

RACINE. Théâtre choisi, annoté par M. PETIT DE JULLEVILLE. 1 vol. in-18 jésus, broché, 3 ». Relié toile. 3 50

MOLIÈRE. Théâtre choisi, annoté par M. MAURICE ALBERT, agrégé de l'Université, docteur ès lettres, professeur au lycée Condorcet. 1 vol. in-18 jésus, broché, 4 ». Relié toile. 4 50

FÉNELON. Les Aventures de Télémaque, ornées de vignettes, avec notes, par M. R. PESSONNEAUX, agrégé de l'Université, professeur au lycée Henri IV. 1 vol. in-18 jésus, cartonné, 2 25. Relié toile. 2 50

MONTESQUIEU. **Considérations sur les causes de la grandeur des Romains et de leur décadence**, annotées par M. GABRIEL COMPAYRÉ, recteur de l'Académie de Lyon. 1 vol. in-18 jésus, broché, 1 50. Relié toile. 2 »

VOLTAIRE. Histoire de Charles XII, annotée par M. WAHL, agrégé de l'Université, docteur ès lettres, professeur au lycée Charlemagne. 1 vol. in-18 jésus, cartonné, 2 25. Relié toile. 2 50

VOLTAIRE. Le Siècle de Louis XIV, annoté par MM. RÉBELLIAU, sous-bibliothécaire à l'Institut, et MARION, professeur adjoint à la Faculté des lettres de Toulouse. 1 vol. in-18 jésus, broché, 4 ». Relié toile. 4 50

VOLTAIRE. Précis du siècle de Louis XV, annoté par M. MAURICE FALLEX, profes. d'hist. au lycée Carnot. 1 vol. in-18 jésus, br., 3 ». Relié toile. 3 50

MICHELET. Extraits historiques, choisis et annotés par M. SEIGNOBOS, maître de conférences à la Faculté des lettres de l'Université de Paris. Seule édition autorisée, publiée sous la direction de madame MICHELET. 1 vol. in-18 jésus, broché. 3 »

Coulommiers. — Imp. PAUL BRODARD. — 805-96.

LA BRUYÈRE

LES CARACTÈRES

OU

LES MŒURS DE CE SIÈCLE

AVEC ANNOTATIONS

PAR

GEORGES PELLISSIER

Docteur ès lettres
Professeur de rhétorique au lycée Janson

PARIS

ARMAND COLIN ET Cie, ÉDITEURS

5, RUE DE MÉZIÈRES, 5

1897

Tous droits réservés.

LES CARACTÈRES

ou

LES MOEURS DE CE SIÈCLE

PRÉFACE

> Admonere voluimus, non mordere; prodesse non lædere; consulere moribus hominum, non officere [1].
>
> ÉRASME [2].

Je rends au public ce qu'il m'a prêté; j'ai emprunté de lui la matière de cet ouvrage : il est juste que l'ayant achevé [3] avec toute l'attention pour la vérité dont je suis capable, et qu'il mérite de moi, je lui en fasse la restitution. Il peut regarder avec loisir [4] ce portrait que j'ai fait de lui d'après nature, et, s'il se connait quelques-uns des défauts que je touche [5], s'en corriger. C'est l'unique fin que l'on doit se proposer en écrivant, et le succès aussi que l'on doit moins [6] se promettre; mais [7], comme les hommes ne se dégoûtent point du vice, il ne faut pas aussi [8] se lasser de leur repro-

---

1. Nous avons voulu donner des leçons et non pas mordre, être utile et non pas blesser, améliorer les mœurs des hommes et non pas y faire tort.
2. *Érasme.* Né à Rotterdam en 1467, mort en 1536. Il écrivit en latin. Ses ouvrages les plus connus sont les *Adages*, l'*Éloge de la folie*, les *Colloques*.
3. *Achevé.* Le mot n'indique pas le soin que l'auteur y a mis, il s'employait comme synonyme de *faire.* Cf. p. 387, n. 5; p. 408, n. 2.
4. *Avec loisir.* Nous dirions *à loisir.* Cf. p. 367, n. 6.
5. *Que je touche.* Dont je traite.

Auxquels je touche aurait une signification quelque peu différente.
6. *Moins.* Le comparatif pour le superlatif. Construction des plus fréquentes au XVIᵉ siècle, encore usitée au XVIIᵉ, et dont il y a dans La Bruyère beaucoup d'exemples. Cf. p. 42, n. 11; p. 54, n. 5; p. 67, n. 4; p. 102, n. 10; p. 128, n. 3; p. 136, n. 9; p. 183, n. 12; p. 226, n. 1; p. 231, n. 2; p. 242, n. 3; p. 247, n. 5; p. 267, n. 2; p. 305, n. 9; p. 312, n. 1; p. 317, n. 1; p. 323, n. 2; p. 374, n. 3; p. 397, n. 1; p. 406, n. 6; p. 415, n. 10; p. 425, n. 4.
7. *Mais.* S'oppose à la dernière proposition seule, détachée par *aussi.*
8. *Aussi.* Pour *non plus.* Cf. p. 22,

cher [1] : ils seraient peut-être pires, s'ils venaient à manquer de censeurs ou de critiques; c'est ce qui fait que l'on prêche et que l'on écrit. L'orateur et l'écrivain ne sauraient vaincre la joie qu'ils ont d'être applaudis; mais ils devraient rougir d'eux-mêmes s'ils n'avaient cherché par leurs discours ou par leurs écrits que des éloges; outre que l'approbation la plus sûre et la moins équivoque est le changement de mœurs et la réformation de ceux qui les lisent ou qui les écoutent. On ne doit parler, on ne doit écrire que pour l'instruction; et, s'il arrive que l'on plaise [2], il ne faut pas néanmoins s'en repentir, si cela sert à insinuer et à faire recevoir les vérités qui doivent instruire. Quand donc il s'est glissé dans un livre quelques pensées ou quelques réflexions qui n'ont ni le feu, ni le tour [3], ni la vivacité des autres, bien qu'elles semblent y être admises pour la variété, pour délasser l'esprit, pour le rendre plus présent et plus attentif à ce qui va suivre, à moins que d'ailleurs elles ne soient sensibles [4], familières, instructives, accommodées au simple peuple [5], qu'il n'est pas permis de négliger, le lecteur peut les condamner, et l'auteur les doit proscrire [6] : voilà la règle. Il y en a une autre [7], et que j'ai intérêt que l'on veuille suivre, qui est de ne pas perdre mon [8] titre de vue, et de penser toujours, et dans toute la lecture de cet ouvrage, que ce sont les caractères ou les mœurs de ce siècle [9] que je

---

n. 3; p. 206, n. 5; p. 226, n. 2; p. 250, n. 5, 8; p. 251, n. 2; p. 266, n. 8: p. 358, n. 8; p. 383, n. 3; p. 384, n. 3; p. 389, n. 6; p. 390, n. 4; p. 438, n. 1.

1. *Reprocher*. Ellipse de *le*. Construction dont les exemples étaient très fréquents au xvi⁰ siècle.

2. *S'il arrive*, etc. On dirait que La Bruyère se défend d'avoir travaillé à plaire. Aucun écrivain n'en eut, au contraire, plus de souci.

3. *Tour*. « Manière dont on exprime ses pensées et dont on arrange ses termes. » (Académie, 1694.)

4. *Sensibles*. Propres à faire impression. Cf. p. 29, n. 15; p. 77, n. 2; p. 213, n. 4. — Mais comment le seraient-elles sans feu, sans tour, sans vivacité?

5. *Accommodées au simple peuple*. S'oppose mal à *qui n'ont ni le feu... ni la vivacité des autres*.

6. *Les doit proscrire*. Usage courant du xvii⁰ siècle. Les verbes *devoir*, *pouvoir*, *oser*, etc., se construisaient avec un autre verbe comme de véritables auxiliaires, et l'on disait *les doit proscrire* de même que *les a proscrites*. Cette construction, d'ailleurs, n'est pas hors d'usage, et quelques écrivains de notre temps l'affectent volontiers. Nous ne la noterons plus.

— Comment le lecteur les trouve-t-il dans l'ouvrage, si elles ont été proscrites par l'auteur? Il s'agit d'une nouvelle édition. (Dans les trois premières éditions des *Caractères*, cet Avertissement se réduit à cinq phrases, les deux premières et les trois dernières de la préface définitive.) Mais, d'ailleurs, La Bruyère a beaucoup ajouté à chaque édition nouvelle et n'a presque rien retranché.

7. Transition tout artificielle.

8. *Mon*. La règle, puisque règle il y a, consiste à ne jamais perdre de vue le titre d'un livre.

9. *De ce siècle*. Non seulement de ses compatriotes, mais de toutes les nations. Il y a là une contradic-

décris; car, bien que je les tire souvent de la cour de France et des hommes de ma nation, on ne peut pas néanmoins les restreindre à une seule cour, ni les renfermer en un seul pays, sans que mon livre ne perde beaucoup de son étendue et de son utilité, ne s'écarte du plan que je me suis fait d'y peindre les hommes en général [1], comme des raisons qui entrent dans l'ordre [2] des chapitres et dans une certaine suite insensible des réflexions qui les composent [3]. Après cette précaution si nécessaire, et dont on pénètre assez les conséquences [4], je crois pouvoir protester contre tout chagrin [5], toute plainte, toute maligne interprétation, toute fausse application et toute censure, contre les froids plaisants et les lecteurs mal intentionnés : il faut savoir lire, et ensuite se taire, ou pouvoir rapporter ce qu'on a lu, et ni plus ni moins que ce qu'on a lu; et, si on le peut quelquefois, ce n'est pas assez, il faut encore le vouloir faire : sans ces conditions, qu'un auteur exact et scrupuleux est en droit d'exiger de certains esprits pour l'unique récompense de son travail, je doute qu'il doive continuer d'écrire [6], s'il préfère du moins sa propre satisfaction à l'utilité de plusieurs et au zèle de la vérité. J'avoue d'ailleurs que j'ai balancé dès l'année M.DC.LXXXX, et avant la cinquième édition, entre l'impatience de donner à mon livre plus de rondeur [7] et une meilleure forme [8] par de nouveaux caractères, et la crainte de faire dire à quelques-uns : « Ne finiront-ils point, ces *Caractères*, et ne verrons-nous jamais

tion avec ce qui est dit plus haut d'un portrait fait d'après nature, car La Bruyère n'a été à même d'observer que les mœurs et les caractères de sa nation.

1. Quand il reçut La Bruyère à l'Académie, Charpentier avait prétendu que les *Caractères* « n'envisageant pas l'universel », mais « ressemblant à de certaines personnes », perdraient bientôt « de leur vif et de leur brillant ». Cf. Voltaire, *Siècle de Louis XIV*, chap. XXXII. Quoi qu'en ait pu dire Charpentier, La Bruyère a envisagé l'universel. Il y a dans les *Caractères* les hommes de leur siècle, mais il y a aussi ceux et même celui de tous les siècles.

2. *Qui entrent dans l'ordre.* Pour le déterminer.

3. On ne voit pas bien les raisons de La Bruyère. Sur ce point, cf. *Nouveaux lundis*, I, 131, sqq. Mais il faut avouer que cette page de Sainte-Beuve est des plus conjecturales.

4. Cf. la préface du Discours à l'Académie.

5. *Chagrin.* Ce mot signifie, au XVII° siècle, mécontentement, dépit, irritation, accès de mauvaise humeur. Cf. p. 181, n. 12; p. 228, n. 3. Cf. aussi, sur *chagrin* adjectif, p. 110, n. 5.

6. C'est à peu près ce qu'avait dit Molière dans l'*Impromptu de Versailles*.

7. *Plus de rondeur.* Plus de volume. Cf. l'expression *s'arrondir* dans le sens de *s'agrandir*.

8. *Une meilleure forme.* En ajoutant un peu partout à son ouvrage, La Bruyère en améliorait le plan par la distribution de ces nouveaux caractères.

autre chose de cet écrivain? » Des gens sages me disaient d'une part : « La matière est solide, utile, agréable, inépuisable; vivez longtemps, et traitez-la sans interruption pendant que [1] vous vivrez; que pourriez-vous faire de mieux? il n'y a point d'année que les folies des hommes ne puissent vous fournir un volume. » D'autres, avec beaucoup de raison, me faisaient redouter les caprices de la multitude et la légèreté du public, de qui j'ai néanmoins de si grands sujets d'être content, et ne manquaient pas de me suggérer que personne presque depuis trente années ne lisant plus que pour lire [2], il fallait aux hommes, pour les amuser, de nouveaux chapitres et un nouveau titre; que cette indolence avait rempli les boutiques et peuplé le monde, depuis tout ce temps, de livres froids et ennuyeux, d'un mauvais style et de nulle ressource [3], sans règles et sans la moindre justesse, contraires aux mœurs et aux bienséances, écrits avec précipitation et lus de même, seulement par [4] leur nouveauté; et que, si je ne savais qu'augmenter un livre raisonnable, le mieux que je pouvais faire était de me reposer. Je pris alors quelque chose de ces deux avis si opposés, et je gardai un tempérament [5] qui les rapprochait [6] : je ne feignis point [7] d'ajouter quelques nouvelles remarques à celles qui avaient déjà grossi du double la première édition de mon ouvrage; mais, afin que le public ne fût point obligé de parcourir ce qui était ancien pour passer à ce qu'il y avait de nouveau, et qu'il trouvât sous ses yeux ce qu'il avait seulement envie de lire, je pris soin de lui désigner cette seconde augmentation par une marque particulière [8]; je crus aussi qu'il ne serait pas inutile de lui [9] distinguer la première augmentation par une autre plus simple [10], qui servît à lui montrer le progrès [11] de mes *Carac-*

---

1. *Pendant que.* Tant que. Cf. p. 145, n. 6; p. 282, n. 11.
2. *Pour lire.* Sans songer à tirer profit de ses lectures.
3. *De nulle ressource.* Dont il n'y a rien à tirer, aucun profit à faire.
4. *Par.* Très fréquent au sens de *pour*, *en raison de*, *à cause de*, *en vertu de*. Cf. p. 128, n. 2; p. 207, n. 6; p. 211, n. 3; p. 238, n. 9; p. 259, n. 3; p. 295, n. 2; p. 309, n. 3; p. 332, n. 1; p. 352, n. 2; p. 354, n. 9; p. 370, n. 5; p. 421, n. 6; p. 431, n. 5.
5. *Tempérament.* Le sens originel du mot est *mélange*. La Bruyère tempère ces deux avis l'un par l'autre.
6. *Rapprochait.* Conciliait.
7. *Je ne feignis point de.* Je n'hésitai point à. Cf. p. 271, n. 16.
8. Un pied de mouche entre doubles parenthèses ((¶)).
9. *Lui distinguer.* Distinguer pour lui. Cf. p. 82, n. 2; p. 126, n. 7; p. 128, n. 5; p. 130, n. 10; p. 141, n. 1; p. 157, n. 10; p. 221, n. 8; p. 233, n. 5; p. 212, n. 4; p. 272, n. 7; p. 292, n. 9; p. 324, n. 6; p. 372, n. 6; p. 385, n. 3.
10. Un pied de mouche entre simples parenthèses (¶).
11. *Progrès.* Dans le sens étymologique. Cf. p. 25, n. 5; p. 105, n. 8.

PRÉFACE.

tères, et à aider son choix dans la lecture qu'il en voudrait faire [1]; et comme il pouvait craindre que ce progrès n'allât à l'infini, j'ajoutai [2] à toutes ces exactitudes [3] une promesse sincère de ne rien hasarder en ce genre. Que si quelqu'un m'accuse d'avoir manqué à ma parole, en insérant dans les trois éditions qui ont suivi un assez grand nombre de nouvelles remarques, il verra du moins qu'en les confondant avec les anciennes par la suppression entière de ces différences qui se voient par apostille [4], j'ai moins pensé à lui faire lire rien [5] de nouveau qu'à laisser peut-être un ouvrage de mœurs plus complet, plus fini [6] et plus régulier, à la postérité. Ce ne sont point au reste des maximes que j'aie voulu [7] écrire : elles [8] sont comme des lois dans la morale, et j'avoue que je n'ai ni assez d'autorité ni assez de génie pour faire le législateur; je sais même que j'aurais péché [9] contre l'usage des maximes, qui veut qu'à la manière des oracles elles soient courtes et concises [10]. Quelques-unes de ces remarques le sont, quelques autres sont plus étendues : on pense les choses d'une manière différente [11], et on les explique par un tour aussi tout différent, par une sentence, par un raisonnement, par une métaphore ou quelque autre figure, par un parallèle, par une simple comparaison, par un fait tout entier, par un seul trait, par une description, par une peinture : de là procède la longueur ou la brièveté de mes réflexions. Ceux enfin [12] qui font des maximes veu-

---

1. *En voudrait faire.* Cf. p. 2, n. 6. *En* et *y* se construisent comme *le*, *la*, etc.
2. Il y avait dans la cinquième édition : « Et, comme il pourrait craindre que ce progrès n'allât à l'infini, j'ajoute », etc.
3. *Exactitudes.* Le mot ne s'emploie pas au pluriel; mais il signifie ici *traits d'exactitude.* Cf. p. 14, n. 7; p. 195, n. 10; p. 277, n. 3; p. 360, n. 1.
4. *Par apostille.* A la marge.
5. *Rien.* Dans son sens étymologique. Cf. p. 128, n. 10; p. 414, n. 2.
6. *Fini.* Cf. p. 3, n. 8.
7. *Que j'aie voulu.* L'emploi de ce mode s'explique par le tour négatif.
8. *Les maximes*, en général, substitué à *des maximes.* Dans ces constructions, la langue du XVIIe siècle a plus de liberté. Par exemple, un nom qui n'est pas déterminé peut avoir comme substitut un pronom ou un mot en faisant fonction. Cf. p. 12, n. 4; p. 58, n. 10; p. 92, n. 11; p. 95, n. 7; p. 97, n. 1; p. 127, n. 8; p. 130, n. 6; p. 156, n. 2, 3; p. 162, n. 15; p. 168, n. 3; p. 201, n. 5; p. 213, n. 1; p. 227, n. 5; p. 256, n. 8; p. 258, n. 3, 9; p. 260, n. 9; p. 268, n. 3; p. 309, n. 4; p. 311, n. 11; p. 379, n. 3; p. 433, n. 1.
9. Si j'avais voulu faire des maximes.
10. Comme celles de La Rochefoucauld.
11. Les choses diverses sont pensées par un même auteur d'une manière différente.
12. *Enfin.* Formule de transition; comme s'il y avait : J'ajoute une remarque, qui sera la dernière.

lent être crus : je consens, au contraire, que l'on dise de moi que je n'ai pas quelquefois bien remarqué[1], pourvu que l'on remarque mieux.

1. *Remarqué.* Cf. plus haut le mot *remarque*, opposé par La Bruyère à celui de *Maximes* pour désigner sa propre manière.

CHAPITRE I

Des Ouvrages de l'esprit.

1. Tout est dit [1], et l'on vient trop tard depuis plus de sept mille ans [2] qu'il y a des hommes, et qui [3] pensent. Sur ce qui concerne les mœurs, le plus beau et le meilleur est enlevé; l'on ne fait que glaner [4] après les anciens [5] et les habiles [6] d'entre les modernes.

2. Il faut chercher seulement à penser et à parler juste, sans vouloir amener les autres [7] à notre goût et à nos sentiments; c'est une trop grande entreprise.

3. C'est un métier que de faire un livre, comme de faire une pendule [8] : il faut plus que de l'esprit [9] pour être auteur. Un magistrat [10] allait [11] par son mérite à la première dignité,

---

1. *Tout est dit.* Cf. l'Ecclésiaste : *Nihil sub sole novum nec valet quisquam dicere.* La Bruyère prévient modestement ses lecteurs. Qu'on ne s'attende pas à trouver dans son livre des vérités nouvelles : il redira la plupart du temps ce qui a été dit avant lui, mais avec plus de « tour » et de relief.

2. *Sept mille ans.* D'après la chronologie de Suidas.

3. *Et qui.* Et des hommes qui. Cf. p. 14, n. 3; p. 198, n. 5; p. 330, n. 7; p. 397, n. 3; p. 421, n. 1.

4. *Glaner.* Cf. Régnier :

Glaner ce que les Grecs ont de riche et de beau.
(*Sat.*, III, 4.)

La Fontaine :

Nous devons l'apologue à l'ancienne Grèce;
Mais ce champ ne se peut tellement moissonner,
Que les derniers venus n'y trouvent à glaner.
(*Fabl.*, III, 1.)

5. *Les anciens.* Sur La Bruyère partisan des anciens, cf. § 15.

6. *Habiles.* A très souvent, au xviiie siècle, le sens de *savant*, entendu, qui a du talent ou des lumières. Cf. p. 11, n. 2, 7; p. 13, n. 1; p. 32, n. 2; p. 17, n. 3; p. 85, n. 3; p. 102, n. 12; p. 121, n. 11; p. 174, n. 6; p. 194, n. 9; p. 196, n. 5; p. 337, n. 1; p. 342, n. 11; p. 349, n. 7; p. 430, n. 5.

7. *Amener les autres.* Cf. pourtant la Préface : « On ne doit parler, on ne doit écrire que pour l'instruction ».

8. *Une pendule.* Cette comparaison semble indiquer que La Bruyère veut surtout parler de la composition.

9. *Esprit.* Très souvent employé avec cette signification générale. Cf. p. 10, n. 7; p. 36, n. 5; p. 283, n. 4.

10. *Un magistrat.* Allusion au conseiller d'État Poncet de la Rivière.

11. *Allait à.* Était en passe de.

il était homme délié et pratique dans les affaires : il a fait imprimer un ouvrage moral [1], qui est rare par le ridicule.

4. Il n'est pas si aisé de se faire un nom par un ouvrage parfait que d'en faire valoir un médiocre par le nom qu'on s'est déjà acquis.

5. Un ouvrage satirique ou qui contient des faits [2], qui est donné en feuilles sous le manteau [3] aux conditions d'être rendu de même, s'il [4] est médiocre, passe pour merveilleux; l'impression est l'écueil [5].

6. Si l'on ôte de beaucoup d'ouvrages de morale l'avertissement au lecteur, l'épître dédicatoire, la préface, la table, les approbations [6], il reste à peine assez de pages pour mériter le nom de livre.

7. Il y a de certaines choses dont la médiocrité est insupportable : la poésie [7], la musique, la peinture, le discours public [8].

Quel supplice que celui d'entendre déclamer pompeusement un froid discours, ou prononcer de médiocres vers avec toute l'emphase d'un mauvais poète!

8. Certains poètes sont sujets [9], dans le dramatique [10], à de longues suites de vers pompeux qui semblent forts, élevés, et remplis de grands sentiments. Le peuple écoute avidement, les yeux élevés et la bouche ouverte, croit que

---

1. *Moral.* Relatif aux mœurs.
2. *Faits.* Anecdotes. Cf. la *Préface*, p. 4, antépénultième ligne.
3. *Sous le manteau.* Clandestinement.
4. *S'il.* Même s'il.
5. Cf. Boileau :

Tel écrit récité se soutient à l'oreille, [trant,
Qui, dans l'impression, au grand jour se mon-
Ne soutient pas des yeux le regard pénétrant.
(*Art poét.*, IV, 41.)

6. *Les approbations.* Des censeurs.
7. Cf. Horace :

Mediocribus esse poetis
Non Di, non homines, non concessere columnæ.
(*Art poét.*, 372.)

Montaigne : « On peut faire le sot partout ailleurs, mais non en la poésie ». (*Essais*, II, 17.)
Boileau :

Mais dans l'art dangereux de rimer et d'écrire,
Il n'est point de degré du médiocre au pire.
(*Art poét.*, IV, 31.)

Et ne savez-vous pas que, sur ce mont sacré,
Qui ne vole au sommet tombe au plus bas
[degré?
(*Sat.*, IX, 25.)

8. *Le discours public.* Il s'agit spécialement de ce qu'on appelle le genre démonstratif, qui est tout d'apparat.

9. *Sujets.* Cf. chap. xi, § 124 : « Il est sujet à une colique ».

10. *Le dramatique.* Adjectif neutre en fonction de substantif. Cf. p. 21, n. 7, 10; p. 25, n. 6; p. 48, n. 5; p. 64, n. 3; p. 97, n. 6; p. 107, n. 7; p. 138, n. 2; p. 151, n. 8; p. 153, n. 1; p. 177, n. 3, 7; p. 181, n. 9; p. 196, n. 4; p. 197, n. 6, 7; p. 203, n. 4; p. 215, n. 4; p. 233, n. 3; p. 260, n. 6; p. 262, n. 4; p. 265, n. 3; p. 279, n. 7; p. 280, n. 3; p. 285, n. 5; p. 287, n. 5; p. 308, n. 5; p. 318, n. 9; p. 371, n. 8; p. 375, n. 14; p. 376, n. 5; p. 400, n. 4; p. 402, n. 11.

cela lui plaît, et, à mesure qu'il y comprend moins, l'admire davantage [1]; il n'a pas le temps de respirer, il a à peine celui de se récrier et d'applaudir. J'ai cru autrefois, et dans ma première jeunesse [2], que ces endroits étaient clairs et intelligibles pour les acteurs, pour le parterre et l'amphithéâtre, que leurs auteurs s'entendaient eux-mêmes [3], et qu'avec toute l'attention que je donnais à leur récit [4] j'avais tort de n'y rien entendre : je suis détrompé [5].

9. L'on n'a guère vu jusques à présent un chef-d'œuvre d'esprit [6] qui soit l'ouvrage de plusieurs [7] : Homère a fait l'*Iliade* [8], Virgile l'*Énéide*, Tite Live ses *Décades*, et l'Orateur romain [9] ses *Oraisons* [10].

10. Il y a dans l'art un point de perfection, comme de bonté ou de maturité [11] dans la nature. Celui qui le sent et qui l'aime a le goût parfait; celui qui ne le sent pas, et qui aime en deçà ou au delà [12], a le goût défectueux. Il y a donc un bon et un mauvais goût, et l'on dispute des goûts avec fondement [13].

---

1. Cf. Molière : « Ça est si biau que je n'y entends goutte ». (*Le Médecin malgré lui*, II, iv.)
2. *Dans ma première jeunesse.* Il faut, pour le croire, quelque naïveté.
3. *S'entendaient eux-mêmes.* Tout ce passage fait allusion soit à Thomas Corneille, soit même à son frère. Dans ses *Récréations littéraires*, Cizeron-Rival rappelle que Boileau donnait comme exemple de « galimatias double » ces quatre vers de *Tite et Bérénice* :

Faut-il mourir, madame? et si proche du terme,
Votre illustre inconstance est-elle encor si
  [ferme,
Que les restes d'un feu que j'avais cru si fort
Puissent dans quatre jours se promettre ma
  [mort?
(I, ii.)

D'après lui, l'acteur Baron ayant demandé à Corneille de les lui expliquer, le poète lui répondit après y avoir réfléchi quelques instants : « Je ne les entends pas trop bien non plus; mais tel qui ne les entendra pas, les admirera ».
4. *Leur récit.* Le récit de ces endroits. *Récit* au sens de *récitation*, *débit*. Cf. p. 377, n. 1.
5. *Je suis détrompé.* Le trait final dément tout ce qui précède. Il faudrait reprendre la dernière phrase avec des négations : « Ces endroits ne sont clairs et intelligibles ni pour les acteurs, ni pour », etc. Mais le procédé de La Bruyère est bien plus piquant.
6. *D'esprit.* Au sens où nous dirions *de l'esprit*.
7. *Plusieurs.* Ne voyons pas là une allusion au Dictionnaire de l'Académie; il s'agit d'une œuvre d'art, à laquelle est nécessaire l'unité de composition et de style.
8. *Homère a fait l'Iliade.* Cet exemple est peu démonstratif. Mais La Bruyère, pas plus que Boileau, n'admettait que l'*Iliade* fût « l'ouvrage de plusieurs ». Pourtant, au XVIIe siècle lui-même, d'Aubignac et Ch. Perrault soupçonnaient déjà qu'il y avait eu plus d'un Homère.
9. *L'Orateur romain.* Cicéron.
10. *Oraisons.* Discours. — Cf. Descartes : « Souvent, il n'y a pas tant de perfection dans les ouvrages composés de plusieurs pièces et faits de la main de divers maîtres, qu'en ceux auxquels un seul a travaillé ». (*Disc. de la Méthode.*)
11. *Maturité.* Comparaison sous-entendue avec un fruit.
12. *En deçà ou au delà.* D'une part, le manque de politesse et d'élégance; d'autre part, le raffinement. Avant d'atteindre son point de maturité, le fruit est âpre; passé ce point, il se gâte.
13. *Avec fondement.* Mais quel sera

11. Il y a beaucoup plus de vivacité que de goût parmi les hommes; ou, pour mieux dire, il y a peu d'hommes dont l'esprit soit accompagné d'un goût sûr et d'une critique judicieuse [1].

12. La vie des héros a enrichi l'histoire, et l'histoire a embelli [2] les actions des héros : ainsi je ne sais qui [3] sont plus redevables [4], ou ceux qui ont écrit l'histoire à ceux qui leur en ont fourni une si noble matière, ou ces grands hommes à leurs historiens [5].

13. Amas d'épithètes, mauvaises louanges : ce sont les faits qui louent [6], et la manière de les raconter.

14. Tout l'esprit [7] d'un auteur consiste à bien définir [8] et à bien peindre. Moïse [9], Homère, Platon, Virgile, Horace ne sont au-dessus des autres écrivains que par leurs expressions et par leurs images [10] : il faut exprimer le vrai pour écrire naturellement, fortement, délicatement.

15. On a dû faire du style ce qu'on a fait de l'architecture. On a entièrement abandonné l'ordre gothique, que la barbarie [11] avait introduit pour les palais et pour les temples; on a rappelé le dorique, l'ionique et le corinthien : ce qu'on ne voyait plus que dans les ruines de l'ancienne Rome et de la vieille Grèce, devenu moderne, éclate dans nos portiques et dans nos péristyles. De même, on ne saurait en écrivant rencontrer le parfait, et, s'il se peut, surpasser les anciens que par leur imitation.

---

le critérium? La Bruyère peut d'autant moins nous l'indiquer qu'il fait ici du goût littéraire quelque chose de purement sensuel. Cf. d'ailleurs § 27.

1. Cf. Boileau :

Tel excelle à rimer qui juge sottement ;
Tel s'est fait par ses vers distinguer dans la
[ville,
Qui jamais de Lucain n'a distingué Virgile.
(*Art. poét.*, IV, 82.)

2. *Embelli.* Le mot conviendrait mieux à la poésie ou à l'éloquence qu'à l'histoire, telle que la conçoit notre temps.

3. *Qui.* Lesquels.

4. *Redevables.* On n'emploie pas ce mot d'une façon absolue. Mais le complément direct va venir.

5. Cf. Horace, *Odes*, IV, ix.

6. Cf. Bossuet : « Nous ne pouvons rien, faibles orateurs, pour la gloire des âmes extraordinaires ; le sage a raison de dire que leurs seules actions les peuvent louer ». (*Or. funèbre de Condé.*)

7. *Esprit.* Cf. p. 7, n. 9.

8. *Définir.* C'est le *dessin*, avec toutes les qualités qu'il comporte, la justesse, la netteté, la précision.

9. *Moïse.* « Quand même on ne le considère que comme un homme qui a écrit. » (*Note de La Bruyère.*)

10. *Images.* Correspond au mot *peindre*, comme *expressions* au mot *définir.*

11. *La barbarie.* L'architecture gothique était alors considérée comme barbare, même par les « modernes ». Aux chefs-d'œuvre antiques, Perrault oppose Versailles ou la colonnade du Louvre. Cf. Fénelon, *Lettre à l'Acad.*, X.

Combien de siècles se sont écoulés avant que les hommes, dans les sciences et dans les arts, aient pu revenir au goût des anciens et reprendre enfin le simple et le naturel!

On se nourrit [1] des anciens et des habiles [2] modernes, on les presse, on en tire le plus que l'on peut, on en renfle ses ouvrages; et quand enfin l'on est auteur, et que l'on croit marcher tout seul [3], on s'élève contre eux, on les maltraite, semblable à ces enfants drus [4] et forts d'un bon lait qu'ils ont sucé, qui battent leur nourrice. [5].

Un auteur moderne [6] prouve ordinairement que les anciens nous sont inférieurs en deux manières, par raison et par exemple : il tire la raison de son goût particulier, et l'exemple de ses ouvrages.

Il avoue que les anciens, quelque inégaux et peu corrects qu'ils soient, ont de beaux traits; il les cite, et ils sont si beaux qu'ils font lire sa critique.

Quelques habiles [7] prononcent en faveur des anciens contre les modernes; mais ils sont suspects et semblent juger en leur propre cause, tant leurs ouvrages sont faits sur le goût de l'antiquité : on les récuse [8].

16. L'on devrait aimer à lire ses ouvrages à ceux qui en savent assez pour les corriger et les estimer [9].

Ne vouloir être ni conseillé ni corrigé sur son ouvrage, est un pédantisme [10].

Il faut qu'un auteur reçoive avec une égale modestie [11] les éloges et la critique que l'on fait de ses ouvrages.

17. Entre toutes les différentes expressions qui peuvent rendre [12] une seule de nos pensées, il n'y en a qu'une qui soit la bonne [13]. On ne la rencontre pas toujours en parlant ou en écrivant; il est vrai néanmoins qu'elle existe, que tout

---

1. *On se nourrit.* Ce mot prépare la comparaison qui va suivre.
2. *Habiles.* Cf. p. 7, note 6.
3. *Marcher tout seul.* Au sens figuré, mais sans perdre de vue le sens propre, qui s'accorde à la comparaison.
4. *Drus.* Bien venant, venant serré, en parlant de l'herbe, des blés, etc. Par extension se dit des personnes, avec le sens de *vigoureux, gaillard*, etc.
5. Allusion aux « modernes » en général, mais surtout à Fontenelle.
6. Charles Perrault, qui venait de publier son *Parallèle*, ou, mieux encore, Fontenelle, qui, dans son *Discours sur l'Églogue*, cite une de ses pièces comme modèle du genre.
7. *Habiles.* Cf. p. 7, n. 6.
8. Allusion à Boileau et à Racine, pour lesquels cette critique apparente est un éloge délicat.
9. *Estimer.* Juger.
10. *Un pédantisme.* Une sorte de pédantisme.
11. *Modestie.* Modération. Cf. p. 12, n. 8; p. 148, n. 7; p. 180, n. 10; p. 208, n. 3.
12. *Peuvent rendre.* Plus ou moins bien.
13. *La bonne.* Il y en a plusieurs qui peuvent être bonnes; mais une seule est *la* bonne.

ce qui ne l'est point est faible, et ne satisfait point un homme d'esprit qui veut se faire entendre.

Un bon auteur, et qui [1] écrit avec soin, éprouve souvent que l'expression qu'il cherchait depuis longtemps sans la connaître, et qu'il a enfin trouvée, est celle qui était la plus simple, la plus naturelle, qui semblait devoir se présenter d'abord [2] et sans effort.

Ceux qui écrivent par humeur [3] sont sujets à retoucher à leurs ouvrages : comme elle [4] n'est pas toujours fixe, et qu'elle varie en eux selon les occasions, ils se refroidissent bientôt pour les expressions et les termes qu'ils ont le plus aimés.

18. La même justesse d'esprit qui nous fait écrire de bonnes choses, nous fait appréhender qu'elles ne le soient pas assez pour mériter d'être lues.

Un esprit médiocre croit écrire divinement, un bon esprit croit écrire raisonnablement.

19. « L'on m'a engagé, dit *Ariste*, à lire mes ouvrages à Zoïle [5] : je l'ai fait. Ils l'ont saisi [6] d'abord [7], et, avant qu'il ait eu le loisir de les trouver mauvais; il les a loués modestement [8] en ma présence, et il ne les a loués depuis devant personne. Je l'excuse, et je n'en demande pas davantage à un auteur [9]; je le plains même d'avoir écouté de belles choses qu'il n'a point faites. »

Ceux qui par leur condition se trouvent exempts de la jalousie d'auteur, ont ou des passions ou des besoins qui les distraient et les rendent froids sur les conceptions d'autrui : personne presque, par la disposition de son esprit, de son cœur et de sa fortune, n'est en état de se livrer au plaisir que donne la perfection d'un ouvrage.

20. Le plaisir de la critique nous ôte celui d'être vivement touchés de très belles choses [10].

1. *Bon auteur, et qui.* Cf. p. 62, n. 7; p. 75, n. 6; p. 86, n. 3; p. 98, n. 8; p. 99, n. 7; p. 120, n. 2; p. 218, n. 2; p. 265, n. 5; p. 268, n. 8; p. 275, n. 6.
2. *D'abord.* Tout d'abord. Cf. p. 12, n. 7; p. 82, n. 3; p. 191, n. 10; p. 196, n. 7; p. 290, n. 3; p. 425, n. 11 : p. 428, n. 1.
3. *Par humeur.* Cf., même chapitre, § 64.
4. *Elle.* Cf. p. 5, n. 8.
5. *Zoïle.* On sait que Zoïle fut un détracteur d'Homère son nom symbolise la critique injuste et malveillante, comme celui d'Aristarque la critique impartiale et éclairée.
6. *Saisi.* Sans qu'il pût s'en défendre.
7. *D'abord.* Cf. n. 2.
8. *Modestement.* Avec modération. Cf. p. 11, n. 11.
9. *À un auteur.* Pour qui tout autre écrivain est un rival.
10. Cf. Molière : « Laissons-nous aller de bonne foi aux choses qui

21. Bien des gens vont jusques à sentir le mérite d'un manuscrit qu'on leur lit, qui ne peuvent se déclarer en sa faveur, jusques à ce qu'ils aient vu le cours qu'il aura dans le monde par l'impression, ou quel sera son sort parmi les habiles [1] : ils ne hasardent point leurs suffrages, et ils veulent être portés par la foule et entraînés par la multitude. Ils disent alors qu'ils ont les premiers approuvé cet ouvrage, et que le public est de leur avis.

Ces gens laissent échapper les plus belles occasions de nous convaincre qu'ils ont de la capacité et des lumières, qu'ils savent juger, trouver bon ce qui est bon, et meilleur ce qui est meilleur. Un bel ouvrage tombe entre leurs mains, c'est un premier ouvrage, l'auteur ne s'est pas encore fait un grand nom [2], il n'a rien qui prévienne en sa faveur; il ne s'agit point de faire sa cour ou de flatter les grands en applaudissant à ses écrits ; on ne vous demande pas, *Zélotes* [3], de vous récrier : *C'est un chef-d'œuvre de l'esprit; l'humanité ne va pas plus loin; c'est jusqu'où la parole humaine peut s'élever; on ne jugera à l'avenir du goût de quelqu'un qu'à proportion qu'il en aura* [4] *pour cette pièce;* phrases outrées, dégoûtantes [5], qui sentent la pension ou l'abbaye [6], nuisibles à cela même qui est louable [7] et qu'on veut louer. Que ne disiez-vous seulement : « Voilà un bon livre » ? Vous le dites, il est vrai, avec toute la France, avec les étrangers comme avec vos compatriotes, quand il est imprimé par toute l'Europe et qu'il est traduit en plusieurs langues : il n'est plus temps.

22. Quelques-uns de ceux qui ont lu un ouvrage en rapportent certains traits dont ils n'ont pas compris le sens, et qu'ils altèrent encore par tout ce qu'ils y mettent du leur [8]; et ces traits ainsi corrompus et défigurés, qui ne sont autre

---

nous prennent par les entrailles et ne cherchons point de raisonnement pour nous empêcher d'avoir du plaisir ». (*Critiq. de l'École des femmes*, VI.)

1. *Habiles.* Cf. p. 7, n. 6.
2. Cf. même chapitre, § 4.
3. *Zélotes.* Envieux (en grec ζηλωτής). La Bruyère avait d'abord employé ce mot dans le § 19, au lieu de *Zoïle.*
4. *Qu'il en aura.* Cet *en* remplace le mot goût, mais pris avec un autre sens. *Avoir du goût pour* = aimer.
5. *Dégoûtantes.* Qui répugnent par leur exagération à l'auteur lui-même. Cf. chap. v, § 6 : « Des gens qui... vous dégoûtent par leurs ridicules expressions ».
6. Cf. plus haut *faire sa cour, flatter les grands.* Il s'agit de phrases comme en font ceux qui veulent obtenir une pension ou une abbaye.
7. *Louable.* Dans le sens exact, digne d'être loué. Cf. p. 288, n. 4; p. 361, n. 7.
8. *Du leur.* Nous dirions plutôt *de soi. Y mettre du sien* a, dans l'usage moderne, un autre sens. Cf. p. 74, n. 7; p. 80 n. 6.

chose que leurs propres pensées et leurs expressions, ils les exposent à la censure, soutiennent qu'ils sont mauvais, et tout le monde convient qu'ils sont mauvais ; mais l'endroit de l'ouvrage que ces critiques croient citer, et qu'en effet [1] ils ne citent point, n'en est pas pire [2].

23. « Que dites-vous du livre d'*Hermodore*? — Qu'il est mauvais, répond *Anthime*. — Qu'il est mauvais? — Qu'il est tel, continue-t-il, que ce n'est pas un livre, ou qui [3] mérite du moins que le monde en parle. — Mais l'avez-vous lu? — Non », dit Anthime. Que n'ajoute-t-il que *Fulvie* et *Mélanie* l'ont condamné sans l'avoir lu, et qu'il est ami de Fulvie et de Mélanie [4]?

24. *Arsène*, du plus haut de son esprit [5], contemple les hommes, et, dans l'éloignement d'où il les voit, il est comme effrayé de leur petitesse; loué, exalté, et porté jusqu'aux cieux par de certaines gens qui se sont promis de s'admirer réciproquement, il croit, avec quelque mérite qu'il a, posséder tout celui qu'on peut avoir, et qu'il n'aura jamais; occupé [6] et rempli de ses sublimes idées, il se donne à peine le loisir de prononcer quelques oracles; élevé par son caractère au-dessus des jugements humains, il abandonne aux âmes communes le mérite d'une vie suivie et uniforme, et il n'est responsable de ses inconstances [7] qu'à [8] ce cercle d'amis qui les idolâtrent : eux seuls savent juger, savent penser, savent écrire, doivent écrire; il n'y a point d'autre [9] ouvrage d'esprit si bien reçu dans le monde, et si universellement goûté des honnêtes gens [10], je ne dis pas qu'il veuille approuver, mais qu'il daigne lire : incapable d'être corrigé par cette peinture, qu'il ne lira point.

25. *Théocrine* sait des choses assez inutiles; il a des sen-

---

1. *En effet.* En réalité. Cf. p. 205, n. 14; p. 219, n. 5; p. 235, n. 9; p. 261, n. 9; p. 281, n. 5; p. 428, n. 7.
2. Dans ce morceau, La Bruyère fait sans doute allusion à Ch. Perrault, qui défigurait l'*Alceste* d'Euripide pour donner la préférence à celle de Quinault.
3. *Ou qui.* Cf. p. 7, n. 3.
4. Cf. *Critique de l'École des femmes*, sc. 5, Ire partie.
5. Cf. Molière :

Et les deux bras croisés, du haut de son
       esprit
Il regarde en pitié tout ce que chacun dit.
(*Mis.*, II, v.)

6. *Occupé.* Dans le sens latin : *absorbé*. Cf. p. 28, n. 1; p. 250, n. 3; p. 277, n. 1.
7. *Ses inconstances.* Par opposition à *vie suivie et uniforme*. — Pour le pluriel, cf. p. 5, n. 3.
8. *A.* Comme on dit : répondre de quelque chose à quelqu'un. L'adjectif suit la construction du verbe. Cf. p. 155, n. 4; p. 185, n. 1.
9. *D'autre.* Fait par d'autres.
10. *Honnêtes gens.* Dans le sens bien connu que l'expression a généralement au XVIIe siècle. Sur la signification d'*honnête* (= poli), cf. p. 138, n. 8.

CH. I. — DES OUVRAGES DE L'ESPRIT. 15

timents [1] toujours singuliers [2] ; il est moins profond que méthodique, il n'exerce que sa mémoire ; il est abstrait [3], dédaigneux, et il semble toujours rire en lui-même de ceux qu'il croit ne le valoir pas. Le hasard fait que je lui lis mon ouvrage, il l'écoute. Est-il lu, il me parle du sien. « Et du vôtre, me direz-vous, qu'en pense-t-il? » Je vous l'ai déjà dit, il me parle du sien.

26. Il n'y a point d'ouvrage si accompli qui ne fondît [4] tout entier au milieu [5] de la critique, si son auteur voulait en croire tous les censeurs qui ôtent chacun l'endroit qui leur plaît le moins.

27. C'est une expérience faite, que, s'il se trouve dix personnes qui effacent d'un livre une expression ou un sentiment, l'on en fournit aisément un pareil nombre qui les réclame. Ceux-ci s'écrient : « Pourquoi supprimer cette pensée? elle est neuve, elle est belle, et le tour en est admirable » ; et ceux-là affirment, au contraire, ou qu'ils auraient négligé cette pensée [6], ou qu'ils lui auraient donné un autre tour. « Il y a un terme, disent les uns, dans votre ouvrage, qui est rencontré [7] et qui peint la chose au naturel; il y a un mot, disent les autres, qui est hasardé, et qui d'ailleurs ne signifie pas assez ce que vous voulez peut-être [8] faire entendre » ; et c'est du même trait [9] et du même mot que tous ces gens s'expliquent ainsi, et tous sont connaisseurs [10] et passent pour tels. Quel autre parti, pour un auteur, que d'oser pour lors être de l'avis de ceux qui l'approuvent?

28. Un auteur sérieux n'est pas obligé de remplir son

---

1. *Sentiment.* Ce mot a souvent, au XVIIᵉ siècle, le sens de *pensée*, *opinion*, comme le latin *sententia.* Cf. p. 35, n. 10; p. 102, n. 3; p. 277, n. 7.
2. *Singuliers.* Qui ne sont qu'à lui. Cf. p. 265, n. 6; p. 271, n. 17; p. 311, n. 6; p. 410, n. 7.
3. *Abstrait.* Absorbé en lui-même. Cf. p. 88, n. 9; p. 133, n. 5.
4. *Fondît.* L'imparfait du subjonctif avec le verbe de la proposition principale au présent, parce que nous avons ici l'idée d'un conditionnel. Cf. Racine :

On craint qu'il n'essuyât les larmes de sa mère.
(*Androm.*, 1, IV.)

C'est-à-dire : il essuierait, etc.,
voilà ce qu'on craint. Cf. p. 130, n. 2; p. 258, n. 7.
5. *Au milieu de la critique.* Comme un morceau de cire au milieu d'un brasier.
6. *Cette pensée.* Répétition sans doute intentionnelle, qui marque mieux que c'est la même pensée.
7. *Rencontré.* Trouvé, bien trouvé. Cf. *Traduct. de Théophr.*, *De la flatterie* : « Rien n'est plus heureusement rencontré ».
8. *Peut-être.* Le mot n'est pas assez clair pour qu'on sache au juste ce que veut dire l'auteur.
9. *Trait.* La « pensée » dont il est question plus haut.
10. Mais alors comment La Bruyère disait-il ci-dessus (§ 10) qu'il y a un bon et un mauvais goût?

esprit de toutes les extravagances, de toutes les saletés, de tous les mauvais mots [1] que l'on peut dire, et de toutes les ineptes applications que l'on peut faire au sujet de quelques endroits de son ouvrage, et encore moins de les supprimer. Il est convaincu que quelque scrupuleuse exactitude que l'on ait dans sa manière d'écrire, la raillerie froide des mauvais plaisants est un mal inévitable, et que les meilleures choses ne leur servent souvent qu'à leur faire rencontrer une sottise.

29. Si certains esprits vifs et décisifs [2] étaient crus, ce serait encore trop que les termes pour exprimer les sentiments : il faudrait leur parler par signes, ou sans parler se faire entendre. Quelque soin qu'on apporte à être serré et concis, et quelque réputation qu'on ait d'être tel, ils vous trouvent diffus. Il faut leur laisser tout à suppléer, et n'écrire que pour eux seuls. Ils conçoivent une période par le mot qui la commence, et par une période tout un chapitre : leur avez-vous lu un seul endroit de l'ouvrage, c'est assez, ils sont dans le fait [3] et entendent l'ouvrage. Un tissu d'énigmes leur serait une lecture divertissante; et c'est une perte pour eux que ce style estropié [4] qui les enlève [5] soit rare, et que peu d'écrivains s'en accommodent. Les comparaisons tirées d'un fleuve dont le cours, quoique rapide, est égal et uniforme, ou d'un embrasement qui, poussé par les vents, s'épand au loin dans une forêt où il consume les chênes et les pins, ne leur fournissent aucune idée de l'éloquence. Montrez-leur un feu grégeois [6] qui les surprenne, ou un éclair qui les éblouisse, ils vous quittent [7] du bon et du beau.

30. Quelle prodigieuse distance entre un bel ouvrage et un ouvrage parfait ou régulier [8]! Je ne sais s'il s'en est encore trouvé de ce dernier genre. Il est peut-être moins difficile aux rares génies de rencontrer le grand et le sublime, que d'éviter toute sorte de fautes [9]. Le Cid n'a eu

---

1. *Mauvais mots.* Le contraire de *bons mots* (= traits d'esprit); par suite, bêtises. Cf. p. 88, n. 10; p. 105, n. 1.
2. *Décisifs.* Au sens étymologique : qui tranchent de tout. La Bruyère emploie ce mot avec un nom de personne. Cf. p. 172, n. 6; p. 191, n. 7.
3. *Dans le fait.* Nous disons *au fait*.
4. *Estropié.* Comme en latin *mancus*. Il manque aux phrases des termes ou même des *membres* nécessaires.
5. *Enlève.* Ravit.
6. *Feu grégeois.* Dans le sens de *feu d'artifice.*
7. *Quittent.* Tiennent quitte. Cf. p. 13, n. 4; p. 425, n. 8.
8. *Régulier.* Fait suivant toutes les règles de l'art.
9. *Fautes.* Contre les règles. Mais

qu'une voix pour lui à sa naissance, qui a été celle de l'admiration; il s'est vu plus fort que l'autorité et la politique [1], qui ont tenté vainement de le détruire. Il a réuni en sa faveur des esprits toujours partagés d'opinions et de sentiments [2], les grands et le peuple : ils s'accordent tous à le savoir de mémoire et à prévenir au théâtre les acteurs qui le récitent. Le Cid, enfin, est l'un des plus beaux poèmes que l'on puisse faire, et l'une des meilleures critiques qui ait été faite sur aucun sujet est celle du Cid [3].

31. Quand une lecture vous élève l'esprit, et qu'elle vous inspire des sentiments nobles et courageux, ne cherchez pas une autre règle pour juger de l'ouvrage; il est bon, et fait de main d'ouvrier [4].

32. *Capys*, qui s'érige en juge du beau style et qui croit écrire comme BOUHOURS [5] et RABUTIN [6], résiste à la voix du peuple, et dit tout seul que *Damis* n'est pas un bon auteur. Damis cède à la multitude, et dit ingénument avec le public que Capys est froid écrivain.

33. Le devoir du nouvelliste [7] est de dire : « Il y a un tel livre qui court, et qui est imprimé chez Cramoisy [8] en tel caractère, il est bien relié [9], et en beau papier, il se vend tant »; il doit savoir jusques à l'enseigne du libraire qui le débite : sa folie est d'en vouloir faire la critique.

---

il faudrait distinguer des règles éternelles et universelles les conventions particulières à tel siècle ou à tel pays.
1. Cf. Boileau :
   En vain contre le Cid, etc.
   (*Sat.*, IX, 231.)
2. *Opinions* paraît se rapporter de préférence à l'esprit, et *sentiments* au goût. Ce dernier mot est d'ailleurs employé souvent comme synonyme d'*opinion*. Cf. p. 15, n. 1.
3. *Celle du Cid.* Les *Sentiments de l'Académie sur le Cid* sont, en effet, un très beau morceau de critique, où la discipline littéraire du classicisme est exposée, pour la première fois, avec beaucoup de force et de suite. Cette discipline aboutit d'ailleurs à condamner le *génie* dans ce qu'il a d'original, tout au moins de singulier, en l'assujettissant au sens commun.
4. *De main d'ouvrier.* Cf. *ouvrier* au sens d'*artiste*, p. 131, n. 3. —
Cette pensée semble s'accorder mal avec la précédente. La Bruyère est certes un critique ingénieux et pénétrant; mais pas plus comme critique que comme philosophe, il n'a ce qu'on peut appeler une doctrine.
5. *Bouhours.* Jésuite qui avait alors beaucoup de réputation. Ses *Entretiens d'Ariste et d'Eugène* sont de 1671.
6. *Rabutin.* Bussy-Rabutin, le cousin de Mme de Sévigné; il avait patronné La Bruyère. C'était un homme d'esprit, mais qui ne mérite pas d'être cité comme modèle de style.
7. *Nouvelliste.* Non seulement le colporteur de nouvelles, mais peut-être aussi le journaliste, rédacteur des recueils mensuels du temps, et, en particulier, du *Mercure*.
8. *Cramoisy.* Imprimeur célèbre.
9. *Relié.* Les livres, au XVIIe siècle, se reliaient généralement avant d'être mis en vente.

Le sublime du nouvelliste est le raisonnement creux sur la politique.

Le nouvelliste se couche le soir tranquillement sur [1] une nouvelle qui se corrompt la nuit, et qu'il est obligé d'abandonner le matin à son réveil.

34. Le philosophe [2] consume sa vie à observer les hommes, et il use ses esprits [3] à en [4] démêler les vices et le ridicule ; s'il donne quelque tour à ses pensées, c'est moins par une vanité d'auteur que pour mettre une vérité qu'il a trouvée dans tout le jour nécessaire [5] pour faire l'impression qui doit servir à son dessein. Quelques lecteurs croient néanmoins le payer avec usure, s'ils disent magistralement [6] qu'ils ont lu son livre, et qu'il y a de l'esprit ; mais il leur renvoie tous leurs éloges, qu'il n'a pas cherchés par son travail et par ses veilles. Il porte plus haut ses projets et agit pour une fin plus relevée : il demande des hommes un plus grand et un plus rare succès que les louanges, et même que les récompenses, qui est de les rendre meilleurs.

35. Les sots lisent un livre, et ne l'entendent point ; les esprits médiocres croient l'entendre parfaitement ; les grands esprits ne l'entendent quelquefois pas tout entier : ils trouvent obscur ce qui est obscur, comme ils trouvent clair ce qui est clair ; les beaux esprits [7] veulent trouver obscur ce qui ne l'est point, et ne pas entendre ce qui est fort intelligible.

36. Un auteur cherche vainement à se faire admirer par son ouvrage. Les sots admirent quelquefois, mais ce sont des sots [8]. Les personnes d'esprit ont en eux [9] les semences

---

1. *Se couche... sur.* Doux oreiller pour une tête de nouvelliste.
2. *Le philosophe.* La Bruyère.
3. *Ses esprits.* Les esprits vitaux, corps subtils, qu'on regardait comme le principe de la vie et des sentiments. Cf. p. 393, n. 1.
4. *En* se substitue régulièrement à un nom de personne. De même, *y, où.* Cf. p. 36, n. 1 ; p. 38, n. 7 ; p. 50, n. 2 ; p. 51, n. 1 ; p. 59, n. 6 ; p. 62, n. 5 ; p. 67, n. 7 ; p. 81, n. 3, 7 ; p. 83, n. 5 ; p. 111, n. 12 ; p. 151, n. 15, 16 ; p. 158, n. 10 ; p. 159, n. 3, 4, 7, 10 ; p. 161, n. 1 ; p. 165, n. 2, 4 ; p. 167, n. 1 ; p. 168, n. 1 ; p. 172, n. 2 ; p. 180, n. 11 ; p. 181, n. 2, 3, 8, 13 ; p. 183, n. 1, 8 ; p. 188, n. 7, 8 ; p. 189, n. 4, 5 ; p. 190, n. 3 ; p. 196, n. 10, 11 ; p. 208, n. 6, 10 ; p. 211, n. 1, 4 ; p. 217, n. 8 ; p. 252, n. 2 ; p. 261, n. 15 ; p. 277, n. 12 ; p. 282, n. 12 ; p. 289, n. 2 ; p. 292, n. 5, 6 ; p. 293, n. 2, 6 ; p. 300, n. 2 ; p. 305, n. 5 ; p. 327, n. 6 ; p. 330, n. 6 ; p. 339, n. 4 ; p. 346, n. 5 ; p. 375, n. 13 ; p. 399, n. 3 ; p. 403, n. 8 ; p. 406, n. 5 ; p. 408, n. 5.
5. C'est la différence qu'il y a entre un styliste et un grand écrivain.
6. D'un ton doctoral.
7. *Beaux esprits.* Ce mot commençait à prendre un sens défavorable.
8. *Des sots.* Leur admiration ne compte donc pas.
9. *Eux.* La Bruyère fait le sub-

de toutes les vérités et de tous les sentiments, rien ne leur est nouveau ; ils admirent [1] peu, ils approuvent.

37. Je ne sais si l'on pourra jamais mettre dans les lettres plus d'esprit, plus de tour, plus d'agréments et plus de style que l'on en [2] voit dans celles de BALZAC et de VOITURE ; elles sont vides de sentiments qui n'ont régné que depuis leur temps et qui doivent aux femmes leur naissance. Ce sexe va plus loin que le nôtre dans ce genre d'écrire. Elles trouvent [3] sous leur plume des tours et des expressions qui souvent en nous ne sont l'effet que d'un long travail et d'une pénible recherche : elles sont heureuses dans le choix des termes, qu'elles placent si juste, que tout connus qu'ils sont, ils ont le charme de la nouveauté, et semblent être faits seulement pour l'usage où [4] elles les mettent ; il n'appartient qu'à elles de faire lire dans un seul mot tout un sentiment, et de rendre délicatement une pensée qui est délicate ; elles ont un enchaînement de discours inimitable, qui se suit naturellement [5], et qui n'est lié que par le sens. Si les femmes étaient toujours correctes, j'oserais dire que les lettres de quelques-unes d'entre elles seraient peut-être ce que nous avons dans notre langue de mieux écrit [6].

38. Il n'a manqué à TÉRENCE que d'être moins froid : quelle pureté, quelle exactitude, quelle politesse, quelle élégance, quels caractères ! Il n'a manqué à MOLIÈRE que d'éviter le jargon et le barbarisme, et d'écrire purement [7] : quel feu,

stantif *personne* du masculin ; ou plutôt il faut voir là une sorte de syllepse. Cf. p. 72, n. 2 ; p. 95, n. 6 ; p. 175, n. 2 ; p. 276, n. 5 ; p. 407, n. 7.

1. *Admirent.* Ce mot retient ici quelque chose de son sens étymologique, comme si l'admiration n'allait pas sans quelque surprise.

2. *Que l'on en voit.* La grammaire actuelle exigerait *que l'on n'en voit.* C'est d'ailleurs la leçon des éditions 4-6. Cf. p. 39, n. 9 ; p. 76, n. 8 ; p. 115, n. 9 ; p. 163, n. 8 ; p. 177, n. 2 ; p. 231, n. 7 ; p. 316, n. 1 ; p. 352, n. 8 ; p. 381, n. 1 ; p. 396, n. 3.

3. *Trouvent.* Dans le sens propre, par opposition à *long travail.*

4. *Où.* S'emploie régulièrement pour *auquel, dans lequel, vers lequel, à quoi,* etc. Cf. p. 41, n. 5 ; p. 94, n. 4 ; p. 189, n. 3 ; p. 231, n. 5, 8 ; p. 263, n. 1 ; p. 268, n. 5 ; p. 279, n. 2 ; p. 286, n. 5 ; p. 333, n. 1 ; p. 315, n. 5 ; p. 370, n. 6 ; p. 376, n. 8 ; p. 411, n. 2 ; p. 436, n. 7.

5. *Qui se suit... et qui est lié.* (Un enchaînement.) Construction impropre.

6. Tout le morceau fait penser à Mme de Sévigné, dont La Bruyère devait avoir lu des lettres encore manuscrites. D'ailleurs, beaucoup d'autres femmes du XVIIe siècle ont plus ou moins mérité cet éloge.

7. Bien que La Bruyère blâme plus loin les auteurs comiques qui mettent des paysans sur la scène, il n'y a pas d'apparence qu'il fasse ici allusion au langage des Lucas, des Pierrot, des Mathurines, etc. Reconnaissons que Molière n'est pas toujours « pur », ni même correct. Mais le relief, la vivacité, la plénitude savoureuse de son style peuvent racheter bien des imperfections, qui ne l'empêchent pas d'être un des plus grands écrivains du siècle. — Dans sa

quelle naïveté, quelle source de la bonne plaisanterie, quelle imitation des mœurs, quelles images et quel fléau du ridicule! Mais quel homme on aurait pu faire de ces deux comiques [1]?

39. J'ai lu MALHERBE et THÉOPHILE. Ils ont tous deux connu la nature [2], avec cette différence que le premier, d'un style plein et uniforme [3], montre tout à la fois ce qu'elle a de plus beau et de plus noble, de plus naïf et de plus simple; il en fait la peinture ou l'histoire [4]. L'autre, sans choix, sans exactitude, d'une plume libre [5] et inégale, tantôt charge ses descriptions, s'appesantit sur les détails [6] : il fait une anatomie; tantôt il feint [7], il exagère, il passe [8] le vrai dans la nature : il en fait le roman.

40. RONSARD et BALZAC [9] ont eu, chacun dans leur genre, assez de bon et de mauvais [10] pour former [11] après eux de très grands hommes en vers et en prose.

41. MAROT, par son tour et par son style, semble avoir écrit depuis RONSARD : il n'y a guère, entre ce premier et nous, que la différence de quelques mots [12].

42. RONSARD et les auteurs ses contemporains ont plus nui

Lettre à l'Académie, Fénelon adresse à Molière les mêmes critiques. Cf. encore Vauvenargues : « Il y a en lui tant de négligences et d'expressions impropres, qu'il y a peu de poètes, si j'ose le dire, moins corrects et moins purs que lui ».

1. Cf. l'épitaphe composée par La Fontaine :
Sous ce tombeau gisent Plaute et Térence,
Et cependant le seul Molière y gît.

Ce qui veut dire qu'il y a chez Molière toutes les qualités de Plaute, toutes les qualités de Térence, et en plus toutes celles qui lui appartiennent en propre.

2. *Connu la nature.* Voilà un éloge qui peut surprendre, appliqué à Théophile. Mais La Bruyère va tout de suite le retirer. Ne voyons là qu'un artifice pour rendre plus piquante la distinction qu'il s'empresse de faire entre deux poètes si peu semblables.

3. *Uniforme.* Soutenu, toujours égal.

4. *L'histoire.* Ce terme s'explique par opposition à celui de *roman*.

5. *Libre.* Qui se laisse aller à tous les caprices de l'imagination et du goût.

6. Cf. Boileau, *Art poét.*, I, 49.

7. *Feint.* Ce mot a souvent, au XVII⁰ siècle, le sens d'*imaginer*, ou même, comme ici, d'*inventer*. Cf. p. 201, n. 1; p. 303, n. 10; p. 336, n. 8; p. 419, n. 7.

8. *Passe.* Outrepasse.

9. On s'étonne de voir ces deux noms associés. Cependant Balzac, disciple de Malherbe, n'a pas craint de dire que Ronsard fut « le commencement d'un grand poète ».

10. *Et de mauvais.* S'ils n'avaient eu que du bon, eux-mêmes auraient été de très grands hommes. Ce qu'ils eurent de mauvais servit à former leurs successeurs, mis par là même en garde.

11. La Bruyère semble ici rendre justice à Ronsard, dont Malherbe fut l'adversaire, mais aussi le disciple.

12. Rien de plus vrai, en ce sens que le vocabulaire de Marot se retrouve presque tout entier dans les écrivains classiques. Mais ceux-ci usent d'un grand nombre de mots que Marot ne connaissait pas, et qui ont été introduits dans notre langue par la Pléiade.

au style qu'ils ne lui ont servi : ils l'ont retardé dans le chemin de la perfection ; ils l'ont exposé à la manquer toujours et à n'y plus revenir [1]. Il est étonnant que les ouvrages de Marot, si naturels et si faciles, n'aient su faire de Ronsard, d'ailleurs plein de verve et d'enthousiasme [2], un plus grand poète que Ronsard, et que Marot; et, au contraire, que Belleau, Jodelle et du Bartas [3] aient été si tôt suivis d'un Racan et d'un Malherbe, et que notre langue, à peine corrompue, se soit vue réparée [4].

43. Marot et Rabelais sont inexcusables d'avoir semé l'ordure dans leurs écrits : tous deux avaient assez de génie et de naturel pour pouvoir s'en passer, même à l'égard de ceux qui cherchent moins à admirer qu'à rire dans un auteur. Rabelais surtout est incompréhensible [5] : son livre est une énigme, quoi qu'on veuille dire [6], inexplicable [7]; c'est une chimère, c'est le visage d'une belle femme avec des pieds et une queue de serpent [8], ou de quelque autre bête plus difforme; c'est un monstrueux assemblage d'une morale fine et ingénieuse, et d'une sale corruption [9]. Où il est mauvais, il passe [10] bien loin au delà du pire, c'est le charme de la canaille; où il est bon, il va jusques à l'exquis et à l'excellent, il peut être le mets des plus délicats.

1. *Jugement bien injuste.* Si le style de Marot est plus « parfait » que celui de Ronsard, ce n'est que le style de la poésie familière et badine. Ronsard a donné à notre langue la gravité, l'ampleur, l'éclat, il l'a rendue capable d'exprimer les idées les plus hautes et les sentiments les plus profonds. Malherbe procède de lui et non de Marot. Pour atteindre, en quelques pièces, à cette « perfection » dont parle ici La Bruyère, il suffisait de l'expurger, et c'est ce qu'a fait Malherbe.
2. Voilà ce que Boileau n'avait pas dit. Mais Boileau ne juge, il est vrai, que l'écrivain et le versificateur.
3. Dans les éditions 5-8, Saint-Gelais au lieu de Du Bartas. Saint-Gelais appartient, non à l'école de Ronsard, mais à celle de Marot. Tout ce que dit La Bruyère de notre poésie au xvi° siècle en marque une connaissance bien incertaine.
4. *Réparée.* C'est le mot dont Boileau s'était servi.
Par ce sage écrivain la langue réparée.
(*Art poét.*, I, 135.)
5. *Incompréhensible.* Mot équivoque. D'après ce qui précède, le sens serait : *on ne peut comprendre que Rabelais ait semé l'ordure*, etc. D'après ce qui suit, *incompréhensible* signifie *énigmatique*.
6. On disait que Rabelais fait ainsi passer ses hardiesses.
7. Peut-être n'y a-t-il point d'énigme, et ne devons-nous voir dans le *Pantagruel* que la débauche d'un grand esprit qui se délasse en bouffonnant.
8. Cf. Horace, le début de l'*Art poétique*.
9. *Corruption.* Ce n'est pas le mot juste.
10. *Passe.* Le mot s'emploie fréquemment au xvii° siècle dans le sens d'*aller à, jusqu'à*. Cf. p. 113, n. 7; p. 115, n. 10; p. 182, n. 7; p. 252, n. 3; p. 282, n. 4; p. 327, n. 15; p. 419 n. 11.

44. Deux écrivains [1] dans leurs ouvrages ont blâmé Montagne [2], que je ne crois pas, aussi bien [3] qu'eux, exempt de toute sorte de blâme : il paraît que tous deux ne l'ont estimé en nulle manière. L'un ne pensait pas assez pour goûter un auteur qui pense beaucoup; l'autre pense trop subtilement pour s'accommoder de pensées qui sont naturelles [4].

45. Un style grave, sérieux, scrupuleux, va fort loin : on lit Amyot et Coeffeteau [5]; lequel lit-on de leurs contemporains? Balzac, pour les termes et pour les expressions, est moins vieux que Voiture; mais si ce dernier, pour le tour, pour l'esprit et pour le naturel, n'est pas moderne et ne ressemble en rien à nos écrivains, c'est qu'il leur a été plus facile de le négliger que de l'imiter, et que le petit nombre de ceux qui courent après lui ne peut l'atteindre [6].

46. Le H*** G*** [7] est immédiatement au-dessous de rien. Il y a bien d'autres ouvrages qui lui ressemblent. Il y a autant d'invention [8] à s'enrichir par un sot livre qu'il y a de sottise à l'acheter : c'est ignorer le goût du peuple que de ne pas hasarder quelquefois de grandes fadaises.

47. L'on voit bien que l'*Opéra* est l'ébauche d'un grand spectacle; il en donne l'idée [9].

Je ne sais pas comment l'*Opéra*, avec une musique si parfaite et une dépense toute royale, a pu réussir à m'ennuyer [10].

Il y a des endroits dans l'*Opéra* qui laissent en désirer d'autres [11]; il échappe quelquefois de souhaiter la fin de tout

---

1. De ces deux écrivains, celui qui ne pense pas assez serait Balzac ou Nicole, l'autre serait Malebranche.
2. *Montagne*. Orthographe conforme à la prononciation du temps.
3. *Aussi bien qu'eux*. Non plus qu'eux. Cf. p. 1, n. 8.
4. Cf. Montaigne : « Si ces *Essais* estoient dignes qu'on en jugeast, il en pourroit advenir à mon advis qu'ils ne plairoient guères aux esprits communs et vulgaires, ny guères aux singuliers et excellents : ceulx-là n'y entendroient pas assez, ceulx-cy y entendroient trop. » (*Essais*, I, 51.)
5. *Coeffeteau*. Évêque de Marseille, mort en 1623, célèbre par son *Histoire romaine* et par son *Tableau des passions*. Vaugelas tenait son style en particulière estime.
6. On ne voit pas très bien l'unité de cette pensée, qui commence par l'éloge des écrivains graves et se termine par celui de Voiture.
7. *H*** G****. Le *Mercure* (Hermès) *galant*, sorte de Revue mensuelle, qui tenait pour les modernes contre les anciens. Cf. *Préface du Discours à l'Académie*.
8. *D'invention*. La Bruyère veut dire tout simplement que s'enrichir par un sot « livre », c'est quelque chose d'assez bien trouvé.
9. Ironique. Il donne l'idée de ce qu'il n'est pas.
10. Boileau, Racine, La Fontaine n'ont pas mieux traité l'Opéra.
11. « Qui donnent l'idée » (cf. plus haut) d'autre chose, de ce « grand spectacle » dont l'Opéra n'est qu'une ébauche.

le spectacle : c'est faute de théâtre [1], d'action, et de choses qui intéressent.

L'*Opéra* jusqu'à ce jour n'est pas un poème, ce sont des vers; ni un spectacle, depuis que les machines ont disparu par le bon ménage [2] d'*Amphion* [3] et de sa race [4] : c'est un concert, ou ce sont des voix soutenues par des instruments. C'est prendre le change, et cultiver un mauvais goût, que de dire, comme l'on fait, que la machine n'est qu'un amusement d'enfants, et qui ne convient qu'aux Marionnettes [5]; elle augmente et embellit la fiction, soutient dans les spectateurs cette douce illusion qui est tout le plaisir du théâtre, où elle jette encore le merveilleux [6]. Il ne faut point de vols [7], ni de chars, ni de changements aux *Bérénices* et à *Pénélope* [8]; il en faut aux *Opéras*, et le propre de ce spectacle est de tenir les esprits, les yeux et les oreilles dans un égal enchantement.

48. Ils ont fait le théâtre, ces empressés [9], les machines, les ballets, les vers, la musique, tout le spectacle, jusqu'à la salle où s'est donné le spectacle, j'entends le toit et les quatre murs dès leurs fondements. Qui doute que la chasse sur l'eau [10], l'enchantement de la Table [11], la merveille du Labyrinthe [12], ne soient encore de leur invention? J'en juge par le mouvement qu'ils se donnent, et par l'air content dont ils s'applaudissent sur tout le succès. Si je me trompe, et qu'ils n'aient contribué en rien à cette fête si superbe, si

---

1. *Théâtre.* Les décorations et les machines, toute la mise en scène.
2. *Ménage.* Administration. Cf. p. 60, n. 6; p. 169, n. 10.
3. *Amphion.* Poète lyrique de la Grèce fabuleuse. Il s'agit ici du musicien Lulli. Averti par l'exemple de son prédécesseur, qui s'était ruiné en frais de décoration, Lulli réduisit la mise en scène.
4. Son gendre et ses deux fils.
5. Le théâtre des Marionnettes, « où Brioché préside ». Cf. Boileau, *Epît.*, VII, 101.
6. Saint-Évremond se plaint au contraire que les machines « divertissent l'esprit de son attention au discours ». Mais le « discours » dans un opéra est d'ordinaire si insignifiant!
7. *Vols.* On appelle *vol* l'action d'une machine par laquelle un ou plusieurs acteurs montent ou descendent en fendant l'air, comme s'ils volaient.
8. Les deux *Bérénices*, celle de Corneille et celle de Racine. La *Pénélope* de l'abbé Genest (1684), fort louée par Bossuet, qui était ami de l'auteur.
9. *Ces empressés.* Peut-être les rédacteurs du *Mercure galant*, qui publièrent une relation de la fête. Cette fête fut donnée en août 1688, à Chantilly, en l'honneur du Dauphin, par Monsieur le Prince.
10. On avait jeté dans un étang des cerfs vivants que les « dames, placées sur des bateaux couverts de feuillage, arrêtaient au moyen de nœuds coulants ».
11. « Rendez-vous de chasse dans la forêt de Chantilly. » (*Note de La Bruyère.*)
12. « Collation très ingénieuse, donnée dans le Labyrinthe de Chantilly. » (*Id.*)

galante, si longtemps soutenue [1], et où un seul [2] a suffi pour le projet [3] et pour la dépense, j'admire deux choses : la tranquillité et le flegme de celui qui a tout remué, comme l'embarras et l'action [4] de ceux qui n'ont rien fait.

49. Les connaisseurs, ou ceux qui, se croyant tels, se donnent voix délibérative et décisive sur les spectacles, se cantonnent [5] aussi, et se divisent en des partis contraires, dont chacun, poussé par un tout autre intérêt que par celui du public ou de l'équité, admire un certain poème ou une certaine musique, et siffle tout autre. Ils nuisent également, par cette chaleur à défendre leurs préventions, et à la faction opposée et à leur propre cabale; ils découragent par mille contradictions les poètes et les musiciens, retardent le progrès des sciences et des arts, en leur ôtant le fruit qu'ils pourraient tirer de l'émulation et de la liberté qu'auraient plusieurs excellents maîtres de faire, chacun dans leur genre et selon leur génie, de très beaux ouvrages [6].

50. D'où vient que l'on rit si librement au théâtre, et que l'on a honte d'y pleurer? Est-il moins dans la nature de s'attendrir sur le pitoyable [7] que d'éclater [8] sur le ridicule? Est-ce l'altération des traits qui nous retient? Elle est plus grande dans un ris [9] immodéré que dans la plus amère douleur, et l'on détourne son visage pour rire comme pour pleurer en la présence des grands et de tous ceux que l'on respecte. Est-ce une peine que l'on sent à laisser voir que l'on est tendre, et à marquer quelque faiblesse, surtout en un sujet faux, et dont il semble que l'on soit la dupe? Mais sans citer les personnes graves et les esprits forts qui trouvent du faible [10] dans un ris [11] excessif comme dans les pleurs, et qui les défendent également, qu'attend-on d'une scène tragique? qu'elle fasse rire? Et d'ailleurs la vérité n'y règne-t-elle pas aussi vivement par ses images que dans le comique?

1. Elle avait duré huit jours.
2. M. le Prince.
3. Il avait présidé lui-même à l'organisation de la fête. « Personne, dit Saint-Simon, n'a jamais porté si loin l'invention, l'exécution, l'industrie, les agréments ni les magnificences des fêtes dont il savait surprendre et enchanter. »
4. *L'embarras et l'action.* L'activité inquiète et affairée.
5. *Se cantonnent.* Se renferment dans un seul genre et méprisent tous les autres.
6. Allusion, selon les clefs, aux cabales formées contre ou pour les opéras de Quinault.
7. *Pitoyable.* Au xviie siècle, *digne de pitié.* — Employé ici comme substantif neutre. Cf. p. 8, n. 10.
8. Rire aux éclats.
9. *Ris.* Usité du temps de La Bruyère comme synonyme de *rire.* Cf. n. 11; p. 25, n. 2; p. 168, n. 7; p. 189, n. 1; p. 190, n. 6; p. 195, n. 6; p. 209, n. 4; p. 233, n. 2.
10. *Du faible.* Cf. p. 8, n. 10.
11. *Ris.* Cf. n. 9.

l'âme ne va-t-elle pas jusqu'au vrai dans l'un et l'autre genre avant de s'émouvoir? est-elle même si aisée à contenter? ne lui faut-il pas encore le vraisemblable [1]? Comme donc ce n'est point une chose bizarre d'entendre s'élever de tout un amphithéâtre un ris [2] universel sur quelque endroit d'une comédie, et que cela suppose au contraire qu'il est plaisant et très naïvement exécuté, aussi l'extrême violence que chacun se fait à contraindre ses larmes, et le mauvais ris dont on veut les couvrir prouvent clairement que l'effet naturel du grand tragique serait de pleurer tous franchement et de concert à la vue [3] l'un de l'autre, et sans autre embarras [4] que d'essuyer ses larmes, outre qu'après être convenu de s'y abandonner, on éprouverait encore qu'il y a souvent moins lieu de craindre de pleurer au théâtre que de s'y morfondre.

51. Le poème tragique vous serre le cœur dès le commencement, vous laisse à peine dans tout son progrès [5] la liberté de respirer et le temps de vous remettre, ou s'il vous donne quelque relâche c'est pour vous replonger dans de nouveaux abimes et dans de nouvelles alarmes. Il vous conduit à la terreur par la pitié, ou réciproquement à la pitié par le terrible [6], vous mène par les larmes, par les sanglots, par l'incertitude, par l'espérance, par la crainte, par les surprises et par l'horreur jusqu'à la catastrophe. Ce n'est donc pas un tissu de jolis sentiments, de déclarations tendres, d'entretiens galants, de portraits agréables, de mots *doucereux* [7], ou quelquefois assez plaisants pour faire rire, suivi à la vérité d'une dernière scène où les mutins n'entendent aucune raison [8], et où, pour la bienséance, il y a enfin du sang répandu, et quelque malheureux à qui il en coûte la vie.

52. Ce n'est point assez que les mœurs du théâtre ne soient point mauvaises, il faut encore qu'elles soient décentes et instructives. Il peut y avoir un ridicule si bas et si gros-

---

1. Cf. Boileau, *Art poét.*, III, 47.
2. *Ris.* Cf. p. 24, n. 9.
3. Sous les yeux.
4. Sans prendre d'autre soin. On ne s'embarrasse pas de les cacher.
5. *Progrès.* Cf. p. 4, n. 11.
6. Cf. p. 8, n. 10.
7. *Doucereux.* C'est le mot que Corneille appliquait à Racine. Allusion aux tragédies de Quinault, ou plutôt à celles de Campistron, de Fontenelle, et des méchants poètes contemporains. Les tragédies de Quinault remontaient à plus de vingt ans.
Cf. Boileau :
Les héros, chez Quinault, parlent bien autre-
[ment,
Et jusqu'à : Je vous hais, tout s'y dit tendre-
[ment.
(*Sat.*, III, 187.)
8. « Sédition, dénouement vulgaire des tragédies. » (*Note de La Bruyère.*)

sier, ou même si fade et si indifférent, qu'il n'est ni permis au poète d'y faire attention, ni possible au spectateur de s'en divertir. Le paysan ou l'ivrogne [1] fournit quelques scènes à un farceur; il n'entre qu'à peine dans le vrai comique : comment pourrait-il faire le fond ou l'action principale de la comédie ? « Ces caractères, dit-on, sont naturels. » Ainsi, par cette règle, on occupera bientôt tout l'amphithéâtre d'un laquais qui siffle, d'un malade dans sa garde-robe, d'un homme ivre qui dort ou qui vomit : y a-t-il rien de plus naturel? C'est le propre d'un efféminé de se lever tard, de passer une partie du jour à sa toilette, de se voir au miroir, de se parfumer, de se mettre des mouches, de recevoir des billets et d'y faire réponse. Mettez ce rôle sur la scène. Plus longtemps vous le ferez durer, un acte, deux actes, plus il sera naturel et conforme à son original; mais plus aussi il sera froid et insipide.

53. Il semble que le roman et la comédie [2] pourraient être aussi utiles qu'ils sont nuisibles. L'on y voit de si grands exemples de constance, de vertu, de tendresse et de désintéressement, de si beaux et de si parfaits caractères, que quand une jeune personne jette de là la vue sur tout ce qui l'entoure, ne trouvant que des sujets [3] indignes et fort au-dessous de ce qu'elle vient d'admirer, je m'étonne qu'elle soit capable pour eux de la moindre faiblesse [4].

54. CORNEILLE ne peut être égalé dans les endroits où il excelle : il a pour lors un caractère original et inimitable; mais il est inégal. Ses premières comédies [5] sont sèches, languissantes, et ne laissaient pas espérer qu'il dût ensuite aller si loin; comme ses dernières font qu'on s'étonne qu'il ait pu tomber [6] de si haut. Dans quelques-unes de ses meil-

---

1. Singulière association du paysan et de l'ivrogne, mais d'ailleurs au seul point de vue du comique que leur personnage peut fournir. Molière a mis plus d'une fois des paysans sur la scène, et nous ne sommes point tentés de lui en faire reproche. Il est vrai que ce sont des figures plus ou moins accessoires. La Bruyère a sans doute en vue, non pas Molière, mais Baron, surtout dans la dernière partie du morceau, qui se rapporte à une comédie de cet acteur intitulée *l'Homme à bonnes fortunes*.

2. Le théâtre, en général.
3. *Sujets*. Très fréquent au sens de *personne, personnage*. Cf. p. 45, n. 12; p. 64, n. 7; p. 217, n. 2; p. 219, n. 10; p. 243, n. 8; p. 244, n. 4; p. 248, n. 1; p. 257, n. 10; p. 405, n. 1, 8; p. 409, n. 3.
4. Mais des ouvrages de ce genre peuvent fausser l'esprit et dégoûter de la vie réelle.
5. *Comédies*. Le mot s'appliquait aux deux genres du théâtre.
6. *Tomber*. Est-ce bien le mot juste? Corneille n'est pas *tombé*; il a poussé à bout sa « mécanique » théâtrale.

leurs pièces, il y a des fautes inexcusables contre les mœurs[1], un style de déclamateur qui arrête l'action et la fait languir, des négligences dans les vers et dans l'expression qu'on ne peut comprendre[2] en un si grand homme. Ce qu'il y a eu en lui de plus éminent, c'est l'esprit[3], qu'il avait sublime, auquel il a été redevable de certains vers, les plus heureux qu'on ait jamais lus ailleurs[4], de la conduite de son théâtre, qu'il a quelquefois hasardée contre les règles des anciens, et enfin de ses dénoûments, car il ne s'est pas toujours assujetti au goût des Grecs et à leur grande simplicité : il a aimé au contraire à charger la scène d'événements dont il est presque toujours sorti avec succès; admirable surtout par l'extrême variété et le peu de rapport qui se trouve pour le dessein entre un si grand nombre de poèmes qu'il a composés. Il semble qu'il y ait plus de ressemblance dans ceux de RACINE, et qui[5] tendent un peu plus à une même chose; mais il est égal, soutenu, toujours le même partout, soit pour le dessein et la conduite de ses pièces, qui sont justes, régulières, prises dans le bon sens et dans la nature, soit pour la versification, qui est correcte, riche dans ses rimes, élégante, nombreuse, harmonieuse : exact imitateur des anciens, dont il a suivi scrupuleusement la netteté et la simplicité de l'action; à qui le grand et le merveilleux n'ont pas même manqué, ainsi qu'à[6] Corneille ni le touchant ni le pathétique. Quelle plus grande tendresse que celle qui est répandue dans *le Cid*, dans *Polyeucte* et dans *les Horaces*[7]? Quelle grandeur ne se remarque point en Mithridate, en Porus[8] et en Burrhus? Ces passions encore[9] favorites des anciens, que les tragiques aimaient à exciter sur les théâtres, et qu'on nomme la terreur et la pitié, ont été connues de ces deux poètes. Oreste, dans l'*Andromaque* de Racine, et Phèdre du même auteur, comme l'*Œdipe* et *les Horaces*[10] de Corneille en sont la preuve. Si cependant il est permis de faire entre eux

---

1. Les mœurs théâtrales, c'est-à-dire la vraisemblance dans les caractères et les situations.
2. Cf. pourtant § 30 : « Il est peut-être moins difficile », etc.
3. *L'esprit.* Le génie, l'inspiration.
4. La Bruyère veut dire : *plus heureux que tous ceux qu'on a jamais lus ailleurs*, ou : *les plus heureux qu'on ait jamais lus n'importe où*. Mélange de deux constructions.
5. *Et qui.* C'est le texte de toutes les éditions données par La Bruyère. Cf. p. 213, n. 9; p. 311, n. 8.
6. *Ainsi qu'à.* Non plus qu'à.
7. *Les Horaces.* Le titre de la pièce est *Horace*. Dans l'*Avis au lecteur* de sa *Sophonisbe*, Corneille lui-même a dit : *les Horaces*.
8. *Porus.* Dans *Alexandre*, qu'on mettait encore sur le même pied que les autres tragédies de Racine.
9. *Encore.* En outre.
10. « C'est une chose étrange, dit

quelque comparaison, et les marquer [1] l'un et l'autre par ce qu'ils ont eu de plus propre et par ce qui éclate [2] le plus ordinairement dans leurs ouvrages, peut-être qu'on pourrait parler ainsi : « Corneille nous assujettit à ses caractères et à ses idées, Racine se conforme aux nôtres; celui-là peint les hommes comme ils devraient être, celui-ci les peint tels qu'ils sont. Il y a plus dans le premier de ce que l'on admire, et de ce que l'on doit même imiter; il y a plus dans le second de ce que l'on reconnaît dans les autres, ou de ce que l'on éprouve dans soi-même. L'un élève, étonne, maîtrise, instruit; l'autre plaît, remue, touche, pénètre. Ce qu'il y a de plus beau, de plus noble et de plus impérieux dans la raison, est manié par le premier; et par l'autre, ce qu'il y a de plus flatteur [3] et de plus délicat dans la passion. Ce sont dans celui-là des maximes, des règles, des préceptes; et dans celui-ci du goût et des sentiments. L'on est plus occupé [4] aux pièces de Corneille; l'on est plus ébranlé et plus attendri à celles de Racine. Corneille est plus moral [5], Racine plus naturel. Il semble que l'un imite SOPHOCLE [6], et que l'autre doit plus à EURIPIDE. »

55. Le peuple appelle éloquence la facilité que quelques-uns ont de parler seuls et longtemps, jointe à l'emportement du geste, à l'éclat de la voix, et à la force des poumons [7]. Les pédants ne l'admettent aussi que dans le discours ora-

Voltaire, que le difficile et concis La Bruyère ait dit *les Horaces et Œdipe*..., voilà comme l'or et le plomb sont confondus souvent. » (*Remarque sur Œdipe*.)

1. *Les marquer*. Quand deux propositions sont coordonnées, la préposition exprimée dans la première peut être sous-entendue dans la seconde devant l'infinitif. Cf. p. 75, n. 9; p. 113, n. 5; p. 191, n. 6; p. 199, n. 10; p. 220, n. 5; p. 233, n. 5; p. 263, n. 5; p. 373, n. 10; p. 408, n. 6.

2. *Éclate*. L'expression nous semble moins juste pour Racine que pour Corneille. Mais cf. Boileau :

Doit éclater sans pompe une élégante idylle.
(*Art. poét.*, II, 6.)

3. *Flatteur*. Doux, tendre, insinuant.

4. *Occupé*. Corneille s'empare plus fortement de notre esprit. Cf. p. 14, n. 6.

5. *Moral*. La morale de Corneille est toute stoïcienne; celle de Racine, chrétienne. Cf. les termes de l'approbation donnée à *Phèdre* par le grand Arnauld. « Il n'y a rien à reprendre au caractère de Phèdre, puisqu'il nous donne cette grande leçon, que lorsque, en punition de fautes précédentes, Dieu nous abandonne à nous-mêmes et à la perversité de notre cœur, il n'est point d'excès où nous ne puissions nous porter, même en les détestant. » En disant ici que Corneille est plus moral et Racine plus naturel, La Bruyère ne fait sans doute que répéter sous une autre forme ce qu'il avait déjà dit plus haut : « Celui-là peint les hommes comme ils devraient être », etc.

6. *Sophocle*. Rapprochement peu justifié. Au xviii° siècle, on comparera Corneille à Eschyle, Racine à Sophocle, Voltaire à Euripide. Admirable matière à parallèles ingénieux et factices.

7. Cf. le début du *Discours sur le style* de Buffon.

CH. I. — DES OUVRAGES DE L'ESPRIT.

toire, et ne la distinguent pas de l'entassement des figures, de l'usage des grands mots, et de la rondeur des périodes.

Il semble que la logique est l'art de convaincre de quelque vérité; et l'éloquence un don de l'âme [1], lequel nous rend maîtres du cœur et de l'esprit des autres; qui fait que nous leur inspirons ou que nous leur persuadons tout ce qui nous plaît.

L'éloquence peut se trouver dans les entretiens et dans tout genre d'écrire. Elle est rarement où on la cherche [2], et elle est quelquefois où on ne la cherche point.

L'éloquence est au sublime ce que le tout est à sa partie [3].

Qu'est-ce que le sublime? Il ne paraît pas qu'on l'ait défini [4]. Est-ce une figure [5]? Naît-il des figures, ou du moins de quelques figures [6]? Tout genre d'écrire reçoit-il le sublime, ou s'il n'y a [7] que les grands sujets qui en soient capables [8]? Peut-il briller autre chose dans l'églogue qu'un beau naturel, et dans les lettres familières comme dans les conversations qu'une [9] grande délicatesse? ou plutôt le naturel et le délicat ne sont-ils pas le sublime des ouvrages dont ils font la perfection [10]? Qu'est-ce que le sublime? Où entre le sublime?

Les synonymes sont plusieurs dictions [11] ou plusieurs phrases [12] différentes qui signifient une même chose [13]. L'antithèse est une opposition de deux vérités qui se donnent du jour l'une à l'autre [14]. La métaphore ou la comparaison emprunte d'une chose étrangère une image sensible [15] et naturelle [16] d'une vérité. L'hyperbole exprime au delà de la

---

1. A ce don de l'âme, il faut encore que s'ajoute l'art. *Fiunt oratores.*
2. Dans les discours d'apparat, qui ne sont le plus souvent que rhétorique spécieuse et vaine. Cf. Pascal : « La vraie éloquence se moque de l'éloquence ». (*Pensées*, VII, 31.)
3. Cette maxime semble un peu bien pédantesque.
4. Ni Longin, ni Boileau, dans ses *Réflexions*, n'avaient proprement défini le sublime.
5. Faut-il le considérer comme une figure particulière?
6. Longin avait soutenu que le sublime naissait très souvent des figures « tournées d'une certaine manière ». Les exemples de sublime les plus fréquemment cités n'ont rien de figuré.
7. *Ou s'il n'y a.* Latinisme fréquent au XVIIe siècle. Cf. p. 291, n. 2; p. 302, n. 2; p. 313, n. 6.
8. *Capables.* Dans le sens étymologique (*capere*). Cf. plus haut *reçoit-il* (*re-cipere*). Cf. p. 162, n. 1.
9. Autre chose qu'une, etc.
10. La Bruyère ôte ici au mot de *sublime* son sens particulier.
11. *Dictions.* Termes.
12. *Phrases.* Expressions. Cf. p. 92, n. 3; p. 104, n. 4; p. 119, n. 9; p. 189, n. 8.
13. *Une même chose.* Il n'y a pas, à proprement parler, de synonymes. Cf. § 17. La Bruyère, un peu plus bas, oppose aux synonymes l'*unique expression.*
14. Qui s'éclairent l'une l'autre.
15. *Sensible.* Qui fait impression sur les sens. Cf. p. 2, n. 4.
16. *Naturelle.* Tirée de la nature.

vérité pour ramener l'esprit à la mieux connaître. Le sublime ne peint que la vérité, mais en un sujet noble [1]; il la peint tout entière, dans sa cause et dans son effet; il est l'expression ou l'image la plus digne de cette vérité. Les esprits médiocres ne trouvent point l'unique expression, et usent de synonymes. Les jeunes gens sont éblouis de l'éclat de l'antithèse, et s'en servent. Les esprits justes et qui aiment à faire des images qui soient précises, donnent naturellement dans [2] la comparaison et la métaphore. Les esprits vifs, pleins de feu, et qu'une vaste [3] imagination emporte hors des règles et de la justesse, ne peuvent s'assouvir de l'hyperbole. Pour le sublime, il n'y a, même entre les grands génies, que les plus élevés qui en soient capables [4].

56. Tout écrivain, pour écrire nettement, doit se mettre à la place de ses lecteurs, examiner son propre ouvrage comme quelque chose qui lui est nouveau, qu'il lit pour la première fois, où il n'a nulle part, et que l'auteur aurait soumis à sa critique; et se persuader ensuite qu'on n'est pas entendu seulement à cause que [5] l'on s'entend soi-même, mais parce qu'on est en effet intelligible.

57. L'on n'écrit que pour être entendu; mais il faut du moins en écrivant faire entendre de belles choses. L'on doit avoir une diction pure, et user de termes qui soient propres, il est vrai; mais il faut que ces termes si propres expriment des pensées nobles, vives, solides, et qui renferment un très beau sens. C'est faire de la pureté et de la clarté du discours [6] un mauvais usage que de les faire servir à une matière aride, infructueuse, qui est sans sel, sans utilité, sans nouveauté.

---

1. *En un sujet noble.* Cf. ce que La Bruyère vient de dire du sublime dans l'églogue, dans les lettres familières et dans les conversations. Il répond maintenant à la question que lui-même posait tout à l'heure.

2. *Donnent... dans.* Cf. p. 107, n. 8. L'expression est généralement prise en un sens défavorable, comme on dit *donner dans un piège.* Cf. Molière :

Puisque vous y donnez, dans ces vices du
[temps.
(*Mis.*, I, 1.)

3. *Vaste.* Dans une longue dissertation sur ce mot, Saint-Évremont veut qu'il soit toujours pris en mauvaise part. *Une imagination vaste*, c'est ici, comme la suite l'explique, celle qui manque de mesure et de précision.

4. Cf. Longin : « Il n'y a vraisemblablement que ceux qui ont de hautes et de solides pensées qui puissent faire des discours élevés; et c'est particulièrement aux grands hommes qu'il échappe de dire des choses extraordinaires ». (*Sublime*, chap. VII).

5. Locution vieillie. Cf. p. 106, n. 5; p. 123, n. 1; p. 429, n. 4.

6. *Discours.* Style. Cf. p. 31, n. 13.

CH. I. — DES OUVRAGES DE L'ESPRIT. 31

Que sert aux lecteurs de comprendre aisément et sans peine des choses frivoles et puériles, quelquefois fades et communes, et d'être moins incertains de la pensée d'un auteur qu'ennuyés de son ouvrage?

Si l'on jette quelque profondeur [1] dans certains écrits [2], si l'on affecte une [3] finesse de tour, et quelquefois une trop grande délicatesse, ce n'est que par la bonne opinion qu'on a de ses lecteurs.

58. L'on a cette incommodité à essuyer dans la lecture des livres faits par des gens de parti et de cabale [4], que l'on n'y voit pas toujours la vérité. Les faits y sont déguisés, les raisons réciproques n'y sont point rapportées dans toute leur force, ni avec une entière exactitude; et ce qui use la plus longue patience, il faut lire un grand nombre de termes durs et injurieux que se disent des hommes graves, qui d'un point de doctrine ou d'un fait contesté se font une querelle personnelle. Ces ouvrages ont cela de particulier qu'ils ne méritent ni le cours [5] prodigieux qu'ils ont pendant un certain temps, ni le profond oubli où ils tombent lorsque, le feu et la division venant à s'éteindre [6], ils deviennent des almanachs de l'autre année [7].

59. La gloire ou le mérite de certains hommes est de bien écrire; et de quelques autres, c'est de n'écrire point [8].

60. L'on écrit régulièrement [9] depuis vingt années; l'on est esclave de la construction [10]; l'on a enrichi la langue de nouveaux mots [11], secoué le joug du latinisme, et réduit le style à la phrase purement française; l'on a presque retrouvé le nombre que MALHERBE et BALZAC [12] avaient les premiers rencontré, et que tant d'auteurs depuis eux ont laissé perdre; l'on a mis enfin dans le discours [13] tout l'ordre et toute la netteté dont il est capable : cela conduit insensiblement à y mettre de l'esprit [14].

---

1. Les deux mots *jeter* et *profondeur* ne s'accordent guère.
2. La Bruyère songe apparemment à son propre livre.
3. *Une.* Comme nous dirions *certaine, quelque*.
4. Allusion probable à la querelle des jésuites et des jansénistes.
5. *Cours.* Dans le sens de *vogue, débit.* Cf. p. 273, n. 9.
6. *S'éteindre.* Il suffit que le mot convienne à *feu*.
7. Il nous reste pourtant les *Provinciales*; mais elles sont autre chose qu'un ouvrage « de parti ».
8. Cf. Molière :

Croyez-moi, résistez à vos tentations, etc.
(*Mis.*, I, II.)

9. *Régulièrement.* Selon les règles.
10. *Trop.* Fénelon va bientôt s'en plaindre.
11. On en a perdu un bien plus grand nombre.
12. *Balzac.* Cf. Voltaire, *Siècle de Louis XIV*, chap. XXXII.
13. *Discours.* Cf. p. 30, n. 6.
14. On a voulu voir quelque ironie

61. Il y a des artisans [1] ou des habiles [2] dont l'esprit est aussi vaste [3] que l'art et la science qu'ils professent; ils lui rendent avec avantage, par le génie et par l'invention, ce qu'ils tiennent d'elle et de ses principes; ils sortent de l'art pour l'ennoblir, s'écartent des règles, si elles ne les conduisent pas au grand et au sublime; ils marchent seuls et sans compagnie, mais ils vont fort haut et pénètrent fort loin, toujours sûrs et confirmés par le succès des avantages que l'on tire quelquefois de l'irrégularité [4]. Les esprits justes, doux, modérés, non seulement ne les atteignent pas, ne les admirent pas, mais ils ne les comprennent point, et voudraient encore moins les imiter; ils demeurent tranquilles dans l'étendue de leur sphère, vont jusques à un certain point qui fait les bornes de leur capacité et de leurs lumières; ils ne vont pas plus loin, parce qu'ils ne voient rien au delà : ils ne peuvent au plus qu'être les premiers d'une seconde classe, et exceller dans le médiocre [5].

62. Il y a des esprits, si je l'ose dire, inférieurs et subalternes, qui ne semblent faits que pour être le recueil, le registre, ou le magasin de toutes les productions des autres génies : ils sont plagiaires, traducteurs, compilateurs; ils ne pensent point, ils disent ce que les auteurs ont pensé; et comme le choix des pensées est invention [6], ils l'ont mauvais, peu juste, et qui les détermine plutôt à rapporter beaucoup de choses, que d'excellentes choses; ils n'ont rien d'original et qui soit à eux; ils ne savent que ce qu'ils

dans tout ce morceau. En le prenant tel quel, sans y chercher ce qui ne paraît point y être, nous aurons lieu d'être surpris que La Bruyère fasse remonter à « vingt années » (1667) la perfection de la langue. Mais remarquons qu'il s'agit surtout de régularité.

Quant à cet *esprit* que La Bruyère ne trouvait pas avant lui dans le style, il voulut lui-même l'y introduire. « Après Pascal et La Rochefoucauld, dit Sainte-Beuve, il s'agissait pour lui d'avoir une grande, une délicate manière, et de ne pas leur ressembler. Boileau, comme moraliste et comme critique, avait exprimé bien des vérités en vers avec une certaine perfection. La Bruyère voulait faire dans la prose quelque chose d'analogue, et comme il le disait peut-être tout bas, quelque chose de mieux et de plus fin...

Chez lui, tout devient plus détourné et plus neuf... »(*Portraits litt.*, I, 406.)

1. *Artisans.* Artistes.
2. *Habiles.* Cf. p. 7, n. 6.
3. *Vaste.* Cf. p. 30, n. 3. Ici le mot est pris en bonne part.
4. Cf. Boileau :

Quelquefois, dans sa course un esprit vigou-
[reux,
Trop resserré par l'art, sort des règles pres-
[crites,
Et de l'art même apprend à franchir les bornes.
(*Art poét.*, IV, 78.)

5. *Le médiocre.* Dans le sens étymologique.
6. Cf. Pascal : « Qu'on ne dise pas que je n'ai rien dit de nouveau : la disposition des matières est nouvelle. Quand on joue à la paume, c'est une même balle dont on joue l'un et l'autre; mais l'un la place mieux. » (*Pensées*, VII, 9.)

CH. I. — DES OUVRAGES DE L'ESPRIT. 33

ont appris, et ils n'apprennent que ce que tout le monde veut bien ignorer, une science vaine, aride, dénuée d'agréments et d'utilité, qui ne tombe point[1] dans la conversation, qui est hors de commerce[2], semblable à une monnaie qui n'a point de cours : on est tout à la fois étonné de leur lecture[3] et ennuyé de leur entretien ou de leurs ouvrages. Ce sont ceux que les grands et le vulgaire[4] confondent avec les savants, et que les sages renvoient au pédantisme[5].

63. La critique souvent n'est pas une science; c'est un métier, où il faut plus de santé[6] que d'esprit, plus de travail que de capacité, plus d'habitude que de génie. Si elle vient d'un homme qui ait moins de discernement que de lecture, et qu'elle s'exerce sur de certains chapitres[7], elle corrompt et les lecteurs et l'écrivain.

64. Je conseille à un auteur né copiste, et qui a l'extrême modestie de travailler d'après quelqu'un, de ne se choisir pour exemplaires[8] que ces sortes d'ouvrages où il entre de l'esprit, de l'imagination[9], ou même de l'érudition : s'il n'atteint pas ses originaux[10], du moins il en approche, et il se fait lire. Il doit au contraire éviter comme un écueil de vouloir imiter ceux qui écrivent par humeur[11], que le cœur fait parler, à qui il inspire les termes et les figures, et qui tirent, pour ainsi dire, de leurs entrailles tout ce qu'ils expriment sur le papier : dangereux modèles et tout propres à faire tomber dans le froid, dans le bas et dans le ridicule ceux qui s'ingèrent de les suivre. En effet, je rirais d'un

---

1. Latinisme. *Non cadit in sermonem.* — La Bruyère se met au seul point de vue de la société mondaine, comme si toutes les sciences qui ne tombent pas dans la conversation étaient par là même inutiles.
2. *Commerce.* Le mot, qui signifie proprement *échange*, s'emploie couramment au XVIIe siècle dans le sens de relations sociales, sociabilité, « conversation », liaison, etc. Cf. p. 63, n. 1; p. 99, n. 10; p. 141, n. 6; p. 227, n. 1; p. 275, n. 8; p. 278, n. 10; p. 280, n. 2; p. 339, n. 2; p. 406, n. 8.
3. Étonné qu'ils aient tant lu.
4. *Les grands et le vulgaire.* Également incapables de distinguer la vraie science d'une érudition vaine et aride, les grands aussi bien que le vulgaire s'en laissent imposer par les pédants.
5. Peut-être La Bruyère, dans ce morceau, avait-il en vue Ménage, qui, d'ailleurs, eut assez d'esprit pour ne pas s'y reconnaître.
6. Parce qu'elle suppose un labeur tout matériel et physique.
7. En tout ce qui demande du jugement et du goût.
8. *Exemplaires.* Modèles; sens du mot latin.
9. L'esprit, l'imagination sont ici opposés au cœur (V. plus bas).
10. *Originaux.* Ceux d'après lesquels il travaille.
11. Allusion de La Bruyère à lui-même. L'abbé Villiers, auquel s'applique le morceau, avait imité les *Caractères* dans un livre intitulé *Réflexions sur les défauts d'autrui.*

homme qui voudrait sérieusement parler mon ton [1] de voix, ou me ressembler de visage [2].

65. Un homme [3] né chrétien [4] et Français [5] se trouve contraint dans la satire, les grands sujets lui sont défendus : il les entame quelquefois, et se détourne ensuite sur de petites choses, qu'il relève par la beauté de son génie et de son style.

66. Il faut éviter le style vain et puéril, de peur de ressembler à *Dorilas* et *Handburg* [6] : l'on peut au contraire en une sorte d'écrits [7] hasarder de certaines expressions, user de termes transposés [8] et qui peignent vivement, et plaindre ceux qui ne sentent pas le plaisir qu'il y a à s'en servir ou à les entendre [9].

67. Celui qui n'a égard en écrivant qu'au goût de son siècle songe plus à sa personne [10] qu'à ses écrits : il faut toujours tendre à la perfection, et alors cette justice qui nous est quelquefois refusée par nos contemporains, la postérité sait nous la rendre.

68. Il ne faut point mettre un ridicule où il n'y en a point : c'est se gâter le goût, c'est corrompre son jugement et celui des autres ; mais le ridicule qui est quelque part, il faut l'y voir, l'en tirer avec grâce, et d'une manière qui plaise et qui instruise [11].

69. HORACE OU DESPRÉAUX l'a dit avant vous. — Je le crois sur votre parole ; mais je l'ai dit comme mien. Ne puis-je pas penser après eux une chose vraie, et que d'autres encore penseront après moi [12] ?

---

1. *Parler* s'emploie souvent avec un régime direct. Mais *parler un ton de voix* n'en est pas moins une expression insolite.
2. La Bruyère vient de définir ce qu'il y a dans le style de plus personnel, et, par suite, de moins communicable.
3. Boileau sans doute, comme on le dit, mais aussi La Bruyère lui-même.
4. *Chrétien.* Ce qui l'empêche de traiter avec indépendance les choses de la religion.
5. *Français.* Ce qui le « contraint » dans les choses de la politique. Il faudra attendre le XVIIIe siècle.
6. *Dorilas.* L'historien Varillas. — *Handburg.* Le P. Mainbourg (*hand* en allemand = main), dont Mme de Sévigné dit qu'« il a ramassé le délicat des mauvaises ruelles ». On a de lui plusieurs ouvrages de théologie et d'histoire.
7. La Bruyère songe à son propre livre, écrit, comme il vient de le dire, par humeur.
8. *Termes transposés.* Quant au sens, c'est-à-dire pris au figuré.
9. Les comprendre, en sentir la justesse et la vivacité.
10. A sa réputation parmi les contemporains et aux bénéfices qu'il peut en tirer.
11. Cf. Boileau :
La satire, en leçons, en nouveautés fertile,
Sait seule assaisonner le plaisant et l'utile.
(*Sat.*, IX, 267.)
12. Cf. la pensée de Pascal citée à la note 6 de la page 32.

CHAPITRE II

Du Mérite personnel.

1. Qui peut, avec les plus rares talents et le plus excellent [1] mérite, n'être pas convaincu de son inutilité, quand il considère qu'il laisse en mourant un monde [2] qui ne se sent pas de sa perte, et où tant de gens se trouvent pour le remplacer?

2. De bien des gens il n'y a que le nom qui vale [3] quelque chose. Quand vous les voyez de fort près, c'est moins que rien; de loin ils imposent [4].

3. Tout persuadé que je suis que ceux que l'on choisit pour de différents emplois, chacun selon son génie [5] et sa profession, font bien [6], je me hasarde [7] de [8] dire qu'il se peut faire qu'il y ait au monde plusieurs personnes, connues ou inconnues, que l'on n'emploie pas, qui feraient très bien [9]; et je suis induit à ce sentiment [10] par le merveilleux succès de certaines gens que le hasard seul a placés [11], et de qui jusques alors on n'avait pas attendu de fort grandes choses [12].

---

1. Superlatif d'usage fréquent au xviii° siècle. Cf. p. 131, n. 2.
2. *Monde.* La société des hommes. Cf. ces vers de Victor Hugo (où le même mot signifie la nature) :

Sans que rien manque au monde immense et
[radieux.
(*Feuill. d'aut.*, xxxv; *Soleil couchant*.)

3. *Vale.* Forme particulière à l'auteur.
4. Cf. La Fontaine :

[n'est rien].
De loin c'est quelque chose, et de près ce
(*Le Chameau et les bâtons flottants*.)

5. *Génie.* Dispositions naturelles, esprit, caractère. Cf. p. 120, n. 4; p. 151, n. 7; p. 286, n. 10.
6. *Font bien.* Expression simple et forte, qui n'a guère plus ce sens. Cf. p. 40, n. 7; p. 83, n. 7; p. 84, n. 3; p. 192, n. 1; p. 231, n. 10; p. 292, n. 10; p. 368, n. 6.
7. *Je me hasarde.* Il y a là sans doute quelque ironie.
8. *De.* Au lieu de *à*, que demande l'usage moderne. Cf. p. 82, n. 8; p. 88, n. 5; p. 205, n. 8; p. 214, n. 9; p. 262, n. 8; p. 273, n. 8; p. 312, n. 5; p. 317, n. 4; p. 411, n. 3.
9. Mieux que *bien*.
10. *Sentiment.* Cf. p. 15, n. 1.
11. *Placés.* Dans de grands emplois.
12. Cf. Vauvenargues : « Les plus grands ministres sont ceux que la fortune avait placés plus loin du ministère ».

Combien d'hommes admirables, et qui avaient de très beaux génies, sont morts sans qu'on en [1] ait parlé! Combien vivent encore dont on ne parle point, et dont on ne parlera jamais!

4. Quelle horrible peine [2] à un homme qui est sans prôneurs et sans cabale, qui n'est engagé dans aucun corps, mais qui est seul, et qui n'a que beaucoup de mérite pour toute recommandation, de se faire jour à travers l'obscurité où il se trouve, et de venir au niveau d'un fat [3] qui est en crédit!

5. Personne presque ne s'avise de lui-même du mérite d'un autre.

Les hommes sont trop occupés d'eux-mêmes pour avoir le loisir de pénétrer ou de discerner les autres; de là vient qu'avec un grand mérite et une plus grande modestie l'on peut être longtemps ignoré.

6. Le génie et les grands talents manquent souvent, quelquefois aussi les seules occasions : tels peuvent être loués de ce qu'ils ont fait, et tels de ce qu'ils auraient fait [4].

7. Il est moins rare de trouver de l'esprit [5] que des gens qui se servent du leur, ou qui fassent valoir celui des autres et le mettent [6] à quelque usage [7].

8. Il y a plus d'outils que d'ouvriers [8], et de ces derniers plus de mauvais que d'excellents : que pensez-vous de celui qui veut scier avec un rabot, et qui prend sa scie pour raboter?

9. Il n'y a point au monde un si pénible métier que celui de se faire un grand nom : la vie s'achève que l'on a à peine ébauché son ouvrage.

10. Que faire d'Égésippe, qui demande un emploi? Le mettra-t-on dans les finances, ou dans les troupes? Cela est

---

1. *En.* Cf. p. 18, n. 1.
2. Allusion manifeste de La Bruyère à lui-même.
3. Cf. chap. xii, § 45 : « Un fat est celui que les sots croient un homme de mérite ».
4. Cf. La Rochefoucauld : « La nature fait le mérite, et la fortune le met en œuvre ».
5. *Esprit.* Cf. p. 7, n. 9.
6. *Le mettent.* L'appliquent. Le mot est très fréquent au xviie siècle avec cette signification. Cf. p. 117, n. 9.
7. Cf. chap. v, § 16.
8. Les outils sont ici ce que La Bruyère appelle plus haut *génie, talents, esprit;* et les ouvriers sont ceux qui se servent, bien ou mal, de leurs qualités naturelles.

indifférent, et il faut que ce soit l'intérêt¹ seul qui en décide; car il est aussi capable de manier de l'argent, ou de dresser des comptes, que de porter les armes². « Il est propre à tout », disent ses amis, ce qui signifie toujours qu'il n'a pas plus de talent pour une chose que pour une autre, ou, en d'autres termes, qu'il n'est propre à rien. Ainsi la plupart des hommes occupés d'eux seuls dans leur jeunesse, corrompus par la paresse ou par le plaisir, croient faussement dans un âge plus avancé qu'il leur suffit d'être inutiles ou dans l'indigence, afin que³ la république⁴ soit engagée⁵ à les placer ou à les secourir; et ils profitent rarement de cette leçon si importante, que les hommes devraient employer les premières années de leur vie à devenir tels par leurs études et par leur travail que la république elle-même⁶ eût besoin de leur industrie⁷ et de leurs lumières, qu'ils fussent comme une pièce nécessaire à tout son édifice, et qu'elle se trouvât portée par ses propres avantages à faire leur fortune ou à l'embellir.

Nous devons travailler à nous rendre très dignes de quelque emploi : le reste ne nous regarde point, c'est l'affaire des autres⁸.

11. Se faire valoir par des choses qui ne dépendent point des autres, mais de soi seul, ou renoncer à se faire valoir : maxime⁹ inestimable et d'une ressource infinie dans la pratique, utile aux faibles, aux vertueux¹⁰, à ceux qui ont de l'esprit¹¹, qu'elle rend maîtres de leur fortune ou de leur repos; pernicieuse pour les grands, qui diminuerait leur cour, ou plutôt le nombre de leurs esclaves, qui ferait

---

1. *L'intérêt.* Les besoins occasionnels de l'État.
2. Ces expressions *manier de l'argent, dresser des comptes, porter les armes*, rabaissent l'emploi dont peut s'acquitter Égésippe.
3. *Afin que.* Plus significatif que *pour que.*
4. *La République.* L'État. Cf. p. 137, n. 4; p. 153, n. 7; p. 161, n. 4; p. 197, n. 1, 8; p. 265, n. 16; p. 210, n. 9; p. 245, n. 2; p. 270, n. 8; p. 339, n. 5; p. 348, n. 5; p. 401, n. 7.
5. *Engagée.* Dans l'usage du XVIIᵉ siècle, *engager* a très souvent le sens d'*obliger, lier*, etc. Cf. p. 41, n. 4, 10; p. 55, n. 4; p. 81, n. 1; p. 106, n. 11; p. 204, n. 2; p. 212, n. 8; p. 369, n. 1; p. 420, n. 4; p. 436, n. 8.

6. *Elle-même.* Cf. plus bas *par ses propres avantages.*
7. *Industrie.* Sens du latin *industria*; activité, application, zèle ingénieux. Cf. p. 121, n. 7, 9; p. 131, n. 4; p. 257, n. 9; p. 321, n. 10.
8. *Des autres.* C'est à eux de « s'aviser de notre mérite ».
9. Cette maxime était celle des stoïciens.
10. Adjectif pris substantivement. Cette construction est très fréquente au XVIIᵉ siècle. Cf. p. 40, n. 11; p. 79, n. 5; p. 121, n. 5; p. 122, n. 8, p. 124, n. 10, 11; p. 133, n. 6; p. 182, n. 2; p. 196, n. 5, 6; p. 225, n. 3; p. 261, n. 5; p. 282, n. 1, 5; p. 427, n. 2. — *Faibles.* Par opposition aux *grands.*
11. *Esprit.* Cf. p. 7, n. 9.

tomber leur morgue avec une partie de leur autorité, et les réduirait presque à leurs entremets et à leurs équipages; qui les priverait du plaisir qu'ils sentent à se faire prier, presser, solliciter, à faire attendre ou à refuser, à promettre et à ne pas donner; qui les traverserait [1] dans le goût qu'ils ont quelquefois à mettre les sots en vue et à anéantir le mérite [2] quand il leur arrive [3] de le discerner; qui bannirait des cours les brigues, les cabales, les mauvais offices, la bassesse, la flatterie, la fourberie; qui ferait d'une cour orageuse, pleine de mouvements et d'intrigues, comme une pièce comique ou même tragique [4], dont les sages ne seraient que les spectateurs; qui remettrait de la dignité dans les différentes conditions [5] des hommes, de la sérénité sur leurs visages; qui étendrait leur liberté; qui réveillerait [6] en eux, avec les talents naturels, l'habitude du travail et de l'exercice; qui les exciterait à l'émulation, au désir de la gloire, à l'amour de la vertu; qui, au lieu de courtisans vils, inquiets, inutiles, souvent onéreux à la république, en [7] ferait ou de sages économes [8], ou d'excellents pères de famille, ou des juges intègres, ou de bons officiers [9], ou de grands capitaines, ou des orateurs, ou des philosophes; et qui ne leur attirerait à tous nul autre inconvénient que celui peut-être de laisser à leurs héritiers moins de trésors que de bons exemples [10].

12. Il faut en France beaucoup de fermeté et une grande étendue d'esprit pour se passer des charges et des emplois, et consentir ainsi à demeurer chez soi, et à ne rien faire [11]. Personne presque n'a assez de mérite pour jouer ce rôle avec dignité [12], ni assez de fond pour remplir le vide du temps, sans ce que le vulgaire appelle des affaires. Il ne manque cependant à l'oisiveté du sage qu'un meilleur nom, et

---

1. *Traverserait.* Contrarierait.
2. En lui refusant toute occasion de se produire.
3. Quand, par hasard, ils le discernent.
4. *Tragique.* Dans cette cour orageuse, il y a de véritables naufrages.
5. Chaque condition, la moins haute elle-même, a sa dignité.
6. *Réveillerait.* Ils ont d'abord travaillé; mais le découragement leur est bientôt venu.
7. *En.* Cf. p. 18, n. 4.

8. *Économes.* Administrateurs. Cf. p. 146, n. 21; p. 185, n. 6; p. 391, n. 2.
9. *Officiers.* Ceux qui remplissent un office.
10. On sent déjà, dans ce vigoureux morceau, l'esprit et presque le ton du xviiie siècle.
11. *Ne rien faire.* N'exercer aucune fonction publique. C'est le latin *otium*.
12. *Otium cum dignitate*; avec cette différence que Cicéron parle ainsi d'une dignité plutôt extérieure, et La Bruyère de celle qui s'attache au mérite et à la vertu.

CH. II. — DU MÉRITE PERSONNEL.

que [1] méditer, parler, lire, et être tranquille s'appelât travailler.

13. Un homme de mérite, et qui est en place, n'est jamais incommode par sa vanité ; il s'étourdit moins du poste qu'il occupe qu'il n'est humilié [2] par un plus grand qu'il ne remplit pas et dont il se croit digne : plus capable d'inquiétude [3] que de fierté ou de mépris pour les autres, il ne pèse qu'à soi-même [4].

14. Il coûte à un homme de mérite de faire assidûment sa cour, mais par une raison bien opposée à celle que l'on pourrait croire [5] : il n'est point tel [6] sans une grande modestie, qui l'éloigne de penser qu'il fasse le moindre plaisir aux princes s'il se trouve sur leur passage, se poste devant leurs yeux, et leur montre son visage : il est plus proche de [7] se persuader qu'il les importune, et il a besoin de toutes les raisons tirées de l'usage et de son devoir pour se résoudre à se montrer. Celui au contraire qui a bonne opinion de soi, et que le vulgaire appelle un glorieux [8], a du goût à se faire valoir, et il fait sa cour avec d'autant plus de confiance qu'il est incapable de s'imaginer que les grands dont il est vu pensent autrement de sa personne qu'il fait [9] lui-même.

15. Un honnête homme se paye par ses mains de l'application qu'il a à son devoir par le plaisir qu'il sent à le faire,

---

1. *Et que.* Il ne manque qu'un meilleur nom et que ceci, à savoir que, etc.
2. *Humilié.* Rappelé à l'humilité, mais, comme le montre la suite, à une humilité dont il souffre.
3. *D'inquiétude.* Ce n'est plus ici le sage, ce sage tranquille dont La Bruyère faisait tout à l'heure le portrait. — Le mot *inquiétude* a son sens étymologique. Cf. p. 91, n. 7 ; p. 186, n. 3 ; p. 308, n. 13 ; p. 331, n. 15.
4. *Soi-même.* Construction régulière au XVIIᵉ siècle avec un sujet déterminé. Cf. p. 47, n. 1 ; p. 48, n. 6 ; p. 57, n. 3 ; p. 73, n. 6 ; p. 75, n. 10 ; p. 79, n. 1 ; p. 86, n. 4 ; p. 90, n. 2 ; p. 92, n. 9 ; p. 93, n. 8 ; p. 117, n. 7 ; p. 131, n. 3 ; p. 138, n. 10, n. 11 ; p. 155, n. 10, 12 ; p. 163, n. 2 ; p. 176, n. 3 ; p. 182, n. 6 ; p. 208, n. 7, 9 ; p. 221, n. 5 ; p. 222, n. 3 ; p. 223, n. 3 ; p. 225, n. 6 ; p. 226, n. 5 ; p. 230, n. 6 ; p. 238, n. 6, 7 ; p. 240, n. 3 ; p. 242, n. 1 ; p. 243, n. 3 ; p. 245, n. 3 ; p. 248, n. 6, 7 ; p. 252, n. 6 ; p. 254, n. 11 ; p. 263, n. 12 ; p. 285, n. 8 ; p. 291, n. 6 ; p. 292, n. 3 ; p. 301, n. 4 ; p. 307, n. 5 ; p. 312, n. 3 ; p. 313, n. 10 ; p. 321, n. 9 ; p. 323, n. 5 ; p. 345, n. 7 ; p. 350, n. 4 ; p. 365, n. 6 ; p. 370, n. 4 ; p. 375, n. 5 ; p. 377, n. 6 ; p. 381, n. 2, 4 ; p. 391, n. 7 ; p. 392, n. 3 ; p. 415, n. 1.
5. On pourrait croire que c'est par orgueil.
6. *Tel.* Homme de mérite. La Bruyère ne sépare pas ici le mérite de la modestie. *Tel* peut encore signifier : *ainsi fait qu'il lui coûte de*, etc. Mais le premier sens est mieux en accord avec la suite.
7. *Plus proche de.* Construction tombée en désuétude. Cf. p. 83, n. 1 ; p. 122, n. 7. — Cf. plus haut *l'éloigne de penser*.
8. *Glorieux.* Dans la langue des « honnêtes gens », le mot ne se prenait encore qu'en bonne part.
9. *Qu'il fait.* Le *ne*, dans ces constructions, s'omettait surtout avec le verbe *faire* employé comme substitut d'un verbe précédent. Cf. p. 19, n. 2.

et se désintéresse sur [1] les éloges, l'estime et la reconnaissance qui lui manquent quelquefois.

16. Si j'osais faire une comparaison [2] entre deux conditions tout à fait inégales, je dirais qu'un homme de cœur [3] pense à remplir ses devoirs à peu près comme le couvreur songe à couvrir : ni l'un ni l'autre ne cherchent à exposer leur vie, ni ne sont détournés par le péril; la mort pour eux est un inconvénient dans le métier [4], et jamais un obstacle. Le premier aussi n'est guère plus vain d'avoir paru à la tranchée [5], emporté un ouvrage [6] ou forcé un retranchement, que celui-ci d'avoir monté sur de hauts combles ou sur la pointe d'un clocher. Ils ne sont tous deux appliqués qu'à bien faire [7], pendant que le fanfaron travaille à ce que l'on dise de lui qu'il a bien fait.

17. La modestie est au mérite ce que les ombres sont aux figures dans un tableau : elle lui donne de la force et du relief.

Un extérieur simple est l'habit [8] des hommes vulgaires, il est taillé pour eux et sur leur mesure; mais c'est une parure pour ceux qui ont rempli leur vie de grandes actions : je les compare à une beauté négligée, mais plus piquante [9].

Certains hommes, contents d'eux-mêmes, de quelque action ou de quelque ouvrage qui ne leur a pas mal réussi, et ayant ouï dire que la modestie sied bien aux grands hommes, osent [10] être modestes, contrefont les simples et les naturels [11] : semblables à ces gens d'une taille médiocre qui se baissent aux portes, de peur de se heurter.

18. Votre fils est bègue : ne le faites pas monter sur la tribune. Votre fille est née pour le monde : ne l'enfermez

---

1. *Sur.* Très fréquent pour *quant à, au sujet de.* Cf. p. 53, n. 5; p. 71, n. 3; p. 124, n. 3; p. 130, n. 4; p. 140, n. 5; p. 153, n. 10; p. 167, n. 3; p. 168, n. 6; p. 169, n. 12; p. 177, n. 12; p. 181, n. 1; p. 183, n. 7; p. 184, n. 1; p. 199, n. 3; p. 202, n. 12; p. 205, n. 11; p. 213, n. 10; p. 261, n. 12; p. 291, n. 8; p. 298, n. 7; p. 333, n. 3; p. 380, n. 8; p. 394, n. 1; p. 419, n. 3.
2. Pascal l'avait déjà faite. Cf. *Pensées*, III, 4.
3. *Un homme de cœur.* Un homme courageux, et, spécialement, un vaillant soldat.
4. On dit *le métier des armes.*
5. *Tranchée.* Fossé creusé par l'assiégeant afin de s'approcher à couvert de la place.
6. *Ouvrage.* Des ouvrages sont, en termes de fortification, les travaux avancés qui protègent une place.
7. *Bien faire.* Cf. p. 35, n. 6.
8. *L'habit.* Au figuré, par opposition à *parure.*
9. *Mais plus piquante.* Par cela même qu'elle est négligée.
10. *Osent être modestes.* Se hasardent à, etc. Ils peuvent craindre que leur modestie ne dérobe leur mérite.
11. Cf. p. 37, n. 10.

pas parmi les vestales [1]. *Xanthus*, votre affranchi, est faible et timide : ne différez pas, retirez-le des légions et de la milice. « Je veux l'avancer », dites-vous. Comblez-le de biens, surchargez-le de terres, de titres et de possessions; servez-vous du temps [2]; nous vivons dans un siècle où elles [3] lui feront plus d'honneur que la vertu. « Il m'en coûterait trop », ajoutez-vous. Parlez-vous sérieusement, *Crassus*? Songez-vous que c'est une goutte d'eau que vous puisez du Tibre pour enrichir Xanthus que vous aimez, et pour prévenir les honteuses suites d'un engagement [4] où [5] il n'est pas propre?

19. Il ne faut regarder dans ses amis que la seule vertu qui nous attache à eux, sans aucun examen de leur bonne ou de leur mauvaise fortune; et quand on se sent capable de les suivre dans leur disgrâce [6], il faut les cultiver hardiment et avec confiance jusque dans leur plus grande prospérité.

20. S'il est ordinaire d'être vivement touché des choses rares, pourquoi le sommes-nous si peu de la vertu?

21. S'il est heureux d'avoir de la naissance, il ne l'est pas moins d'être tel qu'on ne s'informe plus si vous en avez.

22. Il apparaît de temps en temps sur la surface de la terre [7] des hommes rares, exquis, qui brillent par leur vertu, et dont les qualités éminentes jettent un éclat prodigieux. Semblables à ces étoiles extraordinaires dont on ignore les causes [8], et dont on sait encore moins ce qu'elles deviennent après avoir disparu, ils n'ont ni aïeuls [9] ni descendants : ils composent seuls toute leur race.

23. Le bon esprit nous découvre notre devoir, notre engagement [10] à le faire, et, s'il y a du péril, avec péril : il inspire le courage [11], ou il y supplée [12].

---

1. Autrement dit : Ne l'enfermez pas dans un couvent.
2. Conformez-vous au temps pour en tirer profit.
3. *Elles.* Dans la sixième édition, de laquelle date ce caractère, il n'y a pas le mot *titres*.
4. *Engagement.* Les obligations de son emploi. Cf. p. 37, n. 5.
5. *Où.* Auquel. Cf. p. 19, n. 4.
6. Il s'agit d'amis haut placés.
7. La solennité du tour est en accord avec l'extraordinaire vertu de ces hommes rares.
8. *Dont... les causes.* Les causes qui ont fait apparaître ces étoiles.
9. *Aïeuls.* Aïeux. Cf. p. 115, n. 5 p. 151, n. 3; p. 209, n. 8.
10. *Engagement.* Obligation. Cf p. 37, n. 5.
11. La Bruyère veut dire sans doute qu'on fait son devoir avec plus de courage quand on en a une vue bien nette.
12. A défaut du courage naturel, le sentiment d'un devoir qui nous est clairement découvert nous rend capables de le remplir, même avec péril. Mais c'est là d'ailleurs une forme de courage.

24. Quand on excelle dans son art, et qu'on lui donne toute la perfection dont il est capable, l'on en sort [1] en quelque manière, et l'on s'égale à ce qu'il y a de plus noble et de plus relevé. V [2]... est un peintre, C [3]... un musicien et l'auteur de *Pyrame* [4] est un poète; mais MIGNARD est MIGNARD, LULLI est LULLI, CORNEILLE est CORNEILLE.

25. Un homme libre et qui [5] n'a point de femme, s'il a quelque esprit, peut s'élever au-dessus de sa fortune, se mêler dans [6] le monde, et aller de pair avec les plus honnêtes gens [7]. Cela est moins facile à celui qui est engagé [8]; il semble que le mariage met tout le monde dans son ordre [9].

26. Après le mérite personnel, il faut l'avouer [10], ce sont les éminentes dignités et les grands titres dont les hommes tirent plus [11] de distinction et plus d'éclat; et qui ne sait être un ÉRASME [12] doit penser à être évêque. Quelques-uns, pour étendre leur renommée, entassent sur leurs personnes des pairies, des colliers d'ordre, des primaties [13], la pourpre [14], et ils auraient besoin d'une tiare [15]; mais quel besoin a *Trophime* [16] d'être cardinal?

27. L'or éclate, dites-vous, sur les habits de *Philémon*. Il éclate de même chez les marchands. — Il est habillé des plus belles étoffes. — Le sont-elles moins [17] toutes déployées dans les boutiques et à la pièce [18]? — Mais la broderie et les ornements y ajoutent encore la magnificence. — Je loue donc le travail de l'ouvrier. — Si on lui demande quelle heure il est, il tire une montre qui est un chef-d'œuvre; la garde de son

---

1. *On en sort.* C'est-à-dire que l'artiste parfait ne se désigne plus par le nom de son art, ne se confond plus avec tous ceux qui pratiquent cet art. Dire que Corneille est un poète, c'est lui faire tort en ne le mettant pas à part de tous les autres poètes, qu'il a de si loin passés.
2. *V...* Vignon, peintre d'histoire.
3. *C...* Colasse, gendre de Lulli.
4. Pradon.
5. *Et qui*, etc., n'est que l'explication de *libre*. Cf. p.58,n.7 ; p.93,n.10.
6. *Dans.* Cf. Molière :
Dans le brillant commerce il se mêle sans cesse.
(*Mis.*, I, II.)
7. La meilleure société.
8. *Engagé.* Par le mariage.
9. À son rang, celui que lui assigne sa « fortune ».
10. Ces dignités et ces titres sont en eux-mêmes méprisables.
11. *Plus.* Pour *le plus.* Cf. p. 1, n. 6.
12. *Érasme.* Cf. p. 1, n. 2.
13. *Primaties.* La primatie est la dignité de primat, titre donné à quelques archevêques qui ont la primauté sur les prélats d'une région.
14. *La pourpre.* Insigne des cardinaux.
15. C'est-à-dire que la tiare seule pourrait faire illusion sur leur mérite.
16. Bossuet, dont les relations avec La Bruyère sont bien connues.
17. *Le sont-elles moins.* Moins belles.
18. *A la pièce.* Non coupées.

épée est un onyx [1], il a au doigt un gros diamant qu'il fait briller aux yeux, et qui est parfait; il ne lui manque aucune de ces curieuses bagatelles que l'on porte sur soi autant pour la vanité que pour l'usage, et il ne se plaint [2] non plus toute sorte de parure qu'un jeune homme qui a épousé une riche vieille. — Vous m'inspirez enfin de la curiosité; il faut voir du moins [3] des choses si précieuses : envoyez-moi cet habit et ces bijoux de Philémon : je vous quitte [4] de la personne.

Tu te trompes, Philémon, si avec ce carrosse brillant, ce grand nombre de coquins [5] qui te suivent, et ces six bêtes qui te traînent, tu penses que l'on t'en estime davantage : l'on écarte [6] tout cet attirail qui t'est étranger, pour pénétrer jusques à toi, qui n'es qu'un fat [7].

Ce n'est pas qu'il faut [8] quelquefois pardonner à celui qui, avec un grand cortège, un habit riche et un magnifique équipage, s'en croit plus de naissance et plus d'esprit : il lit cela dans la contenance et dans les yeux de ceux qui lui parlent.

28. Un homme à la cour, et souvent à la ville, qui a un long manteau de soie ou de drap de Hollande, une ceinture large et placée haut sur l'estomac, le soulier de maroquin, la calotte de même, d'un beau grain [9], un collet bien fait et bien empesé [10], les cheveux arrangés et le teint vermeil, qui avec cela se souvient [11] de quelques distinctions métaphysiques, explique ce que c'est que la lumière de gloire [12], et sait précisément [13] comment l'on voit Dieu, cela s'appelle un docteur. Une personne humble, qui est ensevelie dans le cabinet, qui a médité, cherché, consulté, confronté, lu ou écrit pendant toute sa vie, est un homme docte.

29. Chez nous le soldat est brave et l'homme de robe est savant; nous n'allons pas plus loin. Chez les Romains

---

1. *Onyx.* « Agate. » (*Note de La Bruyère.*)
2. Il ne se refuse.
3. *Du moins.* Nous dirions plutôt *au moins.* Cf. p. 69, n. 9; p. 139, n. 7; p. 173, n. 2; p. 217, n. 3; p. 255, n. 11; p. 314, n. 4; p. 375, n. 9; p. 385, n. 1; p. 396, n. 1.
4. *Quitte.* Cf. p. 16, n. 7.
5. *Coquins.* Les valets.
6. *L'on écarte.* Ceux qui savent juger. Mais voyez la correction dans l'alinéa suivant.
7. *Fat.* Cf. p. 36, n. 3.
8. Locution très elliptique, qui équivaut à *néanmoins, après tout.* Peut-être faut-il l'expliquer de la façon suivante : Ce que je dis n'est pas qu'il faut, etc., mais j'aurais pu, je pourrais le dire.
9. *Grain.* Aspérités du cuir.
10. Tel était l'habillement des docteurs en théologie de la Sorbonne.
11. Pure affaire de mémoire.
12. Secours que Dieu donne aux âmes des bienheureux, pour qu'elles puissent le voir face à face. (*Dict. de Trévoux.*)
13. *Précisément.* Avec précision. Ironique. Cf. 237, n. 2.

l'homme de robe était brave, et le soldat était savant : un Romain était tout ensemble et le soldat et l'homme de robe.

30. Il semble que le héros est d'un seul métier, qui est celui de la guerre, et que le grand homme est de tous les métiers, ou de la robe, ou de l'épée, ou du cabinet, ou de la cour : l'un et l'autre mis ensemble ne pèsent [1] pas un homme de bien.

31. Dans la guerre, la distinction entre le héros et le grand homme est délicate : toutes les vertus militaires font l'un et l'autre. Il semble néanmoins que le premier soit jeune [2], entreprenant, d'une haute valeur, ferme dans les périls, intrépide; que l'autre excelle par un grand sens, par une vaste prévoyance, par une haute capacité, et par une longue expérience [3]. Peut-être qu'ALEXANDRE n'était qu'un héros, et que CÉSAR était un grand homme [4].

32. *Émile* [5] était né ce que les plus grands hommes ne deviennent qu'à force de règles [6], de méditation et d'exercice. Il n'a eu dans ses premières années qu'à remplir des talents [7] qui étaient naturels, et qu'à se livrer à son génie. Il a fait [8], il a agi, avant que de [9] savoir, ou plutôt il a su ce qu'il n'avait jamais appris. Dirai-je que les jeux de son enfance ont été plusieurs victoires? Une vie accompagnée d'un extrême bonheur joint à une longue expérience serait illustrée par les seules actions qu'il avait achevées dès sa jeunesse [10]. Toutes les occasions de vaincre qui se sont depuis offertes, il les a embrassées; et celles qui n'étaient pas, sa

---

1. *Ne pèsent pas.* Plus pittoresque que *ne valent pas.*
2. Par opposition à *longue expérience* de ci-dessous.
3. La Bruyère réserverait donc au grand homme les qualités qui relèvent plutôt de l'intelligence. Quant à la vertu, elle est le propre de « l'homme de bien » qu'il vient de mettre au-dessus du grand homme comme du héros.
4. C'est faire tort à Alexandre que de lui refuser le titre de grand homme quand on l'accorde à César. Cf. Montaigne, *Essais*, II, 36; Saint-Évremond, *Jugement sur César et Alexandre*; Montesquieu, *Esprit des lois*.
5. *Émile.* Le grand Condé. Plusieurs traits de ce caractère rappellent l'*Oraison* de Bossuet. Cf. encore la Lettre de Voiture au prince de Condé, alors duc d'Enghien, après Rocroy.
6. En étudiant les règles de leur art.
7. *Remplir des talents.* Ces talents sont considérés comme des « capacités », au sens étymologique du mot.
8. *Fait.* Dans le sens absolu, par opposition à *savoir.* Nous l'opposons de la même manière à *dire.*
9. *Avant que de.* Construction très fréquente au XVIIe siècle. Cf. p. 57, n. 11; p. 81, n. 1; p. 92, n. 1; p. 98, n. 4; p. 136, n. 12; p. 222, n. 1; p. 373, n. 8; p. 388, n. 5; p. 392, n. 4, 5.
10. Cf. Bossuet : « C'en serait assez pour illustrer une autre vie que la sienne; mais, pour lui, c'est le premier pas de sa course ».

CH. II. — DU MÉRITE PERSONNEL.   45

vertu et son étoile les ont fait naître : admirable même [1] et par les choses qu'il a faites, et par celles qu'il aurait pu faire [2]. On l'a regardé comme un homme incapable de céder à l'ennemi, de plier sous le nombre ou sous les obstacles; comme une âme du premier ordre, pleine de ressources et de lumières, et qui voyait encore où personne ne voyait plus; comme celui qui [3], à la tête des légions, était pour elles un présage de la victoire, et qui valait seul plusieurs légions; qui était grand dans la prospérité, plus grand quand la fortune lui a été contraire (la levée d'un siège [4], une retraite, l'ont plus ennobli que ses triomphes; l'on ne met qu'après les batailles gagnées et les villes prises); qui était rempli de gloire et de modestie; on lui a entendu dire : *Je fuyais*, avec la même grâce qu'il disait : *Nous les battîmes*; un homme dévoué à l'État [5], à sa famille, au chef de sa famille [6], sincère pour Dieu et pour les hommes, autant admirateur du mérite que s'il lui eût été moins propre et moins familier; un homme vrai, simple, magnanime, à qui il n'a manqué que les moindres vertus [7].

33. Les enfants des Dieux [8], pour ainsi dire se tirent [9] des règles de la nature, et en sont comme l'exception. Ils n'attendent presque rien du temps et des années. Le mérite chez eux devance l'âge. Ils naissent instruits, et ils sont plus tôt des hommes parfaits [10] que le commun des hommes ne sort de l'enfance.

34. Les vues courtes, je veux dire les esprits bornés et resserrés dans leur petite sphère, ne peuvent comprendre cette universalité de talents que l'on remarque quelquefois dans un même [11] sujet [12] : où ils voient l'agréable,

---

1. Ce *même* n'est pas bien clair. Il ne devrait retomber, semble-t-il, que sur le dernier membre.
2. *Celles qu'il aurait pu faire.* Cf. même chapitre, § 6. Après le traité des Pyrénées, Condé dut longtemps rester inactif.
3. *Celui qui.* Lui et aucun autre.
4. Allusion au siège de Lérida. Cf. Bossuet : « Parmi tant de fortes places attaquées, il n'y en eut qu'une seule qui put échapper à ses mains; encore releva-t-elle la gloire du prince ». (*Or. funèbre de Condé*.)
5. La Bruyère ne dit rien de la part que Condé prit à la Fronde et de son alliance avec les Espagnols.
6. Au roi.
7. *Les moindres vertus.* Allusion discrète à son humeur impatiente, à ce que Bossuet appelle par euphémisme ses promptes saillies.
8. « Fils, petit-fils, issus de rois. » (*Note de La Bruyère.*)
9. *Se tirent.* Cf. Molière :

Tirons-nous de ce bois et de ce coupe-gorge
(*Mis.*, V. 1.)

10. *Parfaits.* Comme on dit *homme fait*, mais avec plus de sens; par opposition à *sort de l'enfance*.
11. *Un même.* S'accorderait mieux avec *diversité* qu'avec *universalité*.
12. *Sujet.* Cf. p. 26, n. 3.

ils en [1] excluent le solide ; où ils croient découvrir les grâces du corps, l'agilité, la souplesse, la dextérité, ils ne veulent plus y [2] admettre les dons de l'âme, la profondeur, la réflexion, la sagesse : ils ôtent de l'histoire de SOCRATE qu'il ait dansé.

35. Il n'y a guère d'homme si accompli et si nécessaire aux siens, qu'il n'ait de quoi se faire moins regretter [3].

36. Un homme d'esprit et d'un caractère simple et droit peut tomber dans quelque piège; il ne pense pas que personne veuille lui en dresser, et le choisir [4] pour être sa dupe : cette confiance le rend moins précautionné, et les mauvais plaisants [5] l'entament [6] par cet endroit. Il n'y a qu'à perdre pour ceux qui en viendraient à une seconde charge [7] : il n'est trompé qu'une fois.

J'éviterai avec soin d'offenser personne, si je suis équitable; mais sur toutes choses un homme d'esprit, si j'aime le moins du monde des intérêts.

37. Il n'y a rien de si délié [8], de si simple et de si imperceptible, où il n'entre des manières qui nous décèlent. Un sot ni n'entre, ni ne sort, ni ne s'assied, ni ne se lève, ni ne se tait, ni n'est sur ses jambes, comme un homme d'esprit.

38. Je connais Mopse [9] d'une [10] visite qu'il m'a rendue sans me connaître; il prie des gens qu'il ne connait point de le mener chez d'autres dont il n'est pas connu; il écrit à des femmes qu'il connait de vue [11]. Il s'insinue dans un cercle de personnes respectables, et qui ne savent quel [12] il est, et là, sans attendre qu'on l'interroge, ni sans sentir qu'il interrompt, il parle, et souvent, et ridiculement. Il entre une

---

1. *En.* Représente l'antécédent sous-entendu de *où.*
2. *Y.* De même.
3. *Qu'il n'ait de quoi*, etc. Qu'il n'ait des défauts qui font moins regretter sa perte.
4. *Choisir.* Lui, de préférence à tel ou tel autre qui a moins d' « esprit », et devrait être plus aisément trompé, qui n'a pas cette droiture et que, par conséquent, on devrait plus volontiers choisir pour dupe.
5. *Les mauvais plaisants.* Ce mot indique à quel genre de « piège » La Bruyère fait allusion.
6. Terme emprunté au langage de l'escrime ou de la guerre.
7. En accord avec *entament.*
8. *Délié.* Menu, mince, insignifiant.
9. *Mopse.* L'abbé de Saint-Pierre.
10. *D'une.* Par une. La langue du xviie siècle met *de* en bien des cas où nous mettons *par.* Cf. p. 49, n. 2; p. 51, n. 1; p. 59, n. 8; p. 125, n. 6; p. 127, n. 12; p. 158, n. 4; p. 168, n. 11; p. 183, n. 9; p. 184, n. 13; p. 209, n. 1; p. 239, n. 7; p. 241, n. 5; p. 256, n. 11; p. 258, n. 1; p. 270, n. 3; p. 275, n. 2; p. 281, n. 4; p. 286, n. 8; p. 290, n. 4; p. 295, n. 4; p. 297, n. 6; p. 309, n. 3; p. 375, n. 13; p. 397, n. 9; p. 407, n. 9; p. 429, n. 6.
11. Qu'il ne connait que de vue.
12. *Quel.* Ne désigne pas ici la qualité (*qualis*). Nous dirions *qui.*

autre fois dans une assemblée, se place où il se trouve, sans nulle attention aux autres, ni à soi-même [1]; on l'ôte d'une place destinée à un ministre, il s'assied à celle du duc et pair; il est là précisément celui dont la multitude rit, et qui seul est grave et ne rit point. Chassez un chien du fauteuil du Roi, il grimpe à la chaire du prédicateur; il regarde le monde indifféremment, sans embarras, sans pudeur; il n'a pas, non plus que le sot, de quoi rougir [2].

39. *Celse* est d'un rang médiocre, mais des grands le souffrent; il n'est pas savant, il a relation avec des savants; il a peu de mérite, mais il connaît des gens qui en ont beaucoup; il n'est pas habile [3], mais il a une langue qui peut servir de truchement, et des pieds qui peuvent le porter d'un lieu à un autre. C'est un homme né pour les allées et venues, pour écouter des propositions [4] et les rapporter, pour en faire d'office [5], pour aller plus loin que sa commission [6] et en [7] être désavoué, pour réconcilier des gens qui se querellent à leur première entrevue; pour réussir dans une affaire et en manquer mille, pour se donner toute la gloire de la réussite, et pour détourner sur les autres la haine d'un mauvais succès [8]. Il sait les bruits communs [9], les historiettes de la ville; il ne fait rien, il dit ou il écoute ce que les autres font, il est nouvelliste; il sait même le secret des familles : il entre dans de plus hauts mystères : il vous dit pourquoi celui-ci est exilé, et pourquoi on rappelle cet autre; il connaît le fond et les causes de la brouillerie des deux frères [10], et de la rupture des deux ministres [11]. N'a-t-il pas prédit aux premiers les tristes suites de leur mésintelligence? N'a-t-il pas dit de ceux-ci que leur union ne serait pas longue? N'était-il pas présent à de certaines paroles qui furent dites? N'entra-t-il pas dans une espèce de négociation? Le voulut-on croire? fut-il écouté? A qui parlez-vous

1. *Soi-même*. Cf. p. 39, n. 1.
2. *De quoi rougir*. Il manque au sot ce qui fait rougir, c'est-à-dire le tact, le discernement, la délicatesse.
3. *Habile*. Cf. p. 7, n. 6.
4. Il s'agit ici d'un diplomate. Les clefs indiquent le baron de Breteuil qui fut en ambassade à Mantoue.
5. *D'office*. De lui-même, sans en être requis.
6. *Commission*. Mandat.
7. *En*. De cela, c'est-à-dire d'aller plus loin, etc.
8. *La haine*, etc. La réprobation, l'odieux qui s'attachent à un mauvais succès.
9. *Communs*. Qui courent partout.
10. Allusion à Claude Le Pelletier et à un de ses frères.
11. Louvois et Seignelay. Le premier ne voulait pas qu'on fît la guerre pour rétablir Jacques II; le second soutenait que la dignité de Louis XIV était en jeu.

de ces choses? Qui a eu plus de part que Celse à toutes ces intrigues de cour? Et si cela n'était ainsi, s'il ne l'avait du moins ou rêvé ou imaginé, songerait-il à vous le faire croire? aurait-il l'air important et mystérieux d'un homme revenu d'une ambassade?

40. *Ménippe* [1] est l'oiseau paré de divers plumages qui ne sont pas à lui. Il ne parle pas, il ne sent [2] pas; il répète des sentiments et des discours, se sert même si naturellement de l'esprit des autres qu'il y est le premier trompé, et qu'il croit souvent dire son goût ou expliquer sa pensée, lorsqu'il n'est que l'écho de quelqu'un qu'il vient de quitter. C'est un homme qui est de mise [3] un quart d'heure de suite, qui le moment d'après [4] baisse, dégénère, perd le peu de lustre qu'un peu de mémoire lui donnait, et montre la corde. Lui seul ignore combien il est au-dessous du sublime et de l'héroïque [5]; et incapable de savoir jusqu'où l'on peut avoir de l'esprit, il croit naïvement que ce qu'il en a est tout ce que les hommes en sauraient avoir : aussi a-t-il l'air et le maintien de celui qui n'a rien à désirer sur ce chapitre et ne porte envie à personne. Il se parle souvent à soi-même [6], et il ne s'en cache pas, ceux qui passent le [7] voient, et qu'il semble [8] toujours prendre un parti, ou décider qu'une telle chose est sans réplique. Si vous le saluez quelquefois [9], c'est le jeter dans l'embarras de savoir s'il doit rendre le salut ou non; et pendant qu'il délibère, vous êtes déjà hors de portée. Sa vanité l'a fait honnête homme, l'a mis au-dessus de lui-même, l'a fait devenir ce qu'il n'était pas. L'on juge, en le voyant, qu'il n'est occupé que de sa personne; qu'il sait que tout lui sied bien, et que sa parure est assortie; qu'il croit que tous les yeux sont ouverts sur lui, et que les hommes se relayent pour le contempler [10].

---

1. Le maréchal de Villeroi.
2. Cf. un peu plus loin *sentiments*, et aussi *dire son goût*.
3. Comparaison avec un habit. Cf. un peu plus loin *lustre, montre la corde*.
4. Un quart d'heure, pas un moment de plus.
5. Cf. p. 8, n. 10.
6. *A soi-même*. Cf. p. 39, n. 4.
7. *Le*. Au neutre. Qu'il se parle.
8. *Qu'il semble*. Changement de construction très fréquent au xviie siècle. Cf. p. 79, n. 6; p. 122, n. 5; p. 130, n. 6; p. 140, n. 9; p. 146, n. 2; p. 195, n. 8; p. 231, n. 1; p. 238, n. 8; p. 239, n. 5; p. 241, n. 10; p. 246, n. 5; p. 250, n. 4; p. 276. n. 7; p. 315, n. 6; p. 331, n. 8; p. 336, n. 3; p. 387, n. 8; p. 401, n. 6; p. 412, n. 6; p. 421, n. 8; p. 425, n. 2; p. 431, n. 4.
9. *Quelquefois*. Une fois, d'aventure.
10. Ce « caractère » est fait manifestement d'après nature; cela se voit à la diversité des traits, qui même ne sont pas toujours bien liés entre eux. Un portrait de convention serait plus *un*.

41. Celui qui, logé chez lui, dans un palais, avec deux appartements pour les deux saisons, vient coucher au Louvre[1], dans un entre-sol, n'en use pas ainsi par modestie : cet autre qui, pour conserver une taille fine, s'abstient du vin et ne fait qu'un seul repas, n'est ni sobre ni tempérant; et d'un troisième qui, importuné d'un[2] ami pauvre, lui donne enfin quelque secours, l'on dit qu'il achète son repos, et nullement qu'il est libéral. Le motif seul fait le mérite des actions des hommes, et le désintéressement y met la perfection.

42. La fausse grandeur est farouche et inaccessible : comme elle sent son faible, elle se cache, ou du moins ne se montre pas de front, et ne se fait voir qu'autant qu'il faut pour imposer et ne paraître point ce qu'elle est, je veux dire une vraie petitesse[3]. La véritable grandeur est libre[4], douce, familière, populaire; elle se laisse toucher et manier, elle ne perd rien à être vue de près; plus on la connaît, plus on l'admire. Elle se courbe par bonté vers ses inférieurs, et revient sans effort dans son naturel[5]; elle s'abandonne quelquefois, se néglige, se relâche de ses avantages, toujours en pouvoir de les reprendre et de les faire valoir; elle rit, joue et badine, mais avec dignité; on l'approche tout ensemble avec liberté et avec retenue. Son caractère est noble et facile, inspire le respect et la confiance, et fait que les princes nous paraissent grands et très grands, sans nous faire sentir que nous sommes petits.

43. Le sage guérit de l'ambition par l'ambition même; il tend à de si grandes choses, qu'il ne peut se borner[6] à ce qu'on appelle des trésors, des postes, la fortune et la faveur : il ne voit rien dans de si faibles avantages qui soit assez bon et assez solide pour remplir son cœur, et pour mériter ses soins et ses désirs; il a même besoin d'efforts pour ne les pas trop dédaigner. Le seul bien capable de le tenter est cette sorte de gloire qui devrait naître de la vertu toute pure et toute simple; mais les hommes ne l'accordent guère, et il s'en passe.

44. Celui-là est bon qui fait du bien aux autres; s'il souffre

---

1. Plutôt à Versailles, que le roi habitait alors.
2. *D'un.* Cf. p. 46, n. 10.
3. *Une vraie petitesse.* Par opposition à *fausse grandeur.*
4. *Libre.* Sans contrainte.
5. *Se courbe... revient,* etc. Comparaison sous-entendue avec une tige flexible.
6. *Se borner.* Borner ses désirs.

pour le bien qu'il fait, il est très bon ; s'il souffre de [1] ceux à qui il a fait ce bien, il a une si grande bonté qu'elle ne peut être augmentée que dans le cas où ces souffrances viendraient à croître, et s'il en [2] meurt, sa vertu ne saurait aller plus loin : elle est héroïque, elle est parfaite.

1. *De ceux.* Du fait de ceux.
2. *En.* Représente sans doute *de ceux*, et non pas *souffrir* ou *souffrances*. Il faut donc expliquer : S'il meurt par le fait de ceux-ci. Cf. p. 18, n. 4.

CHAPITRE III

Des Femmes.

1. Les hommes et les femmes conviennent [1] rarement sur le mérite d'une femme : leurs intérêts [2] sont trop différents. Les femmes ne se plaisent point les unes aux autres par les mêmes agréments qu'elles [3] plaisent aux hommes : mille manières qui allument dans ceux-ci les grandes passions forment [4] entre elles l'aversion et l'antipathie.

2. Il y a dans quelques femmes une grandeur artificielle, attachée au mouvement des yeux, à un air de tête, aux façons de marcher, et qui ne va pas plus loin; un esprit éblouissant qui impose, et que l'on n'estime que parce qu'il n'est pas approfondi [5]. Il y a dans quelques autres une grandeur simple, naturelle, indépendante du geste et de la démarche, qui a sa source dans le cœur, et qui est comme une suite de leur haute naissance; un mérite paisible [6], mais solide, accompagné de mille vertus qu'elles ne peuvent couvrir de toute leur modestie, qui échappent [7], et qui se montrent à ceux qui ont des yeux.

3. J'ai vu souhaiter d'être fille, et [8] une belle fille, depuis treize ans jusqu'à vingt-deux, et après cet âge, de devenir un homme.

---

1. *Conviennent.* Sont d'accord. Cf. p. 59, n. 3; p. 107, n. 2; p. 358, n. 7.

2. *Intérêts.* Ce qui les intéresse, les touche.

3. *Qu'elles.* Latinisme. Nous serions obligés de dire *par lesquels elles.* Cf. p. 152, n. 5; p. 237, n. 8; p. 241, n. 9; p. 279, n. 5; p. 318, n. 4.

4. *Forment.* Font naître. Cf. Racine :

Ta haine a pris plaisir à former ma misère.
(*Androm.*, V, v.)

5. *Parce qu'il n'est pas approfondi.* Parce qu'on ne pénètre pas au delà de la surface.

6. Qui ne fait pas de bruit et d'embarras.

7. *Échappent.* A cette sorte de voile avec lequel La Bruyère compare la modestie.

8. *Et.* La conjonction a ici un sens particulier. Pas seulement *fille*, mais *belle fille*; *fille*, à condition d'être *belle fille*.

4. Quelques jeunes personnes ne connaissent point assez les avantages d'une heureuse nature, et combien il leur serait utile de s'y [1] abandonner; elles affaiblissent ces dons du ciel, si rares et si fragiles, par des manières affectées et par une mauvaise imitation : leur son de voix et leur démarche sont empruntés; elles se composent, se recherchent [2], regardent dans un miroir si elles s'éloignent assez de leur naturel. Ce n'est pas sans peine qu'elles plaisent moins.

5. Se mettre du rouge ou se farder est, je l'avoue, un moindre crime que parler contre sa pensée; c'est quelque chose aussi de moins innocent que le travestissement et la mascarade, où l'on ne se donne point pour ce que l'on paraît être, mais où l'on pense seulement à se cacher et à se faire ignorer : c'est chercher à imposer aux yeux [3], et vouloir paraître selon l'extérieur contre la vérité; c'est une espèce de menterie.

Il faut juger des femmes depuis la chaussure jusqu'à la coiffure exclusivement [4], à peu près comme on mesure le poisson entre queue et tête.

6. Si les femmes veulent seulement être belles à leurs propres yeux et se plaire à elles-mêmes, elles peuvent sans doute, dans la manière de s'embellir, dans le choix des ajustements et de la parure, suivre leur goût et leur caprice; mais si c'est aux hommes qu'elles désirent de plaire, si c'est pour eux qu'elles se fardent ou qu'elles s'enluminent [5], j'ai recueilli les voix, et je leur prononce [6], de la part de tous les hommes ou de la plus grande partie, que le blanc et le rouge les rendent affreuses et dégoûtantes; que le rouge seul les vieillit et les déguise [7]; qu'ils haïssent autant à [8] les voir avec de la céruse sur le visage, qu'avec de fausses dents dans la bouche, et des boules de cire dans les

---

1. *Y.* À cette nature.
2. *Se recherchent.* Cette locution, qui n'est plus employée, indique bien le travail fait par le sujet sur lui-même.
3. À tromper les yeux. — *Les yeux*, parce qu'il ne s'agit que de l'extérieur.
4. *Exclusivement.* Il faut exclure ces hauts talons par lesquels se grandissaient alors les femmes et ces coiffures qui faisaient de leur tête, comme La Bruyère le dira plus loin, « la base d'un édifice à plusieurs étages » (chap. xiii, § 12).
5. *S'enluminent.* Terme irrévérencieux, qui marque déjà ce qu'un tel usage a de déplaisant.
6. Je leur déclare hautement.
7. *Déguise.* Défigure.
8. *Haïssent... à.* La préposition *à* se mettait souvent où nous employons *de*. Cf. p. 79, n. 10; p. 161, n. 1; p. 180, n. 9; p. 405, n. 5.

mâchoires[1] : qu'ils protestent sérieusement contre tout l'artifice dont elles usent pour se rendre laides; et que bien loin d'en répondre devant Die , il semble au contraire qu'il leur ait réservé ce dernier et infaillible moyen de guérir des femmes[3].

Si les femmes étaient telles naturellement qu'elles le deviennent par artifice, qu'elles perdissent en un moment toute la fraîcheur de leur teint, qu'elles eussent le visage aussi allumé et aussi plombé qu'elles se le font par le rouge ou par la peinture dont elles se fardent, elles seraient inconsolables.

7. Une femme coquette ne se rend point[4] sur[5] la passion de plaire et sur l'opinion qu'elle a de sa beauté : elle regarde le temps et les années comme quelque chose seulement qui ride et qui enlaidit les autres femmes; elle oublie du moins que l'âge est écrit sur le visage. La même parure qui a autrefois embelli sa jeunesse, défigure enfin sa personne, éclaire[6] les défauts de sa vieillesse. La mignardise et l'affectation l'accompagnent dans la douleur et dans la fièvre : elle meurt parée et en rubans de couleur[7].

8. *Lise* entend dire d'une autre coquette qu'elle se moque[8] de se piquer de jeunesse, et de vouloir user d'ajustements qui ne conviennent plus à une femme de quarante ans. Lise les a accomplis; mais les années pour elle ont moins de douze mois, et ne la vieillissent point : elle le croit ainsi; et pendant qu'elle se regarde au miroir, qu'elle met du rouge sur son visage et qu'elle place des mouches, elle convient qu'il n'est pas permis à un certain âge de faire la jeune, et que *Clarice* en effet, avec ses mouches et son rouge, est ridicule.

9. Les femmes se préparent pour leurs amants, si elles

---

1. Pour cacher, dit un auteur du temps, l'enfoncement des joues.
2. La construction de l'infinitif admettait alors plus de liberté. Il pouvait se rapporter à un sujet autre que celui de la proposition. La grammaire exigerait aujourd'hui : *bien loin qu'ils en répondent.* Cf. p. 104. n. 11; p. 113, n. 6; p. 119, n. 4; p. 145, n. 5; p. 219, n. 8; p. 418, n. 3. — *D'en répondre.* C'est-à-dire : d'en assumer la responsabilité.
3. *Guérir des femmes.* Comme d'une maladie.
4. *Ne se rend point.* Ne cède pas, lutte jusqu'au bout contre le temps.
5. *Sur.* Cf. p. 40, n. 1.
6. *Éclaire.* Met en lumière.
7. Cf. La Rochefoucauld : « Le plus dangereux ridicule des vieilles personnes qui ont été aimables, c'est d'oublier qu'elles ne le sont plus ».
8. *Se moque.* Comme nous disons : *c'est se moquer du monde.* Cf. l'expression *vous vous moquez* souvent employée par Molière.

les attendent; mais si elles en [1] sont surprises, elles oublient à leur arrivée l'état où elles se trouvent, elles ne se voient plus. Elles ont plus de loisir avec les indifférents : elles sentent le désordre où elles sont, s'ajustent en leur présence, ou disparaissent un moment, et reviennent parées.

10. Un beau visage est le plus beau de tous les spectacles; et l'harmonie la plus douce est le son de voix de celle que l'on aime.

11. L'agrément est arbitraire : la beauté est quelque chose de plus réel et de plus indépendant du goût et de l'opinion [2].

12. L'on peut être touché de certaines beautés si parfaites et d'un mérite si éclatant, que l'on se borne [3] à les voir et à leur parler.

13. Une belle femme qui a les qualités d'un honnête homme [4], est ce qu'il y a au monde d'un commerce plus délicieux [5] : l'on trouve en elle tout le mérite des deux sexes.

14. Il échappe à une jeune personne de petites choses qui persuadent beaucoup, et qui flattent sensiblement celui pour qui elles sont faites. Il n'échappe presque rien aux hommes; leurs caresses sont volontaires : ils parlent, ils agissent [6], ils sont empressés, et persuadent moins.

15. Le caprice est dans la femme tout proche de la beauté, pour être son contrepoison, et afin qu'elle nuise moins aux hommes, qui n'en guériraient pas sans ce remède [7].

16. Les femmes s'attachent aux hommes par les faveurs qu'elles leur accordent : les hommes guérissent par ces mêmes faveurs.

17. Une femme oublie d'un homme qu'elle n'aime plus jusqu'aux faveurs qu'il a reçues d'elle.

---

1. *En.* Mis pour *d'eux.* Cf. p. 46, n. 10. Sur *en* substitut d'un nom de personne, cf. p. 18, n. 4.

2. La Bruyère soutenait dans le chapitre Ier que le beau « littéraire » est absolu. En distinguant, chez les femmes, la beauté de l'agrément, il part du même principe. Mais l'expression a ici quelque chose de plus réservé.

3. Au subjonctif.

4. *Les qualités d'un honnête homme.* Sans doute la solidité d'esprit, la consistance du caractère, la sûreté dans les relations.

5. Cf. p. 1, n. 6.

6. *Ils parlent, ils agissent.* Par opposition aux *petites choses* de plus haut, qui ne sont ni des actes, ni des paroles, mais des indices à peine visibles.

7. Cf. § 6, fin du 1er alinéa.

18. Une femme qui n'a qu'un galant croit n'être pas coquette; celle qui a plusieurs galants croit n'être que coquette.

Telle femme évite d'être coquette par un ferme attachement à un seul, qui passe pour folle par son mauvais choix.

19. Un ancien galant tient à si peu de chose, qu'il cède à un nouveau mari; et celui-ci dure si peu, qu'un nouveau galant qui survient lui rend le change [1].

Un ancien galant craint ou méprise un nouveau rival, selon le caractère de la personne qu'il sert.

Il ne manque souvent à un ancien galant, auprès d'une femme qui l'attache, que le nom de mari : c'est beaucoup, et il serait mille fois perdu sans cette circonstance.

20. Il semble que la galanterie dans une femme ajoute à [2] la coquetterie. Un homme coquet au contraire est quelque chose de pire qu'un homme galant. L'homme coquet et la femme galante vont assez de pair.

21. Il y a peu de galanteries secrètes. Bien des femmes ne sont pas mieux désignées par le nom de leurs maris [3] que par celui de leurs amants.

22. Une femme galante veut qu'on l'aime, il suffit à une coquette d'être trouvée aimable et de passer pour belle. Celle-là cherche à engager [4]; celle-ci se contente de plaire. La première passe successivement d'un engagement à un autre; la seconde a plusieurs amusements [5] tout à la fois. Ce qui domine dans l'une, c'est la passion et le plaisir; et dans l'autre c'est la vanité et la légèreté. La galanterie est un faible du cœur, ou peut-être un vice de la complexion [6], la coquetterie est un dérèglement de l'esprit. La femme se fait craindre, et la coquette se fait haïr. L'on peut tirer de ces deux caractères de quoi en faire un troisième, le pire de tous.

23. Une femme faible est celle à qui l'on reproche une faute, qui se la reproche à elle-même; dont le cœur combat la raison; qui veut guérir, qui ne guérira point, ou bien tard.

---

1. *Le change.* La pareille.
2. *Ajoute à.* Est pire que.
3. Nous mettrions le singulier. Cf. p. 62, n. 1; p. 171, n. 8; p. 226, n. 3; p. 262, n. 13; p. 339, n. 10; p. 419, n. 10.
4. *Engager.* Dans une liaison. Cf. p. 37, n. 5.
5. *Amusements.* Opposé à *engagements*.
6. *Complexion.* Tempérament. Cf. p. 56, n. 3; p. 215, n. 6; p. 234, n. 3.

24. Une femme inconstante est celle qui n'aime plus; une légère, celle qui déjà en aime un autre; une volage, celle qui ne sait si elle aime et ce qu'elle aime ¹; une indifférente, celle qui n'aime rien.

25. La perfidie, si je l'ose dire, est un mensonge de toute la personne : c'est dans une femme l'art de placer un mot ou une action qui donne le change, et quelquefois de mettre en œuvre des serments et des promesses qui ne lui coûtent pas plus à faire qu'à violer.

Une femme infidèle, si elle est connue pour telle de la personne intéressée, n'est qu'infidèle : s'il la croit fidèle, elle est perfide.

On tire ce bien de la perfidie des femmes, qu'elle guérit de la jalousie.

26. Quelques femmes ont dans le cours de leur vie un double engagement à soutenir, également difficile à rompre et à dissimuler; il ne manque à l'un que le contrat, et à l'autre que le cœur.

27. A juger de cette femme par sa beauté, sa jeunesse, sa fierté et ses dédains, il n'y a personne qui doute que ce ne soit un héros qui doive un jour la charmer ². Son choix est fait : c'est un petit monstre qui manque d'esprit.

28. Il y a des femmes déjà flétries, qui par leur complexion ³ ou par leur mauvais caractère sont naturellement la ressource des jeunes gens qui n'ont pas assez de bien. Je ne sais qui est le plus à plaindre, ou d'une femme avancée en âge qui a besoin d'un cavalier, ou d'un cavalier qui a besoin d'une vieille.

29. Le rebut de la cour est reçu à la ville dans une ruelle ⁴, où il défait ⁵ le magistrat, même en cravate et en habit gris ⁶, ainsi que le bourgeois en baudrier ⁷, les écarte et devient maître de la place : il est écouté, il est aimé; on ne tient guère plus d'un moment contre une écharpe d'or ⁸

---

1. *Ce que.* Celui que. Cf. p. 72, n. 1; p. 75, n. 8; p. 76, n. 2; p. 77, n. 6, 7, 8; p. 78, n.5, 6; p. 107, n. 5; p. 177, n. 11; p. 188, n. 5.
2. Il faudra, ce semble, un *charme* pour triompher de ses dédains.
3. *Complexion.* Cf. p. 55, n. 6.
4. *Ruelle.* On appelait ainsi les chambres à coucher, les alcôves de certaines dames, servant de salon de conversation. Cf. p. 143, n. 9 p. 221, n. 4; p. 256, n. 7.
5. *Défait.* La métaphore va se continuer. Cf. *devient maître de la place, on ne tient pas.*
6. Tenue, contraire aux édits, des magistrats élégants.
7. Beaucoup de bourgeois portaient l'épée.
8. Les étoffes et les passemen-

et une plume blanche, contre un homme qui *parle au Roi et voit les ministres*. Il fait des jaloux et des jalouses, on l'admire, il fait envie : à quatre lieues de là [1], il fait pitié.

30. Un homme de la ville est pour une femme de province ce qu'est pour une femme de ville [2] un homme de la cour.

31. A un homme vain, indiscret, qui est grand parleur et mauvais plaisant, qui parle de soi [3] avec confiance et des autres avec mépris, impétueux, altier, entreprenant, sans mœurs ni probité, de nul jugement et d'une imagination très libre, il ne lui [4] manque plus, pour être adoré de bien des femmes, que de beaux traits et la taille belle.

32. Est-ce en vue du secret, ou par un goût hypocondre [5], que cette femme aime un valet, cette autre un moine, et *Dorinne* son médecin?

33. *Roscius* [6] entre sur la scène de bonne grâce : oui, *Lélie*; et j'ajoute encore qu'il a les jambes bien tournées, qu'il joue bien, et de longs rôles, et que pour déclamer parfaitement il ne lui manque, comme on le dit, que de parler avec la bouche [7]; mais est-il le seul qui ait de l'agrément dans ce qu'il fait? et ce qu'il fait, est-ce la chose la plus noble et la plus honnête que l'on puisse faire? Roscius d'ailleurs ne peut être à vous, il est à une autre; et quand cela ne serait pas ainsi, il est retenu : *Claudie* attend, pour l'avoir, qu'il se soit dégoûté de *Messaline*. Prenez *Bathylle* [8], Lélie : où trouverez-vous, je ne dis pas dans l'ordre des chevaliers, que vous dédaignez, mais même parmi les farceurs, un jeune homme qui s'élève si haut en dansant, et qui passe [9] mieux la capriole [10]? Voudriez-vous le sauteur *Cobus*, qui jetant ses pieds en avant, tourne une fois en l'air avant que de [11] tomber à terre? Ignorez-vous qu'il n'est plus jeune? Pour Bathylle, dites-vous, la presse y est trop grande, et il

---

teries d'or étaient réservées aux officiers de la maison du Roi et aux courtisans qui en avaient obtenu une autorisation spéciale par brevet.

1. A Versailles.
2. Comme on dit *femme de cour*.
3. Soi. Cf. p. 39, n. 4.
4. *Lui*. Substitut d'un complément éloigné qu'on pourrait perdre de vue.
5. Atteint d'hypocondrie, et, par suite, déraisonnable, extravagant.

6. *Roscius*. L'auteur et acteur comique Baron.
7. Ironie cruelle. La Bruyère ne rend pas justice à Baron.
8. Bathylle et Cobus sont des danseurs de l'Opéra.
9. *Passe*. Fasse ce *pas* de ballet.
10. *Capriole*. Forme encore admise au temps de La Bruyère concurremment avec *cabriole*.
11. *Avant que de*. Cf. p. 41, n. 9.

refuse plus de femmes qu'il n'en agrée; mais vous avez *Dracon* [1], le joueur de flûte : nul autre de son métier n'enfle plus décemment [2] ses joues en soufflant dans le hautbois ou le flageolet, car c'est une chose infinie que le nombre des instruments qu'il fait parler; plaisant d'ailleurs, il fait rire jusqu'aux enfants et aux femmelettes. Qui mange et qui boit mieux [3] que Dracon en un seul repas [4]? Il enivre toute une compagnie, et il se rend le dernier. Vous soupirez, Lélie : est-ce que Dracon aurait fait un choix, ou que malheureusement on vous aurait prévenue [5]? Se serait il enfin engagé à *Césonie*, qui l'a tant couru [6], qui lui a sacrifié une si grande foule d'amants, je dirai même toute la fleur des Romains? à Césonie, qui est d'une famille patricienne, qui est si jeune, si belle, et si sérieuse? Je vous plains, Lélie, si vous avez pris par contagion ce nouveau goût qu'ont tant de femmes romaines pour ce qu'on appelle des hommes publics, et [7] exposés par leur condition à la vue des autres. Que ferez-vous, lorsque le meilleur en ce genre vous est enlevé? Il reste encore *Bronte*, le questionnaire [8] : le peuple ne parle que de sa force et de son adresse; c'est un jeune homme qui a les épaules larges et la taille ramassée, un nègre d'ailleurs, un homme noir.

34. Pour les femmes du monde, un jardinier est un jardinier, et un maçon est un maçon; pour quelques autres plus retirées [9], un maçon est un homme, un jardinier est un homme. Tout est tentation à qui la [10] craint.

35. Quelques femmes donnent [11] aux couvents et à leurs amants : galantes et bienfactrices [12], elles ont jusque dans

---

1. *Dracon*. Philibert, de l'Opéra.
2. Avec plus de grâce.
3. *Mieux*. Plus; mais avec ce sens qu'il se comporte à table de façon supérieure.
4. Mieux dans tous les repas de la journée que Dracon en un seul.
5. *Prévenue*. Devancée.
6. Comme on dit *courir tel gibier*. En latin *renari*. Cf. p. 162, n. 10; p. 209, n. 2; p. 270, n. 2; p. 306, n. 5; p. 313, n. 11; p. 359, n. 11; p. 361, n. 5.
7. *Et*. Ne relie pas *exposés* à ce qu'on appelle. Comme s'il y avait : c'est-à-dire *exposés*, etc. Cf. p. 42, n. 5.
8. Le bourreau, celui qui met à la question.
9. Qui vivent peu dans le monde, qui voient moins d'hommes.
10. *La*. Substitut d'un mot non déterminé. Cf. p. 5, n. 8.
11. *Donner à*. Emploi absolu du mot. Au sens de *donner quelque chose*. Cf. Molière :

Ce qu'on vous voit ici donner à la nature.
(*Psyché*, II, 1.)

Pascal : « Ils donnent à la volupté ce qu'ils pensent donner à la seule nécessité ». (*Prov.*, IV.)

12. *Bienfactrices*. Malgré Vaugelas, cette forme subsistait encore. Cf. p. 119, n. 6; p. 336, n. 7.

l'enceinte de l'autel des tribunes et des oratoires où elles lisent des billets tendres, et où personne ne voit qu'elles ne prient point Dieu.

36. Qu'est-ce qu'une femme que l'on dirige [1]? Est-ce une femme plus complaisante pour son mari, plus douce pour ses domestiques, plus appliquée à sa famille et à ses affaires, plus ardente et plus sincère pour ses amis; qui soit moins esclave de son humeur, moins attachée à ses intérêts; qui aime moins les commodités de la vie; je ne dis pas qui fasse des largesses à ses enfants qui sont déjà riches [2], mais qui, opulente elle-même et accablée de superflu, leur fournisse le nécessaire, et leur rende au moins la justice qu'elle leur doit; qui soit plus exempte d'amour de soi-même et d'éloignement pour les autres; qui soit plus libre de tous attachements humains? « Non, dites-vous, ce n'est rien de toutes ces choses. » J'insiste et je vous demande : « Qu'est-ce donc qu'une femme que l'on dirige? » Je vous entends, c'est une femme qui a un directeur.

37. Si le confesseur et le directeur ne conviennent [3] point sur une règle de conduite, qui sera le tiers qu'une femme prendra pour sur-arbitre [4]?

38. Le capital pour une femme n'est pas d'avoir un directeur, mais de vivre si uniment [5] qu'elle s'en puisse passer.

39. Si une femme pouvait dire à son confesseur, avec ses autres faiblesses, celles qu'elle a pour son directeur, et le temps qu'elle perd dans son entretien, peut-être lui serait-il donné pour pénitence d'y [6] renoncer.

40. Je voudrais qu'il me fût permis de crier de toute ma force à ces hommes saints qui ont été autrefois blessés [7] des [8] femmes : Fuyez les femmes, ne les dirigez point, laissez à d'autres le soin de leur salut.

41. C'est trop contre un mari d'être coquette et dévote; une femme devrait opter.

---

1. *Dirige.* Cf. *directeur* à la fin du morceau.
2. La Bruyère, ces particularités l'indiquent, a en vue une femme du temps. Les clefs nomment une Mme de Cherré.
3. *Conviennent.* Cf. p. 51, n. 1.
4. *Sur-arbitre.* Arbitre auquel on en appelle pour départager les voix.
5. *Uniment.* Régulièrement, et, par suite, à l'abri de ces difficultés, de ces cas de conscience, sur lesquels on consulte un directeur.
6. *Y.* A son directeur. Cf. p. 18, n. 4.
7. *Blessés.* L'amour comparé à une blessure. Cf. Éros et ses flèches.
8. *Des.* Par les. Cf. p. 46, n. 10.

42. J'ai différé à le dire, et j'en ai souffert; mais enfin il [1] m'échappe, et j'espère même que ma franchise sera utile à celles qui, n'ayant pas assez d'un confesseur pour leur conduite [2], n'usent d'aucun discernement dans le choix de leurs directeurs. Je ne sors pas d'admiration et d'étonnement à la vue de certains personnages que je ne nomme point; j'ouvre de fort grands yeux sur eux; je les contemple; ils parlent, je prête l'oreille; je m'informe, on me dit des faits, je les recueille; et je ne comprends pas comment des gens en qui je crois voir toutes choses diamétralement opposées au bon esprit, au sens droit, à l'expérience des affaires du monde, à la connaissance de l'homme, à la science de la religion et des mœurs, présument [3] que Dieu doive renouveler en nos jours la merveille de l'apostolat, et faire un miracle en leurs personnes, en les rendant capables, tout simples et petits esprits qu'ils sont, du ministère des âmes, celui de tous le plus délicat et le plus sublime; et si au contraire ils se croient nés pour un emploi si relevé, si difficile, et accordé à si peu de personnes, et qu'ils se persuadent de ne faire en cela qu'exercer leurs talents naturels et suivre une vocation ordinaire, je le comprends encore moins.

Je vois bien que le goût [4] qu'il y a à devenir le dépositaire du secret des familles, à se rendre nécessaire pour les réconciliations, à procurer des commissions [5] ou à placer des domestiques, à trouver toutes les portes ouvertes dans les maisons des grands, à manger souvent à de bonnes tables, à se promener en carrosse dans une grande ville, et à faire de délicieuses retraites à la campagne, à voir plusieurs personnes de nom et de distinction s'intéresser à sa vie et à sa santé, et à ménager [6] pour les autres et pour soi-même tous les intérêts humains, je vois bien, encore une fois, que cela seul a fait imaginer le spécieux et irrépréhensible prétexte du soin des âmes, et semé dans le monde cette pépinière intarissable [7] de directeurs.

---

1. *Il. Cela.* Emploi plus fréquent au XVIIe siècle et surtout au XVIe. Nous l'avons conservé dans certaines locutions toutes faites, comme *il est vrai.* Cf. p. 69, n. 2; p. 79, n. 7; p. 107, n. 5; p. 126, n. 9; p. 141, n. 19; p. 173, n. 5; p. 375; n. 2; p. 389, n. 3; p. 395; n. 9; p. 403, n. 5; p. 430, n. 6.
2. *Pour leur conduite.* Pour se conduire ou pour les conduire. Le substantif n'a plus guère ce sens. Cf. Racine :

Pourquoi de sa conduite éloigner les flatteurs?
(*Brit.*, I, ii.)

3. *Présument.* Ont la présomption de croire.
4. *Goût.* Cf. les expressions *avoir du goût à, prendre goût à* ou *pour*, très fréquentes chez La Bruyère.
5. *Commissions.* Emplois, places.
6. *Ménager.* Cf. p. 23, n. 2.
7. *Intarissable.* Ne s'accorde pas avec *pépinière*, dont *semé* confirme encore le sens propre. C'est le sens

43. La dévotion [1] vient à quelques-uns, et surtout aux femmes, comme une passion, ou comme le faible d'un certain âge, ou comme une mode [2] qu'il faut suivre. Elles comptaient autrefois une semaine par les jours de jeu, de spectacle, de concert, de mascarade ou d'un joli sermon [3] : elles allaient le lundi perdre leur argent chez *Ismène*, le mardi leur temps chez *Climène*, et le mercredi leur réputation chez *Célimène*; elles savaient dès la veille toute la joie qu'elles devaient avoir le jour d'après et le lendemain; elles jouissaient tout à la fois du plaisir présent et de celui qui ne leur pouvait manquer; elles auraient souhaité de les pouvoir rassembler tous en un seul jour : c'était alors leur unique inquiétude et tout le sujet de leurs distractions : et si elles se trouvaient quelquefois à l'*Opéra*, elles y regrettaient la comédie. Autres temps, autres mœurs : elles outrent l'austérité et la retraite; elles n'ouvrent plus les yeux qui leur sont donnés pour voir; elles ne mettent plus leurs sens à aucun usage; et, chose incroyable! elles parlent peu; elles pensent encore, et assez bien d'elles-mêmes [4], comme assez mal des autres; il y a chez elles une émulation de vertu et de réforme qui tient quelque chose de la jalousie; elles ne haïssent pas de primer dans ce nouveau genre de vie, comme elles faisaient [5] dans celui qu'elles viennent de quitter par politique ou par dégoût. Elles se perdaient gaiement par la galanterie, par la bonne chère et par l'oisiveté; et elles se perdent tristement par la présomption et par l'envie.

44. Si j'épouse, *Hermas*, une femme avare, elle ne me ruinera point; si une joueuse, elle pourra s'enrichir; si une savante, elle saura m'instruire; si une prude, elle ne sera point emportée; si une emportée, elle exercera ma patience [6]; si une coquette, elle voudra me plaire; si une galante, elle le sera peut-être jusqu'à m'aimer; si une dévote [7], répondez, Hermas, que dois-je attendre de celle qui veut tromper Dieu, et qui se trompe elle-même ?

---

propre d'*intarissable* qu'il faut ici perdre de vue.
1. « Fausse dévotion. » (*Note de La Bruyère.*) Le mot, par lui-même, prenait déjà ce sens.
2. Le portrait d'Onuphre est dans le chapitre de la *Mode*.
3. *Joli sermon.* Cf. le chapitre XV, notamment § 1, 8, etc.
4. Il y a là une sorte de jeu de mot sur *penser*.
5. *Faisaient.* Substitut du précédent verbe. Cf. p. 64, n. 6; p. 71, n. 4; p. 80, n. 3; p. 95, n. 1; p. 115, n. 9; p. 127, n. 6; p. 177, n. 2; p. 297, n. 3; p. 318, n. 3; p. 382, n. 3; p. 400, n. 3.
6. *Elle exercera ma patience.* C'est ce que Socrate disait de sa femme.
7. « Fausse dévote. » (*Note de La Bruyère.*) Cf. n. 1.

45. Une femme est aisée à gouverner, pourvu que ce soit un homme qui s'en donne la peine. Un seul même en gouverne plusieurs; il cultive leur esprit et leur mémoire, fixe et détermine leur religion; il entreprend même de régler leur cœur. Elles n'approuvent et ne désapprouvent, ne louent et ne condamnent, qu'après avoir consulté ses yeux et son visage. Il est le dépositaire de leurs joies et de leurs chagrins, de leurs désirs, de leurs jalousies, de leurs haines et de leurs amours; il les fait rompre avec leurs galants; il les brouille et les réconcilie avec leurs maris [1], et il profite des interrègnes [2]. Il prend soin de leurs affaires, sollicite [3] leurs procès, et voit leurs juges; il leur donne son médecin, son marchand, ses ouvriers; il s'ingère de les loger, de les meubler, et il ordonne de leur équipage [4]. On le voit avec elles dans leurs carrosses, dans les rues d'une ville et aux promenades, ainsi que dans leur banc à un sermon, et dans leur loge à la comédie; il fait avec elles les mêmes visites : il les accompagne au bain, aux eaux, dans les voyages; il a le plus commode appartement chez elles à la campagne. Il vieillit sans déchoir de son autorité; un peu d'esprit et beaucoup de temps à perdre lui suffit pour la conserver; les enfants, les héritiers, la bru, la nièce, les domestiques, tout en [5] dépend. Il a commencé par se faire estimer; il finit par se faire craindre. Cet ami si ancien, si nécessaire meurt sans qu'on le pleure: et dix femmes dont il était le tyran héritent par sa mort de la liberté.

46. Quelques femmes ont voulu cacher leur conduite sous les dehors de la modestie [6]; et tout ce que chacune a pu gagner par une continuelle affectation, et qui [7] ne s'est jamais démentie, a été de faire dire de soi : *On l'aurait prise pour une vestale.*

47. C'est dans les femmes une violente [8] preuve d'une réputation bien nette et bien établie, qu'elle ne soit pas même effleurée par la familiarité de quelques-unes qui ne leur ressemblent point; et qu'avec toute la pente qu'on a aux malignes explications, on ait recours à une tout autre

---

1. *Leurs maris.* Cf. p. 55, n. 3.
2. Quelques traits de ce caractère font songer à « l'Ami des femmes ».
3. *Sollicite.* Solliciter une affaire, c'est faire les démarches nécessaires pour qu'elle ait un heureux succès. (Littré.)
4. *Équipage.* Train de maison.
5. *En.* De lui. Cf. p. 18, n. 4.
6. *Modestie.* Pudeur.
7. *Une continuelle affectation, et qui,* etc. Cf. p. 12, n. 1.
8. *Violente.* Quelque chose comme un superlatif de *forte.*

raison de ce commerce [1] qu'à celle de la convenance [2] des mœurs.

48. Un comique outre sur la scène ses personnages; un poète charge ses descriptions; un peintre qui fait d'après nature force et exagère une passion, un contraste, des attitudes; et celui qui copie, s'il ne mesure au compas les grandeurs et les proportions, grossit ses figures, donne à toutes les pièces qui entrent dans l'ordonnance de son tableau plus de volume [3] que n'en ont celles de l'original : de même la pruderie est une imitation de la sagesse [4].

Il y a une fausse modestie qui est vanité, une fausse gloire qui est légèreté [5], une fausse grandeur qui est petitesse [6], une fausse vertu qui est hypocrisie, une fausse sagesse qui est pruderie.

Une femme prude paye de maintien [7] et de paroles; une femme sage paye de conduite. Celle-là suit son humeur et sa complexion, celle-ci sa raison et son cœur. L'une est sérieuse et austère; l'autre est dans les diverses rencontres précisément ce qu'il faut qu'elle soit [8]. La première cache des faibles [9] sous de plausibles dehors; la seconde couvre un riche fonds sous un air libre et naturel. La pruderie contraint l'esprit [10], ne cache ni l'âge ni la laideur; souvent elle les suppose [11]; la sagesse au contraire pallie les défauts du corps, ennoblit l'esprit, ne rend la jeunesse que plus piquante, et la beauté que plus périlleuse [12].

49. Pourquoi s'en prendre aux hommes de ce que les femmes ne sont pas savantes [13]? Par quelles lois, par quels édits, par quels rescrits [14] leur a-t-on défendu [15] d'ouvrir les

---

1. *Commerce.* Cf. p. 33, n. 2.
2. *Convenance.* Conformité.
3. *Volume.* Ampleur.
4. Et, par conséquent, elle en outre le caractère. — On pourrait dire la même chose de l'hypocrisie, et défendre par là Molière contre les critiques indirectes que lui fait La Bruyère lui-même dans le portrait d'Onuphre.
5. *Légèreté.* Le contraire de solidité. Cette fausse gloire n'a rien de solide, n'a aucune consistance.
6. Cf. chap. II, § 42.
7. Nous disons encore *payer d'audace.*
8. Elle ne s'est pas composé un masque toujours le même; sa physionomie et son attitude changent suivant les « rencontres ».

9. *Faibles.* Faiblesses. Cf. p. 84, n. 4; p. 152, n. 3; p. 219, n. 1; p. 239, n. 14; p. 339, n. 3; p. 436, n. 9; p. 437, n. 2.
10. Enlève tout naturel.
11. Cf. Molière :
Il est une saison pour la galanterie, etc.
(*Mis.*, III, IV.)
12. *Périlleuse.* En lui prêtant plus de séduction.
13. Cf. Molière :
... Je veux nous venger, toutes tant que nous [sommes,
De cette indigne classe où nous rangent les [hommes, etc.
(*Fem. sav.*, III, II.)
14. *Rescrits.* Proprement, réponses des empereurs romains consultés par les magistrats.
15. On ne le leur défendait pas; mais

yeux et de lire, de retenir ce qu'elles ont lu, et d'en rendre compte ou dans leur conversation ou par leurs ouvrages? Ne se sont-elles pas au contraire établies elles-mêmes dans cet usage de ne rien savoir, ou par la faiblesse de leur complexion, ou par la paresse de leur esprit, ou par le soin de leur beauté, ou par une certaine légèreté [1] qui les empêche de suivre une longue étude, ou par le talent et le génie qu'elles ont seulement pour les ouvrages de la main [2], ou par les distractions que donnent les détails d'un domestique [3], ou par un éloignement naturel des choses pénibles et sérieuses, ou par une curiosité toute différente de celle qui contente l'esprit [4], ou par un tout autre goût que celui d'exercer leur mémoire? Mais à quelque cause que les hommes puissent devoir cette ignorance des femmes, ils sont heureux que les femmes, qui les dominent d'ailleurs par tant d'endroits, aient sur eux cet avantage [5] de moins.

On regarde une femme savante comme on fait [6] une belle arme : elle est ciselée artistement, d'une polissure admirable et d'un travail fort recherché : c'est une pièce de cabinet, que l'on montre aux curieux, qui n'est pas d'usage, qui ne sert ni à la guerre ni à la chasse, non plus qu'un cheval de manège, quoique le mieux instruit du monde.

Si la science et la sagesse se trouvent unies en un même sujet [7], je ne m'informe plus du sexe, j'admire; et si vous me dites qu'une femme sage ne songe guère à être savante, ou qu'une femme savante n'est guère sage, vous avez déjà oublié ce que vous venez de lire, que les femmes ne sont détournées des sciences que par de certains défauts : concluez donc vous-même que moins elles auraient de ces défauts, plus elles seraient sages [8], et qu'ainsi une femme sage n'en serait que plus propre à devenir savante, ou

on ne faisait rien pour leur en donner le goût, et l'on se moquait plutôt de celles qui voulaient s'instruire.
1. *Légèreté*. Incapacité d'application.
2. C'est-à-dire : *par le manque de talent et de génie pour autre chose que*, etc. Mais le tour marque mieux que les femmes ont, elles aussi, du talent et du génie pour certains ouvrages. Seulement ces ouvrages sont ceux de la main. Il y a là une intention ironique. De même : *par une curiosité toute différente*, etc. — Cf. ce que La Bruyère lui-même dit du talent que les femmes ont pour le genre épistolaire, chap. 1, § 37.
3. D'un ménage, d'un intérieur. Cf. p. 8, n. 10.
4. L'ironie est maintenant bien sensible.
5. *Cet avantage*. Ne se rapporte à rien de précis. Mais le sens n'est pas douteux.
6. *Fait*. Substitut du verbe précédent. Cf. p. 61, n. 5.
7. *Sujet*. Cf. p. 26, n. 3.
8. Ceci ne rentre point dans la conclusion.

qu'une femme savante, n'étant telle que parce qu'elle aurait pu vaincre beaucoup de défauts, n'en est que plus sage [1].

50. La neutralité entre des femmes qui nous sont également amies, quoiqu'elles aient rompu [2] pour des intérêts où nous n'avons nulle part, est un point difficile : il faut choisir souvent entre elles ou les perdre toutes deux.

51. Il y a telle femme qui aime mieux son argent que ses amies, et ses amants que son argent.

52. Il est étonnant de voir dans le cœur de certaines femmes quelque chose de plus vif et de plus fort que l'amour pour les hommes, je veux dire l'ambition et le jeu : de telles femmes rendent les hommes chastes ; elles n'ont de leur sexe que les habits.

53. Les femmes sont extrêmes : elles sont meilleures ou pires que les hommes.

54. La plupart des femmes n'ont guère de principes : elles se conduisent par le cœur, et dépendent pour leurs mœurs de ceux qu'elles aiment.

55. Les femmes vont plus loin en amour que la plupart des hommes : mais les hommes l'emportent sur elles en amitié.

Les hommes sont cause que les femmes ne s'aiment point.

56. Il y a du péril à contrefaire. *Lise*, déjà vieille, veut rendre une jeune femme ridicule [3], et elle-même devient difforme ; elle me fait peur. Elle use pour l'imiter de grimaces et de contorsions : la voilà aussi laide qu'il faut pour embellir [4] celle dont on se moque.

57. On veut à la ville [5] que bien des idiots et des idiotes aient de l'esprit ; on veut à la cour que bien des gens manquent d'esprit qui en ont beaucoup ; et entre les personnes de ce dernier genre une belle femme ne se sauve qu'à peine [6] avec d'autres femmes [7].

---

1. Raisonnement fort bien déduit, mais sophistique, et qui joue sur les mots.
2. *Quoiqu'elles aient rompu.* Le premier mot du morceau indiquait déjà cette rupture.
3. En contrefaisant les manières de cette jeune femme.
4. Par la comparaison.
5. Cf., dans le même chapitre, § 29, 30.
6. *A peine.* Avec peine. Cf. p. 79, n. 4 ; p. 183, n. 10 ; p. 267, n. 5.
7. Une belle femme, dont la beauté rend jalouses celles qui l'entourent, n'échappe que difficilement à leur malignité qui veut la faire passer pour idiote.

58. Un homme est plus fidèle au secret d'autrui qu'au sien propre ; une femme au contraire garde mieux son secret que celui d'autrui.

59. Il n'y a point dans le cœur d'une jeune personne un si violent amour auquel l'intérêt ou l'ambition n'ajoute quelque chose.

60. Il y a un temps où les filles les plus riches doivent prendre parti [1], elles n'en laissent guère échapper les premières occasions sans se préparer un long repentir : il semble que la réputation des biens diminue en elles avec celle de leur beauté. Tout favorise au contraire une jeune personne, jusqu'à l'opinion des hommes, qui aiment à lui accorder tous les avantages qui peuvent la rendre plus souhaitable.

61. Combien de filles à qui une grande beauté n'a jamais servi qu'à leur faire espérer une grande fortune !

62. Les belles filles sont sujettes à venger ceux de leurs amants qu'elles ont maltraités, ou par de laids, ou par de vieux, ou par d'indignes maris.

63. La plupart des femmes jugent du mérite et de la bonne mine d'un homme par l'impression qu'ils font sur elles, et n'accordent presque ni l'un ni l'autre à celui pour qui elles ne sentent rien [2].

64. Un homme qui serait en peine de connaître s'il change, s'il commence à vieillir, peut consulter les yeux d'une jeune femme qu'il aborde, et le ton dont elle lui parle : il apprendra ce qu'il craint de savoir. Rude école.

65. Une femme qui n'a jamais les yeux que sur une même personne, ou qui les en détourne toujours, fait penser d'elle la même chose.

66. Il coûte peu aux femmes de dire ce qu'elles ne sentent point : il coûte encore moins aux hommes de dire ce qu'ils sentent.

67. Il arrive quelquefois qu'une femme cache à un homme toute la passion qu'elle sent pour lui, pendant que de son côté il feint pour elle toute celle qu'il ne sent pas.

---

1. Se marier.
2. Cf. Vauvenargues : « Les femmes et les jeunes gens ne séparent pas leur estime de leur goût ».

68. L'on suppose un homme indifférent, mais qui voudrait persuader à une femme une passion qu'il ne sent pas; et l'on demande s'il ne lui serait pas plus aisé d'imposer à [1] celle dont il est aimé qu'à celle qui ne l'aime point.

69. Un homme peut tromper une femme par un feint attachement, pourvu qu'il n'en ait pas ailleurs un véritable.

70. Un homme éclate contre une femme qui ne l'aime plus, et se console; une femme fait moins de bruit quand elle est quittée, et demeure longtemps inconsolable.

71. Les femmes guérissent de leur paresse par la vanité ou par l'amour.
La paresse au contraire dans les femmes vives est le présage de l'amour.

72. Il est fort sûr qu'une femme qui écrit avec emportement est emportée; il est moins clair qu'elle soit touchée [2]. Il semble qu'une passion vive et tendre est morne et silencieuse; et que le plus pressant intérêt d'une femme qui n'est plus libre [3], celui qui l'agite davantage [4], est moins de persuader qu'elle aime, que de s'assurer si elle est aimée.

73. *Glycère* n'aime pas les femmes; elle hait leur commerce et leurs visites, se fait celer [5] pour elles, et souvent pour ses amis, dont le nombre est petit, à qui elle est sévère, qu'elle resserre dans leur ordre [6], sans leur permettre rien de ce qui passe l'amitié; elle est distraite avec eux, leur répond par des monosyllabes, et semble chercher à s'en [7] défaire; elle est solitaire et farouche dans sa maison; sa porte est mieux gardée et sa chambre plus inaccessible que celles de *Monthoron* [8] et d'*Hémery* [9]. Une seule, *Corinne*, y est attendue, y est reçue, et à toutes les heures; on l'embrasse à plusieurs reprises; on croit l'aimer; on lui parle à l'oreille dans un cabinet où elles sont seules; on a soi-même plus de deux oreilles pour l'écouter; on se plaint à elle de tout autre que

---

1. *Imposer à.* En imposer à, tromper. Cf. p. 173, n. 9; p. 321, n. 4.
2. *Qu'elle soit touchée.* Qu'elle aime.
3. *Qui n'est plus libre.* Qui a le cœur pris.
4. *Davantage.* Le comparatif pour le superlatif. Cf. p. 1, n. 6.
5. *Se fait celer.* Fait dire qu'elle n'y est pas, qu'elle ne peut recevoir.
6. Qu'elle maintient, contient, dans ce rôle, le rôle d'amis.
7. *En.* Cf. p. 18, n. 4.
8. *Monthoron.* Financier du temps, le même auquel Corneille dédia *Cinna*.
9. Surintendant des finances avant Fouquet.

d'elle [1]; on lui dit toutes choses, et on ne lui apprend rien : elle a la confiance de tous les deux [2]. L'on voit Glycère, en partie carrée au bal, au théâtre, dans les jardins publics, sur le chemin de *Venouze* [3], où l'on mange les premiers fruits; quelquefois seule en litière sur la route du grand faubourg [4], où elle a un verger délicieux, ou à la porte de *Canidie* [5], qui a de si beaux secrets, qui promet aux jeunes femmes de secondes noces; qui en dit le temps et les circonstances. Elle paraît ordinairement avec une coiffure plate et négligée, en simple déshabillé, sans corps [6], et avec des mules : elle est belle en cet équipage, et il ne lui manque que de la fraîcheur. On remarque néanmoins sur elle une riche attache [7], qu'elle dérobe avec soin aux yeux de son mari. Elle le flatte, elle le caresse; elle invente tous les jours pour lui de nouveaux noms; elle n'a pas d'autre lit que celui de son cher époux, et elle ne veut pas découcher. Le matin, elle se partage entre sa toilette et quelques billets qu'il faut [8] écrire. Un affranchi vient lui parler en secret; c'est *Parmenon*, qui est favori, qu'elle soutient contre l'antipathie du maître et la jalousie des domestiques. Qui à la vérité fait mieux connaître des intentions, et rapporte mieux une réponse que Parmenon? Qui parle moins de ce qu'il faut taire? qui sait ouvrir une porte secrète avec moins de bruit? qui conduit plus adroitement par le petit escalier? qui fait mieux sortir par où l'on est entré?

74. Je ne comprends pas comment un mari qui s'abandonne à son humeur et à sa complexion, qui ne cache aucun de ses défauts, et se montre au contraire par ses mauvais endroits, qui est avare, qui est trop négligé dans son ajustement, brusque dans ses réponses, incivil, froid et taciturne, peut espérer de défendre le cœur d'une jeune femme contre les entreprises de son galant, qui emploie la parure et la magnificence, la complaisance, les soins, l'empressement, les dons, la flatterie.

75. Un mari n'a guère un rival qui ne soit de sa main [9],

---

1. *De tout autre que d'elle.* De quelqu'un qui n'est point elle.
2. *De tous les deux.* Glycère et son amant. La Bruyère laisse dans l'ombre cet amant mystérieux.
3. *Venouze.* Vincennes. Cf. chap. vii, § 9, 13, etc. La route de Vincennes était une promenade très fréquentée.
4. Le faubourg Saint-Germain.

5. *Canidie.* Magicienne de Rome. Ici, la Voisin, devineresse et empoisonneuse, qui fut brûlée en 1680.
6. *Corps.* Corset.
7. *Attache.* Agrafe.
8. C'est ce qu'elle dit à son mari.
9. Qu'il ne se soit donné à lui-même.

et comme un présent qu'il a autrefois fait à sa femme. Il le [1] loue devant elle de ses belles dents et de sa belle tête, il agrée ses soins; il reçoit ses visites; et après ce qui lui vient de son cru, rien ne lui paraît de meilleur goût que le gibier et les truffes que cet ami lui envoie. Il donne à souper, et il dit aux conviés : « Goûtez bien cela; il [2] est de *Léandre*, et il ne me coûte qu'un *grand merci* ».

76. Il y a telle femme qui anéantit [3] ou qui enterre son mari au point qu'il n'en est fait dans le monde aucune mention [4] : vit-il encore? ne vit-il plus? on en doute. Il ne sert dans sa famille qu'à montrer l'exemple d'un silence timide et d'une parfaite soumission. Il ne lui est dû ni douaire, ni conventions [5]; mais à cela près, et qu'il n'accouche pas, il est la femme, et elle le mari. Ils passent les [6] mois entiers dans une même maison sans le moindre danger de se rencontrer; il est vrai seulement qu'ils sont voisins. Monsieur paye le rôtisseur et le cuisinier, et c'est toujours chez Madame qu'on a soupé. Ils n'ont souvent rien de commun, ni le lit, ni la table, pas même le nom : ils vivent à la romaine ou à la grecque; chacun a le sien; et ce n'est qu'avec le temps, et après qu'on est initié au jargon d'une ville, qu'on sait enfin que M. B... est publiquement depuis vingt années le mari de Mme L... [7].

77. Telle autre femme, à qui le désordre manque pour mortifier son mari, y revient [8] par sa noblesse et ses alliances, par la riche dot qu'elle a apportée, par les charmes de sa beauté, par son mérite, par ce que quelques-uns appellent vertu.

78. Il y a peu de femmes si parfaites, qu'elles empêchent un mari de se repentir du moins [9] une fois le jour d'avoir une femme, ou de trouver heureux celui qui n'en a point [10].

---

1. *Le*. Plus haut *qui ne soit* équivalait à *qu'il ne soit, que ce rival ne soit*.
2. *Il*. Cela. Cf. p. 60, n. 1.
3. *Anéantit*. Annule.
4. Il ne s'agit pas de femmes qui éclipsent leur mari par l'éclat de leur mérite, comme Mme de La Fayette, ou d'une situation exceptionnelle, comme Mme de Montespan. Les femmes dont parle ici La Bruyère sont celles dont l'humeur dominatrice réduit un mari timide à l'effacement et au silence.
5. *Conventions*. Les conventions matrimoniales, faites en faveur de la femme.
6. *Les*. Nous dirions *des*.
7. Selon les clefs, ce serait une allusion au président de Bocquemart et à sa femme, qui avait gardé le nom de d'Osambray.
8. Au sens qu'a le mot dans la locution courante : *Cela revient au même*.
9. *Du moins*. Au moins. Cf. p. 13, n. 3.
10. Mais la réciproque?

79. Les douleurs muettes et stupides¹ sont hors d'usage : on pleure, on récite², on répète, on est si touchée de la mort de son mari, qu'on n'en oublie pas la moindre circonstance.

80. Ne pourrait-on point découvrir l'art de se faire aimer de sa femme ?

81. Une femme insensible est celle qui n'a pas encore vu celui qu'elle doit aimer.

Il y avait à *Smyrne* une très belle fille qu'on appelait *Émire*, et qui était moins connue dans toute la ville par sa beauté que par la sévérité de ses mœurs, et surtout par l'indifférence qu'elle conservait pour tous les hommes, qu'elle voyait, disait-elle, sans aucun péril, et sans d'autres dispositions que celles où elle se trouvait pour ses amies ou pour ses frères. Elle ne croyait pas la moindre partie de toutes les folies qu'on disait que l'amour avait fait faire dans tous les temps : et celles qu'elle avait vues elle-même, elle ne pouvait les comprendre : elle ne connaissait que l'amitié. Une jeune et charmante personne à qui elle devait cette expérience³, la lui avait rendue si douce qu'elle ne pensait qu'à la faire durer, et n'imaginait pas par quel autre sentiment elle pourrait jamais se refroidir sur celui de l'estime et de la confiance, dont elle était si contente⁴. Elle ne parlait que d'*Euphrosyne* : c'était le nom de cette fidèle amie, et tout Smyrne ne parlait que d'elle et d'Euphrosyne : leur amitié passait en proverbe. Émyre avait deux frères qui étaient jeunes, d'une excellente⁵ beauté, et dont toutes les femmes de la ville étaient éprises ; et il est vrai qu'elle les aima toujours comme une sœur aime ses frères. Il y eut un prêtre de *Jupiter*, qui avait accès dans la maison de son père, à qui elle plut, qui osa le lui déclarer, et qui ne s'attira que du mépris. Un vieillard qui, se confiant en sa naissance et en ses biens, avait eu la même audace, eut aussi la même aventure. Elle triomphait cependant ; et c'était jusqu'alors au milieu de ses frères, d'un prêtre et d'un vieillard, qu'elle se disait insensible. Il sembla que le ciel voulût l'exposer à

---

1. *Stupides.* Dans le sens étymologique. Une grande douleur paralyse l'esprit.
2. *Récite.* On fait le récit de toutes les circonstances, de tous les détails. Cf. p. 9, n. 1.
3. *Cette expérience.* D'éprouver ce sentiment.

4. *Contente.* Dans le sens étymologique. Ce sentiment lui suffisait. Cf. p. 139, n. 4 ; p. 148, n. 2 ; p. 395, n. 5 ; p. 425, n. 6.
5. *Excellente.* Latinisme d'usage courant au XVIIᵉ siècle. *Excellent* veut dire *éminent, remarquable, supérieur.*

de plus fortes épreuves, qui ne servirent néanmoins qu'à la rendre plus vaine, et qu'à l'affermir dans la réputation d'une fille que l'amour ne pouvait toucher. De trois amants que ses charmes lui acquirent successivement, et dont elle ne craignit pas ¹ de voir toute la passion, le premier, dans un transport amoureux, se perça le sein à ses pieds; le second, plein de désespoir de n'être pas écouté, alla se faire tuer à la guerre de *Crète*; et le troisième mourut de langueur et d'insomnie. Celui qui les devait venger n'avait pas encore paru. Ce vieillard qui avait été si malheureux dans ses amours s'en était guéri par des réflexions sur son âge et sur le caractère de la personne à qui il voulait plaire : il désira de continuer de la voir et elle le souffrit. Il lui amena un jour son fils, qui était jeune, d'une physionomie agréable, et qui avait une taille fort noble. Elle le vit avec intérêt; et comme il se tut beaucoup ² en la présence de son père, elle trouva qu'il n'avait pas assez d'esprit, et désira qu'il en eût davantage. Il la vit seul, parla assez, et avec esprit; mais comme il la regarda peu, et qu'il parla encore moins d'elle et de sa beauté, elle fut surprise et comme indignée qu'un homme si bien fait et si spirituel ne fût pas galant. Elle s'entretint de lui avec son amie qui voulut le voir. Il n'eut des yeux que pour Euphrosyne, il lui dit qu'elle était belle; et Émire, si indifférente, devenue jalouse, comprit que *Ctésiphon* était persuadé de ce qu'il disait, et que non seulement il était galant, mais même qu'il était tendre. Elle se trouva depuis ce temps moins libre avec son amie. Elle désira de les voir ensemble une seconde fois pour être plus éclaircie ³; et une seconde entrevue lui fit voir encore plus qu'elle ne craignait de voir, et changea ses soupçons en certitude. Elle s'éloigne d'Euphrosyne, ne lui connaît plus le mérite qui l'avait charmée, perd le goût de sa conversation, elle ne l'aime plus; et ce changement lui fait sentir que l'amour dans son cœur a pris la place de l'amitié ⁴. Ctésiphon et Euphrosyne se voient tous les jours, s'aiment, songent à s'épouser, s'épousent. La nouvelle s'en répand par toute la ville; et l'on publie ⁵ que deux personnes enfin ont eu cette

---

1. *Ne craignit pas.* Cf., vers la fin : *alors, elle craint les hommes.*
2. *Se tut beaucoup.* Parla peu.
3. *Éclaircie.* Emploi du temps; même signification qu'*éclairée.* Cf. p. 280, n. 6.
4. Cf. chap. iv, 7.
5. *Publie.* Le mot *publier* s'employait au xvii° siècle avec le sens de *déclarer publiquement*, de *faire connaître dans le public.* Cf. p. 121, n. 12.

joie si rare de se marier à ce [1] qu'ils [2] aimaient. Émire l'apprend, et s'en désespère. Elle ressent [3] tout son amour : elle recherche Euphrosyne pour le seul plaisir de revoir Ctésiphon ; mais ce jeune mari est encore l'amant de sa femme, et trouve une maîtresse dans une nouvelle épouse ; il ne voit dans Émire que l'amie d'une personne qui lui est chère. Cette fille infortunée perd le sommeil et ne veut plus manger : elle s'affaiblit ; son esprit s'égare ; elle prend son frère pour Ctésiphon, elle lui parle comme à un amant ; elle se détrompe, rougit de son égarement ; elle retombe bientôt dans de plus grands, et n'en rougit plus ; elle ne les connaît plus [4]. Alors elle craint les hommes, mais trop tard ; c'est sa folie [5]. Elle a des intervalles où sa raison lui revient, et où elle gémit de la retrouver. La jeunesse de Smyrne, qui l'a vue si fière et si insensible, trouve que les Dieux l'ont trop punie.

1. *Ce que* = la personne que. Cf. p. 56, n. 1.
2. *Ils*. Cf. p. 18, n. 9.
3. *Ressent*. Comme *sent*, mais avec une idée de « réflexion ».

4. Elle n'en a plus conscience.
5. *C'est sa folie*. Se rapporte à *mais trop tard*. Sa folie a été véritablement de ne pas craindre les hommes, de se croire insensible.

CHAPITRE IV

Du Cœur.

1. Il y a un goût[1] dans la pure amitié où ne peuven atteindre ceux qui sont nés médiocres.

2. L'amitié peut subsister entre des gens de différents sexes, exempte même de toute grossièreté[2]. Une femme cependant regarde toujours un homme comme un homme; et réciproquement un homme regarde une femme comme une femme. Cette liaison n'est ni passion ni amitié pure; elle fait une classe à part.

3. L'amour naît brusquement, sans autre réflexion[3], par tempérament ou par faiblesse[4] : un trait de beauté nous fixe, nous détermine[5]. L'amitié au contraire se forme peu à peu, avec le temps, par la pratique, par un long commerce. Combien d'esprit, de bonté de cœur, d'attachement, de services et de complaisance dans les amis, pour faire en plusieurs années bien moins que ne fait quelquefois en un moment un beau visage ou une belle main!

4. Le temps, qui fortifie les amitiés, affaiblit l'amour.

5. Tant que l'amour dure, il subsiste de soi-même[6], et quelquefois par les choses qui semblent le devoir éteindre, par les caprices, par les rigueurs, par l'éloignement, par la jalousie. L'amitié au contraire a besoin de secours : elle périt faute de soins, de confiance et de complaisance.

---

1. *Goût.* Une façon de sentir, une délicatesse de sentiment.
2. Exempte de tout commerce charnel.
3. Sans plus de réflexion que cela. Cf. p. 82, n. 1.
4. La Bruyère veut dire que notre tempérament ou notre faiblesse naturelle nous prédisposent à aimer.
5. Notre besoin d'aimer ne s'appliquait jusqu'alors à aucun « objet » précis; un « trait de beauté » suffit pour nous fixer.
6. Il n'a pas besoin de « secours », se nourrit de sa substance. — Pour *soi-même*, cf. p. 39, n. 4.

6. Il est plus ordinaire de voir un amour extrême qu'une parfaite amitié [1].

7. L'amour et l'amitié s'excluent l'un l'autre.

8. Celui qui a eu l'expérience d'un grand amour néglige l'amitié [2]; et celui qui est épuisé sur [3] l'amitié n'a encore rien fait pour l'amour.

9. L'amour commence par l'amour; et l'on ne saurait passer de la plus forte amitié qu'à un amour faible.

10. Rien ne ressemble mieux à une vive amitié que ces liaisons que l'intérêt de notre amour nous fait cultiver.

11. L'on n'aime bien qu'une seule fois : c'est la première; les amours qui suivent sont moins involontaires.

12. L'amour qui naît subitement est le plus long à guérir.

13. L'amour qui croît peu à peu et par degrés ressemble trop à l'amitié pour être une passion violente.

14. Celui qui aime assez pour vouloir aimer un million de fois plus qu'il ne fait [4], ne cède [5] en amour qu'à celui qui aime plus qu'il ne voudrait.

15. Si j'accorde que dans la violence d'une grande passion on peut aimer quelqu'un plus que soi-même, à qui ferai-je plus de plaisir, ou à ceux qui aiment, ou à ceux qui sont aimés?

16. Les hommes souvent veulent aimer, et ne sauraient y réussir : ils cherchent leur défaite sans pouvoir la rencontrer, et, si j'ose ainsi parler, ils sont contraints de demeurer libres.

17. Ceux qui s'aiment d'abord avec la plus violente passion contribuent bientôt chacun de leur part [6] à s'aimer moins, et ensuite à ne s'aimer plus. Qui, d'un homme ou d'une femme, met davantage du sien [7] dans cette rupture,

---

1. Cf. La Rochefoucauld : « Quelque rare que soit le véritable amour, il l'est encore moins que la véritable amitié ».

2. Cf. La Rochefoucauld : « Ce qui fait que la plupart des femmes sont peu touchées de l'amitié, c'est qu'elle est fade quand on a senti l'amour ».

3. *Sur.* Cf. p. 49, n. 1.

4. *Fait.* Substitut du verbe précédent. Cf. p. 61, n. 5.

5. *Ne cède.* Nous dirions *ne le cède*.

6. *De leur part.* De leur côté. Cf. p. 99, n. 2.

7. *Met... du sien.* Y contribue davantage. Nous n'employons plus cette locution avec le même sens. Cf. p. 13, n. 8.

il n'est pas aisé de le décider. Les femmes accusent les hommes d'être volages, et les hommes disent qu'elles sont légères [1].

18. Quelque délicat [2] que l'on soit en amour, on pardonne plus de fautes que dans l'amitié [3].

19. C'est une vengeance douce à celui qui aime beaucoup de faire, par son procédé [4], d'une personne ingrate une très ingrate [5].

20. Il est triste d'aimer sans une grande fortune, et qui [6] nous donne les moyens de combler [7] ce que [8] l'on aime, et [9] le rendre si heureux qu'il n'ait plus de souhaits à faire.

21. S'il se trouve une femme pour qui l'on ait eu une grande passion et qui ait été indifférente, quelques importants services qu'elle nous rende dans la suite de notre vie, l'on court un grand risque d'être ingrat.

22. Une grande reconnaissance emporte avec soi [10] beaucoup de goût et d'amitié pour la personne qui nous oblige.

23. Être avec des gens qu'on aime, cela suffit; rêver, leur parler, ne leur parler point, penser à eux, penser à des choses indifférentes; mais auprès d'eux, tout est égal [11].

24. Il n'y a pas si loin de la haine à l'amitié que de l'antipathie [12].

25. Il semble qu'il est moins rare de passer de l'antipathie à l'amour qu'à l'amitié.

26. L'on confie son secret dans l'amitié, mais il échappe dans l'amour.

L'on peut avoir la confiance de quelqu'un sans en avoir le cœur. Celui qui a le cœur n'a pas besoin de révélation ou de confiance; tout lui est ouvert.

---

1. Cf. chap. III, § 21.
2. *Délicat.* Susceptible.
3. Cf. La Rochefoucauld : « On pardonne tant que l'on aime ».
4. En redoublant de soins.
5. Cette opposition du superlatif au positif est fréquente chez La Bruyère. Il semble que le superlatif ait, depuis, perdu de sa force.
6. Cf. p. 12, n. 1.
7. *Combler.* Satisfaire tous les désirs.
8. *Ce que.* Cf. p. 56, n. 1.
9. Cf. p. 28, n. 1.
10. *Emporte avec soi.* Suppose, exige. On ne peut l'éprouver, si l'on ne sent beaucoup de goût, etc. — Sur *soi*, cf. p. 39, n. 4.
11. Cf. J.-J. Rousseau : « Jamais ce qu'on dit à son ami peut-il valoir tout ce qu'on sent à ses côtés? » (*Nouvelle Héloïse*, V, 3.)
12. La haine peut provenir des circonstances, d'un malentendu, etc. L'antipathie tient aux caractères eux-mêmes.

27. L'on ne voit dans l'amitié que les défauts qui peuvent nuire à nos [1] amis. L'on ne voit en amour de défauts dans ce qu'on [2] aime que ceux dont on souffre soi-même.

28. Il n'y a qu'un premier dépit en amour, comme la première faute dans l'amitié, dont on puisse faire un bon usage.

29. Il semble que, s'il y a un soupçon injuste, bizarre [3] et sans fondement, qu'on ait une fois appelé jalousie, cette autre jalousie [4] qui est un sentiment juste, naturel, fondé en raison et sur l'expérience, mériterait un autre nom.

Le tempérament [5] a beaucoup de part à la jalousie, et elle ne suppose pas toujours une grande passion. C'est cependant un paradoxe qu'un violent amour sans délicatesse [6].

Il arrive souvent que l'on souffre tout seul de la délicatesse. L'on souffre de la jalousie et l'on fait souffrir les autres.

Celles qui ne nous ménagent sur rien, et ne nous épargnent nulles occasions de jalousie, ne mériteraient de nous aucune jalousie, si l'on se réglait plus par leurs sentiments et leur conduite que par son cœur [7].

30. Les froideurs et les relâchements dans l'amitié ont leurs causes. En amour, il n'y a guère d'autre raison de ne s'aimer plus que de s'être trop aimés.

31. L'on n'est pas plus maître de toujours aimer qu'on l'a [8] été de ne pas aimer.

32. Les amours meurent par le dégoût [9], et l'oubli les enterre [10].

33. Le commencement et le déclin de l'amour se font sentir par l'embarras [11] où l'on est de se trouver seuls.

---

1. *Nos.* Comme s'il y avait : *Nous ne voyons.* Cf. p. 97, n. 8; p. 150, n. 5; p. 220, n. 2; p. 231, n. 6; p. 290, n. 5; p. 313, n. 7.
2. Cf. p. 56, n. 1.
3. *Bizarre.* Capricieux.
4. De vouloir toute à soi la personne qu'on aime. Cf. Molière :

C'est qu'un cœur bien atteint veut qu'on soit
[tout à lui.
(*Mis.*, I, 1.)

5. Il y a une jalousie toute sensuelle.

6. *Délicatesse.* Cf. p. 75, n. 2. Une sensibilité que blessent les plus fines atteintes.
7. Cf. La Rochefoucauld : « Il n'y a que les personnes qui évitent de donner de la jalousie qui soient dignes qu'on en ait pour elles ».
8. *Qu'on l'a.* Cf. p. 19, n. 2.
9. *Dégoût.* Satiété qui vous ôte le goût des choses.
10. *Les enterre.* Par rapport à *meurent.* La Bruyère n'est pas toujours exempt de préciosité.
11. *L'embarras.* Cet embarras n'est

34. Cesser d'aimer, preuve sensible que l'homme est borné, et que le cœur a ses limites.

C'est faiblesse que d'aimer; c'est souvent une autre faiblesse que de guérir.

On guérit comme on se console : on n'a pas dans le cœur de quoi toujours pleurer[1] et toujours aimer.

35. Il devrait y avoir dans le cœur des sources inépuisables de douleur pour de certaines pertes. Ce n'est guère par vertu ou par force d'esprit que l'on sort d'une grande affliction : l'on pleure amèrement, et l'on est sensiblement[2] touché; mais l'on est ensuite si faible ou si léger que l'on se console.

36. Si une laide se fait aimer, ce ne peut être qu'éperdument; car il faut que ce soit ou par une étrange faiblesse de son amant, ou par de plus secrets et de plus invincibles charmes[3] que ceux de la beauté.

37. L'on est encore longtemps à se voir par habitude, et à se dire de bouche que l'on s'aime, après que les manières disent qu'on ne s'aime plus.

38. Vouloir oublier quelqu'un, c'est y penser. L'amour a cela de commun avec les scrupules, qu'il s'aigrit[4] par les réflexions et les retours[5] que l'on fait pour s'en délivrer. Il faut, s'il se peut, ne point songer à sa passion pour l'affaiblir.

39. L'on veut faire tout le bonheur, ou, si cela ne se peut ainsi, tout le malheur de ce qu'on[6] aime.

40. Regretter ce que[7] l'on aime est un bien, en comparaison de vivre avec ce que[8] l'on hait.

41. Quelque désintéressement qu'on ait à l'égard de ceux qu'on aime[9], il faut quelquefois se contraindre pour eux et avoir la générosité de recevoir[10].

---

point le même dans les deux cas; mais La Bruyère n'a pas voulu marquer la différence, assez visible de soi.

1. Cf., § 35, *des sources inépuisables de douleur*.

2. *Sensiblement*. D'une façon sensible; littéralement *qui fait impression sur les sens*, par opposition à ce qui est trop petit ou trop faible. Le mot équivaut ici à *vivement*. Cf. p. 2, n. 4.

3. *Charmes*. Au sens originel et propre.

4. *S'aigrit*. S'irrite, s'envenime. L'amour est, pour La Bruyère, une espèce de blessure (cf. p. 59, n. 7) ou de maladie (cf. p. 53, n. 3).

5. Sur soi, et, par suite, sur sa passion.

6, 7, 8. *Ce que*. Cf. p. 56, n. 1.

9. *Ceux qu'on aime*. Il s'agit ici de l'amitié.

10. Cf. chap. II, § 19.

Celui-là peut prendre, qui goûte un plaisir aussi délicat [1] à recevoir que son ami en sent à lui donner.

42. Donner, c'est agir [2] : ce n'est pas souffrir de ses bienfaits, ni céder à l'importunité ou à la nécessité de ceux qui nous demandent.

43. Si l'on a donné à ceux que l'on aimait, quelque chose qu'il arrive [3], il n'y a plus d'occasions où l'on doive songer à ses bienfaits.

44. On a dit en latin [4] qu'il coûte moins cher de haïr que d'aimer, ou si l'on veut, que l'amitié est plus à charge que la haine. Il est vrai qu'on est dispensé de donner à ses ennemis; mais ne coûte-t-il rien de se venger? Ou, s'il est doux et naturel de faire du mal à ce que l'on hait [5], l'est-il moins de faire du bien à ce qu'on [6] aime? Ne serait-il pas dur et pénible de ne lui [7] en point faire?

45. Il y a du plaisir à rencontrer les yeux [8] de celui à qui l'on vient de donner.

46. Je ne sais si un bienfait qui tombe [9] sur un ingrat, et ainsi sur un indigne, ne change pas de nom [10], et s'il méritait plus de reconnaissance.

47. La libéralité consiste moins à donner beaucoup qu'à donner à propos.

48. S'il est vrai que la pitié ou la compassion soit un retour vers nous-mêmes qui nous met en [11] la place des malheureux, pourquoi tirent-ils de nous si peu de soulagement dans leurs misères?

Il vaut mieux s'exposer à l'ingratitude que de manquer aux misérables.

---

1. Le plaisir de laisser à un ami l'occasion de montrer son amitié.
2. Par opposition à ceux qui se laissent arracher leurs bienfaits. Ceux-là n'*agissent* pas, ils demeurent tout passifs; ce sont leurs solliciteurs qui agissent.
3. Si, par exemple, on est payé d'ingratitude, ou s'il survient une brouille.
4. *Discordia fit carior concordia* (Publilius Syrus).
5, 6. Cf. p. 56, n. 1.
7. *Lui*. Ce qu'on aime équivaut à celui que l'on aime.

8. *Yeux*. Où la reconnaissance est peinte.
9. *Tombe*. Au hasard.
10. Un bienfait ne mérite plus ce nom quand il est placé au hasard, quand nous en faisons profiter le premier venu. La Bruyère ne veut pas dire, contrairement à La Rochefoucauld, que ce soit « un grand malheur » d'obliger des ingrats. Cf. ci-dessous, § 48, les deux dernières lignes, dans lesquelles il dit tout le contraire.
11. *En*. Nous dirions *à*. Cf. p. 89, n. 11; p. 338, n. 7.

49. L'expérience confirme que la mollesse ou l'indulgence pour soi et la dureté pour les autres n'est qu'un seul et même vice.

50. Un homme dur au travail et à la peine, inexorable à soi-même [1], n'est indulgent aux autres que par un excès de raison [2].

51. Quelque désagrément qu'on ait à se trouver chargé d'un indigent [3], l'on goûte à peine [4] les nouveaux avantages qui le tirent enfin de notre sujétion : de même la joie que l'on reçoit de l'élévation de son ami est un peu balancée par la petite peine qu'on a de le voir au-dessus de nous ou s'égaler à nous. Ainsi l'on s'accorde mal avec soi-même : car l'on veut des dépendants [5], et qu'il [6] n'en coûte rien ; l'on veut aussi le bien de ses amis, et s'il [7] arrive, ce n'est pas toujours par s'en réjouir que l'on commence [8].

52. On convie [9], on invite, on offre sa maison, sa table, son bien et ses services : rien ne coûte qu'à [10] tenir parole.

53. C'est assez pour soi d'un fidèle ami ; c'est même beaucoup de l'avoir rencontré [11] : on ne peut en avoir trop pour le service des autres.

54. Quand on a assez fait auprès de certaines personnes pour avoir dû se les acquérir, si cela ne réussit point, il y a encore une ressource, qui est de ne plus rien faire.

55. Vivre avec ses ennemis comme s'ils devaient un jour être amis, et vivre avec nos amis comme s'ils pouvaient devenir nos ennemis [12], n'est ni selon la nature de la haine,

---

1. *Soi-même.* Cf. p. 39, n. 4.
2. Dans le § 49, La Bruyère disait qu'on est dur pour les autres quand on est indulgent pour soi. N'en concluons pas que celui qui est dur pour lui-même soit nécessairement indulgent pour les autres ; il y faut un « excès de raison », une sagesse qui n'est pas ordinaire.
3. *Un indigent* veut ici dire un homme qui est passagèrement dans le besoin.
4. *A peine.* Avec peine. Cf. p. 65, n. 6.
5. Nous voulons avoir des obligés qui dépendent de nous. Encore un exemple d'adjectif substantivé. Cf. p. 37, n. 10.
6. *Et qu'il.* Cf. p. 48, n. 8.
7. *S'il.* Si cela. Cf. p. 60, n. 1. Ou plutôt *si ce bien.* Cf. § 60 : *s'il ne lui arrive pas.*
8. *Ce n'est pas,* etc. Par quoi commence-t-on ? Cela s'entend, et il était plus piquant de ne pas le dire.
9. *Convie.* Le mot veut bien dire *inviter,* mais à un banquet, à une cérémonie solennelle.
10. *A.* Pour *de.* Cf. p. 52, n. 8.
11. Cf. La Fontaine :
Rien n'est plus commun que le nom,
Rien n'est plus rare que la chose.
(*Fabl.,* IV, XVII).
12. Cf. Publilius Syrus :
Ita amicum habeas, posse inimicum fieri ut
[putes.

ni selon les règles de l'amitié; ce n'est point une maxime morale, mais politique [1].

56. On ne doit pas se faire des ennemis de ceux qui, mieux connus, pourraient avoir rang entre nos amis. On doit faire choix d'amis si sûrs et d'une si exacte probité, que, venant à cesser de l'être, ils ne veuillent pas abuser de notre confiance, ni se faire craindre comme ennemis.

57. Il est doux de voir ses amis par goût et par estime; il est pénible de les cultiver par intérêt; c'est *solliciter*.

58. Il faut briguer la faveur de ceux à qui l'on veut du bien, plutôt que de ceux de qui l'on espère du bien [2].

59. On ne vole point des mêmes ailes pour sa fortune que l'on fait [3] pour des choses frivoles et de fantaisie. Il y a un sentiment de liberté [4] à suivre ses caprices, et tout au contraire de servitude à courir pour son établissement : il est naturel de le souhaiter beaucoup et d'y travailler peu, de se croire digne de le trouver sans l'avoir cherché.

60. Celui qui sait attendre le bien qu'il souhaite, ne prend pas le chemin [5] de se désespérer s'il ne lui arrive pas; et celui au contraire qui désire une chose avec une grande impatience, y met trop du sien [6] pour en être assez récompensé par le succès [7].

61. Il y a de certaines gens qui veulent si ardemment et si déterminément [8] une certaine chose, que de peur de la manquer, ils n'oublient rien de ce qu'il faut faire pour la manquer.

62. Les choses les plus souhaitées n'arrivent point; ou si

---

1. Dans son traité de l'*Amitié*, Cicéron réfute cette maxime. Cf. Montaigne : « Ce précepte, qui est si abominable en ceste souveraine et maistresse amitié, il est salubre en l'usage des amitiés ordinaires et coustumières ». (*Essais*, I, xxvii.)
2. Deux significations possibles : 1° La faveur de ceux à qui l'on veut du bien est plus difficile à obtenir que celle, etc. 2° On ne doit pas briguer la faveur de ceux de qui l'on espère du bien, on doit plutôt briguer celle, etc. *Il faut* peut s'entendre dans l'un ou l'autre sens. Mais le second semble ici préférable. Il ne s'agit pas de la peine qu'on peut avoir « à se faire pardonner le bien qu'on fait ». La Bruyère met *à qui l'on veut* et non *à qui l'on fait* ou *l'on a fait du bien*.
3. *Fait*. Substitut du verbe précédent. Cf. p. 61, n. 5.
4. On se sent libre, on croit l'être.
5. Locution d'un plus fréquent usage au xviie siècle.
6. *Y met trop du sien*. Prend trop de soins, fait trop d'efforts. Cf. la même expression avec des sens analogues, p. 13, n. 8.
7. Par le succès lui-même. En opposition avec *s'il ne lui arrive pas*.
8. *Déterminément*. D'une volonté résolue.

CH. IV. — DU CŒUR.

elles arrivent, ce n'est ni dans le temps ni dans les circonstances où elles auraient fait un extrême plaisir.

63. Il faut rire avant que d'être [1] heureux, de peur de mourir sans avoir ri.

64. La vie est courte, si elle ne mérite ce nom que lorsqu'elle est agréable, puisque, si l'on cousait ensemble toutes les heures que l'on passe avec ce qui plaît, l'on ferait à peine d'un grand nombre d'années une vie de quelques mois.

65. Qu'il est difficile d'être content de quelqu'un !

66. On ne pourrait se défendre de quelque joie à voir périr un méchant homme : l'on jouirait alors du fruit de sa haine, et l'on tirerait de lui [2] tout ce qu'on en [3] peut espérer, qui est le plaisir de sa perte [4]. Sa mort enfin arrive, mais dans une conjoncture où nos intérêts ne nous permettent pas de nous en réjouir : il meurt trop tôt ou trop tard.

67. Il est pénible à un homme fier de pardonner à celui qui le surprend en faute, et qui se plaint de lui avec raison : sa fierté ne s'adoucit que lorsqu'il reprend ses avantages, et qu'il met l'autre dans son tort.

68. Comme nous nous affectionnons de plus en plus aux personnes à qui nous faisons du bien, de même nous haïssons violemment ceux que nous avons beaucoup offensés.

69. Il est également difficile d'étouffer dans les commencements le sentiment des injures, et de le conserver après un certain nombre d'années [5].

70. C'est par faiblesse que l'on hait un ennemi, et que l'on songe à s'en [6] venger ; et c'est par paresse que l'on s'apaise, et qu'on ne se venge point [7].

71. Il y a bien autant de paresse que de faiblesse [8] à se laisser gouverner.

---

1. *Avant que de.* Cf. p. 41, n. 9.
2. *Lui.* Le méchant homme.
3. *En.* Cf. p. 18, n. 4.
4. *Sa perte.* Cf. plus haut *sa haine* qui se rapporte à *on*. Tout ce morceau a d'ailleurs quelque chose de pénible et d'embarrassé.
5. Cf. La Rochefoucauld : « Les hommes ne sont pas seulement sujets à perdre le souvenir des injures, ils cessent de haïr ceux qui les ont outragés. L'application à récompenser le bien et à se venger du mal leur paraît une servitude à laquelle ils ont peine de se soumettre. »
6. *En.* Cf. p. 18, n. 4.
7. Cf. La Rochefoucauld : « La réconciliation avec nos ennemis n'est qu'un désir de rendre notre condition meilleure, une lassitude de la guerre et une crainte de quelque mauvais événement ».
8. On ne voit pas très bien la diffé-

Il ne faut pas penser à gouverner un homme tout d'un coup, et sans autre [1] préparation, dans une affaire importante et qui serait capitale à [2] lui ou aux siens; il sentirait d'abord [3] l'empire et l'ascendant qu'on peut prendre sur son esprit, et il secouerait le joug par honte ou par caprice : il faut tenter auprès de lui les petites choses, et de là le progrès jusqu'aux plus grandes est immanquable. Tel ne pouvait au plus dans les commencements qu'entreprendre de le faire partir pour la campagne ou retourner à la ville, qui finit par lui dicter un testament où il réduit son fils à la légitime [4].

Pour gouverner quelqu'un longtemps et absolument [5], il faut avoir la main légère, et ne lui faire sentir que le moins qu'il se peut sa dépendance.

Tels se laissent gouverner jusqu'à un certain point, qui au delà sont intraitables et ne se gouvernent plus [6] : on perd tout à coup la route de leur cœur et de leur esprit; ni hauteur ni souplesse, ni force ni industrie [7] ne les peuvent dompter : avec cette différence que quelques-uns sont ainsi faits par raison et avec fondement, et quelques autres par tempérament et par humeur.

Il se trouve des hommes qui n'écoutent ni la raison ni les bons conseils, et qui s'égarent volontairement par la crainte qu'ils ont d'être gouvernés.

D'autres consentent d'être [8] gouvernés par leurs amis en des choses presque indifférentes, et s'en font un droit de les gouverner à leur tour en des choses graves et de conséquence.

Drance veut passer pour gouverner son maître, qui n'en croit rien, non plus que le public : parler sans cesse à un grand que l'on sert [9], en des lieux et en des temps où il convient le moins, lui parler à l'oreille ou en des termes mystérieux, rire jusqu'à éclater en sa présence, lui couper la parole, se mettre entre lui et ceux qui lui parlent, dédai-

---

rence entre cette faiblesse morale et la paresse. Mais, si La Bruyère veut parler d'une faiblesse réelle, physique, *se laisser gouverner* n'y convient pas.

1. Cf. p. 73, n. 3.
2. *A* au lieu de *pour*. Cf. p. 4, n. 9.
3. *D'abord*. Cf. p. 12, n. 2.
4. *La légitime*. La part que la loi assure aux enfants dans l'héritage de leurs père et mère.

5. *Absolument*. En maître absolu. Cf. p. 83, n. 6.
6. Le réfléchi pour le passif. *Ne se gouvernent plus* = ne sont plus gouvernés, c.-à-d. ne se laissent plus gouverner. Cf. p. 116, n. 3; p. 216, n. 4; p. 375, n. 7.
7. *Industrie*. Artifices.
8. *De*. Pour *à*. Cf. p. 35, n. 8.
9. *Que l'on sert*. Au service duquel on est.

CH. IV. — DU CŒUR.   83

gner ceux qui viennent faire leur cour, ou attendre impatiemment qu'ils se retirent, se mettre proche de lui[1] en une posture trop libre, figurer[2] avec lui le dos appuyé à une cheminée, le tirer par son habit, lui marcher sur les talons, faire le familier, prendre des libertés, marquent[3] mieux un fat qu'un favori.

Un homme sage ni ne se laisse gouverner, ni ne cherche à gouverner les autres : il veut que la raison gouverne seule, et toujours.

Je ne haïrais pas d'être livré par la confiance à une personne raisonnable[4], et d'en[5] être gouverné en toutes choses, et absolument[6] et toujours : je serais sûr de bien faire[7], sans avoir le soin de délibérer[8] : je jouirais de la tranquillité de celui qui est gouverné par la raison.

72. Toutes les passions sont menteuses : elles se déguisent autant qu'elles le peuvent aux yeux des autres; elles se cachent à elles-mêmes. Il n'y a point de vice qui n'ait une fausse ressemblance avec quelque vertu[9], et qu'il[10] ne s'en aide.

73. On ouvre un livre de dévotion, et il touche; on en ouvre un autre qui est galant, et il fait son impression[11]. Oserai-je dire que le cœur seul concilie les choses contraires, et admet les incompatibles[12]?

74. Les hommes rougissent moins de leurs crimes que de leurs faiblesses et de leur vanité. Tel est ouvertement injuste, violent, perfide, calomniateur, qui cache son amour ou son ambition, sans autre vue[13] que de la cacher.

75. Le cas n'arrive guère où l'on puisse dire : « J'étais ambitieux »; ou on ne l'est point, ou on l'est toujours; mais le temps vient où l'on avoue que l'on a aimé.

---

1. *Proche de lui.* Cf. p. 39, n. 7.
2. *Figurer.* Faire figure.
3. *Marquent.* Après des infinitifs, le pluriel est peu employé. La Bruyère met ailleurs (p. 91, n. 11) le singulier.
4. À une personne qui soit toute raison. Cf. la dernière phrase.
5. *En.* Cf. p. 18, n. 4.
6. *Absolument.* Cf. p. 82, n. 5.
7. *Bien faire.* Cf. p. 35, n. 6.
8. On peut dire ici, comme Tacite : *Malo periculosam libertatem.*
9. Aussi La Rochefoucauld pouvait-il soutenir avec quelque apparence que les vertus sont des vices déguisés.
10. *Qu'il.* Nous dirions *qui.* Si *qu'il* n'est pas une faute d'impression, il faut l'expliquer sans doute par *tel que il.*
11. *Son impression.* L'impression qu'on peut en attendre.
12. Il n'y a dans cette diversité d'impressions successives rien qui comporte, ce semble, d'aussi grands mots.
13. *Vue.* Intention.

76. Les hommes commencent par l'amour, finissent par l'ambition, et ne se trouvent souvent dans une assiette plus tranquille que lorsqu'ils meurent.

77. Rien ne coûte moins à la passion que de se mettre au-dessus de la raison : son grand triomphe est de l'emporter sur l'intérêt.

78. L'on est plus sociable et d'un meilleur commerce par le cœur que par l'esprit [1].

79. Il y a de certains grands sentiments, de certaines actions nobles et élevées, que nous devons moins à la force de notre esprit qu'à la bonté de notre nature.

80. Il n'y a guère au monde un plus bel excès que celui de la reconnaissance.

81. Il faut être bien dénué d'esprit, si l'amour, la malignité, la nécessité n'en font pas trouver.

82. Il y a des lieux que l'on admire : il y en a d'autres qui touchent, et où l'on aimerait à vivre.

Il me semble que l'on dépend des lieux pour l'esprit, l'humeur, la passion, le goût et les sentiments [2].

83. Ceux qui font bien[3] mériteraient seuls d'être enviés, s'il n'y avait encore un meilleur parti à prendre, qui est de faire mieux : c'est une douce vengeance contre ceux qui nous donnent cette jalousie.

84. Quelques-uns se défendent d'aimer et de faire des vers, comme de deux faibles [4] qu'ils n'osent avouer, l'un du cœur, l'autre de l'esprit.

85. Il y a quelquefois dans le cours de la vie de si chers plaisirs et de si tendres engagements [5] que l'on nous défend, qu'il est naturel de désirer du moins qu'ils fussent [6] permis : de si grands charmes ne peuvent être surpassés que par celui de savoir y renoncer par vertu.

---

1. Cf. La Rochefoucauld : « La confiance fournit plus à la conversation (= au commerce) que l'esprit ».
2. L'idée que La Bruyère indique ici discrètement, Montesquieu en tirera toute une théorie politique.
3. *Font bien.* Cf. p. 35, n. 6.
4. *Faibles.* Cf. p. 63, n. 9.
5. *Engagements.* Liens d'affection. Cf. p. 37, n. 5.
6. *Qu'ils fussent.* L'imparfait marque qu'ils ne le sont pas.

CHAPITRE VI

De la Société et de la Conversation [1].

1. Un caractère bien fade est celui de n'en avoir aucun [2].

2. C'est le rôle d'un sot d'être importun : un homme habile [3] sent s'il convient [4] ou s'il s'ennuie; il sait disparaitre le moment qui précède celui où il serait de trop quelque part.

3. L'on marche sur les mauvais plaisants, et il pleut par tout pays de cette sorte d'insectes. Un bon plaisant est une pièce rare [5]; à un homme qui est né tel, il est encore fort délicat d'en soutenir longtemps le personnage; il n'est pas ordinaire que celui qui fait rire se fasse estimer [6].

4. Il y a beaucoup d'esprits obscènes, encore plus de médisants ou de satiriques, peu de délicats. Pour badiner avec grâce, et rencontrer heureusement [7] sur les plus petits sujets, il faut trop de manières [8], trop de politesse, et même trop de fécondité [9] : c'est créer que de railler ainsi, et faire quelque chose de rien.

5. Si l'on faisait une sérieuse attention à tout ce qui se dit de froid, de vain et de puéril dans les entretiens ordinaires, l'on aurait honte de parler ou d'écouter, et l'on se condamnerait peut-être à un silence perpétuel, qui serait

---

1. *Conversation.* Commerce du monde.
2. Cf. Duclos : « Les hommes sans caractère sont des visages sans physionomie ».
3. *Habile.* Cf. p. 7, n. 6. — Le mot, ici, s'oppose à *sot* et signifie proprement *qui a du tact.*
4. *Convient.* Agrée.
5. *Une pièce.* Nous employons *morceau* dans des expressions analogues, en appliquant le mot à une personne. Cf. p. 301, n. 9.
6. Cf. Pascal : « Diseur de bons mots, mauvais caractère ». (*Pensées*, VI, 19.)
7. *Rencontrer heureusement.* Faire d'heureuses rencontres. Nous disons encore, dans le même sens : Il a bien rencontré.
8. *Manières.* Tours élégants et fins. Il faut, pour badiner avec grâce, d'autant plus de manières qu'il y a moins de matière.
9. *Fécondité.* Le mot s'explique par ce qui suit : *C'est créer*, etc.

une chose pire dans le commerce que les discours inutiles. Il faut donc s'accommoder à tous les esprits, permettre comme un mal nécessaire le récit des fausses nouvelles [1], les vagues réflexions sur le gouvernement présent ou sur l'intérêt [2] des princes, le débit des beaux sentiments, et qui [3] reviennent toujours les mêmes ; il faut laisser *Aronce* parler proverbe, et *Mélinde* parler de soi [4], de ses vapeurs, de ses migraines et de ses insomnies.

6. L'on voit des gens qui, dans les conversations ou dans le peu de commerce que l'on a avec eux, vous dégoûtent [5] par leurs ridicules expressions, par la nouveauté et j'ose dire par l'impropriété [6] des termes dont ils se servent, comme par l'alliance de certains mots qui ne se rencontrent ensemble que dans leur bouche, et à qui ils font signifier des choses que leurs premiers inventeurs n'ont jamais eu intention de leur faire dire. Ils ne suivent en parlant ni la raison ni l'usage [7], mais leur bizarre génie [8], que l'envie de toujours plaisanter, et peut-être de briller, tourne insensiblement à un jargon qui leur est propre, et qui devient enfin [9] leur idiome naturel ; ils accompagnent un langage si extravagant d'un geste affecté et d'une prononciation qui est contrefaite. Tous sont contents d'eux-mêmes et de l'agrément de leur esprit, et l'on ne peut pas dire qu'ils en [10] soient entièrement dénués ; mais on les plaint de ce peu qu'ils en ont ; et ce qui est pire, on en souffre.

7. Que dites-vous ? Comment ? Je n'y suis pas ; vous plairait-il de recommencer ? J'y suis encore moins. Je devine [11] enfin : vous voulez, *Acis*, me dire qu'il fait froid [12] ; que ne disiez-vous : « il fait froid » ? Vous voulez m'apprendre qu'il pleut ou qu'il neige ; dites : « Il pleut, il neige ». Vous me trouvez bon visage, et vous désirez de m'en féliciter ; dites :

---

1. Sur les nouvellistes, cf. les portraits de Démophile et de Basilide, chap. x, § 11.
2. *L'intérêt.* Les affaires.
3. *Des beaux sentiments, et qui.* Cf. p. 12, n. 1.
4. *Soi.* Cf. p. 39, n. 4.
5. *Dégoûtent.* Le mot avait alors moins de force. Cf. p. 13, n. 5.
6. *J'ose dire par l'impropriété.* Ils sont nouveaux. Si, du moins, leurs inventeurs les appliquaient justement ! Mais je n'hésite pas à affirmer qu'ils sont impropres.

7. Les deux principes qui régissent une langue. Cf. Molière :

Pour rompre toute loi d'usage et de raison.
(*Femmes sav.*, II, vii.)

8. *Génie.* Humeur.
9. *Devient enfin.* Finit par devenir. Cf. p. 227, n. 14 ; p. 252, n. 5 ; p. 262, n. 7 ; p. 308, n. 12 ; p. 327, n. 5.
10. *En.* La construction est peu correcte, mais s'entend bien.
11. Il faut *deviner.*
12. Acis ne veut rien dire de plus compliqué.

« Je vous trouve bon visage ». — Mais, répondez-vous, cela est bien uni [1] et bien clair [2], et d'ailleurs qui ne pourrait pas en dire autant? — Qu'importe, Acis? Est-ce un si grand mal d'être entendu quand on parle, et de parler comme tout le monde? Une chose vous manque, Acis, à vous et à vos semblables les discours de *phébus* [3] ; vous ne vous en défiez point, et je vais vous jeter dans l'étonnement : une chose vous manque, c'est l'esprit. Ce n'est pas tout : il y a en vous une chose de trop, qui est l'opinion d'en avoir plus que les autres ; voilà la source de votre pompeux galimatias, de vos phrases embrouillées, et de vos grands mots qui ne signifient rien. Vous abordez cet homme, ou vous entrez dans cette chambre ; je vous tire par votre habit, et vous dis à l'oreille : « Ne songez point à avoir de l'esprit, n'en ayez point, c'est votre rôle ; ayez, si vous pouvez, un langage simple, et tel que l'ont ceux en qui vous ne trouvez aucun esprit ; peut-être alors croira-t-on que vous en avez ».

8. Qui peut se promettre d'éviter dans la société des hommes la rencontre de certains esprits vains, légers, familiers, délibérés [4], qui sont toujours dans une compagnie ceux qui parlent, et qu'il faut [5] que les autres écoutent? On les entend de l'antichambre, on entre impunément et sans crainte de les interrompre, ils continuent leur récit sans la moindre attention pour ceux qui entrent ou qui sortent, comme pour le rang ou le mérite des personnes qui composent le cercle ; ils font taire celui qui commence à conter une nouvelle, pour la dire de leur façon, qui est la meilleure : ils la tiennent de *Zamet*, de *Ruccelay*, ou de *Conchini* [6], qu'ils ne connaissent point, à qui ils n'ont jamais parlé, et qu'ils traiteraient de *Monseigneur* s'ils leur parlaient ; ils s'approchent quelquefois de l'oreille du plus qualifié de l'assemblée, pour le gratifier d'une circonstance que personne ne sait, et dont ils ne veulent pas que les autres soient instruits ; ils suppriment quelques noms pour déguiser l'histoire qu'ils racontent, et pour détourner les applica-

---

1. *Bien uni.* Non pas *facile* (cf. *et d'ailleurs qui ne pourrait*, etc.), mais *plat.*
2. *Bien clair.* Le mot est de La Bruyère, et non d'Acis.
3. *Phébus.* Langage prétentieux et contourné.
4. *Délibérés.* A peu près comme *décidés*, ou plutôt *décisifs.*
5. *Qu'il faut.* Le *que* peut également se coordonner au premier ou au second des deux *qui.*
6. Favoris de Marie de Médicis.
« Sans dire *Monsieur.* » (*Note de La Bruyère.*) — Cf. Molière :

Il tutoie en parlant ceux du plus haut étage
Et le nom de *Monsieur* est chez lui hors
[d'usage.
(*Mis.*, II, IV.)

tions ; vous les priez, vous les pressez inutilement : il y a
des choses qu'ils ne diront pas, il y a des gens qu'ils ne sauraient nommer, leur parole y est engagée, c'est le dernier [1]
secret, c'est un mystère : outre que vous leur demandez
l'impossible, car sur ce que vous voulez apprendre d'eux,
ils ignorent le fait et les personnes.

9. *Arrias* a tout lu, a tout vu, il veut le persuader ainsi ;
c'est un homme universel, et il se donne pour tel : il aime
mieux mentir que de se taire ou de paraître ignorer quelque
chose. On parle à la table d'un grand d'une cour du Nord :
il prend la parole, et l'ôte à ceux qui allaient dire ce qu'ils
en savent [2]; il s'oriente dans cette région lointaine comme
s'il en était originaire; il discourt [3] des mœurs de cette
cour, des femmes du pays, de ses lois et de ses coutumes;
il récite [4] des historiettes qui y sont arrivées; il les trouve
plaisantes, et il en rit le premier jusqu'à éclater. Quelqu'un
se hasarde de [5] le contredire, et lui prouve nettement qu'il
dit des choses qui ne sont pas vraies. Arrias ne se trouble
point, prend feu au contraire contre l'interrupteur : « Je
n'avance, lui dit-il, je ne raconte rien que je ne sache d'original [6] : je l'ai [7] appris de *Sethon*, ambassadeur de France
dans cette cour, revenu à Paris depuis quelques jours, que
je connais familièrement, que j'ai fort interrogé, et qui ne
m'a caché aucune circonstance ». Il reprenait le fil de sa
narration avec plus de confiance qu'il ne l'avait commencée,
lorsque l'un des conviés lui dit : « C'est Sethon à qui vous
parlez, lui-même, et qui arrive de son ambassade [8] ».

10. Il y a un parti à prendre dans les entretiens entre une
certaine paresse qu'on a de parler, ou quelquefois un esprit
abstrait [9], qui, nous jetant loin du sujet de la conversation,
nous fait faire ou de mauvaises [10] demandes ou de sottes
réponses, et une attention importune qu'on a au moindre
mot qui échappe, pour le relever, badiner autour, y trouver
un mystère que les autres n'y voient pas, y chercher de la

---

1. *Le dernier.* Dans le sens d'*extrême, suprême.*
2. *Savent.* Le mot a tout son sens.
3. *Discourt.* C'est une véritable conférence.
4. *Récite.* Cf. p. 70, n. 2.
5. *De.* Pour *à.* Cf. p. 35, n. 8.
6. *D'original.* De première source.

7. Ce *le* ne se rapporte grammaticalement à rien qui précède. Il équivaut à *ce que je raconte.*
8. Il y a dans les *Lettres persanes* un portrait qui rappelle celui d'Arrias. Cf. lettre LXXII.
9. *Abstrait.* Cf. p. 15, n. 3.
10. *Mauvaises.* Inopportunes, qui tombent mal. Cf. p, 16, n. 1.

finesse et de la subtilité, seulement pour avoir occasion d'y placer la sienne [1].

11. Être infatué de soi, et s'être fortement persuadé qu'on a beaucoup d'esprit, est un accident qui n'arrive guère qu'à celui qui n'en a point, ou qui en a peu. Malheur pour lors à qui est exposé à l'entretien d'un tel personnage! combien de jolies phrases lui faudra-t-il essuyer! combien de ces mots aventuriers [2] qui paraissent subitement, durent un temps et que bientôt on ne revoit plus! S'il conte une nouvelle, c'est moins pour l'apprendre à ceux qui l'écoutent, que pour avoir le mérite de la dire [3], et de la dire bien : elle devient un roman [4] entre ses mains; il fait penser les gens à sa manière, leur met en la bouche ses petites façons de parler [5], et les fait toujours parler longtemps; il tombe ensuite en des parenthèses, qui peuvent passer pour épisodes, mais qui font oublier le gros de l'histoire, et à lui qui vous parle, et à vous qui le supportez. Que serait-ce [6] de vous et de lui, si quelqu'un ne survenait heureusement pour déranger le cercle [7] et faire oublier la narration?

12. J'entends *Théodecte* de l'antichambre; il grossit sa voix à mesure qu'il s'approche [8]; le voilà entré : il rit, il crie, il éclate; on bouche ses oreilles, c'est un tonnerre. Il n'est pas moins redoutable par les choses qu'il dit que par le ton dont il parle. Il ne s'apaise [9] et il ne revient de ce grand fracas que pour bredouiller des vanités [10] et des sottises. Il a si peu d'égard au temps, aux personnes, aux bienséances, que chacun a son fait sans qu'il ait eu intention de le lui donner; il n'est pas encore assis qu'il a, à son insu, désobligé toute l'assemblée. A-t-on servi, il se met le premier à table et dans [11] la première place; les femmes sont à sa droite et à sa gauche. Il mange, il boit, il conte, il plaisante, il

1. *D'y placer la sienne.* D'y en trouver l'emploi.
2. *Aventuriers.* Cf. p. 151, n. 12; p. 181, n. 12. Le terme n'est plus usité comme adjectif. Il signifie ici : des mots qui ne s'emploient que d'aventure. Cf. même chapitre, § 6 : « Vous dégoûtent par la nouveauté... des termes dont ils se servent ». — Boursault fit une comédie des *Mots à la mode*.
3. C'est déjà un mérite que d'en être informé.
4. *Un roman.* Grâce à tout ce qu'il y ajoute de son cru.

5. Les particularités d'expression qui lui sont propres.
6. *Que serait-ce.* Qu'adviendrait-il.
7. *Le cercle.* L'assistance fait autour de lui, et qui va se former autour d'un autre.
8. Cf. Montesquieu : « Il est bon de commencer de la rue à se faire écouter par le bruit du carrosse et du marteau qui frappe rudement la porte ». (*Lettres persanes.*)
9. *S'apaise.* Cf. plus haut *tonnerre*.
10. *Des vanités.* Des choses vides de sens, insignifiantes.
11. *Dans.* Cf. p. 78, n. 11.

interrompt tout à la fois. Il n'a nul discernement des personnes, ni du maître, ni des conviés; il abuse de la folle déférence qu'on a pour lui. Est-ce lui, est-ce *Euthydème* qui donne le repas? Il rappelle [1] à soi [2] toute l'autorité de la table; et il y a moindre inconvénient à la lui laisser entière qu'à la lui disputer. Le vin et les viandes [3] n'ajoutent rien à son caractère [4]. Si l'on joue, il gagne au jeu; il veut railler celui qui perd, et il l'offense; les rieurs sont pour lui : il n'y a sorte de fatuités qu'on ne lui passe. Je cède [5] enfin et je disparais, incapable de souffrir plus longtemps Théodecte et ceux qui le souffrent.

13. *Troïle* est utile à ceux qui ont trop de bien : il leur ôte l'embarras du superflu; il leur sauve [6] la peine d'amasser de l'argent, de faire des contrats, de fermer des coffres, de porter des clefs sur soi et de craindre un vol domestique. Il les aide dans leurs plaisirs, et il devient capable ensuite de les servir dans leurs passions; bientôt il les règle [7] et les maîtrise dans leur conduite. Il est l'oracle d'une maison, celui dont on attend, que dis-je? dont on prévient, dont on devine les décisions. Il dit de cet esclave : « Il faut le punir », et on le fouette; et de cet autre : « Il faut l'affranchir », et on l'affranchit. L'on voit qu'un parasite ne le fait pas rire; il peut lui déplaire : il est congédié. Le maître est heureux, si Troïle lui laisse sa femme et ses enfants. Si celui-ci est à table, et qu'il prononce [8] d'un mets qu'il est friand, le maître et les conviés, qui en mangeaient sans réflexion [9], le trouvent friand, et ne s'en peuvent rassasier; s'il dit au contraire d'un autre mets qu'il est insipide, ceux qui commençaient à le goûter, n'osant avaler le morceau qu'ils ont à la bouche, ils [10] le jettent à terre [11] : tous ont les yeux sur lui, observant

---

1. *Il rappelle*, etc. Dès qu'on fait mine de la lui disputer.
2. *Soi.* Cf. p. 39, n. 4.
3. *Viandes.* Toute espèce de mets, tout ce dont on vit. Cf. p. 91, n. 2; p. 117, n. 2; p. 137, n. 3; p. 171, n. 2.
4. Que pourraient-ils y ajouter? Le sans-gêne ne saurait aller au delà.
5. *Je cède.* Je n'y puis plus tenir.
6. *Sauve.* Épargne. Cf. p. 288, n. 11.
7. *Règle.* Régit, gouverne.
8. *Prononce.* Déclare (avec l'autorité qui lui appartient).
9. *Sans songer seulement s'il était bon ou mauvais.* Cf. p. 152, n. 4.
10. *Ils.* Ce pronom fait double emploi avec le sujet. Cf. p. 112, n. 8; p. 170, n. 2; p. 278, n. 8.
11. Cela n'avait alors rien de contraire aux convenances. Cf. chap. xi, § 7 : « Il trouve qu'on lui donne trop de vin, il en *flaque* plus de la moitié au visage de celui qui est à droite... et ne comprend pas pourquoi tout le monde éclate de rire de ce qu'il a jeté à terre ce qu'on lui a versé de trop ». Ménalque croit avoir jeté à terre ce qu'il a flaqué au visage de son voisin, et, par suite, ne s'explique pas qu'on rie. Cf. encore p. 252, n. 9.

son maintien et son visage avant de prononcer [1] sur le vin ou sur les viandes [2] qui sont servies. Ne le cherchez pas ailleurs que dans la maison de ce riche qu'il gouverne : c'est là qu'il mange, qu'il dort et fait digestion [3], qu'il querelle son valet, qu'il reçoit ses ouvriers, et qu'il remet [4] ses créanciers. Il régente, il domine dans une salle; il y reçoit la cour et les hommages de ceux qui, plus fins que les autres, ne veulent aller au maître que par Troïle. Si l'on entre par malheur sans avoir une physionomie qui lui agrée, il ride son front et il détourne sa vue; si on l'aborde, il ne se lève pas; si l'on s'assied auprès de lui, il s'éloigne; si on lui parle, il ne répond point; si l'on continue de parler, il passe dans une autre chambre; si on le suit, il gagne l'escalier; il franchirait tous les étages, ou il se lancerait par une fenêtre, plutôt que de se laisser joindre par quelqu'un qui a un visage ou un son de voix qu'il désapprouve. L'un et l'autre [5] sont agréables en Troïle, et il s'en est servi heureusement pour s'insinuer ou pour conquérir [6]. Tout devient, avec le temps, au-dessous de ses soins, comme il est au-dessus de vouloir [7] se soutenir ou continuer de plaire par le moindre des talents qui ont commencé à le faire valoir. C'est beaucoup qu'il sorte quelquefois de ses méditations et de sa taciturnité pour contredire et que même pour critiquer il daigne une fois le jour avoir de l'esprit. Bien loin d'attendre de lui qu'il défère à vos sentiments, qu'il soit complaisant, qu'il vous loue, vous n'êtes pas sûr qu'il aime toujours votre approbation, ou qu'il souffre votre complaisance.

14. Il faut laisser parler cet inconnu que le hasard a placé auprès de vous dans une voiture publique, à une fête ou à un spectacle; et il ne vous coûtera bientôt pour le connaître que de l'avoir écouté : vous saurez son nom, sa demeure, son pays, l'état de son bien, son emploi, celui de son père, la famille dont est sa mère, sa parenté, ses alliances, les armes de sa maison; vous comprendrez qu'il est noble, qu'il a un château, de beaux meubles, des valets, et un carrosse [8].

1. *Prononcer.* Nous dirions *se prononcer.* Cf. p. 167, n. 12; p. 332, n. 2; p. 356, n. 11.
2. *Viandes.* Cf. p. 90, n. 3.
3. *Fait digestion.* Beaucoup de substantifs s'unissaient directement avec le verbe, qui veulent maintenant un déterminatif. *Perdre temps,* *donner courage,* etc. Cf. p. 255, n. 6; p. 291, n. 7; p. 311, n. 3; p. 371, n. 4.
4. *Remet.* A plus tard.
5. Le visage et le son de voix.
6. *Conquérir.* Emploi absolu, par opposition à *s'insinuer.*
7. Construction insolite.
8. Cf. le caractère de Théophraste

15. Il y a des gens qui parlent un moment avant que d'avoir [1] pensé. Il y en a d'autres qui ont [2] une fade attention à ce qu'ils disent, et avec qui l'on souffre dans la conversation de tout le travail de leur esprit : ils sont comme pétris de phrases [3], et de petits [4] tours d'expression, concertés dans leur geste [5] et dans tout leur maintien; ils sont *puristes* [6] et ne hasardent pas le moindre mot [7], quand il devrait faire le plus bel effet du monde; rien d'heureux ne leur échappe, rien ne coule de source et avec liberté : ils parlent proprement [8] et ennuyeusement.

16. L'esprit de la conversation consiste bien moins à en montrer beaucoup qu'à en faire trouver aux autres : celui qui sort de votre entretien content de soi [9] et de son esprit, l'est de vous parfaitement [10]. Les hommes n'aiment point à vous admirer, ils veulent plaire; ils cherchent moins à être instruits, et même réjouis, qu'à être goûtés et applaudis; et le plaisir le plus délicat est de faire celui d'autrui.

17. Il ne faut pas qu'il y ait trop d'imagination dans nos conversations ni dans nos écrits, elle [11] ne produit souvent que des idées vaines et puériles, qui ne servent point à perfectionner le goût et à nous rendre meilleurs : nos pensées doivent être prises dans le bon sens et la droite raison, et doivent être un effet de notre jugement [12].

18. C'est une grande misère que de n'avoir pas assez d'esprit pour bien parler, ni assez de jugement pour se taire. Voilà le principe de toute impertinence [13].

19. Dire d'une chose modestement ou qu'elle est bonne ou qu'elle est mauvaise, et les raisons pourquoi [14] elle est

---

intitulé *l'Impertinent.* La Bruyère en a emprunté quelques traits.

1. *Avant que de.* Cf. p. 41, n. 9.
2. *Ont.* Alors plus fréquent que *font.* Cf. p. 375, n. 8.
3. *Phrases.* Cf. p. 29, n. 12.
4. *Petits.* Ce mot donne ici l'idée de quelque chose de mignard.
5. *Geste.* Au singulier, comme une sorte de collectif. Cf. p. 179, n. 3; p. 262, n. 10; p. 358, n. 2; p. 370, n. 1.
6. « Gens qui affectent une grande pureté de langage. » (*Note de La Bruyère.*)
7. N'emploient aucun mot, pour peu qu'il soit hasardé.
8. *Proprement.* Avec propriété.
9. *Soi.* Cf. p. 39, n. 4.
10. Cf. chap. II, § 7.

11. *Elle.* Cf. p. 5, n. 8.
12. Cf. Boileau :

Aimez donc la raison : que toujours vos écrits
Empruntent d'elle seule et leur lustre et leur
[prix.
(*Art poét.*, I, 37.)

13. *Impertinence.* Dans le sens étymologique. Toute chose, acte ou parole, qui ne convient pas, qui se fait ou se dit mal à propos, sans égard aux circonstances, aux personnes, etc. Cf. p. 91, n. 10; p. 211, n. 8. — Ce n'est point une si grande misère que de n'avoir pas assez d'esprit pour bien parler. La grande misère est de ne pas avoir assez de jugement pour se taire. Et c'est ce que La Bruyère veut dire.
14. Locution tombée en désuétude. Cf. p. 191, n. 2; p. 204, n. 4.

telle, demande du bon sens et de l'expression[1] : c'est une affaire. Il est plus court de prononcer d'un ton décisif, et qui emporte[2] la preuve de ce qu'on avance, ou qu'elle est exécrable, ou qu'elle est miraculeuse[3].

20. Rien n'est moins selon Dieu et selon le monde que d'appuyer tout ce que l'on dit dans la conversation, jusques aux choses les plus indifférentes, par de longs et fastidieux serments. Un honnête homme qui dit oui et non mérite d'être cru : son caractère jure pour lui[4], donne créance[5] à ses paroles, et lui attire toute sorte de confiance.

21. Celui qui dit incessamment[6] qu'il a de l'honneur et de la probité, qu'il ne nuit à personne, qu'il consent que le mal qu'il a fait aux autres lui arrive, et qui jure pour le faire croire, ne sait pas même contrefaire l'homme de bien[7].

Un homme de bien ne saurait empêcher par toute sa modestie qu'on ne dise de lui ce qu'un malhonnête homme sait dire de soi[8].

22. *Cléon* parle peu obligeamment ou peu juste[9], c'est l'un ou l'autre ; mais il ajoute qu'il est fait ainsi, et[10] qu'il dit ce qu'il pense.

23. Il y a parler bien, parler aisément, parler juste, parler à propos. C'est pécher contre ce dernier genre que de s'étendre sur un repas magnifique que l'on vient de faire, devant des gens qui sont réduits à épargner leur pain ; de dire merveilles de sa santé devant des infirmes ; d'entretenir de ses richesses, de ses revenus et de ses ameublements un homme qui n'a ni rentes ni domicile ; en un mot, de parler de son bonheur devant des misérables[11] : cette conversation

---

1. *De l'expression.* Le talent de bien s'exprimer. On dit de même *de la conversation*, etc.
2. *Emporte.* Avec soi ; c'est-à-dire que ce ton même sert de preuve.
3. *Exécrable... miraculeuse.* La force de ces mots dispense de raisons. Cf. le marquis de la *Critique* : « Je la trouve détestable, morbleu! détestable, du dernier détestable ». etc. (*Crit. de l'Ecole des femmes*, scène VI.)
4. Cf. Solon : « Le plus sûr de tous les serments, c'est une probité notoire ».
5. *Donne créance à ses paroles.* Y fait croire. *Donner créance* s'emploie aussi dans le sens d'*ajouter*

foi ; c'est alors *donner sa créance*.
6. *Incessamment.* Sans cesse, conformément à l'usage du temps. Cf. p. 145, n. 8.
7. L'homme de bien ne jure pas, son caractère jure pour lui.
8. *Soi.* Cf. p. 39, n. 4.
9. *Juste* n'a pas ici le même sens qu'au paragraphe suivant. Il signifie sans doute *avec justice*. *Peu obligeamment* s'applique à la médisance, *peu juste*, à la calomnie.
10. *Et.* Nous avons déjà vu ce *et* explicatif. Cf. p. 42, n. 5. *Qu'il est fait de telle sorte qu'il dit ce qu'il pense.*
11. *Misérables.* Malheureux. Proprement : *qui est à plaindre.*

est trop forte [1] pour eux, et la comparaison qu'ils font alors de leur état au vôtre est odieuse.

24. « Pour vous, dit *Eutiphron*, vous êtes riche, ou vous devez [2] l'être : dix mille livres de rente, et en fonds de terre, cela est beau, cela est doux, et l'on est heureux à moins », pendant que lui qui parle ainsi a cinquante mille livres de revenu, et qu'il croit n'avoir que la moitié de ce qu'il mérite. Il vous taxe, il vous apprécie, il fixe votre dépense, et s'il vous jugeait digne d'une meilleure fortune [3], et de celle même où [4] il aspire, il ne manquerait pas de vous la souhaiter. Il n'est pas le seul qui fasse de si mauvaises estimations ou des comparaisons si désobligeantes : le monde est plein d'Eutiphrons.

25. Quelqu'un, suivant la pente de la coutume qui veut qu'on loue, et par l'habitude qu'il a à [5] la flatterie et à l'exagération, congratule *Théodème* sur un discours qu'il n'a point entendu, et dont personne n'a pu encore lui rendre compte : il ne laisse pas de lui parler de son génie, de son geste, et surtout de la fidélité de sa mémoire ; et il est vrai [6] que Théodème est demeuré court.

26. L'on voit des gens brusques, inquiets [7], *suffisants* [8], qui bien qu'oisifs et sans aucune affaire qui les appelle ailleurs, vous expédient, pour ainsi dire [9], en peu de paroles, et ne songent qu'à se dégager de vous ; on leur parle encore, qu'ils sont partis et ont disparu. Ils ne sont pas moins impertinents [10] que ceux qui vous arrêtent seulement pour vous ennuyer : ils sont peut-être moins incommodes.

27. Parler et offenser, pour de certaines gens, est [11] précisément la même chose. Ils sont piquants [12] et amers ; leur style est mêlé de fiel et d'absinthe : la raillerie, l'injure, l'insulte, leur découlent des lèvres comme leur salive [13]. Il

---

1. *Trop forte.* Ils ne peuvent la supporter, et, pour ainsi dire, la digérer.
2. Vous auriez tort de ne pas vous estimer tel.
3. *Fortune.* Sort.
4. *Où.* Cf. p. 19, n. 4.
5. *A.* Le substantif est ici construit comme le verbe auquel il se rattache.
6. *Et il est vrai que.* Et la vérité est que.
7. *Inquiets.* Au sens étymologique. Cf. p. 39, n. 3.
8. Le mot est en italique parce qu'il avait généralement le sens de *capable, qui suffit à ce qu'il fait.*
9. *Pour ainsi dire.* Le verbe *expédier* ne s'appliquait guère, avec cette signification, qu'à un nom de chose.
10. *Impertinents.* Cf. p. 92, n. 13.
11. *Est.* Nous dirions plutôt *c'est.*
12. *Piquants.* Sens plus fort que de nos jours : *blessants.* Cf. p. 101, n. 5.
13. Cf. le mot *baver* pris au figuré. *Baver l'insulte.*

leur serait utile d'être nés muets ou stupides : ce qu'ils ont de vivacité et d'esprit leur nuit davantage que ne fait [1] à quelques autres leur sottise. Ils ne se contentent pas toujours de répliquer avec aigreur, ils attaquent souvent avec insolence; ils frappent sur tout ce qui se trouve sous leur langue [2], sur les présents, sur les absents; ils heurtent de front et de côté, comme des béliers; demande-t-on à des béliers qu'ils n'aient pas de cornes? De même n'espère-t-on pas de réformer par cette peinture des naturels si durs, si farouches, si indociles [3]. Ce que l'on peut faire de mieux, d'aussi loin qu'on les découvre, est de les fuir de toute sa force sans regarder derrière soi [4].

28. Il y a des gens d'une certaine étoffe ou d'un certain caractère avec qui il ne faut jamais se commettre, de qui l'on ne doit se plaindre que le moins qu'il est possible, contre qui il n'est pas même permis d'avoir raison [5].

29. Entre deux personnes qui ont eu ensemble une violente querelle, dont l'un [6] a raison et l'autre ne l'a pas [7], ce que la plupart de ceux qui y ont assisté ne manquent jamais de faire, ou pour se dispenser de juger, ou par un tempérament [8] qui m'a toujours paru hors de sa place, c'est de condamner tous les deux [9], leçon importante [10], motif pressant et indispensable [11] de fuir à l'orient quand le fat [12] est à l'occident, pour éviter de partager avec lui le même tort [13].

30. Je n'aime pas un homme que je ne puis aborder le premier, ni saluer avant qu'il me salue, sans m'avilir à ses yeux, et sans tremper dans la bonne opinion [14] qu'il a de

---

1. *Fait.* Cf. p. 61, n. 5.
2. Cf. *sous leur main.* La langue est ici une sorte d'arme, comme le poing.
3. *Indociles.* Dans le sens étymologique : rebelles à toute discipline.
4. Cette phrase a été prise de Théophraste, portrait de l'*Impertinent.* La Bruyère emprunta les derniers mots à sa traduction, dans laquelle il eut soin de les supprimer quand ce caractère eut paru (1690, 5ᵉ édition).
5. Cf. le mot de Boileau, parlant du prince de Condé : « Désormais je me garderai d'avoir raison, surtout quand il aura tort ».
6. *L'un.* Cf. p. 18, n. 9.
7. *Ne l'a pas.* Cf. p. 5, n. 8.
8. *Tempérament.* Juste milieu.
9. Nous dirions plutôt *de les condamner tous les deux.*
10. *Leçon importante.* A tirer de là.
11. *Indispensable.* Le vrai sens est : *dont on ne peut se dispenser.* Un devoir indispensable. Avec *motif*, il faut expliquer : auquel on ne peut se dispenser d'obéir.
12. *Le fat.* Cf. p. 36, n. 3.
13. Pour éviter que, nous étant pris de querelle avec ce fat, les assistants ne nous donnent tort aussi bien qu'à lui.
14. Comme on dit tremper *dans un crime.* Me rendre complice de cette bonne opinion.

lui-même. MONTAIGNE dirait [1] : « Je veux avoir mes coudées franches, et estre courtois et affable à mon point [2], sans remords ne [3] conséquence. Je ne puis du tout estriver [4] contre mon penchant, et aller au rebours de mon naturel, qui m'enmeine vers celuy que je trouve à ma rencontre. Quand il m'est égal, et qu'il ne m'est point ennemy, j'anticipe sur son accueil [5], je le questionne sur sa disposition et santé, je lui fais offre de mes offices sans tant marchander sur le plus ou sur le moins, ne estre, comme disent aucuns [6], sur le qui vive. Celuy-là me déplaist, qui par la connoissance que j'ay de ses coutumes et façons d'agir, me tire [7] de cette liberté et franchise. Comment me ressouvenir tout à propos et d'aussi loin que je vois cet homme, d'emprunter une contenance grave et importante, et qui l'avertisse que je crois le valoir bien et au delà? pour cela de me ramentevoir [8] de mes bonnes qualitez et conditions, et des siennes mauvaises, puis en faire la comparaison? C'est trop de travail pour moy, et ne suis du tout capable de si roide [9] et de si subite attention ; et quand bien elle m'aurait succédé [10] une première fois, je ne laisserois de fléchir et me démentir à une seconde tâche : je ne puis me forcer et contraindre pour quelconque à estre fier. »

31. Avec de la vertu, de la capacité, et une bonne conduite, l'on peut être insupportable. Les manières que l'on néglige comme de petites choses sont souvent ce qui fait que les hommes décident de vous en bien ou en mal : une légère attention à les avoir douces et polies prévient leur mauvais jugement. Il ne faut presque rien pour être cru fier, incivil, méprisant, désobligeant; il faut encore moins pour être estimé tout le contraire.

32. La politesse n'inspire pas toujours la bonté, l'équité, la complaisance, la gratitude; elle en donne du moins les apparences, et fait paraître l'homme au dehors comme il devrait être intérieurement.

L'on peut définir l'esprit de politesse, l'on ne peut en fixer

---

1. « Imité de Montaigne. » (*Note de La Bruyère.*)
2. *A mon point.* A ma convenance.
3. *Ne.* Ni.
4. *Estriver.* Lutter.
5. Je lui fais accueil le premier.
6. *Aucuns.* Sens étymologique. Quelques-uns.
7. *Me tire.* M'exclut, me prive.
8. *Me ramentevoir.* Me remettre en mémoire. Le mot se trouve encore dans Molière. Cf. p. 355, n. 2.
9. *Roide.* Tendue, fixe.
10. *Succédé.* Réussi. Encore dans Molière, dans Racine, et dans la Bruyère même. Cf. p. 286, n. 2.

CH. V. — DE LA SOCIÉTÉ ET DE LA CONVERSATION.   97

la pratique : elle[1] suit l'usage et les coutumes reçues; elle est attachée au temps[2], aux lieux, aux personnes, et n'est point la même dans les deux sexes, ni dans les différentes conditions[3]; l'esprit tout seul ne la fait pas deviner : il fait qu'on la suit par imitation, et que l'on s'y perfectionne. Il y a des tempéraments qui ne sont susceptibles que de la politesse; il y en a d'autres qui ne servent qu'aux grands talents, ou à une vertu solide. Il est vrai que les manières polies donnent cours au mérite, et le rendent agréable; et qu'il faut avoir de bien éminentes qualités pour se soutenir[4] sans la politesse.

Il me semble que l'esprit de politesse est une certaine attention à faire que par nos paroles et par nos manières les autres soient contents de nous et d'eux-mêmes[5].

33. C'est une faute contre la politesse que de louer immodérément, en présence de ceux que vous faites chanter ou toucher un instrument, quelque autre personne qui a ces mêmes talents; comme devant ceux qui vous lisent leurs vers un autre poète.

34. Dans les repas ou les fêtes que l'on donne aux autres, dans les présents qu'on leur fait, et dans tous les plaisirs qu'on leur procure, il y a faire bien, et faire selon leur goût : le dernier[6] est préférable.

35. Il y aurait une espèce de férocité[7] à rejeter indifféremment toute sorte de louanges : l'on doit être sensible à celles qui nous[8] viennent des gens de bien, qui louent en nous sincèrement des choses louables.

36. Un homme d'esprit, et qui est né fier, ne perd rien de sa fierté et de sa roideur[9] pour se trouver[10] pauvre; si quelque chose au contraire doit améliorer son humeur, le rendre plus doux et plus sociable, c'est un peu de prospérité.

37. Ne pouvoir supporter tous les mauvais caractères dont le monde est plein n'est pas un fort bon caractère : il faut dans le commerce[11] des pièces d'or et de la monnaie.

---

1. *Elle.* Cf. p. 5, n. 8.
2. *Temps.* Circonstances. Cf. p. 197, n. 9; p. 279, n. 9.
3. *Conditions.* Sociales.
4. Dans le monde.
5. Cf. § 16.
6. *Le dernier.* Au neutre. Cf. p. 8, n. 10.

7. *Férocité.* Dans le sens latin : rudesse hautaine.
8. *On... nous.* Cf. p. 76, n. 1.
9. *Roideur.* Le contraire de *souplesse.*
10. Parce qu'il se trouve.
11. *Commerce.* Le mot se dit aussi des relations sociales. Cf. p. 33, n. 2.

38. Vivre avec des gens qui sont brouillés, et dont il faut écouter de part et d'autre les plaintes réciproques, c'est, pour ainsi dire, ne pas sortir de l'audience, et entendre du matin au soir plaider et parler procès.

39. L'on sait des gens qui avaient coulé leurs jours dans une union étroite : leurs biens étaient en commun, ils n'avaient qu'une même demeure, ils ne se perdaient pas de vue[1]. Ils se sont aperçus à plus de quatre-vingts ans[2] qu'ils devaient se quitter l'un l'autre et finir leur société[3] : ils n'avaient plus qu'un jour à vivre, et ils n'ont osé entreprendre de le passer ensemble; ils se sont dépêchés de rompre avant que de[4] mourir; ils n'avaient de fonds pour la complaisance[5] que jusque-là. Ils ont trop vécu pour le bon exemple : un moment plus tôt ils mouraient sociables et laissaient après eux un rare modèle de la persévérance dans l'amitié.

40. L'intérieur des familles est souvent troublé par les défiances, par les jalousies et par l'antipathie, pendant que des dehors contents, paisibles et enjoués nous trompent, et nous y font supposer une paix qui n'y est point : il y en a peu qui gagnent à être approfondies. Cette visite que vous rendez vient de suspendre une querelle domestique, qui n'attend que votre retraite pour recommencer.

41. Dans la société, c'est la raison qui plie[6] la première. Les plus sages sont souvent menés par le plus fou et le plus bizarre[7] : l'on étudie son faible, son humeur, ses caprices, l'on s'y accommode; l'on évite de le heurter, tout le monde lui cède; la moindre sérénité qui paraît sur son visage lui attire des éloges : on lui tient compte de n'être pas toujours insupportable. Il est craint, ménagé, obéi, quelquefois aimé.

42. Il n'y a que ceux qui ont eu de vieux collatéraux, ou qui en ont encore, et dont[8] il s'agit d'hériter, qui puissent dire ce qu'il en coûte[9].

43. *Cléante* est un très honnête homme; il s'est choisi

---

1. Dans le sens propre de l'expression.
2. Certains traits du morceau indiquent une allusion. Les clefs nomment deux conseillers d'État.
3. *Société.* Union, communauté de vie.
4. *Avant que de.* Cf. p. 41, n. 9.
5. *Pour la complaisance.* Pour se pardonner réciproquement leurs défauts ou leurs torts.
6. *Plie.* Cf. plus bas *cède.* C'est le même sens.
7. *Bizarre.* Extravagant.
8. *De vieux collatéraux... et dont.* Cf. p. 12, n. 1.
9. Pour se maintenir dans leurs bonnes grâces.

CH. V. — DE LA SOCIÉTÉ ET DE LA CONVERSATION. 99

une femme qui est la meilleure personne du monde et la plus raisonnable : chacun [1], de sa part [2], fait tout le plaisir et tout l'agrément des sociétés où il se trouve; l'on ne peut voir ailleurs plus de probité, plus de politesse. Ils se quittent demain, et l'acte de leur séparation est tout dressé chez le notaire. Il y a, sans mentir, de certains mérites qui ne sont point faits pour être ensemble, de certaines vertus incompatibles [3].

44. L'on peut compter sûrement sur la dot, le douaire [4] et les conventions [5], mais faiblement sur les *nourritures* [6] : elles dépendent d'une union fragile de la belle-mère et de la bru, et qui [7] périt souvent dans l'année du mariage.

45. Un beau-père aime son gendre, aime sa bru. Une belle-mère aime son gendre, n'aime point sa bru. Tout est réciproque [8].

46. Ce qu'une marâtre aime le moins de tout ce qui est au monde, ce sont les enfants de son mari : plus elle est folle de son mari, plus elle est marâtre.

Les marâtres font déserter les villes et les bourgades, et ne peuplent pas moins la terre de mendiants, de vagabonds, de domestiques et d'esclaves, que la pauvreté.

47. G... et H... [9] sont voisins de campagne, et leurs terres sont contiguës; ils habitent une contrée déserte et solitaire. Éloignés des villes et de tout commerce [10], il semblait que la fuite [11] d'une entière solitude ou l'amour de la société eût dû les assujettir [12] à une liaison réciproque; il est cependant difficile d'exprimer la bagatelle qui les a fait rompre, qui les rend implacables l'un pour l'autre, et qui perpétuera leurs haines dans leurs descendants. Jamais des parents, et

1. *Chacun.* Nous dirions *chacun des deux,* même avec *de sa part.*
2. *De sa part.* De son côté. Cf. p. 74, n. 6.
3. Quand les vertus sont, comme ici, les mêmes des deux parts, on ne voit pas bien pourquoi il y aurait entre elles incompatibilité. C'est plutôt entre les défauts qui s'y mêlent.
4. *Douaire.* Ce que le mari donne à sa femme pour en avoir l'usufruit au cas où elle lui survivra.
5. *Conventions.* Cf. p. 69, n. 5.
6. *Nourritures.* Entretien des époux par les parents de l'un d'eux.
7. *Et qui.* Cf. p. 12, n. 1.

8. Des éditeurs ont mis : *Un beau-père n'aime pas son gendre,* etc. C'est *tout est réciproque* sans doute qui les a induits en erreur. Mais *tout est réciproque* veut dire : De même le gendre, la bru aiment leur beau-père; le gendre aime sa belle-mère, la bru ne l'aime point.
9. Les clefs nomment deux conseillers au Parlement, Hervé et Vedeau de Grammont, en procès pour un droit de pêche.
10. *Commerce.* Social. Cf. p. 33, n. 2.
11. *La fuite.* Le désir d'échapper à.
12. *Assujettir.* Même s'ils ne s'entendaient pas toujours. De là, ce mot.

même des frères [1], ne se sont brouillés pour une moindre chose.

Je suppose qu'il n'y ait que deux hommes sur la terre, qui la possèdent seuls, et qui la partagent toute entre eux deux : je suis persuadé qu'il leur naîtra bientôt quelque sujet de rupture, quand ce ne serait que pour les limites.

48. Il est souvent plus court et plus utile de cadrer [2] aux autres que de faire que les autres s'ajustent à nous.

49. J'approche d'une petite ville, et je suis déjà sur une hauteur d'où je la découvre. Elle est située à mi-côte; une rivière baigne ses murs, et coule ensuite dans une belle prairie; elle a une forêt épaisse qui la couvre des vents froids et de l'aquilon. Je la vois dans un jour si favorable, que je compte ses tours et ses clochers; elle me paraît peinte sur le penchant de la colline. Je me récrie, et je dis : « Quel plaisir de vivre sous un si beau ciel et dans ce séjour si délicieux ! » Je descends dans la ville, où je n'ai pas couché deux nuits, que je ressemble à ceux qui l'habitent : j'en veux sortir [3].

50. Il y a une chose que l'on n'a point vue sous le ciel, et que selon toutes les apparences on ne verra jamais : c'est une petite ville qui n'est [4] divisée en aucuns partis; où les familles sont unies, et où les cousins se voient avec confiance; où un mariage n'engendre point une guerre civile; où la querelle des rangs ne se réveille pas à tous moments par l'offrande [5], l'encens et le pain bénit, par les processions et par les obsèques; d'où l'on a banni les *caquets* [6], le mensonge et la médisance; où l'on voit parler ensemble le bailli [7] et le président, les élus [8] et les assesseurs [9]; où le doyen vit bien avec ses chanoines; où les chanoines ne dédaignent pas les chapelains, et où ceux-ci souffrent les chantres.

51. Les provinciaux et les sots sont toujours prêts à se

---

1. *Même des frères.* Les brouilles entre frères sont d'autant plus fréquentes qu'ils ont plus de relations entre eux et d'intérêts communs.
2. *Cadrer.* S'accommoder.
3. Le paragraphe suivant explique assez pourquoi.
4. *N'est.* Nous dirions *ne soit.*
5. Cf. *Dictionnaire de Furetière* : « Se dit particulièrement des présents qu'on fait aux curés en allant baiser la patène ».
6. *Caquets.* En italique. Ce qu'on appelle les caquets.
7. *Bailli.* Officier de robe qui rendait la justice.
8. *Élus.* Officiers subalternes qui jugeaient en première instance les affaires relatives aux tailles, aides, gabelles.
9. *Assesseurs.* Officiers de justice gradués, qui servaient de conseil à un juge d'épée dans la maréchaussée.

fâcher, et à croire qu'on se moque d'eux ou qu'on les méprise : il ne faut jamais hasarder la plaisanterie, même la plus douce et la plus permise, qu'avec des gens polis [1], ou qui ont de l'esprit.

52. On ne prime point avec les grands, ils se défendent par leur grandeur; ni avec les petits, ils vous repoussent par le *qui vive* [2].

53. Tout ce qui est mérite se sent, se discerne, se devine réciproquement [3] : si l'on voulait être estimé, il faudrait vivre avec des personnes estimables.

54. Celui qui est d'une éminence [4] au-dessus des autres qui le met à couvert de la repartie, ne doit jamais faire une raillerie piquante [5].

55. Il y a de petits défauts que l'on abandonne volontiers à la censure, et dont nous ne haïssons pas à [6] être raillés : ce sont de pareils défauts que nous devons choisir pour railler les autres.

56. Rire des gens d'esprit, c'est le privilège des sots : ils sont dans le monde ce que les fous [7] sont à la cour, je veux dire sans conséquence.

57. La moquerie est souvent indigence d'esprit [8].

58. Vous le croyez votre dupe : s'il feint de l'être, qui est plus dupe de lui ou de vous [9]?

59. Si vous observez avec soin qui sont les gens qui ne peuvent louer, qui blâment toujours, qui ne sont contents de personne, vous reconnaîtrez que ce sont ceux mêmes dont personne n'est content.

60. Le dédain et le rengorgement [10] dans la société attire [11] précisément le contraire de ce que l'on cherche, si c'est à se faire estimer.

---

1. *Polis.* Qui ont été polis et formés par l'usage du monde.
2. *Qui vive.* Dans le sens où nous disons *être sur le qui vive*, c'est-à-dire être sur ses gardes, tenir en éveil sa susceptibilité.
3. *Réciproquement.* Nous devinons le mérite chez les autres et les autres chez nous.
4. *Éminence.* Cf. *Discours à l'Académie*, p. 103, ligne 21 : « L'éminence de ses talents »
5. *Piquante.* Cf. p. 91, n. 12.
6. *A.* Cf. p. 52, n. 8.
7. *Les fous.* Les fous de profession.
8. On se moque de ce qu'on ne comprend pas, faute d'esprit.
9. Cf. La Rochefoucauld : « La plus subtile de toutes les finesses est de savoir bien feindre de tomber dans les pièges que l'on nous tend ».
10. Le mot ne se trouve pas avant La Bruyère, qui en a fait ce seul emploi.
11. Au singulier. Construction plus fréquente au xviie siècle.

61. Le plaisir de la société entre les amis se cultive par une ressemblance de goût sur ce qui regarde les mœurs, et par quelque différence d'opinions sur les sciences [1] : par là [2] ou l'on s'affermit dans ses sentiments [3], ou l'on s'exerce et l'on s'instruit par la dispute [4].

62. L'on ne peut aller loin dans l'amitié, si l'on n'est pas disposé à se pardonner les uns aux autres les petits défauts.

63. Combien de belles et inutiles raisons à étaler à [5] celui qui est dans une grande adversité, pour essayer de le rendre tranquille! Les choses de dehors, qu'on appelle les événements, sont quelquefois plus fortes que la raison et que la nature [6]. « Mangez, dormez, ne vous laissez point mourir de chagrin, songez à vivre » : harangues froides, et qui réduisent à l'impossible [7]. « Êtes-vous raisonnable de vous tant inquiéter? » n'est-ce pas dire : « Êtes-vous fou d'être malheureux? »

64. Le conseil, si nécessaire pour les affaires [8], est quelquefois dans la société nuisible à qui le donne, et inutile à celui à qui il est donné. Sur les mœurs, vous faites remarquer des défauts ou que l'on n'avoue pas, ou que l'on estime des vertus; sur les ouvrages, vous rayez les endroits qui paraissent admirables à leur auteur [9], où il se complaît davantage [10], où il croit s'être surpassé lui-même. Vous perdez ainsi la confiance de vos amis, sans les avoir rendus ni meilleurs [11] ni plus habiles [12].

65. L'on a vu, il n'y a pas longtemps, un cercle de personnes [13] des deux sexes, liées ensemble par la conversation et par un commerce d'esprit. Ils laissaient au vulgaire l'art de parler d'une manière [14] intelligible; une chose dite entre eux peu clairement en entraînait une autre encore plus obscure, sur laquelle on enchérissait par de vraies énigmes,

---

1. *Sciences.* S'applique à tout ce qui est du domaine de la connaissance.
2. *Par là.* Par cette différence.
3. *Sentiments.* Cf. p. 15, n. 1.
4. *Dispute.* Discussion.
5. *Étaler à.* Comme on dit *montrer à.* Le mot est d'ailleurs en accord avec des raisons *belles* et *inutiles.*
6. *La nature.* Les besoins naturels. Cf. *Mangez,* etc.
7. Qui veulent nous contraindre à l'impossible.
8. *Les affaires.* Les hautes affaires, la politique, par opposition à la société.
9. Cf. Boileau :

Ce mot me semble froid,
Je le retrancherais.—C'est le plus bel endroit !
(*Art. poét.*, I, 213.)

10. *Davantage.* Cf. p. 1, n. 6.
11. Cf. sur *les mœurs.*
12. Cf. sur *les ouvrages.* — Pour *habiles,* cf. p. 7, n. 6.
13. Les précieux.
14. Cf. le portrait d'Acis, § 7.

toujours suivies de longs applaudissements : par tout ce qu'ils appelaient délicatesses, sentiments, tour, et finesse d'expression, ils étaient enfin parvenus à n'être plus entendus et à ne s'entendre pas eux-mêmes. Il ne fallait, pour fournir à ces entretiens, ni bon sens, ni jugement, ni mémoire, ni la moindre capacité : il fallait de l'esprit, non pas du meilleur, mais de celui qui est faux, et où l'imagination a trop de part [1].

66. Je le sais, *Théobalde* [2], vous êtes vieilli ; mais voudriez-vous que je crusse que vous êtes baissé [3], que vous n'êtes plus poëte ni bel esprit, que vous êtes présentement aussi mauvais juge de tout genre d'ouvrage que méchant auteur, que vous n'avez plus rien de naïf [4] et de délicat dans la conversation? Votre air libre et présomptueux me rassure, et me persuade tout le contraire. Vous êtes donc aujourd'hui tout ce que vous fûtes jamais, et peut-être meilleur ; car si à votre âge vous êtes si vif et si impétueux, quel nom, Théobalde, fallait-il vous donner dans votre jeunesse, et lorsque vous étiez la *coqueluche* ou l'entêtement [5] de certaines femmes qui ne juraient que par vous et sur votre parole, qui disaient : *Cela est délicieux ; qu'a-t-il dit?*

67. L'on parle impétueusement dans les entretiens, souvent par vanité ou par humeur [6], rarement avec assez d'attention : tout occupé du désir de répondre à ce qu'on n'écoute point [7], l'on suit ses idées, et on les explique sans le moindre égard pour les raisonnements d'autrui, l'on est bien éloigné de trouver ensemble la vérité, l'on n'est pas encore convenu de [8] celle que l'on cherche. Qui pourrait écouter ces sortes de conversations et les écrire, ferait voir quelquefois de bonnes choses qui n'ont nulle suite.

68. Il a régné pendant quelque temps une sorte de conversation fade et puérile, qui roulait toute sur des questions frivoles qui avaient relation au cœur et à ce qu'on appelle

---

1. Cf. § 17.
2. *Théobalde*. Benserade.
3. Au lieu de *vous avez baissé*, par opposition à *vous êtes vieilli*.
4. *Naïf*. Qui est gracieusement inspiré par le sentiment. (Littré.)
5. *L'entêtement*. On dit : être entêté de quelque chose ou de quelqu'un. Cf. p. 107, n. 4; p. 136, n. 6; p. 179, n. 2; p. 266, n. 1, 4.
6. *Par humeur*. Cf. chap. I, § 61.
7. Cf. La Rochefoucauld : « Une des choses qui fait que l'on trouve si peu de gens qui paraissent raisonnables et agréables dans la conversation, c'est qu'il n'y a presque personne qui ne pense plutôt à ce qu'il veut dire qu'à répondre précisément à ce qu'on lui dit ».
8. *L'on n'est pas encore convenu de*. L'on ne s'est pas encore mis d'accord sur.

passion ou tendresse. La lecture de quelques romans les [1] avait introduites parmi les plus honnêtes gens de la ville et de la cour ; ils s'en sont défaits, et la bourgeoisie [2] les a reçues avec les pointes et les équivoques [3].

69. Quelques femmes de la ville ont la délicatesse de ne pas savoir ou de n'oser dire le nom des rues, des places, et de quelques endroits publics, qu'elles ne croient pas assez nobles pour être connus. Elles disent : *le Louvre, la place Royale*, mais elles usent de tours et de phrases [4] plutôt que de prononcer de certains noms ; et s'ils leur échappent, c'est du moins avec quelque altération du mot, et après quelques façons qui les rassurent : en cela moins naturelles que les femmes de la cour, qui ayant besoin dans le discours des *Halles* [5], du *Châtelet*, ou de choses semblables, disent : *les Halles, le Châtelet*.

70. Si l'on feint quelquefois de ne se pas souvenir de certains noms que l'on croit obscurs, et si l'on affecte de les corrompre [6] en les prononçant, c'est par la bonne opinion qu'on a du sien.

71. L'on dit par belle humeur, et dans la liberté de la conversation, de ces choses froides [7], qu'à la vérité l'on donne pour telles, et que l'on [8] ne trouve bonnes que parce qu'elles sont extrêmement mauvaises [9]. Cette manière basse de plaisanter a passé du peuple, à qui elle appartient [10], jusque dans une grande partie de la jeunesse de la cour, qu'elle a déjà infectée. Il est vrai qu'il y entre trop de fadeur et de grossièreté pour devoir [11] craindre qu'elle s'étende plus loin, et qu'elle fasse de plus grands progrès dans un pays qui est le centre du bon goût et de la politesse. L'on doit cependant en inspirer le dégoût à ceux qui la pratiquent ; car bien que ce ne soit jamais sérieusement, elle ne laisse

---

1. *Les.* Non pas les *questions*, mais les conversations de ce genre.
2. *La bourgeoisie.* En opposition avec les *plus honnêtes gens*, non seulement *de la cour*, mais *de la ville*. Il s'agit de la bourgeoisie commune.
3. Sur les pointes, cf. Boileau, *Art poét.*, II, 105 sqq. — Sur les équivoques, cf. Molière, la *Critique de l'École des femmes*, scène I.
4. *Phrases.* À peu près le même sens que *périphrases*. Cf. d'ailleurs, p. 29, n. 12.
5. *Des Halles.* De parler des Halles.
6. *Corrompre.* Défigurer.
7. *Froides.* Peu piquantes, qui ont peu de ragoût. Il s'agit des équivoques.
8. *L'on.* Ceux à qui on les dit. Tout à l'heure *l'on* signifiait ceux qui les disent. Mais ce sont les mêmes personnes qui parlent et écoutent tour à tour.
9. Plus le jeu de mots est tiré de loin, plus on le trouve ingénieux.
10. *Appartient.* Convient.
11. *Pour devoir.* Pour qu'on doive. Cf. p. 53, n. 2.

pas de tenir la place, dans leur esprit et dans le commerce ordinaire, de quelque chose de meilleur.

72. Entre dire de mauvaises choses [1], ou en dire de bonnes que tout le monde sait et les donner pour nouvelles, je n'ai pas à choisir.

73. « Lucain a dit une jolie chose... Il y a un beau mot de Claudien... Il y a cet endroit de Sénèque » ; et là-dessus une longue suite de latin, que l'on cite souvent devant des gens qui ne l'entendent pas, et qui feignent de l'entendre. Le secret serait d'avoir un grand sens et bien de l'esprit ; car ou l'on se passerait des anciens, ou, après les avoir lus avec soin, l'on saurait encore choisir les meilleurs [2] et les citer à propos [3].

74. *Hermagoras* ne sait pas qui est roi de Hongrie [4] ; il s'étonne de n'entendre faire aucune mention du roi de Bohême [5] ; ne lui parlez pas des guerres de Flandre et de Hollande [6], dispensez-le du moins de vous répondre : il confond les temps, il ignore quand elles ont commencé, quand elles ont fini ; combats, sièges, tout lui est nouveau ; mais il est instruit de la guerre des géants [7], il en raconte le progrès [8] et les moindres détails, rien ne lui est échappé ; il débrouille de même l'horrible chaos des deux empires, le Babylonien et l'Assyrien ; il connait à fond les Égyptiens et leurs dynasties. Il n'a jamais vu Versailles, il ne le verra point : il a presque vu la tour de Babel, il en compte les degrés, il sait combien d'architectes ont présidé à cet ouvrage, il sait le nom des architectes. Dirai-je qu'il croit Henry IV [9] fils de Henry III ? Il néglige du moins de rien connaitre aux maisons de France, d'Autriche et de Bavière : « Quelles minuties ! » dit-il ; pendant qu'il récite de mémoire toute une liste des rois des Mèdes ou de Babylone, et que les noms d'Apronal, d'Hérigebal, de Noesnemordach, de

---

1. *De mauvaises choses.* Cf. p. 16, n. 1.
2. Et non des anciens comme Lucain, Claudien ou Sénèque, qui sentent déjà la décadence.
3. Et non devant les gens qui ne les entendent pas.
4. C'est en 1687 que les états de Presbourg avaient déclaré la couronne de Hongrie héréditaire dans la maison d'Autriche, dont les Hongrois avaient reconnu la domination en 1570.
5. Depuis 1527 la Bohême n'avait cessé que pendant quelques années d'appartenir à la maison d'Autriche.
6. Guerres toutes contemporaines.
7. Contre les dieux.
8. *Le progrès.* Au sens étymologique : la marche, la suite. Cf. p. 4, n. 11.
9. « Henry le Grand. » (*Note de La Bruyère.*)

Mardokempad, lui sont aussi familiers qu'à nous ceux de
Valois et de Bourbon. Il demande si l'empereur a jamais
été marié; mais personne ne lui apprendra que Ninus a eu
deux femmes. On lui dit que le Roi jouit d'une santé parfaite; et il se souvient que Thetmosis, un roi d'Égypte, était
valétudinaire, et qu'il tenait cette complexion de son aïeul
Alipharmutosis. Que ne sait-il point? Quelle chose lui est
cachée de la vénérable antiquité? Il vous dira que Sémiramis, ou, selon quelques-uns, Sérimaris, parlait[1] comme
son fils Ninyas, qu'on ne les distinguait pas à la parole : si
c'était parce que la mère avait une voix mâle comme son
fils, ou le fils une voix efféminée[2] comme sa mère, qu'il
n'ose pas[3] le décider. Il vous révélera que Nembrot était
gaucher, et Sésostris ambidextre : que c'est une erreur de
s'imaginer qu'un[4] Artaxerxe ait été appelé Longuemain
parce que les bras lui tombaient jusqu'aux genoux, et non
à cause qu'il[5] avait une main plus longue que l'autre; et il
ajoute qu'il y a des auteurs graves[6] qui affirment que c'était
la droite, qu'il croit néanmoins être bien fondé à soutenir
que c'est la gauche.

75. Ascagne est statuaire, Hégion fondeur, Æschine
foulon, et *Cydias*[7] bel esprit, c'est sa profession. Il a une
enseigne, un atelier, des ouvrages de commande[8], et des
compagnons[9] qui travaillent sous lui : il ne vous saurait
rendre[10] de plus d'un mois les stances qu'il vous a promises,
s'il ne manque de parole à *Dosithée*, qui l'a engagé[11] à faire
une élégie; une idylle est sur le métier, c'est pour *Crantor*,
qui le presse, et qui lui laisse espérer un riche salaire[12].
Prose, vers, que voulez-vous? Il réussit également en l'un
et en l'autre. Demandez-lui des lettres de consolation, ou
sur une absence, il les entreprendra; prenez-les toutes

---

1. *Parlait.* La suite indique qu'il s'agit du son de la voix.
2. *Efféminée.* Une voix de femme, par opposition à *mâle*. Mais ce n'est pas le sens ordinaire du mot.
3. Suppléez : *il vous dira*, de plus haut.
4. *Un.* Il y en eut plusieurs.
5. *A cause que.* Cf. p. 30, n. 5.
6. *Graves.* De poids; mais le mot retient quelque chose de son sens ordinaire, ce qui le rend ici plus piquant.
7. Fontenelle.
8. Fontenelle fit pour Th. Corneille une partie de *Psyché* et de *Bellérophon*, pour Donneau de Visé la comédie de la *Comète*, etc., etc.
9. *Compagnons.* Comme un maître maçon ou un maître serrurier. C'est un métier tout mécanique que la « littérature » pour ce bel esprit professionnel.
10. *Rendre.* Remettre. Cf. p. 226, n. 4.
11. *Engagé.* Lui a fait promettre. Cydias s'est *engagé* à faire l'élégie. Cf. p. 37, n. 5.
12. *Salaire.* Comme pour un ouvrier.

faites et entrez dans son magasin¹, il y a à choisir. Il a un ami qui n'a point d'autre fonction sur la terre que de le promettre longtemps à un certain monde, et de le présenter enfin dans les maisons comme homme rare et d'une exquise conversation; et là, ainsi que le musicien chante et que le joueur de luth touche son luth devant les personnes à qui il a été promis, Cydias, après avoir toussé, relevé sa manchette, étendu la main et ouvert les doigts, débite gravement ses pensées quintessenciées et ses raisonnements sophistiqués. Différent de ceux qui, convenant de principes², et connaissant la raison ou la vérité qui est une³, s'arrachent la parole l'un à l'autre pour s'accorder sur leurs sentiments, il n'ouvre la bouche que pour contredire : « Il me semble, dit-il gracieusement, que c'est tout le contraire de ce que vous dites »; ou : « Je ne saurais être de votre opinion »; ou bien : « Ç'a été autrefois mon entêtement⁴, comme il⁵ est le vôtre, mais.... Il y a trois choses, ajoute-t-il, à considérer.... » et il en ajoute une quatrième⁶ : fade discoureur, qui n'a pas mis plus tôt le pied dans une assemblée, qu'il cherche quelques femmes auprès de qui il puisse s'insinuer, se parer de son bel esprit ou de sa philosophie, et mettre en œuvre ses rares conceptions; car soit qu'il parle ou qu'il écrive, il ne doit pas être soupçonné d'avoir en vue ni le vrai ni le faux, ni le raisonnable ni le ridicule⁷ : il évite uniquement de donner dans le sens⁸ des autres, et d'être de l'avis de quelqu'un⁹; aussi attend-il dans un cercle que chacun se soit expliqué sur le sujet qui s'est offert, ou souvent qu'il a amené lui-même, pour dire dogmatiquement des choses toutes nouvelles, mais à son gré décisives et sans réplique. Cydias s'égale à Lucien et à Sénèque¹⁰, se met au-dessus¹¹ de Platon, de Virgile et de Théocrite¹², et

---

1. *Magasin.* Il a un atelier et aussi un magasin.
2. *Convenant de principes.* D'accord sur les principes. Cf. p. 51, n. 1.
3. *Qui est une.* Et sur laquelle on doit, en conséquence, finir par s'accorder.
4. J'ai été autrefois entêté de cette idée. Cf. p. 103, n. 5.
5. *Il.* Pour cela. Cf. p. 60, n. 1.
6. Il ne se contente même pas de trois.
7. Cf. p. 8 n. 10.
8. *Donner dans.* L'expression s'emploie généralement en mauvaise part. Cf. p. 30, n. 2.

9. Ce trait convient peu au Fontenelle conciliant et détaché que nous connaissons : c'est sans doute le Fontenelle plus jeune, que connut La Bruyère.
10. *Sénèque.* « Philosophe et poète tragique. » (*Note de La Bruyère.*)
11. Il *s'égale* seulement à Lucien et à Sénèque, il *se met au-dessus* de Platon, de Virgile et de Théocrite; c'est que Platon, Virgile et Théocrite sont, selon son goût, inférieurs à Sénèque et à Lucien.
12. Fontenelle avait fait, comme Lucien, des *Dialogues des morts*; comme Sénèque, des ouvrages phi-

son flatteur a soin de le confirmer tous les matins dans cette opinion. Uni de goût et d'intérêt avec les contempteurs d'Homère [1], il attend paisiblement que les hommes détrompés lui préfèrent les poètes modernes : il se met en ce cas [2] à la tête [3] de ces derniers, et il sait à qui [4] il adjuge la seconde place. C'est en un mot un composé du pédant et du précieux, fait pour être admiré de la bourgeoisie et de la province, en qui néanmoins [5] on n'aperçoit rien de grand que l'opinion qu'il a de lui-même [6].

76. C'est la profonde ignorance qui inspire le ton dogmatique. Celui qui ne sait rien croit enseigner aux autres ce qu'il vient d'apprendre lui-même; celui qui sait beaucoup pense à peine que ce qu'il dit puisse être ignoré, et parle plus indifféremment [7].

77. Les plus grandes choses n'ont besoin que d'être dites simplement : elles se gâtent par l'emphase. Il faut dire noblement les plus petites [8] : elles ne se soutiennent que par l'expression, le ton et la manière [9].

78. Il me semble que l'on dit les choses encore plus finement qu'on ne peut les écrire [10].

79. Il n'y a guère qu'une naissance honnête [11], ou qu'une bonne éducation, qui rende les hommes capables de secret.

80. Toute confiance est dangereuse si elle n'est entière : il y a peu de conjonctures où il ne faille tout dire ou tout

---

losophiques et des tragédies ; comme Virgile et Théocrite, des pastorales ; ce sont probablement ses *Entretiens sur la pluralité des mondes* (1686) qu'il préfère aux traités plus ou moins analogues de Platon.

1. Perrault, Lamotte, etc.
2. *En ce cas.* En attendant que ses prévisions se réalisent.
3. *A la tête.* En tête; mais, peut-être, avec une allusion à la guerre que les modernes font aux anciens.
4. Sans doute à Lamotte.
5. *Néanmoins.* S'oppose à *admiré*, malgré *de la bourgeoisie et de la province* qui changent l'éloge en critique.
6. Il est à peine besoin de faire remarquer qu'il y avait, dans Fontenelle, un esprit supérieur. A l'époque où La Bruyère écrivait le portrait de Cydias, cette supériorité d'esprit ne s'était encore marquée qu'à travers des défauts de goût et des ridicules qui donnaient beau jeu à un adversaire des modernes.
7. *Plus indifféremment*, par opposition à *ton dogmatique*, signifie *d'un air plus détaché, avec moins d'importance.* Cf. p. 258, n. 11.
8. Précepte bien contestable. Pour Boileau, le mérite supérieur d'Homère consistait à dire les plus petites choses avec noblesse. Remarquons d'ailleurs que *noblement* est opposé ici à *simplement.*
9. *Manière.* Non la manière de les dire, qui est l'expression, mais plutôt l'air dont on les dit. *Dire* n'est pas synonyme d'*écrire*. Il s'agit ici de la « conversation ».
10. C'est justement qu'il y a eu plus le ton et la manière.
11. *Honnête.* Sens du latin *honestus*.

CH. V. — DE LA SOCIÉTÉ ET DE LA CONVERSATION. 109

cacher. On a déjà trop dit de son secret à celui à qui l'on croit devoir en dérober une circonstance.

81. Des gens vous promettent le secret, et ils le révèlent eux-mêmes[1], et à leur insu[2]; ils ne remuent pas les lèvres, et on les entend; on lit sur leur front et dans leurs yeux, on voit au travers de leur poitrine, ils sont transparents. D'autres ne disent pas précisément une chose qui leur a été confiée; mais ils parlent et agissent de manière qu'on la découvre de soi-même. Enfin quelques-uns méprisent votre secret, de quelque conséquence qu'il puisse être : « C'est un mystère, un tel m'en a fait part, et m'a défendu de le dire »; et ils le disent.

Toute révélation d'un secret est la faute de celui qui l'a confié[3].

82. *Nicandre* s'entretient avec *Élise* de la manière douce et complaisante dont il a vécu avec sa femme, depuis le jour qu'il en[4] fit le choix jusques à sa mort; il a déjà dit qu'il regrette qu'elle ne lui ait pas laissé des enfants[5], et il le répète; il parle des maisons qu'il a à la ville, et bientôt d'une terre qu'il a à la campagne : il calcule le revenu qu'elle lui rapporte, il fait le plan des bâtiments, en décrit la situation, exagère la commodité des appartements, ainsi que la richesse et la propreté[6] des meubles; il assure qu'il aime la bonne chère, les équipages; il se plaint que sa femme n'aimait point assez le jeu et la société. « Vous êtes si riche, lui disait l'un de ses amis, que n'achetez-vous cette charge? pourquoi ne pas faire cette acquisition qui étendrait votre domaine? » — « On me croit, ajoute-t-il, plus de bien que je n'en possède[7]. » Il n'oublie pas son extraction et ses alliances : « Monsieur le Surintendant, qui est mon cousin;

---

1. *Le révèlent eux-mêmes.* Sans rien dire ni faire, par opposition à ceux qui « parlent et agissent de manière qu'on découvre la chose ».
2. *A leur insu.* Par opposition à ceux qui « méprisent votre secret ».
3. Lui-même a manqué de discrétion en se confiant à un indiscret.
4. *Que.* Nous dirions *où*. C'est un latinisme, qui subsiste encore dans certaines locutions. Cf. ci-dessous *au moment que.* Cf. p. 160, n. 2; p. 162, n. 16; p. 175, n. 8; p. 209, n. 12; p. 224, n. 10; p. 225, n. 8; p. 254, n. 5; p. 386, n. 12; p. 392, n. 7; p. 421, n. 8 et 11.
5. Nicandre dit qu'il le regrette pour le faire savoir à Élise: on épouse plus volontiers un veuf sans enfants.
6. *Propreté.* Dans un sens qui n'est plus le nôtre. Des meubles propres sont des meubles de bonne qualité, des meubles « cossus », élégants. Cf. p. 117, n. 3; p. 211, n. 7; p. 239, n. 6; p. 315, n. 1; p. 386, n. 2; p. 431, n. 7.
7. Nicandre « exagérait » plus haut. Ce trait de modestie est propre à prévenir toute défiance de la part d'Élise.

Madame la Chancelière, qui est ma parente »; voilà son style. Il raconte un fait qui prouve le mécontentement qu'il doit avoir de ses plus proches, et de ceux même qui sont ses héritiers : « Ai-je tort? dit-il à Élise; ai-je grand sujet de leur vouloir du bien? » et il l'en fait juge. Il insinue ensuite qu'il a une santé faible et languissante [1], et il parle de la cave [2] où il doit être enterré. Il est insinuant, flatteur, officieux à l'égard de tous ceux qu'il trouve auprès de la personne à qui il aspire. Mais Élise n'a pas le courage d'être riche en l'épousant [3]. On annonce, au moment qu'il parle, un cavalier [4], qui de sa seule présence démonte la batterie de l'homme de ville : il se lève déconcerté et chagrin [5], et va dire ailleurs qu'il veut se remarier.

83. Le sage quelquefois évite le monde, de peur d'être ennuyé.

---

1. Il y a là quelque chose de forcé. Comment Nicandre veut-il épouser une femme qu'il croit capable d'être persuadée par la perspective de sa fin prochaine?
2. *Cave.* Caveau.
3. Expression recherchée; pour *de l'épouser afin d'être riche*, qui, d'ailleurs, serait plat.

4. *Un cavalier.* Un gentilhomme d'épée (cf. p. 143, n. 14; p. 331, n. 5); en relation, peut-être, avec *démonte la batterie.*
5. *Chagrin.* Dépité, de mauvaise humeur, mécontent. Cf. p. 123, n. 3; p. 131, n. 1; p. 228, n. 7; p. 278, n. 7; p. 311, n. 7. Cf. aussi, sur *chagrin* substantif, p. 3, n. 5.

CHAPITRE VI

Des Biens de fortune.

1. Un homme fort riche peut manger des entremets, faire peindre ses lambris et ses alcôves, jouir d'un palais à la campagne et d'un autre à la ville, avoir un grand équipage, mettre un duc dans sa famille, et faire de son fils un grand seigneur: cela est juste et de son ressort; mais il appartient peut-être à d'autres de vivre contents.

2. Une grande naissance ou une grande fortune annonce [1] le mérite, et le fait plus tôt remarquer [2].

3. Ce qui disculpe le fat ambitieux de son ambition est le soin que l'on prend, s'il a fait une grande fortune, de lui trouver un mérite qu'il n'a jamais eu, et aussi grand qu'il croit l'avoir.

4. A mesure que la faveur et les grands biens se retirent d'un homme, ils laissent voir en lui le ridicule qu'ils couvraient, et qui y était sans que personne s'en aperçût.

5. Si l'on ne le voyait de ses yeux, pourrait-on jamais s'imaginer l'étrange disproportion que le plus ou le moins de pièces de monnaie met entre les hommes?

Ce plus ou ce moins détermine à l'épée, à la robe, ou à l'Église : il n'y a presque point d'autre vocation.

6. Deux marchands étaient voisins et faisaient le même commerce, qui ont eu dans la suite une fortune toute différente. Ils avaient chacun une fille unique; elles ont été nourries [3] ensemble, et ont vécu dans cette familiarité que donnent un même âge et une même condition : l'une des

---

1. *Annonce.* Signale.
2. Cf. Pascal : « Que la noblesse est un grand avantage, qui, dès dix-huit ans, met un homme en passe, connu et respecté, comme un autre pourrait avoir mérité à cinquante ans ! c'est trente ans gagnés sans peine. » (*Pensées*, V, 15.)
3. *Nourries.* Élevées. Sens conforme à l'usage du temps.

deux, pour se tirer d'une extrême misère, cherche à se placer; elle entre au service d'une fort grande dame et l'une des premières de la cour, chez sa compagne.

7. Si le financier manque son coup [1], les courtisans disent de lui : « C'est un bourgeois, un homme de rien, un malotru »; s'il réussit, ils lui demandent sa fille.

8. Quelques-uns [2] ont fait dans leur jeunesse l'apprentissage d'un certain métier [3], pour en exercer un autre, et fort différent, le reste de leur vie.

9. Un homme est laid, de petite taille, et a peu d'esprit. L'on me dit à l'oreille : « Il a cinquante mille livres de rente ». Cela le concerne tout seul, et il ne m'en fera jamais ni pis ni mieux [4] : si je commence à le regarder avec d'autres yeux, et si je ne suis pas maître de faire autrement, quelle sottise!

10. Un projet assez vain serait de vouloir tourner un homme fort sot et fort riche en ridicule; les rieurs sont de son côté.

11 N***, avec un portier rustre, farouche, tirant sur le Suisse [5], avec un vestibule et une antichambre, pour peu qu'il y fasse languir quelqu'un et se morfondre [6], qu'il paraisse enfin avec une mine grave et une démarche mesurée, qu'il écoute un peu [7] et ne reconduise point, quelque subalterne qu'il soit d'ailleurs, il [8] fera sentir de lui-même [9] quelque chose qui approche de la considération.

12. Je vais, *Clitiphon*, à votre porte; le besoin que j'ai de vous me chasse de mon lit et de ma chambre : plût aux dieux que je ne fusse ni votre client ni votre fâcheux [10]! Vos esclaves me disent que vous êtes enfermé, et que vous ne pouvez m'écouter que d'une heure [11] entière. Je reviens avant le

---

1. *Manquer son coup.* L'expression assimile le financier à un joueur, ou plutôt à un voleur.
2. *Quelques-uns.* Des « partisans » ou financiers.
3. *Métier.* Celui de laquais. Cf. § 15.
4. Je n'attends rien de lui, ni en mal ni en bien.
5. Non pas un Suisse véritable, mais qui venait d'Amiens, ou d'ailleurs.
6. Notre grammaire exigerait *languir et se morfondre quelqu'un*, qui est moins bon.
7. *Pour peu... qu'il écoute un peu.* La Bruyère continue sa phrase comme s'il avait mis *pourvu que*. De même avec *ne reconduise point.* — *Un peu* est ici restrictif. Il veut dire : *pas plus qu'un peu*, c.-à-d. *peu*.
8. *Il.* Cf. p. 90, n. 10.
9. Il fera éprouver à son sujet.
10. *Votre fâcheux.* L'opposition à *votre client* justifie ce tour.
11. *D'une heure.* Quand une heure entière sera écoulée. Nous dirions : *vous ne pouvez pas m'écouter d'une heure.*

temps qu'ils m'ont marqué, et ils me disent que vous êtes sorti. Que faites-vous, Clitiphon, dans cet endroit le plus reculé de votre appartement, de si laborieux, qui vous empêche de m'entendre? Vous enfilez [1] quelques mémoires, vous collationnez un registre, vous signez, vous parafez. Je n'avais qu'une chose à vous demander, et vous n'aviez qu'un mot à me répondre : oui, ou non. Voulez-vous être rare [2]? Rendez service à ceux qui dépendent de vous : vous le serez davantage par cette conduite que par ne vous pas laisser voir [3]. O homme important et chargé d'affaires, qui à votre tour avez besoin de mes offices, venez dans la solitude de mon cabinet : le philosophe est accessible [4]; je ne vous remettrai point à un autre jour. Vous me trouverez sur les livres de Platon qui traitent de la spiritualité de l'âme et de sa distinction d'avec le corps, ou la plume à la main pour calculer les distances de Saturne et de Jupiter : j'admire Dieu dans ses ouvrages, et je cherche, par la connaissance de la vérité, à régler mon esprit et [5] devenir meilleur. Entrez, toutes les portes vous sont ouvertes; mon antichambre n'est pas faite pour s'y ennuyer [6] en m'attendant; passez [7] jusqu'à moi sans me faire avertir. Vous m'apportez quelque chose de plus précieux que l'argent et l'or, si c'est une occasion de vous obliger. Parlez, que voulez-vous que je fasse pour vous? Faut-il quitter mes livres, mes études, mon ouvrage, cette ligne qui est commencée? Quelle interruption heureuse pour moi que celle qui vous est utile! Le manieur d'argent, l'homme d'affaires est un ours qu'on ne saurait apprivoiser; on ne le voit dans sa loge [8] qu'avec peine : que dis-je? on ne le voit point; car d'abord on ne le voit pas encore et bientôt on ne le voit plus. L'homme de lettres au contraire est trivial [9] comme une borne au coin des places; il est vu de tous, et à toute heure, et en tous états, à table, au lit, nu, habillé, sain ou malade : il ne peut être important [10], et il ne le veut point être.

1. *Vous enfilez.* Vous lisez à la file.
2. *Rare.* Il y a sur cet adjectif un véritable jeu de mots.
3. *Par ne pas vous laisser voir.* Tour que n'admet plus l'usage. Cf. p. 230, n. 2; p. 300, n. 7.
4. *Le philosophe.* Quel autre que La Bruyère lui-même?
5. *A régler... et devenir.* Cf. p. 28, n. 1.
6. Cf. p. 53, n. 2.
7. *Passez.* Le mot s'employait alors dans le sens d'*aller* et de *venir*. Cf. p. 21, n. 10.
8. *Loge.* En accord avec *ours*.
9. *Trivial.* Cf. Furetière : « Trivial vient de *trivialis*, qui a été dit de ceux qui enseignent ou qui étudient *in trivio*, c'est-à-dire en un lieu public ». Le mot veut dire ici accessible à tout le monde. Cf. p. 255, n. 8.
10. La Bruyère joue sur les deux sens du mot.

13. N'envions point à une sorte de gens leurs grandes richesses; ils les ont à titre onéreux [1], et qui ne nous accommoderait point : ils ont mis [2] leur repos, leur santé, leur honneur et leur conscience pour les avoir; cela est trop cher, et il n'y a rien à gagner à un tel marché.

14. Les P. T. S. [3] nous font sentir toutes les passions l'une après l'autre : l'on commence par le mépris, à cause de leur obscurité; on les envie ensuite, on les hait, on les craint, on les estime quelquefois, et on les respecte; l'on vit assez pour finir à leur égard par la compassion [4].

15. *Sosie* de la livrée [5] a passé par une petite recette à une sous-ferme [6]; et par les concussions, la violence, et l'abus qu'il a fait de ses *pouvoirs* [7], il s'est enfin, sur les ruines de plusieurs familles, élevé à quelque grade [8]. Devenu noble par une charge, il ne lui manquait que d'être homme de bien : une place de marguillier a fait ce prodige.

16. *Arfure* cheminait seule et à pied vers le grand portique de Saint***, entendait de loin le sermon d'un carme ou d'un docteur qu'elle ne voyait qu'obliquement, et dont elle perdait bien des paroles. Sa vertu était obscure, et sa dévotion connue comme [9] sa personne. Son mari est entré dans le *huitième denier* [10] : quelle monstrueuse fortune en moins de six années! Elle n'arrive à l'église que dans un char; on lui porte une lourde queue [11]; l'orateur s'interrompt pendant qu'elle se place; elle le voit de front, n'en [12] perd pas une seule parole ni le moindre geste. Il y a une brigue entre les prêtres pour la confesser; tous veulent l'absoudre, et le curé l'emporte.

17. L'on porte *Crésus* au cimetière : de toutes ses immenses richesses, que le vol et la concussion lui avaient

---

1. *A titre onéreux.* A condition d'acquitter certaines charges.
2. *Mis.* En jeu. Cf. le substantif *mise.*
3. Les partisans. Ceux qui faisaient des *partis* ou sociétés pour la levée de certains impôts. Cf. p. 118, n. 3.
4. La plupart ne tardent pas à se ruiner. Cf. § 17.
5. Montesquieu appelle le « corps des laquais » un séminaire de grands seigneurs.
6. *Sous-ferme.* Un fermier général pouvait céder à un autre sa ferme, en totalité ou en partie.

7. *Pouvoirs.* Ceux qui lui ont été délégués par le fermier.
8. *Grade.* Rang.
9. *Comme.* Aussi peu que.
10. Dans la ferme du huitième denier. Droit établi en 1672, que payaient les acquéreurs des biens ecclésiastiques.
11. Insigne de la qualité. Cf. Saint-Simon : « La queue de la reine est de onze aunes, les filles de France en ont neuf, les petites-filles de France sept, les princesses du sang cinq, les duchesses trois ».
12. *En.* Cf. p. 18, n. 4.

acquises, et qu'il a épuisées par le luxe et par la bonne chère, il ne lui est pas demeuré de quoi se faire enterrer; il est mort insolvable, sans biens, et ainsi privé de tous les secours; l'on n'a vu chez lui ni julep, ni cordiaux, ni médecins, ni le moindre docteur [1] qui l'ait assuré de son salut.

18. *Champagne* [2], au sortir d'un long dîner qui lui enfle l'estomac, et dans les douces fumées d'un vin d'Avenay ou de Sillery, signe un ordre qu'on lui présente, qui ôterait le pain à toute une province si l'on n'y remédiait. Il est excusable : quel moyen de comprendre, dans la première heure de la digestion, qu'on puisse quelque part mourir de faim? [3]

19. *Sylvain* de ses deniers a acquis de la naissance [4] et un autre nom : il est seigneur de la paroisse où ses aïeuls [5] payaient la taille [6]; il n'aurait pu autrefois entrer chez *Cléobule*, et il est son gendre.

20. *Dorus* passe en litière par la voie *Appienne*, précédé de ses affranchis et de ses esclaves, qui détournent [7] le peuple et font faire place; il ne lui manque que des licteurs; il entre à *Rome* avec ce cortège, où il semble triompher de la bassesse [8] et de la pauvreté de son père *Sanga*.

21. On ne peut mieux user de sa fortune que fait [9] *Périandre* : elle lui donne du rang, du crédit, de l'autorité; déjà on ne le prie plus d'accorder son amitié, on implore sa protection. Il a commencé par dire de soi-même : *un homme de ma sorte*; il passe à dire [10] : *un homme de ma qualité*; il se donne pour tel [11], et il n'y a personne de ceux à qui il prête de l'argent, ou qu'il reçoit à sa table, qui est délicate, qui veuille s'y opposer. Sa demeure est superbe : un dorique [12] règne dans tous ses dehors [13]; ce n'est pas une porte, c'est un portique : est-ce la maison d'un particulier? est-ce un temple?

---

1. *Docteur*. En théologie. Cf. plus haut *tous les secours*; ceux aussi de la religion.
2. *Champagne*. Nom d'un laquais. La Bruyère indique ainsi que le personnage avait commencé par l'être. Cf. § 15.
3. *Mourir de faim*. Il faut prendre le mot à la lettre. D'après Vauban, un dixième de la population, en 1698, mendiait son pain.
4. *Naissance*. S'employait pour noblesse. Mais *acquérir de la naissance* n'en est pas moins une piquante expression.
5. *Aïeuls*. Cf. p. 11, n. 9.
6. Impôt dont étaient exempts les nobles, le clergé et les officiers du roi.
7. *Détournent*. Écartent.
8. *Bassesse*. De naissance et de condition.
9. *Que fait*. Cf. p. 19, n. 2, et p. 61, n. 5.
10. *Il passe à*. Il en vient à dire. Cf. p. 21, n. 10.
11. *Pour tel*. Pour un homme de qualité. La construction n'est pas strictement grammaticale.
12. *Un dorique*. Un ordre de pilastres dans le style dorique.
13. *Dans tous ses dehors*. Le long de la façade.

le peuple s'y trompe. Il est le seigneur dominant [1] de tout le quartier. C'est lui que l'on envie [2], et dont on voudrait voir la chute; c'est lui dont la femme, par son collier de perles, s'est fait des ennemies de toutes les dames du voisinage. Tout se soutient dans cet homme; rien encore ne se dément dans cette grandeur qu'il a acquise, dont il ne doit rien, qu'il a payée. Que [3] son père, si vieux et si caduc, n'est-il mort il y a vingt ans et avant qu'il se fit dans le monde aucune mention de Périandre [4]! Comment pourra-t-il [4] soutenir ces odieuses pancartes [5] qui déchiffrent [6] les conditions, et qui souvent font rougir la veuve et les héritiers [7]? Les supprimera-t-il aux yeux de toute une ville jalouse, maligne, clairvoyante, et aux dépens de mille gens qui veulent absolument aller tenir leur rang à des obsèques? Veut-on d'ailleurs qu'il fasse de son père un *Noble homme* [8], et peut-être un *Honorable homme* [9], lui qui est *Messire* [10]?

22. Combien d'hommes ressemblent à ces arbres déjà forts et avancés que l'on transplante dans les jardins, où ils surprennent les yeux de ceux qui les voient placés dans de beaux endroits où ils ne les ont point vus croître, et qui ne connaissent ni leurs commencements ni leurs progrès!

23. Si certains morts revenaient au monde, et s'ils voyaient leurs grands noms portés, et leurs terres les mieux titrées, avec leurs châteaux et leurs maisons antiques, possédées par des gens dont les pères étaient peut-être leurs métayers, quelle opinion pourraient-ils avoir de notre siècle [11]?

24. Rien ne fait mieux comprendre le peu de chose que Dieu croit donner aux hommes, en leur abandonnant les richesses, l'argent, les grands établissements et les autres

---

1. *Dominant*. Non pas *le plus important*, mais *qui exerce la domination*.
2. *Que l'on envie*. Non pas *dont on envie la fortune*, mais *à qui l'envie s'attache, que l'on hait*.
3. *Que*. Dans le sens de *pourquoi*, avec la négation *ne*, *que* ne s'emploie plus qu'immédiatement suivi de cette négation, et, par suite, le sujet du verbe étant un pronom personnel.
4. *Il*. Périandre.
5. *Pancartes*. « Billets d'enterrement. » (*Note de La Bruyère*.)
6. *Déchiffrent*. Dévoilent. Cf. p. 118, n. 1.
7. A plus forte raison le fils.
8. *Noble homme*. Titre que prenaient les gros bourgeois.
9. *Honorable homme*. Titre que prenaient les petits bourgeois.
10. *Messire*. Titre réservé aux personnes de qualité.
11. Et La Bruyère, de quel œil voit-il cela? On dirait qu'il s'en scandalise lui-même. Mais n'oublions pas que ces gens dont il parle sont des partisans, enrichis par la concussion.

CH. VI. — DES BIENS DE FORTUNE.

biens, que la dispensation [1] qu'il en fait, et le genre d'hommes qui en sont le mieux pourvus.

25. Si vous entrez dans les cuisines, où l'on voit réduit en art et en méthode le secret de flatter votre goût et de vous faire manger au delà du nécessaire; si vous examinez en détail tous les apprêts des viandes [2] qui doivent composer le festin que l'on vous prépare; si vous regardez par quelles mains elles passent, et toutes les formes différentes qu'elles prennent avant de devenir un mets exquis, et d'arriver à cette propreté [3] et à cette élégance qui charment vos yeux, vous font hésiter sur le choix, et prendre le parti d'essayer de tout; si vous voyez tout le repas ailleurs que sur une table bien servie, quelles saletés! quel dégoût! Si vous allez derrière un théâtre, et si vous nombrez les poids, les roues, les cordages, qui font les vols [4] et les machines; si vous considérez combien de gens entrent dans l'exécution de ces mouvements, quelle force de bras, et quelle extension [5] de nerfs ils y emploient, vous direz : « Sont-ce là les principes et les ressorts de ce spectacle si beau, si naturel, qui parait animé et agir [6] de soi-même? [7] » vous vous récrierez : « Quels efforts! quelle violence! » De même n'approfondissez pas la fortune des partisans.

26. Ce garçon si frais, si fleuri et d'une si belle santé, est seigneur d'une abbaye et de dix autres bénéfices : tous ensemble lui rapportent six-vingt [8] mille livres de revenu, dont il n'est payé qu'en médailles d'or [9]. Il y a ailleurs six-vingt familles indigentes qui ne se chauffent point pendant l'hiver, qui n'ont point d'habits pour se couvrir, et qui souvent manquent de pain; leur pauvreté est extrême et honteuse [10]. Quel partage! Et cela ne prouve-t-il pas clairement un avenir [11]?

27. *Chrysippe*, homme nouveau, et le premier noble de

---

1. *Dispensation*. Distribution.
2. *Viandes*. Cf. p. 90, n. 3.
3. *Propreté*. Cf. p. 109, n. 6.
4. *Vols*. Cf. chap. I, § 47. — Sur le sens spécial et technique du terme, cf. p. 23, n. 7.
5. *Extension*. Tension.
6. *Qui parait animé et agir*. Coordination d'un verbe et d'un adjectif que n'admet guère plus l'usage.
7. *De soi-même*. Cf. p. 39, n. 4.
8. *Six-vingt*. Se disait encore pour cent vingt.

9. *Médailles d'or*. « Louis d'or. » (*Note de La Bruyère*.) La Bruyère dit plaisamment *médailles* au lieu de *pièces* parce qu'il s'agit de revenus ecclésiastiques.
10. *Honteuse*. La Bruyère ne veut pas dire ici qu'elle est une honte pour les riches, mais qu'elle dégrade les pauvres.
11. *Un avenir*. La vie future. Mais une révolution sociale devait, cent ans après, modifier quelque peu cet état de choses.

sa race aspirait, il y a trente années, à se voir un jour deux mille livres de rente pour tout bien : c'était là le comble de ses souhaits et sa plus haute ambition; il l'a dit ainsi, et on s'en souvient. Il arrive, je ne sais par quels chemins, jusques à donner en revenu à l'une de ses filles, pour sa dot, ce qu'il désirait lui-même d'avoir en fonds [1] pour toute fortune pendant sa vie. Une pareille somme est comptée dans ses coffres pour chacun de ses autres enfants qu'il doit pourvoir, et il a un grand nombre d'enfants; ce n'est qu'en avancement d'hoirie [2] : il y a d'autres biens à espérer après sa mort. Il vit encore, quoique assez avancé en âge, et il use le reste de ses jours à travailler pour s'enrichir.

28. Laissez faire *Ergaste*, et il exigera un droit de tous ceux qui boivent de l'eau de la rivière, ou qui marchent sur la terre ferme : il sait convertir en or jusques aux roseaux, aux joncs et à l'ortie. Il écoute tous les avis, et propose tous ceux qu'il a écoutés. Le prince ne donne aux autres qu'aux dépens d'Ergaste, et ne leur fait de grâces que celles qui lui étaient dues. C'est une faim insatiable d'avoir et de posséder. Il trafiquerait des arts et des sciences et mettrait en parti [3] jusques à l'harmonie; il faudrait, s'il en était cru, que le peuple, pour avoir le plaisir de le voir riche, de lui voir une meute et une écurie, pût perdre le souvenir de la musique d'*Orphée* [4], et se contenter de la sienne.

29. Ne traitez pas avec *Criton*, il n'est touché que de ses seuls avantages. Le piège est tout dressé à ceux à qui sa charge, sa terre, ou ce qu'il possède feront envie : il vous imposera des conditions extravagantes. Il n'y a nul ménagement et nulle composition [5] à d'attendre un homme si plein de ses intérêts et si ennemi des vôtres : il lui faut une dupe.

30. *Brontin*, dit le peuple, fait des retraites [6], et s'enferme huit jours avec des saints : ils ont leurs méditations, et il a les siennes.

---

1. *Fonds.* Capital.
2. Ce n'est qu'une avance sur la succession. — *Hoirie* est un vieux mot qui signifie *hérédité*.
3. *Mettrait en parti.* On appelait *parti* un traité fait avec le roi pour recevoir les droits qui lui appartenaient. Mettre en *parti*, c'est affermer à un *partisan*.
4. Il ne s'agit pas ici de l'opéra d'*Orphée*, composé par les fils de Lulli, et qui ne fut représenté qu'un an après la publication de ce caractère. *Orphée* est le nom du poète lyrique, par lequel il est possible que La Bruyère veuille désigner Lulli.
5. *Composition.* Transaction, accommodement.
6. *Fait des retraites.* Habitude assez

CH. VI. — DES BIENS DE FORTUNE.

31. Le peuple souvent a le plaisir de la tragédie : il voit périr sur le théâtre du monde les personnages les plus odieux, qui ont fait le plus de mal dans diverses scènes, et qu'il a le plus haïs.

32. Si l'on partage la vie des P. T. S. [1] en deux portions égales, la première, vive et agissante, est toute [2] occupée à vouloir affliger [3] le peuple, et la seconde, voisine de la mort, à se déceler et à se ruiner les uns les autres [4].

33. Cet homme qui a fait la fortune de plusieurs, qui a fait la nôtre, n'a pu soutenir la sienne, ni assurer avant sa mort celle de sa femme et de ses enfants : ils vivent cachés et malheureux. Quelque bien instruit que vous soyez de la misère de leur condition, vous ne pensez pas à l'adoucir; vous ne le pouvez [5] pas en effet, vous tenez table, vous bâtissez; mais vous conservez par reconnaissance le portrait de votre bienfaiteur [6], qui a passé à la vérité du cabinet à l'antichambre : quels égards! il pouvait aller au garde-meuble [7].

34. Il y a une dureté de complexion; il y en a une autre de condition et d'état. L'on tire de celle-ci, comme de la première, de quoi s'endurcir sur la misère des autres, dirai-je même de quoi ne pas plaindre les malheurs de sa famille? Un bon financier ne pleure ni ses amis, ni sa femme, ni ses enfants.

35. Fuyez, retirez-vous : vous n'êtes pas assez loin. — Je suis, dites-vous, sous l'autre tropique. — Passez sous le pôle et dans l'autre hémisphère, montez aux étoiles, si vous le pouvez. — M'y voilà. — Fort bien, vous êtes en sûreté. Je découvre sur la terre un homme avide, insatiable, inexorable, qui veut, aux dépens de tout ce qui se trouvera sur son chemin et à sa rencontre, et quoi qu'il en puisse coûter aux autres [8], pourvoir à lui seul, grossir sa fortune et regorger de bien.

36. Faire fortune est une si belle phrase [9], et qui dit une

---

fréquente dans la haute société du xvii⁰ siècle.
1. *Partisans.* Cf. p. 114, n. 3.
2. *Toute.* Construction du temps. Cf. p. 121, n. 13.
3. *Affliger.* Dans le sens du latin *affligere.*
4. *À vouloir affliger,* etc. Cf. p. 53, n. 2.
5. Vous ne pouvez pas y penser.

6. *Bienfaiteur.* Cf. p. 58, n. 12.
7. *Garde-meuble.* Où l'on reléguait les vieilleries.
8. *Et quoi qu'il en puisse coûter aux autres.* N'est guère que la répétition de *aux dépens de tout,* etc.; mais *aux autres* est mis là pour s'opposer à *lui seul.*
9. *Phrase.* Expression. Cf. p. 29, n. 12.

si belle chose, qu'elle est d'un usage universel : on la reconnaît dans toutes les langues, elle plaît aux étrangers et aux barbares, elle règne à la cour et à la ville, elle a percé les cloîtres et franchi les murs des abbayes de l'un et de l'autre sexe : il n'y a point de lieux sacrés où elle n'ait pénétré, point de désert ni de solitude où elle soit inconnue.

37. A force de faire de nouveaux contrats, ou de sentir son argent grossir dans ses coffres, on se croit enfin une bonne tête [1], et presque capable [2] de gouverner [3].

38. Il faut une sorte d'esprit pour faire fortune, et surtout une grande fortune : ce n'est ni le bon ni le bel esprit, ni le grand ni le sublime, ni le fort ni le délicat; je ne sais précisément lequel c'est, et j'attends que quelqu'un veuille m'en instruire.

Il faut moins d'esprit que d'habitude ou d'expérience pour faire sa fortune; l'on y songe trop tard, et quand enfin l'on s'en avise, l'on commence par des fautes que l'on n'a pas toujours le loisir de réparer : de là vient peut-être que les fortunes sont si rares.

Un homme d'un petit génie [4] peut vouloir s'avancer [5]. Il néglige tout, il ne pense du matin au soir, il ne rêve la nuit qu'à une seule chose, qui est de s'avancer. Il a commencé de bonne heure, et dès son adolescence, à se mettre dans les voies de la fortune : s'il trouve une barrière de front [6] qui ferme son passage, il biaise naturellement [7], et va à droit [8] ou à gauche, selon qu'il y voit de [9] jour [10] et d'ap-

---

1. *Bonne tête*. A peu près comme nous disons *forte tête*. Cf. p. 121, n. 2; p. 239, n. 8; p. 261, n. 6; p. 369, n. 10; p. 400, n. 11.
2. *On se croit une bonne tête, et presque capable de gouverner*. On croit être une bonne tête et presque capable, etc. Coordination d'un adjectif et d'un substantif. Ou encore : On croit avoir (*se* étant au datif), etc. Pour la construction, cf. p. 12, n. 1. — Cf. plus bas, même § : *Faut-il... une si bonne tête*, etc.
3. Cf. dans le *Gendre de M. Poirier* :
« Un bonhomme comme toi et moi s'occupe pendant trente ans de sa petite besogne; il y arrondit sa pelote, et s'établit homme d'Etat... Ce n'est pas plus difficile que cela! il n'y a pas d'autre recette!.... Morbleu, messieurs, que ne dites-vous aussi bien : « J'ai tant aune de drap que je dois savoir jouer du violon ». (I, IV.)
4. *Génie*. Cf. p. 35, n. 5.
5. *S'avancer*. Se pousser dans le monde, y faire sa fortune. C'est, au XVIIᵉ siècle, l'expression consacrée. Cf. p. 153, n. 9; p. 163, n. 11; p. 169, n. 11.
6. *De front*. En face de lui.
7. *Naturellement*. Il est dans sa nature, à lui, petit génie, de tourner les obstacles, dès qu'il les juge trop difficiles à surmonter.
8. *A droit*. L'usage admettait *à droit* aussi bien qu'à *droite*. Cf. p. 193, n. 1.
9. *Comme selon ce qu'il y voit de jour*.
10. *Jour*. Cf. l'expression *trouver jour à*, c'est-à-dire *trouver moyen de*, p. 323, n. 1.

parence ¹ ; et si de nouveaux obstacles l'arrêtent, il rentre dans le sentier qu'il avait quitté ; il est déterminé, par la nature des difficultés, tantôt à les surmonter, tantôt à les éviter, ou à prendre d'autres mesures : son intérêt, l'usage, les conjonctures le dirigent. Faut-il de si grands talents et une si bonne tête ² à un voyageur pour suivre d'abord le grand chemin, et s'il est plein et embarrassé ³, prendre la terre ⁴, et aller à travers champs, puis regagner sa première route, la continuer, arriver à son terme? Faut-il tant d'esprit pour aller à ses fins? Est-ce donc un prodige qu'un sot riche et accrédité?

Il y a même des stupides ⁵, et j'ose dire des imbéciles ⁶, qui se placent en de beaux postes, et qui savent mourir dans l'opulence, sans qu'on les doive soupçonner en nulle manière d'y avoir contribué de leur travail ou de la moindre industrie ⁷ : quelqu'un les a conduits à la source d'un fleuve, ou bien le hasard seul les y a fait rencontrer ⁸ ; on leur a dit : « Voulez-vous de l'eau? puisez » ; et ils ont puisé.

39. Quand on est jeune, souvent on est pauvre : ou l'on n'a pas encore fait d'acquisitions, ou les successions ne sont pas échues. L'on devient riche et vieux en même temps : tant il est rare que les hommes puissent réunir tous leurs avantages! et si cela arrive à quelques-uns, il n'y a pas de quoi leur porter envie : ils ont assez à perdre par la mort pour mériter d'être plaints.

40. Il faut avoir trente ans pour songer à sa fortune; elle n'est pas faite à cinquante; l'on bâtit dans sa vieillesse, et l'on meurt quand on en est aux peintres et aux vitriers.

41. Quel est le fruit d'une grande fortune, si ce n'est de jouir de la vanité, de l'industrie ⁹, du travail et de la

---

1. *Apparence.* Vraisemblance (de succès). Cf. l'expression *quelle apparence que*, etc.
2. *Bonne tête.* Cf. p. 120, n. 1.
3. *Embarrassé.* Encombré. Cf. p. 133, n. 11.
4. *Prendre la terre.* S'engager dans les terres.
5. *Stupides.* Adjectif employé substantivement. Cf. p. 37, n. 10.
6. *Imbéciles.* Plus fort que *stupides.* « Un stupide est un sot qui ne parle point » (chap. XII, § 4). « La stupidité est une pesanteur d'esprit qui accompagne nos actions et nos discours. » (*Traduction de Théophraste, De la stupidité.*) Cette épithète de *stupide* est appliquée au distrait (Ménalque). — Le stupide est un esprit lourd et lent, qui manque surtout de vivacité ; l'imbécile est un esprit faible.
7. *Industrie.* Cf. p. 37, n. 7.
8. *Rencontrer.* Il ne faut pas expliquer : *les y a fait rencontrer les uns aux autres*; mais a fait que chacun d'eux s'y est rencontré, c'est-à-dire y est arrivé par hasard. — Après le verbe *faire*, on supprime le pronom du verbe réfléchi. Cf. p. 199, n. 1 ; p. 329, n. 7.
9. *Industrie.* Cf. p. 37, n. 7.

dépense de ceux qui sont venus avant nous, et de travailler nous-mêmes, de planter, de bâtir, d'acquérir pour la postérité?

42. L'on ouvre¹ et l'on étale² tous les matins pour tromper son monde; et l'on ferme le soir après avoir trompé tout le jour.

43. Le marchand fait des montres³ pour donner de sa marchandise ce qu'il y a de pire; il a le cati⁴ et les faux jours afin d'en cacher les défauts, et qu'elle⁵ paraisse bonne; il la surfait pour la vendre plus cher qu'elle ne vaut; il a des marques fausses et mystérieuses, afin qu'on croie n'en donner que son prix, un mauvais aunage pour en livrer le moins qu'il se peut; et il a un trébuchet⁶, afin que celui à qui il l'a livrée la lui paye en or qui soit de poids.

44. Dans toutes les conditions, le pauvre est bien proche⁷ de l'homme de bien, et l'opulent⁸ n'est guère éloigné de la friponnerie. Le savoir-faire et l'habileté ne mènent pas jusques aux énormes richesses⁹.

L'on peut s'enrichir dans quelque art¹⁰, ou dans quelque commerce que ce soit, par l'ostentation d'une certaine probité.

45. De tous les moyens de faire sa fortune, le plus court et le meilleur est de mettre¹¹ les gens à voir clairement leurs intérêts à vous faire du bien.

46. Les hommes, pressés par les besoins de la vie, et quelquefois par le désir du gain ou de la gloire, cultivent des talents profanes¹², ou s'engagent dans des professions équivoques, et dont ils se cachent longtemps à eux-mêmes le péril et les conséquences; il les quittent ensuite par une dévotion discrète¹³, qui ne leur vient jamais qu'après qu'ils ont fait leur récolte, et qu'ils jouissent d'une fortune bien établie.

---

1. *Sa boutique*.
2. *Étale*. On fait son étalage.
3. *Montres*. Exposition des marchandises. Cf. p. 150, n. 6; p. 188, n. 2; p. 361, n. 4.
4. *Cati*. Apprêt qui donne du lustre aux étoffes.
5. Cf. p. 48, n. 8.
6. *Trébuchet*. Petite balance à peser les monnaies.
7. *Proche de*. Cf. p. 39, n. 7.
8. *L'opulent*. Cf. p. 37, n. 10.
9. Pour mener aux énormes richesses, il faut mieux ou pis que du savoir-faire et de l'habileté; il faut de la friponnerie.
10. *Art*. Métier. Cf. p. 215, n. 5; p. 297, n. 11.
11. *Mettre*. Disposer.
12. *Profanes*. Opposé à *dévotion* de plus bas. Il s'agit des auteurs dramatiques ou des acteurs.
13. *Discrète*. La suite explique ce mot.

47. Il y a des misères sur la terre qui saisissent le cœur; il manque à quelques-uns jusqu'aux aliments, ils redoutent l'hiver, ils appréhendent de vivre. L'on mange ailleurs des fruits précoces; l'on force la terre et les saisons pour fournir à sa délicatesse; de simples bourgeois, seulement à cause qu'ils [1] étaient riches, ont eu l'audace d'avaler en un seul morceau la nourriture de cent familles. Tienne qui voudra contre de si grandes extrémités [2]: je ne veux être, si je le puis, ni malheureux ni heureux; je me jette et me réfugie dans la médiocrité.

48. On sait que les pauvres sont chagrins [3] de ce que tout leur manque, et que personne ne les soulage; mais s'il est vrai que les riches soient colères, c'est de ce que la moindre chose puisse leur manquer, ou que quelqu'un veuille leur résister.

49. Celui-là est riche, qui reçoit plus qu'il ne consume [4]; celui-là est pauvre, dont la dépense excède la recette.

Tel, avec deux millions de rente, peut être pauvre chaque année de cinq cent mille livres [5].

Il n'y a rien qui se soutienne plus longtemps qu'une médiocre fortune; il n'y a rien dont on voie mieux la fin que d'une grande fortune.

L'occasion prochaine [6] de la pauvreté, c'est de grandes richesses.

S'il est vrai que l'on soit riche de tout ce dont on n'a pas besoin, un homme fort riche, c'est un homme qui est sage [7].

S'il est vrai que l'on soit pauvre par toutes les choses que l'on désire, l'ambitieux et l'avare languissent dans une extrême pauvreté.

50. Les passions tyrannisent l'homme; et l'ambition suspend en lui les autres passions, et lui donne pour un temps les apparences de toutes les vertus. Ce *Tryphon*, qui a tous

---

1. *A cause que.* Cf. p. 30, n. 5.
2. *Extrémités.* Au sens d'*extrêmes*. Cf. p. 159, n. 13; p. 263, n. 2; p. 323, n. 6; p. 398, n. 6. — Il est difficile de tenir contre de pareilles extrémités, d'être extrêmement pauvre sans envie, extrêmement riche sans inhumanité.
3. *Chagrins.* Cf. p. 110, n. 5.
4. *Consume.* Pour *consomme*; usage du temps.
5. *De cinq cent mille livres.* Qu'il dépense en plus des deux millions.
6. Expression de la théologie. Les occasions prochaines du péché sont les mauvaises compagnies, etc., tout ce qui peut induire au mal. — Cf. p. 174, n. 10; p. 369, n. 7.
7. Cf. Boileau :
Qui vit content de rien possède toute chose.
(*Épit.*, V, 58.)

les vices, je l'ai cru sobre, chaste, libéral, humble et même dévot : je le [1] croirais encore, s'il n'eût enfin fait sa fortune.

51. L'on ne se rend point [2] sur [3] le désir de posséder et de s'agrandir : la bile gagne, et la mort approche, qu'avec un visage flétri, et des jambes déjà faibles, l'on dit : *Ma fortune, mon établissement.*

52. Il n'y a au monde que deux manières de s'élever, ou par sa propre industrie, ou par l'imbécillité des autres.

53. Les traits découvrent la complexion et les mœurs; mais la mine [4] désigne les biens de fortune : le plus ou le moins de mille livres de rente se trouve écrit sur les visages.

54. *Chrysante*, homme opulent et impertinent, ne veut pas être vu avec *Eugène* [5], qui est homme de mérite, mais pauvre : il croirait en être déshonoré. Eugène est pour Chrysante dans les mêmes dispositions : ils ne courent pas risque de se heurter.

55. Quand je vois de certaines gens, qui me prévenaient autrefois par leurs civilités, attendre au contraire que je les salue, et en être avec moi sur le plus ou le moins [6] je dis en moi-même : « Fort bien, j'en suis ravi, tant mieux pour eux : vous verrez que cet homme-ci est mieux logé, mieux meublé et mieux nourri qu'à l'ordinaire; qu'il sera entré depuis quelques mois dans quelque affaire, où il aura déjà fait un gain raisonnable. Dieu veuille qu'il en vienne dans peu de temps jusqu'à me mépriser! »

56. Si les pensées, les livres et leurs auteurs dépendaient des riches et de ceux qui ont fait une belle fortune, quelle proscription! Il n'y aurait plus de rappel [7]. Quel ton, quel ascendant ne prennent-ils pas sur les savants [8]! Quelle majesté n'observent-ils pas à l'égard de ces hommes *chétifs*, que leur mérite n'a ni placés ni enrichis, et qui en sont encore à penser et à écrire judicieusement! Il faut l'avouer, le présent est pour les riches, et [9] l'avenir pour les vertueux [10] et les habiles [11]. HOMÈRE est encore et sera toujours : les

---

1. *Le.* Au neutre; ou faut-il entendre : *je le croirais encore tel?*
2. On ne cède jamais. cf. Chap. III, § 7 : *ne se rend point sur*, etc.
3. *Sur.* Cf. p. 40, n. 1.
4. *La mine.* La physionomie, l'expression du visage. Cf. § 83.
5. *Eugène.* La Bruyère lui-même.
6. Comme on dit : *compter avec quelqu'un.*

7. *Rappel.* Appel.
8. *Savants.* Pas dans le sens spécial d'aujourd'hui, mais aussi bien et surtout les hommes de lettres.
9. *Et.* Plus piquant que *mais* : nous attendons tout autre chose que ce qui suit.
10. *Les vertueux.* Cf. p. 37, n. 10.
11. *Les habiles.* Cf. p. 37, n. 10, et p. 7, n. 6.

receveurs de droits, les publicains [1] ne sont plus; ont-ils été? leur patrie, leurs noms sont-ils connus? y a-t-il eu dans la Grèce des partisans? Que sont devenus ces importants personnages qui méprisaient Homère, qui ne songeaient dans la place [2] qu'à l'éviter, qui ne lui rendaient pas le salut, ou qui le saluaient par son nom [3], qui ne daignaient pas l'associer à leur table, qui le regardaient comme un homme qui n'était pas riche et qui faisait un livre? Que deviendront les *Fauconnets* [4]? iront-ils aussi loin dans la postérité que DESCARTES, *né Français* et *mort en Suède* [5]?

57. Du même fond d'orgueil dont [6] l'on s'élève fièrement au-dessus de ses inférieurs, l'on rampe vilement devant ceux qui sont au-dessus de soi. C'est le propre de ce vice, qui n'est fondé ni sur le mérite personnel ni sur la vertu, mais sur les richesses, les postes, le crédit, et sur de vaines sciences [7], de nous porter également à mépriser ceux qui ont moins que nous de cette espèce de biens, et à estimer trop ceux qui en ont une mesure qui excède la nôtre.

58. Il y a des âmes sales, pétries de boue et d'ordure, éprises du gain et de l'intérêt, comme les belles âmes le sont de la gloire et de la vertu; capables d'une seule volupté, qui est celle d'acquérir ou de ne point perdre; curieuses [8] et avides du denier dix [9]; uniquement occupées de leurs débiteurs; toujours inquiètes sur le rabais [10] ou sur le décri [11] des monnaies; enfoncées et comme abîmées dans les contrats, les titres et les parchemins. De telles gens ne sont ni

---

1. *Publicains.* Les traitants de l'antiquité.
2. *Dans la place.* Sur la place (publique). Cf. p. 112, n. 4; p. 191, n. 14; p. 273, n. 11; p. 300, n. 1; p. 333, n. 2.
3. *Par son nom.* Tout court, sans dire *Monsieur*. La Bruyère, ici comme en beaucoup d'autres endroits, transporte les mœurs et usages modernes dans l'antiquité.
4. Fauconnet était un fermier du temps, dont le nom symbolise ici tous les financiers.
5. Ces italiques insistent encore sur les persécutions qui déterminèrent Descartes à s'exiler.
6. *Du... dont.* De pour par. Cf. p. 46, n. 10.
7. Cf. chap. v, § 71.
8. *Curieuses.* A très souvent au XVIIe siècle le sens de *qui s'intéresse à, qui se passionne pour, qui s'inquiète de.* Il s'emploie aussi au sens de *subtil, raffiné*, etc. Cf. p. 180, n. 2; p. 235, n. 4; p. 307, n. 6; p. 404, n. 9. — Cet adjectif, comme les suivants, semble annoncer tout autre chose que ce qui suit. La Bruyère oppose mentalement aux âmes sales, pétries de boue et d'ordure, celles qui ont des *curiosités*, des *occupations*, des *inquiétudes* nobles et relevées.
9. *Denier dix.* Intérêt du dixième de la somme prêtée.
10. *Rabais.* A cette époque, il y avait souvent des ordonnances qui réduisaient la valeur des monnaies.
11. *Décri.* Proclamation en vertu de laquelle les monnaies étaient supprimées (ou réduites). Supprimées, elles ne valaient plus que leur poids.

parents, ni amis, ni citoyens, ni chrétiens, ni peut-être des hommes : ils ont de l'argent.

59. Commençons par excepter ces âmes nobles et courageuses, s'il en reste encore sur la terre, secourables, ingénieuses à faire du bien, que nuls besoins, nulle disproportion, nuls artifices ne peuvent séparer de ceux qu'ils [1] se sont une fois choisis pour amis; et après cette précaution, disons hardiment une chose triste et douloureuse à imaginer [2] : il n'y a personne au monde si bien lié avec nous de société et de bienveillance, qui nous aime, qui nous goûte, qui nous fait mille offres de services et qui nous sert [3] quelquefois, qui n'ait en soi, par l'attachement à son intérêt, des dispositions très proches [4] à rompre avec nous, et à devenir notre ennemi.

60. Pendant qu'*Oronte* augmente, avec ses années [5], son fonds et ses revenus, une fille naît dans quelque famille, s'élève, croît et s'embellit [6], et entre dans sa seizième année. Il se fait prier à cinquante ans pour l'épouser, jeune, belle, spirituelle : cet homme sans naissance, sans esprit et sans le moindre mérite, est préféré à tous ses rivaux.

61. Le mariage, qui devrait être à [7] l'homme une source de tous les biens, lui est souvent, par la disposition [8] de sa fortune, un lourd fardeau sous lequel il succombe : c'est alors qu'une femme et des enfants sont une violente tentation à la fraude, au mensonge et aux gains illicites; il se trouve entre la friponnerie et l'indigence : étrange situation!

Épouser une veuve, en bon français, signifie faire sa fortune; il [9] n'opère pas toujours ce qu'il signifie.

62. Celui qui n'a de partage [10] avec ses frères que pour vivre à l'aise bon praticien [11], veut être officier [12]; le simple

---

1. *Ils.* Par syllepse.
2. *Imaginer.* Se figurer d'une manière sensible.
3. *Sert.* Intentionnellement rapproché de *service.*
4. Qui n'attendent que le moment prochain.
5. Autre sens que *avec les années.* Marque mieux qu'Oronte vieillit.
6. Nous dirions plutôt *embellit.*
7. *A.* Au lieu de *pour.* Cf. p. 1, n. 9.
8. *Disposition.* La façon dont tourne sa fortune, dont ses affaires s'arrangent. Ou bien faudrait-il entendre *la façon dont son contrat de mariage règle sa fortune?* Un des personnages nommés par les clefs, Vedeau de Grammont, fut accusé en 1685 d'avoir falsifié le sien. Il semble pourtant que ce second sens convienne moins, introduisant une idée adventice, qui n'est pas suivie dans le reste du morceau.
9. *Il.* Cf. p. 60, n. 1.
10. Du patrimoine de ce patrimoine qu'il a partagé avec ses frères.
11. *Praticien.* Proprement, celui qui connaît la manière de procéder en justice. Ici, avocat ou procureur.
12. *Officier.* On achetait les « offices ».

officier se fait magistrat [1], et le magistrat veut présider [2] ; et ainsi de toutes les conditions, où les hommes languissent serrés [3] et indigents, après avoir tenté au delà de leur fortune, et forcé, pour ainsi dire, leur destinée : incapables tout à la fois de ne pas vouloir être riches et de demeurer riches [4].

63. Dine bien, *Cléarque*, soupe le soir, mets du bois au feu, achète un manteau, tapisse ta chambre : tu n'aimes point ton héritier, tu ne le connais point, tu n'en as point.

64. Jeune, on conserve pour sa vieillesse ; vieux on épargne pour la mort. L'héritier prodigue paye de superbes funérailles, et dévore le reste.

65. L'avare dépense plus mort en un seul jour [5], qu'il ne faisait [6] vivant en dix années ; et son héritier plus en dix mois, qu'il n'a su faire lui-même en toute sa vie.

66. Ce que l'on prodigue, on l'ôte à son héritier ; ce que l'on épargne sordidement, on se l'ôte à soi-même. Le milieu est justice pour soi et pour les autres.

67. Les enfants peut-être seraient plus chers à leurs pères, et réciproquement les pères à leurs enfants, sans le titre d'héritiers.

68. Triste condition de l'homme, et qui dégoûte de la vie ! Il faut suer, veiller, fléchir, dépendre [7], pour avoir un peu de fortune, ou la devoir [8] à l'agonie de nos proches. Celui qui s'empêche [9] de souhaiter que son père y passe [10] bientôt est un homme de bien.

69. Le caractère de celui qui veut hériter de quelqu'un rentre dans celui du complaisant : nous ne sommes point [11] mieux flattés, mieux obéis, plus suivis, plus entourés, plus cultivés, plus ménagés, plus caressés de [12] personne pendant

---

1. Le titre de magistrat était réservé aux « grands officiers ».
2. *Présider.* Être président.
3. *Serrés.* Se sentant à l'étroit.
4. *Demeurer riches.* Cf. plus haut *vivre à l'aise.* Chacun pourrait vivre à l'aise en ne tentant pas au delà de sa fortune.
5. Le jour de ses funérailles. Cf. § 64.
6. *Faisait.* Cf. p. 61, n. 5.
7. *Dépendre.* Emploi absolu. Être dans un état de dépendance.
8. Non *ou pour la devoir*, mais *ou il faut*, etc. — Sur *la*, cf. p. 5, n. 8.
9. *S'empêche.* Il y faut un effort.
10. *Y passe.* C'est l'expression dont se sert un fils trop pressé.
11. *Personne* n'est pas en soi négatif. *Rien* non plus. Mais même construction avec *ni*, *nul*, etc., p. 128, n. 10 ; p. 168, n. 5 ; p. 169, n. 13 ; p. 377, n. 5 ; p. 397, n. 4 ; p. 104, n. 1 ; p. 115, n. 6 ; p. 133, n. 3 ; p. 438, n. 6.
12. *De.* Cf. p. 46, n. 10.

notre vie, que de celui qui croit [1] gagner à notre mort, et qui désire qu'elle arrive.

70. Tous les hommes, par les postes différents, par les titres et par les successions, se regardent comme héritiers les uns des autres, et cultivent par [2] cet intérêt, pendant le cours de leur vie, un désir secret et enveloppé de la mort d'autrui : le plus heureux dans chaque condition est celui qui a plus [3] de choses à perdre par sa mort, et à laisser à son successeur.

71. L'on dit du jeu qu'il égale les conditions ; mais elles se trouvent quelquefois si étrangement disproportionnées, et il y a entre telle et telle condition un abîme d'intervalle si immense et si profond, que les yeux souffrent de voir de telles extrémités se rapprocher : c'est comme une musique qui détonne ; ce sont comme des couleurs mal assorties, comme des paroles qui jurent [4] et qui offensent l'oreille, comme de ces bruits ou de ces sons qui font frémir ; c'est en un mot un renversement de toutes les bienséances. Si l'on m'oppose que c'est la pratique de tout l'Occident, je réponds que c'est peut-être aussi l'une de ces choses qui nous rendent barbares à [5] l'autre partie du monde, et que les Orientaux qui viennent jusqu'à nous remportent sur leurs tablettes [6] : je ne doute pas même que cet excès de familiarité ne les rebute davantage que nous ne sommes blessés de leur *zombaye* [7] et de leurs autres prosternations.

72. Une tenue d'états [8], ou les chambres [9] assemblées pour une affaire très capitale, n'offrent point aux yeux rien [10] de si grave et de si sérieux qu'une table de gens qui jouent

---

1. *Croit.* Soit que nous ne lui laissions rien, soit que nos richesses ne le rendent pas plus heureux.
2. *Par.* Cf. p. 1, n. 4.
3. Cf. p. 1, n. 6.
4. *Qui jurent.* Qui sonnent faux. Cf. Boileau :
Semble un violon faux qui jure sous l'archet.
(*Sat.*, III, 148.)
5. *A.* Pour, aux yeux de. Cf. p. 4, n. 9.
6. Cf. le Persan de Montesquieu : « Le jeu est très en usage en Europe, c'est un état que d'être joueur ; ce seul titre tient lieu de naissance, de bien, de probité ; il met tout homme qui le porte au rang des honnêtes gens sans examen ». (*Lettres persanes*, LVIᵉ lettre.)
7. « Voyez les relations du royaume de Siam ». (*Note de La Bruyère.*) Cf. par exemple le *Voyage de Siam* par le P. Tachard. Le *zombaye*, d'après cet ouvrage, est une profonde inclination qui devait se faire à genoux.
8. Il s'agit des assemblées qui se tenaient en certaines provinces et dans lesquelles se réglaient les affaires relatives aux contributions pour soutenir les charges de l'État. (Furetière.)
9. Du parlement.
10. *N'offrent point aux yeux rien.* Construction vieillie, que justifie d'ailleurs le sens étymologique de *rien* (= quelque chose. Cf. p. 5, n. 5). Cf. p. 127, n. 11.

un grand jeu : une triste [1] sévérité règne sur leurs visages; implacables l'un pour l'autre, et irréconciliables ennemis pendant que la séance dure, ils ne reconnaissent plus ni liaisons, ni alliance, ni naissance, ni distinctions : le hasard seul, aveugle et farouche divinité, préside au cercle, et y décide souverainement; ils l'honorent tous par un silence profond, et par une attention dont ils sont partout ailleurs fort incapables; toutes les passions, comme suspendues, cèdent à une seule : le courtisan alors n'est ni doux, ni flatteur, ni complaisant, ni même dévot.

73. L'on ne reconnaît plus en ceux que le jeu et le gain ont illustrés la moindre trace de leur première condition : ils perdent de vue [2] leurs égaux, et atteignent les plus grands seigneurs. Il est vrai que la fortune du dé ou du lansquenet les remet souvent où elle les a pris.

74. Je ne m'étonne pas qu'il y ait des brelans publics, comme autant de pièges tendus à l'avarice [3] des hommes, comme des gouffres où l'argent des particuliers tombe et se précipite sans retour, comme d'affreux écueils où les joueurs viennent se briser et se perdre; qu'il parte de ces lieux des émissaires pour savoir à heure marquée qui a descendu [4] à terre avec un argent frais d'une nouvelle prise [5], qui a gagné un procès d'où on lui a compté une grosse somme, qui a reçu un don, qui a fait au jeu [6] un gain considérable, quel fils de famille vient de recueillir une riche succession, ou quel commis imprudent veut hasarder sur une carte les deniers de sa caisse. C'est un sale et indigne métier, il est vrai, que de tromper; mais c'est un métier qui est ancien, connu, pratiqué de tout temps par ce genre d'hommes que j'appelle des brelandiers [7]. L'enseigne est à leur porte, on y lirait presque : *Ici l'on trompe de bonne foi* [8]; car se voudraient-ils donner pour irréprochables? Qui ne sait pas qu'entrer et perdre dans ces maisons est une même chose?

---

1. *Triste.* Dans le sens latin; austère, morose. Cf. p. 168, n. 7; p. 319, v. 2; p. 321, n. 1; p. 358, n. 1; p. 376, n. 2.

2. Ils s'élèvent si haut qu'ils ne voient plus. Cf. *atteignent*.

3. *Avarice.* Cupidité; emploi fréquent au xviie siècle.

4. *A descendu.* Certains verbes, que nous construisons avec l'auxiliaire *être*, se construisent au xviie siècle avec l'auxiliaire *avoir*, quand il s'agit d'une action. Cf. p. 155, n. 14; p. 225, n. 5; p. 255, n. 12; p. 363, n. 3; p. 427, n. 4.

5. *Prise.* Butin fait par un corsaire.

6. *Au jeu.* Dans les salons.

7. *Brelandiers.* Le mot n'était pas encore employé.

8. *De bonne foi* veut dire que les dupes sont averties, doivent par conséquent s'attendre à être trompées.

Qu'ils trouvent donc sous leur main autant de dupes qu'il en faut pour leur subsistance [1], c'est ce qui me passe.

75. Mille gens se ruinent au jeu, et vous disent froidement qu'ils ne sauraient se passer de jouer : quelle excuse! Y a-t-il une passion, quelque violente ou honteuse qu'elle soit, qui ne pût [2] tenir ce même langage? Serait-on reçu à dire qu'on ne peut se passer de voler, d'assassiner, de se précipiter [3]? Un jeu effroyable, continuel, sans retenue, sans bornes, où l'on n'a en vue que la ruine totale de son adversaire, où l'on est transporté du désir du gain, désespéré sur [4] la perte, consumé par l'avarice, où l'on expose sur une carte ou à la fortune du dé la sienne propre [5], celle de sa femme et de ses enfants, est-ce une chose qui soit permise ou dont l'on doive se passer? Ne faut-il pas quelquefois se faire une plus grande violence, lorsque poussé par le jeu jusques à une déroute universelle, il faut même que l'on se passe d'habits et de nourriture, et de les fournir [6] à sa famille?

Je ne permets à personne d'être fripon; mais je permets à un fripon de jouer un grand jeu : je le défends à un honnête homme. C'est une trop grande puérilité [7] que de s'exposer à une grande perte.

76. Il n'y a qu'une affliction qui dure, qui est celle qui vient de la perte de biens : le temps, qui adoucit toutes les autres, aigrit celle-ci. Nous sentons à tous moments, pendant le cours de notre vie, où [8] le bien que nous avons perdu nous manque.

77. Il fait bon [9] avec celui qui ne se sert pas de son bien à [10] marier ses filles, à payer ses dettes, ou à faire des contrats, pourvu que l'on ne soit ni ses enfants ni sa femme.

---

1. *Subsistance.* En accord avec métier.
2. *Qui ne pût.* Cf. p. 15, n. 4.
3. *Se précipiter.* Probablement : se jeter dans un précipice, se suicider.
4. *Sur.* Cf. p. 40, n. 1.
5. Il y a là un véritable jeu de mots.
6. *Et de les fournir.* Verbe construit avec deux compléments de diverse nature. Cf. p. 48, n. 8. — Sur *les* substitut d'un nom indéterminé, cf. p. 5, n. 8.
7. Pour l'honnête homme, c'est une puérilité. Quant au fripon, qui triche, il ne s'expose pas à perdre. — On sait que, du temps de La Bruyère, la tricherie était pratiquée par les plus « honnêtes gens ».
8. *Où.* En quoi. — Cf. Mme de Sévigné : « Ceux qui se ruinent me font pitié. C'est là seule affliction dans la vie qui se fasse sentir également, et que le temps augmente au lieu de diminuer. » (Lettre du 28 juin 1671.)
9. Il fait bon vivre.
10. *A.* Au lieu de *pour.* Cf. p. 4, n. 9.

78. Ni les troubles, *Zénobie* [1], qui agitent votre empire, ni la guerre que vous soutenez virilement contre une nation puissante depuis la mort du roi votre époux, ne diminuent rien de votre magnificence. Vous avez préféré à toute autre contrée les rives de l'Euphrate pour y élever un superbe édifice : l'air y est sain et tempéré, la situation en est riante; un bois sacré l'ombrage du côté du couchant; les dieux de Syrie, qui habitent quelquefois la terre, n'y auraient pu choisir une plus belle demeure. La campagne autour est couverte d'hommes qui taillent et qui coupent, qui vont et qui viennent, qui roulent ou qui charrient le bois du Liban, l'airain et le porphyre : les grues et les machines gémissent dans l'air, et font espérer à ceux qui voyagent vers l'Arabie de revoir à leur retour en leurs foyers ce palais achevé, et dans cette splendeur où vous désirez de le porter avant de l'habiter, vous et les princes vos enfants. N'y épargnez rien, grande Reine; employez-y l'or et tout l'art des plus excellents [2] ouvriers [3]; que les Phidias et les Zeuxis de votre siècle déploient toute leur science sur vos plafonds et sur vos lambris; tracez-y de vastes et de délicieux jardins, dont l'enchantement soit tel qu'ils ne paraissent pas faits de la main des hommes; épuisez vos trésors et votre industrie [4] sur cet ouvrage incomparable; et après que vous y aurez mis, Zénobie, la dernière main [5], quelqu'un de ces pâtres qui habitent les sables voisins de Palmyre, devenu riche par les péages [6] de vos rivières, achètera un jour à deniers comptants cette royale maison, pour l'embellir, et la rendre plus digne de lui et de sa fortune.

79. Ce palais, ces meubles, ces jardins, ces belles eaux vous enchantent et vous font récrier d'une première vue [7] sur une maison si délicieuse, et sur l'extrême bonheur du maître qui la possède. Il n'est plus; il n'en a pas joui si agréablement ni si tranquillement que vous [8] : il n'y a jamais eu un jour serein, ni une nuit tranquille; il s'est noyé de

---

1. *Zénobie.* Reine de Palmyre, qui soutint une longue guerre contre les Romains (267-272) et fut enfin faite prisonnière dans sa capitale, puis menée à Rome, où elle figura dans le triomphe de son vainqueur, Aurélien.
2. *Des plus excellents.* Cf. p. 35, n. 1.
3. *Ouvriers.* Au sens d'*artiste* Cf. p. 386, n. 13; p. 415, n. 11.
4. *Industrie.* Cf. p. 37, n. 7.
5. Avant même que vous l'ayez habité.
6. Il s'agit d'un « partisan ».
7. Dès le premier regard.
8. *Que vous.* Que vous venez de le faire dans cette première vue. Pour ce qui est de lui, il n'a pas eu un seul moment de jouissance agréable et tranquille.

dettes [1] pour la porter à ce degré de beauté où elle vous ravit. Ses créanciers l'en ont chassé : il a tourné la tête, et il l'a regardée de loin une dernière fois; et il est mort de saisissement.

80. L'on ne saurait s'empêcher de voir dans certaines familles ce que l'on appelle les caprices du hasard ou les jeux de la fortune. Il y a cent ans qu'on ne parlait point de ces familles, qu'elles n'étaient point [2] : le ciel tout d'un coup s'ouvre en leur faveur; les biens, les honneurs, les dignités fondent sur elles à plusieurs reprises; elles nagent dans la prospérité. *Eumolpe*, l'un de ces hommes qui n'ont point de grands-pères [3], a eu un père du moins qui s'était élevé si haut, que tout ce qu'il [4] a pu souhaiter pendant le cours d'une longue vie, ç'a été de l'atteindre; et il l'a atteint. Était-ce dans ces deux personnages éminence d'esprit, profonde capacité? était-ce les conjonctures? La fortune enfin ne leur rit plus; elle se joue [5] ailleurs, et traite leur postérité comme leurs ancêtres.

81. La cause la plus immédiate de la ruine et de la déroute des personnes des deux conditions, de la robe et de l'épée, est que l'état seul [6], et non le bien, règle la dépense.

82. Si vous n'avez rien oublié pour votre fortune, quel travail! Si vous avez négligé la moindre chose, quel repentir!

83. *Giton* a le teint frais, le visage plein et les joues pendantes, l'œil fixe et assuré, les épaules larges, l'estomac haut, la démarche ferme et délibérée. Il parle avec confiance; il fait répéter celui qui l'entretient, et il ne goûte que médiocrement tout ce qu'il lui dit. Il déploie un ample mouchoir, et se mouche avec grand bruit; il crache fort loin, et il éternue fort haut [7]. Il dort le jour, il dort la nuit, et profondément; il ronfle en compagnie [8], il occupe à table et à la promenade plus de place qu'un autre. Il tient le milieu en se promenant avec ses égaux; il s'arrête, et l'on s'arrête; il continue de marcher, et l'on marche : tous se règlent sur

---

1. *De dettes.* Par analogie avec *se couvrir de*, qui est l'expression courante.
2. On disait de même d'un homme de basse extraction qu'il n'était pas *né*.
3. Cf. l'expression latine *nullo patre*.
4. Il. Eumolpe.
5. Se dit en général des caprices de la fortune, mais ici de ses faveurs.
6. Le rang, la qualité.
7. Cf. Montesquieu : « Je vis un petit homme si fier, il prit une prise de tabac avec tant de hauteur, il se moucha si impitoyablement, il cracha avec tant de flegme,... que je ne pouvais me lasser de l'admirer ». (*Lettres persanes.*)
8. En société.

lui. Il interrompt, il redresse ceux qui ont la parole [1] : on ne l'interrompt pas, on l'écoute aussi longtemps qu'il veut parler ; on est de son avis, on croit les nouvelles qu'il débite. S'il s'assied, vous le voyez s'enfoncer dans un fauteuil, croiser les jambes l'une sur l'autre, froncer le sourcil, abaisser son chapeau sur ses yeux [2] pour ne voir personne, ou le relever ensuite, et découvrir son front par fierté et par audace. Il est enjoué, grand rieur, impatient, présomptueux, colère, libertin [3], politique [4], mystérieux sur les affaires du temps ; il se croit des talents et de l'esprit. Il est riche.

Phédon a les yeux creux, le teint échauffé, le corps sec et le visage maigre ; il dort peu, et d'un sommeil fort léger ; il est abstrait [5], rêveur, et il a, avec de l'esprit, l'air d'un stupide [6] : il oublie de dire ce qu'il sait, ou de parler d'événements qui lui sont connus ; et s'il le fait quelquefois, il s'en tire mal, il croit peser à ceux à qui il parle, il conte brièvement, mais [7] froidement ; il ne se fait pas écouter, il ne fait point rire. Il applaudit, il sourit à ce que les autres lui disent, il est de leur avis ; il court, il vole pour leur rendre de petits services. Il est complaisant, flatteur, empressé ; il est mystérieux sur ses affaires [8], quelquefois menteur ; il est superstitieux, scrupuleux [9], timide. Il marche doucement et légèrement, il semble craindre de fouler la terre ; il marche les yeux baissés, et il n'ose les lever sur ceux qui passent. Il n'est jamais du nombre de ceux qui forment un cercle pour discourir ; il se met derrière celui qui parle, recueille furtivement ce qui se dit, et il se retire si on le regarde. Il n'occupe point de lieu, il ne tient point de place ; il va les épaules serrées, le chapeau abaissé sur ses yeux pour n'être point vu [10] ; il se replie et se renferme dans son manteau ; il n'y a point de rues ni de galeries si embarrassées [11] et si remplies de monde, où il ne trouve moyen de passer sans effort, et de se couler sans être aperçu. Si on le prie de s'asseoir, il se met à peine sur le bord d'un siège ; il parle

---

1. *Ont la parole.* Fait ressortir *il interrompt.*
2. On pouvait garder son chapeau en société.
3. *Libertin.* Il s'agit du libertinage d'esprit. On appelait *libertins* au XVIIe siècle les incrédules. Cf. p. 263, n. 4 ; p. 317, n. 6, 10 ; p. 372, n. 7 ; p. 373, n. 13 ; p. 378, n. 7 ; p. 379, n. 4 ; p. 416, n. 5.
4. *Politique.* Il tranche de l'homme d'État.

5. *Abstrait.* Cf. p. 15, n. 3.
6. *Un stupide.* cf. p. 37, n. 10. Sur le sens du mot, Cf. p. 121, n. 6.
7. *Mais.* C'est une qualité, d'être bref.
8. Et non, comme Giton, sur les affaires du temps.
9. *Scrupuleux.* D'une circonspection inquiète.
10. *Pour n'être point vu.* Et non pas, comme Giton, pour ne pas voir.
11. *Embarrassées.* Cf. p. 121, n. 3.

bas dans la conversation, et il articule mal : libre néanmoins avec ses amis sur les affaires publiques, chagrin [1] contre le siècle, médiocrement prévenu des ministres [2] et du ministère. Il n'ouvre la bouche que pour répondre; il tousse, il se mouche dans son chapeau; il crache presque sur soi [3], et il attend qu'il soit seul pour éternuer, ou si cela lui arrive, c'est à l'insu de la compagnie : il n'en coûte à personne ni salut ni compliment [4]. Il est pauvre.

1. *Chagrin.* Cf. p. 110, n. 5.
2. *Prévenu des ministres.* Cf. « être prévenu de son propre mérite ». (Chap. vııı, § 21.) En faveur des ministres.
3. *Soi.* Cf. p. 39, n. 4.

4. *Ni salut, ni compliment.* L'usage s'est longtemps conservé de saluer celui qui éternuait ou de lui dire : « Dieu vous bénisse! » Il a cette origine, que l'éternuement passait pour un présage.

CHAPITRE VII

De la Ville.

1. L'on se donne à Paris, sans se parler [1], comme un rendez-vous public, mais [2] fort exact, tous les soirs au Cours [3] ou aux Tuileries, pour se regarder au visage et se désapprouver les uns les autres.

L'on ne peut se passer de ce même monde que l'on n'aime point, et dont l'on se moque.

L'on s'attend au passage réciproquement dans une promenade publique; l'on y passe en revue [4] l'un devant l'autre : carrosses, chevaux, livrées, armoiries, rien n'échappe aux yeux, tout est curieusement ou malignement observé; et selon le plus ou le moins de l'équipage, ou l'on respecte les personnes, ou on les dédaigne.

2. Tout le monde connaît cette longue levée [5] qui borne et qui resserre le lit de la Seine, du côté où elle entre à Paris avec la Marne, qu'elle vient de recevoir [6] : les hommes s'y baignent au pied [7] pendant les chaleurs de la canicule; on les voit de fort près se jeter dans l'eau; on les en voit sortir : c'est un amusement. Quand cette saison n'est pas venue, les femmes de la ville ne s'y promènent pas encore; et quand elle est passée, elles ne s'y promènent plus.

3. Dans ces lieux d'un concours général [8], où les femmes se rassemblent pour montrer une belle étoffe, et pour recueillir le fruit de leur toilette [9], on ne se promène pas avec une

---

1. *Sans se parler*. Tacitement.
2. *Mais*. Quoique public, et, par suite, sans engagement particulier.
3. *Le Cours-la-Reine*, très fréquenté par le beau monde.
4. *Passer en revue*. N'a plus que le sens actif. Ici *passer sous les regards des autres*. Cf. p. 336, n. 5.
5. C'est aujourd'hui le quai Saint-Bernard.
6. *Vient de recevoir*. A Charenton, qui est distant d'une lieue.
7. *S'y baignent au pied*. Se baignent au pied de cette levée.
8. *D'un concours général*. Où tout le monde se porte.
9. Pour être admirées ou enviées.

compagne par la nécessité de la conversation, on se joint ensemble [1] pour se rassurer sur le théâtre [2], s'apprivoiser avec le public, et se raffermir [3] contre la critique; c'est là précisément qu'on se parle sans se rien dire, ou plutôt qu'on parle pour les passants, pour ceux mêmes [4] en faveur de qui l'on hausse sa voix, l'on gesticule et l'on badine, l'on penche négligemment la tête, l'on passe et l'on repasse.

4. La ville est partagée en diverses sociétés, qui sont autant de petites républiques, qui ont leurs lois, leurs usages, leur jargon, et leurs mots pour rire. Tant que cet assemblage [5] est dans sa force, et que l'entêtement [6] subsiste, l'on ne trouve rien de bien dit ou de bien fait que ce qui part des siens, et l'on est incapable de goûter ce qui vient d'ailleurs : cela va jusques au mépris pour les gens qui ne sont pas initiés dans [7] leurs [8] mystères. L'homme du monde d'un meilleur [9] esprit [10], que le hasard a porté au milieu d'eux, leur est étranger : il se trouve là comme dans un pays lointain, dont il ne connaît ni les routes, ni la langue, ni les mœurs, ni la coutume [11]; il voit un peuple qui cause, bourdonne, parle à l'oreille, éclate de rire, et qui retombe ensuite dans un morne silence; il y perd son maintien, ne trouve pas où placer un seul mot, et n'a pas même de quoi écouter. Il ne manque jamais là un mauvais plaisant qui domine, et qui est comme le héros de la société : celui-ci s'est chargé de la joie des autres, et fait toujours rire avant que [12] d'avoir parlé. Si quelquefois une femme survient qui n'est pas de leurs plaisirs, la bande joyeuse ne peut comprendre qu'elle ne sache point rire des choses qu'elle n'entend point, et paraisse insensible à des fadaises qu'ils n'entendent eux-mêmes que parce qu'ils les ont faites : ils ne lui pardonnent ni son ton de voix, ni son silence, ni sa taille, ni son visage ni son habillement, ni son entrée [13], ni la manière dont elle est sortie. Deux années cependant ne se passent

---

1. Une sorte d'alliance.
2. *Sur le théâtre.* C'est un vrai théâtre que ces promenades où l'on se donne en spectacle.
3. Cf. *se rassurer.* Même sens.
4. *Pour les passants, qui sont ceux,* etc.
5. *Assemblage.* Association.
6. *Entêtement.* Celui qu'on a les uns pour les autres dans chacune de ces coteries. — Cf. p. 103, n. 5.

7. Nous disons plutôt *initié à.* Cf. p. 310, n. 8.
8. *Leurs. On* équivalait à un pluriel.
9. *D'un meilleur.* Cf. p. 1, n. 6.
10. L'homme qui a le meilleur esprit qu'il y ait au monde.
11. La législation particulière.
12. Cf. p. 41, n. 9.
13. La manière dont elle est entrée. Le mot s'employait en ce sens; mais *sa sortie* n'avait pas la signification analogue.

point sur une même *coterie* [1] : il y a toujours, dès la première année, des semences de division pour rompre dans celle qui doit suivre; l'intérêt de la beauté [2], les incidents du jeu, l'extravagance des repas, qui, modestes au commencement, dégénèrent bientôt en pyramides de viandes [3] et en banquets somptueux, dérangent la république [4], et lui portent enfin le coup mortel : il n'est en fort peu de temps non plus parlé de cette nation que des mouches de l'année passée.

5. Il y a dans la ville la grande et la petite robe [5]; et la première se venge sur l'autre des dédains de la cour, et des petites humiliations qu'elle y essuie. De savoir quelles sont leurs limites, où la grande finit, et où la petite commence, ce n'est pas une chose facile. Il se trouve même un corps considérable [6] qui refuse d'être du second ordre, et à qui l'on conteste le premier; il ne se rend pas néanmoins, il cherche au contraire, par la gravité et par la dépense, à s'égaler à la magistrature, ou ne lui cède qu'avec peine : on l'entend dire [7] que la noblesse de son emploi, l'indépendance de sa profession, le talent de la parole, et le mérite personnel, balancent au moins les sacs de mille francs que le fils du partisan ou du banquier a su payer pour son office [8].

6. Vous moquez-vous de rêver en carrosse, ou peut-être de vous y reposer? Vite, prenez votre livre ou vos papiers, lisez, ne saluez qu'à peine ces gens qui passent dans leur équipage; ils vous en croiront plus occupé : ils diront : « Cet homme est laborieux, infatigable; il lit, il travaille jusque dans les rues ou sur la route ». Apprenez du moindre avocat qu'il faut paraître accablé d'affaires, froncer le sourcil, et rêver à rien [9] très profondément; savoir à propos perdre

---

1. *Coterie.* Anciennement groupe de paysans qui tenaient des terres en commun. En italiques ici, parce que le mot avait pris tout récemment le sens où La Bruyère l'emploie.
2. Les jalousies entre femmes au sujet de la beauté.
3. *Viandes.* Cf. p. 90, n. 3.
4. *République.* Cf. p. 37, n. 1.
5. La grande robe, ce sont les magistrats, et la petite les procureurs. Mais, comme va dire La Bruyère, il n'était pas toujours facile de faire la distinction.
6. Le corps des avocats, qui siégeaient en certains cas comme juges,
et, d'autre part, appartenaient à la même confrérie que les procureurs.
7. La Bruyère ne prend pas parti, mais on voit assez ce qu'il en pense. Lui-même avait été reçu avocat.
8. *Payer.* Les charges étaient vénales.
9. *Rêver à rien.* Ce n'est pas la même chose que *ne rêver à rien.* La première expression fait entendre que l'on rêve. — *Rêver* avait, au XVIIe siècle, le sens de *penser, réfléchir* ou, comme nous disons, *songer à quelque chose.* Cf. p. 169, n. 9; p. 221, n. 6; p. 318, n. 5. — Au commencement du §. le mot est employé dans le sens moderne.

le boire et le manger; ne faire qu'apparoir¹ dans sa maison, s'évanouir et se perdre comme un fantôme dans le sombre² de son cabinet; se cacher au public, éviter le théâtre, le laisser à ceux qui ne courent aucun risque à s'y montrer³, qui en ont à peine le loisir, aux GOMONS, aux DUHAMELS⁴.

7. Il y a un certain nombre de jeunes magistrats que les grands biens et les plaisirs ont associés à quelques-uns de ceux qu'on nomme à la cour de⁵ *petits-maîtres* : ils les imitent, ils se tiennent fort au-dessus de la gravité de la robe, et se croient dispensés par leur âge et leur fortune d'être sages et modérés. Ils prennent de la cour ce qu'elle a de pire : ils s'approprient la vanité, la mollesse, l'intempérance, le libertinage, comme si tous ces vices leur étaient dus⁶, et affectant ainsi un caractère éloigné de celui qu'ils ont à soutenir, ils deviennent enfin, selon leurs souhaits, des copies fidèles de très méchants originaux.

8. Un homme de robe à la ville, et le même à la cour, ce sont deux hommes. Revenu chez soi⁷, il reprend ses mœurs, sa taille et son visage, qu'il y avait laissés : il n'est plus ni si embarrassé, ni si honnête⁸.

9. Les *Crispins* se cotisent et rassemblent dans leur famille jusques à six chevaux pour allonger un équipage, qui avec un essaim de gens de livrées, où ils ont fourni chacun leur part, les fait triompher au Cours⁹ ou à Vincennes¹⁰, et aller de pair avec les nouvelles mariées, avec *Jason* qui se ruine, et avec *Thrason*, qui veut se marier, et qui a consigné¹¹.

10. J'entends dire des *Sannions* : « Même nom, mêmes armes; la branche aînée, la branche cadette, les cadets de la seconde branche; ceux-là portent les armes pleines¹², ceux-ci brisent¹³ d'un lambel¹⁴, et les autres d'une bordure¹⁵

---

1. Terme de palais.
2. Cf. p. 8, n. 10.
3. Parce qu'on les sait laborieux.
4. Avocats célèbres du temps.
5. *De*. Malgré le trait d'union, *petits* reste encore adjectif.
6. *Dus*. Comme si, en se les appropriant, ils revendiquaient quelque chose qui leur appartient.
7. *Soi*. Cf. p. 39, n. 4.
8. *Honnête*. Il s'agit de la politesse des manières. Cf. p. 161, n. 5; p. 191, n. 8; p. 193, n. 8; p. 264, n. 14.
9. *Cours*. Cf. p. 135, n. 3.
10. *Vincennes*. Cf. p. 68, n. 3.

11. *Consigné*. « Déposé son argent au trésor public pour une grande charge. » (*Note de La Bruyère*.)
12. *Armes pleines*. Armes entières, sans brisure ni division ou mélange, que portaient les aînés d'une maison.
13. *Brisent*. C'est mettre dans l'écu des pièces ou figures qui en altèrent la simplicité.
14. *Lambel*. La plus noble de toutes les figures, dit Furetière ; c'est un filet qui se met au milieu de l'écu, et qui est garni de pendants.
15. *Bordure*. Brisure « faite comme un passement posé de plat au

dentelée. » Ils ont avec les BOURBONS, sur une même couleur, un même métal [1]; ils portent comme eux, deux et une [2] : ce ne sont pas des fleurs de lis, mais ils s'en consolent; peut-être dans leur cœur trouvent-ils leurs pièces [3] aussi honorables, et ils les ont communes avec de grands seigneurs qui en sont contents [4] : on les voit sur les litres [5] et sur les vitrages, sur la porte de leur château, sur le pilier [6] de leur haute justice, où ils viennent de faire pendre un homme qui méritait le bannissement : elles s'offrent aux yeux de toutes parts, elles sont sur les meubles et sur les serrures, elles sont semées sur les carrosses; leurs livrées ne déshonorent point leurs armoiries. Je dirais volontiers aux Sannions : « Votre folie est prématurée; attendez du moins [7] que le siècle s'achève sur votre race; ceux qui ont vu votre grand-père, qui lui ont parlé, sont vieux, et ne sauraient plus vivre longtemps. Qui pourra [8] dire comme eux : « Là il étalait [9], et vendait très cher [10]? »

Les Sannions et les Crispins veulent encore davantage que l'on dise d'eux qu'ils font une grande dépense, qu'ils n'aiment à la faire. Ils font un récit long et ennuyeux d'une fête ou d'un repas qu'ils ont donné; ils disent l'argent qu'ils ont perdu au jeu, et ils plaignent [11] fort haut celui qu'ils n'ont pas songé à perdre. Ils parlent jargon et mystère sur de certaines femmes; *ils ont réciproquement cent choses plaisantes à se conter; ils ont fait depuis peu des découvertes;* ils se passent [12] les uns aux autres qu'ils sont gens à belles aventures. L'un d'eux qui s'est couché tard à la campagne et qui voudrait dormir, se lève matin, chausse des guêtres, endosse un habit de toile, passe un cordon où pend le fourniment, renoue ses cheveux, prend un fusil : le voilà chasseur, s'il tirait bien. Il revient de nuit, mouillé et recru [13], sans avoir tué. Il retourne à la chasse le lendemain, et il passe tout le jour à manquer des grives ou des perdrix.

bord de l'écu et qui l'environne tout autour ».

1. *Métal.* On appelle ainsi, en termes de blason, l'or et l'argent, représentés par le jaune et le blanc.
2. Trois pièces, deux vers le chef (tête), une vers la pointe.
3. *Leurs pièces.* Les pièces de leur écusson.
4. *En sont contents.* Cf. p. 70, n. 4.
5. *Litres.* Sorte de bandes noires sur lesquelles certains seigneurs avaient le droit de faire peindre leurs armes, et que l'on tendait, dans les obsèques solennelles, autour de l'église.
6. *Pilier.* Poteau qu'un haut seigneur fait élever dans un carrefour comme insigne de sa seigneurie.
7. *Du moins.* Cf. p. 13, n. 3.
8. Dans un siècle.
9. *Étalait.* Cf. p. 122, n. 2.
10. Cf. le *Bourgeois gentilhomme*, III, xII.
11. *Plaignent.* Regrettent.
12. *Se passent.* Se transmettent, se confient.
13. *Recru.* Harassé. Cf. p. 232, n. 8.

Un autre, avec quelques mauvais chiens, aurait envie de dire : *Ma meute* [1]. Il sait un rendez-vous de chasse, il s'y trouve ; il est au laisser-courre [2], il entre dans le fort [3], se mêle avec les piqueurs ; il a un cor. Il ne dit pas, comme *Mélanippe* : *Ai-je du plaisir* [4]? il croit en avoir. Il oublie loi et procédure : c'est un Hippolyte. *Ménandre*, qui le vit hier sur [5] un procès qui est en ses mains, ne reconnaîtrait pas aujourd'hui son rapporteur. Le voyez-vous le lendemain à sa chambre [6], où l'on va juger une cause grave et capitale? Il se fait entourer de ses confrères, il leur raconte comme il n'a point perdu le cerf de meute [7], comme il s'est étouffé de crier après les chiens qui étaient en défaut, ou après ceux des chasseurs qui prenaient le change [8], qu'il [9] a vu donner les six chiens. L'heure presse ; il achève de leur parler des abois [10] et de la curée, et il court s'asseoir avec les autres pour juger.

11. Quel est l'égarement de certains particuliers, qui, riches du négoce de leurs pères, dont ils viennent de recueillir la succession, se moulent sur les princes pour leur garde-robe et pour leur équipage, excitent par une dépense excessive et par un faste ridicule, les traits et la raillerie de toute une ville, qu'ils croient éblouir, et se ruinent ainsi à se faire moquer de soi [11] !

Quelques-uns n'ont pas même le triste avantage de répandre leurs folies [12] plus loin que le quartier où ils habitent : c'est le seul théâtre de leur vanité. L'on ne sait point dans l'Ile [13] qu'*André* brille au Marais, et qu'il y dissipe son patri-

---

1. Cf. Molière :
Dieu préserve, en chassant, toute sage personne
D'un porteur de huchet, qui mat à propos sonne,
De ces gens qui, suivis de dix houret galeux,
Disent : *ma meute* et font les chasseurs merveilleux.
(*Fâcheux*, II, vii.)
2. *Laisser-courre*. Le lieu où l'on découple les chiens. *Courre*, forme archaïque de courir.
3. *Fort*. Le plus épais des bois, où les bêtes se retirent.
4. Gérôme de Nouveau, dit Tallemant des Réaux, « au commencement qu'il eut un équipage de chasse, courant le cerf, demanda à son veneur : « Dites-moi, ai-je bien du plaisir à cette heure ? » Ce trait est rappelé par Mme de Sévigné. (Lettre du 21 mai 1676.)
5. *Sur*. Cf. p. 10, n. 1.
6. *Chambre*. De justice.
7. Il emploie complaisamment les termes de l'art. — *Perdre le cerf de meute*. Terme consacré de vénerie. Dans la chasse à courre, les chasseurs courent une seule bête, toujours la même, isolée par les valets d'un groupe de plusieurs et que les chiens doivent poursuivre à l'exclusion de toute autre. Cette bête s'appelle *bête de meute*.
8. *Prenaient le change*. Se dit des chiens qui quittent la bête lancée pour une autre.
9. *Qu'il*. Cf. p. 48, n. 8.
10. *Abois*. On dit que le cerf est aux abois lorsque les chiens le serrent en aboyant après lui.
11. *Soi*. Cf. p. 39, n. 1.
12. Le bruit de ces folies.
13. L'Ile Saint-Louis.

CH. VII. — DE LA VILLE.

moine : du moins, s'il était connu dans toute la ville et dans ses faubourgs, il serait difficile qu'entre un si grand nombre de citoyens qui ne savent pas tous juger sainement de toutes choses, il ne s'en trouvât quelqu'un qui dirait de lui : *Il est magnifique*, et qui lui tiendrait compte des régals qu'il fait à *Xante* et à *Ariston*, et des fêtes qu'il donne à *Élamire*; mais il se ruine obscurément : ce n'est qu'en faveur de deux ou trois personnes, qui ne l'estiment point, qu'il court à l'indigence, et qu'aujourd'hui en carrosse, il n'aura pas dans six mois le moyen d'aller à pied [1].

12. *Narcisse* se lève le matin pour se coucher le soir [2]; il a ses heures de toilette comme une femme : il va tous les jours fort régulièrement à la belle messe [3] aux Feuillants [4] ou aux Minimes [5]; il est homme de bon commerce [6], et l'on compte sur lui au quartier de *** [7] pour un tiers [8] ou pour un cinquième à l'hombre ou au reversi [9]. Là il tient le fauteuil quatre heures de suite chez *Aricie*, où il risque chaque soir cinq pistoles d'or [10]. Il lit exactement la *Gazette de Hollande* [11] et le *Mercure galant* [12]; il a lu Bergerac [13], des Marets [14], Lesclache [15], les *Historiettes* de Barbin [16], et quelques recueils de poésie. Il se promène avec des femmes à la Plaine [17] ou au Cours [18], et il est d'une ponctualité religieuse sur les visites. Il fera demain ce qu'il fait aujourd'hui et ce qu'il fit hier; et il meurt ainsi après avoir vécu.

13. Voilà un homme, dites-vous, que j'ai vu quelque part : de savoir où, il [19] est difficile; mais son visage m'est familier. — Il l'est à bien d'autres; et je vais, s'il se peut, aider votre

---

1. Il ne pourra plus sortir, même à pied, n'ayant pas de quoi se vêtir décemment.
2. C'est dire combien sa journée est vide. Cf. p. 115, n. 9.
3. La messe du beau monde.
4. Rue Saint-Honoré.
5. Au Marais.
6. *Commerce*. Cf. p. 33, n. 2.
7. *Au quartier de***. Tel quartier de la ville.
8. *Tiers*. Troisième.
9. Jeux de cartes.
10. La pistole d'or valait onze livres.
11. Cette gazette, publiée en Hollande, recevait des correspondances de Paris.
12. Cf. p. 22, n. 7.
13. « Cyrano. » (*Note de La Bruyère*.) Cyrano de Bergerac, auteur d'*Agrippine*, tragédie, du *Pédant joué*, comédie, de l'*Histoire comique des états de la Lune et du Soleil*. Boileau parle de sa « burlesque audace ».
14. « Saint-Sorlin. » (*Note de La Bruyère*). Desmarets de Saint-Sorlin, auteur du poème épique de *Clovis* et de la comédie des *Visionnaires*, souvent raillé par Boileau.
15. Philosophe et grammairien oublié.
16. Le libraire, chez lequel se vendaient les *Historiettes*, appelées de son nom *barbinades*.
17. La Plaine des Sablons.
18. Cf. p. 135, n. 3.
19. *Il*. Cf. p. 60, n. 1.

mémoire. Est-ce au boulevard [1] sur un strapontin [2], ou aux Tuileries dans la grande allée, ou dans le balcon à la comédie? Est-ce au sermon, au bal, à Rambouillet [3]? Où pourriez-vous ne l'avoir point vu? où n'est-il point? S'il y a dans la place [4] une fameuse exécution, ou un feu de joie, il paraît à une fenêtre de l'hôtel de ville; si l'on attend une magnifique entrée [5], il a sa place sur un échafaud [6]; s'il se fait un carrousel, le voilà entré, et placé sur l'amphithéâtre; si le roi reçoit des ambassadeurs, il voit leur marche, il assiste à leur audience, il est en haie quand ils reviennent de leur audience. Sa présence est aussi essentielle aux serments des ligues suisses [7] que celle du chancelier [8] et des ligues mêmes. C'est son visage que l'on voit aux almanachs représenter le peuple ou l'assistance [9]. Il y a une chasse publique, une *Saint-Hubert* [10], le voilà à cheval; on parle d'un camp et d'une revue, il est à Ouilles, il est à Achères [11]. Il aime les troupes, la milice [12], la guerre; il la voit de près, et jusques au fort de Bernardi [13]. CHANLEY [14] sait les marches, JACQUIER [15] les vivres, DU METZ [16] l'artillerie : celui-ci voit, il a vieilli sous le harnais en voyant, il est spectateur de profession; il ne fait rien de ce qu'un homme doit faire, il ne sait rien de ce qu'il doit savoir; mais il a vu, dit-il, tout ce qu'on peut voir, et il n'aura point regret de mourir. Quelle perte alors pour toute la ville! Qui dira après lui : « Le Cours [17] est fermé, on ne s'y promène point; le bourbier de Vincennes est desséché et relevé [18], on n'y versera plus »? Qui annon-

---

1. Le boulevard de la Porte-Saint-Antoine, lieu de promenade fréquenté.
2. « Petit banc qu'on met au milieu du carrosse ou au fond de la calèche. » (Richelet.)
3. Jardin du faubourg Saint-Antoine, qu'avait fait planter le financier Rambouillet.
4. *Dans la place.* Cf. p. 125, n. 2. C'est ici la place de Grève.
5. *Entrée.* De souverain ou de très haut personnage.
6. *Echafaud.* Estrade.
7. L'alliance de la France avec les Suisses se renouvelait solennellement à certains intervalles.
8. Qui lisait la formule du serment.
9. On publiait pour les almanachs des estampes représentant les événements de l'année; au-dessous des rois, princes, etc., quelques personnages du tiers état figuraient *le peuple* ou *l'assistance.*

10. Grande chasse du 5 novembre, par laquelle on célébrait le jour du saint.
11. Il y a près d'Ouilles (Houilles) et près d'Achères, des plaines où l'on faisait souvent camper des troupes, et le roi allait de temps à autre y passer des revues.
12. *Milice.* Service militaire.
13. Bernardi, écuyer du roi, dirigeait une académie où les jeunes gentilshommes apprenaient l'art militaire. Chaque année il faisait construire, non loin du Luxembourg, un fort pour exercer ses élèves aux opérations d'un siège.
14. Le marquis de Chamlay, officier très réputé.
15. Munitionnaire des vivres.
16. Berbier du Metz, lieutenant général d'artillerie.
17. *Le Cours.* Cf. p. 135, n. 3.
18. *Relevé.* On en a relevé le niveau; on l'a comblé.

cera un concert, un beau salut [1], un prestige [2] de la Foire? Qui vous avertira que Beaumavielle [3] mourut hier; que Rocheis [4] est enrhumée, et ne chantera de huit jours? Qui connaîtra comme lui un bourgeois à ses armes et à ses livrées? Qui dira : « *Scapin* porte des fleurs de lis », et qui en sera plus édifié? Qui prononcera avec plus de vanité et d'enthousiasme le nom d'une simple bourgeoise? Qui sera mieux fourni de vaudevilles [5]? Qui prêtera aux femmes les *Annales galantes* [6], et le *Journal amoureux* [7]? Qui saura comme lui chanter à table tout un dialogue de l'*Opéra*, et les fureurs de Roland [8] dans une ruelle [9]? Enfin, puisqu'il y a à la ville comme ailleurs de fort sottes gens, des gens fades, oisifs, désoccupés, qui pourra aussi parfaitement leur convenir?

14. *Théramène* était riche et avait du mérite; il a hérité, il est donc très riche et d'un très grand mérite. Voilà toutes les femmes en campagne pour l'avoir pour galant, et toutes les filles pour *épouseur* [10]. Il va de maisons en maisons faire espérer aux mères qu'il épousera. Est-il assis, elles se retirent, pour laisser à leurs filles toute la liberté d'être aimables, et à Théramène de faire ses déclarations [11]. Il tient ici contre [12] le mortier [13]; là il efface le cavalier [14] ou le gentilhomme. Un jeune homme fleuri, vif, enjoué, spirituel n'est pas souhaité plus ardemment ni mieux reçu; on se l'arrache des mains, on a à peine le loisir de sourire à qui se trouve avec lui dans une même visite. Combien de galants va-t-il mettre en déroute! quels bons partis ne fera-t-il point manquer! Pourra-t-il suffire à tant d'héritières qui le recherchent? Ce n'est pas seulement la terreur des maris, c'est

---

1. Cf. chap. xiv, § 19.
2. Note de La Bruyère au mot *prestiges* dans sa Traduction de Théophraste (caractère intitulé *De l'image d'un coquin*) : « Choses très extraordinaires, telles qu'on en voit dans nos foires ».
3. Basse-taille de l'Opéra, mort en 1688.
4. Chanteuse à l'Opéra.
5. *Vaudevilles*. Définition de l'Académie (1694) : « Chanson qui court par la ville, dont l'air est facile à chanter et dont les paroles sont faites ordinairement sur quelque aventure, sur quelque intrigue du temps ».
6. Ouvrage d'une Mme de Villedieu.
7. Ouvrage inconnu.
8. Dans l'opéra de ce nom, œuvre de Quinault pour les paroles et de Lulli pour la musique.
9. *Ruelle*. Cf. p. 56, n. 4.
10. *Épouseur*. En italique, parce que le mot n'avait pas cours. Molière avait déjà dit dans *Don Juan* : « C'est l'épouseur du genre humain ».
11. *Ses déclarations*. Non pas pour *sa déclaration*. Ce sont plusieurs déclarations successives.
12. *Il tient... contre*. Il rivalise avec. Cf. plus bas *mettre en déroute*.
13. *Le mortier*. Toque de velours que portaient les présidents du Parlement.
14. *Cavalier*. Cf. p. 110, n. 4.

l'épouvantail de tous ceux qui ont envie de l'être, et qui attendent d'un mariage à [1] remplir le vide de leur consignation [2]. On devrait proscrire de tels personnages si heureux, si pécunieux [3], d'une ville bien policée, ou condamner le sexe, sous peine de folie [4] ou d'indignité, à ne les traiter pas mieux que s'ils n'avaient que du mérite.

15. Paris, pour l'ordinaire le singe de la cour, ne sait pas toujours la contrefaire; il ne l'imite en aucune manière dans ces dehors agréables et caressants que quelques courtisans, et surtout les femmes, y ont naturellement pour un homme de mérite, et qui n'a même que du mérite : elles ne s'informent ni de ses contrats [5] ni de ses ancêtres; elles le trouvent à la cour, cela leur suffit; elles le souffrent [6], elles l'estiment; elles ne demandent pas s'il est venu en chaise ou à pied, s'il a une charge, une terre ou un équipage : comme elles regorgent de train [7], de splendeur et de dignités, elles se délassent volontiers avec la philosophie ou la vertu [8]. Une femme de ville [9] entend-elle le bruissement d'un carrosse qui s'arrête à sa porte, elle pétille de goût et de complaisance [10] pour quiconque est dedans, sans le connaître; mais si elle a vu de sa fenêtre un bel attelage, beaucoup de livrées, et que plusieurs rangs de clous parfaitement dorés l'aient éblouie, quelle impatience n'a-t-elle pas de voir déjà dans sa chambre le cavalier ou le magistrat! quelle charmante réception ne lui fera-t-elle point! ôtera-t-elle les yeux de dessus lui? Il ne perd rien [11] auprès d'elle : on lui tient compte des doubles soupentes [12] et des ressorts qui le font rouler plus mollement; elle l'en estime davantage, elle l'en aime mieux.

1. Qui comptent sur un mariage pour. Cf. p. 4, n. 9.
2. Le vide qu'a fait dans leur fortune l'acquisition d'une charge. Cf. le mot *consigné* et la note, § 9.
3. *Pécunieux*. Bien pourvu d'argent. La Bruyère a employé ce mot deux fois, la seconde dans la préface de son Discours à l'Académie. Cf. p. 117, n. 9.
4. Sous peine d'être taxé de folie.
5. Des contrats qui témoignent de sa fortune.
6. C'est-à-dire que les femmes de la ville ne le souffrent même pas.
7. *Regorgent de train*. Expression peu juste.
8. C'est ainsi que Mme de Sévigné, à Vichy, causait volontiers avec un jeune médecin, qui « n'avait que du mérite ». Cf. Lettres du 28 mai et du 1er juin 1676.
9. *Femme de ville*. Cf. p. 57, n. 2.
10. On a critiqué cette expression, qui est aussi juste que pittoresque. — *Goût*. Cf. p. 60, n. 4. — *Complaisance*. Désir de complaire.
11. Il ne perd aucun des avantages que lui vaut sa richesse; on lui tient compte de tout.
12. *Soupentes*. Courroies cousues l'une sur l'autre qui soutiennent le corps d'une voiture.

CH. VII. — DE LA VILLE.

16. Cette fatuité de quelques femmes de la ville, qui cause en elles une mauvaise imitation de celles de la cour, est quelque chose de pire que la grossièreté des femmes du peuple, et que la rusticité des villageoises : elle a sur toutes deux l'affectation de plus.

17. La subtile invention, de faire de magnifiques présents de noces qui ne coûtent rien, et qui doivent être rendus en espèce [1] !

18. L'utile et la louable pratique de perdre en frais de noces le tiers de la dot qu'une femme apporte! de commencer par s'appauvrir de concert par l'amas et l'entassement de choses superflues, et de prendre déjà sur son fonds de quoi payer Gaultier [2], les meubles et la toilette!

19. Le bel et le judicieux usage que celui qui, préférant une sorte d'effronterie aux bienséances et à la pudeur, expose une femme d'une seule nuit [3] sur un lit [4] comme sur un théâtre, pour y faire [5] pendant quelques jours un ridicule personnage, et la livre en cet état à la curiosité des gens de l'un et de l'autre sexe, qui, connus ou inconnus, accourent de toute une ville à ce spectacle pendant qu'il [6] dure! Que manque-t-il à une telle coutume, pour être entièrement bizarre et incompréhensible, que d'être lue dans quelque relation de la Mingrélie [7] ?

20. Pénible coutume, asservissement incommode! se chercher incessamment [8] les unes les autres avec l'impatience de ne se point rencontrer; ne se rencontrer que pour se dire des riens, que pour s'apprendre réciproquement des choses dont on est également instruite, et dont il importe peu que l'on soit instruite; n'entrer dans une chambre précisément que pour en sortir [9]; ne sortir de chez soi l'après-dînée que pour y rentrer le soir, fort satisfaite d'avoir vu

---

1. *En espèce.* Au singulier dans toutes les éditions. — *Qui doivent être rendus en espèce.* Que le galant, devenu mari, paie avec l'argent de la dot. C'est vraiment, pour la femme, les *rendre*.
2. Marchand de riches étoffes.
3. *D'une seule nuit.* Qui n'est mariée que de la veille.
4. Les nouvelles mariées recevaient, les trois premiers jours, leurs visites sur un lit. « Tout le monde va les voir, lit-on dans les clefs, et examine leur fermeté et leur contenance sur une infinité de questions et de quolibets qu'on leur dit dans cette occasion ».
5. *Pour qu'elle y fasse.* Cf. p. 53, n. 2.
6. *Pendant que.* Tout le temps que. Cf. p. 4, n. 1.
7. Province du sud de la Russie.
8. *Incessamment.* Cf. p. 93, n. 6.
9. Cf. § 12 : « Narcisse se lève le matin pour se coucher le soir ». L'intention est la même.

en cinq petites heures trois suisses [1], une femme que l'on connait à peine, et une autre que l'on n'aime guère! Qui considérerait bien le prix du temps et combien [2] sa perte est irréparable, pleurerait amèrement sur de si grandes misères.

21. On s'élève [3] à la ville dans une indifférence grossière des choses rurales et champêtres; on distingue à peine la plante qui porte le chanvre d'avec celle qui produit le lin, et le blé froment d'avec les seigles, et l'un ou l'autre d'avec le méteil [4] : on se contente de se nourrir [5] et de s'habiller [6]. Ne parlez à un grand nombre de bourgeois ni de guérets [7], ni de baliveaux [8], ni de provins [9], ni de regains [10], si vous voulez être entendu : ces termes pour eux ne sont pas français. Parlez aux uns [11] d'aunage, de tarif, ou de sol pour livre [12], et aux autres [13], de voie d'appel [14], de requête civile [15], d'appointement [16], d'évocation [17]. Ils connaissent le monde, et encore par ce qu'il a de moins beau et de moins spécieux [18]; ils ignorent la nature, ses commencements, ses progrès, ses dons et ses largesses. Leur ignorance souvent est volontaire, et fondée sur l'estime qu'ils ont pour leur profession et pour leurs talents. Il n'y a si vil praticien, qui au fond de son étude sombre et enfumée, et l'esprit occupé d'une plus noire [19] chicane, ne se préfère au laboureur, qui jouit du ciel, qui cultive la terre, qui sème à propos, et qui fait de riches moissons [20]; et s'il entend quelquefois parler des premiers hommes ou des patriarches, de leur vie champêtre et de leur économie [21], il s'étonne qu'on ait pu vivre en

---

1. Chez les personnes qu'on n'a pas rencontrées.
2. Cf. p. 48, n. 8.
3. *On s'élève.* Cf. p. 82, n. 6.
4. *Méteil.* Mélange de froment et de seigle.
5. Répond à *blé, seigles, méteil.*
6. Répond à *chanvre, lin.*
7. Terres labourées qui n'ont pas encore été ensemencées.
8. Arbres réservés dans une coupe.
9. « Branche de cep qu'on couche dans une fosse et qu'on couvre de terre » (Richelet) pour qu'elle prenne racine.
10. Secondes coupes de prairies.
11. Aux marchands.
12. Imposition sur la valeur des marchandises.
13. Aux gens de robe.
14. Procédure pour en appeler.

15. *Requête civile.* Requête (polie) par laquelle on demande la réformation d'un arrêt aux juges qui l'ont rendu.
16. *Appointement.* Règlement par lequel le juge ordonne de produire par écrit ou de déposer les pièces relatives à une affaire.
17. *Evocation.* Il y a évocation quand on ôte au juge la connaissance d'une cause, que l'on défère à un autre juge.
18. *Spécieux.* Dans un sens favorable, comme le latin *speciosus.* Cf. p. 178, n. 1.
19. Plus noire encore que son étude.
20. Il y a là déjà quelque chose de J.-J. Rousseau.
21. *Economie.* Régime de vie. Cf. p. 38, n. 8.

CH. VII. — DE LA VILLE.

de tels temps, où il n'y avait encore ni offices, ni commissions, ni présidents, ni procureurs; il ne comprend pas qu'on ait jamais pu se passer du greffe, du parquet et de la buvette.

22. Les empereurs n'ont jamais triomphé à Rome si mollement, si commodément, ni si sûrement même, contre le vent, la pluie, la poudre[1] et le soleil, que le bourgeois sait à Paris se faire mener[2] par toute la ville : quelle distance de cet usage à la mule de leurs[3] ancêtres! Ils ne savaient point encore se priver du nécessaire pour avoir le superflu, ni préférer le faste aux choses utiles. On ne les voyait point s'éclairer avec des bougies[4] et se chauffer à un petit feu[5] : la cire était pour l'autel et pour le Louvre. Ils ne sortaient point d'un mauvais dîner pour monter dans leur carrosse; ils se persuadaient que l'homme avait des jambes pour marcher, et ils marchaient. Ils se conservaient propres quand il faisait sec; et dans un temps humide ils gâtaient[6] leur chaussure, aussi peu embarrassés de franchir les rues et les carrefours, que le chasseur de traverser un guéret, ou le soldat de se mouiller dans une tranchée. On n'avait pas encore imaginé d'atteler deux hommes à une litière; il y avait même plusieurs magistrats qui allaient à pied à la chambre ou aux enquêtes[7], d'aussi bonne grâce qu'Auguste autrefois allait de son pied au Capitole. L'étain dans ce temps brillait sur les tables et sur les buffets, comme le fer et le cuivre dans les foyers; l'argent et l'or étaient dans les coffres[8]. Les femmes se faisaient servir par des femmes; on mettait[9] celles-ci jusqu'à[10] la cuisine. Les beaux noms de gouverneurs et de gouvernantes n'étaient pas inconnus à nos pères : ils savaient à qui l'on confiait les enfants des

---

1. *Poudre.* Poussière. Mot « noble ».
2. En voiture ou en litière.
3. *Leurs. Le bourgeois* = *les bourgeois.*
4. *Bougies.* Les chandelles de Bougie, faites avec la cire qu'on allait chercher sur la côte d'Afrique, étaient fort chères.
5. Économiser sur leur chauffage.
6. *Gâtaient.* Souillaient. Cf. Molière : « Voudriez-vous, faquins,... que j'allasse imprimer mes souliers en boue? « (*Précieuses ridic.*)
7. « Dans la première institution du Parlement, il n'y avait que deux chambres; l'une était la *grand'* chambre pour les audiences; l'autre, *des enquêtes* (Furetière).
8. Voltaire, critiquant cette « déclamation » contre le luxe, dit : « Ne voilà-t-il pas un plaisant éloge à donner à nos pères de ce qu'ils n'avaient ni abondance, ni industrie, ni goût, ni propreté? L'argent était dans les coffres! Si cela était, c'était une très grande sottise. L'argent est fait pour circuler, pour faire éclater tous les arts », etc. (*Politique et législation.*)
9. *Mettait.* Employait, appliquait. Cf. p. 36, n. 6.
10. *Jusqu'à.* Ironique.

rois et des plus grands princes; mais ils partageaient le service de leurs domestiques avec leurs enfants [1], contents [2] de veiller eux-mêmes immédiatement [3] à leur éducation. Ils comptaient en toutes choses avec eux-mêmes [4] : leur dépense était proportionnée à leur recette; leurs livrées, leurs équipages, leurs meubles, leur table, leurs maisons de la ville et de la campagne, tout était mesuré sur leurs rentes et sur leur condition. Il y avait entre eux des distinctions extérieures qui empêchaient qu'on ne prît la femme du praticien [5] pour celle du magistrat, et le roturier ou le simple valet pour le gentilhomme [6]. Moins appliqués à dissiper ou à grossir leur patrimoine qu'à le maintenir, ils le laissaient entier à leurs héritiers, et passaient ainsi d'une vie modérée à une mort tranquille. Ils ne disaient point : « Le siècle est dur, la misère est grande, l'argent est rare »; ils en avaient moins que nous, et en avaient assez, plus riches par leur économie et par leur modestie [7] que de leurs revenus et de leurs domaines. Enfin l'on était alors pénétré de cette maxime, que ce qui est dans les grands splendeur, somptuosité, magnificence, est dissipation, folie, ineptie dans le particulier [8].

1. Ils employaient les mêmes domestiques au service de leurs enfants qu'au leur propre.
2. *Contents.* Se contentant de (cf. p. 70, n. 4); mais avec une intention ironique.
3. *Immédiatement.* Sans intermédiaire. Cf. p. 216, n. 6.
4. *Avec eux-mêmes.* Et non pas avec des intendants.
5. Cf. § 5. — Sur le sens du mot *praticien*, cf. p. 126 n. 11.
6. Y a-t-il donc à regretter que les distinctions extérieures s'effacent, et La Bruyère voudrait-il que, comme à Salente, « sept classes d'hommes » fussent « vêtues chacune de couleurs diverses » ?
7. *Modestie.* Modération, simplicité des goûts. Cf. p. 11, n. 11.
8. *Le particulier.* Le simple particulier, par opposition aux grands. — Ici, nous donnons raison à La Bruyère. Il en veut surtout, dans cette page, au faux luxe des bourgeois gentilshommes.

CHAPITRE VIII

De la Cour.

1. Le reproche en un sens le plus honorable que l'on puisse faire à un homme, c'est de lui dire qu'il ne sait point la cour : il n'y a sorte de vertus qu'on ne rassemble en lui par ce seul mot.

2. Un homme qui sait la cour est maître de son geste, de ses yeux et de son visage; il est profond, impénétrable; il dissimule les mauvais offices, sourit à ses ennemis, contraint son humeur, déguise ses passions, dément son cœur, parle, agit contre ses sentiments. Tout ce grand raffinement n'est qu'un vice, que l'on appelle fausseté [1], quelquefois aussi inutile au courtisan pour sa fortune que la franchise, la sincérité et la vertu.

3. Qui peut nommer de certaines couleurs changeantes, et qui sont diverses selon les divers jours dont [2] on les regarde? de même qui peut définir la cour?

4. Se dérober à la cour un seul moment c'est y renoncer [3] : le courtisan qui l'a vue le matin la voit le soir pour la reconnaître le lendemain, ou afin que lui-même y soit connu.

5. L'on est petit à la cour, et quelque vanité que l'on ait, on s'y trouve tel; mais le mal est commun, et les grands mêmes y sont petits [4].

6. La province est l'endroit d'où la cour, comme dans son point de vue [5], paraît une chose admirable : si l'on s'en

---

1. *Que l'on appelle fausseté*. Quand on veut lui donner son vrai nom.
2. *Dont*. D'où. Construction du meilleur usage.
3. *Y renoncer*. S'enlever toute chance d'y réussir.
4. *Grands... petits*. Ne voyons pas là un simple jeu de mots.
5. *Dans son point de vue*. Le point de vue qui lui convient le mieux. Cf., plus loin, une perspective que l'on voit de trop près.

approche, ses agréments diminuent, comme ceux d'une perspective que l'on voit de trop près.

7. L'on s'accoutume difficilement à une vie qui se passe dans une antichambre, dans des cours, ou sur l'escalier.

8. La cour ne rend pas content ; elle empêche qu'on ne le soit ailleurs[1].

9. Il faut qu'un honnête homme ait tâté de la cour : il découvre en y entrant comme un nouveau monde qui lui était inconnu, où il voit régner également le vice et la politesse, et où tout lui est utile, le bon et le mauvais[2].

10. La cour est comme un édifice bâti de marbre : je veux dire qu'elle est composée d'hommes fort durs, mais fort polis[3].

11. L'on va quelquefois à la cour pour en revenir, et se faire par là respecter[4] du noble de sa province, ou de son diocésain[5].

12. Le brodeur et le confiseur seraient superflus, et ne feraient qu'une montre[6] inutile, si l'on était modeste[7] et sobre : les cours seraient désertes, et les rois presque seuls, si l'on était guéri de la vanité et de l'intérêt. Les hommes veulent être esclaves quelque part, et puiser là de quoi dominer ailleurs[8]. Il semble qu'on livre en gros aux premiers de la cour l'air de hauteur, de fierté et de commandement, afin qu'ils le distribuent en détail dans les provinces : ils font précisément comme on leur fait, vrais singes de la royauté.

13. Il n'y a rien qui enlaidisse certains courtisans comme la présence du prince : à peine les puis-je reconnaître à leurs visages ; leurs traits sont altérés, et leur contenance

---

1. *Ailleurs.* On pourrait être content hors de la cour ; on préfère ne pas l'être en y restant. — A moins que La Bruyère n'ait voulu dire : Ceux qui ont l'habitude de la cour, si peu contents que la cour les rende, ne peuvent trouver ailleurs contentement.
2. Ne supposons pas ici quelque allusion de La Bruyère à ses *Caractères.* Tout honnête homme trouve à la Cour son utilité dans « le bon », qui lui sert d'exemple, et dans « le mauvais », qui lui sert de leçon.
3. *Polis.* La Bruyère joue sur le mot.
4. *Respecter* signifie proprement *avoir des égards pour. Se faire respecter* veut dire ici obtenir la considération, être traité avec égard.
5. *Son diocésain.* L'évêque du diocèse. — Cf. la note précédente.
6. *Montre.* Cf. p. 122, n. 3.
7. *Modeste.* Simple dans ses vêtements.
8. C'est le mot de Tacite : *Omnia serviliter pro dominatione* (*Hist.*; I, xxxvi). — Cf. chap. vi, § 57.

est avilie. Les gens fiers et superbes sont les plus défaits [1], car ils perdent plus du leur; celui qui est honnête et modeste s'y soutient mieux : il n'a rien à réformer.

14. L'air de cour est contagieux : il se prend à V*** [2], comme l'accent normand à Rouen ou à Falaise : on l'entrevoit en des fourriers [3], en de petits contrôleurs [4], et en des chefs de fruiterie [5] : l'on peut, avec une portée d'esprit fort médiocre, y [6] faire de grands progrès. Un homme d'un génie [7] élevé et d'un mérite solide ne fait pas assez de cas de cette espèce de talent pour faire son capital [8] de l'étudier et se le rendre propre; il l'acquiert sans réflexion, et il ne pense point à s'en défaire [9].

15. N*** arrive avec grand bruit; il écarte le monde, se fait faire place; il gratte [10], il heurte presque; il se nomme : on respire [11], et il n'entre qu'avec la foule.

16. Il y a dans les cours des apparitions de gens aventuriers [12] et hardis, d'un caractère libre et familier, qui se produisent eux-mêmes, protestent qu'ils ont dans leur art [13] toute l'habileté qui manque aux autres, et qui sont crus sur leur parole. Ils profitent cependant [14] de l'erreur publique, ou de l'amour qu'ont les hommes pour la nouveauté : ils percent la foule, et parviennent jusqu'à l'oreille du prince, à qui le courtisan les voit parler, pendant qu'il se trouve heureux d'en [15] être vu. Ils ont cela de commode pour les grands, qu'ils en [16] sont soufferts sans conséquence, et congédiés de même : alors ils disparaissent tout à la fois riches et discrédités, et le monde qu'ils viennent de tromper est encore prêt d'être [17] trompé par d'autres.

---

1. *Défaits.* Défigurés.
2. V***. Versailles.
3. Officiers « qui marquaient les logis de ceux qui suivaient la cour, lorsqu'elle voyageait ». (Richelet.)
4. Chargés de surveiller les dépenses de la table royale.
5. Préposés au dessert.
6. *Y.* Dans cet air de cour.
7. *Génie* Cf. p. 35, n. 5.
8. *Son capital.* Son affaire capitale. Cf. p. 8, n. 10.
9. *Il ne pense point à s'en défaire.* Il ne s'en préoccupe pas plus pour le perdre que pour l'acquérir. On ne saurait témoigner à cette espèce de talent une indifférence plus dédaigneuse.
10. *Il gratte.* Avec les ongles. Il n'était pas permis de heurter à la porte du roi.
11. *On respire. On*, ce sont les autres courtisans, qui craignaient que ce personnage si bruyant ne fût admis avant eux. Son nom, qui n'a rien de si illustre, les a rassurés.
12. Nous avons déjà vu ce mot employé comme adjectif, mais dans un autre sens. Cf. p. 89, n. 2.
13. *Art.* D'après les clefs, il s'agirait d'un empirique italien.
14. *Cependant.* Pendant ce temps.
15, 16. *En.* Cf. p. 18, n. 4.
17. *Prêt d'être.* La construction est conforme à l'usage du temps. Cf. p. 207, n. 1; p. 274, n. 7; p. 285, n. 2. Cf. aussi p. 35, n. 8.

17. Vous voyez des gens qui entrent sans saluer que[1] légèrement, qui marchent des épaules, et qui se rengorgent comme une femme : ils vous interrogent sans vous regarder; ils parlent d'un ton élevé, et qui marque qu'ils se sentent au-dessus de ceux qui se trouvent présents; ils s'arrêtent, et on les entoure; ils ont la parole, président au cercle, et persistent dans cette hauteur ridicule et contrefaite, jusqu'à ce qu'il survienne un grand, qui la faisant tomber tout d'un coup par sa présence, les réduise à leur naturel, qui est moins mauvais.

18. Les cours ne sauraient se passer d'une certaine espèce de courtisans, hommes flatteurs, complaisants, insinuants, dévoués aux femmes, dont ils ménagent[2] les plaisirs, étudient les faibles[3] et flattent toutes les passions : ils leur soufflent à l'oreille des grossièretés, leur parlent de leurs maris et de leurs amants dans les termes convenables, devinent leurs chagrins, leurs maladies et fixent leurs couches; ils font les modes, raffinent sur le luxe et sur la dépense, et apprennent à ce sexe de prompts moyens de consumer de grandes sommes en habits, en meubles et en équipages; ils ont eux-mêmes des habits où brillent l'invention et la richesse, et ils n'habitent d'anciens palais qu'après les avoir renouvelés et embellis; ils mangent délicatement et avec réflexion[4]; il n'y a sorte de volupté qu'ils n'essayent, et dont ils ne puissent rendre compte. Ils doivent à eux-mêmes leur fortune, et ils la soutiennent avec la même adresse qu'ils[5] l'ont élevée. Dédaigneux et fiers, ils n'abordent plus leurs pareils, ils ne les saluent plus; ils parlent où tous les autres se taisent, entrent, pénètrent[6] en des endroits et à des heures[7] où les grands n'osent se faire voir : ceux-ci, avec de longs services, bien des plaies sur le corps, de beaux emplois ou de grandes dignités, ne montrent pas un visage si assuré, ni une contenance si libre. Ces gens ont l'oreille des plus grands princes, sont de tous leurs plaisirs et de toutes leurs fêtes, ne sortent pas du Louvre ou du Château[8], où ils marchent et agissent comme

---

1. *Que* s'employait ainsi au XVIIe siècle avec l'ellipse de *autrement, autre chose*, etc. Cf. p. 274, n. 9; p. 312, n. 7; p. 370, n. 7.
2. *Ménagent.* Préparent et règlent.
3. *Les faibles.* Cf. p. 63, n. 9.
4. *Avec réflexion.* Cf. *sans réflexion*, p. 90, n. 9.

5. *Qu'ils.* Latinisme. Cf. p. 51, n. 3.
6. *Pénètrent.* Ce mot indique par lui-même qu'il s'agit d' « endroits » peu accessibles à d'autres.
7. *A des endroits et à des heures.* Les deux verbes sont pris en un sens absolu.
8. *Du Château.* Versailles.

chez eux et dans leur domestique [1], semblent se multiplier en mille endroits, et sont toujours les premiers visages qui frappent les nouveaux venus à une cour; ils embrassent [2], ils sont embrassés; ils rient, ils éclatent, ils sont plaisants, ils font des contes : personnes commodes, agréables, riches, qui prêtent, et qui sont sans conséquence.

19. Ne croirait-on pas de *Cimon* et de *Clitandre* qu'ils sont seuls chargés des détails de tout l'État, et que seuls aussi ils en doivent répondre? L'un a du moins [3] les affaires de terre, et l'autre les maritimes. Qui pourrait les représenter exprimerait l'empressement, l'inquiétude, la curiosité, l'activité, saurait peindre le mouvement. On ne les a jamais vu assis, jamais fixes et arrêtés : qui même les a vus marcher? on les voit courir, parler en courant, et vous interroger sans attendre de réponse. Ils ne viennent d'aucun endroit, ils ne vont nulle part : ils passent et ils repassent. Ne les retardez pas dans leur course précipitée, vous démonteriez leur machine [4]; ne leur faites pas de questions, ou donnez-leur du moins le temps de respirer et de se ressouvenir [5] qu'ils n'ont nulle affaire [6], qu'ils peuvent demeurer avec vous et longtemps, vous suivre même où il vous plaira de les emmener. Ils ne sont pas les *satellites de Jupiter*, je veux dire ceux qui pressent et qui entourent le prince, mais ils l'annoncent et le précèdent; ils se lancent impétueusement dans la foule des courtisans; tout ce qui se trouve sur leur passage est en péril. Leur profession est d'être vus et revus, et ils ne se couchent jamais sans s'être acquittés d'un emploi si sérieux, et si utile à la république [7]. Ils sont au reste instruits à fond de toutes les nouvelles indifférentes, et ils savent à la cour tout ce que l'on peut [8] y ignorer; il ne leur manque aucun des talents nécessaires pour s'avancer [9] médiocrement. Gens néanmoins éveillés et alertes sur [10] tout ce qu'ils croient leur convenir, un peu entreprenants [11],

---

1. *Leur domestique.* Leur intérieur. Cf. p. 64, n. 3, et p. 8, n. 10.
2. On s'embrassait fort au XVIIe siècle. Cf. la première scène du *Misanthrope* :
Vous chargez la fureur de vos embrassements.
3. *Du moins.* Sinon tout l'État.
4. Ne se laissant pas arrêter, ils heurteraient contre vous, et leur machine se démonterait.
5. *Se ressouvenir.* Indique la réflexion de la mémoire.

6. *Nulle affaire.* Ils n'en ont jamais, et, comme le Timante du *Misanthrope*, ils sont toujours affairés.
7. *La république.* Cf. p. 37, n. 4.
8. *L'on peut.* Tout ce qu'il n'y a aucun inconvénient à ignorer. Cf. *indifférentes* de plus haut.
9. *S'avancer.* Cf. p. 120, n. 5.
10. *Sur.* Cf. p. 40, n. 1.
11. *Entreprenants.* Qui entreprennent sur ce qui ne leur convient pas.

légers et précipités. Le dirai-je? ils portent au vent [1], attelés tous deux au char de la Fortune, et tous deux fort éloignés de s'y voir assis.

20. Un homme de la cour qui n'a pas un assez beau nom, doit l'ensevelir sous un meilleur; mais s'il l'a tel qu'il ose porter, il doit alors insinuer qu'il [2] est de tous les noms le plus illustre, comme sa maison de toutes les maisons la plus ancienne; il doit tenir aux PRINCES LORRAINS, aux ROHANS, aux CHASTILLONS, aux MONTMORENCIS, et, s'il se peut, aux PRINCES DU SANG; ne parler que de ducs, de cardinaux et de ministres; faire entrer dans toutes les conversations ses aïeuls [3] paternels et maternels, et y trouver place pour l'oriflamme [4] et pour les croisades; avoir des salles parées d'arbres généalogiques, d'écussons chargés de seize quartiers [5], et de tableaux de ses ancêtres et des alliés de ses ancêtres; se piquer d'avoir un ancien château à tourelles, à créneaux et à mâchecoulis [6]; dire en toute rencontre : *ma race, ma branche, mon nom et mes armes;* dire de celui-ci qu'il n'est pas un homme de qualité; de celle-là qu'elle n'est pas demoiselle [7]; ou si on lui dit qu'*Hyacinthe* a eu le gros lot [8], demander s'il est gentilhomme [9]. Quelques-uns riront de ces contre-temps [10], mais il les laissera rire; d'autres en feront des contes, et il leur permettra de conter : il dira toujours qu'il marche après [11] la maison régnante; et à force de le dire, il sera cru.

21. C'est une grande simplicité [12] que d'apporter à la cour la moindre roture, et de n'y être pas gentilhomme.

22. L'on se couche à la cour et l'on se lève sur l'intérêt : c'est ce que l'on digère [13] le matin et le soir, le jour et la nuit; c'est ce qui fait que l'on pense, que l'on parle, que

---

1. Se dit des chevaux qui tiennent les naseaux relevés.
2. *Il.* Ce nom. Mais la construction est vicieuse.
3. *Aïeuls.* Cf. p. 41, n. 9.
4. *L'oriflamme.* Etendard d'un tissu de soie de couleur rouge, que les anciens rois allaient recevoir des mains de l'abbé à Saint-Denis, en partant pour la guerre.
5. *Seize quartiers.* On appelle *quartier* chaque degré de descendance dans une famille noble.
6. *Mâchecoulis.* Ou *mâchicoulis.* Galerie en saillie d'où on lançait des projectiles.

7. *Demoiselle.* Fille ou femme noble.
8. *Le gros lot.* Des ordonnances interdisaient les loteries, mais on obtenait l'autorisation d'en faire pour des œuvres charitables.
9. Ce trait a bien l'air d'avoir été pris sur nature.
10. *Contre-temps.* Il s'agit ici de questions ou de dires incongrus.
11. *Marche après.* Comme *vient après*; mais l'expression a plus de « noblesse » et convient mieux ici.
12. *Simplicité.* Niaiserie. Il est si facile de se faire passer pour noble!
13. *Digère.* Comme on dit *rumine.*

l'on se tait, que l'on agit ; c'est dans cet esprit qu'on aborde les uns et qu'on néglige les autres, que l'on monte et que l'on descend ; c'est sur cette règle que l'on mesure ses soins, ses complaisances, son estime, son indifférence, son mépris. Quelques pas que quelques-uns fassent par vertu vers la modération et la sagesse [1], un premier mobile d'ambition [2] les emmène avec les plus avares, les plus violents dans leurs désirs et les plus ambitieux : quel moyen de demeurer immobile où tout marche, où tout se remue, et de ne pas courir où [3] les autres courent? On croit même être responsable à soi-même [4] de son élévation et de sa fortune : celui qui ne l'a point faite à la cour est censé ne l'avoir pas dû faire [5], on n'en appelle pas [6]. Cependant s'en éloignera-t-on avant d'en avoir tiré le moindre fruit, ou persistera-t-on à y demeurer sans grâces et sans récompenses ? question si épineuse, si embarrassée [7], et d'une si pénible décision, qu'un nombre infini de courtisans vieillissent sur [8] le oui et sur le non [9], et meurent dans le doute.

23. Il n'y a rien à la cour de si méprisable et de si indigne qu'un homme qui ne peut contribuer en rien à notre fortune : je m'étonne qu'il ose se montrer.

24. Celui qui voit loin derrière soi [10] un homme de son temps et de sa condition, avec qui il est venu à la cour la première fois, s'il croit avoir une raison solide d'être prévenu de [11] son propre mérite et de s'estimer davantage que cet autre qui est demeuré en chemin, ne se souvient plus de ce qu'avant sa faveur il pensait de soi-même [12] et de ceux qui l'avaient devancé [13].

25. C'est beaucoup tirer de notre ami, si, ayant monté [14]

---

1. *Vers la modération et la sagesse.* Vers ceux qui sont modérés et sages.
2. *Un premier mobile d'ambition.* Mobile extérieur à eux, qui donne à toute la cour la première impulsion.
3. *Où.* Dans les circonstances où, quand.
4. *Responsable à soi-même.* Cf. p. 14, n. 8.
5. *Ne l'avoir pas dû faire.* N'avoir pas mérité de la faire.
6. *On n'en appelle pas.* Il n'y a pas de recours là contre.
7. *Embarrassée.* Difficultueuse.
8. *Sur.* Cf., au début du morceau, l'on se couche... sur l'intérêt.
9. *Sur le oui et sur le non.* Sans se décider pour l'un ou pour l'autre.
10. *Soi.* Cf. p. 39, n. 1. — *Derrière soi.* Moins en faveur. Cf., ci-dessous, demeuré en chemin, devancé.
11. *Prévenu de.* En faveur de. Cf. p. 134, n. 2.
12. *Soi-même.* Cf. p. 39, n. 1.
13. *De soi-même et de ceux,* etc. De soi-même en se comparant à ceux, etc. Avant sa faveur, il se considérait comme bien supérieur à tel qui l'avait devancé. Il ne saurait admettre maintenant que celui qu'il a devancé puisse lui être supérieur.
14. *Ayant monté.* Cf. p. 129, n. 4.

à une grande faveur, il est encore un homme de notre connaissance [1].

26. Si celui qui est en faveur ose s'en prévaloir avant qu'elle [2] lui échappe, s'il se sert d'un bon vent qui souffle pour faire son chemin, s'il a les yeux ouverts sur tout ce qui vaque, poste, abbaye, pour les [3] demander et les obtenir, et qu'il soit muni de pensions, de brevets [4] et de survivances [5], vous lui reprochez son avidité et son ambition; vous dites que tout le tente, que tout lui est propre [6], aux siens, à ses créatures, et que par le nombre et la diversité des grâces dont il se trouve comblé, lui seul a fait [7] plusieurs fortunes. Cependant qu'a-t-il dû faire [8]? Si j'en juge moins par vos discours que par le parti que vous auriez pris vous-même en pareille situation, c'est ce qu'il a fait [9].

L'on blâme les gens qui font une grande fortune pendant qu'ils en ont les occasions, parce que l'on désespère, par la médiocrité de la sienne, d'être jamais en état de faire comme eux, et de s'attirer ce reproche. Si l'on était à portée de leur succéder, l'on commencerait à sentir qu'ils ont moins de tort, et l'on serait plus retenu, de peur de prononcer d'avance sa condamnation.

27. Il ne faut rien exagérer [10], ni dire des cours le mal qui n'y est point : l'on n'y attente [11] rien de pis contre le vrai mérite que de le laisser quelquefois sans récompense; on ne l'y méprise pas toujours [12], quand on a pu [13] une fois le discerner; on l'oublie [14], et c'est là où [15] l'on sait parfaitement ne faire rien, ou faire très peu de chose [16], pour ceux que l'on estime beaucoup.

---

1. *De notre connaissance.* Qui souffre que nous le reconnaissions.
2. *Elle.* Cf. p. 5, n. 8.
3. *Les.* Cf. la note précédente. Le pronom représente ici *poste, abbaye,* qui ne sont pas déterminés.
4. *Brevets.* Actes conférant un titre, un bénéfice, etc.
5. *Survivances.* Privilèges pour succéder à une charge.
6. *Lui est propre.* Qu'il s'approprie tout; ou plutôt, que tout lui agrée, est à sa convenance.
7. Il a fait, à lui seul.
8. *Qu'a-t-il dû.* Qu'aurait-il dû. Comme en latin *debuit.* Cf. p. 268, n. 12; p. 287, n. 3; p. 291, n. 5; p. 352, n. 1, 12; p. 359, n. 9.
9. Ce qu'il aurait dû faire, c'est justement ce qu'il a fait.
10. Ne cherchons pas dans ce morceau plus d'ironie qu'il n'y en a. La Bruyère y dit sans détour ce qu'il veut dire.
11. *Attente.* Ce mot semble attribuer au vrai mérite un caractère sacré.
12. Aucune ironie. On méprise le mérite presque toujours, mais pas toujours. C'est ce que veut dire La Bruyère, mais c'est bien aussi ce qu'il dit.
13. *On a pu.* On a été assez clairvoyant ou seulement attentif.
14. *On l'oublie.* Voilà surtout le « mal ».
15. *C'est là où.* C'est à la cour que. Cf. p. 303, n. 7.
16. *Ou faire très peu de chose.* Correction qui ne conviendrait pas au ton, si le morceau était ironique.

CH. VIII. — DE LA COUR.

28. Il est difficile à la cour que de toutes les pièces [1] que l'on emploie à l'édifice de sa fortune, il n'y en ait [2] quelqu'une qui porte à faux [3] : l'un de mes amis qui a promis de parler [4] ne parle point; l'autre parle mollement; il échappe à un troisième de parler contre mes intérêts et contre ses intentions; à celui-là manque la bonne volonté, à celui-ci l'habileté et la prudence : tous n'ont pas [5] assez de plaisir à me voir heureux pour contribuer de tout leur pouvoir à me rendre tel. Chacun se souvient assez de tout ce que son établissement lui a coûté à faire [6], ainsi que des secours qui lui en ont frayé le chemin; on serait même assez porté à justifier les services [7] qu'on a reçus des uns par ceux qu'en de pareils besoins on rendrait aux autres, si le premier et l'unique soin qu'on a après sa fortune faite n'était pas de songer à soi [8].

29. Les courtisans n'emploient pas ce qu'ils ont d'esprit, d'adresse et de finesse pour trouver les expédients d'obliger [9] ceux de leurs amis qui implorent leur secours, mais seulement pour leur [10] trouver des raisons apparentes, de spécieux prétextes, ou ce qu'ils appellent une impossibilité de le [11] pouvoir faire; et ils se persuadent d'être quittes par là en leur endroit [12] de tous les devoirs de l'amitié ou de la reconnaissance.

Personne à la cour ne veut entamer [13] ; on s'offre d'appuyer [14], parce que jugeant des autres par soi-même, on espère que nul n'entamera, et qu'on sera ainsi dispensé d'appuyer : c'est une manière douce et polie de refuser son crédit, ses offices et sa médiation à qui en a besoin.

30. Combien de gens vous étouffent de caresses dans le particulier, vous aiment et vous estiment, qui sont embarrassés de vous dans le public, et qui, au lever ou à la

---

1. *Pièces.* En rapport avec *édifice.*
2. Nous ajouterions *pas.* La Bruyère construit comme s'il y avait *aucune.*
3. Qui ne soit mal appuyée.
4. *Parler.* Au roi ou à quelque ministre, en ma faveur.
5. *Tous n'ont pas.* Pour *nul n'a.* Cf. p. 211, n. 1; p. 211, n. 2; p. 286, n. 4; p. 394, n. 5; p. 425, n. 5. Mais le tour employé est plus expressif.
6. *Faire.* Comme on dit *faire sa fortune.*
7. A montrer qu'on en était digne.
8. *Songer à soi.* Pour jouir de cette fortune.
9. *Expédients* est construit comme *moyens,* dont il a ici le sens, mais avec une intention ironique.
10. *Leur trouver.* Trouver pour eux, vis-à-vis d'eux. Cf. p. 4, n. 9.
11. *Le.* La chose qu'on leur demande.
12. *En leur endroit.* Nous dirions plutôt *à.*
13. *Entamer.* Faire la première demande.
14. *Appuyer.* La demande qu'un autre aura faite.

messe ¹, évitent vos yeux et votre rencontre! il n'y a qu'un petit nombre de courtisans qui, par grandeur, ou par une ² confiance qu'ils ont d'eux-mêmes ³, osent honorer devant le monde le mérite qui est seul et dénué de grands établissements.

31. Je vois un homme entouré et suivi; mais il est en place. J'en vois un autre que tout le monde aborde; mais il est en faveur. Celui-ci est embrassé, caressé, même des ⁴ grands; mais il est riche. Celui-là est regardé de tous avec curiosité, on le montre du doigt; mais il est savant et éloquent. J'en découvre un que personne n'oublie de saluer; mais il est méchant. Je veux un homme qui soit bon, qui ne soit rien davantage, et qui soit recherché.

32. Vient-on de placer quelqu'un dans un nouveau poste, c'est un débordement de louanges en sa faveur, qui inonde les cours et la chapelle, qui gagne l'escalier, les salles, la galerie, tout l'appartement ⁵ : on en a au-dessus des yeux, on n'y tient pas. Il n'y a pas deux voix différentes sur ce personnage; l'envie, la jalousie parlent comme l'adulation; tous se laissent entraîner au ⁶ torrent qui les emporte, et qui les force de dire d'un homme ce qu'ils en pensent ou ce qu'ils n'en pensent pas, comme de louer souvent celui qu'ils ne connaissent point. L'homme d'esprit, de mérite ou de valeur devient en un instant un génie de premier ordre, un héros, un demi-dieu. Il est si prodigieusement flatté dans toutes les peintures que l'on fait de lui, qu'il paraît difforme près de ses portraits; il lui est impossible d'arriver jamais jusqu'où la bassesse et la complaisance viennent de le porter : il rougit de sa propre réputation. Commence-t-il à chanceler dans ce poste où on l'avait mis, tout le monde passe facilement à un autre avis : en est-il entièrement déchu, les machines ⁷ qui l'avaient guindé ⁸ si haut par l'applaudissement et les éloges sont encore toutes dressées pour le faire tomber dans le dernier mépris : je veux dire qu'il n'y en a point qui le dédaignent mieux ⁹, qui le blâment plus aigrement et qui en ¹⁰ disent plus de mal, que

---

1. Au lever du roi, à la messe de sa chapelle.
2. *Une.* Cf. p 31, n. 3.
3. *D'eux-mêmes.* En eux-mêmes. Tour fréquent chez les écrivains du temps.
4. *Des.* Cf. p. 45, n. 10.
5. *Les cours,* etc. Il s'agit du château de Versailles.

6. *Au.* Par le. L'usage régulier avec *se laisser* suivi d'un verbe.
7. *Machines.* Ce serait, au propre, quelque chose comme les *grues.* Cf. *guindé.*
8. *Guindé.* C'est le sens exact du mot.
9. *Mieux.* Ils s'y appliquent.
10. *En.* Cf. p. 18, n. 1.

ceux qui s'étaient comme dévoués¹ à la fureur² d'en³ dire du bien.

33. Je crois pouvoir dire d'un poste éminent et délicat qu'on y monte plus aisément qu'on ne s'y conserve.

34. L'on voit des hommes tomber d'une haute fortune par les mêmes défauts qui les y avaient fait monter.

35. Il y a dans les cours deux manières de ce que l'on appelle congédier son monde ou se défaire des gens : se fâcher contre eux, ou faire si bien qu'ils se fâchent contre vous et s'en⁴ dégoûtent.

36. L'on dit à la cour du bien de quelqu'un pour deux raisons : la première, afin qu'il apprenne que nous⁵ disons du bien de lui ; la seconde, afin qu'il en dise de nous.

37. Il est aussi dangereux à la cour de faire les avances, qu'il est embarrassant de ne les point faire.

38. Il y a des gens à qui ne connaître point le nom et le visage d'un homme est un titre⁶ pour en⁷ rire et le mépriser. Ils demandent qui est cet homme ; ce n'est ni *Rousseau*, ni un *Fabry*, ni *La Couture*⁸, ils ne pourraient le méconnaître⁹.

39. L'on me dit tant de mal de cet homme, et j'y¹⁰ en vois si peu, que je commence à soupçonner qu'il n'ait¹¹ un mérite importun qui éteigne¹² celui des autres.

40. Vous êtes un homme de bien, vous ne songez ni à plaire ni à déplaire aux favoris, uniquement attaché à votre maître et à votre devoir : vous êtes perdu.

41. On n'est point effronté par choix, mais par complexion ; c'est un vice de l'être, mais naturel : celui qui n'est pas né tel est modeste, et ne passe pas aisément de cette extrémité¹³ à l'autre ; c'est une leçon assez inutile que

---

1. *Dévoués.* Dans le sens étymologique.
2. *Fureur.* Manie, frénésie.
3. *En.* Cf., p. 18, n. 4.
5. *On... nous.* Comme s'il y avait *nous disons* au lieu de *l'on dit.* Cf. p. 76, n. 1.
6. *Titre.* Raison légitime.
7. *En.* Cf. p. 18, n. 4.
8. *Rousseau.* Cabaretier fameux. — *Un Fabry.* « Brûlé il y a vingt ans. » (*Note de La Bruyère.*) Les deux premières éditions ajoutent : « Puni pour des saletés ». Son vrai nom était Jacques Pannié. Le Châtelet le condamna à mort, en 1661. — *La Couture.* Tailleur d'habits de la Dauphine, qui « était devenu fou, disent les clefs, et, sur ce pied, demeurait à la cour, où il faisait des contes fort extravagants ».
9. *Méconnaître.* Ne pas reconnaître.
10. *Y.* Cf. p. 18, n. 4.
11. Le verbe *soupçonner*, employé au sens de *craindre*, en suit ici la construction.
12. *Éteigne.* Plus fort qu'*éclipse*.
13. *Extrémité.* Extrême. Cf. 123, n. 2. Il s'agit d'un homme modeste

de lui dire : « Soyez effronté et vous réussirez »; une mauvaise imitation ne lui profiterait pas, et le ferait échouer. Il ne faut rien de moins dans les cours qu'une vraie et naïve impudence pour réussir.

42. On cherche, on s'empresse, on brigue, on se tourmente, on demande, on est refusé [1], on demande et on obtient; « mais, dit-on, sans l'avoir demandé, et dans le temps que [2] l'on n'y pensait pas, et que l'on songeait même à toute autre chose » : vieux style, menterie innocente, et qui ne trompe personne.

43. On fait sa brigue pour parvenir à un grand poste, on prépare toutes ses machines, toutes les mesures sont bien prises, et l'on doit être servi selon ses souhaits; les uns doivent entamer, les autres appuyer [3]; l'amorce est déjà conduite [4], et la mine prête à jouer : alors on s'éloigne de la cour. Qui oserait soupçonner d'*Artémon* qu'il ait pensé à se mettre dans une si belle place lorsqu'on le tire de sa terre ou de son gouvernement pour l'y faire asseoir? Artifice grossier, finesses usées, et dont le courtisan s'est servi tant de fois que, si je voulais donner le change à tout le public et lui dérober mon ambition, je me trouverais sous l'œil et sous la main du prince, pour recevoir de lui la grâce que j'aurais recherchée avec le plus d'emportement.

44. Les hommes ne veulent pas que l'on découvre les vues qu'ils ont sur leur fortune, ni que l'on pénètre qu'ils pensent à une telle dignité, parce que, s'ils ne l'obtiennent point, il y a de la honte, se persuadent-ils, à être refusés [5]; et s'ils y parviennent, il y a plus de gloire pour eux d'en être crus dignes par celui qui la leur accorde, que de s'en juger dignes eux-mêmes par leurs brigues et par leurs cabales : ils se trouvent parés tout à la fois de leur dignité [6] et de leur modestie.

Quelle plus grande honte y a-t-il d'être refusé d'un poste [7] que l'on mérite, et d'y être placé sans le mériter?

à l'excès. La Bruyère veut sans doute parler de lui-même. Mais il y a là quelque ironie.

1. *On est refusé*. Au sens d'*éprouver un refus*; construction tombée en désuétude. Cf. p. 160, n. 5; p. 166, n. 1; p. 193, n. 5; p. 205, n. 2.
2. *Que*. Cf. p. 102, n. 4.
3. *Entamer... appuyer*. Cf. § 29.
4. *Amorce*. Veut dire ici la poudre avec laquelle on doit enflammer la mine.
5. *Être refusés*. Cf. n. 1.
6. *Leur dignité*. La dignité, la charge qu'ils ambitionnaient.
7. *Être refusé*. Cf. n. 1. — *D'un poste*. Construction régulière au xviie siècle.

Quelques grandes difficultés qu'il y ait à se placer à la cour, il est encore plus âpre et plus difficile de se rendre digne d'être placé.

Il coûte moins à [1] faire dire de soi : « Pourquoi a-t-il obtenu ce poste? » qu'à faire demander : « Pourquoi ne l'a-t-il pas obtenu? »

L'on se présente encore pour les charges de la ville [2], l'on postule une place dans l'Académie française, l'on demandait le consulat : quelle moindre raison y aurait-il de travailler les premières années de sa vie à se rendre capable d'un grand emploi [3], et de demander ensuite, sans nul mystère et sans nulle intrigue, mais ouvertement et avec confiance, d'y servir sa patrie, son prince, la république [4]?

45. Je ne vois aucun courtisan à qui le prince vienne d'accorder un bon gouvernement, une place éminente ou une forte pension, qui n'assure par vanité, ou pour marquer son désintéressement, qu'il est bien moins content du don que de la manière dont il lui a été fait. Ce qu'il y a en cela de sûr et d'indubitable, c'est qu'il le dit ainsi.

C'est rusticité que de donner de mauvaise grâce : le plus fort et le plus pénible est de donner; que coûte-t-il d'y ajouter un sourire?

Il faut avouer néanmoins qu'il s'est trouvé des hommes qui refusaient plus honnêtement [5] que d'autres ne savaient donner; qu'on a dit de quelques-uns qu'ils se faisaient si longtemps prier, qu'ils donnaient si sèchement, et chargeaient une grâce qu'on leur arrachait de conditions si désagréables, qu'une plus grande grâce était d'obtenir d'eux d'être dispensés de rien recevoir.

46. L'on remarque dans les cours des hommes avides qui se revêtent de toutes les conditions [6] pour en avoir les avantages : gouvernement, charge, bénéfice [7], tout leur convient; ils se sont si bien ajustés [8], que par leur état ils deviennent

---

1. Nous dirions *de*. Cf. p. 52. n. 8.
2. Les charges de l'administration municipale, qui étaient électives. De là *encore*, c'est-à-dire : comme jadis, du temps des Romains, on se présentait aux suffrages du peuple.
3. *Grand emploi.* Par opposition aux charges de ville.
4. *République.* Cf. p. 37, n. 4.
5. *Honnêtement.* Cf. p. 138, n. 8.
6. *Conditions.* La suite explique ce mot : ils sont à la fois d'église, d'épée, de robe.
7. *Gouvernement.* D'une province. Ceci est pour l'homme d'épée. — *Charge.* Fonction judiciaire, ceci pour l'homme de robe. — *Bénéfice.* Charge spirituelle, ceci pour l'homme d'église.
8. *Ajustés.* Arrangés.

capables [1] de toutes les grâces : ils sont *amphibies,* ils vivent de l'Église, de l'épée, et auront [2] le secret d'y joindre la robe. Si vous demandez : « Que font ces gens à la cour? » Ils reçoivent [3] et envient tous ceux à qui l'on donne.

47. Mille gens à la cour y [4] traînent leur vie à embrasser [5], serrer [6] et congratuler ceux qui reçoivent, jusqu'à ce qu'ils y meurent sans rien avoir.

48. *Ménophile* emprunte ses mœurs d'une profession, et d'une autre son habit; il masque [7] toute l'année, quoique à visage découvert; il paraît à la cour, à la ville, ailleurs, toujours sous un certain nom et sous le même déguisement. On le reconnaît et on sait quel il est [8] à son visage [9].

49. Il y a pour arriver aux dignités ce qu'on appelle ou la grande voie ou le chemin battu; il y a le chemin détourné ou de traverse qui est le plus court.

50. L'on court [10] les malheureux pour les envisager [11]; l'on se range en haie, et l'on se place aux fenêtres, pour observer les traits et la contenance d'un homme qui est condamné, et qui sait qu'il va mourir : vaine, maligne [12], inhumaine curiosité; si les hommes étaient sages, la place publique serait abandonnée, et il serait établi qu'il y aurait de l'ignominie seulement à voir de tels spectacles [13]. Si vous êtes si touchés de curiosité [14], exercez-la [15] du moins en un sujet noble : voyez un heureux, contemplez-le dans le jour même où il a été nommé à un nouveau poste, et qu'il [16] en [17] reçoit

---

1. *Capables.* En état de recevoir (*capere*). Cf. p. 29, n. 8.
2. *Auront.* Comme s'il y avait : et vous verrez qu'ils auront.
3. *Ils reçoivent.* C'est là ce qu'ils font, c'est leur profession.
4. *Y.* Fait double emploi avec *à la cour.* Cf. la fin du § 46. C'est comme s'il y avait : Que font ces gens à la cour? Ils y traînent, etc. — Ou bien encore, on peut expliquer : Mille gens, vivant à la cour, y traînent, etc.
5. *Embrasser.* Cf. p. 153, n. 2.
6. *Serrer.* Dans leurs bras.
7. *Il masque.* « Ce verbe est ordinairement neutre au propre et actif au figuré. » (Richelet.) Cf. p. 296, n. 4. — L'habit dont Ménophile est revêtu convient si peu à ses mœurs que c'est un véritable déguisement.
8. *Quel il est.* Dans le sens de *qualis.* Cf. cependant p. 46, n. 12.
9. A son visage, et non à son habit. Il s'agit sans doute d'un ecclésiastique (ou d'un magistrat). Les clefs nomment le P. de la Chaise et le P. Joseph.
10. *On court les malheureux.* Cf. p. 58, n. 6.
11. *Envisager.* Dévisager.
12. *Maligne.* Le sens du mot était beaucoup plus fort. Cf. p. 227, n. 4; p. 276, n. 9; p. 110, n. 8; p. 118, n. 4.
13. La meilleure société s'y rendait. Cf. les lettres dans lesquelles Mᵐᵉ de Sévigné raconte qu'elle est allée voir passer la Brinvilliers et la Voisin (17 juillet 1676 et 23 février 1680).
14. Cf. p. 231, n. 2; p. 406, n. 1; p. 424, n. 1; p. 433, n. 8.
15. *La.* Cf. p. 5, n. 8.
16. *Qu'il.* Cf. p. 109, n. 4.
17. *En.* De cette nomination.

les compliments; lisez dans ses yeux, et au travers d'un calme étudié et d'une feinte modestie, combien il est content[1] et pénétré de soi-même[2]; voyez quelle sérénité cet accomplissement de ses désirs répand dans son cœur et sur son visage, comme il ne songe plus qu'à vivre et à avoir de la santé, comme ensuite sa joie lui échappe et ne peut plus se dissimuler, comme il plie sous le poids de son bonheur, quel air froid et sérieux il conserve pour ceux qui ne sont plus ses égaux : il ne leur répond pas, il ne les voit pas; les embrassements[3] et les caresses des grands, qu'il ne voit plus de si loin, achèvent de lui nuire; il se déconcerte[4], il s'étourdit : c'est une courte aliénation. Vous voulez être heureux, vous désirez des grâces; que de choses pour vous à éviter[5] !

51. Un homme qui vient d'être placé ne se sert plus de sa raison et de son esprit pour régler sa conduite et ses dehors à l'égard des autres; il emprunte sa règle de son poste et de son état : de là l'oubli, la fierté, l'arrogance, la dureté, l'ingratitude.

52. *Théonas*, abbé depuis trente ans, se lassait de l'être. On a moins d'ardeur[6] et d'impatience de se voir habillé de pourpre[7], qu'il en avait[8] de porter une croix d'or[9] sur sa poitrine; et parce que les grandes fêtes[10] se passaient toujours sans rien changer à sa fortune, il murmurait contre le temps présent, trouvait l'État mal gouverné, et n'en prédisait rien que de sinistre. Convenant en son cœur que le mérite est dangereux dans les cours à qui veut s'avancer[11], il avait enfin pris son parti, et renoncé à la prélature, lorsque quelqu'un accourt lui dire qu'il est nommé à un évêché. Rempli de joie et de confiance sur une nouvelle si peu attendue : « Vous verrez, dit-il, que je n'en demeurerai pas là, et qu'ils me feront archevêque ».

---

1. *Content.* Se construit, comme *pénétré*, avec de *soi-même*.
2. *Soi-même.* Cf. p. 39, n. 1.
3. *Embrassements.* Cf. p. 153, n. 2.
4. *Se déconcerte.* Il ne soutient plus son personnage, ce personnage concerté et composé.
5. A contempler cet heureux, vous trouverez un utile enseignement pour le jour où vous recevrez des grâces.
6. *Ardeur... de se voir.* Le mot *ardeur* est construit comme *désir.* Cf. Boileau :

L'ardeur de se montrer et non pas de médire
(*Art poét.*, II, 145.)

7. *Habillé de pourpre.* La pourpre est l'insigne des cardinaux.
8. *Qu'il en avait.* Cf. p. 19, n. 2.
9. *Une croix d'or.* Insigne des évêques.
10. C'est aux grandes fêtes que se faisaient les promotions ecclésiastiques.
11. *S'avancer.* Cf. p. 120, n. 5.

53. Il faut des fripons à la cour auprès des grands et des ministres, même les mieux intentionnés; mais l'usage en[1] est délicat, et il faut savoir les mettre en œuvre. Il y a des temps et des occasions où ils ne peuvent être suppléés par d'autres. Honneur, vertu, conscience, qualités toujours respectables, souvent inutiles : que voulez-vous quelquefois que l'on fasse d'un homme de bien?

54. Un vieil auteur[2], et dont j'ose rapporter ici les propres termes, de peur d'en affaiblir le sens par ma traduction, dit que « s'élongner des petits, voire de ses pareils, et iceulx vilainer et dépriser; s'accointer de grands et puissans en tous biens et chevances, et en cette leur cointise et privauté estre de tous ébats, gabs, mommeries, et vilaines besoignes; estre eshonté, saffranier et sans point de vergogne; endurer brocards et gausseries de tous chacuns, sans pour ce feindre de cheminer en avant, et à tout son entregent, engendre heur et fortune[3] ».

55. Jeunesse du prince, source des belles fortunes.

56. *Timante*, toujours le même, et sans rien perdre de ce mérite qui lui a attiré la première fois de la réputation et des récompenses, ne laissait pas de dégénérer dans l'esprit des courtisans : ils étaient las de l'estimer; ils le saluaient froidement, ils ne lui souriaient plus, ils commençaient à ne le plus joindre[4], ils ne l'embrassaient[5] plus, ils ne le tiraient plus à l'écart pour lui parler mystérieusement d'une chose indifférente, ils n'avaient plus rien à lui dire. Il lui fallait cette pension ou ce nouveau poste dont il vient d'être honoré pour faire revivre ses vertus à demi effacées de leur mémoire, et en rafraîchir l'idée : ils lui font[6] comme dans les commencements, et encore mieux.

57. Que d'amis, que de parents naissent en une nuit au nouveau ministre! Les uns font valoir leurs anciennes liaisons, leur société d'études[7], les droits du voisinage; les

---

1. *En*. Cf. p. 18, n. 1.
2. Ce morceau est sans doute un pastiche écrit par La Bruyère, comme dans le § 30 du chapitre v.
3. *Voire*, même. — *Iceulx*, eux, les. — *Vilainer*, rabaisser. — *Dépriser*, déprécier. — *S'accointer de*, fréquenter. — *Chevances*, possessions. — *Cointise*, fréquentation. — *Privauté*, familiarité. — *Gabs*, plaisanteries. — *Mommeries*, mascarades, mystifications. — *Saffranier*, banqueroutier. — *Ce*, cela. — *Feindre de*, hésiter à. — *Cheminer en avant*, faire son chemin. — *A tout*, avec. — *Heur*, bonheur.
4. *Joindre*. Aller trouver, aborder.
5. *Embrassaient*. Cf. p. 153, n. 2.
6. *Ils lui font*. Ils en usent avec lui.
7. *Société d'études*. Camaraderie de collège.

CH. VIII. — DE LA COUR. 165

autres feuillettent leur généalogie, remontent jusqu'à un trisaïeul, rappellent[1] le côté paternel et le maternel ; l'on veut tenir à cet homme par quelque endroit, et l'on dit plusieurs fois le jour que l'on y[2] tient ; on l'imprimerait volontiers : *C'est mon ami, et je suis fort aise de son élévation ; j'y dois prendre part, il m'est assez proche.* Hommes vains et dévoués[3] à la fortune, fades courtisans, parliez-vous ainsi il y a huit jours? Est-il devenu, depuis ce temps, plus homme de bien, plus digne du choix que le prince en[4] vient de faire? Attendiez-vous cette circonstance pour le mieux connaître?

58. Ce qui me soutient et me rassure contre les petits dédains que j'essuie quelquefois des grands et de mes égaux, c'est que je me dis à moi-même : « Ces gens n'en veulent peut-être qu'à[5] ma fortune, et ils ont raison ; elle est bien petite. Ils m'adoreraient[6] sans doute si j'étais ministre. »

Dois-je bientôt être en place? le sait-il? est-ce en lui un pressentiment? il me prévient[7], il me salue.

59. Celui qui dit : *Je dînai hier à Tibur*[8], ou : *J'y soupe ce soir*, qui le répète, qui fait entrer dix fois le nom de Plancus dans les moindres conversations, qui dit : *Plancus me demandait... Je disais à Plancus...* celui-là même apprend dans ce moment que son héros vient d'être enlevé par une mort extraordinaire[9]. Il part de la main[10], il rassemble le peuple dans les places ou sous les portiques, accuse le mort, décrie sa conduite, dénigre son consulat, lui ôte jusqu'à la science des détails que la voix publique lui accorde, ne lui passe[11] point une mémoire heureuse, lui refuse l'éloge d'un homme[12] sévère et laborieux, ne lui fait pas l'honneur de lui croire, parmi les ennemis de l'empire, un ennemi[13].

60. Un homme de mérite se donne, je crois, un joli spectacle, lorsque la même place à une assemblée ou à un

---

1. *Rappellent.* Dans le sens du latin *repetunt*, qui est à peu près celui de *remontent à*.
2. *Y.* Cf. p. 18, n. 4.
3. *Dévoués.* Avec la signification étymologique. Qui ne rendez de culte qu'à la fortune. Cf. § 61 : « Il lui fait des vœux en secret », etc.
4. *En.* Cf. p. 18, n. 4.
5. *N'en veulent...* N'adressent leur dédain.
6. Cf. chap. VI, § 57.
7. *Il me prévient.* Il n'attend pas que je le salue.

8. *Tibur.* Les clefs l'entendent de Meudon, où Louvois (Plancus) avait une maison de campagne.
9. Louvois mourut subitement en 1691. Ce morceau date de la septième édition.
10. Se dit d'un cheval auquel on rend la main et qui part au galop.
11. *Passe.* Accorde.
12. *L'éloge d'un homme*, etc. L'usage actuel supprimerait l'indéfini.
13. C'est un grand mérite que d'avoir pour ennemis les ennemis de l'Empire.

spectacle dont il est refusé [1], il la voit accorder à un homme qui n'a point d'yeux pour voir, ni d'oreilles pour entendre, ni d'esprit pour connaître [2] et pour juger, qui n'est recommandable que par de certaines livrées [3], que même il ne porte plus [4].

61. *Théodote* avec un habit austère a un visage comique, et d'un homme qui entre sur la scène; sa voix, sa démarche, son geste, son attitude accompagnent [5] son visage. Il est fin, *cauteleux* [6], doucereux, mystérieux [7]; il s'approche de vous, et il vous dit à l'oreille : *Voilà un beau temps; voilà un grand dégel* [8]. S'il n'a pas les grandes manières, il a du moins toutes les petites, et celles même qui ne conviennent guère qu'à une jeune précieuse. Imaginez-vous l'application d'un enfant à élever un château de carte ou à se saisir d'un papillon : c'est celle de Théodote pour une affaire de rien, et qui ne mérite pas qu'on s'en remue [9]; il la traite sérieusement, et comme quelque chose qui est capital; il agit, il s'empresse, il la fait réussir : le voilà qui respire et qui se repose [10], et il a raison; elle lui a coûté beaucoup de peine. L'on voit des gens enivrés, ensorcelés de la faveur; ils y pensent le jour, ils y rêvent la nuit; ils montent l'escalier d'un ministre, et ils en descendent [11]; ils sortent de son antichambre, et ils y rentrent; ils n'ont rien à lui dire, et ils lui parlent; ils lui parlent une seconde fois : les voilà contents, ils lui ont parlé. Pressez-les, tordez-les, ils dégouttent l'orgueil [12], l'arrogance, la présomption; vous leur adressez la parole, ils ne vous répondent point, ils ne vous connaissent point, ils ont les yeux égarés et l'esprit aliéné [13] : c'est à

---

1. *Dont il est refusé*. Cf. p. 160, n. 1 et 7.
2. *Connaître*. Comprendre.
3. *Livrées*. Il s'agit d'un homme qui a été laquais dans quelque grande maison.
4. *Que même il ne porte plus*. Naïveté apparente qui rend le trait plus incisif.
5. *Accompagnent*. Sont en harmonie avec.
6. *Cauteleux*. En italique, parce que le mot, quoique usité avant La Bruyère, n'était pas d'un emploi courant.
7. C'est à dessein que La Bruyère a mis de suite ces trois adjectifs en *eux*.
8. Cf. dans le *Misanthrope* le portrait de Tirsante, acte II, sc. IV.

9. *S'en remue. Se remuer*, comme *se soucier, s'occuper*, est construit avec *de*, qui a encore le sens du *de* latin.
10. Cf. la mouche de La Fontaine, *Fables*, VII, IX :

Respirons maintenant, dit la mouche aussitôt.

11. Pourquoi pas *le descendent* comme *montent l'escalier*? *En descendent* signifie viennent de le descendre. Le sens de la phrase est : Ils montent, etc., à peine descendus. De même, plus loin : A peine sortis, etc..., ils rentrent.
12. *Dégouttent l'orgueil*. Comme on dit *suer* avec un régime analogue.
13. *Aliéné*. C'est une sorte d'aliénation mentale. Cf. § 50, vers la fin.

leurs parents à en [1] prendre soin et à les renfermer [2], de peur que leur folie ne devienne fureur, et que le monde n'en souffre. Théodote a une plus douce manie : il aime la faveur éperdument, mais sa passion a moins d'éclat ; il lui fait des vœux en secret, il la cultive, il la sert mystérieusement ; il est au guet et à la découverte sur [3] tout ce qui paraît de nouveau avec les livrées de la faveur [4] : ont-ils [5] une prétention, il s'offre à eux, il s'intrigue [6] pour eux, il leur sacrifie sourdement mérite, alliance, amitié, engagement, reconnaissance. Si la place d'un CASSINI [7] devenait vacante et que le suisse ou le postillon du favori s'avisât de la demander, il appuierait sa demande, il le jugerait digne de cette place, il le trouverait capable d'observer et de calculer, de parler de parhélies [8] et de parallaxes [9]. Si vous demandiez de [10] Théodote s'il est auteur ou plagiaire, original ou copiste, je vous donnerais ses ouvrages, et je vous dirais : « Lisez et jugez ». Mais s'il est dévot ou courtisan, qui pourrait le décider sur [11] le portrait que j'en viens de faire ? Je prononcerais [12] plus hardiment sur son étoile. Oui, Théodote, j'ai observé le point [13] de votre naissance ; vous serez placé, et bientôt ; ne veillez plus [14], n'imprimez plus : le public vous demande quartier.

62. N'espérez plus de candeur, de franchise, d'équité, de bons offices, de services, de bienveillance, de générosité, de fermeté, dans un homme qui s'est depuis quelque temps livré à la cour, et qui secrètement veut sa fortune. Le reconnaissez-vous à son visage, à ses entretiens ? Il ne nomme plus chaque chose par son nom ; il n'y a plus pour lui de

---

1. *En.* Cf. p. 18, n. 4.
2. *Renfermer.* Nous dirions enfermer.
3. *Sur.* Cf. p. 40, n. 1.
4. *Les livrées de la faveur.* On ne saurait employer une expression plus méprisante.
5. *Ont-ils. Ils* représente *tout ce qui paraît* (= tous ceux qui paraissent. Cf. p. 56, n. 1).
6. *S'intrigue.* Le verbe réfléchi signifie : combiner divers moyens pour faire réussir quelque chose. Cf. Boileau :
Se pousse auprès des grands, s'intrigue, se
(ménage.
(*Art. poét.*, III, 380.)
7. *Cassini.* Astronome célèbre.
8. On appelle *parhélie* l'image du soleil réfléchie dans un nuage.

9. *Parallaxes.* La parallaxe est l'angle formé, au centre d'un astre, par deux lignes droites dont l'une est menée de ce point à un observateur placé en un certain lieu, et l'autre à un observateur placé en un autre lieu.
10. *De.* Au sujet de.
11. *Sur.* D'après.
12. *Je prononcerais.* Cf. p. 91, n. 1.
13. *Le point.* Expression de la langue astrologique. On appelait point de nativité la position de l'astre ascendant sur l'horizon à la naissance de quelqu'un.
14. *Ne veillez plus.* Non pas dans le sens de *être au guet* (cf. ci-dessus), mais de consacrer ses veilles à écrire.

fripons, de fourbes, de sots et d'impertinents : celui dont il lui échapperait de dire ce qu'il en¹ pense, est celui-là même qui venant à le savoir l'empêcherait de *cheminer*² : pensant mal de tout le monde, il n'en³ dit de personne; ne voulant du bien qu'à lui seul, il veut persuader qu'il en veut à tous, afin que tous lui en fassent, ou que nul du moins lui soit⁴ contraire. Non content de n'être pas sincère, il ne souffre pas que personne⁵ le soit; la vérité blesse son oreille : il est froid et indifférent sur⁶ les observations que l'on fait sur la cour et sur le courtisan; et parce qu'il les a entendues, il s'en croit complice et responsable. Tyran de la société et martyr de son ambition, il a une triste⁷ circonspection dans sa conduite et dans ses discours, une raillerie innocente, mais froide et contrainte, un ris⁸ forcé, des caresses contrefaites, une conversation interrompue et des distractions fréquentes. Il a une profusion, le dirai-je⁹? des torrents de louanges pour ce qu'a fait ou ce qu'a dit un homme placé et qui est en faveur, et pour tout autre une sécheresse de pulmonique¹⁰; il a des formules de compliments différents pour l'entrée et pour la sortie à l'égard de ceux qu'il visite ou dont¹¹ il est visité; et il n'y a personne de ceux qui se payent de mines et de façons de parler qui ne sorte d'avec lui fort satisfait. Il vise également à se faire des patrons et des créatures; il est médiateur, confident, entremetteur; il veut gouverner. Il a une ferveur de novice pour toutes les petites pratiques de cour; il sait où il faut se placer pour être vu; il sait vous embrasser¹², prendre part à votre joie, vous faire coup sur coup des questions empressées sur votre santé, sur vos affaires; et pendant que vous lui répondez, il perd le fil de sa curiosité, vous interrompt, entame un autre sujet; ou s'il survient quelqu'un à qui il doive un discours tout différent, il sait, en achevant de vous congratuler, lui faire un compliment de condoléance : il pleure d'un œil et il rit de l'autre. Se formant quelquefois sur les ministres ou sur le favori, il parle en public de choses frivoles, du vent, de la gelée; il se tait au contraire, et fait le mystérieux sur

1. *En.* Cf. p. 18, n. 4.
2. Cf. p. 164, n. 3, *cheminer en avant.*
3. *En.* Cf. p. 5, n. 8.
4. *Nul lui soit.* Omission de *ne.* C'est un latinisme.
5. Cf. p. 127, n. 11.
6. *Sur.* Cf. p. 40, n. 1.
7. *Triste.* Cf. p. 129, n. 1.
8. *Ris.* Cf. p. 24, n. 9.

9. *Le dirai-je?* Parce que l'expression *torrents de louanges* est tout de même un peu hyperbolique.
10. On ne voit pas très bien comment La Bruyère fait de la sécheresse un attribut du pulmonique.
11. *Dont.* Cf. p. 46, n. 10.
12. *Embrasser.* Cf. p. 153, n. 2.

ce qu'il sait de plus important, et plus volontiers encore sur ce qu'il ne sait point.

63. Il y a un pays [1] où les joies sont visibles, mais fausses, et les chagrins cachés, mais réels. Qui croirait que l'empressement pour les spectacles, que les éclats [2] et les applaudissements aux théâtres de Molière [3] et d'Arlequin [4], les repas, la chasse, les ballets, les carrousels couvrissent tant d'inquiétudes, de soins [5] et de divers intérêts, tant de craintes et d'espérances, des passions si vives et des affaires si sérieuses.

64. La vie de la cour est un jeu sérieux, mélancolique [6], qui applique [7] : il faut arranger ses pièces et ses batteries, avoir un dessein, le suivre, parer celui de son adversaire, hasarder quelquefois, et jouer de caprice [8] ; et après toutes ses rêveries [9] et toutes ses mesures, on est échec, quelquefois mat ; souvent, avec des pions qu'on ménage [10] bien, on va à dame, et l'on gagne la partie : le plus habile l'emporte, ou le plus heureux.

65. Les roues, les ressorts, les mouvements sont cachés ; rien ne paraît d'une montre que son aiguille, qui insensiblement s'avance [11] et achève son tour : image du courtisan, d'autant plus parfaite qu'après avoir fait assez de chemin, il revient souvent au même point d'où il est parti.

66. « Les deux tiers de ma vie sont écoulés ; pourquoi tant m'inquiéter sur [12] ce qui m'en reste ? La plus brillante fortune ne mérite point [13] ni le tourment que je me donne, ni les petitesses où je me surprends, ni les humiliations, ni les hontes que j'essuie ; trente années détruiront ces colosses de puissance qu'on ne voyait bien qu'à force de lever la

---

1. Cf. La Fontaine :
Je définis la cour un pays où les gens, etc.
(*Les Obsèques de la Lionne.*)
2. *Éclats.* De rire.
3. *De Molière.* Nous sommes choqués de voir Molière associé à Arlequin. A vrai dire, il s'agit de deux théâtres, que La Bruyère appelle par leur nom le plus ordinaire.
4. *D'Arlequin.* La comédie italienne.
5. *Soins.* Soucis. Cf. p. 319, n. 6 ; p. 394, n. 1 ; p. 398, n. 2.
6. *Mélancolique.* Au sens de l'étymologie. *Mélancolie* veut dire proprement *humeur noire.*
7. *Applique.* Tient appliqué.
8. *Jouer de caprice.* Par une sorte d'inspiration.
9. *Rêveries.* Réflexions ; sens conforme à l'usage du temps. Cf. p. 137, n. 9.
10. *Ménage.* Cf. p. 23, n. 2. Ici *fait manœuvrer.*
11. *S'avance.* Au lieu de *avance*, au propre et au figuré. Le mot s'applique au courtisan comme à la montre. Cf. p. 120, n. 5.
12. *Sur.* Cf. p. 40, n. 1.
13. *Point.* Cf. p. 127, n. 11.

tête; nous disparaîtrons, moi qui suis si peu de chose, et ceux que je contemplais si avidement, et de qui j'espérais toute ma grandeur; le meilleur de tous les biens, s'il y a des biens, c'est le repos, la retraite et un endroit qui soit son [1] domaine. » N*** a pensé cela dans sa disgrâce, et l'a oublié dans la prospérité.

67. Un noble, s'il vit chez lui dans sa province, il [2] vit libre, mais sans appui; s'il vit à la cour, il est protégé, mais il est esclave : cela se compense.

68. *Xantippe* au fond de sa province, sous un vieux toit et dans un mauvais lit, a rêvé pendant la nuit qu'il voyait le prince, qu'il lui parlait, et qu'il en ressentait une extrême joie; il a été triste à son réveil; il a conté son songe, et il a dit : « Quelles chimères ne tombent pas dans l'esprit des hommes pendant qu'ils dorment! » Xantippe a continué de vivre; il est venu à la cour, il a vu le prince, il lui a parlé; et il a été plus loin que son songe, il est favori [3].

69. Qui est plus esclave qu'un courtisan assidu, si ce n'est un courtisan plus assidu?

70. L'esclave n'a qu'un maître; l'ambitieux en a autant qu'il y a de gens utiles à sa fortune.

71. Mille gens à peine connus font la foule au lever pour être vus du prince, qui n'en saurait voir mille à la fois; et s'il ne voit aujourd'hui que ceux qu'il vit hier et qu'il verra demain, combien de malheureux!

72. De tous ceux qui s'empressent auprès des grands et qui leur font la cour, un petit nombre les honore dans le cœur, un grand nombre les recherche par des vues d'ambition et d'intérêt, un plus grand nombre par une ridicule vanité, ou par une sotte impatience de se faire voir.

73. Il y a de certaines familles qui, par les lois du monde ou ce qu'on appelle [4] de la bienséance, doivent être irréconciliables. Les voilà réunies [5]; et où la religion a échoué quand elle a voulu l'entreprendre, l'intérêt s'en [6] joue [7], et le fait sans peine.

---

1. Comme s'il y avait : le meilleur des biens qu'*on* puisse avoir, c'est un endroit qui soit (pour cet *on*) son domaine. Cf. p. 239, n. 4; p. 335, n. 8.
2. *Il.* Cf. p. 90, n. 10.
3. Il y a là manifestement une allusion. Mais nous ne savons à qui.

4. Suppléez *les lois*.
5. *Réunies.* Unies; mais peut-être avec le sens de *ré-conciliées*.
6. *En.* Parce que *où* équivaut à *la chose dans laquelle*.
7. *S'en joue.* Se fait un jeu de cette chose difficile.

74. L'on parle d'une région [1] où les vieillards sont galants, polis et civils; les jeunes gens au contraire, durs, féroces, sans mœurs ni politesse. Ils se trouvent affranchis de la pression des femmes dans un âge où l'on commence ailleurs à la sentir : ils leur préfèrent des repas, des viandes [2] et des amours ridicules. Celui-là chez eux est sobre et modéré, qui ne s'enivre que de vin : l'usage trop fréquent qu'ils en ont fait le leur a rendu insipide : ils cherchent à réveiller leur goût déjà éteint par des eaux-de-vie, et par toutes les liqueurs les plus violentes : il ne manque à leur débauche que de boire de l'eau-forte. Les femmes du pays précipitent le déclin de leur beauté par des artifices qu'elles croient servir à les rendre belles : leur coutume est de peindre leurs lèvres, leurs joues, leurs sourcils et leurs épaules, qu'elles étalent avec leur gorge, leurs bras et leurs oreilles, comme si elles craignaient de cacher l'endroit par où elles pourraient plaire, ou de ne pas se montrer assez. Ceux qui habitent cette contrée ont une physionomie qui n'est pas nette, mais confuse, embarrassée dans une épaisseur [3] de cheveux étrangers, qu'ils préfèrent aux naturels et dont ils font un long tissu pour couvrir leur tête : il descend à la moitié du corps, change les traits, et empêche qu'on ne connaisse les hommes à leur visage. Ces peuples d'ailleurs [4] ont leur Dieu et leur roi : les grands de la nation s'assemblent tous les jours, à une certaine heure, dans un temple qu'ils nomment église [5]; il y a au fond de ce temple un autel consacré à leur Dieu, où un prêtre célèbre des mystères qu'ils appellent saints, sacrés et redoutables; les grands forment un vaste cercle au pied de cet autel, et paraissent [6] debout [7], le dos tourné directement au prêtre et aux saints mystères, et les faces [8] élevées vers le roi, que l'on voit à genoux sur une tribune, et à qui ils semblent avoir tout l'esprit et tout le cœur appliqué. On ne laisse pas de voir dans cet usage une espèce de subordination; car ce peuple paraît adorer le prince, et le prince adorer Dieu. Les gens du pays le nomment***; il est à quelques quarante-huit

---

1. *Région.* Cf. *pays* du § 63.
2. *Viandes.* Cf. p. 90, n. 8.
3. *Une épaisseur de cheveux.* Pour *d'épais cheveux.* Construction rare au XVIIᵉ siècle, employée par les poètes du siècle précédent et que les écrivains du nôtre ont remise en usage.
4. *D'ailleurs.* Comme si les traits qui précèdent devaient en faire douter.
5. La chapelle de Versailles.
6. *Paraissent.* Se font voir.
7. *Debout.* Par opposition avec *à genoux.*
8. *Les faces.* Il y avait plus haut *le dos.* On ne voit pas bien la raison de ce pluriel. Cf., cependant, p. 55, n. 3

degrés d'élévation du pôle, et à plus d'onze cents lieues de mer des Iroquois et des Hurons.

75. Qui considérera que le visage du prince fait toute la félicité du courtisan, qu'il s'occupe et se remplit [1] pendant toute sa vie de le voir et d'en [2] être vu, comprendra un peu comment voir Dieu peut faire toute la gloire et tout le bonheur des saints [3].

76. Les grands seigneurs sont pleins d'égards pour les princes : c'est leur affaire [4], ils ont des inférieurs. Les petits courtisans se relâchent sur ces devoirs, font les familiers, et vivent comme gens qui n'ont d'exemples à donner à personne.

77. Que manque-t-il de nos jours à la jeunesse? Elle peut [5] et elle sait; ou du moins quand elle saurait autant qu'elle peut, elle ne serait pas plus décisive [6].

78. Faibles hommes! Un grand dit de *Timagène*, votre ami, qu'il est un sot et qu'il se trompe. Je ne demande pas que vous répliquiez qu'il est homme d'esprit : osez seulement penser [7] qu'il n'est pas un sot.

De même il prononce d'*Iphicrate* [8] qu'il manque de cœur; vous lui avez vu faire une belle action : rassurez-vous, je vous dispense de la raconter, pourvu qu'après ce que vous venez d'entendre, vous vous souveniez encore de la lui avoir vu faire.

79. Qui sait parler aux rois, c'est [9] peut-être où se termine [10] toute la prudence et toute la souplesse du courtisan. Une parole échappe, et elle tombe de l'oreille du prince bien avant dans sa mémoire, et quelquefois jusque dans son cœur : il est impossible de la ravoir; tous les soins que l'on prend et toute l'adresse dont on use pour l'expliquer ou

---

1. *Se remplit.* Cf. chap. x, § 35 : « Un visage qui remplit la curiosité du peuple ». Et encore, chap. xi, § 75 : « L'on est si rempli de soi-même ».
2. *En.* Cf. p. 18, n. 4.
3. On rapporte le mot suivant du duc de Richelieu : « J'aime autant mourir que d'être deux ou trois mois sans voir le roi ». Et ce mot n'avait alors rien qui pût surprendre. Le roi était pour toute la cour l'objet d'une véritable idolâtrie.
4. *C'est leur affaire.* Ils y ont intérêt.

5. *Elle peut.* Tout lui est permis.
6. Tranchante. Cf. p. 16, n. 2.
7. *Penser.* Votre sentiment intime est lui-même influencé.
8. *D'Iphicrate. De* = sur, comme le *de* latin. Cf. p. 181, n. 5; p. 205, n. 17, p. 266, n. 3; p. 280, n. 1; p. 281, n. 2, 3; p. 286, n. 9; p. 305, n. 1; p. 311, n. 1; p. 413, n. 1; p. 423, n. 2; p. 431, n. 3; p. 436, n. 5.
9. *Qui..., c'est.* Construction vieillie du relatif, qui équivalait à *si l'on*.
10. *Se termine*, etc. La prudence ne saurait aller plus loin, dépasser ce *terme*.

pour l'affaiblir, servent à la graver plus profondément et à l'enfoncer davantage. Si ce n'est que contre nous-mêmes que nous ayons parlé [1], outre que ce malheur n'est pas ordinaire, il y a encore un prompt remède, qui est de nous instruire par notre faute, et de souffrir la peine de notre légèreté; mais si c'est contre quelque autre, quel abattement! quel repentir! Y a-t-il une règle plus utile contre un si dangereux inconvénient, que de parler des autres au souverain, de leurs personnes, de leurs ouvrages, de leurs actions, de leurs mœurs ou de leur conduite, du moins [2] avec l'attention, les précautions et les mesures [3] dont [4] on parle de soi!

80. « Diseurs de bons mots, mauvais caractère » : je le dirais, s'il [5] n'avait été dit [6]. Ceux qui nuisent à la réputation ou à la fortune des autres, plutôt que de perdre un bon mot, méritent une peine infamante : cela n'a pas été dit, et je l'ose dire.

81. Il y a un certain nombre de phrases toutes faites, que l'on prend comme dans un magasin et dont l'on se sert pour se féliciter les uns les autres sur les événements. Bien qu'elles se disent souvent sans affection [7], et qu'elles soient reçues sans reconnaissance, il n'est pas permis avec cela de les omettre, parce que du moins elles sont l'image de ce qu'il y a au monde de meilleur, qui est l'amitié, et que les hommes, ne pouvant guère compter les uns sur les autres pour la réalité, semblent être convenus entre eux de se contenter des apparences.

82. Avec cinq ou six termes de l'art, et rien de plus, l'on se donne pour connaisseur en musique, en tableaux, en bâtiments [8], et en bonne chère : l'on croit avoir plus de plaisir qu'un autre à entendre, à voir et à manger; l'on impose à [9] ses semblables, et l'on se trompe soi-même.

83. La cour n'est jamais dénuée [10] d'un certain nombre de gens en qui l'usage du monde, la politesse ou la fortune

---

1. *Le subjonctif*, parce qu'il s'agit de quelque chose d'éventuel.
2. *Du moins.* Cf. p. 43, n. 3.
3. *Les mesures.* Ménagements.
4. *Dont.* Avec lesquelles.
5. *S'il.* Cf. p. 60, n. 1.
6. Par Pascal, *Pensées*, VI, 19.
7. *Affection.* Ce mot paraît retenir ici quelque chose de son sens étymologique. *Sans que l'on soit affecté de ces événements, sans qu'on y prenne intérêt.*
8. *En bâtiments.* En architecture. Le terme était couramment employé avec ce sens. Cf. Boileau :

Déjà de bâtiments parle comme Mansard.
(*Art poét.*, IV, 14.)

9. *L'on impose à.* Cf. p. 67, n. 1.
10. *Dénuée.* Ironique.

tiennent lieu d'esprit et suppléent au mérite. Ils savent entrer et sortir; ils se tirent de la conversation en ne s'y mêlant point; ils plaisent à force de se taire, et se rendent importants par un silence longtemps soutenu ou tout au plus par quelques monosyllabes; ils payent de mines, d'une inflexion de voix, d'un geste et d'un sourire; ils n'ont pas, si je l'ose dire, deux pouces de profondeur; si vous les enfoncez [1], vous rencontrerez le tuf [2].

84. Il y a des gens à qui la faveur arrive comme un accident, ils en sont les premiers surpris et consternés. Ils se reconnaissent [3] enfin, et se trouvent dignes de leur étoile; et comme si la stupidité et la fortune étaient deux choses incompatibles, ou qu'il fût impossible d'être heureux et sot tout à la fois, ils se croient de l'esprit; ils hasardent, que dis-je? ils ont la confiance de [4] parler en toute rencontre, et sur quelque matière qui puisse s'offrir, et sans nul discernement des personnes qui les écoutent. Ajouterai-je qu'ils épouvantent ou qu'ils donnent le dernier dégoût par leur fatuité et par leurs fadaises? Il est vrai du moins [5] qu'ils déshonorent sans ressources ceux qui ont quelque part au hasard de leur élévation.

85. Comment nommerai-je cette sorte de gens qui ne sont fins que pour les sots? Je sais du moins que les habiles [6] les confondent [7] avec ceux qu'ils savent tromper.

C'est avoir fait un grand pas dans la finesse, que de faire penser de soi que l'on n'est que médiocrement fin [8].

La finesse n'est ni une trop bonne ni une trop mauvaise qualité : elle flotte entre le vice et la vertu. Il n'y a point de rencontre où elle ne puisse, et peut-être où elle ne doive être suppléée par la prudence [9].

La finesse est l'occasion prochaine [10] de la fourberie; de l'un à l'autre [11] le pas est glissant; le mensonge seul en

---

1. *Si vous les enfoncez.* Si vous les examinez à fond. Le mot a vieilli en ce sens.
2. *Tuf.* Sorte de pierre blanche qu'on trouve assez souvent au-dessous de la bonne terre.
3. *Se reconnaissent.* Reprennent connaissance (d'eux-mêmes).
4. *Ils ont la confiance de.* Ils ont assez de confiance (en eux-mêmes) pour.
5. C'est une compensation.
6. *Les habiles.* Cf. p. 7, n. 6.
7. *Les confondent avec.* Les rangent dans la même classe et leur donnent le même nom.
8. Cf. La Rochefoucauld : « C'est une grande habileté que de savoir cacher son habileté ».
9. *La prudence.* Qui, elle, est toujours et sans conteste une vertu.
10. *L'occasion prochaine.* Cf. p. 123, n. 6.
11. *L'un à l'autre.* Au neutre.

fait la différence : si on l'ajoute à la finesse, c'est fourberie [1].

Avec les gens qui par finesse écoutent tout en parlant peu, parlez encore moins; ou si vous parlez beaucoup, dites peu de chose.

86. Vous dépendez, dans une affaire qui est juste et importante, du consentement de deux personnes. L'un [2] vous dit : « J'y donne les mains pourvu qu'un tel y condescende »; et ce tel y condescend, et ne désire plus que d'être assuré des intentions de l'autre. Cependant rien n'avance; les mois, les années s'écoulent inutilement : « Je m'y perds, dites-vous, et je n'y comprends rien; ils ne s'agit que de faire qu'ils s'abouchent, et qu'ils se parlent ». Je vous dis, moi, que j'y vois clair, et que j'y comprends tout [3] : ils se sont parlé.

87. Il me semble que qui sollicite pour les autres a la confiance d'un homme qui demande justice; et qu'en parlant ou en agissant pour soi-même, on a l'embarras de la pudeur [4] de celui qui demande grâce.

88. Si l'on ne se précautionne à la cour contre les pièges que l'on [5] y tend sans cesse pour faire tomber dans le ridicule, l'on est étonné, avec tout son esprit, de se trouver la dupe de plus sots que soi.

89. Il y a quelques rencontres dans la vie où la vérité et la simplicité [6] sont le meilleur manège du monde [7].

90. Êtes-vous en faveur, tout manège est bon, vous ne faites point de fautes, tous les chemins vous mènent au terme : autrement, tout est faute, rien n'est utile, il n'y a point de sentier qui ne vous égare.

91. Un homme qui a vécu dans l'intrigue un certain temps ne peut plus s'en passer : toute autre vie pour lui est languissante.

92. Il faut avoir de l'esprit pour être homme de cabale : l'on peut cependant en avoir à un certain point, que [8] l'on

---

1. La finesse devient fourberie.
2. *L'un.* Cf. p. 18, n. 9.
3. *J'y comprends tout.* Par opposition à *je n'y comprends rien.*
4. *Pudeur.* Honte.
5. *L'on.... l'on.* Les deux on représentent des sujets différents. Cette construction n'est pas rare au XVII siècle. Cf. p. 213, n. 5; p. 397, n. 5.
6. *Simplicité.* Le contraire de *duplicité.*
7. La Bruyère veut dire sans doute que la vérité et la simplicité sont parfois un manège.
8. *A un certain point que.* Que

est au-dessus de l'intrigue et de la cabale, et que l'on ne saurait s'y assujettir; l'on va alors à une grande fortune ou à une haute réputation par d'autres chemins.

93. Avec un esprit sublime, une doctrine [1] universelle, une probité à toutes épreuves [2], et un mérite très accompli, n'appréhendez pas, ô *Aristide*, de tomber à la cour ou de perdre la faveur des grands, pendant tout le temps qu'ils auront besoin de vous.

94. Qu'un favori s'observe de fort près; car s'il me fait attendre moins dans son antichambre qu'à l'ordinaire, s'il a le visage plus ouvert, s'il fronce moins le sourcil, s'il m'écoute plus volontiers, et s'il me reconduit un peu plus loin, je penserai qu'il commence à tomber, et je penserai vrai.

L'homme a bien peu de ressources dans soi-même [3], puisqu'il lui faut une disgrâce ou une mortification pour le rendre plus humain, plus traitable, moins féroce [4], plus honnête homme.

95. L'on contemple [5], dans les cours, de certaines gens et l'on voit bien à leurs discours et à toute leur conduite qu'ils ne songent ni à leurs grands-pères ni à leurs petits-fils [6] : le présent est pour eux; ils n'en jouissent pas, ils en abusent.

96. *Straton* [7] est né sous deux étoiles : malheureux, heureux dans le même degré [8]. Sa vie est un roman : non, il lui manque le vraisemblable [9]. Il n'a point eu d'aventures [10]; il a eu de beaux songes, il en a eu de mauvais [11] : que dis-je?

paraît construit ici comme dans les phrases *au moment que*, etc., si fréquentes dans La Bruyère. Cf. *Traduction de Théophraste* : « Sur le point qu'un homme est prêt de partir ». (*D'un homme incommode.*) Cf. p. 109, n. 4.

1. *Doctrine.* Savoir. Cf. p. 270, n. 11; p. 295, n. 8; p. 333, n. 4; p. 491, n. 7.
2. *A toutes épreuves.* Nous employons le singulier.
3. *Soi-même.* Cf. p. 39, n. 1.
4. *Féroce.* Altier, farouche.
5. *Contemple.* Le mot convient à un observateur comme La Bruyère, si nous l'entendons au sens où l'on appelait Molière *le Contemplateur.* Cf. p. 256, n. 13.

6. *Ni à leurs grands-pères*, qui étaient de basse condition, *ni à leurs petits-fils*, qu'ils réduisent par avance à la misère.
7. *Straton.* Le duc de Lauzun.
8. *Dans le.* Nous dirions *au.* Cf. p. 181, n. 3; p. 191, n. 12; p. 193, n. 4; p. 195, n. 2; p. 282, n. 15; p. 289, n. 3; p. 310, n. 8; p. 133, n. 2.
9. Dont les romans ont plus ou moins souci. Cf. la lettre (15 déc. 1670) où Mme de Sévigné annonce à sa fille le mariage de Lauzun.
10. *D'aventures.* Le mot ne serait pas suffisant.
11. *De mauvais.* On sait que Lauzun tomba en disgrâce et fut enfermé dix ans à Pignerol.

on ne rêve point comme il a vécu [1]. Personne n'a tiré d'une destinée plus qu'il a fait.[2] ; l'extrême et le médiocre [3] lui sont connus; il a brillé, il a souffert, il a mené une vie commune : rien ne lui est échappé [4]. Il s'est fait valoir par des vertus qu'il assurait fort sérieusement qui étaient en lui; il a dit de soi [5] : *J'ai de l'esprit, j'ai du courage;* et tous ont dit après lui : *Il a de l'esprit, il a du courage.* Il a exercé dans l'une et dans l'autre fortune le génie du courtisan [6], qui a dit de lui plus de bien peut-être et plus de mal qu'il n'y en avait. Le joli, l'aimable, le rare, le merveilleux, l'héroïque [7] ont été employés à son éloge; et tout le contraire a servi depuis pour le ravaler; caractère équivoque, mêlé, enveloppé [8] ; une énigme, une question presque indécise.

97. La faveur met l'homme au-dessus de ses égaux; et sa chute au-dessous.

98. Celui qui un beau jour sait renoncer [9] fermement ou à un grand nom, ou à une grande autorité, ou à une grande fortune, se délivre en un moment de bien des peines, de bien des veilles, et quelquefois de bien des crimes.

99. Dans cent ans le monde subsistera encore en son entier : ce sera le même théâtre et les mêmes décorations [10], ce ne seront plus les mêmes acteurs. Tout ce qui [11] se réjouit sur [12] une grâce reçue, ou ce qui s'attriste et se désespère sur un refus, tous auront disparu de dessus la scène. Il s'avance déjà sur le théâtre d'autres hommes [13] qui vont jouer dans une même pièce les mêmes rôles; ils s'évanouiront à leur tour; et ceux qui ne sont pas encore, un jour ne seront plus : de nouveaux acteurs ont pris [14] leur place. Quel fond à faire sur un personnage de comédie !

100. Qui a vu la cour a vu du monde ce qui est le plus

---

1. Ce mot de *songe* ou de *rêve* est encore au-dessous de la réalité.
2. *Qu'il a fait.* Cf. p. 19, n. 2, et p. 61, n. 5.
3. Cf. p. 8, n. 10.
4. Ne lui a fait défaut. Il a éprouvé toutes les conditions.
5. *Soi.* Cf. p. 39, n. 4.
6. Son personnage a été pour les courtisans un sujet d'observation auquel s'est appliqué leur génie.
7. Cf. p. 8, n. 10.
8. *Enveloppé.* Embrouillé.
9. On peut citer Racine, l'abbé de Rancé, Anne de Gonzague, etc.
10. Cent ans après (1790), les décorations ne seront plus tout à fait les mêmes.
11. *Tout ce qui.* Tous ceux qui. Cf. p. 56, n. 1.
12. *Sur.* Cf. p. 49, n. 1.
13. *Il s'avance... d'autres hommes.* Construction régulière avec des verbes comme *venir, arriver,* etc., rare avec *s'avancer.*
14. *Ont pris.* Pour *auront pris.* La Bruyère se transporte au temps de ces nouveaux acteurs.

beau, le plus spécieux [1] et le plus orné ; qui méprise la cour, après l'avoir vue, méprise le monde.

101. La ville dégoûte de la province ; la cour détrompe de la ville et guérit de la cour [2].

Un esprit sain puise à la cour le goût de la solitude et de la retraite.

1. *Spécieux*. Dans son sens propre : qui a de belles apparences. Cf. p. 146, n. 18.

2. *La cour... guérit de la cour*. Il suffit de la connaître pour qu'on s'en dégoûte.

CHAPITRE IX

Des Grands.

1. La prévention du peuple en faveur des grands [1] est si aveugle, et l'entêtement [2] pour leur geste [3], leur visage, leur ton de voix et leurs manières, si général, que, s'ils s'avisaient d'être bons, cela irait à l'idolâtrie [4].

2. Si vous êtes né vicieux, ô *Théagène*, je vous plains; si vous le devenez par faiblesse pour ceux qui ont intérêt que vous le soyez, qui ont juré entre eux de vous corrompre, et qui se vantent déjà de pouvoir y réussir, souffrez que je vous méprise [5]. Mais si vous êtes sage, tempérant, modeste, civil, généreux, reconnaissant, laborieux, d'un rang d'ailleurs et d'une naissance à donner des exemples plutôt qu'à les prendre d'autrui, et à faire les règles plutôt qu'à les recevoir, convenez avec cette sorte de gens de suivre par complaisance leurs dérèglements, leurs vices et leur folie, quand ils auront, par la déférence qu'ils vous doivent, exercé toutes les vertus que vous chérissez : ironie forte, mais utile, très propre à mettre vos mœurs en sûreté, à renverser tous leurs projets [6], et à les jeter dans le parti de continuer d'être ce qu'ils sont, et de vous laisser tel que vous êtes.

3. L'avantage des grands sur les autres hommes est immense par un endroit : je leur cède leur bonne chère, leurs riches ameublements, leurs chiens, leurs chevaux, leurs singes, leurs nains, leurs fous et leurs flatteurs; mais je leur

---

1. *Des grands.* La Bruyère avait d'abord mis *des princes*.
2. *L'entêtement.* Cf. p. 103, n. 5.
3. *Geste.* Cf. p. 92, n. 5.
4. La Bruyère avait d'abord ajouté (cf. n. 1) : *le seul mal sous ce règne que l'on pourrait craindre.*
5. *Souffrez que je vous méprise. Je vous méprise* tout seul eût été brutal. Il y a sans doute quelque ironie dans ce tour, mais aussi de la douceur.
6. *Leurs projets.* De vous corrompre.

envie le bonheur d'avoir à leur service des gens qui les égalent par le cœur et par l'esprit, et qui les passent quelquefois.

4. Les grands se piquent d'ouvrir une allée dans une forêt, de soutenir des terres par de longues murailles, de dorer des plafonds, de faire venir dix pouces d'eau, de meubler[1] une orangerie ; mais de rendre un cœur content, de combler une âme de joie, de prévenir d'extrêmes besoins ou d'y remédier, leur curiosité[2] ne s'étend point jusque-là.

5. On demande si en comparant ensemble les différentes conditions des hommes, leurs peines, leurs avantages, on n'y remarquerait pas un mélange ou une espèce de compensation de bien et de mal, qui établirait entre elles l'égalité[3], ou qui ferait du moins que l'un ne serait guère plus désirable que l'autre[4]. Celui qui est puissant, riche, et à qui il ne manque rien, peut former[5] cette question ; mais il faut que ce soit un homme pauvre qui la décide.

Il ne laisse pas d'y avoir comme un charme[6] attaché à chacune des différentes conditions, et qui y demeure jusques à ce que la misère l'en ait ôté[7]. Ainsi les grands se plaisent dans l'excès, et les petits aiment la modération ; ceux-là ont le goût de dominer et de commander, et ceux-ci sentent du plaisir et même de la vanité à les servir et à leur obéir ; les grands sont entourés, salués, respectés ; les petits entourent, saluent, se prosternent ; et tous sont contents[8].

6. Il coûte si peu aux grands à[9] ne donner que des paroles, et leur condition les dispense si fort de tenir de belles promesses qu'ils vous ont faites, que c'est modestie[10] à eux de ne promettre pas encore plus largement.

7. « Il est vieux et usé, dit un grand ; il s'est crevé à me suivre : qu'en[11] faire ? » Un autre, plus jeune, enlève ses espérances[12], et obtient le poste qu'on ne refuse à ce malheureux que parce qu'il l'a trop mérité.

---

1. *Meubler.* Garnir.
2. *Curiosité.* Intérêt qu'on prend à quelque chose. Cf. p. 125, n. 8.
3. Cf. La Rochefoucauld : « Quelque différence qui paraisse entre les fortunes, il y a néanmoins une certaine compensation de biens et de maux qui les rend égales ».
4. *L'un... l'autre.* Au neutre.
5. *Former. Faire* n'aurait pas le même sens.

6. *Charme.* Au sens étymologique.
7. *Jusqu'à ce que la misère l'en ait ôté.* Jusqu'à un certain degré de pauvreté, mais en deçà de la misère.
8. *Sont contents.* Il y a bien là quelque ironie.
9. *A.* Cf. p. 52, n. 8.
10. *Modestie.* Cf. p. 11, n. 11.
11. *En.* Cf. p. 18, n. 4.
12. *Enlève ses espérances.* Enlève ce qu'il espérait.

8. « Je ne sais, dites-vous avec un air froid et dédaigneux ; *Philanthe* a du mérite, de l'esprit, de l'agrément, de l'exactitude sur [1] son devoir, de la fidélité et de l'attachement pour son maître, et il en [2] est médiocrement considéré ; il ne plaît pas, il n'est pas goûté. » — Expliquez-vous : est-ce Philanthe, ou le grand qu'il sert, que vous condamnez ?

9. Il est souvent plus utile de quitter les grands que de s'en [3] plaindre.

10. Qui peut dire pourquoi quelques-uns ont le gros lot [4], ou quelques autres la faveur [5] des grands ?

11. Les grands sont si heureux, qu'ils n'essuient pas même, dans toute leur vie, l'inconvénient de regretter la perte de leurs meilleurs serviteurs, ou des personnes illustres dans leur genre, et dont ils ont tiré le plus de plaisir et le plus d'utilité. La première chose que la flatterie sait faire, après la mort de ces hommes uniques, et qui ne se réparent point [6], est de leur supposer des endroits faibles, dont elle prétend que ceux qui leur succèdent sont très exempts [7] : elle assure que l'un, avec toute la capacité et toutes les lumières de l'autre, dont il prend la place, n'en [8] a point les défauts, et ce style sert aux princes à se consoler du grand et de l'excellent par le médiocre [9].

12. Les grands dédaignent les gens d'esprit qui n'ont que de l'esprit ; les gens d'esprit méprisent les grands qui n'ont que de la grandeur. Les gens de bien plaignent [10] les uns et les autres, qui ont ou de la grandeur ou de l'esprit, sans nulle vertu [11].

13. Quand je vois d'une part auprès des grands, à leur table, et quelquefois dans leur familiarité, de ces hommes alertes, empressés, intrigants, aventuriers [12], esprits dangereux et nuisibles, et que je considère d'autre part quelle peine ont les personnes de mérite à en [13] approcher, je ne

---

1. *Sur.* Cf. p. 40, n. 1.
2. 3. *En.* Cf. p. 18, n. 4.
4. *Le gros lot.* Cf. p. 151, n. 8.
5. *La faveur.* Aussi aléatoire qu'un lot et ne dépendant que du hasard.
6. *Réparent.* Remplacent.
7. *Très exempts.* Ce superlatif inusité a quelque chose de piquant.
8. *En.* Cf. p. 18, n. 4.
9. *Du grand... de l'excellent... par le médiocre.* Cf. p. 8, n. 10.
10. *Plaignent. Dédaignent* conviendrait à la vanité des grands comme *méprisent* à l'orgueil des gens d'esprit. *Plaignent* se dit justement des gens de bien, chez lesquels il n'y a ni orgueil ni vanité.
11. Cf. le morceau de Pascal sur les trois ordres de grandeur, l'ordre des corps, l'ordre des esprits et l'ordre de la charité. (*Pensées*, XVII, 1.)
12. *Aventuriers.* Cf. p. 89, n. 2.
13. *En.* Cf. p. 18, n. 4.

suis pas toujours disposé à croire que les méchants soient soufferts par intérêt, ou que les gens de bien soient regardés comme inutiles; je trouve plus mon compte à me confirmer dans cette pensée, que grandeur et discernement sont deux choses différentes [1], et l'amour pour la vertu et pour les vertueux [2] une troisième chose.

14. *Lucile* aime mieux user sa vie à se faire supporter de quelques grands, que d'être réduit à vivre familièrement avec ses égaux.

La règle de voir de plus grands que soi doit avoir ses restrictions. Il faut quelquefois d'étranges [3] talents pour la réduire [4] en pratique.

15. Quelle est l'incurable maladie de *Théophile*? Elle lui dure depuis plus de trente années, il ne guérit point : il a voulu, il veut et il voudra gouverner les grands; la mort seule lui ôtera avec la vie cette soif d'empire et d'ascendant sur les esprits. Est-ce en lui zèle du [5] prochain? Est-ce habitude? Est-ce une excessive opinion de soi-même [6]? Il n'y a point de palais où il ne s'insinue : ce n'est pas au milieu d'une chambre qu'il s'arrête : il passe [7] à une embrasure [8] ou au cabinet; on attend qu'il ait parlé, et longtemps et avec action [9], pour avoir audience, pour être vu. Il entre dans le secret des familles; il est de quelque chose [10] dans tout ce qui leur arrive de triste ou d'avantageux; il prévient, il s'offre, il se fait de fête [11], il faut l'admettre. Ce n'est pas assez pour remplir son temps ou son ambition, que le soin de dix mille âmes dont il répond à Dieu comme de la sienne propre [12] : il y en a d'un plus haut rang et d'une plus grande distinction dont il ne doit aucun compte, et dont il se charge plus volontiers. Il écoute, il veille sur tout ce qui peut servir de pâture à son esprit d'intrigue, de médiation et de manège. A peine un grand est-il débarqué [13], qu'il l'empoigne

---

1. Cf. § 35.
2. *Les vertueux.* Cf. p. 37, n. 10.
3. *Étranges.* Extraordinaires.
4. *Réduire.* Nous dirions *mettre* avec le même sens.
5. *Zèle du prochain.* Comme on dit *amour du* (= pour le) *prochain.*
6. *Soi-même.* Cf. p. 39, n. 4.
7. *Passe.* Cf. p. 21, n. 10.
8. Pour causer plus secrètement.
9. *Action.* « Gestes, mouvement du corps, ardeur avec laquelle on prononce quelque chose. » (Furetière.)
10. *Il est de quelque chose dans.* Il prend sa part de.
11. *Se faire de fête* signifie faire comme si l'on était d'une fête, s'entremettre d'une affaire sans y être invité.
12. Il s'agit évidemment d'un prêtre. Les clefs nomment l'abbé Roquette.
13. Allusion probable au roi Jacques II, récemment « débarqué », dans la faveur duquel le susdit Roquette s'insinua.

et s'en ¹ saisit ; on entend plus tôt à dire à Théophile qu'il le gouverne, qu'on n'a pu soupçonner qu'il pensait à le gouverner.

16. Une froideur ² ou une incivilité qui vient de ceux qui sont au-dessus de nous, nous les fait haïr; mais un salut ou un sourire nous les réconcilie ³.

17. Il y a des hommes superbes, que l'élévation de leurs rivaux humilie et apprivoise ⁴ ; ils en viennent, par cette disgrâce ⁵, jusqu'à rendre le salut ; mais le temps, qui adoucit toutes choses ⁶, les remet enfin dans leur naturel.

18. Le mépris que les grands ont pour le peuple les rend indifférents sur ⁷ les flatteries ou sur les louanges qu'ils en ⁸ reçoivent, et tempère leur vanité. De même les princes, loués sans fin et sans relâche des ⁹ grands ou des courtisans, en seraient plus vains s'ils estimaient davantage ceux qui les louent.

19. Les grands croient être seuls parfaits, n'admettent qu'à peine ¹⁰ dans les autres hommes la droiture d'esprit, l'habileté, la délicatesse, et s'emparent de ces riches talents comme de choses dues à leur naissance. C'est cependant en eux une erreur grossière de se nourrir de si fausses préventions : ce qu'il y a jamais eu de mieux pensé, de mieux dit, de mieux écrit, et peut-être d'une conduite ¹¹ plus délicate ¹², ne nous est pas toujours ¹³ venu de leur fond. Ils ont de grands domaines et une longue suite d'ancêtres : cela ne leur peut être contesté.

20. Avez-vous de l'esprit, de la grandeur, de l'habileté, du goût, du discernement? en croirai-je la prévention et la flatterie, qui publient hardiment votre mérite? Elles me sont suspectes, et je les récuse. Me laisserai-je éblouir par un air de capacité ou de hauteur qui vous met au-dessus de tout

---

1. *En.* Cf. p. 18, n. 4.
2. *Une froideur.* Ne s'emploierait plus guère que dans un sens général. Ici *un trait de froideur.*
3. *Nous les réconcilie.* Nous réconcilie avec eux.
4. *Apprivoise.* Rend moins *fiers* (*ferus*).
5. *Disgrâce.* L'élévation de leurs rivaux est pour eux une disgrâce. Pas besoin d'entendre qu'ils se disputaient la même charge.
6. *Adoucit toutes choses.* Atténue, efface toutes les impressions.
7. *Sur.* Cf. p. 40, n. 1.
8. *En.* Cf. p. 18, n. 4.
9. *Des.* Cf. p. 46, n. 10.
10. *À peine.* Avec peine, difficilement. Cf. p. 65, n. 6.
11. *D'une.* L'indéfini où nous mettrions le défini. Construction d'un fréquent usage au xvii⁰ siècle.
12. *Plus délicate.* Le comparatif pour le superlatif. Cf. p. 1, n. 6.
13. *Pas toujours.* On entend à demi-mot.

ce qui se fait, de ce qui se dit et de ce qui s'écrit, qui vous rend sec sur [1] les louanges, et empêche qu'on ne puisse arracher de vous [2] la moindre approbation? Je conclus de là plus naturellement que vous avez de la faveur, du crédit et de grandes richesses. Quel moyen de vous définir, *Téléphon*? on n'approche de vous que comme du feu, et dans [3] une certaine distance, et il faudrait vous développer [4], vous manier, vous confronter avec vos pareils, pour porter de [5] vous un jugement sain et raisonnable. Votre homme de confiance, qui est dans votre familiarité, dont vous prenez conseil, pour qui vous quittez *Socrate* et *Aristide*, avec qui vous riez, et qui rit plus haut que vous, *Dave* [6] enfin, m'est très connu : serait-ce assez pour vous bien connaître [7]?

21. Il y en a de tels, que, s'ils pouvaient connaître leurs subalternes [8] et se connaître eux-mêmes, ils auraient honte de primer.

22. S'il y a peu d'excellents orateurs, y a-t-il bien des gens qui puissent [9] les entendre? S'il n'y a pas assez de bons écrivains, où sont ceux qui savent les lire? De même on s'est toujours plaint du petit nombre de personnes capables de conseiller les rois, et de les aider dans l'administration de leurs affaires; mais s'ils naissent enfin, ces hommes habiles et intelligents, s'ils agissent selon leurs vues et leurs lumières, sont-ils aimés, sont-ils estimés autant qu'ils le méritent? Sont-ils loués de ce qu'ils pensent [10] et de ce qu'ils font pour la patrie [11]? Ils vivent, il suffit : on les censure, s'ils échouent; et on les envie, s'ils réussissent. Blâmons le peuple où il serait ridicule de vouloir l'excuser. Son chagrin [12] et sa jalousie, regardés des [13] grands ou des puissants comme inévitables, les ont conduits insensiblement à le compter pour rien, et à négliger ses suffrages [14] dans toutes leurs entreprises, à s'en faire même une règle de politique.

Les petits se haïssent les uns les autres lorsqu'ils se nui-

---

1. *Sur.* Cf. p. 40, n. 1.
2. *Arracher de vous.* Plus fort que *vous arracher.*
3. *Dans.* Cf. p. 176, n. 8.
4. *Développer.* Le mot s'employait encore au sens de *tirer de l'enveloppe.*
5. *De.* Cf. p. 172, n. 8.
6. *Dave.* Nom d'un valet dans la comédie latine.
7. *Pour vous bien connaître.* « Tel maître, tel valet », mais dans un autre sens que celui du proverbe.
8. *Leurs subalternes.* Comme on dit *leurs inférieurs.*
9. *Puissent.* Soient capables de.
10. *Pensent.* Ce mot désigne la sagesse de l'homme d'État dans les conseils.
11. Sully, Colbert, sans compter Mazarin, furent très impopulaires.
12. *Chagrin.* Cf. p. 3, n. 5.
13. *Des.* Cf. p. 46, n. 10.
14. Son approbation.

sent réciproquement. Les grands sont odieux aux petits par le mal qu'ils leur font, et par tout le bien qu'ils ne leur font pas : ils leur [1] sont responsables de leur obscurité, de leur pauvreté et de leur infortune, ou du moins ils leur paraissent tels.

23. C'est déjà trop d'avoir avec le peuple une même religion et un même Dieu : quel moyen encore de s'appeler *Pierre*, *Jean*, *Jacques*, comme le marchand ou le laboureur ? Évitons d'avoir rien de commun avec la multitude ; affectons [2] au contraire toutes les distinctions qui nous en séparent. Qu'elle s'approprie les douze apôtres, leurs disciples, les premiers martyrs (telles gens, tels patrons) [3] ; qu'elle voie avec plaisir revenir, toutes les années, ce jour particulier que chacun célèbre comme sa fête. Pour nous autres grands, ayons recours aux noms profanes ; faisons-nous baptiser sous ceux d'*Annibal*, de *César* et de *Pompée* : c'étaient de grands hommes ; sous celui de *Lucrèce* : c'était une illustre Romaine ; sous ceux de *Renaud*, de *Roger*, d'*Olivier* et de *Tancrède* : c'étaient des paladins [4], et le roman n'a point de héros plus merveilleux ; sous ceux d'*Hector*, d'*Achille*, d'*Hercule*, tous demi dieux ; sous ceux même de *Phébus*, et de *Diane* [5] ; et qui nous empêchera de nous faire nommer *Jupiter*, ou *Mercure*, ou *Vénus*, ou *Adonis* ?

24. Pendant que les grands négligent de rien connaître, je ne dis pas seulement aux intérêts des princes et aux affaires publiques, mais à leurs propres affaires ; qu'ils ignorent l'économie [6] et la science d'un père de famille, et qu'ils se louent eux-mêmes de cette ignorance ; qu'ils se laissent appauvrir et maîtriser par des intendants ; qu'ils se contentent d'être gourmets ou *coteaux* [7], d'aller chez *Taïs* ou chez *Phryné*, de parler de la meute et de la vieille meute [8], de dire combien il y a de postes [9] de Paris à Besançon, ou à

---

1. *Leur*. Cf. p. 14, n. 8.
2. *Affectons*. Au sens du latin *affectare*.
3. Les apôtres, leurs disciples et les premiers martyrs étaient en général de basse condition.
4. Personnages du *Roland furieux* et de la *Jérusalem délivrée*.
5. Les clefs citent Annibal d'Estrées, César de Vendôme, Achille de Harlay, etc.
6. *Économie*. Cf. p. 38, n. 8.
7. *Coteaux*. « Nom qui fut donné à trois grands seigneurs qui étaient partagés sur l'estime qu'on devait faire des vins des coteaux qui sont aux environs de Reims. » (Note de Boileau au vers 107 de la Satire III.)
8. Cf. Furetière : « On appelle chiens de meute les premiers chiens qu'on donne au laisser courre ; et vieille meute, les seconds chiens qu'on donne après les premiers ».
9. *Postes*. Etablissements de che-

Philisbourg, des citoyens ¹ s'instruisent du dedans et du dehors d'un royaume, étudient le gouvernement, deviennent fins et politiques, savent le fort et le faible de tout un État, songent à se mieux placer, se placent, s'élèvent, deviennent puissants, soulagent le prince d'une partie des soins publics. Les grands, qui les dédaignaient, les révèrent : heureux s'ils deviennent leurs gendres ² !

25. Si je compare ensemble les deux conditions des hommes les plus opposées, je veux dire les grands avec le peuple, ce dernier me paraît content du nécessaire, et les autres sont inquiets ³ et pauvres avec le superflu. Un homme du peuple ne saurait ⁴ faire aucun mal; un grand ne veut faire aucun bien, et est capable de grands maux. L'un ne se forme et ne s'exerce que dans les choses qui sont utiles; l'autre y joint les pernicieuses. Là se montrent ingénument la grossièreté et la franchise; ici se cache une sève maligne ⁵ et corrompue sous l'écorce de la politesse. Le peuple n'a guère d'esprit, et les grands n'ont point d'âme : celui-là a un bon fond, et n'a point de dehors; ceux-ci n'ont que des dehors et qu'une simple superficie. Faut-il opter? Je ne balance pas : je veux être peuple.

26. Quelque profonds que soient les grands de la cour, et quelque art qu'ils aient pour paraître ce qu'ils ne sont pas et pour ne point paraître ce qu'ils sont, ils ne peuvent cacher leur malignité et leur extrême pente à rire aux dépens d'autrui, et à jeter un ridicule souvent où il n'y en peut avoir. Ces beaux talents se découvrent en eux du premier coup d'œil, admirables sans doute pour envelopper ⁶ une dupe et rendre sot ⁷ celui qui l'est déjà, mais encore plus propres à leur ôter tout le plaisir qu'ils pourraient tirer d'un homme d'esprit, qui saurait se tourner et se plier en mille manières agréables et réjouissantes, si le dangereux caractère du courtisan ne l'engageait pas à une fort grande retenue. Il lui oppose un caractère sérieux, dans lequel il se retranche; et

vaux placés de distance en distance pour le service des voyageurs. Puis, par extension, mesure de chemin : la poste avait environ deux lieues.
1. *Citoyens.* Bourgeois.
2. Les trois filles de Colbert, par exemple, épousèrent les ducs de Chevreuse, de Beauvilliers et de Mortemart.
3. *Inquiets.* Cf. p. 39, n. 3.

4. *Ne saurait.* Ne pourrait.
5. *Maligne.* On le dit de certaines humeurs.
6. *Envelopper.* Comme d'un filet.
7. *Rendre sot.* Cf. *se trouver sot*, c.-à-d. embarrassé, confus. *Rendre sot* veut dire *faire paraître sot*, dans le même sens, mais en conservant néanmoins à *sot* quelque chose de sa signification propre, puisqu'il y a *celui qui l'est déjà.*

il fait si bien que les railleurs, avec des intentions si mauvaises, manquent d'occasions de se jouer de lui.

27. Les aises de la vie, l'abondance, le calme d'une grande prospérité font que les princes ont de la joie de reste pour rire d'un nain, d'un singe, d'un imbécile et d'un mauvais conte : les gens moins heureux ne rient qu'à propos.

28. Un grand aime la Champagne, abhorre la Brie [1]; il s'enivre de meilleur vin que l'homme du peuple : seule différence que la crapule [2] laisse entre les conditions les plus disproportionnées, entre le seigneur et l'estafier [3].

29. Il semble d'abord qu'il entre dans les plaisirs des princes un peu de celui d'incommoder les autres. Mais non, les princes ressemblent aux hommes [4]; ils songent à eux-mêmes, suivent leur goût, leurs passions, leur commodité [5] : cela est naturel.

30. Il semble que la première règle des compagnies [6], des gens en place ou des puissants, est de donner à ceux qui dépendent d'eux pour le besoin de leurs affaires toutes les traverses qu'ils [7] en peuvent craindre.

31. Si un grand a quelque degré de bonheur sur [8] les autres hommes, je ne devine pas lequel, si ce n'est peut-être de se trouver souvent dans le pouvoir [9] et dans l'occasion de faire plaisir; et si elle nait, cette conjoncture, il semble qu'il doive s'en servir. Si c'est en faveur d'un homme de bien, il doit appréhender qu'elle ne lui échappe [10]; mais [11] comme c'est en une chose juste, il doit prévenir la sollicitation, et n'être vu que pour être remercié [12]; et si elle [13] est facile, il ne doit pas même la lui faire valoir. S'il la lui refuse, je les plains tous deux.

32. Il y a des hommes né- inaccessibles, et ce sont précisément ceux de qui les autres ont besoin, de qui ils dépendent.

---

1. Le vin de Champagne, le vin de Brie.
2. *Crapule.* Ivrognerie.
3. *Estafier.* Valet de pied.
4. Comme si eux-mêmes n'en étaient pas.
5. *Commodité.* Cf. incommoder de plus haut. Ce rapprochement est sans doute intentionnel.
6. *Compagnies.* Assemblées. Il s'agit des compagnies judiciaires.
7. *Ils.* Ceux-ci.
8. *Sur.* Par-dessus. Comme on dit : avoir la supériorité, l'avantage sur quelqu'un.
9. *Dans le pouvoir... de.* A même de.
10. *Qu'elle ne lui échappe.* Que cette conjoncture ne passe inaperçue de lui.
11. *Mais.* « Il n'est pas possible, direz-vous, qu'elle lui échappe, car il sera sollicité. » — *Mais* il ne doit pas attendre la sollicitation, il doit la prévenir.
12. *Que pour,* etc. C'est-à-dire après avoir fait ce plaisir à l'homme de bien.
13. *Elle.* La chose.

Ils ne sont jamais que sur un pied; mobiles comme le mercure, ils pirouettent, ils gesticulent, ils crient, ils s'agitent; semblables à ces figures de carton ¹ qui servent de montre ² à une fête publique, ils jettent feu et flamme, tonnent et foudroient : on n'en approche pas, jusqu'à ce que venant à s'éteindre, ils tombent, et par leur chute deviennent traitables, mais inutiles.

33. Le suisse, le valet de chambre, l'homme de livrée, s'ils n'ont plus d'esprit que ne porte ³ leur condition, ne jugent plus d'eux-mêmes par leur première bassesse, mais par l'élévation et la fortune des gens qu'ils servent, et mettent tous ceux qui entrent par leur porte et montent leur escalier indifféremment ⁴ au-dessous d'eux et de leurs maîtres : tant il est vrai qu'on est destiné à souffrir des grands et de ce qui ⁵ leur appartient !

34. Un homme en place doit aimer son prince, sa femme, ses enfants, et après eux ⁶ les gens d'esprit : il doit les adopter, il doit s'en ⁷ fournir et n'en jamais manquer. Il ne saurait payer, je ne dis pas de trop de pensions et de bienfaits, mais de trop de familiarité et de caresses, les secours et les services qu'il en ⁸ tire même sans le savoir. Quels petits bruits ne dissipent-ils pas? quelles histoires ⁹ ne réduisent-ils pas à la fable et à la fiction? Ne savent-ils pas justifier ¹⁰ les mauvais succès par les bonnes intentions, prouver la bonté d'un dessein et la justesse des mesures par le bonheur des événements, s'élever contre la malignité et l'envie pour accorder à de bonnes entreprises de meilleurs motifs, donner des explications favorables à des apparences qui étaient mauvaises, détourner ¹¹ les petits défauts, ne montrer que les vertus, et les mettre dans leur jour, semer en mille occasions des faits et des détails qui soient avantageux, et

---

1. Pièces d'artifice.
2. *Montre.* Cf. p. 122, n. 3. — Ici, annonce ou signal.
3. *Porte.* Comporte.
4. *Indifféremment.* Ne retombe pas sur *tous ceux qui*, mais sur *eux et leurs maîtres* : entre leurs maîtres et eux, ils ne font pas de distinction.
5. *De ce qui.* Pour *de ceux qui.* Cf. p. 56, n. 1. Peut-être avec une intention méprisante.
6. *Et après eux.* Immédiatement après. C'est comme s'il y avait : ce qu'un homme en place doit le plus chérir après son prince, etc., c'est, etc.
7, 8. *En.* Cf. p. 18, n. 4.
9. *Quelles histoires,* etc. L'opposition entre *histoires* et *fable* semble bien indiquer qu'il s'agit de faits authentiques. Les gens d'esprit que l'homme en place a à son service savent réduire ces faits au rang d'inventions calomnieuses.
10. *Justifier.* Le mot serait plus exact, s'il s'appliquait non aux mauvais succès, mais à ceux qui les ont essuyés.
11. *Détourner.* Des yeux, c.-à-d. dissimuler. Opposé à *montrer.*

tourner le ris [1] et la moquerie contre ceux qui oseraient en douter ou avancer des faits contraires. Je sais que les grands ont pour maxime de laisser parler et de continuer d'agir; mais je sais aussi qu'il leur arrive en plusieurs rencontres que laisser dire les empêche de faire.

35. Sentir le mérite, et quand il est une fois connu, le bien traiter, deux grandes démarches [2] à faire tout de suite, et dont la plupart des grands sont fort incapables.

36. Tu es grand, tu es puissant : ce n'est pas assez; fais que je t'estime, afin que je sois triste d'être déchu de tes bonnes grâces, ou de n'avoir pu les acquérir.

37. Vous dites d'un grand ou d'un homme en place qu'il est prévenant, officieux, qu'il aime à faire plaisir; et vous le confirmez par un long détail de ce qu'il a fait en une affaire où [3] il a su que vous preniez intérêt. Je vous entends : on va pour vous au-devant de la sollicitation, vous avez du crédit, vous êtes connu du ministre, vous êtes bien avec les puissances : désiriez-vous que je susse autre chose ?

Quelqu'un vous dit : *Je me plains d'un tel, il est fier depuis son élévation, il me dédaigne, il ne me connaît plus.* — *Je n'ai pas, pour moi,* lui répondez-vous, *sujet de m'en* [4] *plaindre; au contraire je m'en* [5] *loue fort, et il me semble même qu'il est assez civil.* Je crois encore vous entendre [6] : vous voulez qu'on sache qu'un homme en place a de l'attention pour vous, et qu'il vous démêle dans l'antichambre entre mille honnêtes gens de qui il détourne ses yeux [7], de peur de tomber dans l'inconvénient de leur rendre le salut ou de leur sourire.

« Se louer de quelqu'un, se louer d'un grand », phrase [8] délicate [9] dans son origine, et qui signifie sans doute se louer soi-même, en disant d'un grand tout le bien qu'il nous a fait, ou qu'il n'a pas songé à nous faire [10].

On loue les grands pour marquer qu'on les voit de près, rarement par estime ou par gratitude. On ne connaît pas souvent ceux que l'on loue; la vanité ou la légèreté [11] l'em-

---

1. *Ris.* Cf. p. 21, n. 9.
2. Le mot ne s'accorde guère avec *sentir*, ni même avec *traiter*. Mais il est mis pour faire entendre d'autres *démarches*, dont les grands sont à plus forte raison incapables. Cf. p. 410, n. 1.
3. *Où.* Cf. p. 19, n. 4.
4, 5. *En.* Cf. p. 18, n. 4.
6. *Je crois encore*, etc. Cf. plus haut: « Je vous entends ». Cette fois encore, je crois vous comprendre.
7. *Ses yeux.* Nous dirions *les yeux*.
8. *Phrase.* Cf. p. 29, n. 12.
9. *Délicate.* Difficile à expliquer.
10. *Ou qu'il n'a pas*, etc. Car il peut bien arriver que nous en disions beaucoup plus qu'il n'y en a.
11. Cf. chap. III, § 18 : « Il y a une fausse gloire qui est légèreté ».

portent quelquefois sur le ressentiment : on est mal content [1] d'eux et on les loue.

38. S'il est périlleux de tremper dans une affaire suspecte, il l'est encore davantage de s'y trouver complice d'un grand : il s'en tire, et vous laisse payer doublement, pour lui et pour vous.

39. Le prince n'a point assez de toute sa fortune pour payer une basse complaisance, si l'on en juge par tout ce que celui qu'il veut récompenser y a mis du sien [2]; et il n'a pas trop de toute sa puissance pour le punir, s'il mesure sa vengeance au tort qu'il en [3] a reçu.

40. La noblesse expose sa vie pour le salut de l'État et pour la gloire du souverain; le magistrat décharge le prince d'une partie du soin de juger les peuples : voilà de part et d'autre des fonctions bien sublimes [4] et d'une merveilleuse utilité; les hommes ne sont guère capables de plus grandes choses, et je ne sais d'où la robe et l'épée ont puisé de quoi se mépriser réciproquement [5].

41. S'il est vrai qu'un grand donne plus à la fortune lorsqu'il hasarde une vie destinée à couler dans les ris [6], le plaisir et l'abondance, qu'un particulier qui ne risque que des jours qui sont misérables, il faut avouer aussi qu'il a un tout autre dédommagement, qui est la gloire et la haute réputation. Le soldat ne sent pas [7] qu'il soit connu, il meurt obscur et dans la foule : il vivait de même, à la vérité, mais il vivait; et c'est [8] l'une des sources du défaut de courage dans les conditions basses et serviles. Ceux au contraire que la naissance démêle [9] d'avec le peuple et expose aux yeux des hommes, à leur censure et à leurs éloges, sont même capables de sortir par effort de leur tempérament, s'il ne les portait pas à la vertu [10], et cette disposition de cœur et d'esprit, qui passe des aïeuls par les pères dans leurs des-

---

1. *Mal content*. *Mal* équivaut à une négation.
2. *Du sien*. Il a fait bon marché de son honneur.
3. *En*. Cf. p. 18, n. 4.
4. *Bien*. Le mot ne se lie pas à *sublime*, qui est de lui-même une sorte de superlatif. C'est comme s'il y avait : *des fonctions qui sont bien* (incontestablement) *sublimes*, La Bruyère ayant en vue celle du magistrat, dédaignée par les gens d'épée.
5. Il y a là quelque artifice. Ce dont veut se plaindre La Bruyère, c'est que l'épée méprise la robe. Mais en disant que, réciproquement, la robe méprise l'épée, il les met déjà l'une et l'autre sur le même pied.
6. *Ris*. Cf. p. 21, n. 9.
7. *Ne sent pas*. Ne s'aperçoit pas. Rien ne lui fait sentir qu'il soit connu.
8. *C'est*. A savoir : d'être obscur. Cf. la suite.
9. *Démêle*. Distingue.
10. *Vertu*. Valeur.

cendants, est cette bravoure si familière aux personnes nobles, et peut-être la noblesse même.

Jetez-moi dans les troupes comme un simple soldat, je suis Thersite; mettez-moi à la tête d'une armée dont j'aie à répondre à toute l'Europe, je suis ACHILLE.

42. Les princes, sans autre science ni autre règle, ont un goût de comparaison : ils sont nés et élevés au milieu et comme dans le centre [1] des meilleures choses, à quoi [2] ils rapportent [3] ce qu'ils lisent, ce qu'ils voient et ce qu'ils entendent. Tout ce qui s'éloigne trop de LULLI [4], de RACINE et de LE BRUN [5] est condamné.

43. Ne parler aux jeunes princes que du soin de leur rang est un excès de précaution, lorsque toute une cour met son devoir et une partie de sa politesse à les respecter, et qu'ils sont bien moins sujets à ignorer aucun des égards dus à leur naissance, qu'à confondre les personnes, et les traiter [6] indifféremment et sans distinction des conditions et des titres [7]. Ils ont une fierté naturelle, qu'ils retrouvent dans les occasions ; il ne leur faut des leçons que pour la régler, que pour leur inspirer la bonté, l'honnêteté [8] et l'esprit de discernement [9].

44. C'est une pure hypocrisie à un homme d'une certaine élévation de ne pas prendre d'abord [10] le rang qui lui est dû, et que tout le monde lui cède : il ne lui coûte rien d'être modeste [11], de se mêler dans [12] la multitude qui va s'ouvrir pour lui, de prendre dans une assemblée une dernière place [13], afin que tous l'y voient et s'empressent de l'en ôter. La modestie est d'une pratique plus amère aux hommes d'une condition ordinaire : s'ils se jettent dans la foule, on les écrase; s'ils choisissent un poste incommode, il leur demeure.

45. *Aristarque* se transporte dans la place [14] avec un hérault et un trompette; celui-ci commence : toute la mul-

---

1. *Dans le centre.* Plus fort que *au milieu* ; le centre des meilleures choses, c'est leur milieu normal et constant.
2. *A quoi.* Pour *auxquelles.* Cf. p. 92, n. 14.
3. *Rapportent.* Mettent en rapport, comparent.
4. *Lulli.* Cf. p. 23, n. 3, et chap. II, § 24.
5. *Le Brun.* Célèbre peintre contemporain de La Bruyère.
6. *Et les traiter.* Cf. p. 28, n. 1.
7. Comme si un prince était tellement supérieur aux autres hommes, qu'il ne pût faire entre eux aucune distinction.
8. *Honnêteté.* Cf. p. 138, n. 8.
9. De façon qu'ils ne confondent plus les personnes.
10. *D'abord.* Cf. p. 12, n. 2.
11. *Il ne lui coûte rien*, etc. Il n'y a aucun mérite.
12. *Se mêler dans.* Cf. p. 176, n. 8.
13. Une place au dernier rang.
14. *Dans la place.* Cf. p. 125, n. 2.

titude accourt et se rassemble. « Écoutez, peuple, dit le hérault; soyez attentifs; silence, silence! *Aristarque, que vous voyez présent, doit faire demain une bonne action.* » Je dirai plus simplement et sans figure : « Quelqu'un fait bien [1]? Veut-il faire mieux? que je ne sache pas qu'il fait bien, ou que je ne le soupçonne pas du moins de me l'avoir appris. »

46. Les meilleures actions s'altèrent et s'affaiblissent[2] par la manière dont on les fait, et laissent même douter des intentions. Celui qui protège ou qui loue la vertu pour la vertu, qui corrige ou qui blâme le vice à cause du vice, agit simplement, naturellement, sans aucun tour[3], sans nulle singularité, sans faste, sans affectation; il n'use point de réponses graves et sentencieuses, encore moins de traits piquants et satiriques : ce n'est jamais une scène qu'il joue pour le public, c'est un bon exemple qu'il donne, et un devoir dont il s'acquitte; il ne fournit rien aux visites des femmes, ni au cabinet[4], ni aux nouvellistes; il ne donne point à un homme agréable la matière d'un joli conte. Le bien qu'il vient de faire est un peu moins su, à la vérité; mais il a fait ce bien : que voudrait-il davantage?

47. Les grands ne doivent pas aimer les premiers temps[5] : ils[6] ne leur sont point favorables; il est triste pour eux d'y voir que nous sortions[7] tous du frère et de la sœur. Les hommes composent ensemble une même famille : il n'y a que le plus ou le moins dans le degré de parenté.

48. *Théognis* est recherché dans son ajustement, et il sort paré comme une femme; il n'est pas hors de sa maison, qu'il a déjà ajusté[8] ses yeux et son visage, afin que ce soit une chose faite quand il sera dans le public, qu'il y paraisse tout concerté, que ceux qui passent le trouve déjà gracieux et leur souriant, et que nul ne lui échappe. Marche-t-il dans les

---

1. *Fait bien.* Cf. p. 35, n. 6.
2. *S'affaiblissent.* Deviennent moins méritoires.
3. *Tour.* Non pas *détour*; le mot est pris avec le même sens que dans les phrases suivantes : « S'il donne quelque tour à ses pensées »... (Chap. I, § 34.) « Je ne sais si l'on pourra mettre dans des lettres plus d'esprit, plus de tour... que l'on en voit dans celles de Balzac et de Voiture. » (*Ibid.*, § 37.) Il peut y avoir du *tour* dans la conduite, dans la façon d'agir, aussi bien que dans la pensée et dans l'expression.
4. *Cabinet.* « Rendez-vous à Paris de quelques honnêtes gens pour la conversation. » (*Note de La Bruyère.*) Il y avait cabinet chez Ménage, chez le marquis de Dangeau, chez l'abbé de Choisy, etc.
5. *Les premiers temps.* Le premier âge de l'humanité.
6. *Ils.* Ces temps-là.
7. *Nous sortions.* Le subjonctif indique que La Bruyère se met au point de vue des grands.
8. *Ajusté.* Composé.

salles, il se tourne à droit[1], où il y a un grand monde, et à gauche, où il n'y a personne; il salue ceux qui y sont et ceux qui n'y sont pas. Il embrasse[2] un homme qu'il trouve sous sa main, il lui presse la tête contre sa poitrine; il demande ensuite qui est celui qu'il a embrassé[3]. Quelqu'un a besoin de lui dans une affaire qui est facile; il va le trouver, lui fait sa prière : Théognis l'écoute favorablement, il est ravi de lui être bon à quelque chose, il le conjure de faire naître des occasions de lui rendre service; et comme celui-ci insiste sur son affaire, il lui dit qu'il ne la fera point; il le prie de se mettre en[4] sa place, il l'en fait juge. Le client sort, reconduit, caressé, confus, presque content d'être refusé[5].

49. C'est avoir une très mauvaise opinion des hommes, et néanmoins les bien connaître, que de croire dans un grand poste leur imposer par des caresses étudiées, par de longs et terribles embrassements[6].

50. *Pamphile*[7] ne s'entretient pas avec les gens qu'il rencontre dans les salles ou dans les cours : si l'on en croit sa gravité et l'élévation de sa voix, il les reçoit, leur donne audience, les congédie; il a des termes tout à la fois civils et hautains, une honnêteté[8] impérieuse et qu'il emploie sans discernement : il a une fausse grandeur qui l'abaisse, et qui embarrasse fort ceux qui sont ses amis, et qui ne veulent pas le mépriser.

Un Pamphile est plein de lui-même, ne se perd pas de vue, ne sort point de l'idée de sa grandeur, de ses alliances, de sa charge, de sa dignité; il ramasse, pour ainsi dire, toutes ses pièces[9], s'en enveloppe pour se faire valoir; il dit : *Mon ordre, mon cordon bleu*[10]; il l'étale ou il le cache par ostentation. Un Pamphile en un mot veut être grand, il croit l'être; il ne l'est pas, il est d'après un grand[11]. Si quelquefois il sourit à un homme du dernier ordre, à un homme d'esprit, il choisit son temps si juste, qu'il n'est jamais pris sur le fait : aussi la rougeur lui monterait-elle au visage, s'il était malheureusement surpris dans la moindre familiarité

---

1. *A droit.* Cf. p. 120, n. 8.
2. *Embrasse.* Cf. p. 153, n. 2.
3. Cf. Molière :

Et quand je vous demande après quel est cet
                             [homme]
A peine pouvez-vous dire comme il se nomme.
                      (*Mis.*, I, 1.)

4. *En.* Nous dirions à. Cf. p. 176, n. 8.
5. *D'être refusé.* Cf. p. 160, n. 1.
6. *Embrassements.* Cf. p. 153, n. 2.
7. *Pamphile.* Dangeau.
8. *Honnêteté.* Cf. p. 138, n. 8.
9. Les pièces de son écusson.
10. *Cordon bleu.* Insigne des chevaliers du Saint-Esprit.
11. *Il est d'après un grand.* Il est la copie, la contrefaçon d'un grand.

avec quelqu'un qui n'est ni opulent, ni puissant, ni ami d'un ministre, ni son allié, ni son domestique [1]. Il est sévère et inexorable à qui n'a point encore fait sa fortune. Il vous aperçoit un jour dans une galerie, et il vous fuit; et le lendemain, s'il vous trouve en un endroit moins public, ou, s'il est public, en la compagnie d'un grand, il prend courage, il vient à vous, et il vous dit : *Vous ne faisiez pas hier semblant de nous voir* [2]. Tantôt il vous quitte brusquement pour joindre un seigneur ou un premier commis [3], et tantôt, s'il les trouve avec vous en conversation, il vous coupe [4] et vous les enlève. Vous l'abordez une autre fois, et il ne s'arrête pas; il se fait suivre, vous parle si haut que c'est une scène pour ceux qui passent. Aussi [5] les Pamphiles sont-ils toujours comme sur un théâtre : gens nourris dans le faux, et qui ne haïssent rien tant que d'être naturels; vrais personnages de comédie, des *Floridors*, des *Mondoris* [6].

On ne tarit point sur les Pamphiles : ils sont bas et timides devant les princes et les ministres, pleins de hauteur et de confiance avec ceux qui n'ont que de la vertu; muets et embarrassés avec les savants; vifs, hardis et décisifs [7] avec ceux qui ne savent rien. Ils parlent de guerre à un homme de robe, et de politique à un financier; ils savent l'histoire avec les femmes; ils sont poètes avec un docteur, et géomètres avec un poète. De maximes, ils ne s'en chargent pas [8]; de principes encore moins : ils vivent à l'aventure, poussés et entraînés par le vent de la faveur et par l'attrait des richesses. Ils n'ont point d'opinion qui soit à eux, qui leur soit propre; ils en empruntent à mesure qu'ils en ont besoin; et celui à qui ils ont recours n'est guère un homme sage, ou habile [9], ou vertueux : c'est un homme à la mode.

51. Nous avons pour les grands et pour les gens en place une jalousie stérile ou une haine impuissante, qui ne nous venge point de leur splendeur ou de leur élévation, et qui ne fait qu'ajouter à notre misère le poids insupportable du

---

1. *Son domestique.* Attaché à sa maison.
2. On dirait plutôt : « Vous faisiez semblant de ne pas nous voir ». Mais l'expression dont use Pamphile est plus polie pour lui-même.
3. *Premier commis.* Quelque chose comme un sous-ministre.
4. *Il vous coupe.* Il se met entre vous et eux.
5. *Aussi.* Nous dirions *aussi bien*.
6. *Floridors... Mondoris.* Floridor et Mondory étaient deux comédiens célèbres, d'une génération antérieure à La Bruyère.
7. *Décisifs.* Cf. p. 16, n. 2.
8. Ce serait un embarras, une gêne, qui les empêcherait de s'accommoder aux circonstances.
9. *Habile.* Cf. p. 7, n. 6.

bonheur d'autrui. Que faire contre une maladie de l'âme si invétérée et si contagieuse? Contentons-nous de peu, et de moins encore s'il est possible; sachons perdre [1] dans [2] l'occasion : la recette est infaillible et je consens à l'éprouver [3]. J'évite par là d'apprivoiser un suisse [4] ou de fléchir un commis; d'être repoussé à une porte par la foule innombrable de clients ou de courtisans dont la maison d'un ministre se dégorge [5] plusieurs fois le jour; de languir dans sa salle d'audience; de lui demander en tremblant et en balbutiant une chose juste; d'essuyer sa gravité, son ris [6] amer et son *laconisme* [7]. Alors je ne le hais plus, je ne lui porte plus d'envie; il ne me fait aucune prière, je ne lui en fais pas; nous sommes égaux, si ce n'est qu'il n'est peut-être pas tranquille, et que je le suis.

52. Si les grands ont les occasions de nous faire du bien, ils en ont rarement la volonté; et s'ils désirent de nous faire du mal, ils n'en trouvent pas toujours les occasions. Ainsi l'on peut être trompé dans l'espèce de culte qu'on leur rend, s'il n'est fondé que sur l'espérance ou la crainte; et une longue vie se termine quelquefois sans qu'il arrive de dépendre d'eux pour le moindre intérêt, ou qu'on [8] leur doive sa bonne ou sa mauvaise fortune. Nous devons les honorer, parce qu'ils sont grands et que nous sommes petits, et qu'il y en a d'autres plus petits que nous qui nous honorent.

53. A la cour, à la ville, mêmes passions, mêmes faiblesses, mêmes petitesses, mêmes travers d'esprit, mêmes brouilleries dans les familles et entre les proches, mêmes envies, mêmes antipathies [9]. Partout des brus et des belles-mères, des maris et des femmes, des divorces, des ruptures et de mauvais raccommodements; partout des humeurs, des colères, des partialités [10], des rapports [11], et ce qu'on appelle de mauvais discours. Avec de bons yeux on voit sans peine

---

1. *Sachons perdre.* De ce peu même.
2. *Dans l'occasion.* Nous dirions *à l'occasion.* Cf. p. 176, n. 8.
3. *L'éprouver.* En faire l'épreuve.
4. *D'apprivoiser un suisse.* Le suisse est comparé à un animal féroce. Cf. chap. vi, § 11.
5. *Se dégorge.* Cf. le vers de Virgile :

Mane salutantum totis vomit aedibus undam.
(*Géorg.*, II, 462.)

6. *Ris.* Cf. p. 24, n. 9.
7. *Laconisme.* En italique, parce que le mot n'était pas encore admis. — Il y aurait là, d'après les clefs, une allusion à Louvois, que ces traits caractérisent bien.
8. *Qu'il arrive de... ou qu'on.* Cf. p. 48, n. 8. — Peut-être *qu'on* est-il coordonné à *sans que.*
9. Cf. Pascal : « Les grands et les petits ont mêmes accidents, et mêmes fâcheries, et mêmes passions », etc. (*Pensées*, VI, 28.)
10. *Des partialités.* Des traits de partialité. Cf. p. 5, n. 3.
11. *Rapports.* Dénonciations.

la petite ville ¹, la rue Saint-Denis, comme transportées à V*** ² ou à F*** ³. Ici l'on croit se haïr avec plus de fierté et de hauteur, et peut-être avec plus de dignité : on se nuit réciproquement avec plus d'habileté et de finesse; les colères sont plus éloquentes, et l'on se dit des injures plus poliment et en meilleurs termes; l'on n'y blesse point la pureté de la langue; l'on n'y offense que les hommes ou que leur réputation : tous les dehors du vice y sont spécieux; mais le fond, encore une fois, y est le même que dans les conditions les plus ravalées; tout le bas, tout le faible et tout l'indigne ⁴ s'y trouvent. Ces hommes si grands ou par leur naissance, ou par leur faveur, ou par leurs dignités, ces têtes si fortes et si habiles, ces femmes si polies et si spirituelles, tous méprisent le peuple, et ils sont peuple.

Qui dit le peuple dit plus d'une chose : c'est une vaste expression, et l'on s'étonnerait de voir ce qu'elle embrasse, et jusques où elle s'étend. Il y a le peuple qui est opposé aux grands : c'est la populace et la multitude; il y a le peuple qui est opposé aux sages, aux habiles ⁵ et aux vertueux ⁶ : ce sont les grands comme les petits.

54. Les grands se gouvernent par sentiment, âmes oisives sur lesquelles tout fait d'abord ⁷ une vive impression ⁸. Une chose arrive, ils en parlent trop; bientôt ils en parlent peu; ensuite ils n'en parlent plus, ils n'en parleront plus. Action, conduite, ouvrage, événement, tout est oublié; ne leur demandez ni correction ⁹, ni prévoyance, ni réflexion, ni reconnaissance, ni récompense.

55. L'on se porte aux extrémités opposées à l'égard de certains personnages. La satire après leur mort court parmi le peuple, pendant que les voûtes des temples retentissent de leurs éloges. Ils ne méritent quelquefois ni libelles ni discours funèbres; quelquefois aussi ils sont dignes de tous les deux.

56. L'on doit se taire sur les puissants : il y a presque toujours de la flatterie à en ¹⁰ dire du bien; il y a du péril à en ¹¹ dire du mal pendant qu'ils vivent, et de la lâcheté quand ils sont morts ¹².

---

1. *La petite ville.* Cf. chap. v, § 50.
2. V***. Versailles.
3. F***. Fontainebleau.
4. Cf. p. 8, n. 10.
5. *Aux habiles.* Cf. p. 37, n. 10, et p. 7, n. 6.
6. *Aux vertueux.* Cf. p. 37, n. 10.
7. *D'abord.* Cf. p. 12, n. 2.
8. Cf. § 27.
9. *Correction.* Qu'ils se corrigent.
10, 11. *En.* Cf. p. 18, n. 4.
12. *Quand ils sont morts.* Quand ils viennent de mourir. Dans ce passage, le droit ou plutôt le devoir de l'historien n'est pas, bien entendu, mis en question.

CHAPITRE X

Du Souverain ou de la République [1].

1. Quand l'on parcourt, sans la prévention de son pays, toutes les formes du gouvernement, l'on ne sait à laquelle se tenir : il y a dans toutes le moins bon et le moins mauvais. Ce qu'il y a de plus raisonnable et de plus sûr, c'est d'estimer celle où l'on est né la meilleure de toutes, et de s'y soumettre [2].

2. Il ne faut ni art ni science pour exercer la tyrannie, et la politique qui ne consiste qu'à répandre le sang est fort bornée et de nul raffinement ; elle inspire de tuer ceux dont la vie est un obstacle à notre ambition : un homme né cruel fait cela sans peine. C'est la manière la plus horrible et la plus grossière [3] de se maintenir ou de s'agrandir.

3. C'est une politique sûre et ancienne dans les républiques que d'y laisser le peuple s'endormir dans les fêtes, dans les spectacles, dans le luxe, dans le faste, dans les plaisirs, dans la vanité et la mollesse ; le laisser se remplir du vide et savourer la bagatelle [4] : quelles grandes démarches [5] ne fait-on pas au despotique [6] par cette indulgence !

4. Il n'y a point de patrie dans le despotique [7] ; d'autres choses y suppléent : l'intérêt, la gloire, le service du prince.

5. Quand on veut changer et innover dans une république [8], c'est moins les choses que le temps [9] que l'on considère. Il

---

1. *République.* Cf. p. 37, n. 4.
2. La Bruyère voit d'un œil pénétrant les abus du gouvernement sous lequel il vit ; mais il n'y a rien en lui d'un révolutionnaire.
3. *Grossière.* Par opposition à raffinement, à *art ni science.*
4. *La bagatelle.* Se disait ainsi des choses frivoles, et non, comme aujourd'hui, dans un sens spécial. Cf. p. 245, n. 10 ; p. 267, n. 6.
5. *Démarches.* Quel pas ne fait-on pas vers, etc.
6, 7. Cf. p. 8, n. 10.
8. *République.* Cf. p. 37, n. 4.
9. *Le temps.* Cf. p. 97, n. 2.

y a des conjonctures où l'on sent bien qu'on ne saurait trop attenter contre le peuple; et il y en a d'autres où il est clair qu'on ne peut trop le ménager. Vous pouvez aujourd'hui ôter à cette ville ses franchises, ses droits, ses privilèges; mais demain ne songez pas même à réformer ses enseignes [1].

6. Quand le peuple est en mouvement, on ne comprend pas par où le calme peut y rentrer; et quand il est paisible, on ne voit pas par où le calme peut en sortir.

7. Il y a de certains maux dans la république qui y sont soufferts, parce qu'ils préviennent ou empêchent de plus grands maux [2]. Il y a d'autres maux qui sont tels seulement par leur établissement [3], et qui étant dans leur origine un abus ou un mauvais usage, sont moins pernicieux dans leurs suites et dans la pratique qu'une loi plus juste ou une coutume plus raisonnable [4]. L'en voit une espèce de maux que l'on peut corriger par le changement ou la nouveauté, qui est un mal, et fort dangereux [5]. Il y en a d'autres cachés et enfoncés comme des ordures dans un cloaque, je veux dire ensevelis sous la honte, sous le secret et dans l'obscurité : on ne peut les fouiller et les remuer qu'ils n'exhalent le poison et l'infamie; les plus sages doutent quelquefois s'il est mieux de connaître ces maux que de les ignorer. L'on tolère quelquefois dans un État un assez grand mal, mais qui détourne un million de petits maux ou d'inconvénients, qui tous seraient inévitables et irrémédiables. Il se trouve des maux dont chaque particulier gémit, et qui deviennent néanmoins un bien public, quoique le public ne soit autre chose que tous les particuliers [6]. Il y a des maux personnels qui concourent au bien et à l'avantage de chaque famille. Il y en a qui affligent, ruinent ou déshonorent les familles, mais qui tendent au bien et à la conservation de la machine de l'État et du gouvernement [7]. D'autres maux

---

1. *Ses enseignes.* Une ordonnance de Colbert, réduisant la dimension des enseignes, mécontenta les marchands qui s'étaient soumis jusque-là sans murmurer à toutes les mesures dirigées contre les privilèges des métiers et les franchises des corporations.
2. Cf. Pascal : « Le plus grand des maux est les guerres civiles. Elles sont sûres si on veut récompenser les mérites, car tous diront qu'ils méritent. Le mal à craindre d'un sot qui succède par droit de naissance n'est ni si grand ni si sûr. » (*Pensées*, V, 3.)
3. *Par leur établissement.* Par la façon dont ils se sont établis.
4. C'est ce qu'avait déjà dit Montaigne, et ce que répétera Montesquieu.
5. *Un mal, et fort dangereux.* Cf. p. 7, n. 3.
6. La Bruyère veut sans doute parler des impôts.
7. On eût aimé que La Bruyère indiquât ces divers maux avec précision. Mais le pouvait-il?

renversent des États, et sur leurs ruines en élèvent de nouveaux. On en a vu enfin qui ont sapé par les fondements de grands empires, et qui les ont fait évanouir [1] de dessus la terre, pour varier et renouveler la face de l'univers.

8. Qu'importe à l'État qu'*Ergaste* soit riche, qu'il ait des chiens qui arrêtent [2] bien, qu'il crée les modes sur [3] les équipages et sur les habits, qu'il abonde en superfluités? Où il s'agit de l'intérêt et des commodités de tout le public, le particulier est-il compté? [4] La consolation des peuples dans les choses qui lui pèsent un peu est de savoir qu'ils soulagent le prince [5], ou qu'ils n'enrichissent que lui : ils ne se croient point redevables à Ergaste de l'embellissement de sa fortune [6].

9. La guerre a pour elle l'antiquité; elle a été dans tous les siècles : on l'a toujours vue remplir le monde de veuves et d'orphelins, épuiser les familles d'héritiers, et faire périr les frères à une même bataille. Jeune SOYECOURT [7]! je regrette [8] ta vertu, ta pudeur, ton esprit déjà mûr, pénétrant, élevé, sociable; je plains cette mort prématurée qui te joint à ton intrépide frère [9], et t'enlève à une cour où tu n'as fait que te montrer : malheur déplorable, mais ordinaire! De tout temps les hommes, pour quelque morceau de terre de plus ou de moins, sont convenus entre eux de se dépouiller, se brûler [10], se tuer, s'égorger les uns les autres; et pour le faire plus ingénieusement et avec plus de sûreté, ils ont inventé de belles règles qu'on appelle l'art militaire; ils ont attaché à la pratique de ces règles la gloire ou la plus solide réputation; et ils ont depuis enchéri de siècle en siècle sur la manière de se détruire réciproquement. De l'injustice des premiers hommes, comme de son unique source, est venue la guerre, ainsi que la nécessité où ils se sont trouvés de se donner des maîtres qui fixassent leurs droits et leurs pré-

---

1. *Les ont fait évanouir.* Cf. p. 121, n. 8.
2. *Arrêtent.* Terme de chasse. On dit des *chiens d'arrêt.*
3. *Sur.* Cf. p. 40, n. 1.
4. *Le particulier est-il compté?* Faut-il tenir compte du simple particulier?
5. *Le prince.* Qui personnifie l'État.
6. Ils ne croient point devoir à Ergaste d'embellir sa fortune. *Rede-*

vables indique qu'Ergaste n'a rien fait pour eux de quoi ils aient à le payer de retour.
7. Le chevalier de Soyecourt, capitaine des gendarmes-Dauphin, mort des suites d'une blessure reçue à Fleurus (1690).
8. La Bruyère était lié avec la famille de Soyecourt.
9. Tué sur le coup dans la même bataille.
10. Cf. p. 28, n. 1.

tentions. Si, content du sien [1], on eût pu s'abstenir du bien de ses voisins, on avait pour toujours la paix et la liberté.

10. Le peuple paisible dans ses foyers, au milieu des siens, et dans le sein d'une grande ville où il n'a rien à craindre ni pour ses biens ni pour sa vie, respire le feu et le sang, s'occupe [2] de guerres, de ruines, d'embrasements et de massacres, souffre impatiemment que des armées qui tiennent la campagne ne viennent point à se rencontrer, ou si elles sont une fois en présence, qu'elles ne combattent point, ou si elles se mêlent [3], que le combat ne soit pas sanglant et qu'il y ait moins de dix mille hommes sur la place [4]. Il va même souvent jusques à oublier ses intérêts les plus chers, le repos et la sûreté [5], par l'amour qu'il a pour le changement, et par le goût de la nouveauté ou des choses extraordinaires. Quelques-uns consentiraient à voir une autre fois les ennemis aux portes de Dijon ou de Corbie [6], à voir tendre des chaînes [7] et faire des barricades [8], pour le seul plaisir d'en dire ou d'en apprendre la nouvelle.

11. *Démophile*, à ma droite, se lamente et s'écrie : « Tout est perdu, c'est fait de l'État; il est du moins sur le penchant de sa ruine. Comment résister à une si forte et si générale conjuration [9]? Quel moyen, je ne dis pas d'être supérieur, mais de suffire seul à tant et de si puissants ennemis? Cela est sans exemple dans la monarchie. Un héros, un ACHILLE y succomberait. On a fait, ajoute-t-il, de lourdes fautes : je sais bien ce que je dis, je suis du métier, j'ai vu la guerre, et l'histoire m'en a beaucoup appris. » Il parle là-dessus avec admiration d'Olivier le Daim et de Jacques Cœur : « C'étaient là des hommes, dit-il, c'étaient des ministres [10] ». Il débite ses nouvelles, qui sont toutes les plus tristes et les

---

1. *Du sien.* Sans doute au neutre; mais on peut le rapporter à *bien*, exprimé plus loin.
2. *S'occupe de.* S'intéresse à, se passionne pour.
3. *Se mêlent.* Cf. le substantif *mêlée*.
4. *Sur la place.* Qui restent sur la place, sur le champ de bataille.
5. *Ses intérêts les plus chers, qui sont le repos et la sûreté.*
6. En 1636, les Impériaux avaient envahi la Bourgogne et la Picardie; ils s'étaient emparés de Corbie qui fut reprise peu de temps après. Cf. une des lettres les plus connues de Voiture.
7. *Des chaînes.* Ces chaînes fermaient les rues.
8. Allusion aux troubles de la Ligue et de la Fronde.
9. *Conjuration.* Coalition. Ici, la Ligue d'Augsbourg.
10. Ni Olivier le Daim ni Jacques Cœur ne furent proprement des ministres. Au reste, on ne peut les mettre sur la même ligne. Mais Démophile n'y regarde pas de si près.

CH. X. — DU SOUVERAIN OU DE LA RÉPUBLIQUE. 201

plus désavantageuses que l'on pourrait feindre [1] : tantôt un parti des nôtres a été attiré dans une embuscade et taillé en pièces; tantôt quelques troupes renfermées dans un château [2] se sont rendues aux ennemis à discrétion, et ont passé par le fil de l'épée [3]; et si vous lui dites que ce bruit est faux et qu'il ne se confirme point, il ne vous écoute pas, il ajoute qu'un tel général [4] a été tué; et bien qu'il soit vrai qu'il n'a reçu qu'une légère blessure, et que vous l'en assuriez, il déplore sa mort, il plaint sa veuve, ses enfants, l'État, il se plaint lui-même : *Il a perdu un bon ami et une grande protection*. Il dit que la cavalerie allemande est invincible; il pâlit au seul nom des cuirassiers de l'Empereur. « Si l'on attaque cette place, continue-t-il, on lèvera le siège. Ou l'on demeurera sur la défensive sans livrer de combat; ou, si on le [5] livre, on le doit perdre; et, si on le perd, voilà l'ennemi sur la frontière. » Et comme Démophile le [6] fait voler, le voilà dans le cœur du royaume : il [7] entend déjà sonner le beffroi des villes, et crier à l'alarme; il songe à son bien et à ses terres : où conduira-t-il son argent, ses meubles, sa famille? où se réfugiera-t-il? en Suisse, ou à Venise?

Mais, à ma gauche, *Basilide* met tout d'un coup sur pied une armée de trois cent mille hommes; il n'en rabattrait pas une seule brigade : il a la liste des escadrons et des bataillons, des généraux et des officiers; il n'oublie pas l'artillerie ni le bagage. Il dispose absolument de toutes ces troupes : il en envoie tant en Allemagne et tant en Flandre; il réserve un certain nombre pour les Alpes, un peu moins pour les Pyrénées, et il fait passer la mer à ce qui lui reste. Il connaît les marches de ses armées [8], il sait ce qu'elles feront et ce qu'elles ne feront pas; vous diriez qu'il ait [9] l'oreille du prince ou le secret du ministre. Si les ennemis viennent de perdre une bataille [10] où il soit demeuré sur la place [11] quelques [12] neuf à dix mille hommes des leurs, il en compte jusqu'à trente mille, ni plus ni moins; car ses nombres sont toujours fixes et certains, comme de celui [13] qui

1. *Feindre*. Cf. p. 20, n. 7.
2. *Château*. Forteresse, château fort.
3. Nous dirions : ont été passés au fil de l'épée.
4. *Un tel général*. Avec un substantif, nous disons *tel* et non *un tel*.
5. *Le*. Cf. p. 5, n. 8.
6. *Le*. L'ennemi.
7. *Il*. Démophile.
8. *Ses armées*. Elles sont bien à lui; c'est lui qui les a mises sur pied.
9. *Qu'il ait*. Nous mettrions plutôt qu'il a. Cf. p. 5, n. 7.
10. *Une bataille*. Il s'agit sans doute de Fleurus.
11. *Sur la place*. Cf. p. 200, n. 4.
12. *Quelques*. L'usage moderne est *quelque*.
13. Comme les nombres de celui qui (= d'un homme qui).

est bien informé. S'il apprend le matin que nous avons perdu une bicoque, non seulement il envoie s'excuser [1] à [2] ses amis qu'il a la veille conviés à dîner, mais même ce jour-là il ne dîne point, et s'il soupe, c'est sans appétit. Si les nôtres assiègent une place très forte [3], très régulière [4], pourvue de vivres et de munitions, qui a une bonne garnison commandée par un homme d'un grand courage, il dit que la ville a des endroits faibles et mal fortifiés, qu'elle manque de poudre, que son gouverneur manque d'expérience, et qu'elle capitulera après huit jours de tranchée ouverte. Une autre fois il accourt tout hors d'haleine, et après avoir respiré un peu : « Voilà, s'écrie-t-il, une grande nouvelle; ils sont défaits, et à plate couture; le général, les chefs, du moins une bonne partie, tout est tué, tout a péri. Voilà, continue-t-il, un grand massacre, et il faut convenir que nous jouons d'un grand bonheur [5]. » Il s'assit [6], il souffle, après avoir débité sa nouvelle, à laquelle il ne manque qu'une circonstance, qui est qu'il est certain qu'il n'y a point eu de bataille. Il assure d'ailleurs qu'un tel prince [7] renonce à la ligue et quitte ses confédérés, qu'un autre se dispose à prendre le même parti; il croit fermement avec la populace qu'un troisième est mort [8] : il nomme le lieu où il est enterré; et quand on est détrompé aux halles et aux faubourgs, il parie encore pour l'affirmative. Il sait, par une voie indubitable, que T. K. L. [9] fait de grands progrès contre l'Empereur; que le Grand Seigneur arme *puissamment* [10], ne veut point de paix, et que son vizir va se montrer une autre fois aux portes de Vienne [11]. Il frappe des mains, et il tressaille sur [12] cet événement, dont il ne doute plus. La triple alliance [13] chez lui [14] est un Cerbère [15], et les ennemis autant de monstres à assommer. Il ne parle que de lauriers, que de palmes, que de triomphes et que de trophées. Il dit dans le discours familier : *Notre auguste Héros, notre grand Potentat, notre invincible Monarque* [16].

1. *Il envoie s'excuser.* Il se fait excuser par quelqu'un qu'il envoie.
2. *A.* Nous dirions *auprès de*.
3. Allusion au siège de Mons.
4. *Régulière.* Dont la fortification fait une figure régulière.
5. Comme nous disons *jouer de malheur.*
6. *S'assit.* La Bruyère écrit tantôt *assit*, tantôt *assied.* Pour *s'ussit*, cf. p. 221, n. 4; p. 307, n. 1.
7. *Un tel prince.* Cf. p. 201, n. 4.
8. Allusion au bruit qui avait couru de la mort de Guillaume III.
9. *T. K. L.* Tékéli, patriote hongrois révolté contre Léopold Ier.
10. *Puissamment.* En italique, parce que c'est le mot propre de Basilide.
11. Comme en 1683.
12. *Sur.* Cf. p. 10, n. 1.
13. L'alliance de l'Angleterre, de la Hollande et de l'Empire.
14. *Chez lui.* A ses yeux.
15. *Est un Cerbère.* C'est de son style pompeux que se moque La Bruyère. Cf. la suite.
16. Cf. Pascal : « Point de roi, de

Réduisez-le, si vous pouvez, à dire simplement : *Le roi a beaucoup d'ennemis, ils sont puissants, ils sont unis, ils sont aigris : il les a vaincus, j'espère toujours qu'il les pourra vaincre.* Ce style, trop ferme et trop décisif pour Démophile, n'est pour Basilide ni assez pompeux ni assez exagéré ; il a bien d'autres expressions en tête : il travaille aux inscriptions des arcs et des pyramides qui doivent orner la ville capitale [1] un jour d'entrée [2] ; et dès qu'il entend dire que les armées sont en présence, ou qu'une place est investie, il fait déplier sa robe [3] et la mettre à l'air, afin qu'elle soit toute prête pour la cérémonie de la cathédrale.

12. Il faut que le capital [4] d'une affaire qui assemble dans une ville les plénipotentiaires ou les agents des couronnes et des républiques [5] soit d'une longue et extraordinaire discussion, si elle leur coûte plus de temps, je ne dis pas que les seuls préliminaires, mais que le simple règlement des rangs, des préséances et des autres cérémonies.

Le ministre ou le plénipotentiaire est un caméléon, est un Protée. Semblable quelquefois à un joueur habile, il ne montre ni humeur ni complexion [6], soit pour ne point donner lieu aux conjectures ou se laisser pénétrer, soit pour ne rien laisser échapper de son secret par passion ou par faiblesse [7]. Quelquefois aussi il sait feindre le caractère le plus conforme aux vues qu'il a et aux besoins où il se trouve, et paraître tel qu'il a intérêt que les autres croient qu'il est en effet. Ainsi dans une grande puissance [8], ou dans une grande faiblesse qu'il veut dissimuler, il est ferme et inflexible, pour ôter l'envie de beaucoup obtenir ; ou il est facile, pour fournir aux autres les occasions de lui demander, et se

---

pape, d'évêque ; mais, auguste monarque », etc. (*Pensées*, VII, 20.)

1. *La ville capitale.* Cf. Pascal, dans la même pensée : « Il y a des lieux où il faut appeler Paris Paris, et d'autres où il la faut appeler capitale du royaume ». Mais *capitale* ne suffit pas encore à Basilide, il lui faut *ville capitale*, qui est d'un plus grand effet.
2. *D'entrée.* Triomphale.
3. Basilide est de robe, c'est tout ce que nous en savons. Les noms donnés par les clefs nous sont inconnus.
4. *Le capital.* Cf. p. 8, n. 10.
5. *Républiques.* Au sens moderne, par opposition à *couronnes.*

6. *Ni humeur ni complexion.* Il se domine, ne trahit rien de lui-même, reste impassible.
7. *Soit pour*, etc., *soit pour*, etc. D'une part, afin de ne pas laisser pénétrer son caractère personnel, ce qui donnerait prise sur lui (cf. dans la fin du morceau : « Il prend conseil... du tempérament et du caractère des personnes avec qui il négocie ») ; d'autre part, afin de garder mieux son secret, qu'un mouvement de sensibilité pourrait trahir.
8. *Dans une grande puissance.* S'il est « dans une grande puissance », il ne feint point en se montrant ferme.

donner la même licence. Une autre fois, ou il est profond et dissimulé, pour cacher une vérité en l'annonçant, parce qu'il lui importe qu'il l'ait dite, et qu'elle ne soit pas crue ; ou il est franc et ouvert, afin que, lorsqu'il dissimule ce qui ne doit pas être su, l'on croie néanmoins qu'on n'ignore rien de ce que l'on veut savoir, et que l'on se persuade qu'il a tout dit. De même, ou il est vif et grand parleur, pour faire parler les autres, pour empêcher qu'on ne lui parle de ce qu'il ne veut pas ou de ce qu'il ne doit pas savoir[1], pour dire plusieurs choses différentes qui se modifient ou qui se détruisent les unes les autres, qui confondent dans les esprits la crainte et la confiance, pour se défendre d'une ouverture qui lui est échappée par une autre qu'il aura faite ; ou il est froid et taciturne, pour jeter les autres dans l'engagement de parler[2], pour écouter longtemps, pour être écouté quand il parle, pour parler avec ascendant et avec poids, pour faire des promesses ou des menaces qui portent un grand coup et qui ébranlent. Il s'ouvre et parle le premier, pour, en découvrant les oppositions, les contradictions, les brigues et les cabales des ministres étrangers sur les propositions qu'il aura avancées, prendre ses mesures[3] et avoir la réplique ; et, dans une autre rencontre, il parle le dernier, pour ne point parler en vain, pour être précis, pour connaître parfaitement les choses sur quoi[4] il est permis de faire fond pour lui ou pour ses alliés, pour savoir ce qu'il doit demander et ce qu'il peut obtenir. Il sait parler en termes clairs et formels ; il sait encore mieux parler ambigument, d'une manière enveloppée, user de tours ou de mots équivoques, qu'il peut faire valoir ou diminuer[5] dans les occasions, et selon ses intérêts. Il demande peu quand il ne veut pas donner beaucoup ; il demande beaucoup pour avoir peu, et l'avoir plus sûrement. Il exige d'abord de petites choses, qu'il prétend ensuite lui devoir être comptées

---

1. *Pour faire parler les autres, pour empêcher*, etc. Ou bien après avoir parlé lui-même, il laisse parler les autres, gagnés par son humeur loquace ; ou bien il parle tout le temps, pour empêcher les autres de parler.

2. *Pour jeter les autres dans l'engagement de parler*. Tout à l'heure, il était vif et grand parleur, pour *faire parler* les autres, comme par une sorte de contagion ; maintenant il est froid et taciturne, pour les *obliger à parler*. (Cf., sur le sens d'*engagement*, p. 37, n. 5.)

3. *Pour, en découvrant*, etc., *prendre ses mesures*. Construction en usage au XVIIe siècle. Mais *pour*, dans cet exemple, est bien éloigné de l'infinitif qu'il régit, ce qui donne à la phrase quelque chose de pénible.

4. *Les choses sur quoi*. Cf. p. 92. n. 14.

5. *Qu'il peut faire valoir ou diminuer*. Auxquels il peut attribuer plus ou moins de valeur.

CH. X. — DU SOUVERAIN OU DE LA RÉPUBLIQUE. 205

pour rien, et qui ne l'excluent pas d'en demander [1] une plus grande; et il évite au contraire de commencer par obtenir un point important, s'il l'empêche d'en gagner plusieurs autres de moindre conséquence, mais qui tous ensemble l'emportent sur le premier. Il demande trop, pour être refusé [2], mais dans le dessein de se faire un droit ou une bienséance [3] de refuser lui-même ce qu'il sait bien qu'il lui sera demandé, et qu'il [4] ne veut pas octroyer : aussi soigneux alors [5] d'exagérer l'énormité de la demande, et de faire convenir, s'il se peut, des raisons qu'il a de n'y pas entendre [6] que d'affaiblir celles qu'on prétend avoir de ne lui pas accorder ce qu'il sollicite avec instance; également appliqué à faire sonner haut et à grossir dans l'idée des autres le peu qu'il offre, et à mépriser [7] ouvertement le peu que l'on consent de [8] lui donner. Il fait de fausses offres, mais [9] extraordinaires, qui donnent de la défiance, et obligent de rejeter ce que l'on accepterait inutilement [10]; qui lui sont cependant une occasion de faire des demandes exorbitantes, et mettent dans leur tort ceux qui les lui refusent. Il accorde plus qu'on ne lui demande, pour avoir encore plus qu'il ne doit donner. Il se fait longtemps prier, presser, importuner sur [11] une chose médiocre, pour éteindre les espérances et ôter la pensée d'exiger de lui rien de plus fort; ou s'il se laisse fléchir jusques à l'abandonner, c'est toujours avec des conditions qui lui font partager le gain et les avantages avec ceux qui reçoivent. Il prend directement ou indirectement l'intérêt d'un allié, s'il y trouve son utilité et l'avancement [12] de ses prétentions. Il ne parle que de paix, que d'alliance, que de tranquillité publique, que d'intérêt public [13]; et en effet [14] il ne songe qu'aux siens [15], c'est-à-dire à ceux de son maître ou de sa république [16]. Tantôt il réunit

---

1. Construction insolite.
2. *Être refusé.* Cf. p. 160, n. 1.
3. *Une bienséance.* En invoquant des raisons de dignité.
4. *Et qu'il.* Coordonné à *ce qu'il.*
5. *Alors.* Quand on lui demande quelque chose.
6. *N'y pas entendre.* N'y pas donner son acquiescement.
7. *Mépriser.* Déprécier.
8. *De.* Pour à. Cf. p. 35, n. 8.
9. *Mais.* Dans *fausses offres,* l'adjectif se lie avec le substantif en une espèce de mot composé, comme dans *fausse sortie, fausse fenêtre,* etc. C'est le sens d'*offres* qui domine, et non celui de *fausses.* De là, *mais.*
10. *Inutilement.* Parce qu'il trouverait moyen de retirer ses offres.
11. *Sur.* Cf. p. 40, n.1.
12. *L'avancement de ses prétentions.* Dans le sens où l'on dit d'une affaire qu'elle avance.
13. *Publique... public.* Universel, commun à tous les peuples.
14. *En effet.* Cf. p. 14, n. 1.
15. *Aux siens.* Quoique *intérêt* soit au singulier et que d'autres termes coordonnés le précèdent.
16. *République.* Cf. p. 37, n. 4.

quelques-uns [1] qui étaient contraires les uns aux autres, et tantôt il divise quelques autres qui étaient unis. Il intimide les forts et les puissants, il encourage les faibles. Il unit d'abord d'intérêt plusieurs faibles contre un plus puissant, pour rendre la balance égale ; il se joint ensuite aux premiers pour la faire pencher, et il leur vend cher sa protection et son alliance. Il sait intéresser [2] ceux avec qui il traite ; et par un adroit manège, par de fins et de subtils détours, il leur fait sentir leurs avantages particuliers, les biens et les honneurs qu'ils peuvent espérer par une certaine facilité, qui ne choque [3] point leur commission [4] ni les intentions de leurs maîtres. Il ne veut pas aussi [5] être cru imprenable [6] par cet endroit [7] ; il laisse voir en lui quelque peu de sensibilité [8] pour sa fortune : il s'attire par là des propositions qui lui découvrent les vues des autres les plus secrètes, leurs desseins les plus profonds et leur dernière ressource ; et il en profite. Si quelquefois il est lésé dans quelques chefs [9] qui ont enfin été réglés, il crie haut ; si c'est le contraire, il crie plus haut, et jette ceux qui perdent sur la justification et la défensive [10]. Il a son fait [11] digéré [12] par la cour, toutes ses démarches sont mesurées [13], les moindres avances qu'il fait lui sont prescrites, et il agit néanmoins, dans les points difficiles et dans les articles contestés, comme s'il se relâchait de lui-même sur le champ [14], et comme par un esprit d'accommodement ; il ose même promettre à l'assemblée qu'il fera goûter [15] la proposition, et qu'il n'en [16] sera pas désavoué. Il fait courir un bruit faux des [17] choses seulement [18] dont il est chargé, muni d'ailleurs de pouvoirs parti-

---

1. *Quelques-uns.* Le mot ne s'emploierait plus ainsi ; il faudrait un substantif avec *quelques.*
2. *Intéresser.* Les intéresser à ses desseins, leur y faire trouver leur intérêt personnel.
3. *Choque.* Porte atteinte.
4. *Commission.* Mandat.
5. *Aussi.* Cf. p. 1, n. 8.
6. *Imprenable.* On dit : *prendre quelqu'un par ses intérêts.* Mais il y a sans doute ici une comparaison sous-entendue avec une place forte.
7. *Par cet endroit.* A cet égard. Mais le mot *endroit* convient mieux à *imprenable.*
8. *Sensibilité.* On dit de quelqu'un qu'il est sensible à ses intérêts.
9. *Chefs.* Points, articles.
10. Réduit ceux-là mêmes qu'il lèse à se justifier.
11. *Son fait.* Tout ce qu'il doit faire.
12. *Digéré.* Réglé.
13. *Mesurées.* Par la cour. Ses instructions lui tracent des limites précises.
14. *Sur le champ.* Par une décision soudaine, qu'inspireraient les circonstances.
15. *Qu'il fera goûter.* Qu'il fera approuver de son maître.
16. *En.* De cette proposition.
17. *Des choses.* Au sujet des choses. Cf. p. 172, n. 8.
18. *Seulement.* Construction peu nette. Au sujet des choses dont il est chargé à l'exclusion de toute autre.

culiers, qu'il ne découvre jamais qu'à l'extrémité, et dans les moments où il lui serait pernicieux de ne les pas mettre en usage. Il tend surtout par ses intrigues au solide et à l'essentiel, toujours prêt de [1] leur sacrifier les minuties et les points d'honneur imaginaires. Il a du flegme, il s'arme de courage et de patience, il ne se lasse point, il fatigue les autres, et les pousse jusqu'au découragement [2]. Il se précautionne et s'endurcit contre les lenteurs et les remises, contre les reproches, les soupçons, les défiances, contre les difficultés et les obstacles, persuadé que le temps seul et les conjectures amènent les choses et conduisent les esprits au point où on les souhaite. Il va jusques à feindre un intérêt secret à la rupture de la négociation, lorsqu'il désire le plus ardemment qu'elle soit continuée ; et si au contraire il a des ordres précis de faire les derniers efforts pour la rompre, il croit devoir, pour y réussir, en presser la continuation et la fin. S'il survient un grand événement, il se raidit ou il se relâche selon qu'il lui est utile ou préjudiciable ; et si par une grande prudence [3] il sait le prévoir, il presse et il temporise selon que l'État pour qui il travaille en doit craindre ou espérer ; et il règle sur ses [4] besoins ses conditions. Il prend conseil du temps, du lieu, des occasions, de sa puissance ou de sa faiblesse, du génie des nations avec qui il traite, du tempérament et du caractère des personnes avec qui il négocie. Toutes ses vues, toutes ses maximes, tous les raffinements de sa politique tendent à une seule fin, qui est de n'être point trompé, et de tromper les autres.

13. Le caractère des Français demande du sérieux [5] dans le souverain.

14. L'un des malheurs du prince est d'être souvent trop plein de son secret, par [6] le péril qu'il y a à le répandre : son bonheur est de rencontrer une personne sûre qui l'en décharge [7].

15. Il ne manque rien à un roi que les douceurs d'une vie privée ; il ne peut être consolé d'une si grande perte que par le charme de l'amitié, et par la fidélité de ses amis.

---

1. *Prêt de.* Cf. p. 151, n. 17.
2. *Les pousse, les presse, jusqu'à ce qu'ils soient découragés. Au découragement* n'est pas gouverné par *pousse.*
3. *Prudence.* Sagesse. Cf. p. 299, n. 5.
4. *Ses.* Se rapporte à *État.*
5. Par opposition à un laisser-aller qui l'empêcherait d'être respecté.
6. *Par.* Cf. p. 4, n. 4.
7. Allusion, disent les clefs, à Mme de Maintenon.

16. Le plaisir d'un roi qui mérite de l'être est de l'être moins quelquefois, de sortir du théâtre, de quitter le bas de saye[1] et les brodequins[2], et de jouer avec une personne de confiance un rôle plus familier.

17. Rien ne fait plus d'honneur au prince que la modestie[3] de son favori.

18. Le favori n'a point de suite[4]; il est sans engagement[5] et sans liaisons; il peut être entouré de parents et de créatures, mais il n'y[6] tient pas; il est détaché de tout, et comme isolé.

19. Une belle ressource pour celui qui est tombé dans la disgrâce du prince, c'est la retraite. Il lui est avantageux de disparaître, plutôt que de traîner dans le monde le débris d'une faveur qu'il a perdue, et d'y faire un nouveau personnage si différent du premier qu'il a soutenu. Il conserve au contraire le merveilleux de sa vie dans la solitude; et mourant pour ainsi dire avant la caducité, il ne laisse de soi[7] qu'une brillante idée et une mémoire agréable[8].

Une plus belle ressource pour le favori disgracié que de se perdre dans la solitude et ne faire plus parler de soi[9], c'est d'en[10] faire parler magnifiquement, et de se jeter, s'il se peut, dans quelque haute et généreuse entreprise[11], qui relève ou confirme du moins son caractère, et rende raison de son ancienne faveur; qui fasse qu'on le plaigne dans sa chute, et qu'on en rejette une partie[12] sur son étoile.

20. Je ne doute point qu'un favori, s'il a quelque force[13] et quelque élévation, ne se trouve souvent confus et décon-

---

1. *Le bas de saye.* Partie inférieure du *sagum* romain, sorte de jupe plissée retombant jusqu'aux genoux, dont se revêtaient les acteurs pour jouer les rôles des rois et des héros.
2. *Brodequins.* Cothurnes serait plus juste, le brodequin étant la chaussure des acteurs comiques.
3. *Modestie.* Cf. p. 11, n. 11.
4. *N'a point de suite.* On dit qu'un homme n'a point de suite pour dire qu'il n'a point de famille, point d'enfants (Académie, 1691).
5. *Engagement.* Il n'est engagé dans aucun parti.
6. *Y.* Représente *parents, créatures.* Cf. p. 18, n. 4.
7. *Soi.* Cf. p. 39, n. 4.

8. Ce paragraphe fait sans doute allusion à Bussy-Rabutin, qui, de 1666 à 1681, était resté dans sa terre de Bourgogne (non d'ailleurs sans solliciter très platement son rappel).
9. *Soi.* Cf. p. 39, n. 4.
10. *En.* Cf. p. 18, n. 4.
11. Allusion au duc de Lauzun, qui avait été chargé par Jacques II d'escorter sa femme et son fils dans leur fuite, mission périlleuse dont le succès lui valut du reste son rappel à la cour.
12. L'expression *une partie de sa chute* semble peu juste. On dirait très bien, il est vrai : *qu'on la rejette en partie.*
13. D'esprit.

CH. X. — DU SOUVERAIN OU DE LA RÉPUBLIQUE.   209

certé des [1] bassesses, des petitesses, de la flatterie, des soins superflus et des attentions frivoles de ceux qui le courent [2], qui le suivent, et qui s'attachent à lui comme ses viles créatures ; et qu'il ne se dédommage dans le particulier d'une si grande servitude [3] par le ris [4] et la moquerie.

21. Hommes en place, ministres, favoris, me permettrez-vous de le dire? ne vous reposez point sur vos descendants pour le soin de votre mémoire et pour la durée de votre nom : les titres passent, la faveur s'évanouit, les dignités se perdent, les richesses se dissipent, et le mérite dégénère [5]. Vous avez des enfants, il est vrai, dignes de vous, j'ajoute même capables de soutenir toute votre fortune ; mais qui peut vous en promettre autant de vos petits-fils? Ne m'en croyez pas [6], regardez cette unique fois de certains hommes [7] que vous ne regardez jamais, que vous dédaignez : ils ont des aïeuls [8], à qui, tout grands que vous êtes, vous ne faites que succéder. Ayez [9] de la vertu et de l'humanité ; et si vous me dites : « Qu'aurons-nous de plus [10] ? » je vous répondrai : « De l'humanité et de la vertu ». Maîtres alors de l'avenir, et indépendants d'une postérité [11], vous êtes sûrs de durer autant que la monarchie ; et dans le temps que [12] l'on montrera les ruines de vos châteaux, et peut-être la seule place [13] où ils étaient construits, l'idée de vos louables actions sera encore fraîche dans l'esprit des peuples ; ils considéreront avidement vos portraits et vos médailles ; ils diront : « Cet homme [14] dont vous regardez la peinture a parlé à son maître avec force et avec liberté, et a plus craint de lui nuire que de lui déplaire ; il lui a permis [15] d'être bon et bienfaisant, de dire de ses villes : *Ma bonne ville*, et de son peuple, *Mon peuple*. Cet autre [16] dont vous voyez l'image, et en qui l'on remarque une physionomie forte, jointe à un air grave,

---

1. *Des.* Cf. p. 16, n. 10.
2. *Le courent.* Cf. p. 58, n. 6.
3. *Servitude.* La servitude où le tiennent ces soins superflus, etc. Ou, peut-être, la servilité des courtisans.
4. *Ris.* Cf. p. 21, n. 9.
5. Au sens propre ; s'affaiblit de génération en génération.
6. Si vous ne m'en croyez pas sur parole, voici des exemples ; vous n'avez qu'à regarder, etc.
7. *De certains hommes.* Les petits-fils de ceux qui ont jadis été ministres ou favoris.
8. *Aïeuls.* Cf. p. 41, n. 9. Ici, *aïeuls* a sans doute le sens de *grands-pères*. Cf., plus haut, *petits-fils*.
9. *Ayez.* Cet impératif se coordonne, non à *regardez*, mais à *Ne vous reposez point* du début.
10. Qu'y gagnerons-nous?
11. N'ayant pas besoin d'une postérité pour assurer votre mémoire.
12. *Que.* Cf. p. 109, n. 4.
13. *La seule place.* La place seule ; les ruines elles-mêmes ont péri.
14. Allusion au cardinal d'Amboise.
15. *Il lui a permis.* Il l'a mis à même par ses conseils.
16. Le cardinal de Richelieu.

austère et majestueux, augmente d'année à autre [1] de réputation : les plus grands politiques souffrent de lui être comparés. Son grand dessein a été d'affermir l'autorité du prince et la sûreté des peuples par l'abaissement des grands : ni les partis, ni les conjurations, ni les trahisons, ni le péril de la mort, ni ses infirmités n'ont pu l'en détourner. Il a eu du temps de reste pour entamer un ouvrage, continué ensuite et achevé par l'un de nos plus grands et de nos meilleurs princes, l'extinction de l'hérésie [2].

22. Le panneau [3] le plus délié [4] et le plus spécieux qui dans tous les temps ait été tendu aux grands par leurs gens d'affaires, et aux rois par leurs ministres, est la leçon qu'ils leur font [5] de s'acquitter et de s'enrichir [6]. Excellent conseil ! maxime utile, fructueuse [7], une mine d'or, un Pérou, du moins pour ceux qui ont su jusqu'à présent l'inspirer à leurs maîtres [8].

23. C'est un extrême bonheur pour les peuples quand le prince admet dans sa confiance et choisit pour le ministère ceux mêmes qu'ils auraient voulu lui donner, s'ils en avaient été les maîtres.

24. La science des détails, ou une diligente attention aux moindres besoins de la république [9], est une partie essentielle au bon gouvernement, trop négligée à la vérité dans les derniers temps par les rois et par les ministres, mais qu'on ne peut trop souhaiter dans le souverain qui l'ignore, ni assez estimer dans celui qui la possède [10]. Que sert en effet au bien des peuples et à la douceur de leurs jours, que le prince place les bornes de son empire au delà des terres [11] de ses ennemis, qu'il fasse de leurs souverainetés des pro-

---

1. *D'année à autre*. L'usage moderne est *d'une année à l'autre*. Cf. p. 282, n. 17; p. 303, n. 2; p. 338, n. 1; p. 372, n. 5.
2. Allusion à la révocation de l'Édit de Nantes. Richelieu, lui, n'avait combattu les protestants qu'à titre d'État dans l'État. On s'étonne que La Bruyère parle ainsi d'un tel acte; mais cet étonnement même lui fait honneur.
3. *Panneau*. Sorte de filet divisé en pans.
4. *Délié*. On dit *un piège grossier*. *Délié* est le contraire.
5. *La leçon qu'ils leur font de*. Le moyen qu'ils leur conseillent pour.
6. En réduisant les rentes ou en spéculant sur les monnaies. Ceci se rapporte spécialement aux rois et à leurs ministres. Pour les grands et leurs gens d'affaires, il s'agit d'opérations financières plus ou moins suspectes.
7. Lucrative. Cf. p. 352, n. 16.
8. Les gens d'affaires et les ministres trouvaient leur compte dans ces pratiques.
9. *République*. Cf. p. 37, n. 4.
10. Louis XIV la possédait; Saint-Simon et Fénelon se plaignent que les petites choses lui dérobent les grandes.
11. *Des terres*. De la limite qui sépare des siennes les terres de ses ennemis.

CH. X. — DU SOUVERAIN OU DE LA RÉPUBLIQUE. 211

vinces de son royaume; qu'il leur soit également supérieur par les sièges et par les batailles, et qu'ils ne soient devant lui en sûreté ni dans les plaines ni dans les plus forts bastions; que les nations s'appellent les unes les autres, se liguent ensemble, pour se défendre et pour l'arrêter: qu'elles se liguent en vain, qu'il marche [1] toujours et qu'il triomphe toujours; que leurs dernières espérances soient tombées par le raffermissement d'une santé [2] qui donnera au monarque le plaisir de voir les princes ses petits-fils soutenir ou accroître ses destinées, se mettre en campagne, s'emparer de redoutables forteresses, et conquérir de nouveaux États; commander de vieux et expérimentés capitaines, moins par [3] leur rang et leur naissance que par leur génie et leur sagesse; suivre les traces augustes de leur victorieux père [4]; imiter sa bonté, sa docilité, son équité, sa vigilance, son intrépidité [5]? Que me servirait en un mot, comme à tout le peuple, que le prince fût heureux et comblé de gloire par lui-même et par les siens, que ma patrie fût puissante et formidable, si, triste et inquiet, j'y vivais dans l'oppression ou dans l'indigence; si, à couvert des courses [6] de l'ennemi, je me trouvais exposé dans les places ou dans les rues d'une ville au fer d'un assassin, et que je craignisse moins dans l'horreur de la nuit d'être pillé ou massacré dans d'épaisses forêts que dans ses carrefours; si la sûreté, l'ordre et la propreté [7] ne rendaient pas le séjour des villes si délicieux, et n'y avaient pas amené, avec l'abondance, la douceur de la société; si, faible et seul de mon parti, j'avais à souffrir dans ma métairie du voisinage d'un grand, et si l'on avait moins pourvu à me faire justice de ses entreprises [8]; si je n'avais pas sous ma main autant de maîtres, et d'excellents maîtres, pour élever mes enfants dans les sciences ou dans les arts qui feront un jour leur établissement; si par la facilité du commerce, il m'était moins ordinaire de m'habiller de bonnes étoffes, et de me nourrir de viandes saines, et de les acheter peu [9]; si enfin, par les soins du prince, je

1. *Marche.* Par opposition à *l'arrêter.*
2. Louis XIV avait été heureusement opéré de la fistule en 1686.
3. *Par.* En vertu de. Cf. p. 1, n. 4.
4. Le Grand-Dauphin.
5. La Bruyère, dans cette longue phrase, fait, par une sorte de prétérition, l'éloge de Louis XIV, auquel, dans la suite même du morceau, il sait, à la faveur d'un ingénieux détour, ne pas ménager d'utiles vérités.
6. *Courses.* Incursions.
7. *Propreté.* Cf. p. 109, n. 6.
8. *Entreprises.* Usurpations. Cf. *entreprendre sur.*
9. *Acheter peu.* Nous disons *payer peu, acheter bon marché.* Cf. p. 213, n. 5.

n'étais pas aussi content de ma fortune, qu'il doit lui-même par ses vertus l'être de la sienne?

25. Les huit ou les ¹ dix mille hommes ² sont au souverain comme une monnaie dont il achète une place ou une victoire : s'il fait qu'il ³ lui en coûte moins, s'il épargne les hommes, il ressemble à celui qui marchande et qui connaît mieux qu'un autre le prix de l'argent.

26. Tout prospère dans une monarchie où l'on confond les intérêts de l'État avec ceux du prince ⁴.

27. Nommer un roi PÈRE DU PEUPLE est moins faire son éloge que l'appeler par son nom, ou faire sa définition ⁵.

28. Il y a un commerce ⁶ ou un retour ⁷ de devoirs du souverain à ses sujets, et de ceux-ci au souverain : quels sont les plus assujettissants et les plus pénibles, je ne le déciderai pas. Il s'agit de juger, d'un côté, entre les étroits engagements ⁸ du respect, des secours, des services, de l'obéissance, de la dépendance, et, d'un autre, les obligations indispensables de bonté, de justice, de soins, de défense, de protection. Dire qu'un prince est arbitre de la vie des hommes, c'est dire seulement que les hommes par leurs crimes deviennent naturellement soumis aux lois et à la justice, dont le prince est le dépositaire : ajouter qu'il est maître absolu de tous les biens de ses sujets ⁹, sans égards, sans compte ¹⁰ ni discussions ¹¹, c'est le langage de la flatterie ¹², c'est l'opinion d'un favori qui se dédira à l'agonie ¹³.

29. Quand vous voyez quelquefois un nombreux troupeau, qui répandu sur une colline vers le déclin d'un beau jour, pait tranquillement le thym et le serpolet, ou qui

---

1. *Les.* L'usage moderne supprimerait ce second *les.*
2. *Les huit ou les dix mille hommes.* Qui d'ordinaire périssent dans une bataille ou un siège.
3. *S'il fait que.* Latinisme.
4. Où le prince se conduit de telle façon que les sujets n'ont pas de différence à faire entre ses intérêts et ceux de l'État.
5. C'est-à-dire que les rois qui ne méritent pas ce titre ne méritent pas davantage le nom de roi.
6. *Commerce.* Échange.
7. *Retour.* Réciprocité.
8. *Engagements.* Cf. p. 37, n. 5.
9. Cf. Louis XIV : « Les rois sont seigneurs absolus et ont naturellement la disposition pleine et entière de tous les biens qui sont possédés aussi bien par les gens d'église que par les séculiers ». (*Mémoires.*)
10. *Sans compte.* Sans qu'il ait à en rendre compte, à compter avec ses sujets.
11. *Ni discussions.* Sans que les sujets aient à faire valoir des droits.
12. Cf. le mot de Villeroy, gouverneur du jeune Louis XV : « Sire, tout cela est à vous ».
13. *Qui se dédira à l'agonie.* Cette parole est une impiété qu'il n'oserait porter devant le tribunal de Dieu.

CH. X. — DU SOUVERAIN OU DE LA RÉPUBLIQUE. 213

broute dans une prairie une herbe tendre et menue qui a échappé à la faux du moissonneur, le berger, soigneux et attentif, est debout auprès de ses brebis; il ne les perd pas de vue, il les suit, il les conduit, il les change de pâturage; si elles se dispersent, il les rassemble; si un loup avide paraît, il lâche son chien, qui le met en fuite; il les nourrit, il les défend; l'aurore le trouve déjà en pleine campagne, d'où[1] il ne se retire qu'avec le soleil : quels soins! quelle vigilance! quelle servitude! Quelle condition vous paraît la plus délicieuse et la plus libre, ou du berger ou des brebis? le troupeau est-il fait pour le berger, ou le berger pour le troupeau? Image naïve des peuples et du prince qui les gouverne, s'il est bon prince[2].

Le faste et le luxe dans un souverain, c'est le berger habillé d'or et de pierreries, la houlette d'or en ses mains; son chien a un collier d'or, il est attaché avec une laisse d'or et de soie. Que sert tant d'or à son troupeau ou contre les loups?

30. Quelle heureuse place que celle qui fournit dans tous les instants l'occasion à un homme de faire du bien à tant de milliers d'hommes[3]! Quel dangereux poste que celui qui expose à tous moments un homme à nuire à un million d'hommes!

31. Si les hommes ne sont point capables sur la terre d'une joie plus naturelle, plus flatteuse et plus sensible[4], que de connaître qu'ils sont aimés, et si les rois sont hommes, peuvent-ils jamais trop acheter[5] le cœur de leurs peuples?

32. Il y a peu de règles générales et de mesures certaines[6] pour bien gouverner; l'on suit le temps et les conjonctures, et cela roule sur[7] la prudence et sur les vues[8] de ceux qui règnent : aussi le chef-d'œuvre de l'esprit, c'est le parfait gouvernement; et ce ne serait peut-être pas une chose possible, si les peuples, par l'habitude où ils sont de la dépendance et de la soumission, ne faisaient la moitié de l'ouvrage.

---

1. *D'où*. Cf. p. 5, n. 8.
2. *S'il est bon prince*. Ce dernier trait nous ramène à la réalité, qui n'a, le plus souvent, rien de commun avec une telle idylle.
3. Cf. chap. IX, § 31.
4. *Sensible*. Cf. p. 2, n. 4.
5. *Trop acheter*. Cf. p. 211, n. 9.
6. *Certaines*. Fixes.
7. *Roule sur*. Dépend de. Expression fréquente au XVIIe siècle.
8. *Roule sur... les vues*. Les deux mots ne vont guère ensemble; mais l'un et l'autre, couramment usités au sens métaphorique, perdent leur sens propre.

33. Sous un très grand roi, ceux qui tiennent les premières places n'ont que des devoirs faciles, et que l'on remplit sans nulle peine : tout coule de source; l'autorité et le génie du prince leur aplanissent les chemins, leur épargnent les difficultés, et font tout prospérer au delà de leur attente : ils ont le mérite de subalternes [1].

34. Si c'est trop de se trouver chargé d'une seule famille, si c'est assez d'avoir à répondre de soi seul, quel poids, quel accablement, que celui de tout un royaume! Un souverain est-il payé de ses peines par le plaisir que semble donner une puissance absolue, par toutes les prosternations des courtisans? Je songe aux pénibles, douteux et dangereux chemins qu'il est quelquefois obligé de suivre pour arriver à [2] la tranquillité publique ; je repasse les moyens extrêmes, mais nécessaires, dont il use souvent pour une bonne fin; je sais qu'il doit répondre à Dieu même de la félicité de ses peuples, que le bien et le mal est [3] en ses mains, et que toute ignorance [4] ne l'excuse pas; et je me dis à moi-même « Voudrais-je régner? » Un homme un peu heureux dans une condition privée devrait-il y renoncer pour une monarchie? N'est-ce pas beaucoup, pour celui [5] qui se trouve en place par un droit héréditaire, de supporter [6] d'être né roi?

35. Que de dons du ciel ne faut-il pas pour bien régner [7]! Une naissance auguste, un air d'empire et d'autorité, un visage qui remplisse la curiosité [8] des peuples empressés de [9] voir le prince, et qui conserve le respect dans le courtisan; une parfaite égalité d'humeur; un grand éloignement pour

---

1. Prise en elle-même, cette pensée a bien quelque justesse. Mais nous l'appliquons tout naturellement à Louis XIV et à ses ministres, et La Bruyère l'écrit sans nul doute dans cette intention. Il y a là une flatterie regrettable. Des ministres tels que Colbert et Louvois sont autre chose que des subalternes; et la meilleure preuve que Louis XIV ne donnait pas, comme lui-même se le persuadait, « la capacité avec la patente », c'est ce que devint après eux l'administration du royaume.
2. *Arriver à.* En corrélation avec *chemins.*
3. *Est.* Le singulier, parce que La Bruyère unit ici le bien et le mal dans une sorte de locution composée équivalant à un seul sujet.
4. *Toute.* Dans le sens de *n'importe quelle.* Cf. p. 157, n. 5.
5. *Pour celui.* Pour celui-là même qui, etc.; par opposition au simple particulier.
6. *Supporter d'être né roi.* Supporter la charge que lui impose sa naissance.
7. Cet éloge de Louis XIV, La Bruyère ne pouvait s'en dispenser. Il n'est pas plus hyperbolique que ceux dont tous les grands écrivains du temps payèrent le tribut. Mais d'ailleurs nous pouvons, quand il porte décidément à faux, y mettre, pour notre usage personnel, une pointe d'ironie.
8. Cf. chap. VIII, § 75.
9. *Empressés de.* Au lieu de *à*, comme nous disons encore *s'empresser de.* Cf. p. 35, n. 8.

CH. X. — DU SOUVERAIN OU DE LA RÉPUBLIQUE.   215

la raillerie piquante, ou assez de raison pour ne se la permettre point ; ne faire jamais ni menaces ni reproches : ne point céder à la colère, et être toujours obéi ; l'esprit facile, insinuant [1] ; le cœur ouvert, sincère, et dont on croit [2] voir le fond, et ainsi très propre à se faire des amis, des créatures et des alliés ; être secret toutefois, profond et impénétrable dans ses motifs et dans ses projets ; du sérieux [3] et de la gravité dans le public [4] ; de la brièveté, jointe à beaucoup de justesse et de dignité, soit dans les réponses aux ambassadeurs des princes, soit dans les conseils ; une manière de faire des grâces qui est comme un second bienfait ; le choix des personnes que l'on gratifie [5] ; le discernement des esprits, des talents et des complexions [6] pour la distribution des postes et des emplois ; le choix des généraux et des ministres ; un jugement ferme, solide, décisif dans les affaires, qui fait que l'on connait [7] le meilleur parti et le plus juste ; un esprit de droiture et d'équité qui fait qu'on le suit jusques à prononcer quelquefois contre soi-même en faveur du peuple, des alliés, des ennemis ; une mémoire heureuse et très présente, qui rappelle les besoins des sujets, leurs visages, leurs noms, leurs requêtes ; une vaste capacité, qui s'étende non seulement aux affaires de dehors, au commerce, aux maximes d'État, aux vues de la politique, au reculement des frontières par la conquête de nouvelles provinces, et à leur sûreté par un grand nombre de forteresses inaccessibles ; mais qui sache aussi se renfermer au dedans, et comme [8] dans les détails de tout un royaume ; qui en bannisse un culte faux, suspect et ennemi de la souveraineté, s'il s'y rencontre [9], qui abolisse des usages cruels et impies, s'ils y règnent [10] ; qui réforme les lois et les coutumes [11], si elles étaient [12] rem-

1. *L'esprit facile, insinuant.* Il ne s'agit pas ici des facultés intellectuelles, mais d'une certaine douceur et aménité dans la « conversation ». Cf. chap. XII, § 22 : « Le villageois est doux et *insinuant*, le bourgeois au contraire et le magistrat grossiers ».
2. *Croit.* Et non *croie.* Plus haut, *qui remplisse*, et, plus bas, *qui s'étende*, etc. *Dont on croit*, etc., équivaut tout simplement à un adjectif et se coordonne à *sincère.* Cf. ci-dessous : *qui fait.*
3. *Du sérieux.* Cf. § 13.
4. *Dans le public.* Cf. p. 8, n. 10. — En public. Par opposition à *dans le particulier.* Cf. p. 279, n. 7 ; p. 280, n. 3 ; p. 336, n. 1.

5. *Gratifie.* Même sens que plus haut *faire des grâces.*
6. *Complexions.* Tempéraments, caractères. Cf. p. 55, n. 6.
7. *Connaît.* Reconnaît ; usage courant du XVIIe siècle.
8. *Comme.* Peut-être le mot s'applique-t-il à l'expression même *se renfermer dans les détails.*
9. Allusion au protestantisme. Cf. § 21.
10. Allusion aux duels. Cf. chapitre XIII, § 3.
11. Allusion aux *Ordonnances* ou *Codes* promulgués dans les derniers vingt ans.
12. *Étaient.* A l'imparfait. Quand il est monté sur le trône.

plies d'abus; qui donne aux villes plus de sûreté et plus de commodités par le renouvellement[1] d'une exacte police[2], plus d'éclat et plus de majesté par des édifices somptueux; punir sévèrement les vices scandaleux; donner par son autorité et par son exemple du crédit à la piété et à la vertu; protéger l'Église, ses ministres, ses droits, ses libertés[3]; ménager ses peuples comme ses enfants; être toujours occupé de la pensée de les soulager, de rendre les subsides légers, et tels qu'ils se lèvent[4] sur les provinces sans les appauvrir; de grands talents pour la guerre; être vigilant, appliqué, laborieux; avoir des armées nombreuses, les commander en personne; être froid dans le péril, ne ménager sa vie que pour le bien de son État; aimer le bien de son État et sa gloire plus que sa vie; une puissance très absolue, qui ne laisse point d'occasion aux brigues, à l'intrigue et à la cabale; qui ôte cette distance infinie qui est quelquefois entre les grands et les petits, qui les rapproche, et sous laquelle tous plient également[5]; une étendue de connaissance qui fait que le prince voit tout par ses yeux, qu'il agit immédiatement[6] et par lui-même, que ses généraux ne sont, quoique éloignés de lui, que ses lieutenants, et les ministres que ses ministres[7]; une profonde sagesse, qui sait déclarer la guerre, qui sait vaincre et user de la victoire; qui sait faire la paix, qui sait la rompre; qui sait quelquefois, et selon les divers intérêts, contraindre les ennemis à la recevoir; qui donne des règles à une vaste ambition, et sait jusques où l'on doit conquérir[8]; au milieu d'ennemis couverts ou déclarés, se procurer le loisir des jeux, des fêtes, des spectacles; cultiver les arts et les sciences; former et exécuter des projets d'édifices surprenants[9]; un génie enfin supérieur et puissant, qui se fait aimer et révérer des siens, craindre des étrangers; qui fait d'une cour, et même de tout un royaume, comme une seule famille, unie parfaitement sous un même chef, dont l'union et la bonne intelligence est redoutable au reste du monde[10]:

1. *Renouvellement.* Rétablissement.
2. *Police.* Administration. Cf. p. 428, n. 8; p. 433, n. 7; p. 435, n. 1.
3. Allusion à la déclaration de 1682.
4. *Se lèvent.* Le réfléchi au lieu du passif. Cf. p. 82, n. 6.
5. *Également.* L'égalité dans l'obéissance, sous le despotisme d'un seul; tel est bien l'idéal d'une monarchie absolue.

6. *Immédiatement.* Cf. p. 148, n. 3.
7. *Ses ministres.* De simples commis. Cf. § 33.
8. Cf. Boileau :

Toi-même te borner au fort de la victoire.
 (*Épît.*, I, 121.)

9. Les Invalides, l'Observatoire, etc.
10. Il faut lire, en les rapprochant de ce morceau, certains passages de Saint-Simon et du *Siècle de*

ces admirables vertus me semblent renfermées dans l'idée [1] du souverain; il est vrai qu'il est rare de les voir réunies dans un même sujet [2] : il faut que trop de choses concourent à la fois, l'esprit, le cœur, les dehors [3], le tempérament; et il me parait qu'un monarque qui les rassemble toutes en sa personne est bien digne du nom de Grand [4].

Louis XIV, qui en sont le meilleur commentaire.
1. *Idée.* Type idéal.
2. *Sujet.* Cf. p. 26, n. 3.

3. *Les dehors.* Les qualités extérieures.
4. Ce nom avait été donné à Louis XIV après la paix de Nimègue.

CHAPITRE XI

De l'Homme.

1. Ne nous emportons point contre les hommes [1], en voyant leur dureté, leur ingratitude, leur injustice, leur fierté [2], l'amour d'eux-mêmes [3], et l'oubli des autres : ils sont ainsi faits, c'est leur nature : c'est [4] ne pouvoir supporter que la pierre tombe ou que le feu s'élève.

2. Les hommes en un sens ne sont point légers, ou ne le sont que dans les petites choses. Ils changent leurs habits, leur langage, les dehors, les bienséances; ils changent de goût quelquefois : ils gardent leurs mœurs toujours mauvaises, fermes et constants dans le mal ou dans l'indifférence pour la vertu.

3. Le stoïcisme est un jeu d'esprit [5] et une idée [6] semblable à la République de Platon. Les stoïques [7] ont feint qu'on pouvait rire dans la pauvreté; être insensible aux injures, à l'ingratitude, aux pertes de biens, comme à celle des parents et des amis; regarder froidement la mort, et comme une chose indifférente qui ne devait ni réjouir ni rendre triste; n'être vaincu ni par le plaisir ni par la douleur; sentir le fer ou le feu dans quelque [8] partie de son corps sans pousser le moindre soupir ni jeter [9] une seule

---

1. Cf. Molière :

Oui, je vois ces défauts dont votre âme murmure
Comme vices unis à l'humaine nature, etc.
(*Mis.*, I, 1.)

2. *Fierté*. Ce mot a souvent le sens du latin *ferus*. Cf. p 225, n. 2; p. 315, n. 5.

3. *Leur fierté, l'amour d'eux-mêmes*. Construction irrégulière. Mais il eût été bien lourd de dire : leur amour d'eux-mêmes et leur oubli des autres.

4. *C'est*. S'emporter contre eux, c'est, etc.

5. La Bruyère fait ici grand tort au stoïcisme, sur les maximes duquel tant d'âmes élevées se réglèrent. Pascal lui-même en juge mieux.

6. *Idée*. Fiction.

7. *Stoïques*. Nous disons plutôt *stoïciens*.

8. *Quelque*. N'importe quelle.

9. *Jeter*. Sans que, malgré nous, nos larmes jaillissent.

larme; et ce fantôme de vertu et de constance ainsi imaginé, il leur a plu de l'appeler un sage. Ils ont laissé à l'homme tous les défauts qu'ils lui ont trouvés, et n'ont presque relevé aucun de ses faibles [1]. Au lieu de faire de ses vices des peintures affreuses ou ridicules qui servissent à l'en corriger, ils lui ont tracé l'idée d'une perfection et d'un héroïsme dont il n'est point capable, et l'ont exhorté à l'impossible. Ainsi le sage qui n'est pas, ou qui n'est qu'imaginaire [2], se trouve naturellement et par lui-même [3] au-dessus de tous les événements et de tous les maux : ni la goutte la plus douloureuse, ni la colique la plus aiguë ne sauraient lui arracher une plainte; le ciel et la terre peuvent être renversés sans l'entraîner dans leur chute, et il demeurerait ferme sur les ruines de l'univers [4] : pendant que l'homme qui est en effet [5] sort de son sens [6], crie, se désespère, étincelle des yeux [7], et perd la respiration pour un chien perdu ou pour une porcelaine qui est en pièces [8].

4. Inquiétude d'esprit, inégalité d'humeur, inconstance de cœur, incertitude de conduite : tous vices de l'âme, mais différents, et qui avec [9] tout le rapport qui paraît entre eux, ne se supposent pas toujours l'un l'autre dans un même sujet [10].

5. Il est difficile de décider si l'irrésolution rend l'homme plus malheureux que méprisable; de même s'il y a toujours plus d'inconvénient à prendre un mauvais parti, qu'à n'en prendre aucun.

6. Un homme inégal n'est pas un seul homme, ce sont plusieurs; il se multiplie autant de fois qu'il a de nouveaux goûts et de manières différentes; il est à chaque moment ce qu'il n'était point, et il va être bientôt ce qu'il n'a jamais été : il se succède à lui-même. Ne demandez pas de quelle complexion il est, mais quelles sont ses complexions; ni de

---

1. *Relevé aucun de ses faibles.* Relevé a ici le sens de *mettre en relief, signaler.* — Pour *faibles,* cf. p. 63, n. 9.
2. Qui n'existe que dans l'imagination.
3. *Naturellement et par lui-même.* Pour le chrétien, la *nature* est corrompue et l'homme ne peut rien sans le secours de la grâce. Cf. Pascal, *Entretien avec M. de Sacy.*
4. C'est le mot d'Horace, *Odes,* III, III.
5. *Qui est en effet.* Cf. plus haut *qui n'est qu'imaginaire. En effet* veut dire *en réalité.* Cf. p. 14, n. 1.
6. Comme on dit *être hors de sens.*
7. *Étincelle des yeux.* Latinisme, ou plutôt hellénisme.
8. Cf. Pascal : « Qui ne sait que la vue de chats, de rats, l'écrasement d'un charbon, etc., emportent la raison hors des gonds? » (*Pensées,* III, 3.)
9. *Avec.* Malgré.
10 *Sujet.* Cf. p. 26, n. 3.

quelle humeur, mais combien il a de sortes d'humeurs. Ne vous trompez-vous point? est-ce *Euthycrate* que vous abordez? aujourd'hui quelle glace pour vous! hier il vous recherchait, il vous caressait, vous donniez de la jalousie à ses amis : vous reconnait-il bien? dites-lui votre nom.

7. *Ménalque* [1] descend son escalier, ouvre sa porte pour sortir, il la referme : il s'aperçoit qu'il est en bonnet de nuit, et venant à mieux s'examiner, il se trouve rasé à moitié, il voit que son épée est mise du côté droit, que ses bas sont rabattus sur ses talons, et que sa chemise est par-dessus ses chausses [2]. S'il marche dans les places, il se sent tout d'un coup rudement frapper à l'estomac ou au visage; il ne soupçonne point ce que ce peut être, jusqu'à ce qu'ouvrant les yeux et se réveillant, il se trouve ou devant un limon [3] de charrette, ou derrière un long ais de menuiserie que porte un ouvrier sur ses épaules. On l'a vu une fois heurter du front contre celui d'un aveugle, s'embarrasser dans ses jambes, et tomber avec lui chacun de son côté à la renverse. Il lui est arrivé plusieurs fois de se trouver tête pour tête [4] à la rencontre d'un prince et sur son passage, se reconnaître [5] à peine, et n'avoir que le loisir de se coller à un mur pour lui faire place. Il cherche, il brouille [6], il crie, il s'échauffe, il appelle ses valets l'un après l'autre : *on lui perd tout, on lui égare tout*; il demande ses gants, qu'il a dans ses mains, semblable à cette femme qui prenait le temps [7] de demander son masque [8] lorsqu'elle l'avait sur son visage. Il entre à l'appartement [9] et passe sous un lustre où sa perruque s'accroche et demeure suspendue : tous les courtisans regardent et rient; Ménalque regarde aussi et rit plus haut que les autres, il cherche des yeux dans toute l'assemblée où est celui qui montre ses oreilles, et à qui il manque une perruque. S'il va par la ville, après avoir fait quelque chemin, il se croit égaré, il s'émeut, et il demande

---

1. « Ceci est moins un caractère particulier qu'un recueil de faits de distractions : ils ne sauraient être en trop grand nombre, s'ils sont agréables; car, les goûts étant différents, on a à choisir. » (*Note de La Bruyère.*)
2. *Chausses*. Espèce de culotte.
3. *Limon*. Une des branches du brancard.
4. *Tête pour tête*. Face à face.
5. *Se reconnaître*. Ellipse de la préposition *de*. Cf. p. 28, n. 1.
6. *Brouille*. L'emploi absolu de ce verbe est rare.
7. *Prenait le temps lorsqu'elle*, etc. Choisissait, pour demander son masque, le moment où, etc. Nous disons encore : c'est bien prendre son temps.
8. *Masque*. Les femmes portaient en toilette de ville un masque de velours ou de satin noir garni de dentelles, pour protéger leur teint contre le hâle.
9. Du roi.

où il est à des passants, qui lui disent précisément le nom de sa rue; il entre ensuite dans sa maison, d'où il sort précipitamment, croyant qu'il s'est trompé. Il descend du palais [1], et trouvant au bas du grand degré [2] un carrosse qu'il prend pour le sien, il se met dedans : le cocher touche et croit remener [3] son maître dans sa maison; Ménalque se jette hors de la portière, traverse la cour, monte l'escalier, parcourt l'antichambre, la chambre, le cabinet; tout lui est familier, rien ne lui est nouveau; il s'assit [4], il se repose, il est chez soi [5]. Le maître arrive : celui-ci se lève pour le recevoir; il le traite fort civilement, le prie de s'asseoir, et croit faire les honneurs de sa chambre; il parle, il rêve [6], il reprend la parole : le maître de la maison s'ennuie, et demeure étonné; Ménalque ne l'est pas moins, et ne dit pas ce qu'il en pense : il a affaire à un fâcheux, à un homme oisif, qui se retirera à la fin, il l'espère, et il prend patience : la nuit arrive qu'il est à peine détrompé. Une autre fois il rend visite à une femme, et se persuadant bientôt que c'est lui qui la reçoit, il s'établit [7] dans son fauteuil, et ne songe nullement à l'abandonner : il trouve ensuite que cette dame fait ses visites longues, il attend à tous les moments qu'elle se lève et le laisse en liberté; mais comme cela tire en longueur, qu'il a faim, et que la nuit est déjà avancée, il la prie à souper : elle rit, et si haut, qu'elle le réveille. Lui-même se marie le matin, l'oublie le soir, et découche la nuit de ses noces; et quelques années après il perd sa femme, elle meurt entre ses bras, il assiste à ses obsèques, et le lendemain quand on lui vient dire qu'on a servi, il demande si sa femme est prête et si elle est avertie. C'est lui encore qui entre dans une église, et prenant l'aveugle qui est collé à la porte pour un pilier, et sa tasse [8] pour le bénitier, y plonge la main, la porte à son front, lorsqu'il entend tout d'un coup le pilier qui parle, et qui lui offre des oraisons. Il s'avance dans la nef, il croit voir un prie-Dieu, il se jette lourdement dessus : la machine plie, s'enfonce, et fait des efforts pour crier; Ménalque est surpris de se voir à genoux sur les jambes d'un fort petit homme, appuyé sur son dos, les deux bras passés sur ses épaules, et ses deux mains

1. De justice.
2. *Degré.* Escalier.
3. *Remener.* Vieilli.
4. *S'assit.* Cf. p. 202, n. 6.
5. *Soi.* Cf. p. 39, n. 4.
6. *Rêve.* Cf. p. 137, n. 9.
7. *S'établit.* Le mot a ici toute sa valeur.
8. *Sa tasse.* La sébile de l'aveugle.

jointes et étendues qui lui prennent le nez et lui ferment la bouche; il se retire confus, et va s'agenouiller ailleurs. Il tire un livre pour faire sa prière, et c'est sa pantoufle qu'il a prise pour ses Heures, et qu'il a mise dans sa poche avant que de [1] sortir. Il n'est pas hors de l'église qu'un homme de livrée court après lui, le joint, lui demande en riant s'il n'a point la pantoufle de Monseigneur; Ménalque lui montre la sienne, et lui dit : « Voilà toutes les pantoufles que j'ai sur moi »; il se fouille néanmoins, et tire celle de l'évêque de ***, qu'il vient de quitter, qu'il a trouvé malade auprès de son feu, et dont, avant de prendre congé de lui, il a ramassé la pantoufle, comme l'un de ses gants [2] qui était à terre : ainsi Ménalque s'en retourne chez soi [3] avec une pantoufle de moins [4]. Il a une fois perdu au jeu tout l'argent qui est dans sa bourse, et voulant continuer de jouer, il entre dans son cabinet, ouvre une armoire, y prend sa cassette, en tire ce qui lui plaît, croit la remettre où il l'a prise : il entend aboyer dans son armoire qu'il vient de fermer; étonné de ce prodige, il l'ouvre une seconde fois, et il éclate de rire d'y voir son chien, qu'il a serré [5] pour [6] sa cassette. Il joue au trictrac, il demande à boire, on lui en [7] apporte; c'est à lui à jouer, il tient le cornet d'une main et un verre de l'autre, et comme il a une grande soif, il avale les dés et presque le cornet, jette le verre d'eau dans le trictrac, et inonde celui contre qui il joue. Et dans une chambre où il est familier, il crache sur le lit et jette son chapeau à terre, en croyant faire tout le contraire [8]. Il se promène sur l'eau et il demande quelle heure il est : on lui présente une montre; à peine l'a-t-il reçue, que ne songeant plus ni à l'heure ni à la montre, il la jette dans la rivière, comme une chose qui l'embarrasse. Lui-même écrit une longue lettre, met de la poudre dessus à plusieurs reprises, et jette toujours la poudre dans l'encrier. Ce n'est pas tout : il écrit une seconde lettre, et après les avoir cachetées toutes deux, il se trompe à l'adresse [9]; un duc et pair reçoit l'une de ces deux lettres, et en l'ouvrant y lit ces mots : *Maître Olivier, ne manquez* [10],

---

1. *Avant que de.* Cf. p. 11, n. 9.
2. *Comme l'un de ses gants.* La prenant pour l'un de ses gants.
3. *Soi.* Cf. p. 39, n. 4.
4. Comme si l'on devait en avoir sur soi plusieurs.
5. *Serré.* Dit plaisamment d'un chien pris pour une cassette.

6. *Pour.* Au lieu de.
7. *En.* De quoi boire.
8. Cracher par terre n'avait rien de malséant. Cf. p. 90, n. 11; p. 252, n. 9.
9. *A l'adresse.* Quand il en est venu à l'adresse.
10. *Ne manquez.* Omission de *pas*,

CH. XI. — DE L'HOMME.

sitôt la présente reçue, de m'envoyer ma provision de foin... Son fermier reçoit l'autre, il l'ouvre, et se la fait lire; on y trouve : *Monseigneur, j'ai reçu avec une soumission aveugle les ordres qu'il a plu à Votre Grandeur* [1]... Lui-même encore écrit une lettre pendant la nuit, et après l'avoir cachetée, il éteint sa bougie : il ne laisse pas d'être surpris de ne voir *goutte* [2], et il sait à peine comment cela est arrivé. Ménalque descend l'escalier du Louvre; un autre le monte à qui il dit : *C'est vous que je cherche*; il le prend par la main, le fait descendre avec lui, traverse plusieurs cours, entre dans les salles, en sort; il va, il revient sur ses pas; il regarde enfin celui qu'il traîne après soi [3] depuis un quart d'heure : il est étonné que ce soit lui, il n'a rien à lui dire, il lui quitte la main, et tourne d'un autre côté. Souvent il vous interroge, et il est déjà bien loin de vous quand vous songez à lui répondre; ou bien il vous demande en courant comment se porte votre père, et comme vous lui dites qu'il est fort mal, il vous crie qu'il en est bien aise. Il vous trouve quelque autre fois sur son chemin : *Il est ravi de vous rencontrer; il sort de chez vous* [4] *pour vous entretenir d'une certaine chose;* il contemple votre main : « Vous avez là, dit-il, un beau rubis; est-il balais [5]? » il vous quitte et continue sa route : voilà l'affaire importante dont il avait à vous parler. Se trouve-t-il en campagne [6], il dit à quelqu'un qu'il le trouve heureux d'avoir pu se dérober à la cour pendant l'automne, et d'avoir passé dans ses terres tout le temps de Fontainebleau [7], il tient à d'autres d'autres discours; puis revenant à celui-ci : « Vous avez eu, lui dit-il, de beaux jours à Fontainebleau; vous y avez sans doute beaucoup chassé ». Il commence ensuite un conte qu'il oublie d'achever; il rit en lui-même, il éclate d'une chose qui lui passe par l'esprit, il répond à sa pensée, il chante entre ses dents, il siffle, se renverse dans une chaise, il pousse un cri plaintif, il bâille, il se croit seul. S'il se trouve à un repas, on voit le pain se multiplier insensiblement sur son assiette : il est vrai que ses voisins en manquent, aussi bien que de couteaux et de

conservée d'ailleurs avec certains verbes, comme *pouvoir, oser*, etc. Cf. p. 271, n. 18; p. 297, n. 4.

1. Cf. Mme de Sévigné, lettre du 2 juin 1672.

2. *Goutte*. En italique, parce que c'est le propre terme dont use Ménalque.

3. *Soi*. Cf. p. 39, n. 1.

4. Suppléez : *où il était allé*.

5. *Balais*. Variété de rubis, couleur du vin paillet, ainsi dit de Balaschan, dans le voisinage de Samarcande.

6. *En campagne*. A la campagne.

7. *Le temps de Fontainebleau*. Du séjour que, chaque saison, la cour faisait à Fontainebleau.

fourchettes, dont il ne les laisse pas jouir longtemps. On a inventé aux tables une grande cuillère [1] pour la commodité du service : il la prend, la plonge dans le plat, l'emplit, la porte à sa bouche, et il ne sort pas d'étonnement de voir répandu sur son linge et sur ses habits le potage qu'il vient d'avaler. Il oublie de boire pendant tout le dîner; ou s'il s'en souvient, et qu'il trouve que l'on lui donne trop de vin, il en *flaque* [2] plus de la moitié au visage de celui qui est à droite; il boit le reste tranquillement, et ne comprend pas pourquoi tout le monde éclate de rire de ce qu'il a jeté à terre ce qu'on lui a versé de trop [3]. Il est un jour retenu au lit pour quelque incommodité : on lui rend visite; il y a un cercle d'hommes et de femmes dans sa ruelle [4] qui l'entretiennent, et en leur présence il soulève sa couverture et crache dans ses draps. On le mène aux Chartreux; on lui fait voir un cloître orné d'ouvrages, tous de la main d'un excellent peintre [5]; le religieux qui les lui explique parle de saint Bruno, du chanoine et de son aventure [6], en fait une longue histoire, et la montre dans l'un de ses tableaux [7] : Ménalque, qui pendant la narration est hors du cloître, et bien loin au delà, y revient enfin, et demande au père si c'est le chanoine ou saint Bruno qui est damné. Il se trouve par hasard avec une jeune veuve; il lui parle de son défunt mari, lui demande comment il est mort; cette femme à qui [8] ce discours renouvelle ses douleurs [9], pleure, sanglote, et ne laisse pas de reprendre tous les détails de la maladie de son époux, qu'elle conduit depuis la veille de sa fièvre, qu'il [10] se portait bien, jusqu'à l'agonie : *Madame*, lui demande Ménalque, qui l'avait apparemment écoutée avec attention, *n'aviez-vous que celui-là* [11]? Il s'avise un matin de faire tout hâter dans sa cuisine, il se lève avant le fruit [12], et prend congé de la compagnie : on le voit ce jour-là en tous les

---

1. *Cueillère*. Ainsi orthographié dans toutes les éditions.
2. *Flaque*. Le mot est souligné, comme d'un usage peu ordinaire.
3. Cf. p. 90, n. 10.
4. *Ruelle*. Cf. p. 56, n. 4.
5. Lesueur, auteur de vingt-deux peintures, représentant la vie de saint Bruno, qui se trouvaient aux Chartreux, près du Luxembourg.
6. On faisait les funérailles d'un chanoine de Paris, nommé Raymond, quand celui-ci se dressa tout d'un coup du fond de sa bière en s'écriant qu'il était damné. Saint Bruno, frappé d'un tel prodige, se retira du monde et fonda l'ordre des Chartreux.
7. Le troisième.
8. *A qui*. Pour laquelle, chez laquelle. Cf. p. 1, n. 9; et, spécialement, p. 242, n. 4.
9. *Ses douleurs*. Nous mettrions en ce sens le singulier.
10. *Qu'il*. Le *que* se rattache à *la veille*. Cf. p. 100, n. 4.
11. Il croit que la dame a perdu un enfant.
12. *Fruit*. « Dessert de fruit qu'on sert après la viande. » (Richelet.)

endroits de la ville, hormis en celui où il a donné un rendez-vous précis pour cette affaire qui l'a empêché de dîner, et l'a fait sortir à pied, de peur que son carrosse ne le fît attendre. L'entendez-vous crier, gronder, s'emporter contre l'un de ses domestiques? il est étonné de ne le point voir : « Où peut-il être? dit-il; que fait-il? qu'est-il devenu? qu'il ne se présente plus devant moi. Je le chasse dès à cette heure [1]. » Le valet arrive, à qui il demande fièrement [2] d'où il vient; il lui répond qu'il vient de l'endroit où il l'a envoyé, et il lui rend un fidèle compte de sa commission. Vous le prendriez souvent pour tout ce qu'il n'est pas : pour un stupide [3], car il n'écoute point, et il parle encore moins; pour un fou, car outre qu'il parle tout seul, il est sujet à de certaines grimaces et à des mouvements de tête involontaires; pour un homme fier et incivil, car vous le saluez, et il passe sans vous regarder, ou il vous regarde sans vous rendre le salut; pour un inconsidéré, car il parle de banqueroute au milieu d'une famille où il y a cette tache, d'exécution et d'échafaud devant un homme dont le père y [4] a [5] monté, de roture devant des roturiers qui sont riches et qui se donnent pour nobles. De même il a dessein d'élever auprès de soi [6] un fils naturel sous le nom et le personnage d'un valet; et quoi qu'il veuille le dérober à la connaissance de sa femme et de ses enfants, il lui échappe de l'appeler son fils dix fois le jour. Il a pris aussi la résolution de marier son fils à la fille d'un homme d'affaires, et il ne laisse pas de lui dire de temps en temps, en parlant de sa maison et de ses ancêtres, que les Ménalques ne se sont jamais mésalliés. Enfin il n'est ni présent ni attentif dans une compagnie à ce qui fait le sujet de la conversation. Il pense, et il parle tout à la fois, mais la chose dont il parle est rarement celle à laquelle il pense; aussi ne parle-t-il guère conséquemment [7] et avec suite : où il dit *non*, souvent il faut dire *oui*, et où il dit *oui*, croyez qu'il veut dire *non*; il a, en vous répondant si juste, les yeux fort ouverts, mais il ne s'en sert point : il ne regarde ni vous ni personne, ni rien qui soit au monde. Tout ce que vous pouvez tirer de lui, et encore dans le temps qu'il [8]

---

1. *Dès à cette heure.* A cette heure et sans attendre davantage.
2. *Fièrement.* Avec colère et rudesse. Cf. p. 218, n. 2.
3. *Un stupide.* Cf. p. 37, n. 10.
4. *Y.* Se rapporte au dernier seul des deux mots coordonnés.
5. *A monté.* Cf. p. 129, n. 4.
6. *Soi.* Cf. p. 39, n. 4.
7. *Conséquemment.* D'une façon conséquente. Cf. p. 237, n. 1.
8. *Qu'il.* Cf. p. 109, n. 4.

est le plus appliqué et d'un meilleur [1] commerce, ce sont ces mots : *Oui vraiment; C'est vrai; Bon; Tout de bon? Oui-da! Je pense qu'oui; Assurément; Ah! ciel!* et quelques autres monosyllabes qui ne sont pas même placés à propos. Jamais aussi [2] il n'est avec ceux avec qui il paraît être : il appelle sérieusement son laquais *Monsieur*; et son ami, il l'appelle *la Verdure*; il dit *Votre Révérence* à un prince du sang, et *Votre Altesse* à un jésuite. Il entend la messe : le prêtre vient à éternuer; il lui dit : *Dieu vous assiste!* Il se trouve avec un magistrat : cet homme, grave par son caractère, vénérable par son âge et par sa dignité, l'interroge sur un événement et lui demande si cela est ainsi; Ménalque lui répond : *Oui, mademoiselle*. Il revient une fois de la campagne : ses laquais en livrées [3] entreprennent de le voler et y réussissent; ils descendent de son carrosse, lui portent un bout de flambeau sous la gorge, lui demandent la bourse, et il la rend [4]. Arrivé chez soi [5], il raconte son aventure à ses amis, qui ne manquent pas de l'interroger sur les circonstances, et il leur dit : *Demandez à mes gens, ils y étaient.*

8. L'incivilité n'est pas un vice de l'âme, elle est l'effet de plusieurs vices : de la sotte vanité, de l'ignorance de ses devoirs, de la paresse, de la stupidité [6], de la distraction, du mépris des autres, de la jalousie. Pour ne se répandre que sur les dehors, elle n'en est que plus haïssable, parce que c'est toujours un défaut visible et manifeste. Il est vrai cependant qu'il offense plus ou moins, selon la cause qui le produit.

9. Dire d'un homme colère, inégal, querelleux [7], chagrin, pointilleux, capricieux : « c'est son humeur », n'est pas l'excuser, comme on le croit, mais avouer, sans y penser, que de si grands défauts sont irrémédiables [8].

Ce qu'on appelle humeur est une chose trop négligée parmi les hommes : ils devraient comprendre qu'il ne leur suffit pas d'être bons, mais qu'ils doivent encore paraître tels, du moins s'ils tendent à être sociables, capables d'union et de

---

1. Il faudrait, dans l'usage actuel, l'article défini. f. p. 1, n. 6.
2. *Aussi.* Cf. p. 1, n. 8.
3. *Livrées.* Pour le pluriel, dans ces constructions, cf. p. 55, n. 3.
4. *Rend.* Remet. Conforme à l'usage du temps. Cf. p. 106, n. 10.
5. *Soi.* Cf. p. 39, n. 4.

6. *Stupidité.* Pour le sens du mot dans La Bruyère, cf. p. 121, n. 6.
7. *Querelleux.* C'est l'orthographe de La Bruyère, conforme à la prononciation du temps. cf. p 257, n. 2; p. 131, n. 6.
8. *Irrémédiables.* Surtout quand on ne fait rien pour y remédier.

commerce [1], c'est-à-dire à être des hommes [2]. L'on n'exige pas [3] des âmes malignes [4] qu'elles aient de la douceur et de la souplesse; elle [5] ne leur manque jamais, et elle leur sert de piège pour surprendre les simples, et pour faire valoir [6] leurs artifices : l'on désirerait de ceux qui ont un bon cœur qu'ils fussent toujours pliants [7], faciles, complaisants [8], et qu'il fût moins vrai quelquefois que ce sont les méchants qui nuisent, et les bons qui font souffrir [9].

10. Le commun des hommes va de la colère à l'injure. Quelques-uns en usent autrement : ils offensent, et puis ils se fâchent; la surprise où l'on est toujours de ce procédé ne laisse pas de place au ressentiment.

11. Les hommes ne s'attachent pas assez à ne point manquer les occasions de faire plaisir : il semble que l'on n'entre dans un emploi que pour pouvoir obliger et n'en rien faire; la chose la plus prompte et qui se présente d'abord [10], c'est le refus, et l'on n'accorde que par réflexion.

12. Sachez précisément ce que vous pouvez attendre des hommes en général, et de chacun d'eux en particulier, et jetez-vous [11] ensuite dans le commerce du monde.

13. Si la pauvreté est la mère des crimes, le défaut d'esprit en est le père [12].

14. Il est difficile [13] qu'un fort malhonnête homme ait assez d'esprit : un génie qui est droit et perçant conduit enfin [14] à la règle, à la probité, à la vertu [15]. Il manque du sens et de la pénétration à celui qui s'opiniâtre dans le mauvais comme dans le faux : l'on cherche en vain à le corriger par des traits de satire qui le désignent aux autres,

---

1. *Commerce.* Cf. p. 33, n. 2.
2. L'homme étant, par définition, un animal sociable.
3. L'on n'a pas à exiger.
4. *Malignes.* Cf. p. 16? n. 12.
5. *Elle.* Cf. p. 5, n. 5. — Au singulier, parce que les deux mots *de la douceur* et *de la souplesse* expriment la même idée.
6. *Valoir.* Réussir.
7. *Pliants.* Accommodants. Cf. plus haut *souplesse.*
8. *Complaisants.* Mais il ne faudrait pas non plus que cette complaisance allât trop loin.
9. *Font souffrir.* De leur impatience, de leur brusquerie, de tout ce que La Bruyère appelle ici l'humeur. Cf. l'Alceste de Molière.
10. *D'abord.* Cf. p. 12, n. 2.
11. *Jetez-vous.* L'expression semble d'abord un peu forte. Mais *jetez-vous ensuite* équivaut à *n'allez pas*, sans cette connaissance des hommes, *vous jeter dans*, etc.
12. La préciosité du tour n'enlève rien à la justesse de cette pensée, que l'article suivant explique.
13. *Il est difficile.* Il arrive difficilement, rarement.
14. *Conduit enfin.* Finit par conduire. Cf. p. 86, n. 9.
15. D'après Platon, la sagesse ne fait qu'un avec la science. Descartes avait dit : « Il suffit de bien juger pour bien faire ».

et où il ne se reconnaît pas lui-même ; ce sont des injures dites à un sourd. Il serait désirable pour le plaisir des honnêtes gens et pour la vengeance publique qu'un coquin ne le fût pas au point d'être privé de tout sentiment [1].

15. Il y a des vices que nous ne devons à personne, que nous apportons en naissant, et que nous fortifions par l'habitude ; il y en a d'autres que l'on contracte, et qui nous sont étrangers. L'on est né quelquefois avec des mœurs faciles, de la complaisance, et tout le désir de plaire ; mais par les traitements que l'on reçoit de ceux avec qui l'on vit ou de qui l'on dépend, l'on est bientôt jeté hors de ses mesures [2], et même de son naturel : l'on a des chagrins [3] et une bile que l'on ne se connaissait point, l'on se voit une autre complexion, l'on est enfin étonné de se trouver dur et épineux [4].

16. L'on demande pourquoi tous les hommes ensemble ne composent pas comme une seule nation, et n'ont point voulu [5] parler une même langue, vivre sous les mêmes lois, convenir entre eux des mêmes usages et d'un même culte ; et moi, pensant à la contrariété des esprits, des goûts et des sentiments, je suis étonné de voir jusques à sept ou huit personnes se rassembler sous un même toit, dans une même enceinte, et composer une seule famille.

17. Il y a d'étranges pères, et dont toute la vie ne semble occupée qu'à préparer à leurs enfants des raisons de se consoler de leur mort.

18. Tout est étranger [6] dans l'humeur, les mœurs et les manières de la plupart des hommes. Tel a vécu pendant toute sa vie chagrin [7], emporté, avare, rampant, soumis, laborieux, intéressé, qui était né gai, paisible, paresseux, magnifique, d'un courage [8] fier et éloigné de toute bassesse : les besoins de la vie, la situation où l'on se trouve, la loi de la nécessité forcent la nature et y causent ces grands chan-

---

1. *Être privé de tout sentiment.* Ne pas sentir les traits de critique. Mais il s'agissait d'*esprit* et non de *sensibilité*.
2. *Hors de ses mesures.* Hors de sa ligne de conduite.
3. *Chagrins.* Cf. p. 3, n. 5.
4. *Épineux.* Se dit plus souvent des choses. Cf. p. 229, n. 11.
5. *Voulu.* Cela ne dépend pas seulement de la volonté.
6. *Étranger.* Cf. § 15 : « Il y en a d'autres... qui nous sont étrangers ». C'est ici la même pensée, mais plus générale.
7. *Chagrin.* Cf. p. 110, n. 5.
8. *Courage.* Cœur, caractère. Cf. p. 301, n. 10.

gements. Ainsi tel homme au fond et en lui-même [1] ne se peut définir : trop de choses qui sont hors de lui l'altèrent, le changent, le bouleversent; il n'est point précisément ce qu'il est ou ce qu'il paraît être.

19. La vie est courte et ennuyeuse : elle se passe toute à désirer. L'on remet à l'avenir son repos et ses joies, à cet âge souvent où les meilleurs biens ont déjà disparu, la santé et la jeunesse. Ce temps arrive, qui nous surprend encore dans les désirs; on en est là, quand la fièvre nous saisit [2] et nous éteint [3] : si l'on eût guéri, ce n'était que pour désirer plus longtemps [4].

20. Lorsqu'on désire, on se rend à discrétion à celui de qui l'on espère : est-on sûr d'avoir, on temporise, on parlemente, on capitule [5].

21. Il est si ordinaire à l'homme de n'être pas heureux et si essentiel à tout ce qui est un bien d'être acheté par mille peines, qu'une affaire qui se rend facile [6] devient suspecte. L'on comprend à peine, ou que ce qui coûte si peu puisse nous être fort avantageux, ou qu'avec des mesures justes l'on doive si aisément parvenir à la fin que l'on se propose. L'on croit mériter les bons succès, mais n'y devoir compter que fort rarement.

22. L'homme qui dit qu'il n'est pas né heureux pourrait du moins le devenir par le bonheur de ses amis ou de ses proches. L'envie lui ôte cette dernière ressource.

23. Quoi que j'aie pu dire ailleurs [7], peut-être que les affligés ont tort. Les hommes semblent être nés pour l'infortune, la douleur et la pauvreté; peu en [8] échappent; et comme toute disgrâce peut leur arriver, ils devraient être préparés à toute disgrâce [9].

24. Les hommes ont tant de peine à s'approcher [10] sur les affaires, sont si épineux [11] sur les moindres intérêts, si hérissés de difficultés, veulent si fort tromper et si peu être trompés,

---

1. Mais ces vices ne lui deviennent-ils pas une seconde nature?
2. On... nous. Cf. p. 76, n. 1.
3. Éteint. Dans le sens du latin exstinguit.
4. Cf. Pascal, Pensées, III, 5, VIII, 2.
5. On capitule. Par opposition à on se rend à discrétion.
6. Se rendre est d'un fréquent usage au XVIIe siècle pour devenir.
7. Ailleurs. Cf. chap. v, § 63.
8. En. Nous dirions y.
9. Et, par suite, ne pas s'affliger de celle qui leur arrive.
10. S'approcher. Se rapprocher, se mettre d'accord.
11. Épineux. Cf. p. 228, n. 4.

mettent si haut ce qui leur appartient, et si bas ce qui appartient aux autres, que j'avoue que je ne sais par où et comment se peuvent conclure les mariages, les contrats, les acquisitions, la paix, la trêve, les traités, les alliances.

25. A quelques-uns l'arrogance tient lieu de grandeur, l'inhumanité de fermeté, et la fourberie d'esprit.

Les fourbes croient aisément que les autres le sont [1] : ils ne peuvent guère être trompés, et ils ne trompent pas longtemps.

Je me rachèterai toujours fort volontiers d'être fourbe par être [2] stupide et passer pour tel.

On ne trompe point en bien [3]; la fourberie ajoute la malice [4] au mensonge.

26. S'il y avait moins de dupes, il y aurait moins de ce qu'on appelle des hommes fins ou entendus, et de ceux qui tirent autant de vanité que de distinction d'avoir su pendant tout le cours de leur vie, tromper les autres. Comment voulez-vous qu'*Érophile*, à qui le manque de parole, les mauvais offices, la fourberie, bien loin de nuire [5], ont mérité des grâces et des bienfaits de ceux mêmes qu'il a ou manqué de servir ou désobligés, ne présume pas infiniment de soi [6] ou de son industrie?

27. L'on n'entend dans les places et dans les rues des grandes villes, et de la bouche de ceux qui passent, que les mots d'*exploit*, de *saisie*, d'*interrogatoire*, de *promesse* et de *plaider contre sa promesse*. Est-ce qu'il n'y aurait pas dans le monde la plus petite équité? Serait-il au contraire rempli de gens qui demandent froidement [7] ce qui ne leur est pas dû, ou qui refusent nettement de rendre ce qu'ils doivent?

Parchemins inventés pour faire souvenir ou pour convaincre les hommes de leur parole : honte de l'humanité [8]!

Otez les passions, l'intérêt, l'injustice, quel calme dans les plus grandes villes! Les besoins et la subsistance n'y font pas le tiers de l'embarras.

---

1. *Le sont. Fourbes*, exprimé comme substantif, est représenté, comme adjectif, par *le*.
2. *Par être.* Cf. p. 113, n. 3.
3. *En bien.* Pour *le bien*.
4. *Malice.* Méchanceté. Cf. p. 268, n. 13; p. 301, n. 6; p. 312, n. 4; p. 398, n. 4; p. 437, n. 4.

5. *A qui ne saurait être à la fois le régime de nuire et de* ont *mérité*. Il faudrait régulièrement *de lui nuire*.
6. *Soi.* Cf. p. 39, n. 4.
7. *Froidement.* Sans trouble, en toute tranquillité de conscience.
8. Cf. chap. v, § 20.

28. Rien n'engage tant un esprit raisonnable à supporter tranquillement des parents et des amis les torts qu'ils ont à son égard, que la réflexion qu'il fait sur les vices de l'humanité, et combien [1] il est pénible aux hommes d'être constants, généreux, fidèles, d'être touchés [2] d'une amitié plus forte que leur intérêt. Comme il connaît leur portée [3], il n'exige point d'eux qu'ils pénètrent les corps, qu'ils volent dans l'air, qu'ils aient de l'équité [4]. Il peut haïr les hommes en général, où [5] il y a si peu de vertu; mais il excuse les particuliers, il les aime même par des motifs plus relevés, et il s'étudie à mériter le moins qu'il se peut une pareille indulgence.

29. Il y a de certains biens que l'on désire avec emportement, et dont l'idée seule nous enlève et nous transporte: s'il nous arrive de les obtenir, on [6] les sent plus tranquillement qu'on ne l'eût pensé, on en jouit moins que l'on aspire [7] encore à de plus grands.

30. Il y a des maux effroyables et d'horribles malheurs où [8] l'on n'ose penser, et dont la seule vue [9] fait frémir: s'il arrive que l'on y tombe, l'on se trouve des ressources que l'on ne se connaissait point; l'on se raidit contre son infortune, et l'on fait mieux [10] qu'on ne l'espérait [11].

31. Il ne faut quelquefois qu'une jolie maison dont on hérite, qu'un beau cheval ou un joli chien dont on se trouve le maître, qu'une tapisserie, qu'une pendule pour adoucir une grande douleur, et pour faire moins sentir une grande perte [12].

32. Je suppose [13] que les hommes soient éternels sur la terre, et je médite ensuite sur ce qui pourrait me faire con-

---

1. *Et combien.* Cf. p. 18, n. 8. *Que la réflexion qu'il fait* équivaut à *que de réfléchir.*
2. *Touchés d'une amitié.* Comme nous disons *touché de pitié.* Cf. p. 162, n. 14.
3. *Leur portée.* Jusqu'où la nature les a rendus capables d'aller.
4. Cf. § 1.
5. *Où.* En qui. Cf. p. 19, n. 4.
6. *Nous... on.* Cf. p. 76, n. 1.
7. *Que l'on aspire.* Cf. p. 19, n. 2.
8. *Où.* Cf. p. 19, n. 1.
9. *Vue.* Prévision.
10. Cf. *faire bien*, p. 35, n. 6.
11. Cf. La Rochefoucauld : « On n'est jamais si heureux ni si malheureux qu'on s'imagine ».
12. Cf. chap. IV, § 35. — Cf. Pascal : « D'où vient que cet homme, qui a perdu son fils unique... n'y pense plus maintenant? Ne vous en étonnez pas : il est tout occupé à voir par où passera ce sanglier que les chiens poursuivent avec tant d'ardeur depuis six heures. » (*Pensées*, IV, 2.)
13. Pensée un peu bien contournée dans sa forme. La Bruyère veut tout simplement dire : Les hommes se font une aussi grande affaire, etc., que s'ils étaient éternels.

naître qu'ils se feraient alors une plus grande affaire de leur établissement [1] qu'ils ne s'en font dans l'état où sont les choses.

33. Si la vie est misérable, elle est pénible à supporter; si elle est heureuse, il est horrible de la perdre [2]. L'un revient à l'autre.

34. Il n'y a rien que les hommes aiment mieux à [3] conserver et qu'ils ménagent [4] moins, que leur propre vie.

35. Irène [5] se transporte à grands frais en [6] Épidaure [7], voit Esculape dans son temple, et le consulte sur tous ses maux. D'abord elle se plaint qu'elle est lasse et recrue [8] de fatigue; et le Dieu prononce que cela lui arrive par la longueur du chemin qu'elle vient de faire. Elle dit qu'elle est le soir sans appétit; l'oracle lui ordonne de dîner peu. Elle ajoute qu'elle est sujette à ses insomnies; et il lui prescrit de n'être au lit que pendant la nuit. Elle lui demande pourquoi elle devient pesante, et quel remède; l'oracle répond qu'elle doit se lever avant midi, et quelquefois se servir de ses jambes pour marcher. Elle lui déclare que le vin lui est nuisible : l'oracle lui dit de boire de l'eau; elle a des indigestions : et il ajoute qu'elle fasse diète. « Ma vue s'affaiblit, dit Irène. — Prenez des lunettes, dit Esculape. — Je m'affaiblis moi-même, continue-t-elle, et je ne suis ni si forte ni si saine [9] que j'ai été. — C'est, dit le dieu, que vous vieillissez. — Mais quel moyen de guérir de cette langueur? — Le plus court, Irène, c'est de mourir, comme ont fait votre mère et votre aïeule. — Fils d'Apollon, s'écrie Irène, quel conseil me donnez-vous? Est-ce là toute cette science que les hommes publient [10], et qui vous fait révérer de toute la terre? Que m'apprenez-vous de rare et de mystérieux? et ne savais-je pas tous ces remèdes que vous m'enseignez? — Que n'en usiez-

---

1. *Établissement.* Le mot est tout à fait en rapport avec l'idée : aussitôt *établis* sur la terre, nous la quittons.
2. Suppléez : Et la pensée qu'il nous faut sitôt mourir suffit à l'empoisonner. Cf. § 36.
3. A. Nous dirions *aiment mieux conserver*; mais aussi *aiment à conserver mieux que*, etc.
4. *Qu'ils ménagent moins.* Dont ils soient moins ménagers. La vie est comparée à une sorte de trésor.
5. *Irène.* « On tint ce discours, lisons-nous dans les clefs, à Mᵐᵉ de Montespan, aux eaux de Bourbon, où elle allait souvent pour des maladies imaginaires. » Saint-Simon nous dit, d'autre part, que Mᵐᵉ de Montespan « aimait à voyager par inquiétude et mésaise ».
6. *En.* Usage fréquent du XVIIᵉ siècle avec un nom de ville.
7. *Épidaure.* Ville d'Argolide, célèbre par l'oracle d'Esculape.
8. *Recrue.* Cf. p. 139, n. 13.
9. *Saine.* En bonne santé. Cf. p. 254, n. 8.
10. *Publient.* Même sens que *célèbrent.* Cf. p. 249, n. 5.

vous donc, répond le Dieu, sans venir me chercher de si loin, et abréger vos jours par un long voyage? »

36. La mort n'arrive qu'une fois, et se fait sentir à tous les moments de la vie : il est plus dur de l'appréhender que de la souffrir.

37. L'inquiétude, la crainte, l'abattement, n'éloignent pas la mort, au contraire : je doute seulement[1] que le ris[2] excessif convienne aux hommes, qui sont mortels.

38. Ce qu'il y a de certain dans la mort est un peu adouci par ce qui est incertain : c'est un indéfini dans le temps qui tient quelque chose de l'infini[3] et de ce qu'on appelle éternité.

39. Pensons que, comme nous soupirons présentement pour la florissante jeunesse qui n'est plus et ne reviendra point, la caducité suivra, qui nous fera regretter l'âge viril où nous sommes encore, et que nous n'estimons pas assez.

40. L'on craint la vieillesse, que l'on n'est pas sûr de pouvoir atteindre.

41. L'on espère de vieillir, et l'on craint la vieillesse; c'est-à-dire l'on aime la vie, et l'on fuit la mort.

42. C'est plus tôt fait[4] de céder à la nature et de craindre la mort, que de faire de continuels efforts, s'armer[5] de raisons et de réflexions, et être continuellement aux prises avec soi-même pour ne la pas craindre.

43. Si de tous les hommes les uns mouraient, les autres non, ce serait une désolante affliction que de mourir.

44. Une longue maladie semble être placée entre la vie et la mort, afin que la mort même devienne un soulagement et à[6] ceux qui meurent et à ceux qui restent[7].

45. A parler humainement la mort a un bel endroit[8], qui est de mettre fin à la vieillesse.

---

1. *Je doute seulement*, etc. Voici la suite des idées : Si l'inquiétude, etc., n'éloignent pas la mort, au contraire, — livrons-nous à la joie, conclura-t-on. Il n'y a qu'un point qui m'arrête : je doute, etc.
2. *Ris*. Cf. p. 21, n. 9.
3. *Un indéfini*. Cf. p. 8, n. 10. — Indéfini veut dire simplement *dont la limite n'est pas déterminée*. La durée de notre vie étant incertaine, cet indéfini tient quelque chose de (= a quelque rapport avec) l'infini.
4. *C'est plus tôt fait*. La Bruyère ne dit pas que ce soit mieux fait. — Cf. Pascal, *Pensées*, VI, 58.
5. *S'armer*. La préposition *de* est omise. Cf. p. 28, n. 1.
6. *A*. Cf. p. 4, n. 9.
7. *A ceux qui restent*. La mort les débarrasse de soins pénibles.
8. *Endroit*. Côté.

La mort qui prévient la caducité arrive plus à propos que celle qui la termine.

46. Le regret qu'ont les hommes du mauvais emploi du temps qu'ils ont déjà vécu, ne les conduit pas toujours à faire de celui qui leur reste à vivre un meilleur usage.

47. La vie est un sommeil [1] : les vieillards sont ceux dont le sommeil a été plus long [2] ; ils ne commencent à se réveiller que quand il faut mourir. S'ils repassent alors sur tout le cours de leurs années, ils ne trouvent souvent ni vertus ni actions louables qui les distinguent les unes des autres ; ils confondent leurs différents âges, ils n'y voient rien qui marque assez pour mesurer le temps qu'ils ont vécu. Ils ont eu un songe confus, uniforme, et sans aucune suite ; ils sentent néanmoins, comme ceux qui s'éveillent, qu'ils ont dormi longtemps.

48. Il n'y a pour l'homme que trois événements : naître, vivre et mourir. Il ne se sent pas naître, il souffre à mourir, et il oublie de vivre.

49. Il y a un temps où la raison n'est pas encore, où l'on ne vit que par instinct, à la manière des animaux, et dont il ne reste dans la mémoire aucun vestige. Il y a un second temps où la raison se développe, où elle est formée, et où elle pourrait agir, si elle n'était pas obscurcie, et comme éteinte par les vices de la complexion [3], et par un enchaînement de passions qui se succèdent les unes aux autres, et conduisent jusques au troisième et dernier âge. La raison, alors dans sa force [4], devrait produire ; mais elle est refroidie et ralentie par les années, par la maladie et la douleur, déconcertée [5] ensuite par le désordre de la machine, qui est dans son déclin : et ces temps néanmoins sont la vie de l'homme.

50. Les enfants sont hautains, dédaigneux, colères, envieux, curieux, intéressés, paresseux, volages, timides, intempérants, menteurs, dissimulés ; ils rient et pleurent

---

1. La vie a été bien souvent comparée à un songe. La Bruyère veut, par ce rapprochement, montrer ce qu'elle a de vide et d'indistinct.
2. Cf. p. 1, n. 6.
3. *Complexion.* Cf. p. 55, n. 6.
4. *Alors dans sa force....., elle est refroidie et ralentie par les années.* *Dans sa force* signifie que la raison, prise en elle-même, a atteint sa plénitude ; et *elle est refroidie,* etc., que les années, la maladie et la douleur viennent, tout juste à ce moment, la refroidir et la ralentir.
5. *Déconcertée.* Troublée. Se dit proprement d'un organisme qui se dérange.

CH. XI. — DE L'HOMME.   235

facilement; ils ont des joies immodérées et des afflictions très amères sur de très petits sujets; ils ne veulent point souffrir de mal, et aiment à en faire : ils sont déjà des hommes [1].

51. Les enfants n'ont ni passé ni avenir [2], et ce qui ne nous arrive guère, ils jouissent du présent.

52. Le caractère de l'enfant paraît unique [3]; les mœurs, dans cet âge, sont assez les mêmes, et ce n'est qu'avec une curieuse [4] attention qu'on en pénètre la différence : elle augmente avec [5] la raison, parce qu'avec celle-ci [6] croissent les passions et les vices, qui seuls rendent les hommes si dissemblables entre eux, et si contraires à eux-mêmes [7].

53. Les enfants ont déjà de leur âme l'imagination et la mémoire, c'est-à-dire ce que les vieillards n'ont plus, et ils en tirent un merveilleux usage pour leurs petits jeux et pour tous leurs amusements : c'est par elles qu'ils répètent ce qu'ils ont entendu dire, qu'ils contrefont ce qu'ils ont vu faire, qu'ils sont de tous métiers [8], soit qu'ils s'occupent en effet [9] à mille petits ouvrages, soit qu'ils imitent les divers artisans par le mouvement et par le geste; qu'ils se trouvent à un grand festin, et y font bonne chère; qu'ils se transportent dans des palais et dans des lieux enchantés; que, bien que seuls, ils se voient [10] un riche équipage et un grand cortège; qu'ils conduisent des armées, livrent bataille, et jouissent du plaisir de la victoire; qu'ils parlent aux rois et aux plus grands princes; qu'ils sont rois eux-mêmes, ont des sujets, possèdent des trésors, qu'ils peuvent faire de feuilles d'arbres ou de grains de sable, et, ce qu'ils ignorent dans la suite de leur vie, savent à cet âge être les arbitres de leur fortune, et les maîtres de leur propre félicité.

---

1. On peut bien remarquer, à propos de cette pensée, que La Bruyère n'a pas été père. Mais la satire porte, à vrai dire, sur les hommes plus que sur les enfants.
2. *Ni avenir.* L'avenir n'existe pas pour eux en ce sens qu'ils ne s'en préoccupent point.
3. *Paraît unique.* Au premier abord, tous les enfants se ressemblent.
4. *Curieuse.* Minutieuse. Cf. p. 125, n. 8.
5. *Avec.* En même temps que.
6. *Avec celle-ci.* Avec a le même sens que plus haut. Il ne faut pas faire dire à La Bruyère que les passions et les vices procèdent de la raison. Si la raison était seule à croître, les hommes continueraient de se ressembler; mais, en même temps qu'elle, croissent les vices et les passions, et c'est là ce qui fait la différence.
7. *Si contraires à eux-mêmes.* Si contraires à ce qu'ils seraient en suivant la raison.
8. *Sont de tous métiers.* Font également tous les métiers. L'expression, au figuré, est consacrée par l'usage, mais avec une tout autre signification. *Être de tous métiers* se dit d'un intrigant.
9. *En effet.* Cf. p. 14, n. 1.
10. Plus fort que *s'imaginent avoir.*

54. Il n'y a nuls vices extérieurs et nuls défauts du corps qui ne soient aperçus par les enfants; ils les saisissent d'une première vue, et ils savent les exprimer par des mots convenables ¹ : on ne nomme ² point plus heureusement. Devenus hommes, ils sont chargés à leur tour de toutes les imperfections dont ils se sont moqués.

L'unique soin des enfants est de trouver l'endroit faible de leurs maîtres, comme de tous ceux à qui ils sont soumis : dès qu'ils ont pu les entamer, ils gagnent le dessus ³, et prennent sur eux un ascendant qu'ils ne perdent plus. Ce qui nous fait déchoir une première fois de cette supériorité à leur égard est toujours ce qui nous empêche de la recouvrer.

55 La paresse, l'indolence et l'oisiveté, vices si naturels aux enfants, disparaissent dans leurs jeux, où ils sont vifs, appliqués, exacts, amoureux des règles et de la symétrie, où ils ne se pardonnent nulle faute les uns aux autres, et recommencent eux-mêmes plusieurs fois une seule chose ⁴ qu'ils ont manquée : présages certains qu'ils pourront un jour négliger leurs devoirs, mais qu'ils n'oublieront rien pour leurs plaisirs.

56. Aux enfants tout paraît grand, les cours, les jardins, les édifices, les meubles, les hommes, les animaux; aux hommes les choses du monde ⁵ paraissent ainsi, et j'ose dire par la même raison, parce qu'ils sont petits.

57. Les enfants commencent entre eux par l'état populaire : chacun y est le maître ⁶; et ce qui est bien naturel, ils ne s'en accommodent pas longtemps, et passent au monarchique. Quelqu'un se distingue, ou par une plus grande vivacité, ou par une meilleure disposition du corps, ou par une connaissance plus exacte des jeux différents et des petites lois qui les composent; les autres lui défèrent ⁷, et il se forme alors un gouvernement absolu qui ne roule que sur le plaisir ⁸.

---

1. *Convenables.* Bien appropriés.
2. *Nomme.* Le verbe, employé ici dans un sens absolu, signifie *donner aux choses leur nom*.
3. *Gagnent le dessus.* Nous disons *prendre*.
4. Une chose entre beaucoup d'autres dans la même partie de jeu. Ils ne se pardonnent pas à eux-mêmes l'imperfection d'un seul détail.
5. *Du monde.* Dans le sens spécial du mot : Les choses de la vie mondaine.
6. *Chacun y est le maître.* Ce n'est pas là l'état populaire; mais plutôt personne n'y est le maître, et la loi seule est obéie.
7. *Lui défèrent.* Emploi absolu du mot, au sens de *témoigner de la déférence.*
8. *Le plaisir.* Le bon plaisir.

58. Qui doute que les enfants ne conçoivent, qu'ils ne jugent, qu'ils ne raisonnent conséquemment [1]? Si c'est seulement sur de petites choses, c'est qu'ils sont enfants, et sans une longue expérience ; et si c'est en mauvais termes, c'est moins leur faute que celle de leurs parents ou de leurs maîtres.

59. C'est perdre toute confiance dans l'esprit des enfants et leur devenir inutile, que de les punir des fautes qu'ils n'ont point faites, ou même sévèrement de celles qui sont légères. Ils savent précisément [2] et mieux que personne ce qu'ils méritent, et ils ne méritent guère que ce qu'ils craignent. Ils connaissent si c'est à tort ou avec raison qu'on les châtie, et ne se gâtent pas moins par des peines mal ordonnées [3] que par l'impunité.

60. On ne vit point assez pour profiter de ses fautes. On en commet pendant tout le cours de sa vie; et tout ce que l'on peut faire à force de faillir, c'est de mourir corrigé [4].

Il n'y a rien qui rafraîchisse le sang comme d'avoir su éviter de faire une sottise.

61. Le récit de ses fautes est pénible ; on veut les couvrir [5] et en charger quelque autre : c'est ce qui donne le pas au directeur sur le confesseur [6].

62. Les fautes des sots sont quelquefois si lourdes et si difficiles à prévoir, qu'elles mettent les sages en défaut, et ne sont utiles qu'à ceux qui les font [7].

63. L'esprit de parti abaisse les plus grands hommes jusques aux petitesses du peuple.

64. Nous faisons par vanité ou par bienséance les mêmes choses et avec les mêmes dehors que [8] nous les ferions par

---

1. *Conséquemment.* Avec suite. Cf. p. 225, n. 7.
2. *Précisément.* D'une façon précise. Cf. p. 43, n. 13.
3. *Mal ordonnées.* Qui ne sont pas dans l'ordre, en proportion avec la faute.
4. *Mourir corrigé.* Ironique. On ne faillira plus après la mort.
5. *Les couvrir.* Non pas *les cacher*, puisqu'il faut en faire le récit, mais plutôt mettre entre elles et soi la responsabilité de quelque autre.
6. *Directeur... confesseur.* Au confesseur, il n'y a qu'à faire le récit de sa faute, afin d'en obtenir l'absolution ; avec le directeur, on peut alléguer les circonstances atténuantes et se décharger en chargeant autrui.
7. *Ne sont utiles qu'à ceux qui les font.* Elles sont inutiles aux autres, ne pouvant exercer leur sagacité. Mais comment sont-elles utiles aux sots? La Bruyère veut parler sans doute des fautes de conduite, quand il s'agit, par exemple, de tel ou tel avantage à poursuivre. Un sot en commet de si difficiles à prévoir, qu'elles déroutent les sages, et, par suite, assurent son succès.
8. *Que.* Cf. p. 51, n. 3.

inclination ou par devoir [1]. Tel vient de mourir à Paris de la fièvre qu'il a gagnée à veiller sa femme, qu'il n'aimait point [2].

65. Les hommes, dans le cœur [3], veulent être estimés, et ils cachent avec soin l'envie qu'ils ont d'être estimés; parce que les hommes veulent passer pour vertueux, et que vouloir tirer de la vertu tout autre avantage que la même vertu [4], je veux dire l'estime et les louanges, ce ne serait plus être vertueux, mais aimer l'estime et les louanges, ou [5] être vain : les hommes sont très vains, et ils ne haïssent rien tant que de passer pour tels.

66. Un homme vain trouve son compte à dire du bien ou du mal de soi [6] : un homme modeste ne parle point de soi [7].

On ne voit point mieux le ridicule de la vanité, et combien [8] elle est un vice honteux, qu'en ce qu'elle n'ose se montrer, et qu'elle se cache souvent sous les apparences de son contraire.

La fausse modestie est le dernier raffinement de la vanité; elle fait que l'homme vain ne paraît point tel, et se fait valoir au contraire par la vertu opposée au vice qui fait son caractère : c'est un mensonge. La fausse gloire est l'écueil de la vanité; elle nous conduit à vouloir être estimés par [9] des choses qui, à la vérité, se trouvent en nous, mais qui sont frivoles et indignes qu'on les relève : c'est une erreur.

67. Les hommes parlent de manière, sur ce qui les regarde, qu'ils n'avouent d'eux-mêmes que de petits défauts [10], et encore ceux qui supposent en leurs personnes de beaux talents ou de grandes qualités. Ainsi l'on se plaint de son peu de mémoire, content d'ailleurs de son grand sens et de

---

1. *Phrase irrégulière.* Une rigoureuse analyse exigerait : Nous faisons... les mêmes choses que nous ferions — ou bien : Nous faisons... les choses avec, etc. La Bruyère a mêlé ces deux constructions. Cf. un autre exemple du même procédé, p. 27, n. 1.
2. Le prince de Conti prit la petite vérole en soignant sa femme; celle-ci guérit, et lui-même mourut.
3. *Dans le cœur.* Au fond d'eux-mêmes.
4. *La même vertu.* Au sens de la vertu même. Il y a la vertu même dans les sept premières éditions.
5. *Ou.* C'est-à-dire.
6. *Soi.* Cf. p. 39, n. 4.
7. *Soi.* Même note. — Cf. La Rochefoucauld : « On aime mieux dire du mal de soi-même que de n'en point parler ».
8. Cf. p. 48, n. 8.
9. *Par.* Cf. p. 4, n. 4.
10. Cf. La Rochefoucauld : « Nous n'avouons de petits défauts que pour persuader que nous n'en avons pas de grands ».

son bon jugement¹; l'on reçoit² le reproche de la distraction et de la rêverie, comme s'il nous accordait le bel esprit³, l'on dit de soi qu'on est maladroit, et qu'on ne peut rien faire de ses mains, fort consolé de la perte de ces petits talents par ceux de l'esprit, ou par les dons de l'âme que tout le monde nous connaît; l'on fait l'aveu de sa paresse en des termes qui signifient toujours son⁴ désintéressement, et que⁵ l'on est guéri de l'ambition; l'on ne rougit point de sa malpropreté⁶, qui n'est qu'une négligence pour les petites choses, et qui semble supposer qu'on n'a d'application que pour les solides et essentielles. Un homme de guerre aime à dire que c'était par trop d'empressement ou par curiosité qu'il se trouva un certain jour à la tranchée, ou en quelque autre poste très périlleux, sans être de garde ni commandé; et il ajoute qu'il en fut repris de⁷ son général. De même une bonne tête⁸ ou un ferme génie qui se trouve né avec cette prudence que les autres hommes cherchent vainement à acquérir; qui a fortifié la trempe de son esprit par une grande expérience; que le nombre, le poids, la diversité, la difficulté, et l'importance des affaires occupent seulement, et n'accablent point; qui par l'étendue de ses vues et de sa pénétration se sent maître de tous les événements; qui, bien loin de consulter toutes les réflexions qui sont écrites sur le gouvernement et la politique, est peut-être de ces âmes sublimes nées pour régir les autres, et sur qui⁹ ces premières règles ont été faites; qui est détourné, par les grandes choses qu'il fait, des belles ou des agréables qu'il pourrait lire, et qui au contraire ne perd rien à retracer¹⁰ et à feuilleter¹¹, pour ainsi dire, sa vie et ses actions : un homme ainsi fait peut dire aisément, et sans se commettre¹², qu'il ne connaît aucun livre, et qu'il ne lit jamais¹³.

68. On veut quelquefois cacher ses faibles¹⁴, ou en dimi-

---

1. Cf. La Rochefoucauld : « Tout le monde se plaint de sa mémoire, et personne ne se plaint de son jugement ».
2. *Reçoit.* Admet, souffre.
3. *Bel esprit.* Au sens élogieux du mot.
4. *Son.* Cf. p. 170, n. 1.
5. *Et que.* Cf. p. 18, n. 8.
6. *Malpropreté.* Cf., sur *propreté*, p. 109, n. 6.
7. *De.* Cf. p. 46, n. 10.
8. *Une bonne tête.* Cf. p. 120, n. 1. après les clefs, allusion à Louvois.

9. *Sur qui.* D'après l'exemple desquelles.
10. *Retracer.* Repasser dans son esprit.
11. Cf. Boileau :

Feuilletez à loisir tous les siècles passés.
(*Sat.*, V, 52.)

12. *Se commettre.* Quelque chose comme *se compromettre.* Cf. p. 351, n. 16.
13. On attribuait ce mot à Louvois.
14. *Ses faibles.* Cf. p. 63, n. 9.

nuer l'opinion [1] par l'aveu libre que l'on en fait. Tel dit :
« Je suis ignorant », qui ne sait rien ; un homme dit : « Je
suis vieux », il passe [2] soixante ans ; un autre encore : « Je ne
suis pas riche », et il est pauvre.

69. La modestie n'est point, ou est confondue avec une
chose toute différente de soi [3], si on la prend pour un sentiment intérieur qui avilit [4] l'homme à ses propres yeux, et qui
est une vertu surnaturelle [5] qu'on appelle humilité. L'homme,
de sa nature, pense hautement et superbement de lui-même,
et ne pense ainsi que de lui-même : la modestie ne tend
qu'à faire que personne n'en souffre ; elle est une vertu du
dehors, qui règle ses yeux, sa démarche, ses paroles, son
ton de voix, et qui le fait agir extérieurement avec les autres
comme s'il n'était pas vrai qu'il les compte pour rien.

70. Le monde est plein de gens qui, faisant intérieurement et par habitude la comparaison d'eux-mêmes avec les
autres, décident toujours en faveur de leur propre mérite, et
agissent conséquemment [6].

71. Vous dites qu'il faut être modeste ; les gens bien nés
ne demandent pas mieux : faites seulement que les hommes
n'empiètent pas sur ceux qui cèdent par modestie, et ne
brisent pas ceux qui plient [7].

De même l'on dit : « Il faut avoir des habits modestes ».
Les personnes de mérite ne désirent rien davantage ; mais le
monde veut de la parure, on lui en donne ; il est avide de la
superfluité, on lui en montre. Quelques-uns n'estiment les
autres que par le beau linge ou par une riche étoffe ; l'on ne
refuse pas toujours d'être estimé à ce prix. Il y a des endroits
où il faut se faire voir : un galon d'or plus large ou plus
étroit vous fait entrer ou refuser.

72. Notre vanité et la trop grande estime que nous avons
de nous-mêmes nous fait soupçonner dans les autres une
fierté à notre égard qui y est quelquefois, et qui souvent
n'y est pas : une personne modeste n'a point cette délicatesse.

---

1. *En diminuer l'opinion.* Donner à croire qu'ils sont moins grands.
2. *Passe.* A dépassé. Cf. p. 255, n. 3.
3. *De soi.* Cf. p. 39, n. 4. *Soi* se rapporterait logiquement à *chose*.
4. *Avilit l'homme.* Lui montre son peu de valeur.
5. *Surnaturelle.* Où n'atteint pas l'homme naturel.
6. *Conséquemment.* En conséquence.
7. Cf. chap. IX, § 41.

73. Comme il faut se défendre de cette vanité qui nous fait penser que les autres nous regardent avec curiosité et avec estime, et ne parlent ensemble que pour s'entretenir de notre mérite et faire notre éloge, aussi devons-nous avoir une certaine confiance qui nous empêche de croire qu'on ne se parle à l'oreille que pour dire du mal de nous, ou que l'on ne rit que pour s'en [1] moquer.

74. D'où vient qu'*Alcippe* me salue aujourd'hui, me sourit, et se jette hors d'une portière [2] de peur de me manquer? Je ne suis pas riche, et je suis à pied; il doit, dans les règles, ne me pas voir. N'est-ce point pour être vu lui-même dans un même fond [3] avec un grand?

75. L'on est si rempli de soi-même, que tout s'y [4] rapporte; l'on aime à être vu, à être montré, à être salué, même des [5] inconnus: ils sont fiers s'ils l'oublient; l'on veut qu'ils nous devinent [6].

76. Nous cherchons notre bonheur hors de nous-mêmes, et dans l'opinion des hommes, que nous connaissons flatteurs, peu sincères, sans équité, pleins d'envie, de caprices, et de préventions [7]. Quelle bizarrerie!

77. Il semble que l'on ne puisse rire que des choses ridicules: l'on voit néanmoins de certaines gens qui rient également des choses ridicules et de celles qui ne le sont pas. Si vous êtes sot et inconsidéré, et qu'il vous échappe devant eux quelque impertinence [8], ils rient de vous; si vous êtes sage, et que vous ne disiez que des choses raisonnables, et du ton qu'il [9] les faut dire, ils rient de même.

78. Ceux qui nous ravissent les biens par la violence ou par l'injustice, et qui nous ôtent l'honneur par la calomnie, nous marquent assez leur haine pour nous; mais ils ne nous prouvent pas également qu'ils aient perdu à notre égard toute sorte d'estime: aussi ne sommes-nous pas incapables de quelque retour pour eux, et de leur rendre [10] un jour notre amitié. La moquerie au contraire est de toutes les injures celle qui se pardonne le moins; elle est le langage du mépris, et l'une des manières dont il se fait le mieux

---

1. *En.* Cf. p. 18, n. 4.
2. *Portière.* D'un carrosse.
3. *Fond.* Cf. § 121 : « Il n'y a dans un carrosse que les places du fond qui lui conviennent ».
4. *Y.* Cf. p. 18, n. 4.
5. *Des.* Cf. p. 46, n. 10.
6. Devinent qui nous sommes.
7. Cf. Pascal, *Pensées*, II, 1, 5.
8. *Impertinence.* Cf. p. 92, n. 13.
9. *Qu'il.* Cf. p. 51, n. 3.
10. Cf. p. 48, n. 8.

entendre; elle attaque l'homme dans son dernier retranchement, qui est l'opinion qu'il a de soi-même [1]; elle veut le rendre ridicule à ses propres yeux; et ainsi elle le convainc de la plus mauvaise disposition où l'on puisse être pour lui, et le rend irréconciliable [2].

C'est une chose monstrueuse que le goût et la facilité qui est en nous de railler, d'improuver et de mépriser les autres; et tout ensemble la colère que nous ressentons contre ceux qui nous raillent, nous improuvent et nous méprisent.

79. La santé et les richesses, ôtant aux hommes l'expérience du mal, leur inspirent la dureté pour leurs semblables; et les gens déjà chargés de leur propre misère sont ceux qui entrent davantage [3] par la compassion dans celle d'autrui.

80. Il semble qu'aux âmes [4] bien nées les fêtes, les spectacles, la symphonie [5] rapprochent et font mieux sentir l'infortune de nos proches ou de nos amis.

81. Une grande âme est au-dessus de l'injure, de l'injustice, de la douleur, de la moquerie; et elle serait invulnérable, si elle ne souffrait par la compassion.

82. Il y a une espèce de honte d'être heureux à la vue de certaines misères.

83. On est prompt à connaître ses plus petits avantages, et lent à pénétrer ses défauts. On n'ignore point qu'on a de beaux sourcils, les ongles bien faits; on sait à peine que l'on est borgne; on ne sait point du tout que l'on manque d'esprit.

Argyre tire son gant pour montrer une belle main, et elle ne néglige pas de découvrir un petit soulier qui suppose [6] qu'elle a le pied petit; elle rit des choses plaisantes ou sérieuses pour faire voir de belles dents; si elle montre son oreille c'est qu'elle l'a bien faite; et si elle ne danse jamais, c'est qu'elle n'est pas contente de sa taille, qu'elle a épaisse. Elle entend tous ses intérêts à l'exception d'un seul : elle parle toujours, et n'a point d'esprit.

84. Les hommes comptent presque pour rien toutes les vertus du cœur et idolâtrent les talents du corps [7] et de l'es-

---

1. *Soi-même.* Cf. p. 39, n. 4.
2. *Irréconciliable.* Cf. plus haut : « Incapable de quelque retour ».
3. *Davantage.* Cf. p. 1, n. 6.
4. *Aux âmes.* Cf. p. 4, n. 9; et spécialement, p. 221, n. 8.
5. *Symphonie.* Concert de voix ou d'instruments.
6. *Suppose.* Fait supposer.
7. *Talents du corps.* Le mot *talent* signifie, en ce sens figuré, aptitude, qualité. Il n'y a pas de raison

CH. XI. — DE L'HOMME.

prit[1]. Celui qui dit froidement[2] de soi[3], et sans croire blesser la modestie, qu'il est bon, qu'il est constant, fidèle, sincère, équitable, reconnaissant, n'ose dire qu'il est vif[4], qu'il a les dents belles et la peau douce : cela est trop fort.

Il est vrai qu'il y a deux vertus que les hommes admirent, la bravoure et la libéralité, parce qu'il y a deux choses qu'ils estiment beaucoup, et que ces vertus font négliger, la vie et l'argent : aussi personne n'avance de soi qu'il est brave ou libéral.

Personne ne dit de soi, et surtout sans fondement, qu'il est beau, qu'il est généreux, qu'il est sublime : on a mis ces qualités à un trop haut prix, on[5] se contente de le penser.

85. Quelque rapport qu'il paraisse[6] de la jalousie à l'émulation, il y a entre elles le même éloignement que celui qui est entre le vice et la vertu.

La jalousie et l'émulation s'exercent sur le même objet, qui est le bien ou le mérite des autres : avec cette différence que celle-ci est un sentiment volontaire, courageux, sincère, qui rend l'âme féconde, qui la fait profiter des grands exemples, et la porte souvent au-dessus de ce qu'elle admire; et que celle-là au contraire est un mouvement violent et comme un aveu contraint du mérite qui est hors d'elle[7]; qu'elle va même jusques à nier la vertu dans les sujets[8] où elle existe, ou qui[9] forcée de la reconnaître, lui refuse les éloges ou lui envie les récompenses; une passion stérile qui laisse l'homme dans l'état où elle le trouve, qui le remplit de lui-même, de l'idée de sa réputation, qui le rend froid et sec sur[10] les actions ou sur les ouvrages d'autrui, qui fait qu'il s'étonne de voir dans le monde d'autres talents que les siens, ou d'autres hommes avec les mêmes talents dont il se pique : vice honteux, et qui par son excès rentre toujours dans la vanité[11] et dans la présomption, et ne persuade pas

---

pour qu'on ne dise pas *les talents du corps*, comme on dit *les talents de l'esprit*.

1. Cf. La Rochefoucauld : « Chacun dit du bien de son cœur et personne n'en ose dire de son esprit ».
2. *Froidement*. Sans aucun embarras, en toute tranquillité.
3. *Soi*. Cf. p. 39, n. 4.
4. *Vif*. Il s'agit ici de la vivacité d'esprit.
5. *On... on*. Cf. p. 175, n. 5.
6. *Qu'il paraisse*. Comme on dit qu'il y ait. — *Paraisse* est mis ici pour *apparaisse*.
7. *Hors d'elle*. Hors de la jalousie, c'est-à-dire de la personne jalouse.
8. *Sujets*. Cf. p. 26, n. 3.
9. *Ou qui*. Anacoluthe. Comme s'il y avait *ou que... elle*. Cf. p. 27, n. 5.
10. *Sur*. Cf. p. 40, n. 1.
11. *Par son excès rentre... dans la vanité*. Jalouser les autres, c'est encore se comparer à eux. Mais une jalousie excessive fait que nous ne comparons même plus notre

tant à celui qui en est blessé¹ qu'il a plus d'esprit et de mérite que les autres, qu'il lui fait croire qu'il a lui seul de l'esprit et du mérite.

L'émulation et la jalousie ne se rencontrent guère que dans les personnes de même art, de mêmes talents et de même condition. Les plus vils artisans sont les plus sujets à la jalousie ; ceux qui font profession des arts libéraux ou des belles-lettres, les peintres, les musiciens, les orateurs, les poètes, tous ceux qui se mêlent d'écrire, ne devraient être capables que d'émulation.

Toute jalousie n'est point exempte² de quelque sorte d'envie, et souvent même ces deux passions se confondent. L'envie au contraire est quelquefois séparée de la jalousie, comme est celle qu'excitent dans notre âme les conditions fort élevées au-dessus de la nôtre³, les grandes fortunes, la faveur, le ministère.

L'envie et la haine s'unissent toujours et se fortifient l'une l'autre dans un même sujet⁴ ; et elles ne sont reconnaissables entre elles qu'en ce que l'une s'attache à la personne, l'autre à l'état et à la condition⁵.

Un homme d'esprit n'est point jaloux d'un ouvrier qui a travaillé une bonne épée, ou d'un statuaire qui vient d'achever une belle figure. Il sait qu'il y a dans ces arts des règles et une méthode qu'on ne devine point, qu'il y a des outils à manier dont il ne connaît ni l'usage, ni le nom, ni la figure⁶, et il lui suffit de penser qu'il n'a point fait l'apprentissage d'un certain métier, pour se consoler de n'y être point maître. Il peut au contraire être suceptible d'envie et même de jalousie ⁷ contre un ministre et contre ceux qui gouvernent, comme si la raison et le bon sens, qui lui sont communs avec eux, étaient les seuls instruments ⁸ qui servent à régir un État et à présider aux affaires publiques, et qu'ils dussent suppléer aux règles, aux préceptes, à l'expérience.

86. L'on voit peu d'esprits entièrement lourds et stupides,

---

mérite à celui des autres ; nous croyons avoir seuls du mérite.
1. *Blessé.* Atteint.
2. Aucune jalousie n'est exempte, etc. Cf. p. 157, n. 5.
3. *Fort élevées au-dessus de la nôtre.* Si élevées, que nous n'y prétendons pas.
4. *Sujet.* Cf. p. 26, n. 3.
5. *État... condition.* L'état, c'est la fonction, la charge ; la condition, c'est la qualité sociale.
6. *Figure.* Forme.
7. *Même de jalousie.* Cf. plus haut : « L'envie au contraire est quelquefois séparée de la jalousie, comme est celle qu'excitent dans notre âme... le ministère ».
8. *Instruments.* Cf. plus haut « des outils à manier ».

l'on en voit encore moins qui soient sublimes et transcendants. Le commun des hommes nage [1] entre ces deux extrémités. L'intervalle est rempli par un grand nombre de talents ordinaires, mais qui sont d'un grand usage, servent à la république [2], et renferment en soi [3] l'utile et l'agréable : comme le commerce [4], les finances, le détail des armées, la navigation, les arts [5], les métiers, l'heureuse mémoire, l'esprit du jeu [6], celui de la société et de la conversation.

87. Tout l'esprit qui est au monde est inutile à celui qui n'en a point : il n'a nulles vues, et il est incapable de profiter de celles d'autrui.

88. Le premier degré dans l'homme après la raison, ce serait de sentir qu'il l'a perdue; la folie même [7] est incompatible avec cette connaissance. De même ce qu'il y aurait eu nous de meilleur après l'esprit, ce serait de connaître qu'il nous manque. Par là on ferait l'impossible : on saurait sans esprit n'être pas un sot, ni un fat, ni un impertinent [8].

89. Un homme qui n'a de l'esprit que dans une certaine médiocrité [9] est sérieux et tout d'une pièce; il ne rit point, il ne badine jamais, il ne tire aucun fruit de la bagatelle [10]; aussi incapable de s'élever aux grandes choses que de s'accommoder même par relâchement, des plus petites, il sait à peine jouer avec ses enfants.

90. Tout le monde dit d'un fat qu'il est un fat; personne n'ose le lui dire à lui-même : il meurt sans le savoir, et sans que personne se soit vengé.

91. Quelle mésintelligence entre l'esprit et le cœur! Le philosophe vit mal avec tous ses préceptes, et le politique rempli de vues et de réflexions ne sait pas se gouverner.

92. L'esprit s'use comme toutes choses; les sciences sont ses aliments, elles le nourrissent et le consument [11].

---

1. *Nage.* Flotte. On disait de même *nager entre deux partis.*
2. *République.* Cf. p. 37, n. 1.
3. *Soi.* Cf. p. 39, n. 1.
4. *Le commerce*, etc. Le talent pour le commerce, etc.
5. *Les arts.* La Bruyère veut parler ici des arts mécaniques. Cf. p. 122, n. 10. Nous disons encore dans ce sens *les arts et métiers.*
6. *L'esprit du jeu.* Cf. chap. XII, § 56 (5ᵉ alinéa), et aussi § 71.
7. *La folie même.* Ce qu'on appelle proprement la folie.
8. *Sot... fat... impertinent.* Cf., sur le sens de ces mots, chap. XII, § 41, 45, 46.
9. *Dans une certaine médiocrité.* Dont l'esprit ne s'élève pas au-dessus d'une certaine médiocrité.
10. *La bagatelle.* Cf. p. 197, n. 1.
11. *Le consument.* Les aliments usent nos organes en leur donnant de l'exercice.

93. Les petits sont quelquefois chargés [1] de mille vertus inutiles; ils n'ont pas de quoi les mettre en œuvre [2].

94. Il se trouve des hommes qui soutiennent facilement le poids de la faveur et de l'autorité, qui se familiarisent avec leur propre grandeur, et à qui la tête ne tourne point dans les postes les plus élevés. Ceux au contraire que la fortune aveugle, sans choix et sans discernement, a comme accablés [3] de ses bienfaits, en jouissent avec orgueil et sans modération : leurs yeux, leur démarche, leur ton de voix et leur accès [4] marquent longtemps en eux l'admiration où ils sont d'eux-mêmes, et de se voir [5] si éminents; et ils deviennent si farouches [6], que leur chute seule peut les apprivoiser.

95. Un homme haut et robuste, qui a une poitrine large et de larges épaules, porte légèrement et de bonne grâce un lourd fardeau; il lui reste encore un bras de libre : un nain serait écrasé de la moitié de sa charge. Ainsi les postes éminents rendent les grands hommes encore plus grands, et les petits beaucoup plus petits [7].

96. Il y a des gens qui gagnent à être extraordinaires [8]; ils voguent, ils cinglent dans une mer où les autres échouent et se brisent; ils parviennent, en blessant toutes les règles de parvenir : ils tirent de leur irrégularité et de leur folie tous les fruits d'une sagesse la plus consommée [9]; hommes dévoués à d'autres hommes, aux grands à qui ils ont sacrifié [10], en qui ils ont placé leurs dernières espérances, ils ne les servent point, mais ils les amusent. Les personnes de mérite et de service [11] sont utiles aux grands, ceux-ci leur sont nécessaires; ils blanchissent auprès d'eux dans la pratique des bons mots, qui leur tiennent lieu d'exploits dont ils attendent la récompense; ils s'attirent, à force d'être

---

1. *Chargés.* Des vertus inutiles sont plutôt une charge.
2. Cf. Vauvenargues : « On ne saurait jouir d'un grand génie ni d'une grande âme dans une fortune médiocre ».
3. *Accablés.* Parce qu'ils ne soutiennent pas le poids de ces bienfaits.
4. *Leur accès.* Leur abord.
5. *Et de se voir.* Cf. p. 18, n. 8.
6. *Farouches.* C'est le sens du latin *ferus*, d'où vient notre mot *fier*. *Apprivoiser* s'oppose directement à cette signification de *farouche*.
7. Les grands hommes se redressent pour porter la charge; les petits plient sous leur faix.
8. *Être extraordinaires.* Ne rien faire dans l'ordre, selon les règles. — Il s'agit de La Feuillade.
9. *D'une sagesse la plus consommée.* Nous mettrions *la* au lieu de *une*. Construction très fréquente au xviie siècle. Cf. p. 319, n. 5.
10. *Sacrifié.* Comme à leurs dieux.
11. *De service.* Amené par *de mérite.* Cf. plus haut *servent.*

plaisants, des emplois graves, et s'élèvent par un continuel enjouement jusqu'au sérieux des dignités; ils finissent [1] enfin, et rencontrent inopinément un avenir qu'ils n'ont ni craint ni espéré [2]. Ce qui reste d'eux sur la terre, c'est l'exemple de leur fortune, fatal à ceux qui voudraient le suivre.

97. L'on exigerait de certains personnages qui ont une fois été capables d'une action noble, héroïque, et qui a été sue de toute la terre, que sans paraître comme épuisés par un si grand effort, ils eussent du moins [3] dans le reste de leur vie cette conduite sage et judicieuse qui se remarque même dans les hommes ordinaires; qu'ils ne tombassent point dans des petitesses indignes de la haute réputation qu'ils avaient acquise; que, se mêlant moins dans le peuple [4], et ne lui laissant pas le loisir de les voir de près, ils ne le fissent point passer de la curiosité et de l'admiration à l'indifférence, et peut-être au mépris.

98. Il coûte moins à certains hommes de s'enrichir de mille vertus, que de se corriger d'un seul défaut. Ils sont même si malheureux, que ce vice est souvent celui qui convenait le moins à leur état, et qui pouvait leur donner dans le monde plus [5] de ridicule; il affaiblit l'éclat de leurs grandes qualités, empêche qu'ils ne soient des hommes parfaits et que leur réputation ne soit entière [6]. On ne leur demande point qu'ils soient plus éclairés et plus incorruptibles, qu'ils soient plus amis de l'ordre et de la discipline, plus fidèles à leurs devoirs, plus zélés pour le bien public, plus graves : on veut seulement qu'ils ne soient point amoureux.

99. Quelques hommes, dans le cours de leur vie, sont si différents d'eux-mêmes [7] par le cœur et par l'esprit, qu'on est sûr de se méprendre, si l'on en [8] juge seulement par ce qui a paru d'eux dans leur première jeunesse. Tels étaient pieux, sages, savants, qui, par cette mollesse inséparable d'une trop riante fortune, ne le sont plus. L'on en sait d'autres qui ont commencé leur vie par les plaisirs et qui ont

---

1. *Ils finissent.* Ils meurent.
2. L'avenir de la vie future (cf. plus bas *sur la terre*), auquel ils n'avaient jamais pensé, soit pour l'espérer, soit pour le craindre.
3. *Du moins.* Cf. p. 13, n. 3.
4. *Se mêlant... dans.* Cf. p. 176, n. 8. — Cf. Molière :

Dans le brillant commerce il se mêle sans
[cesse.
(*Mis.*, II, v.)

5. *Plus.* Cf. p. 1, n. 6.
6. *Entière.* Intacte.
7. *Sont si différents d'eux-mêmes.* Changent à un tel point.
8. *En.* D'eux. Cf. p. 18, n. 4.

mis ce qu'ils avaient d'esprit à les connaître; que les disgrâces ensuite ont rendus religieux, sages, tempérants : ces derniers sont pour l'ordinaire de grands sujets [1], et sur qui [2] l'on peut faire beaucoup de fond; ils ont une probité éprouvée par la patience [3] et par l'adversité; ils entent sur cette extrême politesse que le commerce des femmes leur a donnée, et dont ils ne se défont jamais, un esprit de règle, de réflexion, et quelquefois une haute capacité, qu'ils doivent à la chambre [4] et au loisir d'une mauvaise fortune.

Tout notre mal vient de ne pouvoir être seuls : de là le jeu, le luxe, la dissipation, le vin, les femmes, l'ignorance, la médisance, l'envie, l'oubli de soi-même et de Dieu [5].

100. L'homme semble quelquefois ne se suffire pas à soi-même [6]; les ténèbres, la solitude le troublent, le jettent dans des craintes frivoles et dans de vaines terreurs : le moindre mal alors qui puisse lui arriver est de s'ennuyer.

101. L'ennui est entré dans le monde par la paresse; elle a beaucoup de part dans la recherche que font les hommes des plaisirs, du jeu, de la société. Celui qui aime le travail a assez de soi-même [7].

102. La plupart des hommes emploient la première [8] partie de leur vie à rendre l'autre misérable.

103. Il y a des ouvrages [9] qui commencent par A et finissent par Z; le bon, le mauvais, le pire, tout y entre; rien en un certain genre n'est oublié : quelle recherche, quelle affectation dans ces ouvrages! On les appelle des jeux d'esprit. De même il y a un jeu dans la conduite : on a commencé, il faut finir; on veut fournir toute la carrière. Il serait mieux ou de changer ou de suspendre : mais il est plus rare et plus difficile de poursuivre : on poursuit, on s'anime par les contradictions; la vanité soutient, supplée à la raison, qui cède

---

1. *Sujets.* Cf. p. 26, n. 3.
2. Cf. p. 12, n. 1.
3. *Patience.* Au sens de *patientia.*
4. *A la chambre.* Au recueillement du cabinet.
5. Cf. Pascal. *Pensées*, IV, 2.
6. et 7. *Soi-même.* Cf. p. 39, n. 4.
8. *La première.* Dans la neuvième édition : *la meilleure.*
9. *Des ouvrages.* Non pas le Dictionnaire de l'Académie, ni, comme le prétend Walckenaer, « ces espèces de petites encyclopédies contenant des *Traités sur toutes les sciences, très abrégés, à l'usage de la noblesse*, ces livres d'anecdotes, ces recueils intitulés *Bibliothèque des gens de cour*, dont plusieurs sont rangés par ordre alphabétique », ni enfin, comme le veut M. Servois, les acrostiches alors à la mode, mais plutôt ce qu'on appelait les pièces *abécédaires*, dans lesquelles les caractères de l'alphabet se suivaient à la file en faisant la première lettre de chaque vers.

et qui se désiste. On porte ce raffinement jusque dans les actions les plus vertueuses, dans celles même où il entre de la religion [1].

104. Il n'y a que nos devoirs qui nous coûtent, parce que leur pratique ne regardant que les choses que nous sommes étroitement obligés de faire, elle n'est pas suivie de grands éloges, qui est [2] tout ce qui nous excite aux actions louables, et qui nous soutient dans nos entreprises. N... aime une piété fastueuse qui lui attire l'intendance des besoins des pauvres, le rend dépositaire de leur patrimoine, et fait de sa maison un dépôt public où se font les distributions; les gens à petits collets [3] et les *sœurs grises* [4] y ont une libre entrée; toute une ville voit ses aumônes et les public [5] : qui pourrait douter qu'il soit [6] homme de bien, si ce n'est peut-être ses créanciers?

105. *Géronte* meurt de caducité, et sans avoir fait ce testament qu'il projetait depuis trente années : dix têtes viennent *ab intestat* [7] partager sa succession. Il ne vivait depuis longtemps que par les soins d'*Astérie*, sa femme, qui, jeune encore, s'était dévouée à sa personne, ne le perdait pas de vue, secourait sa vieillesse, et lui a enfin fermé les yeux. Il ne lui laisse pas assez de bien pour pouvoir [8] se passer pour vivre d'un autre vieillard [9].

106. Laisser perdre charges et bénéfices plutôt que de vendre [10] ou de résigner [11] même dans son extrême vieillesse, c'est se persuader qu'on n'est pas du nombre de ceux qui meurent; ou si l'on croit que l'on peut mourir, c'est s'aimer soi-même, et n'aimer que soi.

107. *Fauste* est un dissolu, un prodigue, un libertin, un ingrat, un emporté, qu'*Aurèle*, son oncle, n'a pu haïr ni déshériter.

---

1. Il est difficile de savoir à quoi La Bruyère fait allusion.
2. *Qui* Ce qui. Construction très fréquente au xvi° siècle, plus rare au xvii°. *Qui est* équivaut à *et c'est*. Cf. p. 253, n. 6; p. 301, n. 10.
3. *Les gens à petits collets*. Les ecclésiastiques, dont le collet ou rabat était plus petit que celui des gens du monde.
4. *Sœurs grises*. Sœurs de charité, vêtues de serge grise. En italique, parce que c'est une appellation populaire.
5. *Publie.* Cf. p. 232, n. 10.
6. *Qu'il soit.* La grammaire moderne exigerait *qu'il ne soit*.
7. *Ab intestat.* N'y ayant pas de testament.
8. *Pour pouvoir.* Cf. p. 53, n. 2.
9. Ce morceau est sans doute une allusion à quelque fait particulier dont La Bruyère fut témoin.
10. *Vendre.* Les charges étaient vénales.
11. *Résigner.* Les titulaires d'un bénéfice s'en démettaient au profit de qui ils voulaient.

Frontin, neveu d'Aurèle, après vingt années d'une probité connue, et d'une complaisance aveugle pour ce vieillard, ne l'a pu fléchir en sa faveur, et ne tire de sa dépouille qu'une légère pension, que Fauste, unique légataire, lui doit payer [1].

108. Les haines sont si longues et si opiniâtrées [2], que le plus grand signe de mort dans un homme malade, c'est la réconciliation.

109. L'on s'insinue auprès de tous les hommes, ou en les flattant dans les passions qui occupent [3] leur âme, ou en compatissant aux infirmités qui affligent leur corps; en cela seul consistent les soins que l'on peut leur rendre; de là vient que celui qui se porte bien, et qui désire peu de chose, est moins facile à gouverner.

110. La mollesse et la volupté naissent avec l'homme, et ne finissent qu'avec lui; ni les heureux ni les tristes événements ne l'en peuvent séparer; c'est pour lui ou le fruit de la bonne fortune, ou un dédommagement de la mauvaise.

111. C'est une grande difformité dans la nature qu'un vieillard amoureux.

112. Peu de gens se souviennent d'avoir été jeunes, et combien [4] il leur était difficile d'être chastes et tempérants. La première chose qui arrive aux hommes après avoir renoncé aux plaisirs, ou par bienséance, ou par lassitude, ou par régime, c'est de les condamner dans les autres. Il entre dans cette conduite une sorte d'attachement pour les choses mêmes que l'on vient de quitter; l'on aimerait qu'un bien qui n'est plus pour nous ne fût plus aussi [5] pour le reste du monde : c'est un sentiment de jalousie.

113. Ce n'est pas le besoin d'argent où les vieillards peuvent appréhender de tomber un jour qui les rend avares, car il y en a de tels qui ont de si grands fonds qu'ils ne peuvent avoir cette inquiétude; et d'ailleurs comment pourraient-ils craindre [6] de manquer dans leur caducité des commodités de la vie, puisqu'ils s'en privent eux-mêmes volontairement pour satisfaire à leur avarice? Ce n'est point aussi [7] l'envie

---

1. Même observation que pour le § 105.
2. *Opiniâtrées* Plus fort qu'*opiniâtres*. Soutenues avec opiniâtreté.
3. *Occupent.* Cf. p. 14, n. 6.
4. *Et combien.* Cf. p. 48, n. 8.
5. *Aussi.* Cf. p. 1, n. 8.
6. *Pourraient-ils craindre.* Se pourrait-il qu'ils craignissent.
7. *Aussi.* Cf. p. 1, n. 8.

de laisser de plus grandes richesses à leurs enfants, car il n'est pas naturel d'aimer quelque autre chose plus que soi-même, outre qu'il se trouve des avares qui n'ont point d'héritiers. Ce vice est plutôt l'effet de l'âge et de la complexion des vieillards [1], qui s'y abandonnent aussi naturellement qu'ils suivaient leurs plaisirs dans leur jeunesse, ou leur ambition dans l'âge viril : il ne faut ni vigueur, ni jeunesse, ni santé, pour être avare; l'on n'a aussi [2] nul besoin de s'empresser ou de se donner le moindre mouvement pour épargner ses revenus : il faut laisser seulement son bien dans ses coffres, et se priver de tout; cela est commode aux vieillards, à qui il faut une passion, parce qu'ils sont hommes [3].

114. Il y a des gens qui sont mal logés [4], mal couchés, mal habillés et plus mal nourris; qui essuient les rigueurs des saisons; qui se privent eux-mêmes de la société des hommes, et passent leurs jours dans la solitude; qui souffrent du présent, du passé et de l'avenir; dont la vie est comme une pénitence continuelle, et qui ont ainsi trouvé le secret d'aller à leur perte [5] par le chemin le plus pénible : ce sont les avares.

115. Le souvenir de la jeunesse est tendre dans les vieillards : ils aiment les lieux où ils l'ont passée; les personnes qu'ils ont commencé de connaître dans ce temps leur sont chères; ils affectent quelques mots du premier langage [6] qu'ils ont parlé; ils tiennent pour l'ancienne manière de chanter, et pour la vieille danse; ils vantent les modes qui régnaient alors dans les habits, les meubles et les équipages [7]. Ils ne peuvent encore désapprouver des choses qui servaient à leurs passions, qui étaient si utiles à leurs plaisirs, et qui en rappellent la mémoire. Comment pourraient-ils leur préférer de nouveaux usages et des modes toutes récentes où ils n'ont nulle part, dont ils n'espèrent rien, que les jeunes gens ont faites, et dont ils tirent à leur tour de si grands avantages contre la vieillesse?

---

1. Mais l'avarice n'attend pas toujours le nombre des années.
2. *Aussi.* Cf. p. 1, n. 8.
3. Cf. La Rochefoucauld : « Il y a dans le cœur humain une génération perpétuelle de passions, en sorte que la ruine de l'une est presque toujours l'établissement d'une autre ».
4. Cf. Boileau, Sat. VIII, v. 80 sqq.
5. *Leur perte.* La perte de leur âme.
6. *Quelques mots du premier langage*, etc. Des mots tombés, depuis, en désuétude.
7. Cf., dans Horace et dans Boileau, le portrait du vieillard. Horace, *Art poét.*, 169; Boileau, *Art poét.*, III, 383.

116. Une trop grande négligence comme une excessive parure dans les vieillards multiplient[1] leurs rides, et font mieux voir leur caducité.

117. Un vieillard est fier, dédaigneux, et d'un commerce difficile, s'il n'a beaucoup d'esprit.

118. Un vieillard qui a vécu à la cour, qui a un grand sens et une mémoire fidèle, est un trésor inestimable; il est plein de faits et de maximes; l'on y trouve[2] l'histoire du siècle revêtue de circonstances très curieuses, et qui ne se lisent nulle part; l'on y apprend des règles pour la conduite et pour les mœurs qui sont toujours sûres, parce qu'elles sont fondées sur l'expérience.

119. Les jeunes gens, à cause des passions qui les amusent, s'accommodent mieux de la solitude que les vieillards.

120. *Philippe*, déjà vieux, raffine sur la propreté et sur la mollesse; il passe[3] aux petites délicatesses; il s'est fait un art du boire, du manger, du repos et de l'exercice; les petites règles qu'il s'est prescrites, et qui tendent toutes aux aises de sa personne, il les observe avec scrupule, et ne les romprait pas pour une maîtresse, si le régime lui avait permis d'en retenir[4]; il s'est accablé de superfluités, que l'habitude enfin lui rend[5] nécessaires. Il double ainsi et renforce les liens qui l'attachent à la vie, et il veut employer ce qui lui en reste à en rendre la perte plus douloureuse. N'appréhendait-il pas assez de mourir?

121. *Gnathon* ne vit que pour soi[6], et tous les hommes ensemble sont à son égard comme s'ils n'étaient point. Non content de remplir à une table la première place, il occupe lui seul celle de deux autres; il oublie que le repas est pour lui et pour toute la compagnie[7]; il se rend maître du plat, et fait son propre[8] de chaque service : il ne s'attache à aucun des mets, qu'il n'ait achevé d'essayer de tous; il voudrait pouvoir les savourer tous tout à la fois. Il ne se sert à table que de ses mains[9]; il manie les viandes[10], les remanie,

---

1. *Multiplient.* Le pluriel, comme s'il y avait *et*.
2. *Y.* Cf. p. 18, n. 4.
3. *Passe.* Cf. p. 21, n. 10.
4. *D'en retenir.* D'en avoir encore quelqu'une.
5. *Enfin lui rend.* Cf. p. 86, n. 9.
6. *Soi.* Cf. p. 39, n. 4.
7. *Pour lui et pour*, etc. Plus piquant que *non seulement pour lui, mais pour*, etc. *Pour lui*, sorte de concession qui lui est faite, relève mieux *pour toute la compagnie*.
8. *Fait son propre.* S'approprie.
9. Ce détail et plusieurs autres qui suivent dénotent, même si Gnathon fait tache parmi les convives, une société peu délicate. Cf. p. 90, n. 11; p. 222, n. 8.
10. *Viandes.* Cf. p. 90, n. 3.

CH. XI. — DE L'HOMME.

démembre, déchire, et en use de manière qu'il faut que les conviés, s'ils veulent manger, mangent ses restes. Il ne leur épargne aucune de ces malpropretés dégoûtantes, capables d'ôter l'appétit aux plus affamés; le jus et les sauces lui dégouttent du menton et de la barbe; s'il enlève un ragoût de dessus un plat, il le répand en chemin dans un autre plat et sur la nappe; on le suit à la trace. Il mange haut et avec grand bruit; il roule les yeux en mangeant; la table est pour lui un râtelier, il écure ses dents, et il continue à manger. Il se fait, quelque part où il se trouve[1], une manière d'établissement, et ne souffre pas d'être plus pressé[2] au sermon ou au théâtre que dans sa chambre. Il n'y a dans un carrosse que les places du fond qui lui conviennent; dans toute autre, si on veut l'en croire, il pâlit et tombe en faiblesse. S'il fait un voyage avec plusieurs, il les prévient dans les hôtelleries, et il sait toujours se conserver dans la meilleure chambre le meilleur lit. Il tourne tout à son usage; ses valets, ceux d'autrui, courent dans le même temps pour son service. Tout ce qu'il trouve sous sa main lui est propre[3], hardes, équipages[4]. Il embarrasse tout le monde, ne se contraint pour personne, ne plaint personne, ne connaît de maux que les siens, que sa réplétion[5] et sa bile, ne pleure point la mort des autres, n'appréhende que la sienne, qu'il rachèterait volontiers de l'extinction du genre humain.

122. *Cliton* n'a jamais eu en toute sa vie que deux affaires, qui est[6] de dîner le matin et de souper le soir; il ne semble né que pour la digestion. Il n'a de même qu'un entretien : il dit les entrées qui ont été servies au dernier repas où il s'est trouvé; il dit combien il y a eu de potages, et quels potages[7]; il place ensuite le rôt et les entremets; il se souvient exactement de quels plats on a relevé[8] le pre-

---

1. *Quelque part où il se trouve.* Pour *en quelque part qu'il se trouve.* Locution régulière au XVIIe siècle. Cf. p. 254, n. 6; p. 373, n. 12; p. 436, n. 10. Cf. Boileau :
Mais quelque fol espoir d ut leur orgueil les
[berce.
(*Sat.*, XI, 25.)
Quelque orgueil en secret dont s'aveugle un
[auteur.
(*Épît.*, I, 35.)
2. *Pressé.* Serré par les voisins.
3. *Lui est propre.* Cf. plus haut *fait son propre.*

4. *Équipages.* Carrosses.
5. *Réplétion.* Surabondance de sang et d'humeur.
6. *Qui.* Et cela. Cf. p. 249, n. 2.
7. *Potages.* Les potages comptaient parmi les entrées, et l'on en servait plusieurs dans les grands repas. Ils étaient souvent accompagnés de viandes. Cf. Boileau, Satire III, vers 45-48.
8. *Relevé.* Terme technique. Remplacer un service ou un plat par un autre.

mier service; il n'oublie pas les *hors-d'œuvre*, le fruit et les assiettes [1], il nomme tous les vins et toutes les liqueurs dont il a bu; il possède le langage des cuisines autant qu'il peut s'étendre [2], et il me fait envie de manger à une bonne table où il ne soit point [3]. Il a surtout un palais sûr, qui ne prend point le change, et il ne s'est jamais vu exposé à l'horrible inconvénient de manger un mauvais ragoût ou de boire d'un vin médiocre. C'est un personnage illustre dans son genre, et qui a porté le talent de se bien nourrir jusques où il pouvait aller : on ne reverra plus un homme qui mange tant et qui mange si bien [4]; aussi est-il l'arbitre des bons morceaux, et il n'est guère permis d'avoir du goût pour ce qu'il désapprouve. Mais il n'est plus : il s'est fait du moins porter à table jusqu'au dernier soupir; il donnait à manger le jour qu'il [5] est mort. Quelque part où il soit [6], il mange; et s'il revient au monde, c'est [7] pour manger.

123. Ruffin commence à grisonner; mais il est sain [8], il a un visage frais et un œil vif qui lui promettent encore vingt années de vie; il est gai, *jovial* [9], familier, indifférent [10]; il rit de tout son cœur, et il rit tout seul et sans sujet : il est content de soi [11], des siens, de sa petite fortune; il dit qu'il est heureux. Il perd son fils unique, jeune homme de grande espérance, et qui pouvait un jour être l'honneur de sa famille; il remet sur [12] d'autres le soin de le pleurer; il dit : « Mon fils est mort, cela fera mourir sa mère »; et il est consolé. Il n'a point de passions, il n'a ni amis ni ennemis, personne ne l'embarrasse; tout le monde lui convient, tout lui est propre [13]; il parle à celui qu'il voit une première fois avec la même liberté et la même confiance qu'à ceux qu'il appelle de vieux amis, et il lui fait part bientôt

---

1. *Assiettes*. « On appelle *assiette* en cuisine les petites entrées et hors-d'œuvre dont la quantité n'excède pas ce que peut contenir une assiette. Dans l'office, on dit *assiette* de fruits crus, de fromages,... et autres choses qui se servent sur une assiette. » (*Dictionnaire portatif de cuisine, d'office et de distillation*, P. Vincent, 1767. Cité dans l'édition Servois.)
2. *Autant qu'il peut s'étendre*. Dans toute son étendue possible.
3. Cf., dans *le Misanthrope*, acte II, scène IV, le portrait de Cléon.
4. *Si bien*. En si bon connaisseur.

5. *Le jour que*. Cf. p. 109, n. 4.
6. *Quelque part où il soit*. Cf. p. 253, n. 1.
7. *C'est*. Au lieu de ce sera. C'est pour manger qu'il y reviendra.
8. *Sain*. Cf. p. 232, n. 9.
9. *Jovial*. En italique, comme vieux mot. Cf. p. 352, n. 18.
10. *Indifférent*. Il ne s'intéresse qu'à lui-même, et tout le reste lui est égal.
11. *Soi*. Cf. p. 39, n. 4.
12. Nous disons : *remettre à* et *s'en remettre sur*.
13. *Tout lui est propre*. Il s'arrange de n'importe quoi.

de ses *quolibets* ¹ et de ses historiettes. On l'aborde, on le quitte sans qu'il y fasse attention, et le même conte qu'il a commencé de faire à quelqu'un, il l'achève à ² celui qui prend sa place.

124. N*** est moins affaibli par l'âge que par la maladie, car il ne passe point ³ soixante-huit ans; mais il a la goutte; et il est sujet à une colique néphrétique; il a le visage décharné, le teint verdâtre, et qui menace ruine ⁴; il fait marner sa terre, et il compte que de quinze ans entiers il ne sera obligé de la fumer; il plante un jeune bois, et il espère qu'en moins de vingt années il lui donnera un beau couvert; il fait bâtir dans la rue une maison de pierre de taille, raffermie dans les encoignures par des mains de fer, et dont il assure, en toussant et avec une voix frêle et débile, qu'on ne verra jamais la fin; il se promène tous les jours dans ses ateliers sur le bras ⁵ d'un valet qui le soulage; il montre à ses amis ce qu'il a fait, et il leur dit ce qu'il a dessein ⁶ de faire. Ce n'est pas pour ses enfants qu'il bâtit, car il n'en a point, ni pour ses héritiers, personnes viles et qui se sont brouillées avec lui : c'est pour lui seul ⁷, et il mourra demain.

125. *Antagoras* a un visage trivial ⁸ et populaire : un suisse de paroisse ou le saint de pierre qui orne le grand autel n'est pas mieux connu que lui de toute la multitude. Il parcourt le matin toutes les chambres et tous les greffes d'un parlement, et le soir les rues et les carrefours d'une ville : il plaide depuis quarante ans ⁹, plus proche de sortir de la vie que de sortir d'affaires ¹⁰. Il n'y a point eu au Palais depuis tout ce temps de causes célèbres ou de procédures longues et embrouillées où il n'ait du moins ¹¹ intervenu ¹² : aussi a-t-il un nom fait pour remplir la bouche de l'avocat,

---

1. *Quolibets.* En italique à partir de la sixième édition.
2. *L'achève à.* Par analogie avec *faire à* de ci-dessus.
3. *Il ne passe point.* Nous dirions il n'a pas dépassé. Cf. p. ?, n. 2.
4. *Qui menace ruine. Menacer ruine* signifie d'ordinaire *être près de tomber en ruines.* On ne peut guère le dire d'un teint. Faut-il expliquer : *un teint qui annonce la ruine* (la mort) *prochaine ?*
5. *Sur le bras.* Appuyé sur le bras. Nous dirions *au bras.*
6. *A dessein.* Cf. p. 91, n. 3.

7. *Pour lui seul.* Et non, comme l'octogénaire de La Fontaine, pour des arrière-neveux.
8. *Trivial.* Cf. p. 113, n. 9.
9. Cf. Racine :
Depuis quand plaidez vous ? — Je ne m'en
[souviens pas.
Depuis trente ans au plus.
(*Les Plaideurs*, I, vii.)
10. *Sortir d'affaire,* au singulier, a un tout autre sens. *Sortir d'affaires* signifie ici *ne plus avoir de procès.*
11. *Du moins.* Cf. p. 43, n. 3.
12. *Il n'ait... intervenu.* Nous dirions *il ne soit.* Cf. p. 129, n. 4.

et qui s'accorde avec le demandeur ou le défendeur[1] comme le substantif et l'adjectif[2]. Parent de tous et haï de tous, il n'y a guère de familles dont il ne se plaigne, et qui ne se plaignent de lui. Appliqué successivement à saisir une terre, à s'opposer au sceau[3], à se servir d'un *committimus*[4], ou à mettre un arrêt à exécution, outre qu'il assiste chaque jour à quelques assemblées de créanciers; partout syndic de directions[5], et perdant à toutes les banqueroutes, il a des heures de reste pour ses visites : vieil[6] meuble de ruelle[7], où[8] il parle procès et dit des nouvelles. Vous l'avez laissé dans une maison au marais, vous le retrouvez au grand Faubourg[9], où il vous a prévenu, et où déjà il redit ses nouvelles et son procès. Si vous plaidez vous-même, et que vous alliez le lendemain à la pointe du jour chez l'un de vos juges pour le solliciter[10], le juge attend pour vous donner audience qu'Antagoras soit expédié.

126. Tels hommes passent une longue vie à se défendre des uns[11] et à nuire aux autres, et ils meurent consumés de vieillesse, après avoir causé autant de maux qu'ils en ont souffert.

127. Il faut des saisies de terre et des enlèvements de meubles, des prisons et des supplices, je l'avoue; mais, justice, lois et besoins[12] à part, ce m'est une chose toujours nouvelle de contempler[13] avec quelle férocité les hommes traitent d'autres hommes.

128. L'on voit certains animaux farouches, des mâles et des femelles, répandus par la campagne, noirs, livides et tout brûlés du[14] soleil, attachés à la terre qu'ils fouillent et qu'ils remuent avec une opiniâtreté invincible : ils ont

---

1. *Avec le demandeur ou le défendeur.* Avec les deux personnages du demandeur (celui qui fait le procès) et du défendeur (celui à qui on le fait; *defendere*, écarter, repousser). Antagoras est tantôt l'un, tantôt l'autre.
2. Comme le substantif et l'adjectif s'accordent ensemble.
3. Mettre opposition à la vente d'une charge ou d'une rente sur l'État.
4. Privilège en vertu duquel certaines personnes étaient autorisées à plaider devant certaines juridictions.
5. Le syndic de directions régissait, dans l'intérêt des créanciers, les biens abandonnés par un débiteur.
6. *Vieil.* Ne s'emploie plus devant une consonne.
7. *Ruelle.* Cf. p. 56, n. 4.
8. *Où.* Cf. p. 5, n. 8.
9. Le faubourg Saint-Germain.
10. *Solliciter.* Usage du temps. Cf. le *Misanthrope*, I, 1.
11. *Se défendre des uns.* Cf., § 125, le mot *défendeur*. — Nous dirions aujourd'hui *contre les uns*.
12. *Besoins.* Cf. il faut de ci-dessus.
13. *Contempler.* Cf. p. 176, n. 5.
14. *Du.* Cf. p. 46, n. 10.

CH. XI. — DE L'HOMME. 257

comme une voix articulée; et quand ils se lèvent sur leurs pieds, ils montrent une face humaine; et en effet, ils sont des hommes. Ils se retirent la nuit dans des tanières, où ils vivent de pain noir, d'eau et de racines; ils épargnent aux autres hommes la peine de semer, de labourer et de recueillir pour vivre, et méritent ainsi de ne pas manquer de ce pain qu'ils ont semé [1].

129. *Don Fernand*, dans sa province, est oisif, ignorant, médisant, querelleux [2], fourbe, intempérant, impertinent; mais [3] il tire l'épée contre ses voisins, et pour un rien il expose sa vie; il a tué des hommes, il sera tué [4].

130. Le noble de province, inutile à sa patrie, à sa famille et à lui-même, souvent sans toit, sans habits et sans aucun mérite, répète dix fois le jour qu'il est gentilhomme, traite les fourrures [5] et les mortiers [6] de bourgeoisie, occupé toute sa vie de ses parchemins et de ses titres qu'il ne changerait pas contre les masses [7] d'un chancelier.

131. Il se fait généralement dans tous les hommes des combinaisons infinies de la puissance, de la faveur, du génie, des richesses, des dignités, de la noblesse [8], de la force, de l'industrie [9], de la capacité, de la vertu, du vice, de la faiblesse, de la stupidité, de la pauvreté, de l'impuissance, de la roture et de la bassesse. Ces choses, mêlées ensemble en mille manières différentes, et compensées l'une par l'autre en divers sujets [10], forment aussi les divers états et les différentes conditions [11]. Les hommes, d'ailleurs, qui

---

1. Ce morceau célèbre date de 1689. Que sera-ce à la fin du règne? — Cf. Paul-Louis Courier : « Si La Bruyère pouvait revenir... et se trouver à nos assemblées, il y verrait, non seulement des faces humaines, mais des visages de femmes et de filles plus belles, surtout plus modestes que celles de sa cour tant vantée, etc. Il les verrait, le soir, se retirer, non dans des tanières, mais dans leurs maisons proprement bâties et meublées. Cherchant alors ces animaux dont il a fait la description, il ne les trouverait nulle part, et sans doute bénirait la cause, quelle qu'elle soit, d'un si grand, si heureux changement. »
2. *Querelleux*. Cf. p. 226, n. 7.
3. *Mais*. Comme si de tirer l'épée contre ses voisins, c'était une vertu qui dût racheter ces vices.
4. Cf. les *Grands Jours d'Auvergne* de Fléchier.
5. *Fourrures*. « On appelle absolument *fourrure* une sorte d'habit que portent les docteurs et bacheliers d'une université. » (*Dict. des arts et des sciences*, par M. D. C. de l'Acad. française, 1694.)
6. *Mortiers*. Cf. p. 143, n. 13.
7. *Masses*. Sorte de bâtons, à tête garnie d'argent, que, dans les cérémonies solennelles, on portait devant les chanceliers.
8. *Noblesse*. Dans le sens où le mot s'oppose à *roture* de ci-dessous.
9. *Industrie*. Cf. p. 37, n. 7.
10. *Sujets*. Cf. p. 26, n. 3.
11. *États... conditions*. Cf. p. 21, n. 5.

tous savent le fort et le faible les uns des autres, agissent aussi réciproquement comme ils croient le devoir faire, connaissent ceux qui leur sont égaux, sentent la supériorité que quelques-uns ont sur eux, et celle qu'ils ont sur quelques autres; et de là naissent entre eux ou la familiarité, ou le respect et la déférence, ou la fierté et le mépris. De cette source vient que, dans les endroits publics et où le monde se rassemble, on se trouve à tous moments entre celui que l'on cherche à aborder ou à saluer, et cet autre que l'on feint de ne pas connaître, et dont [1] l'on veut encore moins se laisser joindre; que l'on se fait honneur de l'un, et qu'on a honte de l'autre; qu'il arrive même que celui dont vous vous faites honneur, et que vous voulez retenir, est celui aussi qui est embarrassé de vous, et qui vous quitte; et que le même est souvent celui qui rougit d'autrui, et dont on rougit, qui dédaigne ici, et qui là est dédaigné. Il est encore assez ordinaire de mépriser qui nous méprise. Quelle misère! et puisqu'il est vrai que dans un si étrange commerce [2], ce que l'on pense gagner d'un côté, on le perd de l'autre, ne reviendrait-il pas au même de renoncer à toute hauteur et à toute fierté, qui [3] convient [4] si peu aux faibles hommes, et de composer [5] ensemble, de se traiter tous avec une mutuelle bonté, qui, avec l'avantage de n'être jamais mortifiés, nous procurerait un aussi grand bien que celui de ne mortifier personne?

132. Bien loin de s'effrayer ou de rougir même du nom de philosophe [6], il n'y a personne au monde qui ne dût [7] avoir une forte teinture de philosophie [8]. Elle [9] convient à tout le monde; la pratique en est utile à tous les âges, à tous les sexes [10] et à toutes les conditions; elle nous console du bonheur d'autrui, des indignes préférences, des mauvais succès, du déclin de nos forces ou de notre beauté [11]; elle nous arme contre la pauvreté, la vieillesse, la maladie et la

---

1. *Dont.* Cf. p. 16, n. 10.
2. *Commerce.* Le mot retient ici quelque chose de son sens propre.
3. *Qui.* Cf. p. 5, n. 8.
4. *Convient.* Le singulier, parce que les deux sujets ont une signification analogue.
5. *Composer.* Transiger, faire un arrangement. Cf. p. 118. n. 5.
6. Comme si ce nom était synonyme de sceptique ou d'athée.
7. *Dût.* Cf. p. 15, n. 4.

8. « L'on ne peut plus entendre que celle qui est dépendante de la religion chrétienne. » (*Note de La Bruyère.*) La Bruyère lui-même, sincèrement chrétien, prend ses précautions.
9. *Elle.* La philosophie. Cf. p. 5, n. 8.
10. *A tous les sexes.* On se rappelle que Descartes prétendait être lu et compris des femmes.
11. *De notre beauté.* Cf., plus haut, *à tous les sexes.*

mort, contre les sots et les mauvais railleurs; elle nous fait vivre sans une femme [1], ou nous fait supporter celle avec qui nous vivons [2].

133. Les hommes en un même jour ouvrent leur âme à de petites joies, et se laissent dominer par de petits chagrins; rien n'est plus inégal et moins suivi que ce qui se passe en si peu de temps dans leur cœur et dans leur esprit. Le remède à ce mal est de n'estimer les choses du monde précisément que ce qu'elles valent.

134. Il est aussi difficile de trouver un homme vain qui se croie assez heureux, qu'un homme modeste qui se croie trop malheureux.

135. Le destin du vigneron, du soldat et du tailleur de pierre m'empêche de m'estimer malheureux par [3] la fortune des princes ou des ministres qui me manque.

136. Il n'y a pour l'homme qu'un vrai malheur, qui est de se trouver en faute, et d'avoir quelque chose à se reprocher.

137. La plupart des hommes, pour arriver à leurs fins, sont plus capables d'un grand effort que d'une longue persévérance; leur paresse ou leur inconstance leur fait perdre le fruit des meilleurs commencements; ils se laissent souvent devancer par d'autres qui sont partis après eux, et qui marchent lentement, mais constamment [4].

138. J'ose presque assurer que les hommes savent encore mieux prendre des mesures que les suivre, résoudre ce qu'il faut faire et ce qu'il faut dire que de faire ou de dire ce qu'il faut. On se propose fermement, dans une affaire qu'on négocie, de taire une certaine chose, et ensuite ou par passion ou par une [5] intempérance de langue, ou dans la chaleur de l'entretien, c'est la première qui échappe.

139. Les hommes agissent mollement dans les choses qui sont de leur devoir, pendant qu'ils se font un mérite, ou plutôt une vanité, de s'empresser pour celles qui leur sont étrangères, et qui ne conviennent ni à leur état [6] ni à leur caractère [7].

---

1. Comme a vécu La Bruyère lui-même.
2. Comme Socrate.
3. *Par.* Cf. p. 4, n. 4. Parce que la fortune... me manque.
4. *Constamment.* Cf. *inconstance* de ci-dessus.
5. *Une.* Cf. p. 31, n. 3.
6. *État.* Situation.
7. Cf. § 101.

140. La différence d'un homme qui se revêt d'un caractère étranger à lui-même, quand il rentre dans le sien [1], est celle d'un masque à un visage.

141. *Téléphe* a de l'esprit, mais dix fois moins, de compte fait, qu'il ne présume d'en avoir : il est donc, dans ce qu'il fait, dans ce qu'il médite et ce qu'il projette, dix fois au delà de ce qu'il a d'esprit; il n'est donc jamais dans ce qu'il a de force et d'étendue : ce raisonnement est juste [2]. Il a comme une barrière qui le ferme [3], et qui devrait l'avertir de s'arrêter en deçà : mais il passe outre, il se jette hors de sa sphère; il trouve lui-même [4] son endroit faible, et se montre par cet endroit; il parle de ce qu'il ne sait point, et de ce qu'il sait mal; il entreprend au-dessus de son pouvoir, il désire au delà de sa portée; il s'égale à ce qu'il y a de meilleur en tout genre. Il a du bon et du louable, qu'il offusque [5] par l'affectation du grand ou du merveilleux [6]; on voit clairement ce qu'il n'est pas, et il faut deviner ce qu'il est en effet. C'est un homme qui ne se mesure point, qui ne se connaît point; son caractère est de ne savoir pas se renfermer dans celui qui lui est propre [7], et qui est le sien.

142. L'homme du meilleur esprit est inégal; il souffre [8] des accroissements et des diminutions; il entre en verve, mais il en [9] sort : alors, s'il est sage, il parle peu, il n'écrit point, il ne cherche point à imaginer ni à plaire. Chante-t-on avec un rhume? ne faut-il pas attendre que la voix revienne?

Le sot est *automate* [10], il est machine, il est ressort; le poids l'emporte, le fait mouvoir, le fait tourner, et toujours, et dans le même sens, et avec la même égalité; il est uni-

---

1. *La différence*, etc. Construction bien embarrassée, et même incorrecte. Qu'est-ce que *la différence d'un homme... quand il rentre?* Il est d'ailleurs facile de comprendre ce que veut dire La Bruyère : Entre le caractère étranger que nous revêtons et notre véritable caractère, il y a la différence d'un masque à un visage. Le mot *se revêt* amène déjà la comparaison.
2. *Juste.* Sans aucun doute, et l'on ne voit pas bien quel besoin a La Bruyère de l'affirmer. Rien, là, de tellement subtil. Téléphe entreprendra, s'en croyant capable, des choses qui demanderaient dix fois plus d'esprit. *Méditer* n'est qu'un synonyme de *projeter*.
3. *Le ferme. L'enferme* n'aurait pas le même sens. Cette barrière est comme la limite de son esprit : mais ses entreprises peuvent la franchir, quitte à échouer.
4. *Il trouve lui-même.* Cf. *avertir.*
5. *Offusque.* Cache, empêche de voir.
6. *Du grand,* etc. Cf. p. 8, n. 10.
7. *Propre.* Approprié.
8. *Souffre.* Est susceptible de. Ce mot paraît mieux s'accorder avec des *diminutions* qu'avec des *accroissements.* Mais, si l'on peut s'accroître, c'est donc que l'on n'a pas atteint la plénitude parfaite.
9. *En.* Cf. p. 5, n. 8.
10. *Automate.* On connaît la théorie cartésienne sur les bêtes. — En italique, parce que le mot appartenait à la langue technique.

forme, il ne se dément point : qui l'a vu une fois, l'a vu dans tous les instants et dans toutes les périodes de sa vie; c'est tout au plus le bœuf qui meugle, ou le merle qui siffle : il est fixé et déterminé dans sa nature, et j'ose dire par son espèce [1]. Ce qui paraît le moins en lui, c'est son âme; elle n'agit point, elle ne s'exerce point, elle se repose.

143. Le sot ne meurt point [2] : ou si cela lui arrive selon notre manière de parler, il est vrai de dire qu'il gagne à mourir, et que dans ce moment où les autres meurent [3] il commence à vivre. Son âme alors pense, raisonne, infère, conclut, juge, prévoit, fait précisément tout ce qu'elle ne faisait point; elle se trouve dégagée d'une masse de chair où elle était comme ensevelie sans fonction, sans mouvement, sans aucun du moins qui fût digne d'elle : je dirais presque qu'elle rougit de son propre corps et des organes bruts et imparfaits auxquels elle s'est vue attachée si longtemps, et dont elle n'a pu faire qu'un sot [4] ou qu'un stupide [5]; elle va d'égal avec les grandes âmes, avec celles qui font les bonnes têtes [6] ou les hommes d'esprit. L'âme d'*Alain* [7] ne se démêle plus d'avec celles du grand CONDÉ, de RICHELIEU, de PASCAL et de LINGENDES [8].

144. La fausse délicatesse dans les actions libres, dans les mœurs ou dans la conduite, n'est pas ainsi nommée parce qu'elle est feinte, mais parce qu'en effet [9] elle s'exerce sur des choses et en des occasions qui n'en [10] méritent point. La fausse délicatesse de goût et de complexion n'est telle, au contraire, que parce qu'elle est feinte ou affectée [11] : c'est *Émilie* qui crie de toute sa force sur [12] un petit péril qui ne

---

1. *Il est fixé et déterminé... par son espèce.* La Bruyère veut dire que le sot n'a pas de personnalité propre comme individu.
2. *Ne meurt point.* Cf. la suite. Ce que nous appelons *mourir*, c'est au contraire, pour lui, commencer à vivre.
3. *Meurent.* Au sens ordinaire du terme. Mais ci-dessus (*le sot ne meurt point*), dans un autre sens. Tout cela est bien contourné, et ne fait guère qu'une sorte de jeu de mots.
4. *Et dont elle n'a pu*, etc. Comme si vraiment la sottise et la stupidité dépendaient du corps.
5. *Un stupide.* Cf. p. 37, n. 10.
6. *Les bonnes têtes.* Cf. p. 120, n. 1.
7. *Alain.* Nom d'un valet lourdaud ou d'un paysan niais. Il y a un Alain dans *l'École des femmes.*
8. *Lingendes.* On connaît deux prédicateurs de ce nom, Jean, qui fut évêque de Mâcon, et Claude, un des plus illustres prédécesseurs de Bossuet. C'est de ce dernier que parle ici La Bruyère.
9. *Mais parce qu'en effet.* Mais en réalité parce que. Cf. p. 14, n. 1.
10. *En.* Représente ici la délicatesse, et non la fausse délicatesse, comme l'exigerait une stricte analyse.
11. *Feinte ou affectée.* Le second mot est moins fort que le premier; il marque qu'on exagère une impression, que l'on en fait montre; mais cette impression est réelle.
12. *Sur.* Cf. p. 40, n. 1.

lui fait pas de peur¹, c'est une autre qui par mignardise pâlit à la vue d'une souris, ou qui veut aimer les violettes et s'évanouir aux tubéreuses².

145. Qui oserait se promettre de contenter les hommes? Un prince, quelque bon et quelque puissant qu'il fût, voudrait-il l'entreprendre? qu'il l'essaye. Qu'il se fasse lui-même une affaire de leurs plaisirs³ : qu'il ouvre son palais à ses courtisans; qu'il les admette jusque dans son domestique⁴; que, dans des lieux dont la vue seule est un spectacle⁵, il leur fasse voir d'autres spectacles; qu'il leur donne le choix des jeux, des concerts et de tous les rafraîchissements, qu'il y ajoute une chère splendide et une entière liberté; qu'il entre avec eux en société⁶ des mêmes amusements; que le grand homme devienne aimable, et que le héros soit humain et familier : il n'aura pas assez fait. Les hommes s'ennuient enfin⁷ des mêmes choses qui les ont charmés dans leurs commencements : ils déserteraient la *table des Dieux*, et le *nectar* avec le temps leur devient insipide. Ils n'hésitent pas de⁸ critiquer des choses qui sont parfaites; il y entre de la vanité et une mauvaise délicatesse : leur goût, si on les en croit, est encore au delà de toute l'affectation⁹ qu'on aurait à les satisfaire, et d'une dépense toute royale que l'on ferait pour y réussir; il s'y mêle de la malignité, qui va jusques à vouloir affaiblir dans les autres la joie qu'ils auraient de les rendre contents. Ces mêmes gens, pour l'ordinaire si flatteurs et si complaisants, peuvent se démentir : quelquefois on ne les reconnaît plus, et l'on voit l'homme jusque dans le courtisan.

146. L'affectation dans le geste¹⁰, dans le parler et dans les manières est souvent une suite de l'oisiveté ou de l'indifférence¹¹; et il semble qu'un grand attachement ou de sérieuses affaires jettent¹² l'homme dans son naturel.

147. Les hommes n'ont point de caractères¹³, ou s'ils en

---

1. *Ne lui fait pas de peur.* Plus fort que *ne lui fait pas peur.* Comme s'il y avait *ne lui fait aucune peur.*
2. A l'odeur des tubéreuses.
3. Allusion aux fêtes données par Louis XIV à sa cour. A moins qu'il ne soit question du prince de Condé. Cf. *le grand homme, le héros, dépense toute royale.*
4. *Son domestique.* Cf. p. 8, n. 10, et p. 64, n. 3.
5. Marly, Fontainebleau, Versailles. Ou, peut-être, Chantilly.
6. *Société.* Participation.
7. *S'ennuient enfin.* Finissent par s'ennuyer. Cf. p. 86, n. 9.
8. *De.* Pour *à.* Cf. p. 35, n. 8.
9. *Affectation.* Zèle empressé.
10. *Geste.* Cf. p. 92, n. 5.
11. *Indifférence.* Absence de toute passion et de tout intérêt.
12. *Jettent.* Il s'agit d'une passion vive ou d'un intérêt puissant.
13. *Caractères.* Cf. p. 55, n. 3.

ont, c'est celui de n'en avoir aucun qui soit suivi, qui ne se démente point, et où ¹ ils soient reconnaissables. Ils souffrent beaucoup à être toujours les mêmes, à persévérer dans la règle ou dans le désordre; et, s'ils se délassent quelquefois d'une vertu par une autre vertu, ils se dégoûtent plus souvent d'un vice par un autre vice. Ils ont des passions contraires et des faibles qui se contredisent; il leur coûte moins de joindre les extrémités ² que d'avoir une conduite dont une partie naisse de l'autre. Ennemis de la modération, ils outrent toutes choses, les bonnes et les mauvaises, dont ne pouvant ensuite supporter l'excès, ils l'adoucissent ³ par le changement. *Adraste* était si corrompu et si libertin ⁴, qu'il lui a été moins difficile de suivre la mode et se faire ⁵ dévot ⁶ : il lui eût coûté davantage d'être homme de bien.

148. D'où vient que les mêmes hommes qui ont un flegme tout prêt pour recevoir indifféremment ⁷ les plus grands désastres s'échappent ⁸, et ont une bile ⁹ intarissable sur les plus petits inconvénients? Ce n'est pas sagesse en eux qu'une telle conduite, car la vertu est égale et ne se dément point; c'est donc un vice, et quel autre que la vanité qui ne se réveille et ne se recherche ¹⁰ que dans les événements où il y a de quoi faire parler le monde, et beaucoup à gagner pour elle, mais qui se néglige sur tout le reste.

149. L'on se repent rarement de parler peu, très souvent de trop parler : maxime usée et triviale que tout le monde sait, et que tout le monde ne pratique pas.

150. C'est se venger contre soi-même ¹¹, et donner un trop grand avantage à ses ennemis, que de leur imputer des choses qui ne sont pas vraies, et de mentir pour les décrier.

151. Si l'homme savait rougir de soi ¹², quels crimes, non

---

1. *Où*. Auquel. Cf. p. 19, n. 4.
2. *Extrémités*. Cf. p. 123, n. 2.
3. *Dont ne pouvant ensuite supporter l'excès, ils l'adoucissent*. Construction latine, d'un usage courant au XVIᵉ siècle.
4. *Libertin*. Cf. p. 133, n. 3.
5. *Et se faire*. Cf. p. 28, n. 1.
6. *Suivre la mode et se faire dévot*. C'est dans le chapitre de la *Mode* que se trouve le caractère d'Onuphre.

7. *Indifféremment*. Avec indifférence. Cf. p. 108, n. 7.
8. *S'échappent*. Se donnent carrière, se livrent à leur vrai caractère. Cf. p. 204, n. 13.
9. *Bile*. Opposé à *flegme* de ci-dessus.
10. *Se recherche*. Cf., plus bas, *se néglige*. C'est l'opposé.
11. *Contre soi-même*. On s'expose à être convaincu de mensonge.
12. *Soi*. Cf. p. 39, n. 4.

seulement cachés, mais publics et connus, ne s'épargnerait-il pas [1]!

152. Si certains hommes ne vont pas dans le bien jusques où ils pourraient aller, c'est par le vice de leur première instruction [2].

153. Il y a dans quelques hommes une certaine médiocrité d'esprit qui contribue à les rendre sages [3].

154. Il faut aux enfants les verges et la férule [4]; il faut aux hommes faits une couronne, un sceptre, un mortier [5], des fourrures [6], des faisceaux, des timbales [7], des hoquetons [8]. La raison et la justice dénuées de tous leurs ornements ni ne persuadent ni n'intimident. L'homme, qui est esprit, se mène par les yeux et les oreilles [9].

155. *Timon*, ou le misanthrope, peut avoir l'âme austère et farouche [10]; mais extérieurement il est civil [11] et *cérémonieux* [12] : il ne s'échappe pas [13], il ne s'apprivoise pas avec les hommes; au contraire, il les traite honnêtement [14] et sérieusement; il emploie à leur égard tout ce qui peut éloigner leur familiarité; il ne veut pas les mieux connaître ni s'en [15] faire des amis, semblable en ce sens à une femme qui est en visite chez une autre femme.

156. La raison tient de la vérité, elle est une; l'on n'y arrive que par un chemin, et l'on s'en écarte par mille [16].

---

1. Cf. ce vers de Baïf :

Aye de toy plus que des autres honte.
Mimes, Enseignements et Proverbes.)

La « honte des autres » peut nous empêcher de commettre des crimes publics; mais la « honte de soi » nous en préserve encore mieux, car celui qui n'a honte que des autres commet, s'il se croit sûr de le cacher, un crime qui peut être découvert.
2. Cf. chap. XII. § 81, 85.
3. Cf. Vauvenargues : « La médiocrité d'esprit et la paresse font plus de philosophes que les réflexions ».
4. Ce n'était pas l'opinion de Montaigne. Mais *verges* et *férule* veulent dire ici tout simplement des punitions, des moyens coercitifs. La Bruyère nomme ceux qui étaient en usage de son temps.
5. *Mortier*. Cf. p. 113, n. 13.
6. *Fourrures*. Cf. p. 257, n. 5.
7. *Timbales*. Instruments de musique militaire.
8. *Hoquetons*. Casaque des archers.

9. Cf. Pascal, *Pensées*, III, 5.
10. Comme Alceste, dont ce caractère est sans doute une critique.
11. *Civil*. Alceste l'est bien aussi, et ce qu'il y a de plus comique en lui, c'est justement le contraste entre sa misanthropie et ses manières d'homme du monde. S'il dit à Oronte que son sonnet est bon à mettre au cabinet, il ne le dit qu'après avoir usé longtemps de détours et dans un accès d'humeur.
12. *Cérémonieux*. En italique, parce que le mot n'était pas d'un usage courant.
13. *Ne s'échappe pas*. Cf. p. 263, n. 8.
14. *Honnêtement*. Avec une politesse froide qui les tient à distance. Cf. p. 138, n. 8.
15. *En*. Cf. p. 18, n. 4.
16. Cf. Boileau :

La raison pour marcher n'a souvent qu'une voie.
(*Art poét*., I, 48.)

L'étude de la sagesse a moins d'étendue que celle que l'on ferait des sots et des impertinents. Celui qui n'a vu que des hommes polis et raisonnables, ou ne connait pas l'homme ou ne le connait qu'à demi ; quelque diversité qui se trouve dans les complexions ou dans les mœurs, le commerce du monde et la politesse donnent les mêmes apparences, font qu'on se ressemble les uns aux autres [1] par des dehors qui plaisent réciproquement, qui semblent communs à tous, et qui font croire qu'il n'y a rien ailleurs qui ne s'y rapporte. Celui au contraire qui se jette dans le peuple ou dans la province [2] y fait bientôt, s'il a des yeux, d'étranges découvertes, y voit des choses qui lui sont nouvelles, dont il ne se doutait pas, dont il ne pouvait avoir le moindre soupçon ; il avance par des expériences continuelles dans la connaissance de l'humanité ; il calcule presque en combien de manières différentes l'homme peut être insupportable.

157. Après avoir mûrement approfondi les hommes et connu le faux [3] de leurs pensées, de leurs sentiments, de leurs goûts et de leurs affections, l'on est réduit à dire qu'il y a moins à perdre pour eux par l'inconstance que par l'opiniâtreté [4].

158. Combien d'âmes faibles, molles et indifférentes, sans de grands défauts, et qui [5] puissent fournir à la satire ! Combien de sortes de ridicules répandus parmi les hommes, mais qui par leur singularité [6] ne tirent point à conséquence, et ne sont d'aucune ressource pour l'instruction et pour la morale ! Ce sont des vices uniques qui ne sont pas contagieux, et qui sont moins de l'humanité que de la personne [7].

---

1. *On... les uns aux autres.* Construction d'un fréquent usage au XVII° siècle.
2. C'est une supériorité de Molière, par exemple, que d'avoir bien connu le peuple et la province ; il est, par là aussi, foncièrement « humain ». La Bruyère lui-même resta toute sa vie « parisien ».
3. *Le faux.* Cf. p. 8, n. 10.
4. Par l'inconstance ils passent d'une erreur à une autre ; par l'opiniâtreté, ils s'enfoncent dans une même erreur.
5. *Et qui.* Cf. p. 12, n. 1.
6. *Singularité.* Cf. *uniques* de ci-dessous. C'est le même sens. Cf. p. 15, n. 2.
7. La Bruyère veut indiquer ici ce qui ne rentrait pas dans le plan de ses *Caractères*. Il ne les a écrits, comme lui-même le déclare (cf. la préface), que « pour l'instruction et pour la morale ». Il s'est proposé de peindre, non pas les singularités ou les exceptions, mais plutôt ce qui tient au fond même de la nature humaine, toujours semblable à soi.

CHAPITRE XII

Des Jugements.

1. Rien ne ressemble plus à la vive persuasion que le mauvais entêtement [1] : de là les partis, les cabales, les hérésies.

2. L'on ne pense pas toujours constamment [2] d'un [3] même sujet : l'entêtement [4] et le dégoût se suivent de près.

3. Les grandes choses étonnent, les petites rebutent; nous nous apprivoisons avec les unes et les autres par l'habitude.

4. Deux choses toutes contraires nous préviennent [5] également, l'habitude et la nouveauté [6].

5. Il n'y a rien de plus bas, et qui convienne mieux au peuple, que de parler en des termes magnifiques de ceux mêmes dont l'on pensait très modestement [7] avant leur élévation.

6. La faveur des princes n'exclut pas le mérite, et ne le suppose pas aussi [8].

7. Il est étonnant qu'avec tout l'orgueil dont nous sommes gonflés, et la haute opinion que nous avons de nous-mêmes et de la bonté de notre jugement, nous négligions de nous en [9] servir pour prononcer sur le mérite des autres. La vogue, la faveur populaire, celle du Prince, nous entraînent comme

---

1. *Entêtement.* Cf. p. 103, n. 5.
2. *Constamment.* Sans varier.
3. *D'un.* Cf. p. 172, n. 8.
4. *Entêtement.* Cf. p. 103, n. 5.
5. *Préviennent.* Favorablement.
6. Cf. Pascal : « Les impressions anciennes ne sont pas seules capables de nous abuser : les charmes de la nouveauté ont le même pouvoir ». (*Pensées*, III, 2.)
7. *Dont l'on pensait très modestement.* Qu'on tenait en mince estime.
8. *Aussi.* Cf. p. 1, n. 8.
9. *En.* De notre jugement. La construction n'est pas régulière, mais il n'y a point d'obscurité.

un torrent : nous louons ce qui est loué, bien plus que ce qui est louable [1].

8. Je ne sais s'il y a rien au monde qui coûte davantage à approuver et à louer que ce qui est plus digne [2] d'approbation et de louange, et si la vertu, le mérite, la beauté, les bonnes actions, les beaux ouvrages, ont un effet plus naturel et plus sûr que l'envie, la jalousie et l'antipathie. Ce n'est pas d'un saint dont [3] un dévot [4] sait dire du bien, mais d'un autre dévot. Si une belle femme approuve la beauté d'une autre femme, on peut conclure qu'elle a mieux que ce qu'elle approuve. Si un poète loue les vers d'un autre poète, il y a à parier qu'ils sont mauvais et sans conséquence.

9. Les hommes ne se goûtent qu'à peine [5] les uns les autres, n'ont qu'une faible pente à s'approuver réciproquement : action, conduite, pensée, expression, rien ne plaît, rien ne contente ; ils substituent à la place de ce qu'on leur récite, de ce qu'on leur dit ou de ce qu'on leur lit, ce qu'ils auraient fait eux-mêmes en pareille conjoncture, ce qu'ils penseraient ou ce qu'ils écriraient sur un tel sujet, et ils sont si pleins de leurs idées, qu'il n'y a plus de place pour celles d'autrui.

10. Le commun des hommes est si enclin au dérèglement et à la bagatelle [6], et le monde est si plein d'exemples ou pernicieux ou ridicules, que je croirais assez que l'esprit de singularité, s'il pouvait avoir ses bornes et ne pas aller trop loin [7], approcherait fort de la droite raison et d'une conduite régulière.

« Il faut faire comme les autres » : maxime suspecte, qui signifie presque toujours : « il faut mal faire », dès qu'on l'étend au delà de ces choses purement extérieures, qui n'ont point de suite [8], qui dépendent de l'usage, de la mode ou des bienséances [9].

---

1. Cf. chap. I, § 21.
2. *Plus digne.* Le comparatif pour le superlatif. Cf. p. 1, n. 6.
3. *Ce n'est pas d'un saint dont.* Redoublement devant le relatif de la préposition déjà exprimée devant l'antécédent. Construction en assez fréquent usage au xviie siècle. Cf. Molière :

Et que c'est à sa table à qui l'on rend visite.
(*Mis.*, II, iv.)

4. *Dévot.* « Faux dévot. » (*Note de La Bruyère.*)

5. *A peine.* Cf. p. 65, n. 6.
6. *Bagatelle.* Cf. p. 197, n. 4.
7. *S'il pouvait,* etc. Restriction bien conforme à l'esprit du xviie siècle, si généralement hostile au sens propre.
8. *Suite.* Conséquence. Cf. p. 319, n. 4; p. 373, n. 1.
9. Cf. Montaigne : « Le sage doit au dedans retirer son ame de la presse et la tenir en liberté et puissance de juger librement des choses ; mais quant au dehors, il doibt suyvre entièrement les façons

11. Si les hommes sont hommes plutôt qu'ours et panthères [1], s'ils sont équitables, s'ils se font justice à eux-mêmes [2], et qu'ils la [3] rendent aux autres, que deviennent les lois, leur texte et le prodigieux accablement de leurs commentaires? que devient le *pétitoire* et le *possessoire* [4], et tout ce qu'on appelle jurisprudence? Où [5] se réduisent même ceux qui doivent tout leur relief et toute leur enflure [6] à l'autorité où ils sont établis de faire valoir ces mêmes lois? Si ces mêmes hommes ont de la droiture et de la sincérité, s'ils sont guéris de la prévention, où sont évanouies [7] les disputes de l'école, la scolastique et les controverses? S'ils sont tempérants, chastes et modérés, que leur sert le mystérieux jargon de la médecine, et qui [8] est une mine d'or pour ceux qui s'avisent de le parler? Légistes, docteurs [9], médecins, quelle chute pour vous, si nous pouvions tous nous donner le mot de devenir [10] sages [11]!

De combien de grands hommes dans les différents exercices de la paix et de la guerre aurait-on dû se passer? A quel point de perfection et de raffinement n'a-t-on pas porté de certains arts et de certaines sciences qui ne devaient [12] point être nécessaires, et qui sont dans le monde comme des remèdes à tous les maux dont notre malice [13] est l'unique source!

Que de choses depuis VARRON [14], que Varron a ignorées!

---

et formes receues ». (*Essais*, I, XXII.) — Descartes : « Encore que le peuple juge très mal, toutefois à cause que nous ne pouvons vivre sans lui, et qu'il nous importe d'en être estimés, nous devons souvent suivre ses opinions plutôt que les nôtres, touchant l'extérieur de nos actions ». (*Des passions de l'âme*, 3ᵉ partie, article CCVI.)

1. *Plutôt qu'ours et panthères.* Mais les hommes ne se distinguent-ils pas encore des ours et des panthères par l'établissement même des lois?
2. *S'ils se font justice à eux-mêmes.* S'ils se tiennent dans les limites de leurs droits.
3. *La.* Cf. p. 5, n. 8.
4. Le *pétitoire* est une action par laquelle on réclame la propriété d'une chose; le *possessoire*, une action par laquelle on en réclame la possession, la jouissance.
5. *Où.* A quoi. Cf. p. 19, n. 4.
6. *Enflure.* Grandeur factice et vaine.
7. *Sont évanouies.* Nous dirions *s'évanouissent.* Cf. plus haut *que devient.* C'est le même sens, mais plus fortement exprimé.
8. *Et qui.* Cf. p. 12, n. 1.
9. *Docteurs.* De Sorbonne.
10. *Se donner le mot* ne s'emploie guère plus que d'une façon absolue.
11. « N'est-ce pas, dit La Harpe, une belle découverte que de nous apprendre que, si tous les hommes étaient sages, il ne leur faudrait point de lois? » etc. Mais ce n'est pas là ce que veut dire La Bruyère. La pensée de La Bruyère, comme le montre la suite, c'est que certains arts et certaines sciences, dont l'humanité s'enorgueillit, ne font que témoigner de ses vices ou de ses mauvaises mœurs. Il y a déjà là du Rousseau.
12. *Ne devaient point.* N'auraient point dû. Latinisme. Cf. p. 156, n. 8.
13. *Malice.* Cf. p. 230, n. 4.
14. *Varron.* Le plus savant Romain

CH. XII. — DES JUGEMENTS. 269

Ne nous suffirait-il pas même de n'être savants que comme PLATON ou comme SOCRATE [1]?

12. Tel à un sermon, à une musique [2], ou dans une galerie de peintures, a entendu à sa droite et à sa gauche, sur une chose précisément la même, des sentiments [3] précisément opposés. Cela me ferait dire volontiers que l'on peut hasarder, dans tout genre d'ouvrages, d'y mettre le bon et le mauvais [4] : le bon plaît aux uns, et le mauvais aux autres. L'on ne risque guère davantage d'y mettre le pire : il a ses partisans.

13. Le phénix [5] de la poésie *chantante* [6] renaît de ses cendres; il a vu mourir et revivre sa réputation en un même jour. Ce juge même si infaillible et si ferme dans ses jugements [7], le public, a varié sur son sujet [8] : ou il se trompe, ou il s'est trompé. Celui qui prononcerait aujourd'hui que Q... en un certain genre est mauvais poète, parlerait presque aussi mal que s'il eût dit il y a quelque temps : *Il est bon poète* [9].

14. Chapelain était fort riche [10], et Corneille ne l'était pas : *la Pucelle* [11] et *Rodogune* méritaient chacune une autre aventure [12]. Ainsi l'on a toujours demandé pourquoi, dans telle ou telle profession, celui-ci a fait sa fortune, et cet autre [13] l'avait manquée [14]; et en cela les hommes cherchent la raison de leurs propres caprices, qui, dans les conjonctures pres-

---

de son siècle; né en 116, mort en 26 av. J.-C.

1. Ici, le *moraliste* fait trop bon marché des progrès de la science. Cf. Pascal, *Pensées*, XXIV, 17 bis.
2. *Musique.* Concert ou représentation musicale.
3. *A entendu... des sentiments.* Tour elliptique comme il y en a fréquemment chez La Bruyère.
4. *Le bon et le mauvais.* Pas la même chose que *du bon et du mauvais.* Pour La Bruyère, « il y a un bon et un mauvais goût », il y a *le bon* en soi et *le mauvais* en soi.
5. Il s'agit de Quinault.
6. *Chantante.* En italique, parce que l'expression n'était pas encore reçue.
7. Ironique.
8. *Sur son sujet.* Comme nous disons *à son sujet.*
9. Les variations du jugement public sur Quinault s'expliquent fort bien. Il avait commencé par de mauvais ouvrages; il en fit plus tard d'estimables. Boileau même finit par lui rendre justice.
10. *Fort riche.* « Le mieux renté de tous les beaux esprits », comme dit Boileau.
11. *La Pucelle.* Ce n'est pas *la Pucelle* qui enrichit son auteur. Cependant il reçut longtemps une de ses nombreuses pensions comme auteur futur de ce poème.
12. *Aventure.* Succès.
13. *Et cet autre.* Une construction rigoureuse exigerait la répétition de *pourquoi,* surtout le verbe du second terme étant à un autre temps que celui du premier.
14. *L'avait manquée.* Avait manqué la sienne. Il faut bien relever ces détails de construction, non pour les reprocher à La Bruyère, mais pour s'autoriser au besoin de son exemple.

santes de leurs affaires, de leurs plaisirs, de leur santé et de leur vie, leur font souvent laisser les meilleurs et prendre les pires [1].

15. La condition des comédiens était infâme chez les Romains et honorable chez les Grecs : qu'est-elle chez nous? On pense d'eux comme les Romains, on vit avec eux comme les Grecs.

16. Il suffisait à *Bathylle* d'être pantomime pour être couru [2] des dames [3] romaines [4]; à *Rhoé* de danser au théâtre, à *Roscie* et à *Nérine* de représenter [5] dans les chœurs, pour s'attirer une foule d'amants. La vanité et l'audace [6], suites d'une trop grande puissance, avaient ôté aux Romains le goût du secret et du mystère; ils se plaisaient à faire du théâtre public celui de leurs amours; ils n'étaient pas jaloux de l'amphithéâtre, et partageaient avec la multitude les charmes de leurs maîtresses. Leur goût [7] n'allait qu'à laisser voir qu'ils aimaient, non pas une belle personne ou une excellente comédienne, mais une comédienne.

17. Rien ne découvre mieux dans quelle disposition sont les hommes à l'égard des sciences et des belles-lettres, et de quelle utilité ils les croient dans la République [8], que le prix qu'ils y ont mis [9], et l'idée qu'ils se forment de ceux qui ont pris le parti de les cultiver. Il n'y a point d'art si mécanique ni de si vile condition où les avantages ne soient plus sûrs, plus prompts et plus solides. Le comédien, couché [10] dans son carrosse, jette de la boue au visage de *Corneille*, qui est à pied. Chez plusieurs, savant et pédant sont synonymes.

Souvent où le riche parle, et parle de doctrine [11], c'est aux doctes à se taire, à écouter, à applaudir, s'ils veulent du moins ne passer que pour doctes [12].

18. Il y a une sorte de hardiesse à soutenir [13] devant certains esprits la honte de l'érudition : l'on trouve chez eux

---

1. *Les pires.* Qui se trouvent à portée et qui savent se faire mieux venir.
2. *Couru.* Cf. p. 58, n. 6.
3. *Des.* Cf. p. 46, n. 10.
4. Cf. chap. III, § 33.
5. *Représenter.* Figurer.
6. *Audace.* Très souvent employé, au XVIIe siècle, dans un sens défavorable, comme synonyme d'impudence cynique.
7. *Leur goût.* Le goût qu'ils avaient pour elles.

8. *République.* Cf. p. 37, n. 1.
9. *Le prix qu'ils y ont mis.* Le plus ou moins d'estime qu'ils en font.
10. *Couché.* Mollement étendu, comme dans un lit.
11. *De doctrine.* De science. Mais La Bruyère a choisi ce mot, parce qu'il dérive de *docte.* Cf. p. 176, n. 1.
12. *Que pour doctes.* Et non pour pédants.
13. *Soutenir.* Prendre sur soi; affronter et supporter.

CH. XII. — DES JUGEMENTS.

une prévention tout établie contre les savants, à qui ils ôtent les manières du monde, le savoir-vivre, l'esprit de société, et qu'ils renvoient ainsi dépouillés à leur cabinet et à leurs livres. Comme l'ignorance est un état paisible et qui ne coûte aucune peine, l'on s'y range [1] en foule, et elle forme à la cour et à la ville un nombreux parti, qui l'emporte sur celui des savants. S'ils allèguent en leur faveur les noms d'ESTRÉES [2], de HARLAY [3], BOSSUET, SÉGUIER [4], MONTAUSIER [5], WARDES [6], CHEVREUSE [7], NOVION [8], LAMOIGNON [9], SCUDÉRY [10], PÉLISSON et de tant d'autres personnages également doctes et polis; s'ils osent même citer les grands noms de CHARTRES [11], de CONDÉ, de CONTI [12], de BOURBON [13], du MAINE [14], de VENDOME [15], comme de princes qui ont su joindre aux plus belles et aux plus hautes connaissances et l'atticisme des Grecs et l'urbanité des Romains, l'on ne feint [16] point de leur dire que ce sont des exemples singuliers [17]; et s'ils ont recours à de solides raisons, elles sont faibles contre la voix de la multitude. Il semble néanmoins que l'on devrait décider sur cela avec plus de précaution, et se donner seulement la peine de douter si ce même esprit qui fait faire de si grands progrès dans les sciences, qui fait bien penser, bien juger, bien parler et bien écrire, ne pourrait encore servir à être poli.

Il faut très peu de fonds pour la politesse dans les manières; il en faut beaucoup pour celle de l'esprit.

19. « Il est savant, dit un politique, il est donc incapable d'affaires; je ne lui conflerais [18] l'état de ma garde-robe »;

---

1. *S'y range.* Se ranger à s'emploie souvent, au XVIIe siècle, dans le sens de *prendre parti pour*.
2. *D'Estrées.* Le cardinal, membre de l'Académie.
3. *Harlay.* L'archevêque, membre de l'Académie.
4. *Séguier.* Protecteur de l'Académie, grand chancelier de France.
5. *Montausier.* Ancien gouverneur du Dauphin.
6. *Wardes.* Courtisan de beaucoup d'esprit. Il avait failli être nommé gouverneur du duc de Bourgogne.
7. *Chevreuse.* Elevé à Port-Royal. L'ami de Fénelon.
8. *Novion.* Premier président au Parlement, membre de l'Académie.
9. *Lamoignon.* Le même auquel Boileau avait écrit sa sixième épître.
10. *Scudéry.* « Mlle de Scudéry. » (*Note de La Bruyère.*)
11. *Chartres.* Le futur duc d'Orléans et régent de France.
12. *Conti.* François-Louis de Bourbon, « un très bel esprit, dit Saint-Simon, juste, lumineux, exact, vaste, étendu, d'une lecture infinie ».
13. *Bourbon.* L'élève de La Bruyère, alors âgé de vingt et un ans.
14. *Maine.* Fils de Mme de Montespan, élève de Mme de Maintenon.
15. *Vendôme.* Le duc de Vendôme et son frère le prieur vivaient l'un et l'autre dans le commerce des beaux esprits. Ils formèrent au Temple une petite société où le « libertinage » était en honneur.
16. *Feint.* Cf. p. 4, n. 7.
17. *Singuliers.* Cf. p. 15, n. 2.
18. *Je ne lui conflerais.* Omission

et il a raison. Ossat [1], Ximenès [2], Richelieu étaient savants : étaient-ils habiles? ont-ils passé pour de bons ministres? « Il sait le grec, continue l'homme d'État, c'est un grimaud [3], c'est un philosophe [4]. » Et en effet, une fruitière à Athènes, selon les apparences, parlait grec, et par cette raison était philosophe. Les Bignons [5], les Lamoignons [6] étaient de purs grimauds : qui en peut douter? ils savaient le grec. Quelle vision, quel délire au [7] grand, au sage, au judicieux Antonin de dire qu'*alors les peuples seraient heureux, si* [8] *l'empereur philosophait ou si le philosophe ou le grimaud venait à l'empire* [9] !

Les langues sont la clef ou l'entrée des sciences, et rien davantage; le mépris des unes tombe sur les autres. Il ne s'agit point si [10] les langues sont anciennes ou nouvelles, mortes ou vivantes, mais si elles sont grossières ou polies, si les livres qu'elles ont formés sont d'un bon ou d'un mauvais goût. Supposons que notre langue pût un jour avoir le sort de la grecque ou de la latine, serait-on pédant quelques siècles après qu'on ne la parlerait plus, pour lire Molière ou La Fontaine?

20. Je nomme *Eurypyle*, et vous dites : « C'est un bel esprit ». Vous dites aussi de celui qui travaille une poutre : « Il est charpentier »; et de celui qui refait un mur : « Il est maçon ». Je vous demande quel est l'atelier où travaille cet homme de métier, ce bel esprit [11]? quelle est son enseigne? à quel habit le reconnaît-on? quels sont ses outils? est-ce le coin? sont-ce le marteau ou l'enclume? où fend-il, où cogne-

---

de *pas*, conformément à l'ancien usage, conservé d'ailleurs avec certains verbes, comme *pouvoir, oser,* etc. Cf. p. 222, n. 10.

1. *Ossat.* Le cardinal d'Ossat (1537-1604); nous avons de lui des lettres diplomatiques fort réputées.

2. *Ximenès.* Le cardinal de Ximenès (1437-1517), ministre de Charles-Quint, prit part à de nombreuses publications, notamment à celle des œuvres d'Aristote; il fonda l'Université d'Alcala.

3. *Grimaud.* Anciennement, nom donné aux écoliers des basses classes. Puis, mauvais écrivain, ou pédant.

4. *Philosophe.* Cf. chap. xi, § 132.

5. *Bignons.* Jérôme Bignon, magistrat, grand maître de la Bibliothèque du Roi, mort en 1656, et son fils, conseiller d'État, puis avocat général au Parlement et maître de la librairie du Roi. Son petit-fils, l'abbé Jean-Paul Bignon, alors âgé de vingt-huit ans, fut membre des deux Académies.

6. *Lamoignons.* Guillaume de Lamoignon, premier président au Parlement, mort en 1677, et son fils Chrétien-François, avocat général, puis président à mortier, le même dont il est question au § 18.

7. *Au.* Cf. p. 4, n. 9.

8. *Alors... si.* Latinisme.

9. Cette pensée est réellement de Platon. Marc-Aurèle, que La Bruyère désigne ici sous le nom générique d'Antonin, aimait à la répéter.

10. *Il ne s'agit point si.* Construction plus courte que la nôtre et bonne à maintenir. Cf. des latinismes analogues, p. 356, n. 6; p. 371, n. 2; p. 374, n. 9; p. 407, n. 5.

11. Cf. chap. v, § 75.

t-il son ouvrage? où l'expose-t-il en vente? Un ouvrier se pique d'être ouvrier : Eurypyle se pique-t-il d'être bel esprit? S'il est tel, vous me peignez un fat, qui met l'esprit en roture [1], une âme vile et mécanique [2], à qui ni ce qui est beau ni ce qui est esprit ne sauraient s'appliquer sérieusement; et s'il est vrai qu'il ne se pique de rien, je vous entends [3], c'est un homme sage et qui a de l'esprit [4]. Ne dites-vous pas encore [5] du savantasse [6] : « Il est bel esprit », et ainsi du mauvais poète? Mais vous-même, vous croyez-vous sans aucun esprit? et si vous en avez, c'est sans doute de celui qui est beau et convenable : vous voilà donc un bel esprit : ou s'il s'en faut peu que vous ne preniez ce nom pour une injure, continuez, j'y consens [7], de le donner à Eurypyle, et d'employer cette ironie comme les sots, sans le moindre discernement, ou comme les ignorants, qu'elle console d'une certaine culture qui leur manque, et qu'ils ne voient que dans les autres.

21. Qu'on ne me parle jamais d'encre, de papier, de plume, de style, d'imprimeur, d'imprimerie; qu'on ne se hasarde plus de [8] me dire : « Vous écrivez si bien, *Antisthène!* continuez d'écrire; ne verrons-nous point de vous un *in-folio?* traitez de toutes les vertus et de tous les vices dans un ouvrage suivi, méthodique, qui n'ait point de fin; » ils devraient ajouter : « et nul cours [9] ». Je renonce à tout ce qui a été, qui est et qui sera livre. *Bérylle* tombe en syncope à la vue d'un chat, et moi à la vue d'un livre. Suis-je mieux nourri et plus lourdement [10] vêtu, suis-je dans ma chambre à l'abri du nord, ai-je un lit de plumes, après vingt ans entiers qu'on me débite dans [11] la place [12]? J'ai un grand nom, dites-vous, et beaucoup de gloire : dites que j'ai beaucoup de vent qui ne sert à rien. Ai-je un grain de ce métal

---

1. *Met l'esprit en roture.* Le dégrade de sa noblesse.
2. *Mécanique.* Dans le sens où l'on oppose les arts mécaniques aux arts libéraux.
3. *Je vous entends*, etc. Je vous comprends, nous parlons la même langue. Mais pourquoi le ton méprisant dont vous prononcez ce mot de bel esprit?
4. Il faut suppléer ici, pour mieux saisir la suite, ce que La Bruyère ajoute dans la sixième édition : « Autrement (autrement dit) un homme de mérite, que vous appelez un bel esprit ».
5. Ce terme de bel esprit que vous appliquiez à un homme de mérite, vous l'appliquez tout aussi bien à un savantasse, etc.
6. *Savantasse.* Celui qui affecte d'être savant, mais n'a qu'un savoir confus.
7. *J'y consens.* Dans ce cas, votre jugement m'importe peu, n'ayant plus aucune valeur.
8. *De.* Cf. p. 35, n. 8.
9. *Cours.* Cf. p. 31, n. 5.
10. *Lourdement.* Et, par suite, chaudement.
11. *Dans la place.* Cf. p. 125, n. 2.
12. *Débite... place.* La Bruyère emploie à dessein des termes de commerce.

qui procure toutes choses? Le vil praticien[1] grossit son mémoire, se fait rembourser des frais qu'il n'avance pas, et il a pour gendre un comte ou un magistrat. Un homme *rouge* ou *feuille-morte* [2] devient commis, et bientôt plus riche que son maître; il le laisse dans la roture, et avec de l'argent il devient noble. B... [3] s'enrichit à montrer dans un cercle des marionnettes; B... [4], à vendre en bouteille l'eau de la rivière. Un autre charlatan arrive ici de delà les monts avec une malle [5]; il n'est pas déchargé [6] que les pensions courent, et il est prêt de [7] retourner d'où il arrive avec des mulets et des fourgons. *Mercure* [8] est *Mercure*, et rien davantage, et l'or ne peut payer ses médiations et ses intrigues : on y ajoute la faveur et les distinctions. Et sans parler que des gains licites [9], on paye, au tuilier sa tuile, et à l'ouvrier son temps et son ouvrage : paye-t-on à un auteur ce qu'il pense et ce qu'il écrit? et s'il pense très bien, le paye-t-on très largement? Se meuble-t-il, s'anoblit-il à force de penser et d'écrire juste [10]? Il faut que les hommes soient habillés, qu'ils soient rasés; il faut que retirés dans leurs maisons, ils aient une porte qui ferme bien : est-il nécessaire qu'ils soient instruits? Folie, simplicité, imbécillité, continue Antisthène, de mettre l'enseigne d'auteur ou de philosophe! Avoir, s'il se peut, un *office lucratif*, qui rende la vie aimable, qui fasse prêter [11] à ses amis, et donner à ceux qui ne peuvent rendre; écrire alors par jeu, par oisiveté, et comme *Tityre* siffle ou joue de la flûte; cela ou rien; j'écris à ces conditions, et je cède ainsi à la violence de ceux qui me prennent à la gorge, et me disent : « Vous écrirez ». Ils liront pour titre de mon nouveau livre : DU BEAU, DU BON, DU VRAI, DES IDÉES, DU PREMIER PRINCIPE, *par Antisthène, vendeur de marée*.

22. Si les ambassadeurs des princes étrangers étaient des

---

1. *Praticien.* Cf. p. 126, n. 11.
2. Un homme de livrée, un laquais. Cf. § 15.
3. *B***.* Benoît, sculpteur de figures de cire, qu'il montrait pour de l'argent. Peut-être Brioché, qui avait un théâtre de marionnettes.
4. *B***.* Barbereau, médecin qui avait fait fortune en vendant de l'eau de rivière comme eau minérale.
5. Cf. chap. VIII, § 16. — Il s'agit de Carotti, charlatan italien.
6. Il est encore chargé de sa malle.
7. *Prêt de.* Cf. p. 151, n. 17.

8. *Mercure.* Tel « domestique » et complaisant d'un grand seigneur.
9. *Sans parler que des*, etc. Cf. p. 152, n. 1.
10. On sait que La Bruyère était très désintéressé, qu'il ne tira pour lui-même aucun profit de la vente de ses *Caractères*. Aussi avait-il qualité pour s'élever contre les fausses délicatesses de son siècle, qui considérait comme peu bienséant de vendre ses écrits.
11. *Fasse prêter.* Mette à même de prêter.

CH. XII. — DES JUGEMENTS. 275

singes instruits à marcher sur leurs pieds de derrière, et à se faire entendre par interprète, nous ne pourrions pas marquer un plus grand étonnement que celui que nous donne la justesse de leurs réponses, et le bon sens qui paraît quelquefois dans leurs discours[1]. La prévention du pays, jointe à l'orgueil de la nation, nous fait oublier que la raison est de tous les climats, et que l'on pense juste partout où il y a des hommes. Nous n'aimerions pas à être traités ainsi de[2] ceux que nous appelons barbares; et s'il y a en nous quelque barbarie, elle consiste à être épouvantés de voir d'autres peuples raisonner comme nous[3].

Tous les étrangers ne sont pas barbares, et tous nos compatriotes ne sont pas civilisés : de même toute campagne n'est pas agreste[4] et toute ville n'est pas polie. Il y a dans l'Europe un endroit d'une province maritime d'un grand royaume[5] où le villageois est doux et insinuant, le bourgeois au contraire et le magistrat grossiers, et dont[6] la rusticité est héréditaire.

23. Avec un langage si pur, une si grande recherche dans nos habits, des mœurs si cultivées, de si belles lois et un visage blanc, nous sommes barbares pour quelques peuples[7].

24. Si nous entendions dire des Orientaux qu'ils boivent ordinairement d'une liqueur qui leur monte à la tête, leur fait perdre la raison et les fait vomir, nous dirions : « Cela est bien barbare ».

25. Ce prélat se montre peu à la cour, il est de nul commerce[8], on ne le voit point avec des femmes; il ne joue ni à grande ni à petite prime[9]; il n'assiste ni aux fêtes ni aux spectacles, il n'est point homme de cabale, et il n'a point l'esprit d'intrigue; toujours dans son évêché, où il fait une résidence continuelle[10], il ne songe qu'à instruire son peuple par la parole et à l'édifier par son exemple; il consume son

---

1. Allusion à l'ambassade siamoise de 1686.
2. *De.* Cf. p. 46, n. 10.
3. Cf. Montaigne, *Essais*, I, xxx, II, xii.
4. *Agreste.* « Ce terme s'entend ici métaphoriquement. » (*Note de La Bruyère.*)
5. Sans doute « Rouen et ses environs », comme disent les clefs. La Bruyère avait eu affaire aux magistrats normands quand il alla à Rouen comme trésorier.
6. *Et dont.* Cf. p. 12, n. 1.
7. Cf. chap. vi, § 71.
8. *Il est de nul commerce.* Il se mêle peu au monde. Cf. p. 33, n. 2.
9. *Prime.* Jeu de cartes.
10. *Toujours dans son évêché, où il fait,* etc. Le second terme répète le premier, mais en y ajoutant l'expression officielle de *résidence.*

bien en des [1] aumônes, et son corps par la pénitence; il n'a que l'esprit de régularité [2], et il est imitateur du zèle et de la pitié des apôtres. Les temps sont changés, et il est menacé sous ce règne d'un titre plus éminent [3].

26. Ne pourrait-on point faire comprendre aux personnes d'un certain caractère et d'une profession sérieuse, pour ne rien dire de plus [4], qu'ils [5] ne sont point obligés à faire dire d'eux qu'ils jouent, qu'ils chantent, et qu'ils badinent comme les autres hommes; et qu'à les voir si plaisants et si agréables, on ne croirait point qu'ils fussent d'ailleurs si réguliers et si sévères [6]? Oserait-on même leur insinuer qu'ils s'éloignent par de telles manières de la politesse dont ils se piquent; qu'elle assortit, au contraire, et conforme les dehors aux conditions, qu'elle évite le contraste, et de montrer [7] le même homme sous des figures différentes et qui font de lui un composé bizarre ou un grotesque?

27. Il ne faut pas juger des hommes comme d'un tableau ou d'une figure [8] sur une seule et première vue : il y a un intérieur et un cœur qu'il faut approfondir. Le voile de la modestie couvre le mérite, et le masque de l'hypocrisie cache la malignité [9]. Il n'y a qu'un très petit nombre de connaisseurs qui discerne, et qui soit en droit de prononcer, ce n'est que peu à peu, et forcés même par le temps et les occasions, que la vertu parfaite et le vice consommé viennent enfin à se déclarer [10].

FRAGMENT [11].

28. ... Il disait que l'esprit dans cette belle personne [12] était un diamant bien mis en œuvre; et, continuant de parler d'elle : « C'est, ajoutait-il, comme une nuance [13] de

---

1. *Des.* Nous omettrions l'article.
2. *L'esprit de régularité.* Par opposition à l'esprit d'intrigue.
3. Allusion à l'évêque de Châlons, M. de Noailles; il fut nommé en 1695 à l'archevêché de Paris.
4. Il s'agit des magistrats, et même des ecclésiastiques.
5. *Ils.* Cf. p. 18, n. 9.
6. Cf. chap. vii, § 7.
7. *Le contraste, et de montrer.* Cf. p. 18, n. 8.
8. *Figure.* Statue.
9. *Malignité.* Cf. p. 162, n. 12.
10. *Se déclarer.* Se laisser voir.
11. Ce titre n'est qu'un artifice pour éviter la monotonie.
12. *Cette belle personne.* Catherine Turgot, mariée d'abord à M. de Boislandry, conseiller au Parlement, puis à M. de Chevilly, capitaine aux gardes. « C'est pour elle, dit Chaulieu, que l'amour m'a dicté une infinité de vers que j'ai faits. C'était en effet une des plus jolies femmes que j'ai connues, qui joignait à une figure très aimable la douceur de l'humeur et tout le brillant de l'esprit. Personne n'a jamais écrit mieux qu'elle, et peu aussi bien. »
13. *Nuance.* Délicat tempérament.

CH. XII. — DES JUGEMENTS.

raison et d'agrément qui occupe¹ les yeux et le cœur de ceux qui lui parlent; on ne sait si on l'aime ou si on l'admire; il y a en elle de quoi faire une parfaite amie, il y a aussi de quoi vous mener plus loin que l'amitié. Trop jeune et trop fleurie² pour ne pas plaire, mais trop modeste pour songer à plaire, elle ne tient compte aux hommes que de leur mérite, et ne croit avoir que des amis. Pleine de vivacités³ et capable de sentiments, elle surprend et elle intéresse; et sans rien ignorer de ce qui peut entrer de plus délicat et de plus fin dans les conversations, elle a encore ces saillies heureuses qui, entre autres plaisirs qu'elles font, dispensent toujours de la réplique. Elle vous parle comme celle qui n'est pas savante⁴, qui doute et qui cherche à s'éclaircir⁵; et elle vous écoute comme celle qui sait beaucoup, qui connaît le prix de ce que vous lui dites, et auprès de qui vous ne perdez rien de ce qui vous échappe⁶. Loin de s'appliquer à vous contredire avec esprit, et d'imiter *Elvire*, qui aime mieux passer pour une femme vive que marquer du bon sens et de la justesse, elle s'approprie vos sentiments⁷, elle les croit siens, elle les étend, elle les embellit : vous êtes content de vous d'avoir pensé si bien, et d'avoir mieux dit encore que vous n'aviez cru. Elle est toujours au-dessus de la vanité, soit qu'elle parle, soit qu'elle écrive : elle oublie les traits⁸ où il faut des raisons; elle a déjà⁹ compris que la simplicité est éloquente. S'il s'agit de servir quelqu'un et de vous jeter dans les mêmes intérêts, laissant à Elvire les jolis discours et les belles-lettres¹⁰, qu'elle met à tous usages, *Arténice*¹¹ n'emploie auprès de vous que la sincérité, l'ardeur, l'empressement et la persuasion. Ce qui domine en elle, c'est le plaisir de la lecture, avec le goût des personnes de nom et de réputation, moins pour en¹² être connue que pour les connaître. On peut la louer d'avance de toute la sagesse qu'elle aura un jour, et de tout le mérite qu'elle se prépare par les années, puisque avec une bonne conduite elle a de meilleures intentions, des principes sûrs, utiles à

---

1. *Occupe*. Cf. p. 11, n. 6.
2. *Fleurie*. Dans le sens où l'on dit *la fleur de la jeunesse*.
3. *Vivacités*. Cf. p. 5, n. 3. Ici traits de vivacité, saillies d'esprit.
4. Construction tombée en désuétude.
5. *S'éclaircir*. S'éclairer. Cf. p. 71, n. 3.
6. *Vous échappe*. Il s'agit d'une conversation libre et sans apprêt.
7. *Sentiments*. Pensées, opinions. Cf. p. 15, n. 1.
8. *Traits*. Mots brillants.
9. *Déjà*. Cf. plus haut *trop jeune*. On n'arrive que tard à comprendre l'éloquence de la simplicité.
10. *Les belles-lettres*. L'art, la rhétorique.
11. *Arténice*. Anagramme de Ca-t(h)erine. Cf. p. 276, n. 12.
12. *En*. Cf. p. 18, n. 4.

celles qui sont comme elle exposées aux soins et à la flatterie; et qu'étant [1] assez particulière [2] sans pourtant être farouche, ayant même un peu de penchant pour la retraite, il ne lui saurait peut-être manquer que les occasions, ou ce qu'on appelle un grand théâtre, pour y faire briller toutes ses vertus. »

29. Une belle femme est aimable dans son naturel; elle ne perd rien à être négligée, et sans autre parure que celle qu'elle tire de sa beauté et de sa jeunesse. Une grâce naïve [3] éclate sur son visage, anime ses moindres actions : il y aurait moins de péril à la voir avec tout l'attirail de l'ajustement et de la mode. De même un homme de bien est respectable par lui-même, et indépendamment de tous les dehors dont il voudrait s'aider pour rendre sa personne plus grave et sa vertu plus spécieuse [4]. Un air réformé [5], une modestie outrée, la singularité de l'habit, une ample calotte, n'ajoutent rien à la probité, ne relèvent pas le mérite; ils le fardent, et font peut-être qu'il est moins pur et moins ingénu.

Une gravité trop étudiée devient comique; ce sont comme des extrémités [6] qui se touchent et dont le milieu est dignité; cela ne s'appelle pas être grave, mais en jouer le personnage; celui qui songe à le devenir ne le sera jamais : ou la gravité n'est point, ou elle est naturelle; et il est moins difficile d'en descendre que d'y monter.

30. Un homme de talent et de réputation, s'il est chagrin [7] et austère, il [8] effarouche les jeunes gens, les fait penser mal de la vertu, et la leur rend suspecte d'une trop grande réforme [9] et d'une pratique trop ennuyeuse. S'il est au contraire d'un bon commerce [10], il leur est une leçon utile; il leur apprend qu'on peut vivre gaiement et laborieusement, avoir des vues sérieuses sans renoncer aux plaisirs honnêtes; il leur devient un exemple qu'on peut suivre.

---

1. *Étant.* Construction libre du participe. Cf. p. 299, n. 1; p. 418, n. 6, 8.
2. *Particulière.* Qui aime ce que La Bruyère appelle « le particulier », c'est-à-dire la vie domestique.
3. *Naïve.* Sans affectation.
4. *Spécieuse.* Apparente.
5. *Réformé.* Austère. Cf. *réforme* au § 30.
6. *Ce sont*, etc. Il y a deux extrêmes, le manque de gravité et une gravité trop étudiée; ces deux extrêmes se touchent, en ce sens que l'un et l'autre devient comique.
7. *Chagrin.* Cf. p. 110, n. 5.
8. *Il.* Cf. p. 99, n. 10.
9. *Réforme.* Émendation des mœurs, et, par suite, austérité.
10. *Commerce.* Cf. p. 33, n. 2.

CH. XII. — DES JUGEMENTS. 279

31. La physionomie n'est pas une règle qui nous soit donnée pour juger des hommes : elle nous peut servir de conjecture.

32. L'air spirituel est dans les hommes ce que la régularité des traits est dans les femmes [1] : c'est le genre de beauté où [2] les plus vains puissent [3] aspirer.

33. Un homme qui a beaucoup de mérite et d'esprit, et qui est connu pour tel, n'est pas laid, même avec des traits qui sont difformes; ou s'il a de la laideur, elle ne fait pas son impression [4].

34. Combien d'art pour rentrer dans la nature! combien de temps, de règles, d'attention et de travail pour danser avec la même liberté et la même grâce que [5] l'on sait marcher; pour chanter comme on parle; parler et s'exprimer comme l'on pense; jeter [6] autant de force, de vivacité, de passion et de persuasion dans un discours étudié et que l'on prononce dans le public [7], qu'on en a quelquefois naturellement et sans préparation dans les entretiens les plus familiers!

35. Ceux qui, sans nous connaître assez, pensent mal de nous, ne nous font pas de tort [8] : ce n'est pas nous qu'ils attaquent, c'est le fantôme de leur imagination.

36. Il y a de petites règles, des devoirs, des bienséances attachées aux lieux, aux temps [9], aux personnes, qui ne se devinent point à force d'esprit, et que l'usage apprend sans nulle peine : juger des hommes par les fautes qui leur échappent en ce genre avant qu'ils soient assez instruits, c'est en juger par leurs ongles ou par la pointe de leurs cheveux; c'est vouloir un jour être détrompé [10].

37. Je ne sais [11] s'il est permis de juger des hommes par une faute qui est unique, et si un besoin extrême, ou une

---

1. Singulier rapprochement. Mais La Bruyère veut dire : Il en est de l'air... comme de, etc.
2. *Où.* Cf. p. 19, n. 4.
3. *Puissent.* Latinisme.
4. *Elle ne fait pas son impression.* L'impression que fait d'ordinaire la laideur. Cf. p. 83, n. 11.
5. *Que.* Cf. p. 51, n. 3.
6. *Jeter.* Mettre. Mais le mot convient au mouvement de la sensibilité et de l'imagination.
7. *Dans le public.* Cf. p. 8, n. 10, et p. 215, n. 4.

8. *Ne nous font pas de tort.* Ils nous font tort, en nous jugeant mal; mais ils ne *nous* font pas *de* tort, puisque ce n'est pas nous qu'ils attaquent.
9. *Temps.* Circonstances. Cf. p. 97 n. 2.
10. C'est s'exposer volontairement à une erreur dont on sera un jour détrompé.
11. *Je ne sais.* Précaution prudente. Il y a bien du vrai dans cette maxime, mais elle prêterait à de dangereuses applications.

violente passion, ou un premier mouvement tirent à conséquence.

38. Le contraire des bruits qui courent des [1] affaires ou des personnes est souvent la vérité.

39. Sans une grande roideur et une continuelle attention à toutes ses paroles, on est exposé à dire en moins d'une heure le oui et le non sur une même chose ou sur une même personne, déterminé seulement par un esprit de société et de commerce [2] qui entraîne naturellement à ne pas contredire celui-ci et celui-là qui en parlent différemment.

40. Un homme partial est exposé à de petites mortifications; car, comme il est également impossible que ceux qu'il favorise soient toujours heureux ou sages, et que ceux contre qui il se déclare soient toujours en faute ou malheureux, il naît de là qu'il lui arrive souvent de perdre contenance dans le public [3], ou par le mauvais succès de ses amis, ou par une nouvelle gloire qu'acquièrent ceux qu'il n'aime point.

41. Un homme sujet à se laisser prévenir [4], s'il ose remplir une dignité ou séculière ou ecclésiastique, est un aveugle qui veut peindre, un muet qui s'est chargé d'une harangue, un sourd qui juge d'une symphonie : faibles images, et qui n'expriment qu'imparfaitement la misère de la prévention. Il faut ajouter qu'elle est un mal désespéré, incurable, qui infecte tous ceux qui s'approchent du malade, qui fait déserter les égaux, les inférieurs, les parents, les amis, jusqu'aux médecins [5] : ils sont bien éloignés de le guérir, s'ils ne peuvent le faire convenir de sa maladie, ni des remèdes, qui seraient d'écouter, de douter, de s'informer et de s'éclaircir [6]. Les flatteurs, les fourbes, les calomniateurs, ceux qui ne délient leur langue que pour le mensonge et l'intérêt, sont les charlatans [7] en qui il se confie, et qui lui font avaler [8] tout ce qui leur plaît : ce sont eux aussi [9] qui l'empoisonnent et qui le tuent.

---

1. *Des.* Sur les. Cf. p. 172, n. 8.
2. *Commerce.* Cf. p. 33, n. 2.
3. Cf. p. 8, n. 10, et p. 215, n. 1.
4. *A se laisser prévenir.* A concevoir des préventions.
5. *Médecins.* Le mot semble retenir ici quelque chose de son sens propre, car les médecins sont en effet les derniers à « déserter » un malade. Mais La Bruyère ne l'en applique pas moins aux médecins de l'âme, aux sages conseillers.
6. *S'éclaircir.* Cf. p. 71, n. 3.
7. *Charlatans.* Par opposition aux médecins.
8. *Avaler.* Au figuré, mais sans perdre de vue le sens propre.
9. *Aussi.* Comme les charlatans.

42. La règle de DESCARTES, qui ne veut pas qu'on décide sur les moindres vérités avant qu'elles soient connues clairement et distinctement [1], est assez belle et assez juste pour devoir s'étendre au jugement que l'on fait des [2] personnes.

43. Rien ne nous venge mieux des mauvais jugements que les hommes font de [3] notre esprit, de nos mœurs et de nos manières, que l'indignité et le mauvais caractère de ceux qu'ils approuvent.

Du même fond dont [4] on néglige un homme de mérite, l'on sait encore admirer un sot.

44. Un sot est celui qui n'a pas même ce qu'il faut d'esprit pour être fat.

45. Un fat est celui que les sots croient un homme de mérite.

46. L'impertinent est un fat outré. Le fat lasse, ennuie, dégoûte, rebute; l'impertinent rebute, aigrit, irrite, offense : il commence où l'autre finit.

Le fat est entre l'impertinent et le sot : il est composé de l'un et de l'autre.

47. Les vices partent d'une dépravation du cœur : les défauts, d'un vice de tempérament; le ridicule, d'un défaut d'esprit.

L'homme ridicule est celui qui, tant qu'il demeure tel, a les apparences du sot.

Le sot ne se tire jamais du ridicule, c'est son caractère; l'on y entre quelquefois avec de l'esprit, mais l'on en sort.

Une erreur de fait jette un homme sage dans le ridicule.

La sottise est dans le sot, la fatuité dans le fat, et l'impertinence dans l'impertinent : il semble que le ridicule réside tantôt dans celui qui en effet [5] est ridicule, et tantôt dans l'imagination de ceux [6] qui croient voir le ridicule où il n'est point et ne peut être.

48. La grossièreté, la rusticité, la brutalité peuvent être les vices d'un homme d'esprit.

---

1. *Clairement et distinctement.* Ce sont les expressions mêmes de Descartes.
2, 3. *Des. de.* Cf. p. 172, n. 8.
4. *Du même fond*, etc. Cf. p. 16, n. 10, et p. 125, n. 6.
5. *En effet.* Cf. p. 11, n. 1.
6. *Ceux.* Les sots, par exemple, trouvent ridicule tout ce qui diffère d'eux-mêmes.

49. Le stupide [1] est un sot qui ne parle point, en cela plus supportable que le sot qui parle.

50. La même chose souvent est, dans la bouche d'un homme d'esprit, une naïveté ou un bon mot, et, dans celle d'un sot, une sottise.

51. Si le fat pouvait craindre de mal parler [2] il sortirait de son caractère.

52. L'une des marques de la médiocrité de l'esprit est de toujours conter [3].

53. Le sot est embarrassé de sa personne; le fat a l'air libre et assuré; l'impertinent passe à [4] l'effronterie : le mérite a de la pudeur.

54. Le suffisant [5] est celui en qui la pratique de certains détails que l'on honore du nom d'affaires [6] se trouve jointe à une très grande médiocrité d'esprit.

Un grain [7] d'esprit et une once d'affaires [8] plus [9] qu'il n'en entre dans la composition [10] du suffisant, font l'important.

Pendant qu'on [11] ne fait que rire de l'important, il n'a pas un autre nom; dès qu'on s'en [12] plaint, c'est l'arrogant.

55. L'honnête homme [13] tient le milieu entre l'habile homme [14] et l'homme de bien, quoique dans [15] une distance inégale [16] de ses deux extrêmes.

La distance qu'il y a de l'honnête homme à l'habile homme s'affaiblit de jour à autre [17], et est sur le point de disparaître.

L'habile homme est celui qui cache ses passions, qui entend ses intérêts, qui y sacrifie beaucoup de choses, qui a su acquérir du bien ou en conserver.

---

1. *Le stupide.* Cf. p. 37, n. 10.
2. *Mal parler.* Dire des choses impertinentes et sottes.
3. Cf. Vauvenargues : « La ressource de ceux qui n'imaginent pas est de conter ». Et aussi de ceux qui ne pensent pas.
4. *Passe à.* Cf. p. 21, n. 10.
5. *Le suffisant.* Cf. p. 37, n. 10.
6. *Que l'on honore du nom d'affaires.* Cf. : « Ce que le vulgaire appelle des affaires ». (Chap. II, § 12.)
7. *Grain.* Ancien poids.
8. *D'affaires.* De pratique des affaires.
9. *Plus.* Nous dirions *de plus.*
10. *Dans la composition.* En rapport avec *un grain d'esprit* et *une once d'affaires.*
11. *Pendant que.* Cf. p. 4, n. 1.
12. *En.* Cf. p. 18, n. 4.
13. *L'honnête homme.* Non pas dans le sens, spécial au XVIIIe siècle, « d'homme poli et qui sait vivre », mais dans le sens moderne.
14. *L'habile homme.* Défini un peu plus bas.
15. *Dans.* Nous dirions *à.* Cf. p. 176, n. 8.
16. *Inégale.* Il se rapproche plus de l'habile homme, s'il est, comme La Bruyère va le dire, « celui dont les vices ne sont pas scandaleux ».
17. *De jour à autre.* Construction tombée en désuétude. Nous disons en ce sens *d'un jour à l'autre.* Cf. *de temps à autre*, qui a une signification toute différente. Cf. p. 210, n. 1.

L'honnête homme est celui qui ne vole pas sur les grands chemins, et qui ne tue personne, dont les vices enfin ne sont pas scandaleux [1].

On connaît assez qu'un homme de bien est honnête homme; mais il est plaisant d'imaginer que tout honnête homme n'est pas homme de bien.

L'homme de bien est celui qui n'est ni un saint ni un dévot [2], et qui s'est borné à n'avoir que de la vertu.

56. Talent, goût, esprit, bon sens, choses différentes, non incompatibles.

Entre le bon sens et le bon goût il y a la différence de la cause à son effet [3].

Entre esprit [4] et talent il y a la proportion du tout à sa partie [5].

Appellerai-je homme d'esprit celui qui, borné et renfermé dans quelque art, ou même dans une certaine science [6] qu'il exerce dans une grande perfection, ne montre hors de là ni jugement, ni mémoire, ni vivacité, ni mœurs, ni conduite; qui ne m'entend pas, qui ne pense point, qui s'énonce mal : un musicien par exemple, qui, après m'avoir comme enchanté [7] par ses accords, semble s'être remis avec son luth dans un même étui, ou n'être plus sans cet instrument qu'une machine démontée, à qui il manque quelque chose, et dont il n'est plus permis de rien attendre [8] ?

Que dirai-je encore de l'esprit du jeu? pourrait-on me le définir? Ne faut-il ni prévoyance, ni finesse, ni habileté pour jouer l'hombre ou les échecs? et, s'il en faut, pourquoi voit-on des imbéciles qui y excellent et de très beaux génies qui n'ont pu même atteindre la médiocrité, à qui une pièce [9] ou une carte dans les mains trouble la vue, et fait perdre contenance [10] ?

---

1. La Bruyère veut dire qu'il suffit de ne pas voler, etc., pour être encore appelé un honnête homme.

2. *Dévot.* « Faux dévot. » (*Note de La Bruyère.*)

3. C'est ainsi que M.-J. Chénier a dit :

Le goût n'est rien qu'un bon sens délicat.

Mais rappelons-nous aussi le mot de Vauvenargues, qu' « il faut avoir de l'âme pour avoir du goût ». Il faut une finesse de sensibilité que ne suppose pas le bon sens.

4. *Esprit.* Cf. p. 7, n. 9.

5. L'esprit, en ce sens général, est l'intelligence, qui s'applique indifféremment à tout objet. Le talent est une aptitude à tel objet particulier.

6. *Ou même dans une certaine science.* L'art peut après tout consister dans la main-d'œuvre. La science est plus « intellectuelle ».

7. *Comme enchanté. Enchanté* au sens propre. De là *comme.*

8. Cf. Pascal, *Pensées*, VI, 15.

9. *Une pièce.* Du jeu d'échecs.

10. Cf. Vauvenargues : « On s'étonne à tort que des sots possèdent ce faible avantage. L'habitude

Il y a dans le monde quelque chose, s'il se peut, de plus incompréhensible. Un homme [1] paraît grossier, lourd, stupide; il ne sait pas parler, ni raconter ce qu'il vient de voir : s'il se met à écrire, c'est le modèle des bons contes; il fait parler les animaux, les arbres, les pierres, tout ce qui ne parle point : ce n'est que légèreté, qu'élégance, que beau naturel et que délicatesse dans ses ouvrages.

Un autre est simple, timide, d'une ennuyeuse conversation; il prend un mot pour un autre, et il ne juge de la bonté de sa pièce que par l'argent qui lui en revient; il ne sait pas la réciter, ni lire son écriture. Laissez-le s'élever par la composition : il n'est pas au-dessous d'AUGUSTE, de POMPÉE, de NICOMÈDE, d'HÉRACLIUS; il est roi, et un grand roi; il est politique, il est philosophe; il entreprend de faire parler des héros, de les faire agir; il peint les Romains; ils sont plus grands et plus Romains [2] dans ses vers que dans leur histoire.

Voulez-vous quelque autre prodige? Concevez un homme [3] facile, doux, complaisant, traitable, et tout d'un coup violent, colère, fougueux, capricieux. Imaginez-vous un homme simple, ingénu, crédule, badin, volage, un enfant en cheveux gris; mais permettez-lui de se recueillir, ou plutôt de se livrer à un génie [4] qui agit en lui, j'ose dire, sans qu'il y prenne part et comme à son insu : quelle verve! quelle élévation! quelles images! quelle latinité! — Parlez-vous d'une même personne? me direz-vous. — Oui, du même, de *Théodas*, et de lui seul. Il crie, il s'agite, il se roule à terre, il se relève, il tonne, il éclate; et du milieu de cette tempête il sort une lumière qui brille et qui réjouit. Disons-le sans figure : il parle comme un fou, et pense comme un homme sage; il dit ridiculement des choses vraies, et follement des choses sensées et raisonnables; on est surpris de voir naître et éclore le bon sens du sein de la bouffonnerie, parmi les grimaces et les contorsions. Qu'ajouterai-je davantage! Il dit et il fait mieux qu'il ne sait; ce sont en lui comme deux

et l'amour du jeu, qui tournent toute leur application et leur mémoire de ce côté, suppléent l'esprit qui leur manque. » Cf. encore Mme de Sévigné, lettre du 29 juillet 1676.

1. La Fontaine.
2. Cf. Balzac : « Aux endroits où Rome est de brique, vous la rebâtissez de marbre,..., et je prends garde que ce que vous prêtez à l'histoire est toujours meilleur que ce que vous empruntez d'elle ». (Lettre à Corneille sur la tragédie de *Cinna*.)
3. Le poète latin Santeuil, commensal de La Bruyère chez les Condés. Cf. l'épigramme XVI de Boileau.
4. *Génie*. Le « démon » poétique.

CH. XII. — DES JUGEMENTS.

âmes qui ne se connaissent point, qui ne dépendent point l'une de l'autre, qui ont chacune leur tour [1], ou leurs fonctions toutes séparées. Il manquerait un trait à cette peinture si surprenante, si j'oubliais de dire qu'il est à la fois avide et insatiable de louanges, prêt de [2] se jeter aux yeux de ses critiques, et dans le fond assez docile pour profiter de leur censure. Je commence à me persuader moi-même que j'ai fait le portrait de deux personnages tout différents. Il ne serait pas même impossible d'en trouver un troisième dans Théodas ; car il est bon homme, il est plaisant homme, et il est excellent homme [3].

57. Après l'esprit de discernement, ce qu'il y a au monde de plus rare, ce sont les diamants et les perles [4].

58. Tel, connu dans le monde par de grands talents, honoré et chéri partout où il se trouve, est petit dans son domestique [5] et aux yeux de ses proches, qu'il n'a pu réduire [6] à l'estimer ; tel au contraire, prophète dans son pays [7], jouit d'une vogue qu'il a parmi les siens et qui est resserrée dans l'enceinte de sa maison, s'applaudit d'un mérite rare et singulier, qui lui est accordé par sa famille dont il est l'idole, mais qu'il laisse chez soi [8] toutes les fois qu'il sort, et qu'il ne porte nulle part.

59. Tout le monde s'élève contre un homme qui entre en réputation [9] : à peine ceux qu'il croit ses amis lui pardonnent-ils un mérite naissant, et une première vogue qui semble l'associer à la gloire dont ils sont déjà en possession ; l'on ne se rend qu'à l'extrémité, et après que le Prince s'est déclaré par les récompenses : tous alors se rapprochent de lui, et de ce jour-là seulement il prend son rang d'homme de mérite [10].

60. Nous affectons souvent de louer avec exagération des hommes assez médiocres, et de les élever, s'il se pouvait,

---

1. *Qui ont chacune leur tour.* Qui se succèdent l'une à l'autre.
2. *Prêt de.* Cf. p. 151, n. 17.
3. La répétition du mot *homme* indique que ce sont là les trois personnages, les trois hommes qu'il y a dans Santeuil. Mais on ne voit pas bien quel est le « troisième », et l'on se demande quelle différence La Bruyère fait entre le bon homme et l'excellent homme. *Excellent* est sans doute pris au sens d'*éminent*.
4. Suard cite ce trait comme exemple d'une réflexion qui n'est que sensée, et que relève un rapprochement imprévu.
5. *Son domestique.* Cf. p. 8, n. 10, et p. 64, n. 3.
6. *Réduire.* Il y a fait effort.
7. *Son pays.* Cf. *son domestique* de ci-dessus.
8. *Soi.* Cf. p. 39, n. 4.
9. Cf. Boileau, Epître VII, v. 9 sqq.
10. Cf. § 7.

jusqu'à la hauteur de ceux qui excellent [1], ou parce que nous sommes las d'admirer toujours les mêmes personnes, ou parce que leur gloire, ainsi partagée, offense moins notre vue, et nous devient plus douce et plus supportable.

61. L'on voit des hommes que le vent de la faveur pousse d'abord à pleines voiles; ils perdent en un moment la terre de vue, et font leur route : tout leur rit, tout leur succède [2], action, ouvrage, tout est comblé d'éloges et de récompenses; ils ne se montrent que pour être embrassés [3] et félicités. Il y a un rocher immobile qui s'élève sur une côte; les flots se brisent au pied; la puissance, les richesses, la violence, la flatterie, l'autorité, la faveur, tous les vents ne l'ébranlent pas [4] : c'est le public, où [5] ces gens échouent [6].

62. Il est ordinaire et comme naturel de juger du travail d'autrui seulement par rapport à celui qui nous occupe. Ainsi le poète, rempli de grandes et sublimes idées, estime peu le discours de l'orateur, qui ne s'exerce souvent que sur de simples faits; et celui qui écrit l'histoire de son pays ne peut comprendre qu'un esprit raisonnable emploie sa vie à imaginer des fictions et à trouver une rime; de même le bachelier plongé dans les quatre premiers siècles [7], traite toute autre doctrine de science triste, vaine et inutile, pendant qu'il est peut-être méprisé du [8] géomètre.

63. Tel a assez d'esprit pour exceller dans une certaine matière et en [9] faire des leçons, qui en manque pour voir qu'il doit se taire sur quelque autre dont il n'a qu'une faible connaissance : il sort hardiment des limites de son génie [10], mais il s'égare, et fait que l'homme illustre parle comme un sot.

64. *Hérille*, soit qu'il parle, qu'il harangue ou qu'il écrive, veut citer : il fait dire au *Prince des philosophes* [11] que le vin enivre, et à l'*Orateur romain* [12] que l'eau le tempère. S'il se jette dans la morale, ce n'est pas lui, c'est le *divin Platon*

---

1. *Excellent.* Latinisme.
2. *Succède.* Réussit. Cf. p. 96, n. 10.
3. *Embrassés.* Cf. p. 153, n. 2.
4. Cf. p. 157, n. 5.
5. *Où.* Sur lequel, contre lequel. Cf. p. 19, n. 4.
6. La Bruyère a poursuivi sans pédantisme sa métaphore d'un bout à l'autre de cette pensée.
7. Il s'agit ici soit du bachelier en droit canon, soit du bachelier en théologie, qui étudient l'un et l'autre les quatre premiers siècles.
8. *Du.* Cf. p. 46, n. 10.
9. *En.* Cf. p. 172, n. 8.
10. Cf. p. 35, n. 5.
11. Aristote. Les « antonomases » sont en italique, parce que c'est Hérille qui parle de la sorte.
12. *L'Orateur romain.* La Bruyère s'est servi lui-même de cette appellation. Cf. chap. I, § 9.

qui assure que la vertu est aimable, le vice odieux, ou que l'un et l'autre se tournent en habitude. Les choses les plus communes, les plus triviales, et qu'il est même capable de penser, il veut les devoir aux anciens, aux Latins, aux Grecs ; ce n'est ni pour donner plus d'autorité à ce qu'il dit, ni peut-être pour se faire honneur de ce qu'il sait : il veut citer [1].

65. C'est souvent hasarder un bon mot [2] et vouloir le perdre que de le donner pour sien : il n'est pas relevé, il tombe avec des gens d'esprit ou qui se croient tels, qui ne l'ont pas dit, et qui devaient [3] le dire. C'est au contraire le faire valoir que de le rapporter comme d'un autre : ce n'est qu'un fait, et qu'on se croit obligé de savoir ; il est dit avec plus d'insinuation et reçu avec moins de jalousie ; personne n'en souffre : on rit s'il faut rire, et s'il faut admirer, on admire.

66. On a dit de SOCRATE qu'il était en délire, et que c'était un *fou tout plein d'esprit* [4] ; mais ceux des Grecs qui parlaient ainsi d'un homme si sage passaient pour fous. Ils disaient : « Quels bizarres portraits nous fait ce philosophe ! quelles mœurs étranges et particulières ne décrit-il point ! où a-t-il rêvé, creusé, rassemblé des idées si extraordinaires ? quelles couleurs ! quel pinceau ! ce sont des chimères. » Ils se trompaient : c'étaient des monstres, c'étaient des vices, mais peints au naturel ; on croyait les voir, ils faisaient peur. Socrate s'éloignait du cynique [5] ; il épargnait les personnes, et blâmait les mœurs [6] qui étaient mauvaises.

67. Celui qui est riche par son savoir-faire connaît un philosophe, ses préceptes, sa morale et sa conduite, et

---

1. Il cite pour citer ; c'est une manie.
2. *Hasarder un bon mot.* L'exposer au hasard de ne pas être goûté.
3. *Devaient.* Auraient dû. Cf. p 156, n. 8.
4. Sous le nom de Socrate, c'est de lui-même que parle ici La Bruyère. On l'avait plus d'une fois qualifié de la sorte. « Pour ce qui regarde Socrate, dit-il dans une lettre à Ménage, je n'ai trouvé nulle part qu'on ait dit de lui en propres termes que c'était un fou tout plein d'esprit ; façon de parler à mon avis impertinente et pourtant en usage, que j'ai essayé de décréditer en la faisant servir pour Socrate, comme l'on s'en sert aujourd'hui pour diffamer les personnes les plus sages, mais qui, s'élevant au-dessus d'une morale basse et secrète qui règne depuis si longtemps, se distinguent dans leurs ouvrages par la hardiesse et la vivacité de leurs traits et par la beauté de leur imagination. Ainsi Socrate ici n'est pas Socrate ; c'est un nom qui en cache un autre. »
5. *Du cynique.* Cf. p. 8, n. 10.
6. La Bruyère a déclaré plus d'une fois qu'il peignait les mœurs sans toucher aux personnes. Cf. la préface des *Caractères*, celle du *Discours à l'Académie*, et, un peu plus bas, § 67, 2ᵉ alinéa.

n'imaginant pas dans tous les hommes une autre fin de toutes leurs actions que celle qu'il s'est proposée lui-même toute sa vie [1], dit en son cœur : « Je le plains, je le tiens échoué [2], ce rigide censeur; il s'égare, et il est hors de route [3]; ce n'est pas ainsi que l'on prend le vent et que l'on arrive au délicieux port de la fortune »; et, selon ses principes, il raisonne juste.

« Je pardonne, dit *Antisthius*, à ceux que j'ai loués dans mon ouvrage s'ils m'oublient : qu'ai-je fait pour eux? ils étaient louables [4]. Je le pardonnerai moins à tous ceux dont j'ai attaqué les vices sans toucher à leurs personnes, s'ils me doivent un aussi grand bien que celui d'être corrigé; mais comme c'est un événement [5] qu'on ne voit point, il suit de là que ni les uns ni les autres ne sont tenus de me faire du bien.

« L'on peut, ajoute ce philosophe, envier ou refuser à mes écrits leur récompense : on ne saurait en diminuer la réputation; et si on le fait, qui m'empêchera de le [6] mépriser? »

68. Il est bon d'être philosophe, il n'est guère utile de passer pour tel. Il n'est pas permis de traiter quelqu'un de philosophe [7] : ce sera toujours lui dire une injure, jusqu'à ce qu'il ait plu aux hommes d'en ordonner autrement, et en restituant à un si beau nom son idée [8] propre et convenable, de lui concilier toute l'estime qui lui est due [9].

69. Il y a une philosophie qui nous élève au-dessus de l'ambition et de la fortune, qui nous égale, que dis-je? qui nous place plus haut que [10] les riches, que les grands et que les puissants; qui nous fait négliger les postes et ceux qui les procurent; qui nous exempte de désirer, de demander, de prier, de solliciter, d'importuner, et qui nous sauve [11] même l'émotion et l'excessive joie d'être exaucés. Il y a une

---

1. De s'enrichir.
2. *Je le tiens échoué*. Tenir s'employait au sens de *considérer, juger*, et se joignait directement à l'adjectif. Cf. p. 314, n. 6; p. 369, n. 4. — *Échoué*. Nous disons : *Il a échoué*. La construction employée par La Bruyère rappelle mieux le sens propre du mot.
3. *Hors de route*. Cf. *font leur route*, § 61.
4. *Louables*. Cf. p. 13, n. 7.
5. *Événement*. Issue, résultat.

6. *Le*. Ce fait, que ma réputation soit diminuée.
7. Cf. chap. xi, § 132.
8. *Idée*. Sens.
9. C'est ce qui arrivera au xviii° siècle. Mais le mot de philosophe n'aura pas tout à fait le sens que lui donnait La Bruyère.
10. *Qui nous égale... que*. Au mot *égaler* se substitue une autre expression, ce qui fait qu'il ne compte plus dans le reste de la phrase.
11. *Sauve*. Cf. p. 90, n. 6.

autre philosophie qui nous soumet et nous assujettit à toutes ces choses en faveur de nos proches ou de nos amis : c'est la meilleure.

70. C'est abréger et s'épargner mille discussions, que de penser de certaines gens qu'ils sont incapables de parler juste, et de condamner ce qu'ils disent, ce qu'ils ont dit, et ce qu'ils diront.

71. Nous n'approuvons les autres que par les rapports que nous sentons qu'ils ont avec nous-mêmes; et il semble qu'estimer quelqu'un c'est l'égaler à soi.

72. Les mêmes défauts qui dans les autres sont lourds [1] et insupportables, sont chez nous comme dans leur centre; ils ne pèsent plus, on ne les sent pas. Tel parle d'un autre et en [2] fait un portrait affreux qui ne voit pas qu'il se peint lui-même.

Rien ne nous corrigerait plus promptement de nos défauts, que si nous étions capable de les avouer et de les reconnaitre dans les autres : c'est dans [3] cette juste distance [4] que, nous paraissant tels qu'ils sont, ils se feraient haïr autant qu'ils le méritent.

73. La sage conduite roule sur deux pivots, le passé et l'avenir. Celui qui a la mémoire fidèle et une grande prévoyance est hors du péril de censurer dans les autres ce qu'il a peut-être fait lui-même, ou de condamner une action dans un pareil cas, et dans toutes les circonstances où elle lui sera un jour inévitable [5].

74. Le guerrier et le politique, non plus que le joueur habile ne font pas le hasard, mais ils le préparent, ils l'attirent, et semblent presque le déterminer. Non seulement ils savent ce que le sot et le poltron ignorent, je veux dire se servir du hasard quand il arrive; ils savent même profiter, par leurs précautions et leurs mesures, d'un tel ou d'un tel hasard [6], ou de plusieurs tout à la fois. Si ce point arrive, ils gagnent; si c'est cet autre, ils gagnent encore; un même

---

1. *Lourds et insupportables.* Au figuré, mais sans perdre de vue le sens propre.
2. *En.* Cf. p. 18, n. 4.
3. *Dans.* Cf. p. 176, n. 8.
4. *Dans cette juste distance.* Comme au point de perspective.
5. Cette pensée n'est pas très nette. *Censurer dans les autres,* etc., se rapporte à la mémoire; après *ou,* on attend tout de suite ce qui doit se rapporter à la prévoyance, mais *condamner une action dans un pareil cas* ne fait que répéter le terme précédent.
6. *D'un tel ou d'un tel hasard.* Ils ont pris des précautions en vue de ces hasards.

point souvent les fait gagner de plusieurs manières. Ces hommes sages peuvent être loués de leur bonne fortune comme de leur bonne conduite [1], et le hasard doit être récompensé en eux comme la vertu [2].

75. Je ne mets au-dessus d'un grand politique que celui qui néglige de le devenir, et qui se persuade de plus en plus que le monde ne mérite point qu'on s'en occupe.

76. Il y a dans les meilleurs conseils de quoi déplaire. Ils viennent d'ailleurs que de notre esprit : c'est assez pour être rejetés d'abord [3] par présomption et par humeur, et suivis seulement par nécessité ou par réflexion.

77. Quel bonheur surprenant a accompagné ce favori pendant tout le cours de sa vie! quelle autre fortune mieux soutenue, sans interruption, sans la moindre disgrâce? les premiers postes, l'oreille du prince, d'immenses trésors, une santé parfaite et une mort douce. Mais quel étrange compte à rendre d'une vie passée dans la faveur, des conseils que l'on a donnés, de ceux qu'on a négligé de donner ou de suivre, des biens que l'on n'a point faits, des maux au contraire que l'on a faits ou par soi-même ou par les autres, en un mot de toute sa prospérité!

78. L'on gagne à mourir d'être loué de [4] ceux qui nous [5] survivent, souvent sans autre mérite que celui de n'être plus : le même éloge sert alors pour *Caton* et pour *Pison* [6].

« Le bruit court que Pison est mort : c'est une grande perte; c'était un homme de bien, et qui méritait une plus longue vie; il avait de l'esprit et de l'agrément, de la fermeté et du courage; il était sûr, généreux et fidèle. » Ajoutez : « pourvu qu'il soit mort ».

79. La manière dont on se récrie sur quelques-uns qui se distinguent par la bonne foi, le désintéressement et la probité, n'est pas tant leur éloge que le décréditement [7] du genre humain.

---

1. *Conduite.* Comme on dit *la conduite des opérations, des négociations*, etc.
2. *Vertu.* Sagesse, talent. Cf. plus haut *ces hommes sages.*
3. *D'abord.* Tout d'abord. Cf. p. 12, n. 2.
4. *De.* Cf. p. 46, n. 10.
5. *On... nous.* Cf. p. 76, n. 1.
6. *Caton... Pison.* Caton d'Utique, pris pour type de la vertu; Lucius Calpurnius Pison, dont Cicéron flétrit les vices et les débauches dans sa harangue contre lui.
7. *Décréditement.* Mot qui ne se trouve pas dans le Dictionnaire de l'Académie, édition de 1694. Il est d'un très rare emploi.

CH. XII. — DES JUGEMENTS.

80. Tel soulage les misérables, qui néglige sa famille et laisse son fils dans l'indigence; un autre élève un nouvel édifice, qui n'a pas encore payé les plombs [1] d'une maison qui est achevée depuis dix années; un troisième fait des présents et des largesses, et ruine ses créanciers. Je demande : la pitié, la libéralité, la magnificence, sont-ce les vertus d'un homme injuste? ou plutôt si [2] la bizarrerie et la vanité [3] ne sont pas les causes de l'injustice [4]?

81. Une circonstance essentielle à la justice que l'on doit aux autres, c'est de la faire promptement et sans différer : la faire attendre, c'est injustice.

Ceux-là font bien, ou font ce qu'ils doivent, qui font [5] ce qu'ils doivent. Celui qui dans toute sa conduite laisse longtemps dire de soi [6] qu'il fera bien, fait très mal.

82. L'on dit d'un grand qui tient table deux fois le jour, et qui passe sa vie à faire digestion [7], qu'il meurt de faim, pour exprimer qu'il n'est pas riche, ou que ses affaires sont fort mauvaises : c'est une figure; on le dirait plus à la lettre de ses créanciers.

83. L'honnêteté, les égards et la politesse des personnes avancées en âge de l'un et de l'autre sexe me donnent bonne opinion de ce qu'on appelle le vieux temps [8].

84. C'est un excès de confiance dans les parents d'espérer tout de la bonne éducation de leurs enfants, et une grande erreur de n'en attendre rien et de la négliger.

85. Quand il serait vrai, ce que plusieurs disent, que l'éducation ne donne point à l'homme un autre cœur ni une autre complexion, qu'elle ne change rien dans son fond et ne touche qu'aux superficies [9], je ne laisserais pas de dire qu'elle ne lui est pas inutile.

86. Il n'y a que de l'avantage pour celui qui parle peu : la présomption est [10] qu'il a de l'esprit; et s'il est vrai qu'il n'en manque pas, la présomption est qu'il l'a excellent.

---

1. *Les plombs.* La partie en plomb de la toiture.
2. *Ou plutôt si.* Cf. p. 29, n. 7.
3. Cette bizarrerie et cette vanité expliqueraient alors la pitié, la libéralité, la magnificence apparente des « hommes injustes ».
4. Cf. chap. xi, § 104, § 139.
5. *Font.* Réellement, et sans attendre.
6. *Soi.* Cf. p. 39, n. 4.
7. *Faire digestion.* Cf. p. 91, n. 3.
8. Cf. chap. viii, § 71.
9. *Superficies.* Pluriel rare.
10. *La présomption est.* Il est à présumer.

87. Ne songer qu'à soi et au présent, source d'erreur dans la politique.

88. Le plus grand malheur, après celui d'être convaincu d'un crime, est souvent d'avoir eu à s'en justifier. Tels arrêts nous déchargent et nous renvoient absous, qui sont infirmés par la voix du peuple.

89. Un homme est fidèle à de certaines pratiques de religion, on le voit s'en acquitter avec exactitude : personne ne le loue ni ne le désapprouve; on n'y pense pas. Tel autre y revient après les avoir négligées dix années entières : on se récrie, on l'exalte : cela est libre [1] : moi je le blâme d'un si long oubli de ses devoirs, et je le trouve heureux [2] d'y être rentré.

90. Le flatteur n'a pas assez bonne opinion de soi [3] ni des autres [4].

91. Tels sont oubliés dans la distribution des grâces, et font dire d'eux : *Pourquoi les oublier?* qui, si l'on s'en [5] était souvenu, auraient fait dire : *Pourquoi s'en [6] souvenir?* D'où vient cette contrariété [7]? Est-ce du caractère de ces personnes, ou de l'incertitude de nos jugements, ou même de tous les deux?

92. L'on dit communément : « Après un tel, qui sera chancelier? qui sera primat des Gaules [8]? qui sera pape? » On va plus loin : chacun, selon ses souhaits et son caprice, fait sa promotion, qui est souvent de gens plus vieux et plus caducs que celui qui est en place; et comme il n'y a pas de raison qu'une dignité tue celui qui s'en trouve revêtu, qu'elle sert au contraire à le rajeunir, et à donner au corps et à l'esprit de nouvelles ressources, ce n'est pas un événement fort rare à [9] un titulaire d'enterrer son successeur.

93. La disgrâce éteint les haines et les jalousies. Celui-là peut bien faire [10], qui ne nous aigrit plus par une grande

---

1. *Libre.* Loisible.
2. *Je le trouve heureux.* Opposé à *on se récrie, on l'exalte.* C'est la juste mesure.
3. *De soi.* Parce qu'il ne croit pouvoir plaire qu'en flattant. — *Soi.* Cf. p. 39, n. 4.
4. *Des autres.* Parce qu'il les croit sensibles à la flatterie et capables de s'y laisser prendre.
5, 6. *En.* Cf. p. 18, n. 4.
7. *Contrariété.* Contradiction.
8. *Primat des Gaules.* Sur la primatie, cf. p. 42, n. 13. L'archevêque de Lyon avait le titre de primat des Gaules.
9. À. Cf. p. 4, n. 9.
10. *Bien faire.* Cf. p. 35, n. 6.

faveur : il n'y a aucun mérite, il n'y a sorte de vertus qu'on ne lui pardonne : il serait un héros impunément.

Rien n'est bien d'un homme disgracié ; vertus, mérite, tout est dédaigné, ou mal expliqué, ou imputé à vice ; qu'il ait un grand cœur, qu'il ne craigne ni le fer ni le feu, qu'il aille d'aussi bonne grâce à l'ennemi que BAYARD et MONTREVEL [1], c'est un bravache ; on en [2] plaisante : il n'a plus de quoi être un héros.

Je me contredis, il est vrai : accusez-en les hommes, dont je ne fais que rapporter les jugements ; je ne dis pas de différents hommes, je dis les mêmes, qui jugent si différemment.

94. Il ne faut pas vingt années accomplies pour voir changer les hommes d'opinion sur les choses les plus sérieuses, comme sur celles qui leur ont paru les plus sûres et les plus vraies. Je ne hasarderai pas d'avancer que le feu en soi, et indépendamment de nos sensations, n'a aucune chaleur [3], c'est-à-dire rien de semblable à ce que nous éprouvons en nous-mêmes à son approche, de peur que quelque jour il ne devienne aussi chaud qu'il a jamais été. J'assurerai aussi peu qu'une ligne droite tombant sur une autre ligne droite fait deux angles droits, ou égaux à deux droits, de peur que les hommes venant à y découvrir quelque chose de plus ou de moins, je ne sois raillé de ma proposition [4]. Aussi [5], dans un autre genre, je dirai à peine avec toute la France : « VAUBAN est infaillible, on n'en [6] appelle [7] point » : qui me garantirait que dans peu de temps on n'insinuera pas que même sur le siège [8], qui est son fort et où il décide souverainement, il erre quelquefois, sujet aux fautes comme *Antiphile*?

95. Si vous en croyez des personnes aigries l'une contre l'autre et que la passion domine, l'homme docte est un

---

1. *Montrevel*. « Marq. de Montrevel, comm. gén. D. L. C., lieut. gén. » (*Note de La Bruyère*). Le marquis de Montrevel, commissaire général de la cavalerie, lieutenant général. Saint-Simon nous le donne comme un homme sans esprit et d'une « ignorance universelle », « favori des sottes, des modes, du bel air », mais lui reconnaît d'ailleurs une « valeur brillante ».
2. *En*. Cf. p. 18, n. 4.
3. *Chaleur*. Théorie que Descartes avait soutenue et fait généralement adopter.
4. *Proposition*. Idée qu'on avance (sens étymologique).
5. *Aussi*. De même.
6. *En*. De lui, de Vauban. Cf. p. 18, n. 4.
7. *Appelle*. Conformément à l'usage de son siècle, La Bruyère dit *appeler* où nous disons plutôt *en appeler*. Cf. p. 375, n. 12 ; p. 421, n. 4.
8. *Le siège*. Nous dirions plutôt les *sièges*.

savantasse [1], le magistrat un bourgeois ou un praticien [2], le financier un *maltôtier* [3], et le gentilhomme un *gentillâtre*; mais il est étrange que de si mauvais noms, que la colère et la haine ont su inventer, deviennent familiers, et que le dédain, tout froid et tout paisible qu'il est, ose s'en servir.

96. Vous vous agitez, vous vous donnez un grand mouvement, surtout lorsque les ennemis commencent à fuir et que la victoire n'est plus douteuse, ou devant une ville après qu'elle a capitulé; vous aimez, dans un combat ou pendant un siège, à paraitre en cent endroits pour n'être nulle part, à prévenir les ordres du général de peur de les suivre, et à chercher les occasions plutôt que de les attendre et les recevoir : votre valeur serait-elle fausse ?

97. Faites garder aux hommes quelque poste où ils puissent être tués, et où néanmoins ils ne soient pas tués : ils aiment l'honneur et la vie [4].

98. A voir comme les hommes aiment la vie, pouvait-on [5] soupçonner qu'ils aimassent autre chose plus que la vie? et que la gloire, qu'ils préfèrent à la vie, ne fût souvent qu'une certaine opinion d'eux-mêmes établie dans l'esprit de mille gens qu'ils ne connaissent point ou qu'ils n'estiment point [6]?

99. Ceux qui, ni guerriers ni courtisans, vont à la guerre et suivent la cour, qui ne font pas un siège, mais qui y assistent [7], ont bientôt épuisé leur curiosité sur [8] une place de guerre, quelque surprenante qu'elle soit, sur la tranchée, sur l'effet des bombes et du canon, sur les coups de main, comme sur l'ordre et le succès d'une attaque qu'ils entrevoient [9]. La résistance continue, les pluies surviennent, les fatigues croissent, on plonge dans la fange, on a à combattre les saisons et l'ennemi, on peut être forcé dans ses lignes et enfermé entre une ville et une armée [10] : quelles extré-

---

1. *Savantasse.* Cf. p. 273, n. 6.
2. *Praticien.* Cf. p. 126, n. 1.
3. *Maltôtier.* Le maltôtier est « celui qui exige des droits qui ne sont pas dus ou qui sont imposés sans nécessité légitime ». (Furetière.)
4. Cf. La Rochefoucauld : « On ne veut point perdre la vie, et on veut acquérir de la gloire. »
5. *Pouvait-on.* Dans le sens du conditionnel. Cf. p. 156, n. 8.
6. Cf. Pascal : « La douceur de la gloire est si grande qu'à quelque chose qu'on l'attache, même à la mort, on l'aime... Nous perdons encore la vie avec joie, pourvu qu'on en parle. » (*Pensées*, II, 1 bis, 2 bis.) — Cf. chap. xi, § 76.
7. *Y assistent.* Allusion aux magistrats et aux gens de cour qui avaient assisté par curiosité au siège de Namur.
8. *Sur.* Cf. p. 40, n. 1.
9. *Qu'ils entrevoient.* Qu'ils ne font qu'entrevoir.
10. L'armée de Guillaume III.

mités! On perd courage, on murmure : « Est-ce un si grand inconvénient que de lever un siège? Le salut de l'État dépend-il d'une citadelle de plus ou de moins? Ne faut-il pas, ajoutent-ils, fléchir sous les ordres du ciel qui semble se déclarer contre nous, et remettre la partie à un autre temps? » Alors ils ne comprennent plus la fermeté, et s'ils osaient dire, l'opiniâtreté du général [1], qui se raidit contre les obstacles, qui s'anime par [2] la difficulté de l'entreprise, qui veille la nuit et s'expose le jour pour la conduire à sa fin. A-t-on capitulé, ces hommes si découragés relèvent l'importance de cette conquête, en prédisent les suites, exagèrent la nécessité qu'il y avait de la faire, le péril et la honte qui suivaient de s'en désister, prouvent que l'armée [3] qui nous couvrait des ennemis était invincible. Ils reviennent avec la cour, passent par les villes et les bourgades ; fiers d'être regardés de [4] la bourgeoisie qui est aux fenêtres, comme [5] ceux mêmes qui ont pris la place, ils en triomphent par les chemins, ils se croient braves. Revenus chez eux, ils vous étourdissent de flancs, de redans, de ravelins, de fausse-braie, de courtines et de chemin couvert [6] ; ils rendent compte des endroits où *l'envie de voir* les a portés et où *il ne laissait pas d'y avoir du péril*, des hasards qu'ils ont courus à leur retour d'être pris ou tués par l'ennemi : ils taisent seulement qu'ils ont eu peur.

100. C'est le plus petit inconvénient du monde que de demeurer court dans un sermon ou dans une harangue : il laisse à l'orateur ce qu'il a d'esprit, de bon sens, d'imagination, de mœurs [7] et de doctrine [8] ; il ne lui ôte rien ; mais on ne laisse pas de s'étonner que les hommes, ayant voulu une fois [9] y attacher une espèce de honte et de ridicule, s'exposent, par de longs et souvent d'inutiles discours, à en courir tout le risque.

101. Ceux qui emploient mal leur temps sont les premiers à se plaindre de sa brièveté ; comme ils le consument à s'habiller, à manger, à dormir, à de sots discours, à se résoudre [10]

---

1. Vauban.
2. *Par.* Cf. p. 4, n. 4.
3. *L'armée.* Celle de Luxembourg.
4. *De.* Cf. p. 46, n. 10.
5. *Regardés... comme.* Ce n'est pas la locution *regarder comme.* *Regardés* est ici employé absolument, et *comme* veut dire *aussi bien que*, *au même titre que*.
6. *Flancs*, etc. Il n'importe guère d'expliquer ces termes, dont la définition ne peut être claire que pour les gens du métier.
7. *Mœurs.* Oratoires.
8. *Doctrine.* Savoir. Cf. p. 176, n. 1.
9. *Ayant voulu une fois.* Comme s'il y avait *une fois qu'ils ont voulu*, c'est-à-dire *du moment où*, etc.
10. *Se résoudre.* Se décider, ou plutôt *prendre une décision, se consulter.*

sur ce qu'ils doivent faire, et souvent à ne rien faire, ils en [1] manquent pour leurs affaires ou pour leurs plaisirs; ceux au contraire qui en font un meilleur usage en ont de reste.

Il n'y a point de ministre si occupé qui ne sache perdre chaque jour deux heures de temps : cela va loin à la fin d'une longue vie; et si le mal est encore plus grand dans les autres conditions des hommes, quelle perte infinie ne se fait pas dans le monde d'une chose si précieuse, et dont l'on se plaint qu'on n'a point assez !

102. Il y a des créatures de Dieu qu'on appelle des hommes, qui ont une âme qui est esprit, dont toute la vie est occupée et toute l'attention est réunie à scier[2] du marbre : cela est bien simple, c'est bien peu de chose. Il y en a d'autres qui s'en étonnent, mais qui sont entièrement inutiles, et qui passent les jours à ne rien faire : c'est encore moins que de scier du marbre.

103. La plupart des hommes oublient si fort qu'ils ont une âme, et se répandent en tant d'actions et d'exercices où il semble qu'elle est inutile, que l'on croit parler avantageusement de quelqu'un en disant qu'il pense; cet éloge même est devenu vulgaire[3], qui pourtant ne met cet homme qu'au-dessus du chien ou du cheval.

104. « A quoi vous divertissez-vous? à quoi passez-vous le temps? » vous demandent les sots et les gens d'esprit. Si je réplique que c'est à ouvrir les yeux et à voir, à prêter l'oreille et à entendre, à avoir la santé, le repos, la liberté, ce n'est rien dire. Les solides biens, les grands biens, les seuls biens ne sont pas comptés, ne se font pas sentir. Jouez-vous? masquez-vous[4]? il faut répondre[5].

Est-ce un bien pour l'homme que la liberté[6], si elle peut être trop grande et trop étendue, telle enfin qu'elle ne serve qu'à lui faire désirer quelque chose, qui est d'avoir moins de liberté?

La liberté n'est pas oisiveté; c'est un usage libre du temps, c'est le choix du travail et de l'exercice. Être libre en un

---

1. *En.* Cf. plus haut *le* et *leur temps. En* n'est pas ici le substitut de *leur temps*, mais de *temps* en général, qui n'est pas exprimé.

2. *Réunie à scier.* Tour peu régulier. Mais par analogie avec *toute la vie est occupée.*

3. *Vulgaire.* Non pas qu'un tel mérite soit reconnu à beaucoup; mais cette forme d'éloge est communément employée.

4. *Masquez-vous?* Cf. p. 162, n. 7.

5. Il faut répondre l'un ou l'autre.

6. *Liberté.* Manque d'occupation.

mot n'est pas ne rien faire, c'est être seul arbitre de ce qu'on fait ou de ce qu'on ne fait point. Quel bien en ce sens que la liberté!

105. César n'était point trop vieux pour penser à la conquête de l'univers[1] ; il n'avait point d'autre béatitude[2] à se faire que le cours d'une belle vie, et un grand nom après sa mort ; né fier, ambitieux, et se portant bien comme il faisait[3], il ne pouvait mieux employer son temps qu'à conquérir le monde. Alexandre était bien jeune pour un dessein si sérieux : il est étonnant que dans ce premier âge les femmes ou le vin n'aient plus tôt rompu[4] son entreprise.

106. Un jeune Prince, d'une race auguste[5]. L'amour et l'espérance des peuples. Donné du[6] ciel pour prolonger la félicité de la terre. Plus grand que ses Aïeux. Fils d'un Héros qui est son modèle, a déjà montré a l'Univers par ses divines qualités[7], et par une vertu anticipée, que les enfants des Héros sont plus proches de l'être que les autres hommes[8].

107. Si le monde dure seulement cent millions d'années, il est encore dans toute sa fraîcheur, et ne fait presque que commencer[9] ; nous-mêmes nous touchons aux premiers hommes et aux patriarches : et qui pourra ne nous pas confondre avec eux dans des siècles si reculés? Mais si l'on juge par le passé de l'avenir, quelles choses nouvelles[10] nous sont inconnues dans les arts[11], dans les sciences, dans la nature, et j'ose dire dans l'histoire! quelles découvertes ne fera-t-on

---

1. « Voyez les *Pensées* de M. Pascal, chapitre XXXI, où il dit le contraire. » (*Note de La Bruyère.*) Texte de l'édition de Port-Royal : « César était trop vieil, ce me semble, pour s'aller amuser à conquérir le monde. Cet amusement était bon à Alexandre : c'était un jeune homme qu'il était difficile d'arrêter ; mais César devait être plus mûr. »
2. *Béatitude.* Terme de la langue religieuse, employé sans doute avec intention.
3. *Faisait.* Cf. p. 61, n. 5.
4. *N'aient... rompu.* Omission de *pas.* Cf. p. 222, n. 10.
5. Éloge du dauphin. En style d'inscription ; de là, la ponctuation et les capitales.
6. *Du.* Cf. p. 16, n. 10.
7. *Ses divines qualités.* Le Dauphin méritait si peu un tel éloge, qu'on voudrait croire à quelque ironie.
8. « Contre la maxime latine et triviale. » (*Note de La Bruyère.*) *Filii heroum noxae*, traduction du grec ἡρώων παῖδες πήματα ou λῶβαι, c'est-à-dire « les fils des héros sont des dommages ou des outrages ».
9. *Ne fait... que commencer.* Nous disons en ce sens *ne fait que de commencer.*
10. *Nouvelles.* A découvrir. Cet adjectif semble faire d'ailleurs pléonasme avec *nous sont inconnues.*
11. *Dans les arts.* La Bruyère était pourtant du parti des anciens. Mais *arts* veut dire ici *les arts mécaniques.* Cf. p. 122, n. 10.

point! quelles différentes révolutions ne doivent pas arriver, sur toute la face de la terre, dans les États et dans les empires! quelle ignorance est la nôtre! et quelle légère expérience que celle de six ou sept mille ans [1]!

108. Il n'y a point de chemin trop long à qui marche lentement et sans se presser : il n'y a point d'avantages trop éloignés à qui s'y prépare avec patience.

109. Ne faire sa cour à personne, ni attendre de quelqu'un [2] qu'il vous fasse la sienne, douce situation, âge d'or, état de l'homme le plus naturel [3]!

110. Le monde est pour ceux qui suivent les cours ou qui peuplent les villes; la nature [4] n'est que pour ceux qui habitent la campagne : eux seuls vivent, eux seuls du moins connaissent qu'ils vivent.

111. Pourquoi me faire froid [5], et vous plaindre de ce qui m'est échappé sur quelques jeunes gens qui peuplent les cours? Êtes-vous vicieux, ô *Thrasylle*! Je ne le savais pas, et vous me l'apprenez [6] : ce que je sais est que vous n'êtes plus jeune.

Et vous qui voulez être offensé personnellement de ce que j'ai dit de quelques grands, ne criez-vous point de la blessure d'un autre? Êtes-vous dédaigneux, malfaisant, mauvais plaisant, flatteur, hypocrite? Je l'ignorais, et ne pensais pas à vous : j'ai parlé des grands.

112. L'esprit de modération et une certaine sagesse dans la conduite laissent les hommes dans l'obscurité : il leur faut de grandes vertus pour être connus et admirés, ou peut-être de grands vices.

113. Les hommes, sur [7] la conduite des grands et des petits indifféremment, sont prévenus, charmés, enlevés par la réussite : il s'en faut peu que le crime heureux [8] ne soit

---

1. L'esprit classique se met rarement à ce point de vue. Tous les écrivains du XVII° siècle sont convaincus que l'avenir ressemblera au présent. Notons, une fois de plus, qu'il y a déjà chez La Bruyère quelque chose d'un « philosophe » du siècle suivant.
2. *Ni attendre*, etc. Tour archaïque.
3. On voit poindre ici Jean-Jacques. Et, de même, au § suivant.
4. *Le monde... la nature*. Pour le sens du mot *nature*, cf. *état... naturel* du § précédent. — En opposant la nature au monde, La Bruyère rompt en visière à son siècle.
5. *Me faire froid*. Nous disons *battre froid à quelqu'un*.
6. *Vous me l'apprenez*. En vous appliquant ce qui m'est échappé sur les vicieux.
7. *Sur*. Cf. p. 10, n. 1.
8. *Le crime heureux*. Allusion à la Révolution de 1688.

loué comme la vertu même, et que le bonheur ne tienne lieu de toutes les vertus. C'est un noir attentat, c'est une sale et odieuse entreprise, que celle que le succès ne saurait justifier.

114. Les hommes, séduits par de belles apparences et de spécieux prétextes, goûtent aisément un projet d'ambition que quelques grands ont médité; ils en parlent avec intérêt; il leur plait même par la hardiesse ou par la nouveauté que l'on lui impute; ils y sont déjà accoutumés et n'en attendent que le succès, lorsque, venant au contraire à avorter[1], ils décident avec confiance, et sans nulle crainte de se tromper, qu'il était téméraire et ne pouvait réussir[2].

115. Il y a[3] de tels projets, d'un si grand éclat et d'une conséquence si vaste, qui font parler les hommes si longtemps, qui font tant espérer ou tant craindre selon les divers intérêts des peuples, que toute la gloire et toute la fortune d'un homme y sont commises[4]. Il ne peut pas avoir paru sur la scène avec un si bel appareil pour se retirer sans rien dire; quelques affreux périls qu'il commence à prévoir dans la suite de son entreprise, il faut qu'il l'entame : le moindre mal pour lui est de la manquer.

116. Dans un méchant homme il n'y a pas de quoi faire un grand homme. Louez ses vues et ses projets, admirez sa conduite, exagérez son habileté à se servir des moyens les plus propres et les plus courts pour parvenir à ses fins : si ses fins sont mauvaises, la prudence[5] n'y a aucune part; et où manque la prudence, trouvez la grandeur, si vous le pouvez.

117. Un ennemi[6] est mort qui était à la tête d'une armée formidable, destinée à passer le Rhin; il savait la guerre, et son expérience pouvait être secondée de la fortune : quels feux de joie a-t-on vus? quelle fête publique[7]? Il y a des hommes au contraire naturellement odieux, et dont l'aversion[8] devient populaire : ce n'est point précisément par les

---

1. *Venant*, etc. Cf. p. 278, n. 1. Mais il y a ici une sorte d'ablatif absolu.
2. Il s'agirait, dit-on, de la tentative des Français en Irlande. Pourtant le mot « projet d'ambition » ne semble pas s'y appliquer.
3. Allusion à Guillaume d'Orange, devenu peu auparavant roi d'Angleterre.

1. *Commises*. Engagées.
5. *Prudence*. Sagesse. Cf. p. 207, n. 3.
6. Charles de Lorraine.
7. Louis XIV disait, en apprenant sa mort : « J'ai perdu le plus grand, le plus sage et le plus généreux de mes ennemis ».
8. *Dont l'aversion*. L'aversion de quelqu'un (= pour quelqu'un), comme

progrès qu'ils font, ni par la crainte de ceux qu'ils peuvent faire, que la voix du peuple éclate à leur mort, et que tout tressaille, jusqu'aux enfants, dès que l'on murmure dans les places [1] que la terre enfin en [2] est délivrée [3].

118. « O temps! ô mœurs [4]! s'écrie *Héraclite*, ô malheureux siècle! siècle rempli de mauvais exemples où la vertu souffre, où le crime domine, où il triomphe! » Je veux être un *Lycaon* [5], un *Ægiste* [6]; l'occasion ne peut être meilleure, ni les conjonctures plus favorables, si je désire du moins de fleurir et de prospérer. Un homme [7] dit : « Je passerai la mer, je dépouillerai mon père [8] de son patrimoine, je le chasserai, lui, sa femme, son héritier, de ses terres et de ses États », et comme il l'a dit, il l'a fait. Ce qu'il devait appréhender, c'était le ressentiment de plusieurs rois qu'il outrage en la personne d'un seul roi; mais ils tiennent pour lui; ils lui ont presque dit : « Passez la mer, dépouillez votre père, montrez à tout l'univers qu'on peut chasser un roi de son royaume, ainsi qu'un petit seigneur de son château, ou un fermier de sa métairie; qu'il n'y ait plus de différence entre de simples particuliers et nous; nous sommes las de ces distinctions : apprenez au monde que ces peuples que Dieu a mis sous nos pieds [9] peuvent nous abandonner, nous trahir, nous livrer, se livrer eux-mêmes à un étranger, et qu'ils ont moins à craindre de nous que nous d'eux et de leur puissance. » Qui pourrait voir des choses si tristes avec des yeux secs et une âme tranquille? Il n'y a point de charges qui n'aient leurs privilèges; il n'y a aucun titulaire qui ne parle, qui ne plaide, qui ne s'agite pour les défendre : la dignité royale seule n'a plus de privilèges; les rois eux-mêmes y ont renoncé. Un seul [10], toujours bon et magnanime, ouvre ses bras à une famille malheureuse. Tous les autres se liguent comme pour se venger de lui, et de l'appui qu'il donne à une cause qui leur

on dit *l'amour de la vertu, la haine du vice.*
1. *Dans les places.* Sur les places publiques. Cf. p. 125, n. 2.
2. *En.* Cf. p. 18, n. 4.
3. Allusion aux manifestations du peuple, quand arriva la nouvelle, fausse d'ailleurs, que Guillaume avait été tué à la Boyne.
4. Début de la première Catilinaire.
5. *Lycaon.* Roi d'Arcadie, qui tuait ses hôtes. Jupiter le changea en loup.
6. *Ægiste.* Meurtrier d'Agamemnon.
7. Guillaume d'Orange.
8. Jacques II, beau-père de Guillaume.
9. *A mis sous nos pieds.* Ici, La Bruyère est tout à fait de son siècle.
10. *Un seul.* Louis XIV reçut Jacques II et prit en main sa cause.

est commune. L'esprit de pique et de jalousie prévaut chez eux à [1] l'intérêt de l'honneur, de la religion et de leur État; est-ce assez? à leur intérêt personnel et domestique : il y va, je ne dis pas de leur élection, mais de leur succession, de leurs droits comme [2] héréditaires; enfin dans tous l'homme l'emporte sur le souverain. Un prince [3] délivrait l'Europe [4], se délivrait lui-même d'un fatal ennemi, allait jouir de la gloire d'avoir détruit un grand empire; il la néglige pour une guerre douteuse. Ceux [5] qui sont nés arbitres et médiateurs temporisent; et lorsqu'ils pourraient avoir déjà employé utilement leur médiation, ils la promettent. O pâtres! continue *Héraclite*, ô rustres qui habitez sous le chaume et dans les cabanes! si les événements ne vont point jusqu'à vous, si vous n'avez point le cœur percé par la malice [6] des hommes, si on ne parle plus d'hommes dans vos contrées, mais seulement de renards et de loups-cerviers, recevez-moi parmi vous à manger votre pain noir et à boire l'eau de vos citernes [7].

119. Petits hommes [8], hauts de six pieds, tout au plus de sept, qui vous enfermez aux foires comme géants et comme des pièces [9] rares dont il faut acheter la vue, dès que vous allez jusques à huit pieds; qui vous donnez sans pudeur de la *hautesse* et de l'*éminence*, qui est [10] tout ce que l'on pourrait accorder à ces montagnes voisines du ciel et qui voient les nuages se former au-dessous d'elles; espèce d'animaux glorieux et superbes, qui méprisez toute autre espèce, qui ne faites pas même comparaison [11] avec l'éléphant et la baleine; approchez, hommes, répondez un peu à *Démocrite* [12]. Ne dites-vous pas en commun proverbe : *des loups ravissants, des lions furieux, malicieux comme un singe?* Et vous autres, qui êtes-vous? J'entends corner sans cesse à mes oreilles : *L'homme est un animal raisonnable*. Qui vous

---

1. A. Nous dirions *sur*.
2. *Comme*. En tant que.
3. L'empereur Léopold Ier.
4. Sous Léopold Ier les Turcs envahirent deux fois la Hongrie. Il interrompit une guerre contre eux pour prendre les armes contre la France.
5. Le pape Innocent XI, favorable à Guillaume.
6. *Malice*. Cf. p. 230, n. 4.
7. Tout ce morceau nous paraît bien déclamatoire. Il faut, en le lisant, tenir compte des circonstances où l'écrivit La Bruyère et des passions contemporaines.
8. Les princes qui faisaient cause commune avec Guillaume.
9. *Pièces*. Cf. p. 85, n. 5.
10. *Qui est*. Cf. p. 219, n. 2.
11. *Qui ne faites pas même comparaison*. Qui ne vous comparez même pas. Cf. p. 313, n. 7.
12. *Démocrite*. Et non plus Héraclite. L'ironie succède à l'indignation.

a passé¹ cette définition? sont-ce les loups, les singes et les lions, ou si² vous vous l'êtes accordée à vous-mêmes? C'est déjà une chose plaisante que vous donniez aux animaux, vos confrères, ce qu'il y a de pire, pour prendre pour vous ce qu'il y a de meilleur. Laissez-les un peu se définir eux-mêmes, et vous verrez comme ils s'oublieront et comme vous serez traités³. Je ne parle point, ô hommes, de vos légèretés, de vos folies et de vos caprices, qui vous mettent au-dessous de la taupe et de la tortue, qui vont sagement leur petit train, et qui suivent sans varier l'instinct de leur nature; mais écoutez-moi un moment. Vous dites d'un tiercelet de faucon⁴ qui est fort léger, et qui fait une belle descente sur la perdrix : « Voilà un bon oiseau »; et d'un lévrier qui prend un lièvre corps à corps : « C'est un bon lévrier ». Je consens aussi que vous disiez d'un homme qui court le sanglier, qui le met aux abois, qui l'atteint et qui le perce : « Voilà un brave homme⁵ ». Mais si vous voyez deux chiens qui s'aboient⁶, qui s'affrontent, qui se mordent et se déchirent, vous dites : « Voilà de sots animaux »; et vous prenez un bâton pour les séparer. Que si l'on vous disait que tous les chats d'un grand pays se sont assemblés par milliers dans une plaine, et qu'après avoir miaulé tout leur soûl, ils se sont jetés avec fureur les uns sur les autres, et ont joué ensemble de la dent et de la griffe; que de cette mêlée il est demeuré de part et d'autre neuf à dix mille chats sur la place, qui ont infecté l'air à dix lieues de là par leur puanteur, ne diriez-vous pas : « Voilà le plus abominable *sabbat* dont on ait jamais ouï parler »? Et si les loups en faisaient de même : « Quels hurlements! quelle boucherie! » Et si les uns ou les autres vous disaient qu'ils aiment la gloire, concluriez-vous de ce discours qu'ils la mettent à se trouver à ce beau rendez-vous, à détruire ainsi et à anéantir leur propre espèce? ou, après l'avoir conclu, ne ririez-vous pas de tout votre cœur de l'ingénuité de ces pauvres bêtes? Vous avez déjà, en animaux raisonnables, et pour vous distinguer de ceux qui ne se servent que de leurs dents et de leurs ongles, imaginé les lances, les piques, les dards, les sabres et les cimeterres, et à mon gré fort judi-

---

1. *Passé*. Transmis.
2. *Ou si*. Cf. p. 29. n. 7.
3. Cette comparaison entre l'homme et les animaux rappelle des pages célèbres de Montaigne.
4. *Tiercelet*. Mâle de certains oiseaux de proie, trois fois plus petit que la femelle.
5. *Un brave homme*. Un homme brave.
6. *S'aboient*. Aboient l'un après l'autre.

cieusement; car avec vos seules mains que pouviez-vous vous faire les uns aux autres, que vous arracher les cheveux, vous égratigner au visage, ou tout au plus vous arracher les yeux de la tête? au lieu que vous voilà munis d'instruments commodes, qui vous servent à vous faire réciproquement de larges plaies d'où peut couler votre sang jusqu'à la dernière goutte, sans que vous puissiez craindre d'en échapper [1]. Mais comme vous devenez d'année à autre [2] plus raisonnables, vous avez bien enchéri sur cette vieille manière de vous exterminer : vous avez de petits globes [3] qui vous tuent tout d'un coup, s'ils peuvent seulement vous atteindre à la tête ou à la poitrine; vous en avez d'autres, plus pesants et plus massifs [4], qui vous coupent en deux parts [5] ou qui vous éventrent, sans compter ceux [6] qui, tombant sur vos toits, enfoncent les planchers, vont du grenier à la cave, en enlèvent les voûtes, et font sauter en l'air, avec vos maisons, vos femmes qui sont en couche, l'enfant et la nourrice : et c'est là encore où [7] *gît* [8] la gloire; elle aime le *remue-ménage*, et elle est personne d'un grand fracas. Vous avez d'ailleurs des armes défensives, et dans les bonnes règles vous devez en guerre être habillés de fer, ce qui est sans mentir une jolie parure, et qui me fait souvenir de ces quatre puces célèbres que montrait autrefois un charlatan, subtil ouvrier, dans une fiole où il avait trouvé le secret de les faire vivre; il leur avait mis à chacune une salade [9] en tête, leur avait passé un corps de cuirasse, mis des brassards, des genouillères, la lance sur la cuisse; rien ne leur manquait, et en cet équipage elles allaient par sauts et par bonds dans leur bouteille. Feignez [10] un homme de la taille du mont *Athos* [11], pourquoi non? une âme serait-elle embarrassée d'animer un tel corps? elle en serait plus au large : si cet homme [12] avait la vue assez subtile pour vous découvrir quelque part sur la terre avec vos armes offensives et défensives, que croyez-vous qu'il penserait de petits marmousets ainsi équipés, et de ce que vous appelez guerre,

1. *D'en échapper*. Nous dirions plutôt *d'en réchapper*.
2. *D'année à autre*. Cf. p. 210, n. 1.
3. Balles de mousquet.
4. Boulets de canon.
5. *Parts*. Parties.
6. Bombes.
7. *Où*. Cf. p. 156, n. 15.
8. *Gît*. En italique, parce que le mot, en ce sens, était peu employé.
9. *Salade*. Sorte de casque sans crête.
10. *Feignez*. Imaginez. Cf. p. 20, n. 7.
11. L'architecte Dinocrate voulait tailler la statue d'Alexandre dans le mont Athos.
12. Cf. le *Gargantua* de Rabelais et le *Micromégas* de Voltaire.

cavalerie, infanterie, un mémorable siège, une fameuse journée? N'entendrai-je donc plus bourdonner [1] d'autre chose [2] parmi vous? le monde ne se divise-t-il plus qu'en régiments et en compagnies? tout est-il devenu bataillon ou escadron? *il a pris une ville, il en a pris une seconde, puis une troisième; il a gagné une bataille, deux batailles; il chasse l'ennemi, il vainc sur mer, il vainc sur terre:* est-ce de quelqu'un de vous autres; est-ce d'un géant, d'un *Athos*, que vous parlez? Vous avez surtout un homme pâle et livide [3] qui n'a pas sur soi [4] dix onces de chair, et que l'on croirait jeter à terre du moindre souffle. Il fait néanmoins plus de bruit que quatre autres [5], et met tout en combustion: il vient de pêcher en eau trouble une ile [6] tout entière; ailleurs, à la vérité, il est battu et poursuivi, mais il se sauve par les *marais* [7], et ne veut écouter ni paix [8] ni trêve. Il a montré de bonne heure ce qu'il savait faire: il a mordu le sein de sa nourrice [9]; elle en est morte, la pauvre femme: je m'entends, il suffit. En un mot il était né sujet, et il ne l'est plus; au contraire il est le maître, et ceux qu'il a domptés et mis sous le joug vont à la charrue et labourent de bon courage [10]: ils semblent même appréhender, les bonnes gens, de pouvoir se délier un jour et de devenir libres, car ils ont étendu la courroie et allongé le fouet de celui qui les fait marcher; ils n'oublient rien pour accroître leur servitude; ils lui font passer l'eau pour se faire d'autres vassaux et s'acquérir de nouveaux domaines: il s'agit, il est vrai, de prendre son père et sa mère [11] par les épaules et de les jeter hors de leur maison; et ils l'aident dans une si honnête entreprise. Les gens de delà l'eau et ceux d'en deçà [12] se cotisent et mettent chacun du leur pour se le rendre à eux tous de jour en jour plus redoutable: les *Pictes* et les *Saxons* [13] imposent silence aux *Bataves* [14], et ceux-ci aux *Pictes* et aux *Saxons*; tous se

---

1. *Bourdonner.* Les hommes ne sont plus que des insectes.
2. *D'autre chose.* Le verbe *bourdonner* est construit comme *parler.*
3. Guillaume d'Orange, qui était extrêmement maigre et blême.
4. *Soi.* Cf. p. 39, n. 4.
5. *Quatre autres.* Cf. l'expression vulgaire *faire du bruit comme quatre.*
6. *Une ile.* L'Angleterre.
7. Allusion à la rupture des digues qui avait été ordonnée par Guillaume, en 1672.
8. *Écouter ni paix.* Locution elliptique, comme il y en a souvent chez La Bruyère, pour *écouter ni propositions de paix.*
9. Guillaume avait été, sur la proposition de Jean de Witt, adopté par la république. Après la guerre de 1672, il fut le véritable maître en Hollande. La Bruyère l'accuse ici d'avoir asservi sa patrie.
10. *De bon courage.* De bon cœur. Cf. p. 228, n. 8.
11. Cf. § 118.
12. Les Anglais et les Hollandais.
13. Les Anglais.
14. Les Hollandais.

CH. XII. — DES JUGEMENTS. 305

peuvent vanter d'être ses humbles esclaves, et autant qu'ils le souhaitent. Mais qu'entends-je de ¹ certains personnages qui ont des couronnes, je ne dis pas des comtes ou des marquis, dont la terre fourmille, mais des princes et des souverains ²? ils viennent trouver cet homme dès qu'il a sifflé, ils se découvrent dès son antichambre, et ils ne parlent que quand on les interroge. Sont-ce là ces mêmes princes si pointilleux, si formalistes sur leurs rangs et sur leurs préséances, et qui consument pour les régler les mois entiers dans une diète? Que fera ce nouvel *archonte* pour payer une si aveugle soumission, et pour répondre à une si haute idée qu'on a de lui? S'il se livre une bataille, il doit la gagner, et en personne; si l'ennemi fait un siège, il doit le lui faire lever, et avec honte, à moins que tout l'océan ne soit entre lui et l'ennemi ³ : il ne saurait moins faire en faveur de ses courtisans. *César* ⁴ lui-même ne doit-il pas venir en grossir le nombre? il en ⁵ attend du moins d'importants services; car ou l'archonte échouera avec ses alliés, ce qui est plus difficile qu'impossible à concevoir, ou, s'il réussit et que rien ne lui résiste, le voilà tout porté, avec ses alliés jaloux de la religion ⁶ et de la puissance de César, pour fondre sur lui, pour lui enlever *l'aigle*, et le réduire, lui et son héritier, à la *fasce d'argent* ⁷ et aux pays héréditaires ⁸. Enfin c'en est fait, ils se sont tous livrés à lui volontairement, à celui peut-être de qui ils devaient se défier davantage ⁹. *Ésope* ne leur dirait-il pas : « La gent volatile d'une certaine contrée prend l'alarme et s'effraye du voisinage du lion ¹⁰, dont le seul rugissement lui fait peur : elle se réfugie auprès de la bête ¹¹ qui lui fait parler d'accommodement et la prend sous sa protection, qui se termine ¹² enfin à ¹³ les croquer tous l'un après l'autre ».

1. *De.* Cf. p. 172, n. 8.
2. Au congrès de La Haye, en 1691, les princes ligués témoignèrent à Guillaume une déférence et des respects dont la cour de Versailles se scandalisa.
3. Lorsque Louis XIV alla, en 1691, assiéger Mons, Guillaume n'osa attaquer l'armée française et ne put l'obliger à lever le siège.
4. *César.* L'empereur d'Allemagne.
5. *En.* Cf. p. 18, n. 4.
6. *Jaloux de la religion.* La plupart étaient protestants. *Jaloux de* = qui voit d'un mauvais œil.
7. *Fasce d'argent.* Armes de la maison d'Autriche. La fasce est une « pièce honorable qui coupe l'écu horizontalement par le milieu, et qui en occupe le tiers ».
8. *Pays héréditaires.* A l'exclusion de l'empire, qui était électif.
9. *Davantage.* Cf. p. 1, n. 6.
10. *Lion.* Louis XIV.
11. *La bête.* Souligné dans la sixième édition. Guillaume d'Orange.
12. *Qui se termine.* Le mot ne convient guère à protection.
13. *Se termine à.* Aboutit à. Construction tombée en désuétude.

CHAPITRE XIII

De la Mode.

1. Une chose folle et qui découvre bien notre petitesse, c'est l'assujettissement aux modes, quand on l'étend à ce qui concerne le goût, le vivre [1], la santé et la conscience. La viande noire [2] est hors de mode, et par cette raison insipide ; ce serait pécher contre la mode que de guérir la fièvre par la saignée. De même l'on ne mourait plus depuis longtemps par [3] *Théotime* [4] ; ses tendres exhortations ne sauvaient plus que le peuple, et Théotime a vu son successeur.

2. La curiosité n'est pas un goût pour ce qui est bon ou ce qui est beau, mais pour ce qui est rare, unique, pour ce qu'on a et ce que les autres n'ont point. Ce n'est pas un attachement à ce qui est parfait, mais à ce qui est couru [5], à ce qui est à la mode. Ce n'est pas un amusement, mais une passion, et souvent si violente qu'elle ne cède à l'amour et à l'ambition que par la petitesse de son objet. Ce n'est pas une passion qu'on a généralement [6] pour les choses rares et qui ont cours, mais qu'on a seulement pour une certaine chose, qui est rare, et pourtant à la mode.

Le fleuriste a un jardin dans un faubourg ; il y court au lever du soleil, et il en revient à son coucher. Vous le voyez planté, et qui a pris racine au milieu de ses tulipes et devant la *Solitaire* : il ouvre de grands yeux, il frotte ses mains [7], il se baisse, il la voit de plus près, il ne l'a jamais

---

1. *Le vivre.* La façon de vivre, mais, plus spécialement, le manger.
2. *La viande noire.* Celle de chevreuil, de lièvre, de sanglier, etc.
3. *Par.* Par l'intermédiaire de, avec les exhortations de. Mais l'expression est piquante.
4. *Théotime.* Le curé de Saint-Gervais, auquel Bourdaloue succéda comme confesseur à la mode.
5. *Couru.* Cf. p. 58, n. 6.
6. *Généralement.* Sans prédilection particulière pour une de ces choses.
7. *Frotte ses mains.* Nous dirions *se frotte les mains.*

vue si belle, il a le cœur épanoui de joie ; il la quitte pour l'*Orientale*, de là il va à la *Veuve*, il passe au *Drap d'or*, de celle-ci à l'*Agathe*, d'où il revient enfin à la *Solitaire*, où il se fixe, où il se lasse, où il s'assit [1], où il oublie de dîner : aussi est-elle nuancée, bordée, huilée [2], à pièces emportées [3]; elle a un beau vase ou un beau calice : il la contemple, il l'admire. Dieu et la nature sont en tout cela ce qu'il n'admire point ; il ne va pas plus loin que l'oignon de sa tulipe, qu'il ne livrerait pas pour mille écus, et qu'il donnera pour rien quand les tulipes seront négligées et que les œillets auront prévalu. Cet homme raisonnable [4], qui a une âme, qui a un culte et une religion, revient chez soi [5] fatigué, affamé, mais fort content de sa journée : il a vu des tulipes.

Parlez à cet autre de la richesse des moissons, d'une ample récolte, d'une bonne vendange : il est curieux de [6] fruits ; vous n'articulez pas, vous ne vous faites pas entendre. Parlez-lui de figues et de melons, dites que les poiriers rompent de fruit cette année, que les pêchers ont donné avec abondance ; c'est pour lui un idiome inconnu : il s'attache aux seuls pruniers, il ne vous répond pas. Ne l'entretenez pas même de vos pruniers : il n'a de l'amour que pour une certaine espèce ; toute autre que vous lui nommez le fait sourire et se moquer. Il vous mène à l'arbre, cueille artistement cette prune exquise ; il l'ouvre, vous en donne une moitié, et prend l'autre : « Quelle chair ! dit-il ; goûtez-vous cela [7]? cela est-il divin ? voilà ce que vous ne trouverez pas ailleurs. » Et là-dessus ses narines s'enflent ; il cache avec peine sa joie et sa vanité par quelques dehors de modestie. O l'homme divin en effet ! homme qu'on ne peut jamais assez louer et admirer ! homme dont il sera parlé dans plusieurs siècles ! que je voie sa taille [8] et son visage pendant qu'il vit ; que j'observe les traits et la contenance d'un homme qui seul entre les mortels possède une telle prune !

Un troisième que vous allez voir vous parle des curieux ses confrères, et surtout de *Diognète*. « Je l'admire, dit-il, et

---

1. *S'assit.* Cf. p. 202, n. 6.
2. *Huilée.* Comme ointe d'huile.
3. *A pièces emportées.* A découpures.
4. *Cet homme raisonnable.* L'adjectif s'applique, non à *cet* homme, mais à l'homme en général.
5. *Soi.* Cf. p. 39. n. 4.

6. *Curieux de.* Cf. p. 125, n. 8.
7. *Goûtez-vous cela?* Nous n'employons guère plus *goûter*, au sens de *trouver à son goût*, que dans une acception figurée.
8. *Taille.* Stature. Il semble qu'un tel homme doive avoir une taille extraordinaire.

je le comprends moins que jamais. Pensez-vous qu'il cherche à s'instruire par les médailles [1], et qu'il les regarde comme des preuves parlantes de certains faits, et des monuments fixes et indubitables de l'ancienne histoire? rien moins [2]. Vous croyez peut-être que toute la peine qu'il se donne pour recouvrer [3] une *tête* [4] vient du plaisir qu'il se fait de ne voir pas une suite d'empereurs interrompue? c'est encore moins. Diognète sait d'une médaille le *frust* [5], le *feloux* [6], et la *fleur de coin* [7], il a une tablette dont toutes les places sont garnies à l'exception d'une seule : ce vide lui blesse la vue, et c'est précisément et à la lettre pour le remplir qu'il emploie son bien et sa vie.

« Vous voulez, ajoute *Démocède*, voir mes estampes? » et bientôt il les étale et vous les montre. Vous en rencontrez une qui n'est ni noire, ni nette, ni dessinée, et d'ailleurs moins propre [8] à être gardée dans un cabinet qu'à tapisser, un jour de fête, le Petit-Pont ou la rue Neuve [9] : il convient qu'elle est mal gravée, plus mal dessinée; mais il assure qu'elle est d'un Italien qui a travaillé peu, qu'elle n'a pas été tirée, que c'est la seule qui soit en France de ce dessin, qu'il l'a achetée très cher, et qu'il ne la changerait pas pour ce qu'il a de meilleur. « J'ai, continue-t-il, une sensible affliction, et qui m'obligera de renoncer aux estampes pour le reste de mes jours : j'ai tout *Callot* [10], hormis une seule, qui n'est pas, à la vérité, de ses bons ouvrages (au contraire c'est un des moindres), mais qui m'achèverait Callot : je travaille depuis vingt ans à recouvrer [11] cette estampe, et je désespère enfin [12] d'y réussir; cela est bien rude! »

Tel autre fait la satire de ces gens qui s'engagent par inquiétude [13] ou par curiosité dans de longs voyages, qui ne

---

1. *Médailles*. Anciennes monnaies.
2. *Rien moins*. Rien moins que cela; pas du tout.
3. *Recouvrer*. Se dit plus généralement de quelque chose qu'on a perdu.
4. *Tête*. Médaille avec face intacte.
5. *Le frust*. Adjectif substantivé. Cf. p. 8, n. 10. — On nomme médaille fruste celle dont la légende et le type sont effacés. — *Frust* (et non *fruste*) est l'orthographe des éditions du xviie siècle.
6. *Le feloux*. Le flou. Se dit d'une médaille qui a les angles empâtés.
7. *La fleur de coin*. Se dit d'une médaille qui n'est pas usée par le frottement et semble tout récemment frappée.
8. *Et... moins propre*. Une stricte syntaxe exigerait *et qui est... moins propre*.
9. Les maisons du Petit-Pont et celles de la rue Neuve étaient, les jours de procession, tapissées de tentures et d'images.
10. *Callot*. Jacques Callot, peintre, dessinateur, graveur, né à Nancy en 1593, mort en 1635.
11. *Recouvrer*. Cf. p. 302, n. 8.
12. *Je désespère enfin*. Je finis par désespérer. Cf. p. 86, n. 9.
13. *Inquiétude*. Cf. p. 39, n. 3.

font ni mémoires ni relations, qui ne portent point de tablettes; qui vont pour voir, et qui ne voient pas, ou qui oublient ce qu'ils ont vu; qui désirent seulement de connaître de nouvelles tours ou de nouveaux clochers [1], et de passer des rivières qu'on n'appelle ni la Seine ni la Loire; qui sortent de leur patrie pour y retourner [2], qui aiment à être absents, qui veulent un jour être revenus de loin : et ce satirique parle juste, et se fait écouter.

Mais quand il ajoute que les livres en apprennent plus que les voyages, et qu'il m'a fait comprendre par ses discours qu'il a une bibliothèque, je souhaite de la voir : je vais trouver cet homme, qui me reçoit dans une maison où, dès l'escalier, je tombe en faiblesse d'une [3] odeur de maroquin noir dont [4] ses livres sont tous couverts. Il a beau me crier aux oreilles, pour me ranimer, qu'ils sont dorés sur tranche, ornés de filets d'or, et de la bonne édition, me nommer les meilleurs l'un après l'autre, dire que sa galerie est remplie, à quelques endroits près, qui sont peints de manière qu'on les prend pour de vrais livres [5] arrangés sur des tablettes, et que l'œil s'y trompe, ajouter qu'il ne lit jamais, qu'il ne met pas le pied dans cette galerie, qu'il y viendra [6] pour me faire plaisir; je le remercie de sa complaisance, et ne veux, non plus que lui, voir sa tannerie, qu'il appelle bibliothèque.

Quelques-uns, par une intempérance de savoir, et par ne pouvoir [7] se résoudre à renoncer à aucune sorte de connaissance, les embrassent toutes et n'en possèdent aucune : ils aiment mieux savoir beaucoup que de savoir bien, et être faibles et superficiels dans diverses sciences que d'être sûrs [8] et profonds dans une seule [9]. Ils trouvent en toutes rencontres celui qui est leur maître et qui les redresse; ils sont les dupes de leur vaine curiosité, et ne peuvent au plus, par de longs et pénibles efforts, que se tirer d'une ignorance crasse.

D'autres ont la clef [10] des sciences, où ils n'entrent [11]

---

1. *De nouvelles tours*, etc. Par opposition à celui qui désire connaître les mœurs.
2. *Pour y retourner*. Pour le seul plaisir de se montrer, une fois de retour.
3. *D'une. De* = par. Cf. p. 46, n. 10. Sur *par*, cf. p. 4, n. 1.
4. *Dont*. Cf. 5, n. 8.
5. *Qu'on les prend pour de vrais livres*. Prendre des endroits pour de vrais livres, l'expression veut sans doute être piquante, mais elle est surtout bizarre.
6. *Viendra*. Non pas *ira*. *Viendra* marque mieux qu'il n'ira que pour accompagner son hôte.
7. *Par ne pouvoir*. Cf. p. 113, n. 3.
8. *Sûrs*. Solides, à l'abri d'erreur.
9. Cf. Pascal, *Pensées*, VI, 15, 15 *bis*, 15 *ter*.
10. *La clef*. La connaissance des langues. Cf. p. 319, n. 2.
11. *N'entrent*. En rapport avec *clef*.

jamais : ils passent leur vie à déchiffrer les langues orientales et les langues du nord, celles des deux Indes, celles des deux pôles, et celle qui se parle dans la lune. Les idiomes les plus inutiles, avec les caractères les plus bizarres et les plus magiques [1], sont précisément ce qui réveille leur passion et qui excite leur travail; ils plaignent ceux qui se bornent ingénument à savoir leur langue, ou tout au plus la grecque et la latine. Ces gens lisent toutes les histoires et ignorent l'histoire; ils parcourent tous les livres, et ne profitent d'aucun; c'est en eux une stérilité de faits [2] et de principes qui ne peut être plus grande, mais à la vérité la meilleure récolte et la richesse la plus abondante de mots et de paroles qui puisse s'imaginer : ils plient sous le faix; leur mémoire en est accablée, pendant que leur esprit demeure vide.

Un bourgeois aime les bâtiments; il se fait bâtir un hôtel si beau, si riche et si orné, qu'il est inhabitable. Le maître, honteux de s'y loger, ne pouvant peut-être se résoudre à le louer à un prince ou à un homme d'affaires [3], se retire au galetas, où il achève sa vie, pendant que l'enfilade [4] et les planchers de rapport [5] sont en proie aux Anglais et aux Allemands qui voyagent, et qui viennent là du Palais-Royal, du palais L... G... [6] et du Luxembourg. On heurte sans fin à cette belle porte: tous demandent à voir la maison, et personne à voir Monsieur.

On en sait d'autres qui ont des filles devant leurs yeux, à qui ils ne peuvent pas donner une dot, que dis-je! elles ne sont pas vêtues, à peine nourries; qui se refusent un tour de lit [7] et du linge blanc; qui sont pauvres; et la source de leur misère n'est pas fort loin : c'est un garde-meuble chargé et embarrassé de bustes rares, déjà poudreux et couverts d'ordures, dont la vente les mettrait au large [8], mais qu'ils ne peuvent se résoudre à mettre en vente [9].

1. *Magiques.* Comme nous dirions *cabalistiques.*
2. *Faits.* Par opposition à *mots* de ci-dessous. Les faits n'ont pour eux aucune valeur, ne représentent rien à leur esprit, et, par suite, ne méritent plus ce nom, ne sont plus que des mots.
3. *A un prince ou à un homme d'affaires.* Rapprochement significatif.
4. *Enfilade.* Suite plus ou moins longue de chambres sur une même ligne.
5. *Les planchers de rapport.* Les planchers faits de pièces rapportés, c'est-à-dire les parquets en marqueterie.
6. *L... G...* L'hôtel Lesdiguières, ou celui d'un parvenu, nommé Langlée.
7. *Tour de lit.* Sorte de garniture.
8. *Au large.* A l'aise. Nous disons encore *être a l'étroit.*
9. *Mettre en vente.* C'est sans doute à dessein que La Bruyère répète le mot *mettre* ainsi que le mot *vente.*

Diphile [1] commence par un oiseau et finit par mille : sa maison n'en est pas égayée, mais empestée. La cour, la salle, l'escalier, le vestibule, les chambres, le cabinet, tout est volière ; ce n'est pas un ramage, c'est un vacarme : les vents d'automne et les eaux dans leurs plus grandes crues ne font pas un bruit si perçant et si aigu ; on ne s'entend non plus [2] parler les uns les autres que dans ces chambres où il faut attendre, pour faire le compliment d'entrée, que les petits chiens aient aboyé. Ce n'est plus pour Diphile un agréable amusement, c'est une affaire laborieuse, et à laquelle à peine il peut suffire. Il passe les jours, ces jours qui échappent et qui ne reviennent plus, à verser du grain et à nettoyer des ordures. Il donne pension [3] à un homme qui n'a point d'autre ministère que de siffler des serins au flageolet et de faire couver des *canaries* [4]. Il est vrai que ce qu'il dépense d'un côté, il l'épargne de l'autre, car ses enfants sont sans maîtres et sans éducation. Il se renferme le soir, fatigué de son propre plaisir, sans pouvoir jouir du moindre repos que ses oiseaux ne reposent, et que ce petit peuple, qu'il n'aime que parce qu'il chante, ne cesse de chanter. Il retrouve ses oiseaux dans son sommeil : lui-même il est oiseau, il est huppé, il gazouille, il perche ; il rêve la nuit qu'il mue ou qu'il couve.

Qui pourrait épuiser tous les différents genres de curieux ? Devineriez-vous, à entendre parler celui-ci de son *léopard*, de sa *plume*, de sa *musique* [5], les vanter comme ce qu'il y a sur la terre de plus singulier [6] et de plus merveilleux, qu'il veut vendre ses coquilles ? pourquoi non, s'il les achète au poids de l'or ?

Cet autre aime les insectes ; il en fait tous les jours de nouvelles emplettes : c'est surtout le premier homme de l'Europe pour les papillons ; il en a de toutes les tailles et de toutes les couleurs. Quel temps prenez-vous pour lui rendre visite ? il est plongé dans une amère douleur ; il a l'humeur noire, chagrine [7], et dont toute la famille souffre : aussi a-t-il fait une perte irréparable. Approchez, regardez ce qu'il vous montre sur son doigt, qui n'a plus

---

1. *Diphile.* Les clefs nomment Santeuil, dont la maison était pleine de serins. Mais Santeuil n'avait pas d'enfants.
2. *Non plus.* Nous dirions *pas plus*.
3. *Donne pension.* Cf. p. 91, n. 3.
4. *Canaries.* Serins des îles Canaries. C'est l'orthographe du XVIe siècle.
5. « Noms de coquillages. » (*Note de La Bruyère.*)
6. *Singulier.* Cf. 15, n. 2.
7. *Chagrine.* Cf. p. 110, n. 5.

de vie et qui vient d'expirer : c'est une chenille, et quelle chenille !

3. Le duel est le triomphe de la mode, et l'endroit où elle a exercé sa tyrannie avec plus d'éclat [1]. Cet usage n'a pas laissé au poltron la liberté de vivre ; il l'a mené se faire tuer par un plus brave [2] que soi [3], et l'a confondu avec un homme de cœur [4] ; il a attaché de l'honneur et de la gloire à une action folle et extravagante ; il a été approuvé par la présence des rois ; il y a eu quelquefois une espèce de religion à le pratiquer ; il a décidé de l'innocence des hommes [5], des accusations fausses ou véritables sur des crimes capitaux ; il s'était enfin si profondément enraciné dans l'opinion des peuples, et s'était si fort saisi de leur cœur et de leur esprit, qu'un des plus beaux endroits de la vie d'un très grand roi a été de les guérir de cette folie [6].

4. Tel a été à la mode, ou pour le commandement des armées et la négociation [7], ou pour l'éloquence de la chaire, ou pour les vers, qui n'y est plus. Y a-t-il des hommes qui dégénèrent de ce qu'ils furent autrefois ? Est-ce leur mérite qui est usé, ou le goût que l'on avait pour eux ?

5. Un homme à la mode dure peu, car les modes passent : s'il est par hasard [8] homme de mérite, il n'est pas anéanti, et il subsiste encore par quelque endroit : également estimable, il est seulement moins estimé.

La vertu a cela d'heureux, qu'elle se suffit à elle-même, et qu'elle sait se passer d'admirateurs, de partisans et de protecteurs ; le manque d'appui et d'approbation non seulement ne lui nuit pas, mais il la conserve, l'épure et la rend parfaite [9] ; qu'elle soit à la mode, qu'elle n'y soit plus, elle demeure vertu.

6. Si vous dites aux hommes, et surtout aux grands, qu'un tel a de la vertu, ils vous disent : « Qu'il la garde » ; qu'il a

---

1. *Plus d'éclat.* Cf. p. 1, n. 6.
2. *Un peu plus brave.* Dans cette construction, *un* fait fonction de pronom. Cf. Boileau :

Un sot trouve toujours un plus sot qui l'admire.
(*Art poét.*, 1, 232.)

La Fontaine :

Il n'est, je le vois bien, si poltron sur la terre
Qui ne puisse trouver un plus poltron que soi.
(*Fables*, II, xiv.)

3. *Soi.* Cf. p. 59, n. 4.
4. *L'a confondu,* etc. La Bruyère veut montrer par ce mot la puissance de la mode.
5. Allusion au duel judiciaire.
6. Louis XIV avait promulgué des ordonnances contre le duel.
7. *Négociation.* Diplomatie. Cf. p. 400, n. 7.
8. *Par hasard.* Cela peut arriver.
9. *L'épure et la rend parfaite.* Il n'y entre ni vanité ni intérêt.

CH. XIII. — DE LA MODE.

bien de l'esprit, de celui surtout qui plaît et qui amuse, ils vous répondent : « Tant mieux pour lui »; qu'il a l'esprit fort cultivé, qu'il sait beaucoup, ils vous demandent quelle heure il est ou quel temps il fait. Mais si vous leur apprenez qu'il y a un *Tigillin* [1] qui *souffle* ou qui *jette en sable* [2] un verre d'eau-de-vie, et chose merveilleuse! qui y revient à plusieurs fois en un repas, alors ils disent : « Où est-il? amenez-le-moi demain, ce soir; me l'amènerez-vous? » On le leur amène; et cet homme, propre à parer les avenues d'une foire et à être montré en chambre pour de l'argent, ils l'admettent dans leur familiarité.

7. Il n'y a rien qui mette plus subitement un homme à la mode et qui le soulève [3] davantage que le grand jeu : cela va du pair [4] avec la crapule [5]. Je voudrais bien voir un homme poli, enjoué, spirituel, fût-il un CATULLE ou son disciple [6], faire quelque comparaison [7] avec celui qui vient de perdre huit cents pistoles [8] en une séance.

8. Une personne à la mode ressemble à une *fleur bleue* [9] qui croît de soi-même [10] dans les sillons, où elle étouffe les épis, diminue la moisson, et tient la place de quelque chose de meilleur; qui n'a de prix et de beauté que ce qu'elle emprunte d'un caprice léger qui naît et qui tombe presque dans le même instant : aujourd'hui elle est courue [11], les femmes s'en parent [12], demain elle est négligée, et rendue au peuple.

Une personne de mérite, au contraire, est une fleur qu'on ne désigne pas par sa couleur [13], mais que l'on nomme par son nom, que l'on cultive pour sa beauté ou pour son odeur; l'une des grâces de la nature, l'une de ces choses qui embellissent le monde; qui est de tous les temps et d'une vogue ancienne et populaire; que nos pères ont estimée, et que nous estimons après nos pères; à qui le dégoût ou l'an-

---

1. *Tigillin.* Favori de Néron. La Bruyère prend ici ce nom comme synonyme de débauché.
2. *Souffle... jette en sable.* Les deux mots signifient avaler d'un trait.
3. *Le soulève.* Le rehausse, le tire de pair.
4. *Du pair.* Nous dirions *de pair.*
5. *Crapule.* Ivrognerie.
6. Catulle serait, a-t-on dit, l'abbé de Chaulieu, et son disciple, le chevalier de Bouillon.

7. *Faire quelque comparaison.* Cf. p. 301, n. 11.
8. *Pistoles.* La pistole valait onze livres.
9. *Fleur bleue.* Le bleuet.
10. *Soi-même.* Cf. p. 39, n. 1.
11. *Courue.* Cf. p. 58, n. 6.
12. Les barbeaux ou bleuets furent à la mode dans l'été de 1689.
13 *Par sa couleur.* La couleur doit s'entendre ici des apparences, des dehors, de ce qui n'est qu'à la surface.

tipathie de quelques-uns ne sauraient nuire : un lis, une rose.

9. L'on voit *Eustrate* assis dans sa nacelle, où il jouit d'un air pur et d'un ciel serein : il avance d'un bon vent[1] et qui a toutes les apparences de devoir durer; mais il[2] tombe tout d'un coup, le ciel se couvre, l'orage se déclare, un tourbillon enveloppe la nacelle, elle est submergée : on voit Eustrate revenir sur l'eau[3] et faire quelques efforts; on espère qu'il pourra du moins[4] se sauver et venir à bord[5]; mais une vague l'enfonce, on le tient perdu[6]; il paraît une seconde fois et les espérances se réveillent, lorsqu'un flot survient et l'abîme[7] : on ne le revoit plus, il est noyé[8].

10. VOITURE[9] et SARRAZIN[10] étaient nés pour leur siècle, et ils ont paru dans un temps où il semble qu'ils étaient attendus. S'ils s'étaient moins pressés de venir, ils arrivaient trop tard; et j'ose douter qu'ils fussent tels aujourd'hui qu'ils ont été alors. Les conversations légères, les cercles, la fine plaisanterie, les lettres enjouées et familières, les petites parties[11] où l'on était admis seulement avec de l'esprit[12], tout a disparu. Et qu'on ne dise point qu'ils les feraient revivre : ce que je puis faire en faveur de leur esprit est de convenir que peut-être ils excelleraient dans un autre genre; mais les femmes sont de nos jours ou dévotes, ou coquettes, ou joueuses, ou ambitieuses, quelques-unes même tout cela à la fois; le goût de la faveur, le jeu, les galants, les directeurs[13] ont pris la place, et la défendent contre les gens d'esprit.

11. Un homme fat et ridicule porte un long chapeau, un pourpoint à ailerons[14], des chausses à aiguillettes[15] et des

---

1. *D'un bon vent*. Par l'effet d'un bon vent. — Comparaison sous-entendue avec « le vent de la faveur ».
2. *Il*. Le bon vent. Tout à l'heure, *il* désignait Eustrate. Mais il n'y a point d'amphibologie.
3. *Revenir sur l'eau*. S'emploie encore avec la même signification sans être amené, comme ici, par une figure précédente.
4. *Du moins*. Cf. p. 43, n. 3.
5. *Venir à bord*. Aborder à terre.
6. *On le tient perdu*. Cf. p. 288, n. 2.
7. *L'abîme*. L'engloutit.
8. *Il est noyé*. C'est fini, personne n'y pense plus.

9. *Voiture*. Sur Voiture, cf. chap. I, § 37.
10. *Sarrazin*. Poète et bel esprit, contemporain de Voiture.
11. *Les petites parties*. Dans le sens où nous disons encore *une partie de plaisir*.
12. *Seulement avec de l'esprit*, Voiture, fils d'un marchand de vin, frayait, à l'hôtel de Rambouillet, avec les grands seigneurs.
13. *Les directeurs*. Cf. chap. III, § 36 sqq.
14. *Ailerons*. Bords d'étoffe qui couvraient les coutures du haut des manches.
15. *Chausses à aiguillettes*. Des

bottines¹; il rêve la veille par où et comment il pourra se faire remarquer le jour qui suit. Un philosophe se laisse habiller par son tailleur : il y a autant de faiblesse à fuir la mode qu'à l'affecter².

12. L'on blâme une mode qui, divisant la taille des hommes en deux parties égales, en prend une tout entière pour le buste, et laisse l'autre pour le reste du corps; l'on condamne celle qui fait de la tête des femmes la base d'un édifice à plusieurs étages³ dont l'ordre⁴ et la structure changent selon leurs caprices, qui éloigne les cheveux du visage, bien qu'ils ne croissent que pour l'accompagner, qui les relève et les hérisse à la manière des bacchantes, et semble avoir pourvu à ce que les femmes changent leur physionomie douce et modeste en une autre qui soit fière⁵ et audacieuse; on se récrie enfin contre une telle ou une telle mode, qui cependant, toute bizarre qu'elle est, pare et embellit pendant qu'elle dure, et dont l'on tire tout l'avantage qu'on en peut espérer, qui est de plaire. Il me paraît qu'on devrait seulement admirer l'inconstance et la légèreté des hommes, qui attachent successivement les agréments et la bienséance à des choses tout opposées, qui emploient pour le comique et pour la mascarade ce qui leur a servi de parure grave et d'ornements les plus sérieux; et que⁶ si peu de temps en fasse la différence.

13. N... est riche, elle mange bien, elle dort bien; mais les coiffures changent, et lorsqu'elle y pense le moins, et qu'elle se croit heureuse, la sienne est hors de mode.

14. *Iphis* voit à l'église un soulier d'une nouvelle mode; il regarde le sien et en rougit; il ne se croit plus habillé. Il était venu à la messe pour s'y montrer, et il se cache; le voilà retenu par le pied⁷ dans sa chambre tout le reste du jour. Il a la main douce, et il l'entretient avec une pâte de senteur; il a soin de rire pour montrer ses dents; il fait la petite bouche, et il n'y a guère de moments où il ne veuille

---

chausses au bas desquelles sont attachées des touffes de rubans.

1. *Bottines.* Petite botte légère et fine, plutôt à l'usage des femmes.
2. Cf. Molière, *Ecole des Maris*, I, 1, 41 sqq.
3. Cf. chap. III, § 5, dans le 2ᵉ alinéa. Cf. Boileau :

Bâtit de ses cheveux le galant édifice.
(*Sat.*, X, v. 194.)
4. *L'ordre.* Comme l'on dit *un ordre d'architecture.*
5. *Fière.* Cf. p. 218, n. 2.
6. *Et que.* Se rattache à *admirer.* Cf. p. 48, n. 8.
7. *Par le pied.* Comme s'il avait la goutte.

sourire; il regarde ses jambes, il se voit au miroir : l'on ne peut être plus content de personne qu'il l'est [1] de lui-même; il s'est acquis [2] une voix claire et délicate, et heureusement il parle gras [3]; il a un mouvement de tête, et je ne sais quel adoucissement dans les yeux [4], dont il n'oublie pas de s'embellir; il a une démarche molle et le plus joli maintien qu'il est capable de se procurer; il met du rouge, mais rarement, il n'en fait pas habitude. Il est vrai aussi qu'il porte des chausses et un chapeau, et qu'il n'a ni boucles d'oreilles ni collier de perles; aussi ne l'ai-je pas mis dans le chapitre des femmes [5].

15. Ces mêmes modes que les hommes suivent si volontiers pour leurs personnes, ils affectent de les négliger dans leurs portraits, comme s'ils sentaient ou qu'ils prévissent l'indécence [6] et le ridicule où elles peuvent tomber dès qu'elles auront perdu ce qu'on appelle la fleur ou l'agrément de la nouveauté; ils leur préfèrent une parure arbitraire, une draperie indifférente [7], fantaisies du peintre qui ne sont prises ni sur l'air ni sur le visage [8], qui ne rappellent ni les mœurs ni la personne. Ils aiment des attitudes forcées ou immodestes, une manière dure, sauvage, étrangère, qui font un capitan d'un jeune abbé, et un matamore d'un homme de robe; une Diane d'une femme de ville [9]; comme d'une femme simple et timide une Amazone ou une Pallas; une Laïs d'une honnête fille; un Scythe, un Attila, d'un prince qui est bon et magnanime.

Une mode a à peine détruit une autre mode, qu'elle est abolie par une plus nouvelle, qui cède elle-même à celle qui la suit, et qui [10] ne sera pas la dernière; telle est notre légèreté. Pendant ces révolutions, un siècle s'est écoulé, qui a mis toutes ces parures au rang des choses passées et qui ne sont plus. La mode alors la plus curieuse et qui fait

---

1. *Qu'il l'est.* Cf. p. 19, n. 2.
2. *S'est acquis.* Cf. plus bas *se procurer.*
3. *Parle gras.* Les petits maîtres affectaient de grasseyer.
4. Cf. Régnier :

Rire hors de propos, montrer ses belles dents,
Et s'adoucir les yeux ainsi qu'une poupée.
(*Sat.*, VII, 11 et 16.)

5. Cf. d'Aubigné :

Si qu'au premier abord chacun estoit en peine
S'il voyoit un roi femme ou bien un homme royne.
(*Tragiques, Princes.*)

6. *L'indécence.* Le contraire de bienséance. C'est le sens étymologique.
7. *Indifférente.* Qui n'a pas de caractère particulier.
8. *Ne sont prises ni sur l'air*, etc. Ne sont pas choisies d'après l'air, etc., n'y ont aucun rapport.
9. *Femme de ville.* Cf. p. 57, n. 2.
10. *Et qui.* Coordonné, non à *qui cède*, mais à *qui la suit.*

plus¹ de plaisir à voir, c'est la plus ancienne : aidée du temps et des années, elle a le même agrément dans les portraits qu'a la saye² ou l'habit romain sur les théâtres, qu'ont la mante, le voile et la tiare³ dans nos tapisseries et dans nos peintures.

Nos pères nous ont transmis, avec la connaissance de leurs personnes, celle de leurs habits, de leurs coiffures, de leurs armes⁴ et des autres ornements qu'ils ont aimés pendant leur vie. Nous ne saurions bien reconnaître cette sorte de bienfait qu'en traitant de même nos descendants.

16. Le courtisan autrefois avait ses cheveux, était en chausses et en pourpoint, portait de larges canons⁵, et il était libertin⁶. Cela ne sied plus : il porte une perruque, l'habit serré, le bas uni, et il est dévot : tout se règle par la mode.

17. Celui qui depuis quelque temps⁷ à la cour était dévot, et par là, contre toute raison, peu éloigné du ridicule, pouvait-il espérer de devenir à la mode?

18. De quoi n'est pas capable un courtisan dans la vue de sa fortune⁸, si pour ne pas la manquer il devient dévot?

19. Les couleurs sont préparées, et la toile est toute prête; mais comment le fixer, cet homme inquiet, léger, inconstant, qui change de mille et mille figures⁹? Je le peins dévot, et je crois l'avoir attrapé, mais il m'échappe, et déjà il est libertin¹⁰. Qu'il demeure du moins dans cette mauvaise situation, et je saurai le prendre¹¹ dans un point de dérèglement de cœur et d'esprit où il sera reconnaissable ; mais la mode presse, il est dévot.

20. Celui qui a pénétré la cour connaît ce que c'est que vertu¹² et ce que c'est que dévotion¹³ : il ne peut plus s'y tromper.

---

1. *Plus.* Cf. p. 1, n. 6.
2. *Saye.* Espèce de manteau. Cf. p. 208, n. 1.
3. *La mante, le voile et la tiare.* « Habits orientaux. » (*Note de La Bruyère.*)
4. « Offensives et défensives ». (*Note de La Bruyère.*)
5. *Canons.* Ornement de toile, garni de dentelle, qui s'attachait au-dessous du genou.
6. *Libertin.* Cf. p. 133, n. 3.
7. *Depuis quelque temps.* Il y a quelque temps.
8. *Dans la vue de sa fortune.* En vue de faire sa fortune. Sur *dans la vue*, cf. p. 119, n. 12.
9. *Change de mille et mille figures.* Construction bizarre, pour *change mille et mille fois de figure.*
10. *Libertin.* Cf. p. 133, n. 3.
11. *Prendre.* Dans le sens particulier conforme à tout ce qui précède. À peu près comme *attraper.*
12. *Que vertu.* Archaïsme. L'article s'omettait régulièrement dans l'ancienne langue avec un nom pris d'une façon générale.
13. *Dévotion.* « Fausse dévotion. » (*Note de La Bruyère.*)

21. Négliger vêpres [1] comme une chose antique et hors de mode, garder sa place soi-même pour le salut, savoir les êtres [2] de la chapelle [3], connaître le flanc [4], savoir où l'on est vu et où l'on n'est pas vu; rêver [5] dans l'église à Dieu et à ses affaires, y recevoir des visites, y donner des ordres et des commissions, y attendre les réponses; avoir un directeur [6] mieux écouté que l'Évangile; tirer toute sa sainteté et tout son relief de la réputation de son directeur, dédaigner ceux dont le directeur a moins de vogue, et convenir à peine de leur salut [7]; n'aimer de la parole de Dieu que ce qui s'en prêche chez soi ou par [8] son directeur, préférer sa messe aux autres messes, et les sacrements donnés de sa main à ceux qui ont moins de cette circonstance [9]; ne se repaître que de livres de spiritualité, comme s'il n'y avait ni Évangiles, ni Épîtres des Apôtres, ni morale des Pères; lire ou parler un jargon inconnu aux premiers siècles; circonstancier à confesse les défauts d'autrui, y pallier les siens; s'accuser de ses souffrances, de sa patience; dire comme un péché son peu de progrès dans l'héroïsme, être en liaison secrète avec de certaines gens contre certains autres; n'estimer que soi et sa cabale, avoir pour suspecte la vertu même, goûter, savourer la prospérité et la faveur, n'en vouloir que pour soi, ne point aider au mérite, faire servir la piété à son ambition, aller à son salut par le chemin de la fortune et des dignités [10] : c'est, du moins jusqu'à ce jour, le plus bel effort de la dévotion du temps.

Un dévot [11] est celui qui sous un roi athée serait athée.

22. Les dévots [12] ne connaissent de crimes que l'incontinence, parlons plus précisément, que le bruit [13] ou les dehors de l'incontinence. Si *Phérécide* passe pour être guéri des femmes, ou *Phérénice* pour être fidèle à son mari, ce leur est assez : laissez-les jouer un jeu ruineux, faire perdre leurs

---

1. *Vêpres.* Le roi allait plus souvent au salut.
2. *Êtres.* Salles, degrés, allées, etc. (Acad., 1694.)
3. *La chapelle.* De Versailles.
4. *Le flanc.* La partie que flanque la tribune royale, et où l'on est vu par le roi.
5. *Rêver.* Cf. p. 137, n. 9.
6. *Directeur.* Cf. p. 314, n. 13.
7. Reconnaître à peine qu'ils peuvent faire leur salut.
8. *S'en prêche... par.* Verbe réfléchi construit comme un passif.

Tournure fréquente au XVIIe siècle.
9. *Qui ont moins de cette circonstance.* Le sens paraît être *qui n'ont pas cet avantage*, qui ont cette circonstance de moins.
10. Cf. Molière :

Par le chemin du ciel courir à leur fortune.
(*Tart.*, I, VI.)

11. *Dévot.* « Faux dévot. » (*Note de La Bruyère.*)
12. *Dévots.* « Faux dévots. » (*Note de La Bruyère.*)
13. *Le bruit.* Le scandale.

créanciers ¹, se réjouir du malheur d'autrui et en profiter, idolâtrer les grands, mépriser les petits, s'enivrer de leur propre mérite, sécher d'envie, mentir, médire, cabaler, nuire, c'est leur état. Voulez-vous qu'ils empiètent sur celui des gens de bien, qui avec les vices cachés fuient encore l'orgueil et l'injustice?

23. Quand un courtisan sera humble, guéri du faste et de l'ambition; qu'il n'établira point sa fortune sur la ruine de ses concurrents; qu'il sera équitable, soulagera ses vassaux, payera ses créanciers; qu'il ne sera ni fourbe ni médisant; qu'il renoncera aux grands repas et aux amours illégitimes; qu'il priera autrement que des lèvres, et même hors de la présence du Prince; quand d'ailleurs il ne sera point d'un abord farouche et difficile; qu'il n'aura point le visage austère et la mine triste ²; qu'il ne sera point paresseux et contemplatif ³; qu'il saura rendre par une scrupuleuse attention divers emplois très compatibles; qu'il pourra et qu'il voudra même tourner son esprit et ses soins aux grandes et laborieuses affaires, à celles surtout d'une suite ⁴ la plus étendue ⁵ pour les peuples et pour tout l'État; quand son caractère me fera craindre de le nommer en cet endroit, et que sa modestie l'empêchera, si je ne le nomme pas, de s'y reconnaître : alors je dirai de ce personnage ⁶ : « Il est dévot »; ou plutôt : « C'est un homme donné à son siècle pour le modèle ⁷ d'une vertu sincère et pour le discernement ⁸ de l'hypocrite ⁹ ».

24. *Onuphre* ¹⁰ n'a pour tout lit qu'une housse de serge grise, mais il couche sur le coton et sur le duvet; de même

1. Cf. don Juan et M. Dimanche.
2. *Triste*. Morose. Cf. p. 129, n. 1.
3. *Contemplatif*. Inactif.
4. *Suite*. Conséquence, importance. Cf. p. 267, n. 8.
5. *D'une suite la plus étendue*. Cf. p. 216, n. 9.
6. Il s'agit du duc de Beauvilliers.
7. *Pour le modèle*. Nous dirions *pour modèle*; mais *pour le modèle* signifie mieux *pour être le modèle*.
8. *Pour le discernement*. Pour lui permettre (à son siècle) de discerner.
9. Après ce caractère dans les 4ᵉ et 5ᵉ éditions, et après celui d'*Onuphre* dans la 6ᵉ, venait ce portrait du vrai dévot :
« Un homme dévot entre dans un lieu saint, perce modestement la foule, choisit un coin pour se recueillir, et où personne ne voit qu'il s'humilie; s'il entend des courtisans qui parlent, qui rient, et qui sont à la chapelle avec moins de silence que dans l'antichambre, quelque comparaison qu'il fasse à ces personnes avec lui-même, il ne les méprise pas : il prie pour eux ».
Dans la 7ᵉ édition, l'auteur a supprimé cet alinéa, et on a pris un trait pour le caractère d'*Onuphre*.
10. *Onuphre*. La Bruyère fait ici un Tartuffe plus fin, plus couvert, qui n'est peut-être pas tant une critique de l'autre que, suivant le mot de Sainte-Beuve, « une ingénieuse reprise et une réduction à un point de vue différent, au point de vue du *portrait*, et non plus à celui de la

il est habillé simplement, mais commodément, je veux dire d'une étoffe fort légère en été, et d'une autre fort moelleuse pendant l'hiver ; il porte des chemises très déliées [1] qu'il a un très grand soin de bien cacher. Il ne dit point : *Ma haire et ma discipline* [2], au contraire ; il passerait pour ce qu'il est, pour un hypocrite, et il veut passer pour ce qu'il n'est pas, pour un homme dévot : il est vrai qu'il fait en sorte que l'on croit, sans qu'il le dise, qu'il porte une haire et qu'il se donne la discipline. Il y a quelques livres répandus dans sa chambre indifféremment [3] ; ouvrez-les, c'est *le Combat spirituel, le Chrétien intérieur, l'Année sainte* [4] ; d'autres livres [5] sont sous la clef [6]. S'il marche par la ville, et qu'il découvre de loin un homme devant qui il soit nécessaire qu'il soit dévot, les yeux baissés, la démarche lente et modeste, l'air recueilli lui sont familiers : il joue son rôle. S'il entre dans une église, il observe d'abord de qui il peut être vu ; et selon la découverte [7] qu'il vient de faire, il se met à genoux et prie, ou il ne songe [8] ni à se mettre à genoux ni à prier. Arrive-t-il vers lui un homme de bien et d'autorité [9] qui le verra et qui peut l'entendre, non seulement il prie, mais il médite, il pousse [10] des élans et des soupirs [11] ; si l'homme de bien se retire, celui-ci, qui le voit partir, s'apaise et ne souffle pas. Il entre une autre fois dans un lieu saint, perce la foule, choisit un endroit pour se recueillir, et où tout le monde voit qu'il s'humilie : s'il entend des courtisans qui parlent, qui rient, et qui sont à la chapelle avec moins de silence que dans l'antichambre [12], il fait plus de bruit qu'eux pour les faire taire ; il reprend sa méditation, qui est toujours la comparaison qu'il fait de ces personnes avec lui-même [13], et où il trouve son compte. Il évite une église

scène ». Onuphre et Tartuffe sont excellents chacun dans son genre : le premier, comme une *anatomie*, le second comme un personnage de théâtre.

1. *Déliées.* Fines.
2. Comme Tartuffe, à son entrée en scène. — La haire est une sorte de chemise de crin ; la discipline, un instrument de flagellation.
3. *Indifféremment.* Sans qu'il ait l'air d'y avoir pris garde.
4. Ouvrages de dévotion bien connus au xviie siècle.
5. *D'autres livres.* Des livres d'un autre genre.
6. *Sont sous la clef.* Nous dirions *sous clef.*

7. *Découverte.* Cf. *découvre*, un peu plus haut ; c'est la même signification.
8. *Il ne songe.* Dans le sens où nous disons familièrement *je n'y songe guère.*
9. *Un homme... d'autorité.* Amené par *de bien.*
10. *Pousse.* Très usité dans ce sens au xvie siècle. Les précieux en avaient fait un emploi abusif.
11. Cf. Molière :
Il faisait des soupirs et des élancements, etc.
(*Tart.*, I, v.)
12. Cf. § 21 : « Rêver dans l'église », etc.
13. Il semblerait par ce trait qu'Onuphre soit lui-même dupe de son hypocrisie.

déserte et solitaire, où il pourrait entendre deux messes de suite, le sermon, vêpres et complies [1], tout cela entre Dieu et lui, et sans que personne lui en sût gré : il aime la paroisse [2], il fréquente les temples où se fait un grand concours; on n'y manque point son coup, on y est vu. Il choisit deux ou trois jours dans toute l'année, où à propos de rien il jeûne ou fait abstinence; mais à la fin de l'hiver [3] il tousse, il a une mauvaise poitrine, il a des vapeurs, il a eu la fièvre : il se fait prier, presser, quereller pour rompre le carême dès son commencement, et il en vient là par complaisance. Si Onuphre est nommé arbitre dans une querelle de parents ou dans un procès de famille, il est pour les plus forts, je veux dire pour les plus riches, et il ne se persuade point que celui ou celle qui a beaucoup de bien puisse avoir tort. S'il se trouve bien d'un homme opulent, à qui il a su imposer [4], dont il est le parasite, et dont il peut tirer de grands secours, il ne cajole point sa femme, il ne lui fait du moins ni avance, ni déclaration [5]; il s'enfuira, il lui laissera son manteau [6], s'il n'est aussi sûr d'elle que de lui-même. Il est encore plus éloigné d'employer pour la flatter et pour la séduire le jargon de la dévotion [7]; ce n'est point par habitude qu'il le parle; mais avec dessein, et selon qu'il lui est utile, et jamais quand il ne servirait qu'à le rendre très ridicule [8]. Il sait où se trouvent des femmes plus sociables et plus dociles que celle de son ami; il ne les abandonne pas pour longtemps, quand ce ne serait que pour faire dire de soi [9] dans le public qu'il fait des retraites : qui en effet pourrait en douter, quand on le revoit paraître avec un visage exténué et d'un [10] homme qui ne se ménage point? Les femmes d'ailleurs qui fleurissent et qui prospèrent à l'ombre de la dévotion [11] lui conviennent, seulement avec cette petite différence qu'il néglige celles qui ont vieilli, et qu'il cultive [12] les jeunes, et entre celles-ci les plus belles et les mieux

---

1. *Complies.* La dernière partie de l'office divin, qui se chante après vêpres.
2. *La paroisse.* On l'y reconnaîtra.
3. Aux approches du carême.
4. *Imposer.* Cf. p. 67, n. 1. D'*imposer* vient *imposteur*, qui est le sous-titre de *Tartuffe*.
5. Critique de *Tartuffe*.
6. *Son manteau.* Comme Joseph à la femme de Putiphar.
7. *Le jargon de la dévotion.* Critique de *Tartuffe.* — Dévotion. « Fausse dévotion. » (*Note de La Bruyère.*)
8. Tartuffe, lui, parle par habitude le jargon de la piété, car sa situation l'y a obligé, et cette habitude est devenue pour lui une seconde nature.
9. *Soi.* Cf. p. 39, n. 4.
10. *Un visage... d'un homme.* Nous dirions *le visage*.
11. *Dévotion.* « Fausse dévotion. » (*Note de La Bruyère.*)
12. *Cultive.* En rapport avec *fleurissent... à l'ombre*, etc.

faites, c'est son attrait[1] : elles vont et il va; elles reviennent et il revient; elles demeurent, et il demeure; c'est en tous lieux et à toutes heures qu'il a la consolation de les voir : qui pourrait n'en être pas édifié? elles sont dévotes et il est dévot. Il n'oublie pas de tirer avantage de l'aveuglement de son ami, et de la prévention où il l'a jeté en sa faveur; tantôt il lui emprunte de l'argent, tantôt il fait si bien que cet ami lui en offre : il se fait reprocher de n'avoir pas recours à ses amis dans ses besoins; quelquefois il ne veut pas recevoir une obole sans donner un billet, qu'il est bien sûr de ne jamais retirer[2]; il dit une autre fois, et d'une certaine manière, que rien ne lui manque, et c'est lorsqu'il ne lui faut qu'une petite somme; il vante quelque autre fois[3] publiquement la générosité de cet homme, pour le piquer d'honneur et le conduire à lui faire une grande largesse. Il ne pense point à profiter de toute sa succession, ni à s'attirer une donation générale de tous ses biens, s'il s'agit surtout de les enlever à un fils, le légitime héritier[4] : un homme dévot n'est ni avare, ni violent, ni injuste, ni même intéressé; Onuphre n'est pas dévot, mais il veut être cru tel, et par une parfaite[5], quoique fausse imitation de la piété, ménager sourdement ses intérêts : aussi ne se joue-t-il pas à la ligne[6] directe, et il ne s'insinue jamais dans une famille où se trouvent tout à la fois une fille à pourvoir et un fils à établir; il y a là des droits trop forts et trop inviolables : on ne les traverse[7] point sans faire de l'éclat, et il l'appréhende, sans qu'une pareille entreprise vienne aux oreilles du Prince[8], à qui il dérobe sa marche, par la crainte qu'il a d'être découvert et de paraître ce qu'il est. Il en veut à la ligne

---

1. *C'est son attrait.* C'est ce qui l'attire.
2. *Retirer.* En le payant.
3. *Quelque autre fois.* Construction vieillie.
4. Critique de *Tartuffe.*
5. *Parfaite.* Là est la différence entre Onuphre et Tartuffe. Molière n'a pas prétendu nous montrer un hypocrite parfait. Il ne le pouvait pas non plus sur la scène, car nous n'y voyons et entendons l'hypocrite, sauf le cas d'*aparté*, que dans son rôle et avec son masque; or, l'hypocrisie parfaite ressemble parfaitement à la parfaite dévotion. Tartuffe ne pouvait cependant répondre comme le Faux-Semblant du Roman de la Rose :

Tu sembles être un saint ermite.
— Voire, mais je suis hypocrite.

Il ne pouvait pas nous montrer ces chemises très déliées qu'Onuphre, comme de juste, cache avec un très grand soin. Il pouvait bien répandre indifféremment dans sa chambre des livres de dévotion, mais ne pouvait pas nous laisser voir « d'autres livres, qui sont sous la clef ». Onuphre est un hypocrite admirablement tracé, mais n'est pas un personnage de théâtre.
6. *Ligne.* De parenté.
7. *On ne les traverse pas.* On ne se met pas à la traverse, on n'y attente pas.
8. Cf. *Tartuffe*, V, VII.

CH. XIII. — DE LA MODE.

collatérale : on l'attaque plus impunément ; il est la terreur des cousins et des cousines, du neveu et de la nièce, le flatteur et l'ami déclaré de tous les oncles qui ont fait fortune : il se donne pour l'héritier légitime de tout vieillard qui meurt riche et sans enfants, et il faut que celui-ci le déshérite, s'il veut que ses parents recueillent sa succession ; si Onuphre ne trouve pas jour à [1] les en frustrer à fond, il leur en ôte du moins une bonne partie : une petite calomnie, moins que cela, une légère médisance lui suffit pour ce pieux dessein, et c'est le talent qu'il possède à un plus haut degré [2] de perfection ; il se fait même souvent un point de conduite [3] de ne le pas laisser inutile : il y a des gens, selon lui, qu'on est obligé en conscience de décrier, et ces gens sont ceux qu'il n'aime point, à qui il veut nuire, et dont il désire la dépouille. Il vient à ses fins sans se donner même la peine d'ouvrir la bouche : on lui parle d'*Eudoxe*, il sourit ou il soupire ; on l'interroge, on insiste, il ne répond rien ; et il a raison : il en a assez dit.

25. Riez, *Zélie*, soyez badine et folâtre à votre ordinaire ; qu'est devenue votre joie ? « Je suis riche, dites-vous, me voilà au large [4], et je commence à respirer. » Riez plus haut, Zélie, éclatez : que sert une meilleure fortune, si elle amène avec soi [5] le sérieux et la tristesse ? Imitez les grands qui sont nés au sein de l'opulence : ils rient quelquefois, ils cèdent à leur tempérament, suivez le vôtre ; ne faites pas dire de vous qu'une nouvelle place ou que quelques mille livres de rente de plus ou de moins vous font passer d'une extrémité [6] à l'autre. « Je tiens, dites-vous, à la faveur [7] par un endroit. » Je m'en doutais, Zélie ; mais croyez-moi, ne laissez pas de rire, et même de me sourire en passant, comme autrefois : ne craignez rien, je n'en serai ni plus libre ni plus familier avec vous ; je n'aurai pas une moindre opinion de vous et de votre poste ; je croirai également [8] que vous êtes riche et en faveur. « Je suis dévote », ajoutez-vous. C'est assez, Zélie, et je dois me souvenir que ce n'est plus la sérénité et la joie que le sentiment d'une bonne conscience

---

1. *Ne trouve pas jour à.* Ne trouve pas moyen de. Cf. p. 120, n. 10.
2. *A un plus haut degré.* Cf. p. 1, n. 6.
3. *Un point de conduite.* Au sens où nous dirons *un point d'honneur*.
4. *Au large.* Cf. p. 310, n. 8.

5. *Soi.* Cf. p. 39, n. 4.
6. *Extrémités.* Cf. p. 123, n. 2.
7. *Je tiens... à la faveur.* Tenir à est employé ici au sens de *avoir des accointances avec*.
8. *Également.* Tout autant que si vous ne me souriiez pas.

étale sur le visage; les passions tristes [1] et austères ont pris le dessus et se répandent sur les dehors : elles mènent plus loin [2], et l'on ne s'étonne plus de voir que la dévotion [3] sache encore mieux que la beauté et la jeunesse rendre une femme fière et dédaigneuse.

26. L'on a été loin depuis un siècle dans les arts, et dans les sciences, qui toutes ont été poussées à un grand point de raffinement, jusques à celle du salut, que l'on a réduite en règle et en méthode [4], et augmentée de tout ce que l'esprit des hommes pouvait inventer de plus beau et de plus sublime. La dévotion [5] et la géométrie ont leurs façons de parler, ou ce qu'on appelle les termes de l'art : celui qui ne les sait pas n'est ni dévot ni géomètre. Les premiers dévots, ceux mêmes qui ont été dirigés par les apôtres, ignoraient ces termes, simples gens qui n'avaient que la foi et les œuvres, et qui se réduisaient à croire et à bien vivre.

27. C'est une chose délicate à [6] un prince religieux de réformer la cour et de la rendre pieuse : instruit jusques où le courtisan veut lui plaire, et aux dépens de quoi [7] il ferait sa fortune, il le ménage avec prudence [8], il tolère, il dissimule [9], de peur de le jeter dans l'hypocrisie ou le sacrilège; il attend plus de Dieu et du temps que de son zèle e- de son industrie [10].

28. C'est une pratique ancienne dans les cours de donner des pensions et de distribuer des grâces à un musicien, à un maître de danse, à un farceur, à un joueur de flûte, à un flatteur, à un complaisant : ils ont un mérite fixe [11] et des talents sûrs et connus qui amusent les grands et qui les délassent de leur grandeur; on sait que Favier [12] est beau danseur, et que Lorenzani [13] fait de beaux motets [14]. Qui sait au contraire si l'homme dévot a de la vertu? Il n'y a rien

---

1. *Tristes.* Cf. p. 129, n. 1.
2. *Mènent plus loin.* Sur le chemin de la faveur.
3. *Dévotion.* « Fausse dévotion. » (*Note de La Bruyère.*)
4. La Bruyère s'élève, après Pascal, contre les procédés mécaniques d'une certaine dévotion.
5. *Dévotion.* « Fausse dévotion. » (*Note de La Bruyère.*)
6. *A. Pour.* Cf. p. 4, n. 9.
7. *De quoi.* De sa conscience.
8. *Il le ménage,* etc. Voyons là un conseil, ou même un reproche détourné. En tout cas, Louis XIV ne mérite point cet éloge.
9. *Dissimule.* Ferme les yeux.
10. *Industrie.* Cf. p. 37, n. 7.
11. *Fixe.* On peut l'évaluer à son véritable prix.
12. *Favier.* Danseur de l'Opéra.
13. *Lorenzani.* Compositeur de musique religieuse.
14. *Motets.* Morceaux de musique sur des paroles religieuses latines qui sont exécutés à l'église.

pour lui sur la cassette ni à l'épargne [1], et avec raison : c'est un métier [2] aisé à contrefaire, qui, s'il était récompensé, exposerait le Prince à mettre en honneur la dissimulation et la fourberie, et à payer pension à l'hypocrite.

29. L'on espère que la dévotion de la cour ne laissera pas d'inspirer la résidence [3].

30. Je ne doute point que la vraie dévotion ne soit la source du repos; elle fait supporter la vie et rend la mort douce : on n'en tire pas tant de l'hypocrisie.

31. Chaque heure en soi comme à notre égard est unique; est-elle écoulée une fois, elle a péri entièrement, les millions de siècles ne la ramèneront pas. Les jours, les mois, les années s'enfoncent et se perdent sans retour dans l'abîme des temps; le temps même sera détruit [4] : ce n'est qu'un point dans les espaces immenses de l'éternité, et il sera effacé. Il y a de légères et frivoles circonstances du temps qui ne sont point stables, qui passent, et que j'appelle des modes, la grandeur, la faveur, les richesses, la puissance, l'autorité, l'indépendance, le plaisir, les joies, la superfluité. Que deviendront ces modes quand le temps même aura disparu? La vertu seule, si peu à la mode, va au delà des temps.

---

1. Aucune pension ni sur la cassette particulière du roi, ni sur le trésor public.
2. *Métier.* Cf. Molière :
Font de dévotion métier et marchandise.
(*Tart.*, I, vi.)

3. *Résidence.* La résidence des évêques dans leurs diocèses. Expression consacrée.
4. *Détruit.* Cf. *Apocalypse* : « *Tempus non erit amplius* ». (Chap. x, verset 6.)

CHAPITRE XIV

De quelques Usages.

1. Il y a des gens qui n'ont pas le moyen d'être nobles [1].

Il y en a de tels que, s'ils eussent obtenu six mois de délai de leurs créanciers, ils étaient nobles [2].

Quelques autres se couchent roturiers, et se lèvent nobles [3].

Combien de nobles dont le père et les aînés sont roturiers !

2. Tel abandonne son père, qui est connu et dont l'on cite le greffe ou la boutique, pour se retrancher sur son aïeul qui, mort depuis longtemps, est inconnu et hors de prise ; il montre ensuite un gros revenu, une grande charge, de belles alliances, et pour être noble, il ne lui manque que des titres.

3. *Réhabilitations*, mot en usage dans les tribunaux, qui a fait vieillir et rendu gothique celui de *lettres de noblesse*, autrefois si français et si usité [4] ; se faire réhabiliter suppose qu'un homme devenu riche, originairement est noble, qu'il est d'une nécessité plus que morale qu'il le soit ; qu'à la vérité son père a pu déroger ou par la charrue, ou par la houe [5],

---

1. « Secrétaires du roi. » (*Note de La Bruyère.*) La note a été supprimée à partir de la 5ᵉ édition. On sait que ces charges s'achetaient et qu'elles conféraient la noblesse.
2. « Vétérans. » (*Note de La Bruyère.*) On appelait ainsi les secrétaires du roi et les conseillers de diverses cours souveraines qui, après vingt ans d'exercice, conservaient, s'étant démis de leur charge, les honneurs y attachés, et transmettaient la noblesse à leurs enfants. Ceux dont parle La Bruyère ont dû, pour payer des créanciers, vendre leur charge six mois avant l'expiration des vingt ans.
3. « Vétérans. » (*Note de La Bruyère.*)
4. Ce mot de *réhabilitation* aurait dû être réservé aux cas où une famille noble se faisait, après dérogeance, rétablir dans sa noblesse. Mais les roturiers riches n'en obtenaient pas moins d'être *réhabilités*.
5. *Ou par la charrue ou par la houe.* En exploitant une ferme en qualité de laboureur ou de vigneron.

ou par la malle [1], ou par les livrées [2]; mais qu'il ne s'agit pour lui que de rentrer dans les premiers droits de ses ancêtres, et de continuer les armes de sa maison, les mêmes pourtant qu'il a fabriquées [3], et tout autres que celles de sa vaisselle d'étain [4]; qu'en un mot les lettres de noblesse ne lui conviennent plus; qu'elles n'honorent que le roturier, c'est-à-dire celui qui cherche encore le secret de devenir riche.

4. Un homme du peuple, à force d'assurer qu'il a vu un prodige, se persuade faussement qu'il a vu un prodige. Celui qui continue de cacher son âge pense enfin [5] lui-même être aussi jeune qu'il veut le faire croire aux autres. De même le roturier qui dit par habitude qu'il tire son origine de quelque ancien baron ou de quelque châtelain, dont il est vrai qu'il ne descend pas, a le plaisir de croire qu'il en [6] descend.

5. Quelle est la roture un peu heureuse et établie [7] à qui il manque des armes, et dans ces armes une pièce honorable [8], des suppôts [9], un cimier [10], une devise, et peut-être le cri de guerre [11]? Qu'est devenue la distinction des casques et des *heaumes* [12]? Le nom et l'usage en sont abolis [13]; il ne s'agit plus de les porter de front ou de côté, ouverts ou fermés, et ceux-ci de tant ou de tant de grilles [14]: on n'aime pas les minuties, on passe [15] droit aux couronnes, cela est plus simple; on s'en croit digne, on se les adjuge. Il reste encore aux meilleurs bourgeois une certaine pudeur qui les

---

1. *Par la malle.* Par le commerce de détail. La malle est le panier du colporteur. Cf. Boileau :

Mais la postérité d'Alfane et de Bayard,
Quand ce n'est qu'une rosse, est vendue au
                [hasard,
Sans respect des aïeux dont elle est descendue,
Et va porter la malle, ou tirer la charrue.
(*Sat.*, V, 35.)

2. *Par les livrées.* En étant au service d'autrui.
3. *Fabriquées.* Inventées.
4. *Tout autres*, etc. La vaisselle d'étain dont il usait avant d'être riche n'était point marquée de ces armes, mais de tout autres.
5. *Pense enfin.* Cf. p. 86, n. 9.
6. *En.* Cf. p. 18, n. 4.
7. *Établie.* Qui a « fait son établissement ».
8. *Pièce honorable.* Figure héraldique de premier ordre.

9. *Suppôts.* Figures peintes aux deux côtés de l'écu.
10. *Cimier.* Figure surmontant le casque, la même d'ordinaire que celle de l'écu.
11. *Cri de guerre.* Indice d'une très vieille noblesse.
12. La distinction que l'on faisait entre les casques (où *heaumes*, les deux mots étant synonymes).
13. *Abolis.* Le nom et l'usage des différents casques.
14. Selon que l'on était de plus ou moins haute noblesse, le casque figuré au-dessus de l'écu était placé de front ou de côté; il avait la visière ouverte ou fermée, et il comptait plus ou moins de grilles (c'est-à-dire de ces barreaux qui, placés dans la visière, en fermaient l'ouverture).
15. *Passe.* Cf. p. 21, n. 10.

empêche de se parer d'une couronne de marquis, trop satisfaits de la comtale; quelques-uns même ne vont pas la chercher fort loin, et la font passer de leur enseigne [1] à leur carrosse.

6. Il suffit de n'être pas né dans une ville, mais sous une chaumière répandue [2] dans la campagne, ou sous une ruine qui trempe dans un marécage et qu'on appelle château [3], pour être cru noble sur sa parole.

7. Un bon gentilhomme veut passer pour un petit seigneur, et il y parvient. Un grand seigneur affecte [4] la principauté, et il use de tant de précautions qu'à force de beaux noms, de disputes sur le rang et les préséances, de nouvelles armes, et d'une généalogie que D'HOZIER [5] ne lui a pas faite, il devient enfin un petit prince [6].

8. Les grands en toutes choses se forment et se moulent sur de plus grands, qui de leur part [7], pour n'avoir rien de commun avec leurs inférieurs, renoncent volontiers à toutes les rubriques [8] d'honneurs et de distinctions dont leur condition se trouve chargée et préfèrent à cette servitude une vie plus libre et plus commode. Ceux qui suivent leur piste observent déjà par émulation cette simplicité et cette modestie : tous ainsi se réduiront par hauteur à vivre naturellement et comme le peuple. Horrible inconvénient!

9. Certaines gens portent trois noms, de peur d'en manquer : ils en ont pour la campagne et pour la ville, pour les lieux de leur service ou de leur emploi. D'autres ont un seul nom dissyllabe [9], qu'ils anoblissent par des particules dès que leur fortune devient meilleure. Celui-ci par la suppression d'une syllabe fait de son nom obscur un nom illustre [10],

---

1. « M. Camus, le lieutenant civil, dit une clef, le cardinal le Camus, et le Camus, maître des comptes, sont petits-fils de Nicolas le Camus, marchand dans la rue Saint-Denis, qui avait pour enseigne le *Pélican*, que ces messieurs ont pris pour leurs armes. »
2. *Une chaumière répandue.* Construction bizarre pour *une des chaumières répandues.*
3. Cf. Molière :

Je sais un paysan qu'on appelait Gros Pierre,
Qui, n'ayant pour tout bien qu'un seul quartier de terre,
Y fit tout à l'entour faire un fossé bourbeux,
Et de monsieur de l'Isle en prit le nom pompeux.
(*École des femmes*, I, 1.)

4. *Affecte.* Ambitionne.
5. *D'Hozier.* Il y a eu plusieurs d'Hozier, célèbres généalogistes.
6. Cf. La Fontaine, *Fables*, I, III.
7. *De leur part.* Cf. p. 71, n. 6.
8. *Rubriques.* Formules.
9. Pourquoi *dissyllabe?* Les clefs citent un nommé Langeois (qui se faisait appeler de Langeois).
10. Les clefs citent Delrieux, maître d'hôtel ordinaire du roi, qui se faisait appeler de Rieux.

celui-là par le changement d'une lettre en une autre se travestit[1], et de *Syrus*[2] devient *Cyrus*. Plusieurs suppriment leurs noms[3], qu'ils pourraient conserver sans honte, pour en adopter de plus beaux, où ils n'ont qu'à perdre par la comparaison que l'on fait toujours d'eux qui les portent avec les grands hommes qui les ont portés. Il s'en trouve enfin qui, nés à l'ombre des clochers de Paris, veulent être Flamands[4] ou Italiens[5], comme si la roture n'était pas de tout pays, allongent leurs noms français d'une terminaison étrangère, et croient que venir de bon lieu c'est venir de loin.

10. Le besoin d'argent a réconcilié la noblesse avec la roture[6], et a fait évanouir[7] la preuve des quatre quartiers[8].

11. A combien d'enfants serait utile la loi qui déciderait que c'est le ventre[9] qui anoblit! mais à combien d'autres serait-elle contraire!

12. Il y a peu de familles dans le monde qui ne touchent aux plus grands princes par une extrémité, et par l'autre au simple peuple.

13. Il n'y a rien à perdre à être noble : franchises, immunités, exemptions[10], privilèges, que manque-t-il à ceux qui ont un titre? Croyez-vous que ce soit pour la noblesse que des solitaires[11] se sont faits nobles? Ils ne sont pas si vains : c'est pour le profit qu'ils en reçoivent. Cela ne leur sied-il

---

1. Saintrailles, premier écuyer du duc de Bourbon, était d'une famille noble du Vendômois, nommée Roton; son père avait changé le *R* de Roton en *B*, se donnant ainsi comme de la famille des Boton, depuis longtemps éteinte, dont la noblesse était plus ancienne.
2. *Syrus*. Personnage d'esclave dans la comédie latine.
3. Un grand nombre substituaient à leur véritable nom un nom de terre, plus ou moins illustre.
4. *Flamands*. Sonin, fils d'un receveur général, se faisait appeler de Sonningen.
5. *Italiens*. Les Nicolaï se nommaient véritablement Nicolas.
6. Cf. Boileau, *Satire* V, 103, sqq.
7. *A fait évanouir*. Cf. p. 121, n. 8.
8. *La preuve des quatre quartiers*. Sur le mot *quartier*, cf. p. 151, n. 5. Une noblesse de quatre quartiers est celle qui remonte à la quatrième génération.
9. *Le ventre*. La mère.
10. *Franchises, immunités, exemptions*. Trois mots d'un sens analogue. Les *franchises* d'un pays, d'une cité, sont les droits de ce pays, de cette cité, qui limitent l'autorité souveraine. *Immunité* se dit surtout des corps, des villes, et *exemption* des particuliers; l'immunité peut constituer une prérogative positive et l'exemption a toujours un caractère purement négatif.
11. « Maison religieuse, secrétaire du roi. » (*Note de La Bruyère*.) Le couvent des Célestins avait l'office et les privilèges de secrétaire du roi, sans qu'aucun religieux s'acquittât de la fonction. Les Célestins n'avaient pas d'ailleurs acheté ce titre, mais le tenaient d'une libéralité royale qui remontait à plusieurs siècles.

pas mieux que d'entrer dans les gabelles? je ne dis pas à chacun en particulier, leurs vœux [1] s'y opposent, je dis même à la communauté.

14. Je le déclare nettement, afin que l'on s'y prépare et que personne un jour n'en soit surpris; s'il arrive jamais que quelque grand me trouve digne de ses soins, si je fais enfin une belle fortune, il y a un Geoffroy de la Bruyère, que toutes les chroniques rangent au nombre des plus grands seigneurs de France qui suivirent GODEFROY DE BOUILLON [2] à la conquête de la Terre-Sainte : voilà alors de qui je descends en ligne directe.

15. Si la noblesse est vertu, elle se perd par tout ce qui n'est pas vertueux; et si elle n'est pas vertu, c'est peu de chose.

16. Il y a des choses qui, ramenées à leurs principes et à leur première institution, sont étonnantes et incompréhensibles. Qui peut concevoir en effet que certains abbés, à qui il ne manque rien de l'ajustement, de la mollesse et de la vanité des sexes et des conditions [3], qui entrent auprès des femmes en concurrence avec le marquis et le financier, et qui l'emportent sur tous les deux, qu'eux-mêmes [4] soient originairement et dans l'étymologie de leur nom [5], les pères et les chefs de saints moines et d'humbles solitaires, et qu'ils en [6] devraient être l'exemple? Quelle force, quel empire, quelle tyrannie de l'usage! Et sans parler de plus grands désordres, ne doit-on pas craindre de voir un jour un jeune abbé en velours gris et à ramages comme une Éminence, ou avec des mouches et du rouge comme une femme?

17. Que les saletés des dieux, la Vénus, le Ganymède et les autres nudités du Carrache aient été faites pour des princes de l'Eglise, et qui [7] se disent successeurs des apôtres, le palais Farnèse [8] en est la preuve.

---

1. Les vœux d'humilité.
2. Ce Geoffroy de La Bruyère prit part à la troisième croisade et ne suivit donc pas Godefroy de Bouillon.
3. Expression bizarre. La Bruyère veut dire sans doute qu'ils ont l'ajustement, la mollesse, la vanité de l'un et l'autre sexe, et aussi des conditions les plus différentes, celles, par exemple, du marquis et du financier.
4. *Qu'eux-mêmes*. Répétition du *que* après un long intervalle.
5. *Abbé* vient d'un mot syrien, *abu*, qui signifie *père*.
6. *En.* Cf. p. 18, n. 4.
7. *Et qui.* Cf. p. 7, n. 3.
8. Construit par le cardinal, puis pape, Alexandre Farnèse.

18. Les belles choses le sont moins hors de leur place : les bienséances mettent [1] la perfection, et la raison met les bienséances. Ainsi l'on n'entend point [2] une gigue [3] à la chapelle, ni dans un sermon des tons de théâtre; l'on ne voit point d'images profanes [4] dans les temples, un Christ par exemple et le Jugement de Pâris dans le même sanctuaire, ni à des personnes consacrées à l'Église le train et l'équipage d'un cavalier [5].

19. Déclarerai-je donc ce que je pense de ce qu'on appelle dans le monde un beau salut [6] : la décoration souvent profane, les places retenues et payées, des livres distribués comme au théâtre [7], les entrevues et les rendez-vous fréquents, le murmure et les causeries étourdissantes, quelqu'un [8] monté sur une tribune qui y parle familièrement, sèchement [9], et sans autre zèle que de rassembler le peuple, l'amuser [10], jusqu'à ce qu'un orchestre, le dirai-je? et des voix qui concertent [11] depuis longtemps se fassent entendre? Est-ce à moi [12] à m'écrier que le zèle de la maison du Seigneur me consume, et à tirer le voile léger qui couvre les mystères, témoins d'une telle indécence [13]? Quoi? parce qu'on ne danse pas encore aux TT*** [14], me forcera-t-on d'appeler tout ce spectacle office d'Église?

20. L'on ne voit point faire de vœux ni de pèlerinages pour obtenir d'un saint d'avoir l'esprit plus doux, l'âme plus reconnaissante, d'être plus équitable et moins malfaisant, d'être guéri de la vanité, de l'inquiétude [15] et de la mauvaise raillerie.

---

1. *Mettent.* Ce verbe se trouve au XVII° siècle dans un grand nombre de constructions où nous ne l'emploierions plus.
2. *On n'entend point.* Ou plutôt on ne devrait pas entendre. De même pour *l'on ne voit point* de plus bas.
3. *Gigue.* Air de danse.
4. *Images profanes.* « Tapisseries. » (*Note de La Bruyère.*)
5. *Cavalier.* Cf. p. 110, n. 4.
6. *Salut.* Office de l'après-midi ou du soir, dans lequel on chante des prières.
7. « Le motet traduit en français par L. L.***. » (*Note de La Bruyère.*) Il ne s'agit pas ici de Lorenzani (cf. chap. XIII, § 28), au nom duquel les deux *LL* ne peuvent convenir, et qui d'ailleurs était un musicien, non un poète. On ne sait à qui La Bruyère fait allusion.
8. *Quelqu'un.* Comme si c'était n'importe qui.
9. *Sèchement.* Sans onction.
10. *L'amuser.* Lui faire prendre patience, le retenir. *Amuser* signifie dans l'ancienne langue *arrêter inutilement.*
11. *Concertent.* Le mot voulait dire *faire la répétition des pièces.*
12. *A moi.* Qui ne suis qu'un laïque. Mais ceux à qui il appartient de s'écrier, etc., que ne le font-ils?
13. *Indécence.* Inconvenance.
14. *TT**.* Les Pères Théatins, qui donnaient dans leur église de véritables représentations théâtrales.
15. *Inquiétude.* Cf. p. 39, n. 3.

21. Quelle idée plus bizarre que de se représenter une foule de chrétiens de l'un et de l'autre sexe, qui se rassemblent à certains jours dans une salle pour y applaudir à une troupe d'excommuniés, qui ne le sont que par [1] le plaisir qu'ils leur donnent, et qui est déjà payé d'avance? Il me semble qu'il faudrait ou fermer les théâtres, ou prononcer [2] moins sévèrement sur l'état des comédiens.

22. Dans ces jours qu'on appelle saints, le moine confesse, pendant que le curé tonne en chaire contre le moine et ses adhérents [3]; telle femme pieuse sort de l'autel [4], qui entend au prône [5] qu'elle vient de faire un sacrilège. N'y a-t-il point dans l'Eglise une puissance à qui il appartienne ou de faire taire le pasteur, ou de suspendre pour un temps le pouvoir du *Barnabite* [6]?

23. Il y a plus de rétribution dans les paroisses pour un mariage que pour un baptême et plus pour un baptême que pour la confession : l'on dirait que ce soit un taux sur les sacrements, qui semblent par là être appréciés [7]. Ce n'est rien au fond que cet usage; et ceux qui reçoivent pour les choses saintes ne croient point les vendre, comme ceux qui donnent ne pensent point à les acheter : ce sont peut-être [8] des apparences qu'on pourrait épargner aux simples et aux indévots.

24. Un pasteur frais et en parfaite santé, en linge fin et en point de Venise [9], a sa place dans l'œuvre [10] auprès les [11] pourpres [12] et les fourrures [13]; il y achève sa digestion, pendant que le Feuillant [14] ou le Récollet [15] quitte sa cellule et son

---

1. *Par.* A cause de. Cf. p. 4, n. 4.
2. *Prononcer.* Cf. p. 91, n. 1.
3. Allusion probable au moine La Combe, confesseur de Mme Guyon, et aux démêlés de ce moine avec le clergé séculier. Peut-être n'y a-t-il là qu'une réflexion générale.
4. *L'autel.* La sainte table, où le moine lui a donné la communion.
5. *Prône.* Instruction faite chaque dimanche par le curé.
6. *Barnabite.* L'ordre des barnabites tire ce nom d'une église de Milan, Saint-Barnabé, dans laquelle s'assemblèrent ses fondateurs. Le P. La Combe (cf. n. 4) était barnabite.
7. *Appréciés.* Évalués, mis à prix.
8. *Peut-être.* Retombe sur *qu'on pourrait*, etc.
9. *Point de Venise.* Fines dentelles.
10. *L'œuvre.* Le banc d'œuvre, où se placent les marguilliers et aussi les prélats et les personnages d'importance.
11. *Auprès les.* La Bruyère a construit *auprès* comme se construit parfois *près.* Ou bien, c'est une faute d'impression.
12. *Pourpre.* Les cardinaux.
13. *Fourrures.* Cf. p. 257, n. 5. Ici, les docteurs en théologie.
14. *Feuillant.* Les feuillants étaient des religieux soumis à la règle de Saint-Bernard.
15. *Récollet.* Les récollets appartenaient à l'ordre de Saint-François.

désert, où [1] il est lié par ses vœux et par la bienséance, pour venir le prêcher, lui et ses ouailles, et en recevoir le salaire, comme d'une pièce d'étoffe. Vous m'interrompez et vous dites : « Quelle censure! et combien elle est nouvelle et peu attendue! Ne voudriez-vous point interdire à ce pasteur et à son troupeau la parole divine et le pain de l'Evangile? » — Au contraire, je voudrais qu'il le distribuât lui-même le matin, le soir, dans les temples, dans les maisons, dans les places [2], sur les toits, et que nul ne prétendît à un emploi si grand, si laborieux, qu'avec des intentions, des talents et des poumons capables de lui mériter les belles offrandes et les riches rétributions qui y sont attachées. Je suis forcé, il est vrai, d'excuser un curé sur [3] cette conduite par un usage reçu, qu'il trouve établi, et qu'il laissera à son successeur; mais c'est cet usage bizarre et dénué de fondement et d'apparence que je ne puis approuver, et que je goûte encore moins que celui de se faire payer quatre fois des mêmes obsèques, pour soi, pour ses droits, pour sa présence, pour son assistance.

25. *Tite*, par vingt années de service dans une seconde place, n'est pas encore digne de la première, qui est vacante : ni ses talents, ni sa doctrine [4], ni une vie exemplaire, ni les vœux des paroissiens ne sauraient l'y faire asseoir. Il naît de dessous terre un autre clerc [5] pour la remplir. Tite est reculé ou congédié : il ne se plaint pas; c'est l'usage.

26. « Moi, dit le cheffecier [6], je suis maître du chœur : qui me forcera d'aller à matines? mon prédécesseur n'y allait point; suis-je de pire condition? dois-je laisser avilir ma dignité entre mes mains, ou la laisser telle que je l'ai reçue? » — « Ce n'est point, dit l'écolâtre [7], mon intérêt qui me mène, mais celui de la prébende [8] : il serait bien dur qu'un grand chanoine fût sujet au chœur [9], pendant que le trésorier,

---

1. *Où*. Auxquels. Cf. p. 19, n. 4.
2. *Dans les places.* Cf. p. 125, n. 2.
3. *Sur.* Cf. p. 40, n. 1.
4. *Doctrine.* Cf. p. 176, n. 1.
5. *Clerc.* « Ecclésiastique. » (*Note de La Bruyère.*)
6. *Cheffecier.* Nous écrivons *chevecier*. Le chevecier garde le chevet (= le fond) de l'église. La Bruyère appelle ainsi le dignitaire qui se nomme partout ailleurs *chantre*.

7. *Écolâtre.* Chanoine qui, anciennement, donnait des leçons gratuites et publiques de philosophie et de ce qu'on appelait humanités. Au temps de La Bruyère, l'écolâtre n'enseignait plus; il n'avait guère qu'à toucher sa prébende.
8. *Prébende.* Bénéfice attaché au canonicat.
9. *Sujet au chœur.* Obligé d'y aller.

l'archidiacre [1], le pénitencier [2] et le grand vicaire [3] s'en croient exempts. » — « Je suis bien fondé, dit le prévôt [4], à demander la rétribution sans me trouver à l'office : il y a vingt années entières que je suis en possession de dormir les nuits; je veux finir comme j'ai commencé, et l'on ne me verra point déroger à mon titre : que me servirait d'être à la tête d'un chapitre? mon exemple ne tire point à conséquence. » Enfin c'est entre eux tous à qui ne louera point Dieu, à qui fera voir par un long usage qu'il n'est point obligé de le faire [5] : l'émulation de ne se point rendre aux offices divins ne saurait être plus vive et plus ardente. Les cloches sonnent dans une nuit tranquille; et leur mélodie, qui réveille les chantres et les enfants de chœur, endort les chanoines, les plonge dans un sommeil doux et facile, et qui ne leur procure que de beaux songes [6] : ils se lèvent tard, et vont à l'église se faire payer d'avoir dormi [7].

27. Qui pourrait imaginer, si l'expérience ne nous le mettait devant les yeux, quelle peine ont les hommes à se résoudre d'eux-mêmes à leur propre félicité, et qu'on [8] ait besoin de gens d'un certain habit [9], qui, par un discours préparé, tendre et pathétique, par de certaines inflexions de voix, par des larmes, par des mouvements qui les mettent en sueur et qui les jettent dans l'épuisement [10], fassent enfin consentir un homme chrétien et raisonnable, dont la maladie est sans ressource, à ne se point perdre et à faire son salut?

28. La fille d'*Aristippe* est malade et en péril; elle envoie vers son père, veut se réconcilier avec lui et mourir dans ses bonnes grâces. Cet homme si sage, le conseil de toute une ville, fera-t-il de lui-même cette démarche si raison-

---

1. *L'archidiacre.* Dignitaire qui avait eu anciennement une juridiction contentieuse, mais dont les fonctions, du temps de La Bruyère, consistaient uniquement « à faire la visite dans les paroisses du diocèse où l'évêque l'envoyait ».
2. *Le pénitencier.* Chanoine qui, dans les cas réservés à l'évêque, entendait la confession et avait pouvoir d'absoudre.
3. *Le grand vicaire.* Ce dignitaire assistait l'évêque dans ses visites et dans l'administration du diocèse.
4. *Le prévôt.* Le chef du chapitre des chanoines.
5. Cf. Boileau, *Lutrin*, I, 17 sqq; IV, 11 sqq.
6. Cf. Boileau, *Lutrin*, IV, 109 sqq.
7. En réalité le chanoine qui n'allait pas à matines ne touchait pas non plus la « distribution manuelle ».
8. *Et qu'on.* Cf. p. 48, n. 8.
9. *Gens d'un certain habit.* Les directeurs de conscience. Mais on pourrait étendre facilement l'application de cette pensée.
10. *Par un discours*, etc. La Bruyère ridiculise en passant leur éloquence préparée et larmoyante.

nable? y entraînera-t-il sa femme? ne faudra-t-il point pour les remuer tous deux la machine [1] du directeur?

29. Une mère, je ne dis pas qui cède et qui se rend à la vocation de sa fille, mais qui la fait religieuse, se charge d'une âme avec la sienne, en répond à Dieu même, en est la caution. Afin qu'une telle mère ne se perde pas, il faut que la fille se sauve.

30. Un homme joue et se ruine : il marie néanmoins l'aînée de ses deux filles de [2] ce qu'il a pu sauver des mains d'un *Ambreville* [3] ; la cadette est sur le point de faire ses vœux, qui n'a [4] point d'autre vocation que le jeu de son père.

31. Il s'est trouvé des filles qui avaient de la vertu, de la santé, de la ferveur et une bonne vocation, mais qui n'étaient pas assez riches pour faire dans une riche abbaye vœu de pauvreté.

32. Celle qui délibère sur le choix d'une abbaye ou d'un simple monastère pour s'y enfermer, agite l'ancienne question de l'état populaire et du despotique [5].

33. Faire une folie et se marier *par amourette* [6], c'est épouser *Mélite*, qui est jeune, belle, sage, économe, qui plait, qui vous aime, qui a moins de bien qu'*Ægine* qu'on vous propose, et qui, avec une riche dot, apporte de riches dispositions à la consumer, et tout votre fonds [7] avec sa dot.

34. Il était délicat autrefois de se marier; c'était un long établissement, une affaire sérieuse, et qui méritait qu'on y pensât; l'on était pendant toute sa vie le mari de sa femme, bonne ou mauvaise : même table, même demeure, même lit ; l'on n'en était point quitte pour une pension; avec des enfants et un ménage complet, l'on n'avait pas les apparences et les délices du célibat.

35. Qu'on évite d'être vu seul avec une femme qui n'est point la sienne [8], voilà une pudeur qui est bien placée :

---

1. *La machine.* Au sens où le mot s'emploie dans la mise en scène.
2. *De.* Avec.
3. *Un Ambreville.* Un fripon, qui trichait au jeu. Ambreville, célèbre aventurier, avait été brûlé en 1686.
4. *Qui.* La Bruyère construit souvent *qui* séparé de l'antécédent. C'est ici un des exemples les plus notables de cette construction. Cf. p. 109, n. 7.
5. Dans les abbayes, le roi nommait l'abbé, dans les simples monastères, c'étaient les religieux qui élisaient leur supérieur.
6. *Par amourette.* En italique, comme l'expression de ceux qui traitent un tel mariage de folie.
7. *Et tout votre fonds.* Et (à consumer) tout votre fonds. Cf. Molière, *l'Avare*, II, v.
8. *La sienne.* Construction que

qu'on sente quelque peine à se trouver dans le monde avec des personnes dont la réputation est attaquée, cela n'est pas incompréhensible. Mais quelle mauvaise honte fait rougir un homme de sa propre femme, et l'empêche de paraître dans le public [1] avec celle qu'il s'est choisie pour sa compagne inséparable, qui doit faire sa joie, ses délices et toute sa société; avec celle qu'il aime et qu'il estime, qui est son ornement, dont l'esprit, le mérite, la vertu, l'alliance [2] lui font honneur? Que ne commence-t-il par rougir de son mariage?

Je connais la force de la coutume, et jusqu'où [3] elle maîtrise les esprits et contraint les mœurs, dans les choses même les plus dénuées de raison et de fondement; je sens néanmoins que j'aurais l'impudence de me promener au Cours [4] et d'y passer en revue [5] avec une personne qui serait ma femme.

36. Ce n'est pas une honte ni une faute à un jeune homme que d'épouser une femme avancée en âge; c'est quelquefois prudence, c'est précaution [6]. L'infamie est de se jouer de sa bienfaitrice [7] par des traitements indignes, et qui lui découvrent qu'elle est la dupe d'un hypocrite ou d'un ingrat. Si la fiction [8] est excusable, c'est où il faut feindre de l'amitié; s'il est permis de tromper, c'est dans une occasion où il y aurait de la dureté à être sincère. — Mais elle vit longtemps. — Aviez-vous stipulé qu'elle mourût après avoir signé votre fortune et l'acquit de toutes vos dettes? N'a-t-elle plus après ce grand ouvrage qu'à retenir son haleine, qu'à prendre de l'opium ou de la ciguë? A-t-elle tort de vivre? Si même vous mourez avant celle dont vous aviez déjà réglé les funérailles, à qui vous destiniez la grosse sonnerie et les beaux ornements, en est-elle responsable?

37. Il y a depuis longtemps dans le monde une manière de faire valoir son bien [9], qui continue toujours d'être pra-

n'admet plus notre usage. Nous dirions pourtant très bien : *On évite d'être vu avec sa femme*, et : *Il évite d'être vu avec une femme qui n'est pas la sienne.* Cf. p. 170, n. 1.
1. *Dans le public.* Cf. p. 215, n. 4.
2. *L'alliance.* Coordination bizarre avec les termes précédents.
3. *Et jusqu'où.* Cf. p. 48, n. 8.
4. *Cours.* Le Cours-la-Reine. Cf. p. 135, n. 3.

5. *Passer en revue.* Cf. p. 135, n. 4.
6. Cette prudence et cette précaution ne sont pas d'un bon signe. Mais La Bruyère ne les loue en passant que pour flétrir plus à son aise ceux auxquels il en veut.
7. *Bienfaitrice.* Cf. p. 58, n. 12.
8. *Fiction.* Feinte. Cf. p. 20, n. 7.
9. « Billets et obligations. » (*Note de La Bruyère*.)

CH. XIV. — DE QUELQUES USAGES.

tiquée par d'honnêtes gens, et d'être condamnée par d'habiles [1] docteurs [2].

38. On a toujours vu dans la république [3] de certaines charges qui semblent n'avoir été imaginées la première fois que pour enrichir un seul aux dépens de plusieurs; les fonds ou l'argent des particuliers y [4] coule [5] sans fin et sans interruption [6]. Dirai-je qu'il n'en revient plus, ou qu'il n'en revient que tard? C'est un gouffre, c'est une mer qui reçoit les eaux des fleuves, et qui ne les rend pas; ou si elle les rend, c'est par des conduits secrets et souterrains, sans qu'il y paraisse, ou qu'elle en soit moins grosse et moins enflée; ce n'est qu'après en avoir joui longtemps, et qu'elle [7] ne peut plus les retenir.

39. Le fonds perdu [8], autrefois si sûr, si religieux et si inviolable est devenu avec le temps, et par les soins de ceux qui en étaient chargés, un bien perdu. Quel autre secret de doubler mes revenus et de thésauriser? Entrerai-je dans le huitième denier [9], ou dans les aides [10]? Serai-je avare, partisan [11] ou administrateur [12]?

40. Vous avez une pièce d'argent, ou même une pièce d'or; ce n'est pas assez, c'est le nombre qui opère : faites-en, si vous pouvez, un amas considérable et qui s'élève en pyramide, et je me charge du reste. Vous n'avez ni naissance, ni esprit, ni talents, ni expérience; qu'importe? ne diminuez rien de votre monceau, et je vous placerai si haut que vous vous couvrirez devant votre maître, si vous en avez [13]; il sera

---

1. *Habiles.* Cf. p. 7, n. 6.
2. *Docteurs.* Les docteurs et les pères de l'Église condamnent non seulement l'usure, mais le prêt à intérêt.
3. *République.* Cf. p. 37, n. 4.
4. *Y.* En latin eo. Cf. *y afflue.*
5. *Coule.* Au singulier, comme s'il se rapportait seulement au dernier sujet, quoique le premier soit au pluriel. Construction fréquente du temps de La Bruyère. D'ailleurs la figure exprimée par *coule* ne s'accorderait pas avec *les fonds.*
6. « Greffe, consignation. » (*Note de La Bruyère.*) Il paraît que les greffiers ne rendaient pas toujours les sommes consignées entre leurs mains jusqu'à la fin des procès, ou ne les rendaient qu'après en avoir longtemps tiré profit.
7. *Après en avoir... et qu'elle.* Changement de construction analogue à ceux qui sont notés avec les verbes, p. 48, n. 7.
8. *Le fonds perdu.* Capital qu'on abandonne en échange d'une rente viagère. La Bruyère fait ici allusion à une banqueroute des hôpitaux de Paris, sur lesquels beaucoup de particuliers avaient des deniers à fonds perdu.
9. *Le huitième denier.* Cf. p. 114, n. 10.
10. *Les aides.* « Deniers levés par le roi sur les marchandises qui se vendent et se transportent dedans et dehors son royaume. Elles sont payées par toutes sortes de personnes, privilégiées ou non. C'est par là qu'elles diffèrent des tailles, qui ne sont payées que par les roturiers. » (Furetière.)
11. *Partisan.* Cf. p. 114, n. 3.
12. *D'un hôpital.* Cf. n. 8.
13. *Si vous en avez.* Nous dirions *si vous en avez un.*

même fort éminent, si avec votre métal, qui de jour à autre[1] se multiplie, je ne fais en sorte qu'il se découvre devant vous[2].

41. *Orante* plaide depuis dix ans entiers en règlement de juges[3] pour une affaire juste, capitale, et où il y va de toute sa fortune : elle saura peut-être dans cinq années quels seront ses juges, et dans quel tribunal elle doit plaider le reste de sa vie.

42. L'on applaudit à la coutume qui s'est introduite dans les tribunaux d'interrompre les avocats au milieu de leur action[4], de les empêcher d'être éloquents et d'avoir de l'esprit, de les ramener au fait et aux preuves toutes sèches qui établissent leurs causes et le droit de leurs parties[5]; et cette pratique si sévère, qui laisse aux orateurs le regret de n'avoir pas prononcé les plus beaux traits de leurs discours, qui bannit l'éloquence du seul endroit[6] où elle est en sa place[7], et va faire du Parlement une muette juridiction, on l'autorise par une raison solide et sans réplique, qui est celle de l'expédition[8] : il est seulement à désirer qu'elle fût[9] moins oubliée en toute autre rencontre, qu'elle réglât au contraire les bureaux comme les audiences, et qu'on cherchât une fin aux écritures[10], comme on a fait aux plaidoyers.

43. Le devoir des juges est de rendre la justice; leur métier, de la différer. Quelques-uns savent leur devoir, et font leur métier.

44. Celui qui sollicite son juge ne lui fait pas honneur; car ou il se défie de ses lumières et même de sa probité, ou il cherche à le prévenir[11], ou il lui demande une injustice[12].

45. Il se trouve des juges auprès de qui la faveur, l'autorité, les droits de l'amitié et de l'alliance nuisent à une bonne cause, et qu'une trop grande affectation de passer pour incorruptibles expose à être injustes[13].

---

1. *De jour à autre.* Cf. p. 210, n. 1.
2. Cf. Boileau, Satire VIII, 175 sqq.
3. *En règlement de juges.* Pour qu'on règle quels seront ses juges.
4. *Action.* Plaidoyer.
5. Les clefs disent que cette « coutume » fut introduite par le président de Novion (1677).
6. La Bruyère n'oublie point la chaire. Mais l'éloquence, telle qu'il l'entend ici, n'y est pas à sa place.
7. *En sa place.* Cf. p. 78, n. 11.
8. *L'expédition.* Des affaires.
9. *Fût.* L'imparfait, parce que le souhait ne se réalisera pas.
10. *Aux écritures.* « Procès par écrit. » (*Note de La Bruyère.*)
11. *Le prévenir.* En sa faveur.
12. Cf. Molière, *le Misanthrope*, I, 1, 182 sqq; Rousseau, *Lettre sur les spectacles.*
13. Cf. Pascal, *Pensées*, III, 3.

46. Le magistrat coquet ou galant est pire dans les conséquences [1] que le dissolu : celui-ci cache son commerce [2] et ses liaisons, et l'on ne sait souvent par où aller jusqu'à lui; celui-là est ouvert par mille faibles [3] qui sont connus, et l'on y [4] arrive par toutes les femmes à qui il veut plaire.

47. Il s'en faut peu que la religion et la justice n'aillent de pair dans la république [5], et que la magistrature ne consacre les hommes comme la prêtrise. L'homme de robe ne saurait guère danser au bal, paraître aux théâtres, renoncer aux habits simples et modestes, sans consentir à son propre avilissement; et il est étrange qu'il ait fallu une loi [6] pour régler son extérieur et le contraindre ainsi à être grave et plus respecté.

48. Il n'y a aucun métier qui n'ait son apprentissage, et en montant des moindres conditions jusques aux plus grandes, on remarque dans toutes un temps de pratique et d'exercice qui prépare aux emplois, où les fautes sont sans conséquence, et mènent au contraire à la perfection [7]. La guerre même, qui ne semble naître ou durer que par la confusion et le désordre, a ses préceptes; on ne se massacre pas par pelotons et par troupes, en rase campagne sans l'avoir appris, et l'on s'y tue méthodiquement. Il y a l'école de la guerre : où est l'école du magistrat? Il y a un usage, des lois, des coutumes : où est le temps et le temps assez long que l'on emploie à les digérer et à s'en instruire? L'essai et l'apprentissage d'un jeune adolescent qui passe de la férule à la pourpre [8], et dont la consignation [9] a fait un juge, est de décider souverainement des vies [10] et des fortunes des hommes [11].

49. La principale partie [12] de l'orateur, c'est la probité [13] : sans elle il dégénère en déclamateur, il déguise ou il exa-

---

1. *Dans les conséquences.* Quant aux conséquences qu'ont sa coquetterie ou sa galanterie.
2. *Commerce.* Cf. p. 33, n. 2.
3. *Faibles.* Cf. p. 63, n. 9.
4. *Y.* Cf. p. 18, n. 4.
5. *République.* Cf. p. 37, n. 4.
6. *Une loi.* « Il y a, dit la clef, un arrêt du Conseil qui oblige les conseillers à être en rabat. Cet arrêt fut rendu à la requête de M. de Harlay. »
7. *Elles sont, comme on dit, des écoles.*
8. *La pourpre.* La robe rouge des conseillers de cour souveraine.
9. *Consignation.* D'une somme d'argent. Cf. p. 138, n. 11.
10. *Des vies.* Nous dirions *de la vie.* Cf. p. 55, n. 3.
11. Cf. Mᵐᵉ de Sévigné, lettre du 27 mai 1680.
12. *Partie.* Très employé au xviiᵉ siècle dans le sens de *qualité, mérite.*
13. Cf. le mot du vieux Caton. « *Orator est, Marce fili, vir bonus, dicendi peritus* ».

gère les faits, il cite faux [1], il calomnie, il épouse la passion et les haines de ceux pour qui il parle : et il est de la classe de ces avocats dont le proverbe dit qu'ils sont payés pour dire des injures.

50. « Il est vrai, dit-on, cette somme lui est due, et ce droit lui est acquis. Mais je l'attends à cette petite formalité ; s'il l'oublie, il n'y revient plus [2], et *conséquemment* il perd sa somme, ou il est *incontestablement* déchu de son droit ; or il oubliera cette formalité. » Voilà ce que j'appelle une conscience de praticien [3].

Une belle maxime pour le palais, utile au public, remplie de raison, de sagesse et d'équité, ce serait précisément la contradictoire de celle qui dit que la forme emporte le fond [4].

51. La question est une invention merveilleuse et tout à fait sûre pour perdre un innocent qui a la complexion faible, et sauver un coupable qui est né robuste [5].

52. Un coupable puni est un exemple pour la canaille ; un innocent condamné est l'affaire de tous les honnêtes gens.

Je dirai presque de moi : « Je ne serai pas voleur ou meurtrier ». — « Je ne serai pas un jour puni comme tel », c'est parler bien hardiment.

Une condition lamentable est celle d'un homme innocent à qui la précipitation et la procédure ont trouvé un crime ; celle même de son juge peut-elle l'être davantage ?

53. Si l'on me racontait qu'il s'est trouvé autrefois un prévôt [6], ou l'un de ces magistrats créés pour poursuivre les voleurs et les exterminer, qui les connaissait tous depuis longtemps de nom et de visage, savait leurs vols, j'entends l'espèce, le nombre et la quantité [7], pénétrait si avant dans toutes ces profondeurs, et était si initié dans [8] tous ces

---

1. *Faux.* Même construction que *chanter faux.*
2. *Il n'y revient plus.* Il ne peut plus y revenir.
3. *Praticien.* Cf. p. 126, n. 11.
4. La maxime que le fond emporte la forme serait bien dangereuse, et ne laisserait aucune garantie contre la sottise ou l'arbitraire des juges. Mais La Bruyère suppose d'abord les juges éclairés, indépendants et équitables.
5. Cf. Montaigne, *Essais*, II, v.
6. M. de Grand-Maison, prévôt de la maréchaussée dans l'Ile-de-France, fit rendre, disent les clefs, à M. de Saint-Pouange un diamant qui lui avait été dérobé au sortir de l'Opéra.
7. *La quantité.* Des sommes ou objets volés.
8. *Dans.* Cf. p. 176, n. 8.

affreux mystères qu'il sut rendre à un homme de crédit un bijou qu'on lui avait pris dans la foule au sortir d'une assemblée, et dont[1] il était sur le point de faire de l'éclat, que le Parlement intervint dans cette affaire et fit le procès[2] à cet officier, je regarderais cet événement comme l'une de ces choses dont l'histoire se charge[3], et à qui le temps ôte la croyance : comment donc pourrais-je croire qu'on doive présumer par des faits récents, connus et circonstanciés, qu'une connivence si pernicieuse dure encore[4], qu'elle ait même tourné en jeu[5] et passé en coutume?

54. Combien d'hommes qui sont forts contre les faibles, fermes et inflexibles aux sollicitations du simple peuple, sans nuls égards pour les petits, rigides et sévères dans les minuties, qui refusent les petits présents, qui n'écoutent ni leurs parents ni leurs amis, et que les femmes[6] seules peuvent corrompre!

55. Il n'est pas absolument impossible qu'une personne qui se trouve dans une grande faveur perde un procès.

56. Les mourants qui parlent dans leurs testaments peuvent s'attendre à être écoutés comme des oracles[7]; chacun les tire de son côté et les interprète à sa manière, je veux dire selon ses désirs ou ses intérêts.

57. Il est vrai qu'il y a des hommes dont on peut dire que la mort fixe moins la dernière volonté qu'elle ne leur ôte avec la vie l'irrésolution et l'inquiétude. Un dépit, pendant qu'ils vivent, les fait tester; ils s'apaisent et déchirent leur minute[8], la voilà en cendre. Ils n'ont pas moins de testaments dans leur cassette que d'almanachs sur leur

---

1. *Dont.* Cf. p. 172, n. 8.
2. *Fit le procès.* Ne se dit guère plus au sens propre.
3. *Dont l'histoire se charge.* Qui s'ajoutent indûment à l'histoire.
4. « Il s'est vu autrefois à Paris que les voleurs avaient pour protecteurs les principaux officiers de la justice. » (*Mercure historique et politique*, août 1688.)
5. *En jeu.* « Que ne conte-t-on point de ceux que l'on appelle communément *coupeurs de bourse*, etc.? D'abord que l'on avait un ami auprès de celui-ci (= un de ces protecteurs que les voleurs se ménageaient parmi les officiers de justice), il vous faisait retrouver tout ce que vous aviez perdu, et le commerce était si étroit entre eux qu'il les apostait lui-même pour vous déniaiser, principalement lorsqu'on se faisait fort d'être au-dessus de leurs ruses. Mais enfin toutes ces galanteries... ne sont plus à la mode. » (*Ibid.*)
6. On attendrait quelque chose qui s'opposât à *faibles, simple peuple, petits*, etc. La Bruyère a voulu sans doute cette surprise.
7. *Comme des oracles.* La Bruyère joue sur le double sens de cette expression, celui qu'on lui attribue d'ordinaire, et celui qu'il lui donne ici.
8. *Minute.* On appelle ainsi le brouillon d'un acte.

table; ils les comptent par les années. Un second se trouve détruit par un troisième, qui est anéanti lui-même par un autre mieux digéré [1], et celui-ci encore par un cinquième *olographe* [2]. Mais si le moment [3], ou la malice [4], ou l'autorité manque à celui qui a intérêt de [5] le supprimer, il faut qu'il en essuie les clauses et les conditions; car *appert*-il [6] mieux des dispositions des hommes les plus inconstants que [7] par un dernier acte, signé de leur main, et après lequel ils n'ont pas du moins eu le loisir de vouloir tout le contraire?

58. S'il n'y avait point de testaments pour régler le droit des héritiers, je ne sais si l'on aurait besoin de tribunaux pour régler les différends des hommes : les juges seraient presque réduits à la triste fonction d'envoyer au gibet les voleurs et les incendiaires. Qui voit-on dans les lanternes des chambres [8], au parquet, à la porte ou dans la salle du magistrat? des héritiers *ab intestat* [9]? Non, les lois ont pourvu à leur partage. On y voit les testamentaires [10] qui plaident en explication d'une clause ou d'un article, les personnes exhérédées, ceux qui se plaignent d'un testament fait avec loisir, avec maturité, par un homme grave, habile [11], consciencieux, et qui a été aidé d'un bon conseil; d'un acte où le praticien [12] n'a rien *obmis* [13] de son jargon et de ses finesses ordinaires; il est signé du testateur et des témoins publics, il est parafé; et c'est en cet état qu'il est cassé et déclaré nul.

59. *Titius* assiste à la lecture d'un testament avec des yeux rouges et humides, et le cœur serré de la perte de celui dont il espère recueillir la succession. Un article lui donne la charge [14], un autre les rentes de la ville [15], un troisième le rend maître d'une terre à la campagne; il y a une clause qui, bien entendue, lui accorde une maison située au

---

1. *Digéré*. Réglé.
2. *Olographe*. Écrit en entier par le testateur.
3. *Moment*. Occasion.
4. *Malice*. Cf. p. 230, n. 4.
5. *De*. Nous mettrions *à*. Cf. p. 35, n. 8.
6. *Appert-il*. Terme de palais. Y a-t-il preuve manifeste.
7. *Que*. Cf. p. 152, n. 1.
8. Tribunes des chambres du Parlement. On s'y mettait pour assister aux séances sans être vu.
9. *Ab intestat*. Qui héritent de plein droit, en l'absence de testament.
10. *Testamentaires*. Qui héritent en vertu d'un testament.
11. *Habile*. Cf. p. 7, n. 6.
12. *Praticien*. Cf. p. 126, n. 1.
13. *Obmis*. La prononciation et l'écriture avaient conservé au Palais cette forme qui tombait partout ailleurs en désuétude. C'est à dessein que La Bruyère l'emploie ici, et il la souligne.
14. *La charge*. L'office du défunt.
15. *De la ville*. Sur la ville, sur l'Hôtel de ville.

CH. XIV. — DE QUELQUES USAGES.

milieu de Paris, comme elle se trouve, et avec les meubles : son affliction augmente, les larmes lui coulent des yeux. Le moyen de les contenir? il se voit officier [1], logé aux champs et à la ville, meublé de même ; il se voit une bonne table et un carrosse : *Y avait-il au monde un plus honnête homme que le défunt, un meilleur homme?* Il y a un codicille [2], il faut le lire : il fait Mævius légataire universel, et il renvoie Titius dans son faubourg, sans rentes, sans titres, et le met à pied [3]. Il essuie ses larmes : c'est à Mævius à s'affliger.

60. La loi qui défend de tuer un homme n'embrasse-t-elle pas dans cette défense le fer, le poison, le feu, l'eau, les embûches, la force ouverte, tous les moyens enfin qui peuvent servir à l'homicide? La loi qui ôte aux maris et aux femmes le pouvoir de se donner réciproquement, n'a-t-elle connu que les voies directes et immédiates de donner [4]? a-t-elle manqué de prévoir les indirectes? a-t-elle introduit les fidéicommis [5], ou si même [6] elle les tolère? Avec une femme qui nous est chère et qui nous survit, lègue-t-on [7] son bien à un ami fidèle par un sentiment de reconnaissance pour lui, ou plutôt par une extrême confiance, et par la certitude qu'on a du bon usage qu'il saura faire [8] de ce qu'on lui lègue? Donne-t-on à celui que l'on peut soupçonner de ne devoir pas rendre à la personne à qui en effet l'on veut donner? Faut-il se parler, faut-il s'écrire, est-il besoin de pacte ou de serments pour former cette collusion [9]? Les hommes ne sentent-ils pas en ce [10] rencontre ce qu'ils peuvent espérer les uns des autres? Et si au contraire la propriété d'un tel bien est dévolue au fidéicommissaire, pourquoi perd-il sa réputation à le retenir [11]? Sur quoi fonde-t-on la satire et les vaudevilles [12]? Voudrait-on le comparer au

---

1. *Officier.* Titulaire d'un office.
2. *Codicille.* Acte qui complète ou modifie un testament.
3. *Met à pied.* Cf. *carrosse* de plus haut.
4. « Le mari et la femme ne peuvent s'avantager l'un et l'autre soit par donation entre vifs ou par testament, directement ou indirectement. » (*Coutume de Paris*, art. 282.) Cf. Molière, *Malade imag.*, I, VII.
5. *Fidéicommis.* « Vous pouvez, dit à Argan le notaire (*Malade imag.*, même scène), choisir doucement un ami intime de votre femme, auquel vous donnerez en bonne forme, par votre testament, tout ce que vous pouvez ; et cet ami ensuite lui rendra tout. »
6. *Ou si même.* Cf. p. 29, n. 7.
7. *Nous... on.* Cf. p. 76, n. 1.
8. En rendant le legs à la veuve.
9. *Collusion.* Entente secrète en vue d'éluder la coutume.
10. *Ce. Rencontre* avait été du masculin. Cet archaïsme se conservait dans la langue du barreau.
11. *A le retenir.* En le retenant, s'il le retient.
12. *Vaudevilles.* Cf. p. 143, n. 5.

dépositaire qui trahit le dépôt, à un domestique qui vole l'argent que son maître lui envoie porter [1]? On aurait tort : y a-t-il de l'infamie à ne pas faire une libéralité, et à conserver pour soi ce qui est à soi? Étrange embarras [2], horrible poids que le fidéicommis! Si par la révérence des lois [3] on se l'approprie, il ne faut plus passer pour homme de bien; si par le respect d'un ami [4] mort l'on suit ses intentions en le rendant à sa veuve, on est confidentiaire [5], on blesse la loi. — Elle cadre donc bien mal avec l'opinion des hommes? — Cela peut être; et il ne me convient pas de dire ici : « La loi pèche », ni : « Les hommes se trompent. »

61. J'entends dire de quelques particuliers [6] ou de quelques compagnies : « Tel et tel corps se contestent l'un à l'autre la préséance; le mortier et la pairie [7] se disputent le pas ». Il me paraît que celui des deux qui évite de se rencontrer aux assemblées est celui qui cède, et qui, sentant son faible, juge [8] lui-même en faveur de son concurrent.

62. *Typhon* fournit un grand de chiens et de chevaux; que ne lui fournit-il point? Sa protection le rend audacieux; il est impunément dans sa province tout ce qui [9] lui plaît d'être, assassin, parjure; il brûle ses voisins, et il n'a pas besoin d'asile. Il faut enfin que le Prince se mêle lui-même de sa punition [10].

63. *Ragoûts, liqueurs, entrées, entremets,* tous mots qui devraient être barbares et inintelligibles en notre langue; et s'il est vrai qu'ils ne devraient pas être d'usage en pleine paix, où [11] ils ne servent qu'à entretenir le luxe et la gourmandise, comment peuvent-ils être entendus dans le temps de la guerre et d'une misère publique, à la vue de l'ennemi, à la veille d'un combat, pendant un siège? Où est-il parlé

---

1. *Lui envoie porter.* Il faudrait *l'envoie. Lui* donne un tout autre sens.
2. *Embarras.* Le mot a perdu de sa force.
3. *Par la révérence des lois.* Nous dirions *par révérence pour les lois.*
4. *Par le respect d'un ami.* Même observation.
5. *Confidentiaire.* « Celui qui prête son nom pour posséder le titre d'un bénéfice et en laisse le revenu à un autre. » (Furetière.)
6. *Particuliers.* En tant que membres d'un corps. Cf. ci-dessous *tel et tel corps.*
7. Les présidents à mortier prétendaient, en l'absence du roi, être ses représentants, et, par suite, avoir le pas sur les pairs.
8. *Et qui... juge.* Et qu'il juge. Cf. p. 27, n. 5.
9. *Qui.* Au lieu de *qu'il* dans es deux dernières éditions.
10. Allusion aux assises extraordinaires qu'on appelait les *grands jours.*
11. *En pleine paix, où.* Cf. p. 5, n. 8.

de la table de *Scipion* ou de celle de *Marius*? Ai-je lu quelque part que *Miltiade*, qu'*Épaminondas*, qu'*Agésilas* aient fait une chère délicate? je voudrais qu'on ne fit mention de la délicatesse, de la propreté [1] et de la somptuosité des généraux, qu'après n'avoir plus rien à dire [2] sur leur sujet, et s'être épuisé sur les circonstances d'une bataille gagnée et d'une ville prise ; j'aimerais même qu'ils voulussent se priver de cet éloge [3].

64. *Hermippe* est l'esclave de ce qu'il appelle *ses petites commodités*; il leur sacrifie l'usage reçu, la coutume, les modes, la bienséance. Il les cherche en toutes choses, il quitte une moindre pour une plus grande. Il ne néglige aucune de celles qui sont praticables, il s'en fait une étude, et il ne se passe aucun jour qu'il ne fasse en ce genre une découverte. Il laisse aux autres hommes le diner et le souper, à peine en admet-il les termes ; il mange quand il a faim [4], et les mets seulement où [5] son appétit le porte. Il voit faire son lit [6] : quelle main assez adroite ou assez heureuse pourrait le faire dormir comme il veut dormir? Il sort rarement de chez soi [7]; il aime la chambre, où il n'est ni oisif ni laborieux, où il n'agit point, où il *tracasse* [8], et dans l'équipage d'un homme qui a pris médecine. On dépend servilement d'un serrurier et d'un menuisier, selon ses besoins : pour lui, s'il faut limer, il a une lime ; une scie, s'il faut scier, et des tenailles, s'il faut arracher. Imaginez, s'il est possible, quelques outils qu'il n'ait pas, et meilleurs [9] et plus commodes à son gré que ceux mêmes dont les ouvriers se servent : il en a de nouveaux et d'inconnus, qui n'ont point de nom, productions de son esprit, et dont il a presque oublié l'usage. Nul ne se peut comparer à lui pour faire en peu de temps et sans peine un travail fort inutile. Il faisait dix pas pour aller de son lit dans sa garde-robe, il n'en fait

---

1. *Propreté.* Cf. p. 109, n. 6.
2. *Après n'avoir plus rien à dire.* Construction insolite, et qui, d'ailleurs, n'est pas logique.
3. « Le luxe et la bonne chère, dit Saint-Simon, avaient corrompu nos armées... On y était servi avec la même délicatesse et le même appareil que dans les villes et aux meilleures tables. » Après avoir donné l'exemple de cette somptuosité, Louis XIV essaya de la modérer par des ordonnances qui n'eurent que peu d'effet.
4. *Quand il a faim.* En soi, la chose n'a rien que de raisonnable.
5. *Où.* Cf. p. 19, n. 4.
6. *Il voit faire son lit.* Il regarde comment on fait son lit.
7. *Soi.* Cf. p. 39, n. 4.
8. *Tracasse.* Le mot signifie : se remuer, s'empresser pour de petites choses.
9. *Et meilleurs*, etc. Ce qui précède équivaut à : *il a tous les outils que vous pouvez imaginer*.

plus que neuf par la manière dont il a su tourner sa chambre [1] : combien de pas épargnés dans le cours d'une vie! Ailleurs l'on tourne la clef, l'on pousse contre [2], ou l'on tire à soi, et une porte s'ouvre : quelle fatigue! voilà un mouvement de trop, qu'il sait s'épargner, et comment? c'est un mystère qu'il ne révèle point. Il est, à la vérité, un grand maître pour le ressort [3] et pour la mécanique, pour celle du moins dont tout le monde se passe. Hermippe tire le jour de son appartement d'ailleurs que de la fenêtre; il a trouvé le secret de monter et de descendre autrement que par l'escalier [4], et il cherche celui d'entrer et de sortir plus commodément que par la porte.

65. Il y a déjà longtemps que l'on improuve les médecins, et que l'on s'en [5] sert; le théâtre et la satire ne touchent [6] point à leurs pensions; ils dotent leurs filles, placent leurs fils aux parlements et dans la prélature, et les railleurs eux-mêmes fournissent l'argent. Ceux qui se portent bien deviennent malades; il leur faut des gens dont le métier soit de les assurer [7] qu'ils ne mourront point. Tant que les hommes pourront mourir et qu'ils aimeront à vivre, le médecin sera raillé et bien payé.

66. Un bon médecin est celui qui a des remèdes spécifiques [8], ou, s'il en manque, qui permet à ceux qui les ont de guérir son malade.

67. La témérité des charlatans et leurs tristes succès [9], qui en sont les suites, font valoir la médecine et les médecins : si ceux-ci laissent mourir, les autres tuent.

68. *Carro Carri* [10] débarque avec une recette qu'il appelle un prompt remède, et qui quelquefois est un poison lent;

---

1. *Tourner sa chambre.* Disposer les meubles de sa chambre de façon que le lit se trouvât plus près de la garde-robe.
2. *Contre.* Employé comme adverbe, avec le sens de *en face.*
3. *Le ressort.* Nous mettrions de préférence le pluriel. Pour tout ce qui est ressort.
4. *Le secret,* etc. Cf. le portrait que fait Saint-Simon de M. de Vilayer, doyen du conseil et membre de l'Académie française : « C'était lui aussi qui a inventé ces chaises volantes qui, par des contre-poids, montent et descendent seules entre deux murs, à l'étage qu'on veut, en s'asseyant dedans, par le poids du corps ».
5. *En.* Cf. p. 18, n. 4.
6. *Touchent.* Font tort.
7. *Les assurer.* Non pas *leur assurer*, mais *les persuader.*
8. *Spécifiques.* Propres à chaque maladie.
9. *Succès.* Le mot s'employait encore pour signifier un mauvais succès comme un bon. Mais l'usage moderne commençait à prévaloir. On peut croire qu'il y a ici une intention ironique.
10. *Carro Carri.* C'était un empirique italien. Cf. chap. VIII, § 16; chap. XII, § 21.

CH. XIV. — DE QUELQUES USAGES.

c'est un bien de famille, mais amélioré en ses mains : de spécifique qu'il était contre la colique, il guérit de la fièvre quarte, de la pleurésie, de l'hydropisie, de l'apoplexie, de l'épilepsie. Forcez un peu votre mémoire, nommez une maladie, la première qui vous viendra en l'esprit : l'hémorragie, dites-vous ? il la guérit. Il ne ressuscite personne, il est vrai ; il ne rend pas la vie aux hommes [1] : mais il les conduit nécessairement [2] jusqu'à la décrépitude, et ce n'est que par hasard que son père et son aïeul, qui avaient ce secret, sont morts fort jeunes. Les médecins reçoivent pour leurs visites ce qu'on leur donne ; quelques-uns se contentent d'un remerciment : Carro Carri est si sûr de son remède, et de l'effet qui en doit suivre [3], qu'il n'hésite pas de [4] s'en faire payer d'avance, et de recevoir avant de donner. Si le mal est incurable, tant mieux, il n'en est que plus digne de son application et de son remède [5]. Commencez par lui livrer quelques sacs de mille francs, passez-lui un contrat de constitution [6], donnez-lui une de vos terres, la plus petite, et ne soyez pas ensuite plus inquiet que lui de votre guérison. L'émulation de cet homme a peuplé le monde de noms en O et en I [7], noms vénérables, qui imposent aux malades et aux maladies. Vos médecins, Fagon [8], et de toutes les facultés, avouez-le, ne guérissent pas toujours, ni sûrement ; ceux, au contraire, qui ont hérité de leurs pères la médecine pratique [9], et à qui l'expérience est échue par succession, promettent toujours, et avec serments, qu'on guérira. Qu'il est doux aux hommes de tout espérer d'une maladie mortelle [10], et de se porter encore passablement bien à l'agonie ! La mort surprend agréablement et sans s'être fait craindre ; on la sent plutôt [11] qu'on n'a songé à s'y préparer et à s'y résoudre. O FAGON ESCULAPE ! Faites régner

---

1. *Il ne rend pas la vie aux hommes.* Répétition, en d'autres termes, de *il ne ressuscite personne*, comme s'il fallait dire la chose deux fois pour qu'on y crût.

2. *Nécessairement.* Immanquablement. Il ne pourrait même s'en empêcher. Cf. p. 376, n. 9 ; p. 381, n. 3.

3. *En doit suivre. Suivre* est construit comme *résulter*, dont il a ici le sens. Nous disons *il suit de là.*

4. *De.* Pour *à*. Cf. p. 35, n. 8.

5. Cf. Molière. « Je voudrais, monsieur, que vous fussiez abandonné de tous les médecins, désespéré, à l'agonie, pour vous montrer l'excellence de mes remèdes. » (*Malade imag.*, III, xiv.)

6. *Constitution.* D'une rente.

7. *En O et en I.* Italiens.

8. *Fagon.* Médecin de la Dauphine, plus tard du Roi ; Saint-Simon l'appelle « le plus implacable ennemi des charlatans ».

9. *Pratique.* Empirique.

10. *Tout espérer d'une*, etc. Comme on dirait *tout espérer d'une bonne constitution.*

11. *Plutôt.* Au sens de *plus tôt*, conformément à l'orthographe du temps.

sur toute la terre le quinquina et l'émétique [1]; conduisez à sa perfection la science des simples [2], qui sont donnés aux hommes pour prolonger leur vie; observez dans les cures, avec plus de précision et de sagesse que personne n'a encore fait [3], le climat, les temps, les symptômes et les complexions; guérissez de la manière seule qu'il convient [4] à chacun d'être guéri; chassez des corps, où rien ne vous est caché de leur économie, les maladies les plus obscures et les plus invétérées; n'attentez pas sur celles de l'esprit, elles sont incurables; laissez à *Corinne*, à *Lesbie*, à *Canidie*, à *Trimalcion* et à *Carpus*, la passion ou la fureur des charlatans.

69. L'on souffre, dans la république [5], les chiromanciens et les devins, ceux qui font l'horoscope et qui tirent la figure [6], ceux qui connaissent le passé par le mouvement du *sas* [7], ceux qui font voir dans un miroir ou dans un vase d'eau la claire vérité; et ces gens sont, en effet, de quelque usage : ils prédisent, aux hommes, qu'ils feront fortune, aux filles, qu'elles épouseront leurs amants, consolent les enfants dont les pères ne meurent point, et charment [8] l'inquiétude des jeunes femmes qui ont de vieux maris; ils trompent, enfin, à très vil prix, ceux qui cherchent à être trompés.

70. Que penser de la magie et du sortilège? La théorie en est obscure, les principes vagues, incertains, et qui approchent du visionnaire [9]; mais il y a des faits embarrassants, affirmés par des hommes graves qui les ont vus ou qui les ont appris de personnes qui leur ressemblent : les admettre tous ou les nier tous paraît un égal inconvénient; et j'ose dire qu'en cela, comme dans toutes les choses extraordinaires et qui sortent des communes règles, il y a un parti à trouver entre les âmes crédules et les esprits forts [10].

---

1. Fagon avait été un des principaux promoteurs de ces deux remèdes.
2. *Simples.* Herbes et plantes. Fagon enseignait la botanique au Jardin du Roi.
3. *Fait.* Cf. p. 61, n. 5.
4. *Qu'il.* Cf. p. 51, n. 3.
5. *République.* Cf. p. 37, n. 1.
6. *Figure.* « Représentation du ciel et des planètes qu'on fait pour voir le bonheur ou le malheur d'une personne. » (Richelet.)
7. *Sas.* Sorte de tamis, ou plutôt de cercle en bois que les charlatans faisaient tourner, et dont les arrêts successifs avaient telle ou telle signification.
8. *Charment.* Dans le sens propre.
9. *Du visionnaire.* Cf. p. 8, n. 10.
10. Le réveil de l'occultisme en notre temps devrait nous rendre indulgents à la crédulité de La Bruyère. Et même, sur les confins de la science et du merveilleux, il y a eu de tout temps des phéno-

CH. XIV. — DE QUELQUES USAGES.

71. L'on ne peut guère charger [1] l'enfance de la connaissance de trop de langues, et il me semble que l'on devrait mettre toute son application à l'en instruire; elles sont utiles à toutes les conditions des hommes, et elles leur ouvrent également l'entrée [2] ou à une profonde ou à une facile et agréable érudition. Si l'on remet cette étude si pénible à un âge un peu plus avancé, et qu'on appelle la jeunesse, ou l'on n'a pas la force de l'embrasser par choix, ou l'on n'a pas celle d'y persévérer; et, si l'on y persévère, c'est consumer à la recherche [3] des langues le même temps qui est consacré à l'usage que l'on en doit faire; c'est borner à la science des mots un âge qui veut déjà aller plus loin, et qui demande des choses; c'est, au moins, avoir perdu les premières et les plus belles années de sa vie. Un si grand fonds ne se peut bien faire [4] que lorsque tout s'imprime dans l'âme naturellement et profondément [5], que la mémoire est neuve, prompte et fidèle; que l'esprit et le cœur sont encore vides de passions, de soins [6] et de désirs, et que l'on est déterminé à de longs travaux par ceux de qui l'on dépend. Je suis persuadé que le petit nombre d'habiles [7], ou le grand nombre de gens superficiels, vient de l'oubli de cette pratique.

72. L'étude des textes ne peut jamais être assez recommandée; c'est le chemin le plus court, le plus sûr et le plus agréable pour tout genre d'érudition. Ayez les choses de la première main; puisez à la source; maniez, remaniez le texte; apprenez-le de mémoire; citez-le dans les occasions; songez surtout à en pénétrer le sens dans toute son étendue et dans ses circonstances; conciliez un auteur [8] original, ajustez [9] ses principes, tirez vous-même les conclusions.

mènes à propos desquels sa réserve peut sembler fort raisonnable.

1. *Charger.* Ce serait plutôt le terme dont se serviraient les contradicteurs de La Bruyère.
2. *Leur ouvrent l'entrée.* Cf. chap. XIII, § 2, p. 309, à la note 10. « D'autres ont la clef des sciences », etc.
3. *Recherche.* Étude. Les langues sont une sorte d'outil, que l'on doit se procurer.
4. *Se faire.* S'acquérir.
5. Cf. l'opinion toute contraire de Malebranche, que La Bruyère veut peut-être réfuter, dans son *Traité de morale*, 2ᵉ partie, XXII, XIV.

D'après Malebranche, il ne faut étudier les langues que « lorsqu'on est assez philosophe pour savoir ce que c'est qu'une langue, lorsqu'on sait bien celle de son pays, lorsque le désir de savoir les sentiments des anciens nous inspire celui de savoir leur langage, parce qu'alors on apprend en un an ce qu'on peut sans ce désir apprendre en dix ».

6. *Soins.* Soucis. Cf. p. 169, n. 5.
7. *Habiles.* Cf. p. 7, n. 6.
8. *Conciliez un auteur.* Liez entre elles ses pensées.
9. *Ajustez.* Mettez en rapport et en accord.

Les premiers commentateurs se sont trouvés dans le cas où je désire que vous soyez : n'empruntez leurs lumières et ne suivez leurs vues qu'où les vôtres seraient trop courtes : leurs explications ne sont pas à vous, et peuvent aisément vous échapper; vos observations, au contraire, naissent de votre esprit et y demeurent : vous les retrouvez plus ordinairement dans la conversation, dans la consultation et dans la dispute ¹. Ayez le plaisir de voir que vous n'êtes arrêté, dans la lecture, que par les difficultés qui sont invincibles, où les commentateurs et les scoliastes eux-mêmes demeurent court, si fertiles d'ailleurs, si abondants et si chargés d'une vaine et fastueuse érudition dans les endroits clairs, et qui ne font de peine ² ni à eux ni aux autres. Achevez ainsi de vous convaincre, par cette méthode d'étudier, que c'est la paresse des hommes qui a encouragé le pédantisme à grossir plutôt qu'à enrichir les bibliothèques, à faire périr le texte sous le poids des commentaires ³ ; et qu'elle a en cela agi contre soi-même ⁴ et contre ses plus chers intérêts, en multipliant les lectures, les recherches et le travail, qu'elle cherchait à éviter.

73. Qui ⁵ règle les hommes dans leur manière de vivre et d'user des aliments? La santé et le régime? Cela est douteux. Une nation entière mange les viandes après les fruits, une autre fait tout le contraire; quelques-uns commencent leurs repas par de certains fruits, et les finissent par d'autres : est-ce raison? est-ce usage? Est-ce par un soin de leur santé que les hommes s'habillent jusqu'au menton, portent des fraises ⁶ et des collets, eux qui ont eu si longtemps la poitrine découverte ⁷? Est-ce par bienséance, surtout ⁸ dans un temps où ils avaient trouvé le secret de paraître nus tout habillés ⁹? et d'ailleurs les femmes, qui montrent leur gorge et leurs épaules, sont-elles d'une complexion moins délicate que les hommes, ou moins sujettes ¹⁰ qu'eux

---

1. *Dispute.* Discussion.
2. *Ne font de peine.* Ne donnent de peine. *Faire de la peine* s'emploie dans un autre sens.
3. *Sous le poids des commentaires.* Cf. Montaigne, *Essais*, III, xiii : « Il y a plus affaire à interpréter les interprétations qu'à interpréter les choses », etc.
4. *Soi.* Cf. p. 39, n. 4.
5. *Qui.* Qu'est-ce qui. Usité au xvii⁰ siècle. Cf. p. 380, n. 1.

6. *Fraises.* La fraise (de Henri II à Louis XIII) était un collet à trois ou quatre rangs, plissé et empesé.
7. *La poitrine découverte.* Sous François I⁰ʳ.
8. *Est-ce..., surtout*, etc. L'interrogation équivaut à une négation.
9. *De paraître nus tout habillés.* Les jambes n'étaient couvertes que de bas de soie.
10. *Sujettes.* Soumises.

aux bienséances? Quelle est la pudeur qui engage celles-ci à couvrir leurs jambes et presque leurs pieds, et qui leur permet d'avoir les bras nus au-dessus du coude? Qui avait mis autrefois dans l'esprit des hommes qu'on était à la guerre ou pour se défendre ou pour attaquer, et qui leur avait insinué l'usage des armes offensives et des défensives? Qui les oblige aujourd'hui de renoncer à celles-ci [1], et, pendant qu'ils [2] se bottent pour aller au bal, de soutenir, sans armes et en pourpoint, des travailleurs [3] exposés à tout le feu d'une contrescarpe [4]? Nos pères, qui ne jugeaient pas une telle conduite utile au prince et à la patrie, étaient-ils sages ou insensés? Et nous-mêmes, quels héros célébrons-nous dans notre histoire? Un Guesclin [5], un Clisson [6], un Foix [7], un Boucicaut [8], qui tous ont porté l'armet [9] et endossé une cuirasse.

Qui pourrait rendre raison de la fortune de certains mots et de la proscription de quelques autres [10]?

Ains a péri : la voyelle qui le commence, et si propre [11] pour l'élision, n'a pu le sauver; il a cédé [12] à un autre monosyllabe [13], et qui n'est au plus que son anagramme [14]. *Certes* est beau dans sa vieillesse, et a encore de la force sur son déclin [15] : la poésie le réclame, et notre langue doit beaucoup aux écrivains qui le disent en prose, et qui se commettent [16] pour lui dans leurs ouvrages. *Maint* [17] est un

---

1. *A celles-ci.* Aux armes défensives.
2. *Pendant qu'ils.* Tandis qu'ils, au lieu qu'ils.
3. *Travailleurs.* Soldats employés à des travaux de retranchement.
4. *Contrescarpe.* Pente du mur extérieur du fossé, celle qui fait face à l'escarpe. Par extension, le chemin couvert, le glacis.
5. *Guesclin.* Du Guesclin (1320-1380).
6. *Clisson.* Olivier de Clisson, connétable de France sous Charles VI (1332-1407).
7. *Foix.* Gaston de Foix (1331-1391).
8. *Boucicaut.* Maréchal de France (1364-1421).
9. *Armet.* Armure de tête.
10. La Bruyère allait se présenter aux suffrages de l'Académie lorsqu'il publia cette dissertation sur les mots devenus hors de mode, se montrant par là bien préparé aux discussions de la Compagnie qui devait bientôt publier la première édition du Dictionnaire.
11. *Qui le commence et si propre.* La Bruyère continue très souvent avec *qui* et un verbe une qualification commencée par un adjectif; c'est ici la construction inverse.
12. *Cédé.* Cédé la place.
13. « Mais. » (*Note de La Bruyère.*)
14. *Son anagramme. Mais* n'est point l'anagramme de *ains*. Il vient de *magis* et *ains* de *ante*.
15. *Sur son déclin.* Richelet dit, en 1680, que ce mot commence à vieillir; Bouhours lui préféra certainement. La Bruyère ne l'a employé qu'une fois (chap. XVI, § 35). La première édition des *Caractères* portait, dans le parallèle entre Corneille et Racine (cf. p. 27, ligne 13), *admirable certes* qu'il remplaça, au moyen d'un carton, par *surtout*.
16. *Se commettent.* Cf. p. 230, n. 12.
17. *Maint.* Richelet le donne comme « un vieux mot burlesque ».

mot qu'on ne devait [1] jamais abandonner, et par [2] la facilité qu'il y avait à le couler dans le style, et par son origine, qui est française [3]. *Moult*, quoique latin [4], était dans son temps d'un même mérite, et je ne vois pas par où *beaucoup* l'emporte sur lui. Quelle persécution le *car* [5] n'a-t-il pas essuyée! et s'il n'eût trouvé de la protection parmi les gens polis, n'était-il pas banni honteusement d'une langue à qui il a rendu de si longs services, sans qu'on sût quel mot lui substituer [6]? *Cil* [7] a été dans ses beaux jours le plus joli mot de la langue française; il est douloureux pour les poètes qu'il ait vieilli. *Douloureux* ne vient pas plus naturellement de *douleur*, que de *chaleur* vient [8] *chaleureux* ou *chaloureux* : celui-ci [9] se passe [10], bien que ce fût une richesse pour la langue, et qu'il se dise fort juste [11] où *chaud* ne s'emploie qu'improprement. *Valeur* devait [12] aussi nous conserver *valeureux* [13]; *haine*, *haineux* [14]; *peine*, *peineux* [15]; *fruit*, *fructueux* [16]; *pitié*, *piteux* [17]; *joie*, *jovial* [18]; *foi*, *féal* [19]; *cour*, *cour-*

1. *Devait.* Aurait dû. Cf. p. 156, n. 8.
2. *Par.* Cf. p. 4, n. 4.
3. *Française.* On ne sait trop ce que La Bruyère pouvait entendre par là. *Maint* n'est pas en tout cas d'origine latine; il vient peut-être d'un radical celtique.
4. *Quoique latin.* De *multum*.
5. *Car.* Quelques « délicats » voulurent le proscrire. Gomberville se vantait de ne pas l'avoir employé une seule fois en écrivant son *Polexandre*. On connaît la lettre célèbre dans laquelle Voiture le défendit.
6. *Quel mot lui substituer.* On proposait *pour ce que*.
7. *Cil.* Usité jusqu'au début du XVIIe siècle, et remplacé alors par *celui*. Il était le cas sujet, et *celui* le cas régime.
8. *Que... vient.* Cf. p. 10, n. 2.
9. *Celui-ci.* Non pas *chaloureux*, mais *chaleureux* ou *chaloureux*, qui sont le même mot, avec cette seule différence que la terminaison *oureux* est plus ancienne.
10. *Se passe.* Nous dirions *passe*. — Peut-être les observations de La Bruyère ne furent-elles pas inutiles. Beaucoup des mots dont il regrette la perte ou la désuétude revinrent en honneur. Le Dictionnaire de l'Académie (1694) donne *chaleureux* ou *chaloureux*, en faisant tout simplement observer que le mot « ne se dit proprement que des personnes ».
11. *Juste.* Justement. Cf. p. 356, n. 12.
12. *Devait.* Cf. p. 156, n. 8.
13. *Valeureux.* Richelet et l'Académie disent que le mot ne s'emploie guère plus en prose.
14. *Haineux.* Traité de « vieux mot » par Richelet et Furetière. Admis par l'Académie (1694).
15. *Peineux.* Ne se trouve pas dans Richelet. N'est admis par Furetière et l'Académie que dans l'expression *semaine peineuse* (semaine sainte).
16. *Fructueux.* Furetière, Richelet, l'Académie admettent ce mot, mais en restreignent l'usage au figuré. La Bruyère s'en est servi une fois. Cf. p. 210, n. 7. Il ne vient pas de *fruit*, mais se rattache directement au latin *fructuosus*.
17. *Piteux.* Admis par Furetière et l'Académie sans restriction, par Richelet comme terme du style simple ou comique. Vient directement du latin populaire *pietosus*.
18. *Jovial.* N'est pas dans Richelet, mais Furetière et l'Académie l'admettent. La Bruyère l'a employé une fois. Cf. p. 251, n. 9. Le mot ne vient pas de *joie*, mais de *Jovem*, Jupiter, par l'intermédiaire de *jovialis*, né sous la planète de Jupiter.
19. *Féal.* Admis par l'Académie. Noté par Furetière et Richelet

CH. XIV. — DE QUELQUES USAGES.

tois [1]; *gite, gisant* [2]; *haleine, halené* [3]; *vanterie, vantard* [4]; *mensonge, mensonger* [5]; *coutume, coutumier* [6]; comme *part* maintient *partial*; *point, pointu* et *pointilleux*; *ton, tonnant*; *son, sonore*; *frein, effréné*; *front, effronté*; *ris, ridicule*; *loi, loyal*; *cœur, cordial*; *bien, bénin*; *mal, malicieux* [7]. *Heur* [8] se plaçait où *bonheur* ne saurait entrer; il a fait *heureux*, qui est si français, et il a cessé de l'être : si quelques poëtes [9] s'en sont servis, c'est moins par choix que par la contrainte de la mesure. *Issue* prospère, et vient d'*issir* [10], qui est aboli. *Fin* subsiste sans conséquence pour *finer* [11], qui vient de lui, pendant que *cesse* et *cesser* règnent également. *Verd* ne fait plus *verdoyer* [12], ni *fête, fêtoyer* [13], ni *larme, larmoyer* [14], ni *deuil, se douloir* [15], *se condouloir* [16], ni *joie, s'éjouir* [17], bien

comme « terme de chancellerie ». Ce dernier ajoute qu' « il s'emploie au burlesque quelquefois ». Remplacé par son doublet de formation savante, *fidèle*.

1. *Courtois*. Admis par Furetière et l'Académie. Richelet dit que, « quoiqu'on trouve ce mot dans de bons auteurs, on ne s'en sert plus guère ».

2. *Gisant*. Admis par Furetière et l'Académie, omis par Richelet. Il ne vient pas de *gîte*, qui est le substantif verbal du verbe *gîter*, mais se rattache directement au latin *jacentem*.

3. *Halené*. Admis par Richelet, le verbe *halener*, ou *haleiner*, y est défini : *avoir vent d'une chose*. Furetière le donne comme terme de vénerie : *sentir le gibier*; d'où l'acception figurée. L'Académie l'admet au sens de : *prendre l'odeur d'une bête*, en parlant des chiens; *sentir l'haleine de quelqu'un; infecter de son haleine*, et, au figuré, *de ses maximes*.

4. *Vantard*. Richelet, Furetière et l'Académie donnent *vanteur*.

5. *Mensonger*. Admis par Richelet. Donné par Furetière comme « un vieux mot hors d'usage », et par l'Académie comme « plus employé en poésie qu'en prose ».

6. *Coutumier*. Admis par Furetière sans observation. Donné par Richelet comme « terme de palais », et par l'Académie comme bon pour la poésie, mais seulement au féminin.

7. *Partial* vient du latin *partialis*; *pointu* vient de *pointe*, et *pointilleux* de *pointille*; *ton* vient du latin *tonus*, et *tonnant* est le participe présent du verbe *tonner*, en latin *tonare*; *sonore* vient du latin *sonorus*; *ridicule* ne vient pas du français *ris*, en latin *risus*, mais du latin *ridiculus*; *loyal* vient du latin *legalem*; *cordial*, du bas-latin *cordialis*; *bénin*, du latin *benignus*; *malicieux*, du français *malice*, en latin *malitia*. *Effréné* et *effronté*, seuls de tous ces vocables, ont pour radical le mot qui « devait les conserver ». La réflexion de La Bruyère n'en est pas pour cela moins juste.

8. *Heur*. Admis par Furetière et l'Académie, noté par Richelet comme bas et peu usité.

9. On le trouve, par exemple, dans Corneille.

10. *Issir*. Est admis par Richelet, Furetière et l'Académie, mais seulement au participe passé.

11. *Finer*. Omis par Richelet, Furetière et l'Académie. Il avait pris anciennement la signification particulière de *finir une affaire*, et, par suite, de *payer*. De là, *finance*, etc.

12. *Verdoyer*. Omis par Richelet, noté comme « vieux » par Furetière et l'Académie.

13. *Fêtoyer*. *Festoyer* est donné par Richelet, Furetière et l'Académie au sens de *régaler*.

14. *Larmoyer*. Donné comme rare ou vieillissant par les trois dictionnaires.

15. *Se douloir*. Omis par Richelet, noté comme « vieux mot » par Furetière, et, par l'Académie, comme n'ayant « presque plus d'usage ». Il se rattache directement au latin *dolere*.

16. *Se condouloir*. Admis à l'infinitif par les trois dictionnaires.

17. *S'éjouir* est omis par Richelet,

qu'il fasse toujours *se réjouir, se conjouir,* ainsi qu'*orgueil, s'enorgueillir.* On a dit *gent,* le corps *gent* [1] : ce mot si facile, non seulement est tombé, l'on voit même qu'il a entraîné *gentil* [2] dans sa chute. On dit *diffamé,* qui dérive de *fame* [3], qui ne s'entend plus. On dit *curieux,* dérivé de *cure* [4], qui est hors d'usage. Il y avait à gagner de dire *si que* [5] pour *de sorte que* ou *de manière que* [6], *de moi* [7], au lieu de *pour moi* ou *de quant à moi;* de dire *je sais que c'est qu'un mal* [8], plutôt que *je sais ce que c'est qu'un mal,* soit par l'analogie latine, soit par [9] l'avantage qu'il y a souvent à avoir un mot de moins à placer dans l'oraison [10]. L'usage a préféré *par conséquent* à *par conséquence* et *en conséquence* à *en conséquent* [11], *façons de faire* à *manières de faire,* et *manières d'agir* à *façons d'agir...* [12]; dans les verbes, *travailler* à *ouvrer* [13], *être accoutumé* à *souloir* [14], *convenir* à *duire* [15], *faire du bruit* à *bruire* [16], *injurier* à *vilainer* [17], *piquer* à

Furetière et l'Académie. On en trouve pourtant des exemples dans La Fontaine, Pascal, etc. — *Joie* vient de *gaudia,* pris comme féminin singulier; *esjouir* est un composé de *jouir,* qui se rattache directement à *gaudere. Se conjouir,* peu usité du temps de La Bruyère, est, maintenant, tout à fait aboli.

1. *Gent.* Admis par les dictionnaires du temps, mais comme vieux et burlesque.

2. *Gentil.* Admis sans observation par Furetière et l'Académie; donné par Richelet comme « burlesque ».

3. *Fame.* Renommée, réputation. N'est plus employé, disent Furetière et l'Académie, que dans « cette phrase de pratique : *rétablir quelqu'un en sa bonne fame et renommée* ».

4. *Cure.* Omis, en ce sens, par Richelet. Noté par Furetière et l'Académie comme « vieux mot ». Nous l'employons encore dans la locution proverbiale *n'en avoir cure.* — *Curieux* se rattache directement au latin *curiosus.*

5. *Si que.* Condamné par Vaugelas, comme « tout à fait barbare ».

6. *De sorte que, de manière que.* Locutions admises par l'Académie, dans ses *Observations* sur les *Remarques* de Vaugelas, qui les avait blâmées.

7. *De moi.* Vaugelas le réserve à la poésie.

8. *Que c'est qu'un mal.* Condamné par Vaugelas. Le pronom *que* ou *qui* au neutre s'était employé sans antécédent jusqu'au XVIIe siècle. La Bruyère dit encore *qui* pour *ce qui.* Cf. p. 219, n. 2.

9. *Par.* Cf. p. 4, n. 4.

10. *L'oraison.* Le « discours ». Cf. p. 405, n. 7; p. 412, n. 1.

11. *Par conséquent* et *en conséquent* viennent de *per consequentem (propositionem)* et *de in consequente (propositione). Par conséquence* et *en conséquence,* de *per consequentiam* et *de in consequentia.*

12. Ces diverses locutions sont aujourd'hui employées l'une pour l'autre.

13. *Ouvrer.* « N'est guère en usage, dit Furetière, qu'en cette phrase : Il est défendu par les règlements de police d'ouvrer les fêtes et les dimanches. » Richelet et l'Académie ne l'admettent qu'au participe passé. *Travailler* a signifié d'abord *peiner, souffrir,* puis a remplacé peu à peu *ouvrer.*

14. *Souloir.* Déclaré vieux par les trois dictionnaires.

15. *Duire.* Admis sans réserve par Furetière. Donné comme burlesque par Richelet, et comme bas par l'Académie. Le mot signifiait anciennement *arranger,* puis avait pris le sens spécial et intransitif de *convenir.*

16. *Bruire.* Admis sans réserve par Richelet et l'Académie. Furetière en restreint l'empl. à certaines locutions.

17. *Vilainer.* Omis par les trois

CH. XIV. — DE QUELQUES USAGES.

poindre [1], *faire ressouvenir* à *ramentevoir*... [2]; et, dans les noms, *pensées* à *pensers* [3], un si beau mot, et dont le vers se trouvait si bien [4], *grandes actions* à *prouesses* [5], *louanges* à *los* [6], *méchanceté* à *mauvaistié* [7], *porte* à *huis* [8], *navire* à *nef* [9], *armée* à *ost* [10], *monastère* à *monstier* [11], *prairies* à *prées*... [12], tous mots qui pouvaient durer ensemble d'une égale beauté [13] et rendre une langue plus abondante [14]. L'usage a, par l'addition, la suppression, le changement ou le dérangement de quelques lettres, fait *frelater* de *fralater* [15], *prouver* de *preuver* [16], *profit* de *proufit*, *froment* de *froument*, *profil* de *pourfil*, *provision* de *pourveoir*, *promener* de *pourmener*, et *promenade* de *pourmenade* [17]. Le même usage fait, selon l'occasion, d'*habile*, d'*utile*, de *facile*, de *docile*, de *mobile* et de *fertile*, sans y

dictionnaires. Il vient de *vilain*, auquel se rattache également *vilenie*.

1. *Poindre*. Admis par les trois dictionnaires, mais noté comme rare.

2. *Ramentevoir*. Omis par Richelet et l'Académie; donné par Furetière comme vieux. Il vient de *re*, *à*, et *mentavoir* (*mente habere*, avoir dans son esprit).

3. *Pensers*. Admis sans réserve par Furetière; réservé à la poésie par les deux autres. Dans l'ancienne langue, tous les infinitifs pouvaient s'employer comme substantifs.

4. *Si bien*. Parce que l'e muet de *pensée* est gênant pour la mesure.

5. *Prouesses*. Furetière remarque que « les délicats » n'en veulent plus. Vaugelas le condamne. Richelet ne l'admet que dans le style burlesque ou familier. Et, en effet, il a par lui-même une couleur archaïque qui suffit à le rendre plaisant. Il fait pourtant belle figure dans ce vers de La Fontaine :

Chargé d'ans et pleurant son antique prouesse.
(*Fables*, III, xiv.)

6. *Los*. Noté par les dictionnaires comme du style burlesque. Très usité dans les poètes du XVIe siècle.

7. *Mauvaistié*. Admis par Furetière, omis par Richelet et l'Académie.

8. *Huis*. Donné comme vieux par les trois dictionnaires.

9. *Nef*. Donné par les trois dictionnaires comme poétique ou du style burlesque. C'est le latin *navem*, mais il avait pris, vers la fin du moyen âge, un sens particulier.

10. *Ost*. Donné par les trois dictionnaires comme inusité, sauf dans quelques expressions proverbiales.

11. *Monstier*. Ou *moustier*. Même observation.

12. *Prées*. Omis par les trois dictionnaires. Vient du latin *prata*, traité comme un féminin singulier.

13. *Durer... d'une égale beauté*. C'est la construction latine de *vigere* avec l'ablatif.

14. *Abondante*. Cf. Fénelon, *Lettre à l'Académie*, chap. III.

15. *Frelater*. La forme ancienne est *frelater*.

16. *Preuver*. La forme primitive est *prouver*. Seulement ce verbe, ainsi que *trouver*, etc., changeait *ou* en *eu* aux trois personnes du singulier et à la troisième du pluriel dans les trois présents. À la fin du moyen âge, la langue, ne s'y reconnaissant plus dans ces doubles formes, en tira deux conjugaisons synonymes, dont l'une s'est définitivement substituée à l'autre.

17. Dans *profil*, *promener*, *promenade*, le préfixe savant *pro* s'est substitué à *pour*, de même dans *provision*, mais ce mot se rattache directement au latin *provisio*. *Proufit* est une métathèse populaire, au lieu de *pourfit*. *Froment* est la forme française du latin *frumentum*; mais on disait, par métathèse, *fourment*, et *fourment* fut changé en *froment* par analogie avec les mots tels que ceux de plus haut.

rien changer, des genres différents : au contraire de [1] *vil,
vile, subtil, subtile,* selon leur terminaison, masculins ou
féminins [2]. Il a altéré les terminaisons anciennes : de *scel* il
a fait *sceau*; de *mantel, manteau;* de *capel, chapeau;* de
coutel, couteau; de *hamel, hameau;* de *damoisel, damoiseau;*
de *jouvencel, jouvenceau* [3], et cela sans que l'on voie guère
ce que la langue française gagne à ces différences et à ces
changements. Est-ce donc faire pour [4] le progrès d'une
langue, que de déférer à l'usage? Serait-il mieux de secouer
le joug de son empire si despotique? Faudrait-il, dans une
langue vivante, écouter la seule raison, qui prévient les
équivoques, suit la racine des mots et le rapport qu'ils ont
avec les langues originaires dont ils sont sortis, si la raison
d'ailleurs [5] veut qu'on suive l'usage?

Si [6] nos ancêtres ont mieux écrit que nous, ou si nous
l'emportons sur eux par le choix des mots, par le tour et
l'expression, par la clarté et la brièveté du discours [7], c'est
une question souvent agitée, toujours indécise [8]. On ne la
terminera point en comparant, comme l'on fait quelquefois, un
froid écrivain de l'autre siècle aux plus célèbres de celui-ci,
ou les vers de Laurent [9], payé pour ne plus écrire [10], à ceux
de MAROT et de DESPORTES. Il faudrait, pour prononcer [11]
juste [12] sur cette matière, opposer siècle à siècle [13], et excellent
ouvrage à excellent ouvrage, par exemple les meilleurs
rondeaux de BENSERADE [14] ou de VOITURE à ces deux-ci [15],
qu'une tradition nous a conservés, sans nous en marquer
le temps ni l'auteur :

1. C'est le contraire quant à.
2. Les adjectifs latins en *ilis* que la formation savante a francisés, hésitèrent longtemps entre *il* et *ile.* *Vil* se rattache par formation populaire au latin *vilem;* aussi n'a-t-il jamais eu d'*e* muet. De même, *subtil* à *subtilem;* le mot, dans l'ancienne langue, était *soutil.*
3. Dans l'ancienne langue, *el* devenait *eau* devant une consonne. Par suite, on disait au singulier *el,* et au pluriel *eaus.* La langue moderne donna, dans les mots que cite La Bruyère, la terminaison du pluriel au singulier.
4. *Faire pour.* Travailler à.
5. *Si la raison d'ailleurs.* Mais, d'autre part, la raison veut, etc. Le mot *raison* signifie plus haut la logique, et ici la sagesse.
6. Cf. p. 272, n. 10.
7. *Discours.* Style.
8. *Indécise.* Les écrivains du moyen âge étaient encore considérés comme des barbares. Il ne s'agit ici, bien entendu, que de ceux du siècle précédent.
9. *Laurent.* Méchant poète du temps.
10. Les relations en vers que faisait Laurent des fêtes, carrousels, etc., lui valurent sans doute une gratification, et La Bruyère suppose plaisamment qu'on la lui donna pour qu'il n'écrivit plus.
11. *Prononcer.* Cf. p. 91, n. 1.
12. *Juste.* Cf. p. 352, n. 11.
13. *Siècle à siècle.* Non pas tel ou tel auteur, mais le siècle tout entier.
14. *Benserade.* Cf. chap. v, § 66.
15. *Ces deux-ci.* Les deux rondeaux que cite La Bruyère sont des pastiches qui doivent avoir été composés au début du xviie siècle.

Bien à propos s'en vint Ogier [1] en France
Pour le païs des mescreans monder [2] :
Ja n'est besoin de conter sa vaillance,
Puisqu'ennemis n'osoient le regarder.

Or quand il eut tout mis en asseurance,
De voyager il voulut s'enhardier [3] ;
En Paradis trouva l'eau de jouvance,
Dont [4] il se sceut de vieillesse engarder [5]
     Bien à propos.

Puis par cette eau son corps tout decrepite [6]
Transmué [7] fut par maniere subite
En jeune gars, frais, gracieux et droit.

Grand dommage est que cecy soit sornettes :
Filles connoy qui ne sont pas jeunettes,
A qui cette eau de jouvance viendroit
     Bien à propos.

De cettuy preux [8] mains grands clercs ont écrit
Qu'oncques dangier n'étonna son courage :
Abusé fut par le malin esprit,
Qu'il épousa sous féminin visage.

Si piteux [9] cas [10] à la fin découvrit
Sans un seul brin de peur ny de dommage,
Dont [11] grand renom par tout le monde acquit,
Si qu'on [12] tenoit tres honneste [13] langage
     De cettuy preux.

Bien-tost après fille de Roy s'esprit
De son amour, qui voulentiers s'offrit
Au bon Richard en second mariage.

Donc s'il vaut mieux de diable ou femme avoir [14],
Et qui des deux bruit [15] plus en ménage,
Ceulx qui voudront, si [16] le pourront sçavoir
     De cettuy preux.

---

1. *Ogier*. Ogier le Danois, personnage du cycle français, héros de plusieurs chansons.
2. *Monder*. Purger.
3. *S'enhardir*. S'enhardir. Entreprendre (quand il s'agit de quelque chose qui demande de la hardiesse).
4. *Dont*. Grâce à laquelle.
5. *Engarder*. Garder.
6. *Decrepite*. Décrépit.
7. *Transmué*. Changé.
8. *Cettuy preux*. Richard sans Peur, duc de Normandie, qui vécut à la fin du xe siècle.
9. *Piteux*. Déplorable.
10. *Cas*. Accident.
11. *Dont*. De quoi.
12. *Si qu'on*. Si bien qu'on.
13. *Honneste*. Honorable.
14. Construction peu logique. Dans les éditions 7 et 8, il y a cette variante : ou *diable*.
15. *Bruit*. Fait du bruit, des « scènes » bruyantes.
16. *Si*. Dans le sens du latin *sic*.

CHAPITRE XV

De la Chaire.

1. Le discours chrétien est devenu un spectacle. Cette tristesse[1] évangélique qui en est l'âme ne s'y remarque plus : elle est suppléée par les avantages de la mine, par les inflexions de la voix, par la régularité du geste[2], par le choix des mots, et par les longues énumérations[3]. On n'écoute plus sérieusement la parole sainte : c'est une sorte d'amusement entre mille autres; c'est un jeu où il y a de l'émulation et des parieurs.

2. L'éloquence profane est transposée pour ainsi dire du barreau, où LE MAITRE, PUCELLE et FOURCROY[4] l'ont fait régner, et où elle n'est plus d'usage[5], à la chaire, où elle ne doit pas être.

L'on fait assaut d'éloquence jusqu'au pied de l'autel et en la présence des mystères. Celui qui écoute s'établit juge de celui qui prêche, pour condamner ou pour applaudir, et n'est pas plus converti par le discours qu'il favorise[6], que par celui auquel il est contraire. L'orateur plaît aux uns, déplaît aux autres, et convient[7] avec tous en une chose, que comme il ne cherche point à les rendre meilleurs, ils ne pensent pas aussi[8] à le devenir.

Un apprentif[9] est docile, il écoute son maître, il profite de ses leçons, et il devient maître[10]. L'homme indocile cri-

---

1. *Tristesse.* Ici, gravité austère. Cf. p. 129, n. 1.
2. *Geste.* Cf. p. 92, n. 5.
3. *Énumérations.* Cf. p. 359, n. 10; p. 362, n. 3; p. 435, n. 11.
4. Avocats célèbres de la première moitié du siècle. Le Maistre, frère de Le Maistre de Sacy et neveu d'Arnauld.
5. *N'est plus d'usage.* Cf. chap. xiv, § 42, et Fénelon, *Lettre à l'Académie, Projet de rhétorique.*
6. *Favorise.* Le discours de l'orateur en *faveur* duquel il a pris parti.
7. *Convient.* S'accorde. Cf. p. 51, n. 1.
8. *Aussi.* Cf. p. 1, n. 8.
9. *Apprentif.* Orthographe du temps.
10. Ces mots d'*apprentif* et de *maître* ont ici leur sens propre.

tique le discours du prédicateur, comme le livre du philosophe [1], et il ne devient ni chrétien ni raisonnable.

3. Jusqu'à ce qu'il revienne un homme qui, avec un style nourri des saintes Écritures, explique au peuple la parole divine uniment et familièrement, les orateurs et les déclamateurs seront suivis.

4. Les citations profanes, les froides allusions, le mauvais pathétique, les antithèses, les figures outrées ont fini ; les portraits [2] finiront, et feront place à une simple explication de l'Évangile, jointe aux mouvements [3] qui inspirent la conversion.

5. Cet homme [4] que je souhaitais impatiemment, et que je ne daignais pas espérer de notre siècle [5], est enfin venu. Les courtisans, à force de goût et de connaître [6] les bienséances, lui ont applaudi [7] ; ils ont, chose incroyable! abandonné la chapelle du Roi, pour venir entendre avec le peuple la parole de Dieu annoncée par cet homme apostolique [8]. La ville n'a pas été de l'avis de la cour : où il a prêché, les paroissiens ont déserté, jusqu'aux marguilliers ont disparu ; les pasteurs ont tenu ferme, mais les ouailles se sont dispersées, et les orateurs voisins en ont grossi leur auditoire. Je devais [9] le prévoir, et ne pas dire qu'un tel homme n'avait qu'à se montrer pour être suivi, et qu'à parler pour être écouté : ne savais-je pas quelle est dans les hommes, et en toutes choses, la force indomptable de l'habitude? Depuis trente années on prête l'oreille aux rhéteurs, aux déclamateurs, aux *énumérateurs* [10] ; on court ceux [11] qui pei-

---

1. *Critique*, etc. La Bruyère ne parle, bien entendu, que des critiques qui s'adressent au style, à la forme extérieure.
2. *Les portraits*. Bourdaloue avait, le premier, donné l'exemple. Mais ses « mauvais copistes » (§ 25) ne voyaient dans les portraits qu'un moyen de piquer l'attention et la curiosité de leurs auditeurs.
3. *Mouvements*. Impulsions de l'âme.
4. Cf. § 3.
5. *Je ne daignais pas*, etc. Je ne croyais pas notre siècle *digne* de le produire.
6. *A force de goût et de connaître*. Coordination d'un verbe avec un substantif. Cf. des constructions analogues, p. 18, n. 8; p. 117, n. 6.
7. *Lui ont applaudi*. Dans le sens figuré. Mais, d'ailleurs, il n'y a pas à tenir compte de la distinction établie par les grammairiens entre *applaudir à quelqu'un* (sens figuré) et *applaudir quelqu'un* (sens propre).
8. « Le père Séraphin, capucin. » (*Note de La Bruyère*.) Le morceau est de 1691. Ce n'est qu'en 1696 que ce capucin prêcha devant le roi. Louis XIV, d'après Dangeau, déclara que ses sermons « étaient plus de son goût qu'aucun qu'il eût jamais entendu ». Le père Séraphin ne paraît pas avoir été un prédicateur très éloquent. Mais La Bruyère ne loue d'ailleurs que sa simplicité et sa familiarité.
9. *Je devais*. Cf. p. 156, n. 8.
10. *Énumérateurs*. Cf. p. 358, n. 3. — En italique, le mot étant de l'invention de La Bruyère.
11. *On court ceux*. Cf. p. 58, n. 6.

gnent[1] en grand ou en miniature. Il n'y a pas longtemps qu'ils avaient des chutes[2] ou des transitions ingénieuses, quelquefois même si vives et si aiguës qu'elles pouvaient passer pour épigrammes : ils les ont adoucies, je l'avoue, et ce ne sont plus que des madrigaux. Ils ont toujours, d'une nécessité[3] indispensable et géométrique, trois sujets admirables de vos attentions[4] : ils prouveront une telle chose dans la première partie de leur discours, cette autre dans la seconde partie, et cette autre encore dans la troisième. Ainsi vous serez convaincu d'abord d'une certaine vérité, et c'est leur premier point; d'une autre vérité, et c'est leur second point; et puis d'une troisième vérité, et c'est leur troisième point : de sorte que la première réflexion vous instruira d'un principe des plus fondamentaux de votre religion; la seconde, d'un autre principe qui ne l'est pas moins; et la dernière réflexion, d'un troisième et dernier principe, le plus important de tous, qui est remis pourtant, faute de loisir, à une autre fois. Enfin, pour reprendre et abréger cette divison et former un plan... — Encore! dites-vous, et quelles préparations pour un discours de trois quarts d'heure qui leur reste à faire! Plus ils cherchent à le digérer[5] et à l'éclaircir, plus ils m'embrouillent. — Je vous crois sans peine, et c'est l'effet le plus naturel de tout cet amas d'idées qui reviennent à la même, dont ils chargent sans pitié la mémoire de leurs auditeurs. Il semble, à les voir s'opiniâtrer à cet usage, que la grâce de la conversion soit attachée à ces énormes[6] partitions[7]. Comment néanmoins serait-on converti par de tels apôtres, si l'on ne peut qu'à peine les entendre articuler[8], les suivre et ne les pas perdre de vue? Je leur demanderais volontiers qu'au milieu de leur course impétueuse, ils voulussent plusieurs fois reprendre haleine, souffler un peu, et laisser souffler leurs auditeurs. Vains discours, paroles perdues! Le temps des homélies[9] n'est plus; les Basiles, les Chrysostomes ne le ramèneraient pas;

---

1. *Peignent.* Cf. § 1 : « Les portraits finiront ».
2. *Chutes.* Fins de phrase ou de paragraphe.
3. *D'une nécessité.* Par une. Nous disons *de nécessité*, mais non pas *d'une nécessité* avec un adjectif.
4. *Vos attentions.* Pluriel inusité. Cf. p. 5, n. 3.
5. *Digérer.* Mettre en ordre, distribuer.
6. *Énormes.* Disproportionnées.
7. *Partitions.* Sur les partitions ou divisions, cf. Fénelon, *Deuxième Dialogue sur l'Éloquence* et *Lettre à l'Académie*, chap. IV, *Projet de rhétorique*.
8. Sans comprendre ce qu'ils disent.
9. *Homélies.* Entretiens familiers auxquels les fidèles prenaient part.

on passerait en d'autres diocèses pour être hors de la portée de leur voix et de leurs familières instructions. Le commun des hommes aime les phrases et les périodes, admire ce qu'il n'entend pas [1], se suppose instruit, content de décider [2] entre un premier et un second point, ou entre le dernier sermon et le pénultième.

6. Il y a moins d'un siècle qu'un livre français était un certain nombre de pages latines, où l'on découvrait quelques lignes ou quelques mots en notre langue. Les passages, les traits et les citations n'en étaient pas demeurés là [3]. Ovide et Catulle achevaient de décider du mariage et des testaments, et venaient avec les *Pandectes* [4] au secours de la veuve et des pupilles. Le sacré et le profane ne se quittaient point; ils s'étaient glissés ensemble jusque dans la chaire : saint Cyrille [5], Horace, saint Cyprien [6], Lucrèce, parlaient alternativement; les poètes étaient de l'avis de saint Augustin et de tous les Pères; on parlait latin, et longtemps, devant des femmes et des marguilliers; on a parlé grec. Il fallait savoir prodigieusement pour prêcher si mal. Autre temps, autre usage : le texte est encore latin, tout le discours est français, et d'un beau français; l'Évangile même n'est pas cité Il faut savoir aujourd'hui très peu de chose pour bien prêcher.

7. L'on a enfin banni la scolastique [7] de toutes les chaires des grandes villes, et on l'a reléguée dans les bourgs et dans les villages pour l'instruction et pour le salut du laboureur ou du vigneron.

8. C'est avoir de l'esprit que de plaire au peuple dans un sermon par un style fleuri [8], une morale enjouée, des figures réitérées, des traits brillants et de vives descriptions; mais ce n'est point en avoir assez. Un meilleur esprit néglige ces ornements étrangers, indignes de servir à l'Évangile : il prêche simplement, fortement, chrétiennement.

---

1. *Admire ce qu'il n'entend pas.* Cf. chap. i, § 8.
2. *Décider.* Lequel vaut mieux.
3. *Id.* Dans les écrits.
4. *Pandectes.* Compilation de lois édictée par Justinien.
5. *Saint Cyrille.* Père de l'Église grecque, du IV⁰ siècle.
6. *Saint Cyprien.* Père de l'Église latine, du III⁰ siècle.
7. *La scolastique.* Les raisonnements et arguments de l'école.
8. *Fleuri.* Cf. ce que dit Fénelon : « J'avoue que le genre fleuri a ses grâces ; mais.... que pourrait-on croire d'un prédicateur qui viendrait montrer aux pécheurs le jugement de Dieu pendant sur leur tête et l'enfer ouvert sous leurs pieds avec les jeux de mots les plus affectés? » (*Lettre à l'Acad.*, chap. iv.)

9. L'orateur fait de si belles images de certains désordres, y fait entrer des circonstances si délicates, met tant d'esprit, de tour[1] et de raffinement dans celui qui pèche, que si je n'ai pas de pente à vouloir ressembler à ses portraits, j'ai besoin du moins que quelque apôtre, avec un style plus chrétien, me dégoûte des vices dont l'on m'avait fait une peinture si agréable.

10. Un beau sermon est un discours oratoire qui est dans toutes ses règles[2], purgé de tous ses défauts, conforme aux préceptes de l'éloquence humaine, et paré de tous les ornements de la rhétorique. Ceux qui entendent finement n'en perdent pas le moindre trait ni une seule pensée; ils suivent sans peine l'orateur dans toutes les énumérations[3] où il se promène, comme dans toutes les élévations[4] où il se jette : ce n'est une énigme que pour le peuple.

11. Le solide et l'admirable discours[5] que celui qu'on vient d'entendre! Les points de religion les plus essentiels, comme les plus pressants motifs de conversion[6], y ont été traités : quel grand effet n'a-t-il pas dû faire sur l'esprit et dans l'âme de tous les auditeurs! Les voilà rendus[7] : ils en sont émus et touchés au point de résoudre dans leur cœur, sur ce sermon de *Théodore*, qu'il est encore plus beau que le dernier qu'il a prêché[8].

12. La morale douce et relâchée tombe[9] avec celui qui la prêche; elle n'a rien qui réveille et qui pique la curiosité d'un homme du monde, qui craint moins qu'on ne pense une doctrine sévère, et qui l'aime même[10] dans celui qui fait son devoir en l'annonçant[11]. Il semble donc qu'il y ait

---

1. *Tour.* Cf. p. 2, n. 3.
2. Nous dirions *dans toutes les règles* (les règles du genre, ce qui revient au même).
3. *Énumérations.* Cf. p. 358, n. 3; p. 359, n. 10. L'énumération est une figure de rhétorique qui consiste à passer en revue toutes les manières, circonstances ou parties.
4. *Élévations* Mouvement vif et affectueux de l'âme vers Dieu.
5. La Bruyère veut-il, comme on le suppose, désigner Bourdaloue? Peut-être tout cela dit-il par ironie. Cf. la note suivante.
6. C'est ce que La Bruyère dit plus haut des discours de ceux qu'il appelle rhéteurs, déclamateurs, énumérateurs. Cf. § 5.
7. *Rendus.* Il y a une comparaison sous-entendue avec des assiégés qui se rendent. Cf. le mot de Condé, en voyant Bourdaloue apparaître en chaire : « Silence, voilà l'ennemi! » — Cet emploi de *rendu*, au propre et au figuré, est très fréquent du temps de La Bruyère. Cf. Boileau :

Pour prendre Dôle, il faut que Lille soit
[rendue.
(*Art. poét.*, II, 78.)

Le feu cesse : ils sont rendus.
(*Ode Namur*, 151.)

8. Cf. § 5, à la fin.
9. *Tombe.* N'a pas d'effet, ne produit aucune impression.
10. *Même.* Se rattache à *l'aime*.
11. *L'annonçant.* Terme consacré pour l'Évangile (= bonne nouvelle).

dans l'Église comme deux états qui doivent la partager : celui de dire la vérité dans toute son étendue, sans égards, sans déguisement; celui de l'écouter avidement, avec goût, avec admiration, avec éloges, et de n'en faire cependant ni pis ni mieux [1].

13. L'on peut faire ce reproche à l'héroïque vertu des grands hommes, qu'elle a corrompu l'éloquence [2], ou du moins amolli le style de la plupart des prédicateurs. Au lieu de s'unir seulement avec les peuples pour bénir le Ciel de si rares présents qui en sont venus, ils ont entré [3] en société avec les auteurs et les poètes; et devenus comme eux panégyristes, ils ont enchéri sur les épitres dédicatoires, sur les stances et sur les prologues; ils ont changé la parole sainte en un tissu de louanges, justes à la vérité [4], mais mal placées [5], intéressées, que personne n'exige d'eux, et qui ne conviennent point à leur caractère. On est heureux si, à l'occasion du héros qu'ils célèbrent jusque dans le sanctuaire, ils disent un mot de Dieu et du mystère qu'ils doivent prêcher. Il s'en est trouvé quelques-uns qui, ayant assujetti le saint Évangile, qui doit être commun à tous, à la présence d'un seul auditeur [6], se sont vus déconcertés par des hasards qui le retenaient ailleurs, n'ont pu prononcer [7] devant des chrétiens un discours chrétien [8] qui n'était pas fait pour eux, et ont été suppléés par d'autres orateurs, qui n'ont eu le temps que de louer Dieu dans un sermon précipité.

14. *Théodule* a moins réussi que quelques-uns de ses auditeurs ne l'appréhendaient : ils sont contents de lui et de son discours; il a mieux fait à leur gré que de charmer l'esprit et les oreilles, qui est [9] de flatter leur jalousie [10].

---

1. *Il semble donc*, etc. Après *celui de dire la vérité*, on attend *celui de l'écouter et de la mettre en pratique*. Mais La Bruyère termine par un trait satirique, que rien ne faisait prévoir. Aussi la phrase manque-t-elle de netteté : le mot *doivent*, par exemple, est inexplicable pour le second terme.
2. *Corrompu l'éloquence*. La Bruyère veut piquer notre curiosité. Il y a une affectation captieuse à présenter sous cette forme paradoxale une pensée en somme assez commune.
3. *Ont entré.* Cf. p. 129, n. 4.
4. *Justes à la vérité.* Pas toujours, même dans les oraisons de Bossuet.
5. *Mal placées.* Déplacées dans la chaire.
6. *D'un seul auditeur.* Le roi.
7. C'est ce qui arriva à l'abbé de Roquette.
8. *Discours chrétien.* Les deux mots, liés entre eux comme en une sorte de composé, équivalent à *sermon*, mais font une antithèse plus marquée avec *devant des chrétiens*.
9. *Qui est. Qui =* et cela. Cf. p. 219, n. 2. — *Cela =* ce en quoi il a mieux fait.
10. Il s'agit sans doute de prédicateurs rivaux.

15. Le métier de la parole ressemble en une chose à celui de la guerre : il y a plus de risque qu'ailleurs, mais la fortune y est plus rapide.

16. Si vous êtes d'une certaine qualité[1], et que vous ne vous sentiez point d'autre talent que celui de faire de froids discours, prêchez, faites de froids discours : il n'y a rien de pire, pour sa fortune, que d'être entièrement ignoré. *Théodat* a été payé de ses mauvaises phrases et de son ennuyeuse monotonie.

17. L'on a eu de grands évêchés par un mérite de chaire qui présentement ne vaudrait pas à son homme une simple prébende[2].

18. Le nom de ce panégyriste semble gémir sous le poids des titres dont il est accablé; leur grand nombre remplit de vastes affiches qui sont distribuées dans les maisons, ou que l'on lit par les rues en caractères monstrueux, et qu'on ne peut non plus ignorer que la place publique[3]. Quand, sur une si belle montre[4], l'on a seulement essayé du personnage, et qu'on l'a un peu écouté, l'on reconnaît qu'il manque au dénombrement de ses qualités, celle de mauvais prédicateur.

19. L'oisiveté des femmes et l'habitude qu'ont les hommes de les courir[5] partout où elles s'assemblent, donnent du nom à de froids orateurs[6], et soutiennent quelque temps ceux qui ont décliné.

20. Devrait-il suffire d'avoir été grand et puissant dans le monde pour être, louable[7] ou non[8], et devant le saint autel et dans la chaire de la vérité, loué et célébré à ses funérailles? N'y a-t-il point d'autre grandeur que celle qui vient de l'autorité et de la reconnaissance? Pourquoi n'est-il pas établi de faire publiquement le panégyrique d'un homme qui a excellé, pendant sa vie, dans la bonté, dans l'équité,

---

1. *Qualité.* Condition sociale.
2. *Prébende.* Originairement, revenu attaché à un canonicat, et, par extension, ce canonicat même. — La Bruyère ne veut point dire que le « mérite de chaire » fût autrefois inférieur, mais qu'il était mieux récompensé.
3. Cf. Brillon, *le Théophraste moderne* : « Une liste publiquement criée nous prévient en faveur du ministre; une affiche, répandue et multipliée sur les portiques du temple, contient son éloge », etc.
4. *Montre.* Cf. p. 122, n. 3.
5. *Courir.* Cf. p. 58, n. 6.
6. Les femmes vont les entendre par oisiveté et les hommes vont où vont les femmes.
7. *Louable.* Cf. p. 13, n. 7.
8. *Louable ou non. Pour être* (que l'on soit *louable ou non*)... *loué*, etc.

dans la douceur, dans la fidélité, dans la pitié? Ce qu'on appelle une oraison funèbre n'est aujourd'hui bien reçue [1] du plus grand nombre des auditeurs qu'à mesure qu'elle s'éloigne davantage du discours chrétien, ou, si vous l'aimez mieux ainsi, qu'elle s'approche de plus près d'un éloge profane.

21. L'orateur cherche par ses discours un évêché; l'apôtre fait des conversions : il mérite de trouver ce que l'autre cherche.

22. L'on voit des clercs [2] revenir de quelque province, où ils n'ont pas fait un long séjour, vains de conversions [3] qu'ils ont trouvées toutes faites, comme de celles qu'ils n'ont pu faire, se comparer déjà aux VINCENTS [4] et aux XAVIERS [5], et se croire des hommes apostoliques : de si grands travaux et de si heureuses missions ne seraient pas à leur gré payés d'une abbaye.

23. Tel tout d'un coup, et sans y avoir pensé la veille, prend du papier, une plume, dit en soi-même [6] : « Je vais faire un livre », sans autre talent pour écrire que le besoin qu'il a de cinquante pistoles. Je lui crie inutilement : « Prenez une scie [7], Dioscore, sciez, ou bien tournez, ou faites une jante de roue; vous aurez votre salaire. » Il n'a point fait l'apprentissage de tous ces métiers. « Copiez donc, transcrivez, soyez au plus correcteur d'imprimerie, n'écrivez point. » Il veut écrire et faire imprimer; et parce qu'on n'envoie pas à l'imprimeur un cahier blanc, il le barbouille de ce qui lui plaît : il écrirait volontiers que la Seine coule à Paris, qu'il y a sept jours dans la semaine, ou que le temps est à la pluie; et, comme ce discours [8] n'est ni contre la religion ni contre l'État, et qu'il ne fera point d'autre désordre dans le public que de lui gâter le goût et l'accoutumer aux choses fades et insipides, il passe à l'examen [9],

---

1. *Reçue.* En accord, par syllepse, avec *oraison* et non avec *ce.*
2. *Clercs.* « Ecclésiastiques. » (*Note de La Bruyère,* dans les trois premières éditions.)
3. *Conversions.* Il s'agit des protestants. On avait envoyé dans chaque province des missions chargées de les convertir.
4. *Vincents.* Saint Vincent de Paul (1576-1660) fit beaucoup de conversions.
5. *Xaviers.* Saint François Xavier (1506-1552), surnommé l'Apôtre des Indes.
6. *Soi-même.* Cf. p. 39, n. 1.
7. Cf. Boileau :

Soyez plutôt maçon, si c'est votre talent.
(*Art. poét.,* IV, 26.)

8. *Discours.* Dans le sens de *propos,* conformément à l'usage du XVIIe siècle ; ou, peut-être, ironique.
9. *Il passe à l'examen.* Il est admis par les censeurs.

il est imprimé, et à la honte du siècle, comme pour l'humiliation des bons auteurs, réimprimé. De même un homme dit en son cœur : « Je prêcherai », il prêche : le voilà en chaire, sans autre talent ni vocation que le besoin d'un bénéfice.

24. Un clerc mondain ou irréligieux, s'il monte en chaire, est déclamateur.

Il y a, au contraire, des hommes saints, et dont le seul caractère[1] est efficace pour la persuasion : ils paraissent, et tout un peuple qui doit les écouter est déjà ému et comme persuadé par leur présence ; le discours qu'ils vont prononcer fera le reste.

25. L'. DE MEAUX[2] et le P. BOURDALOUE me rappellent DÉMOSTHÈNE et CICÉRON. Tous deux, maîtres dans l'éloquence de la chaire, ont eu le destin des grands modèles : l'un a fait de mauvais censeurs, l'autre de mauvais copistes[3].

26. L'éloquence de la chaire, en ce qui y entre d'humain[4] et du talent[5] de l'orateur, est cachée, connue de peu de personnes et d'une difficile exécution : quel art en ce genre pour plaire en persuadant! Il faut marcher par des chemins battus, dire ce qui a été dit et ce que l'on prévoit que vous allez dire. Les matières sont grandes, mais usées et triviales; les principes sûrs, mais dont[6] les auditeurs pénètrent les conclusions d'une seule vue. Il y entre des sujets qui sont sublimes; mais qui peut traiter le sublime? Il y a des mystères que l'on doit expliquer, et qui s'expliquent mieux par une leçon de l'école que par un discours oratoire. La morale même de la chaire, qui comprend une matière aussi vaste et aussi diversifiée que le sont les mœurs des hommes, roule sur les mêmes pivots, retrace les mêmes images et se prescrit des bornes bien plus étroites que la satire : après l'invective commune[7] contre les honneurs, les richesses et le plaisir, il ne reste plus à l'orateur qu'à courir à la fin de son discours et à congédier l'assemblée. Si quelquefois on pleure, si on est ému, après avoir fait attention au génie et au caractère de ceux qui font pleurer, peut-être conviendra-

---

1. Le caractère à lui seul.
2. L'. L'évêque.
3. Cf. p. 359, n. 2.
4. *En ce qui*, etc. Considérée comme un art purement humain.
5. *D'humain et du talent.* Coordination d'un substantif déterminé avec un adjectif indéterminé.
6. *Dont.* Latinisme de construction.
7. *Commune.* Soit *banale*, soit encore *générale*, qui n'a rien de particulier, qui, ne touchant pas aux personnes, se refuse les traits les plus caractéristiques.

t-on que c'est la matière qui se prêche elle-même, et notre intérêt le plus capital qui se fait sentir; que c'est moins une véritable éloquence que la ferme poitrine ¹ du missionnaire qui nous ébranle et qui cause en nous tous ces mouvements. Enfin, le prédicateur n'est point soutenu, comme l'avocat, par des faits toujours nouveaux, par de différents événements, par des aventures inouïes ² ; il ne s'exerce point sur les questions douteuses, il ne fait point valoir les violentes ³ conjectures et les présomptions, toutes choses néanmoins ⁴ qui élèvent le génie, lui donnent de la force et de l'étendue, et qui contraignent bien moins l'éloquence qu'elles ne la fixent et ne la dirigent. Il doit, au contraire, tirer son discours d'une source commune, et où tout le monde puise; et, s'il s'écarte de ces lieux communs, il n'est plus populaire ⁵, il est abstrait ou déclamateur, il ne prêche plus l'Évangile. Il n'a besoin que d'une noble simplicité, mais il faut l'atteindre, talent rare et qui passe les forces du commun des hommes : ce qu'ils ont de génie, d'imagination, d'érudition et de mémoire, ne leur sert souvent qu'à s'en éloigner.

La fonction de l'avocat est pénible, laborieuse, et suppose, dans celui qui l'exerce, un riche fonds et de grandes ressources. Il n'est pas seulement chargé, comme le prédicateur, d'un certain nombre d'oraisons composées avec loisir ⁶, récitées de mémoire, avec autorité, sans contradicteurs, et qui, avec de médiocres changements, lui font honneur plus d'une fois : il prononce de graves plaidoyers devant des juges qui peuvent lui imposer silence, et contre des adversaires qui l'interrompent; il doit être prêt sur la réplique; il parle, en un même jour, dans divers tribunaux, de différentes affaires. Sa maison n'est pas, pour lui, un lieu de repos et de retraite, ni un asile contre les plaideurs; elle est ouverte à tous ceux qui viennent l'accabler de leurs questions et de leurs doutes. Il ne se met pas au lit, on ne l'essuie point ⁷, on ne lui prépare point des rafraîchissements ⁸ ; il ne se fait point, dans sa chambre, un concours de monde de tous les états ⁹ et de tous les sexes, pour le féli-

---

1. La vigueur des poumons.
2. *Inouïes.* Au sens étymologique.
3. *Violentes.* Fortes. propres à emporter la conviction.
4. *Néanmoins.* En rapport avec *douteuses,* avec ce qui n'est que *conjectures* et *présomptions.*
5. *Populaire.* A la portée du peuple. Cf. p. 395, n. 8.
6. *Avec loisir.* Cf. p. 1, n. 4.
7. Comme le prédicateur quand il sort de chaire, tout couvert de sueur.
8. Cf. Boileau, Satire X, v. 567 sqq.
9. *États.* Classes sociales.

citer sur l'agrément et sur la politesse de son langage, lui remettre l'esprit [1] sur un endroit où il a couru risque de demeurer court, ou sur un scrupule qu'il a sur le chevet [2] d'avoir plaidé moins vivement qu'à l'ordinaire. Il se délasse d'un long discours par de plus longs écrits, il ne fait que changer de travaux et de fatigues : j'ose dire qu'il est, dans son genre, ce qu'étaient, dans le leur, les premiers hommes apostoliques.

Quand on a ainsi distingué l'éloquence du barreau de la fonction de l'avocat et l'éloquence de la chaire du ministère du prédicateur, on croit voir qu'il est plus aisé de prêcher que de plaider et plus difficile de bien prêcher que de bien plaider [3].

27. Quel avantage n'a pas un discours prononcé sur un ouvrage qui est écrit! Les hommes sont les dupes de l'action et de la parole, comme de tout l'appareil de l'auditoire [4]. Pour peu de prévention qu'ils aient en faveur de celui qui parle, ils l'admirent et cherchent ensuite [5] à le comprendre : avant qu'il ait commencé, ils s'écrient qu'il va bien faire [6]; ils s'endorment bientôt, et, le discours fini, ils se réveillent pour dire qu'il a bien fait. On se passionne moins pour un auteur : son ouvrage est lu dans le loisir de la campagne ou dans le silence du cabinet; il n'a point de rendez-vous publics pour lui applaudir [7], encor moins de cabale pour lui sacrifier tous ses rivaux et pour l'élever à la prélature. On lit son livre, quelque excellent qu'il soit, dans l'esprit de le trouver médiocre ; on le feuillette, on le discute, on le confronte: ce ne sont pas des sons qui se perdent en l'air et qui s'oublient; ce qui est imprimé demeure imprimé. On l'attend quelquefois plusieurs jours avant l'impression pour le décrier, et le plaisir le plus délicat que l'on en tire vient de la critique qu'on en fait; on est piqué d'y trouver, à chaque page, des traits qui doivent plaire, on va même souvent jusqu'à appréhender [8] d'en être diverti, et on ne quitte ce livre que parce qu'il est bon. Tout le monde ne se

1. *Lui remettre l'esprit.* Le rassurer.
2. *Sur le chevet.* Cf. Corneille :
Allons sur le chevet rêver quelque moyen.
(*Menteur*, III.)
Qu'il a sur le chevet veut dire : qui l'inquiète, même au lit.
3. Cf. Montaigne, *Essais*, I. x.

4. *Auditoire.* Lieu où l'on parle (où l'on est écouté).
5. *Ensuite.* Plus piquant que *ne cherchent qu'ensuite.*
6. *Bien faire.* Cf. p. 35, n. 6.
7. *Lui applaudir.* Cf. p. 359, n. 7.
8. C'est à peu près ce que La Bruyère lui-même a dit plus haut de l'orateur. Cf. § 14.

donne pas pour orateur : les phrases, les figures, le don de la mémoire, la robe ou l'engagement [1] de celui qui prêche, ne sont pas des choses qu'on ose ou qu'on veuille toujours s'approprier. Chacun, au contraire, croit penser bien et écrire encore mieux ce qu'il a pensé; il en est moins favorable à celui qui pense et qui écrit aussi bien que lui. En un mot, le *sermonneur* [2] est plus tôt évêque que le plus solide écrivain n'est revêtu d'un prieuré simple [3]; et, dans la distribution des grâces, de nouvelles sont accordées à celui-là, pendant que l'auteur grave se tient heureux [4] d'avoir ses restes.

28. S'il arrive que les méchants vous haïssent et vous persécutent, les gens de bien vous conseillent de vous humilier devant Dieu, pour vous mettre en garde contre la vanité qui pourrait vous venir de déplaire à des gens de ce caractère; de même si certains hommes, sujets à se récrier [5] sur le médiocre, désapprouvent un ouvrage que vous aurez écrit ou un discours que vous venez de prononcer en public, soit au barreau, soit dans la chaire ou ailleurs [6], humiliez-vous : on ne peut guère être exposé à une tentation d'orgueil plus délicate et plus prochaine [7].

29. Il me semble qu'un prédicateur devrait faire choix, dans chaque discours, d'une vérité unique, mais capitale, terrible ou instructive, la manier à fond et l'épuiser; abandonner toutes ces divisions [8] si recherchées, si retournées, si remaniées et si différenciées [9]; ne point supposer ce qui est faux, je veux dire que le grand ou le beau monde sait sa religion et ses devoirs; et ne pas appréhender de faire, ou à ces bonnes têtes [10] ou à ces esprits si raffinés, des catéchismes; ce temps si long que l'on use à composer un long ouvrage, l'employer à se rendre si maître de sa matière, que le tour et les expressions naissent dans l'action et coulent de source; se livrer, après une certaine préparation, à son génie et aux mouvements qu'un grand sujet peut inspirer : qu'il pourrait [11], enfin, s'épargner ces prodigieux efforts de

---

1. *L'engagement.* Les vœux. Cf. p. 37, n. 5.
2. *Sermonneur.* En italique, parce que le mot n'avait plus ce sens.
3. *Prieuré simple.* Prieuré que l'on conférait à un laïque.
4. *Se tient heureux.* Cf. p. 288, n. 2.
5. *Se récrier.* D'admiration.
6. *Ou ailleurs.* Allusion au Discours de La Bruyère à l'Académie. Ce « caractère » est de la 8ᵉ édition.
7. *Plus prochaine.* Cf. p. 123, n. 6.
8. *Divisions.* Cf. p. 360, n. 7.
9. *Si différenciées.* Qui roulent sur de subtiles distinctions.
10. *Bonnes têtes.* Cf. p. 120, n. 1.
11. *Qu'il pourrait.* Coordonné à *devrait* du début.

mémoire qui ressemblent mieux à une gageure qu'à une affaire sérieuse, qui corrompent le geste [1] et défigurent le visage ; jeter, au contraire, par un bel enthousiasme, la persuasion dans les esprits, l'alarme dans le cœur et toucher ses auditeurs d'une toute [2] autre crainte que celle de le voir demeurer court [3].

30. Que celui qui n'est pas assez parfait pour s'oublier soi-même [4] dans le ministère de la parole sainte ne se décourage point par [5] les règles austères qu'on lui prescrit, comme si elles lui ôtaient les moyens de faire montre de son esprit et de monter aux dignités où [6] il aspire : quel plus beau talent que celui de prêcher apostoliquement? et quel autre mérite mieux un évêché? FÉNELON en était-il indigne? aurait-il pu échapper au choix du Prince que [7] par un autre choix [8] ?

1. *Corrompent le geste.* Lui enlèvent tout naturel. — Pour le singulier, cf. p. 92, n. 5.
2. *Toute.* Au féminin, suivant l'usage du temps.
3. Fénelon exprimera les mêmes idées dans sa *Lettre à l'Académie*, chap. iv, et dans ses *Dialogues sur l'éloquence*.
4. *Soi-même.* Cf. p. 39, n. 4.
5. *Ne se décourage point par.* Cf. p. 1, n. 4.
6. *Où.* Auxquelles. Cf. p. 19, n. 4.
7. *Que.* Cf. p. 152, n. 1.
8. *Un autre choix.* Le passage depuis *Fénelon en était-il*, etc., a été ajouté dans la 5e édition. Entre la 4e et la 5e, Fénelon avait été choisi par Louis XIV comme précepteur du duc de Bourgogne.

CHAPITRE XVI

Des Esprits forts [1].

1. Les esprits forts savent-ils qu'on les appelle ainsi par ironie? Quelle plus grande faiblesse que d'être incertain quel est [2] le principe de son être, de sa vie, de ses sens, de ses connaissances, et quelle en doit être la fin [3]? Quel découragement plus grand que de douter si son âme n'est point matière comme la pierre et le reptile [4], et si elle n'est point corruptible comme ces viles créatures [5]? N'y a-t-il pas plus de force et de grandeur à recevoir dans notre esprit l'idée d'un être supérieur à tous les êtres, qui les a tous faits, et à qui tous se doivent rapporter; d'un être souverainement parfait, qui est pur [6], qui n'a point commencé et qui ne peut finir, dont notre âme est l'image, et si j'ose dire, une portion, comme [7] esprit et comme immortelle?

2. Le docile et le faible [8] sont susceptibles d'impressions : l'un en reçoit de bonnes, l'autre de mauvaises; c'est-à-dire que le premier est persuadé et fidèle, et que le second est entêté et corrompu. Ainsi l'esprit docile admet la vraie religion; et l'esprit faible, ou n'en admet aucune ou en admet

---

1. Le xviiie siècle se préparait déjà dans la seconde moitié du xviie. Le P. Mersenne comptait à Paris cinquante mille athées; Nicole disait que « la grande hérésie du monde » était, non plus le luthéranisme ou le calvinisme, mais l'athéisme; Fénelon, dans son *Sermon pour l'Epiphanie*, parle d' « un bruit sourd d'impiété » qui « vient frapper nos oreilles ».

La Bruyère termine à dessein son livre par une réfutation de l'athéisme. Cf. *Préface du Discours à l'Académie*, p. 416, où il indique le but des *Caractères*.

2. *Incertain quel est.* Latinisme. Cf., pour des constructions analogues, p. 272, n. 10.

3. *La fin.* Dans le sens philosophique.

4. *La pierre et le reptile.* Association bizarre.

5. *Créatures.* On ne peut guère dire d'une pierre qu'elle est une créature.

6. *Pur.* Spirituel.

7. *Comme.* En tant que.

8. *Le docile et le faible.* Cf. p. 8, n. 10.

une fausse. Or l'esprit fort ou n'a point de religion, ou se fait une religion ; donc l'esprit fort, c'est l'esprit faible [1].

3. J'appelle mondains, terrestres ou grossiers ceux dont l'esprit et le cœur sont attachés à une petite portion de ce monde qu'ils habitent, qui est la terre ; qui n'estiment rien, qui n'aiment rien au delà : gens aussi limités que ce qu'ils appellent leurs possessions ou leur domaine, que l'on mesure, dont on compte les arpents, et dont on montre les bornes. Je ne m'étonne pas que des hommes qui s'appuient sur un atome, chancellent dans les moindres efforts qu'ils font pour sonder la vérité ; si, avec des vues si courtes, ils ne percent point à travers le ciel et les astres, jusques à Dieu même ; si, ne s'apercevant point ou de l'excellence de ce qui est esprit, ou de la dignité de l'âme, ils ressentent [2] encore moins combien elle est difficile à assouvir, combien la terre entière est au-dessous d'elle, de quelle nécessité lui devient un être souverainement parfait, qui est DIEU, et quel besoin indispensable elle a d'une religion qui le lui indique, et qui lui en est une caution sûre. Je comprends au contraire fort aisément qu'il est naturel à de tels esprits de tomber dans l'incrédulité ou l'indifférence, et de faire servir Dieu et la religion à la politique, c'est-à-dire à l'ordre et à la décoration de ce monde [3], la seule chose selon eux qui mérite qu'on y pense.

4. Quelques-uns achèvent de se corrompre par de longs voyages [4], et perdent le peu de religion qui leur restait. Ils voient de jour à autre [5] un nouveau culte, diverses mœurs, diverses cérémonies ; ils ressemblent à ceux qui entrent dans les magasins, indéterminés sur le choix des étoffes qu'ils veulent acheter : le grand nombre de celles qu'on leur montre les rend plus indifférents ; elles ont chacune leur agrément et leur bienséance : ils ne se fixent point, ils sortent sans emplette.

5. Il y a des hommes qui attendent à [6] être dévots et religieux, que tout le monde se déclare impie et libertin [7] : ce

---

1. Il serait vraiment trop facile de réfuter ce raisonnement puéril. — Cf. Pascal, *Pensées*, IX, 1.
2. *Ressentent.* Comme *sentent*, mais avec « réflexion ».
3. Ici, l'on ne peut qu'applaudir La Bruyère attaquant ceux qui voient dans la religion un instrument de politique et même de police, ou bien un magasin de beaux décors.
4. L' « esprit fort » Bernier avait voyagé en Orient.
5. *De jour à autre.* Cf. p. 210, n. 1.
6. A. Cf. p. 4, n. 9.
7. *Libertin.* Cf. p. 133, n. 3.

sera alors le parti du vulgaire, ils sauront s'en dégager. La singularité leur plaît dans une matière si sérieuse et si profonde ; ils ne suivent la mode et le train commun que dans les choses de rien et de nulle suite [1]. Qui sait même s'ils n'ont pas déjà mis une sorte de bravoure et d'intrépidité à courir tout le risque de l'avenir [2] ? Il ne faut pas d'ailleurs [3] que, dans une certaine condition, avec une certaine étendue d'esprit et de certaines vues, l'on songe à croire comme les savants [4] et le peuple.

6. L'on doute de Dieu dans une pleine santé [5], comme l'on doute [6] que ce soit pécher que d'avoir un commerce avec une personne libre [7]. Quand l'on devient malade, et que l'hydropisie est formée, l'on quitte sa concubine, et l'on croit en Dieu.

7. Il faudrait s'éprouver et s'examiner très sérieusement, avant que de [8] se déclarer esprit fort ou libertin [9], afin au moins, et selon ses principes, de finir comme l'on a vécu ; ou si l'on ne se sent pas la force d'aller si loin, se résoudre [10] de vivre comme l'on veut mourir.

8. Toute plaisanterie dans un homme mourant est hors de sa place : si elle roule sur de certains chapitres, elle est funeste. C'est une extrême misère que de donner à ses dépens à ceux que l'on laisse le plaisir d'un bon mot [11].

Dans quelque prévention où [12] l'on puisse être sur ce qui doit suivre la mort, c'est une chose bien sérieuse que de mourir : ce n'est point alors le badinage qui sied bien, mais la constance.

9. Il y a eu de tout temps de ces gens d'un bel esprit et d'une agréable littérature, esclaves des grands, dont ils ont épousé le libertinage [13] et porté le joug toute leur vie, contre leurs propres lumières et contre leur conscience. Ces hommes n'ont jamais vécu que pour d'autres hommes, et ils semblent les avoir regardés comme leur dernière fin [14]. Ils ont eu

---

1. *Suite.* Cf. p. 267, n. 8.
2. *L'avenir.* La vie à venir, la vie éternelle.
3. *Il ne faut pas*, etc. Ironique.
4. *Les savants.* Ceux dont La Bruyère parle sont des demi-savants.
5. *Dans une pleine santé.* Nous disons *en pleine santé*.
6. *Comme l'on doute.* Et l'on doute aussi.
7. « Uno fille. » (*Note de La Bruyère.*)
8. *Avant que de.* Cf. p. 41, n. 9.
9. *Libertins.* Cf. p. 133, n. 3.
10. *Se résoudre.* Coordonné à *de finir.* Cf. p. 28, n. 1.
11. Cf. Montaigne, *Essais*, I, xi.
12. *Où.* Cf. p. 253, n. 1.
13. *Libertinage.* Cf. p. 133, n. 3.
14. *Dernière fin.* Cf. p. 371, n. 3.

honte de se sauver [1] à leurs yeux, de paraître tels qu'ils étaient peut-être dans le cœur, et ils se sont perdus par déférence ou par faiblesse [2]. Y a-t-il donc sur la terre des grands assez grands et des puissants assez puissants pour mériter de nous que nous croyions et que nous vivions à leur gré, selon leur goût et leurs caprices, et que nous poussions la complaisance plus loin, en mourant, non de la manière qui est la plus sûre pour nous, mais de celle qui leur plaît davantage [3]?

10. J'exigerais de ceux qui vont contre le train commun et les grandes règles, qu'ils sussent plus que les autres, qu'ils eussent des raisons claires, et de ces arguments qui emportent conviction [4].

11. Je voudrais voir un homme sobre, modéré, chaste, équitable, prononcer qu'il n'y a point de Dieu : il parlerait du moins sans intérêt [5]; mais cet homme ne se trouve point.

12. J'aurais une extrême curiosité de voir celui qui serait persuadé que Dieu n'est point : il me dirait du moins la raison invincible qui a su le convaincre.

13. L'impossibilité où je suis de prouver que Dieu n'est pas me découvre son existence.

14. Dieu condamne et punit ceux qui l'offensent, seul juge en sa propre cause : ce qui répugne, s'il n'est lui-même la justice et la vérité, c'est-à-dire s'il n'est Dieu [6].

15. Je sens qu'il y a un Dieu, et je ne sens pas qu'il n'y en ait point; cela me suffit, tout le raisonnement du monde m'est inutile : je conclus que Dieu existe [7]. Cette conclusion est dans ma nature; j'en ai reçu les principes trop aisément dans mon enfance, et je les ai conservés depuis trop naturellement dans un âge plus avancé, pour les soupçonner de fausseté [8]. — Mais il y a des esprits qui se défont de ces principes. — C'est une grande question s'il [9] s'en trouve de

---

1. *Se sauver.* Faire leur salut.
2. Cf. Boileau, *Épîtres*, III. 22 sqq.
3. *Davantage.* Cf. p. 1, n. 6.
4. *Emportent conviction.* Cf. p. 91, n. 3.
5. *Sans intérêt.* La Bruyère entend que les autres nient Dieu pour excuser leurs vices.
6. Cette pensée semble assez vaine. Il est bien évident que si l'on admet qu'il y a un Dieu, l'on admet aussi que ce Dieu est justice et vérité.
7. Voilà qui vaut mieux en effet que certains raisonnements. Cf. Pascal, *Pensées*, XXIV. 5.
8. L'argument est faible.
9. Latinisme. Cf. p. 272, n. 10.

tels¹, et quand il² serait ainsi, cela prouve seulement qu'il y a des monstres.

16. L'athéisme n'est point. Les grands, qui en sont le plus soupçonnés, sont trop paresseux pour décider en leur esprit que Dieu n'est pas; leur indolence va jusqu'à les rendre froids et indifférents sur cet article si capital, comme sur la nature de leur âme, et sur les conséquences d'une vraie religion; ils ne nient ces choses ni ne les accordent, ils n'y pensent point³.

17. Nous n'avons pas trop de toute notre santé, de toutes nos forces et de tout notre esprit pour penser aux hommes ou au plus petit intérêt : il semble au contraire que la bienséance et la coutume exigent de nous que nous ne pensions à Dieu que dans un état⁴ où il ne reste en nous qu'autant de raison qu'il faut pour ne pas dire qu'il n'y en a plus.

18. Un grand croit s'évanouir, et il meurt; un autre grand périt insensiblement, et perd chaque jour quelque chose de soi-même⁵ avant qu'il soit éteint⁶ : formidables leçons, mais inutiles! Des circonstances si marquées et si sensiblement opposées ne se relèvent point⁷ et ne touchent personne : les hommes n'y ont⁸ pas plus d'attention qu'à une fleur qui se fane ou à une feuille qui tombe; ils envient les places qui demeurent vacantes, ou ils s'informent si elles sont remplies, et par qui.

19. Les hommes sont-ils assez bons, assez fidèles, assez équitables, pour mériter toute notre confiance, et ne nous pas faire désirer du moins⁹ que Dieu existât¹⁰, à qui¹¹ nous puissions appeler¹² de leurs jugements et avoir recours quand nous en¹³ sommes persécutés ou trahis?

20. Si c'est le grand et le sublime¹⁴ de la religion qui éblouit ou qui confond les esprits forts, ils ne sont plus des esprits forts, mais de faibles génies et de petits esprits; et si

---

1. Cf. § suivant.
2. *Il.* Cf. p. 60, n. 1.
3. C'est ce que Pascal appelle le divertissement.
4. *Un état.* Au moment de la mort.
5. *Soi-même.* Cf. p. 39, n. 4.
6. *Avant qu'il,* etc. Nous dirions *avant de s'éteindre.*
7. *Ne se relèvent point.* Ne sont pas relevées. Cf. p. 82, n. 6.
8. *Ont.* Cf. p. 92, n. 2.
9. *Du moins.* Cf. p. 43, n. 3.
10. *Existât.* La Bruyère se met dans l'esprit de ceux qui ne croient pas en Dieu. De là l'imparfait.
11. *A qui.* Comme s'il y avait *en Dieu.*
12. *Appeler.* Cf. p. 293, n. 7.
13. *En.* D'eux = par eux. Cf. p. 46, n. 10, et p. 18, n. 4.
14. *Le grand et le sublime.* Cf. p. 8, n. 10.

c'est au contraire ce qu'il y a d'humble et de simple qui les rebute, ils sont à la vérité des esprits forts, et plus forts que tant de grands hommes si éclairés, si élevés, et néanmoins si fidèles, que les LÉONS[1], les BASILES, les JÉROMES et les AUGUSTINS.

21. « Un Père de l'Église, un docteur de l'Église, quels noms! quelle tristesse[2] dans leurs écrits! quelle sécheresse, quelle froide dévotion, et peut-être quelle scolastique! » disent ceux qui ne les ont jamais lus. Mais plutôt quel étonnement pour tous ceux qui se sont fait une idée des Pères si éloignée de la vérité, s'ils voyaient dans leurs ouvrages plus de tour[3] et de délicatesse, plus de politesse et d'esprit, plus de richesse d'expression et plus de force de raisonnement, des traits plus vifs et des grâces plus naturelles que l'on n'en remarque dans la plupart des livres de ce temps qui sont lus avec goût[4], qui donnent du nom et de la vanité à leurs auteurs! Quel plaisir d'aimer la religion, et de la voir crue, soutenue, expliquée par de si beaux génies et par de si solides esprits! surtout lorsque l'on vient à connaître que pour l'étendue de connaissance, pour la profondeur et la pénétration, pour les principes de la pure philosophie, pour leur application et leur développement, pour la justesse des conclusions, pour la dignité du discours, pour la beauté de la morale et des sentiments, il n'y a rien par exemple que l'on puisse comparer à SAINT AUGUSTIN, que PLATON et que CICÉRON.

22. L'homme est né menteur : la vérité est simple et ingénue, et il veut du spécieux[5] et de l'ornement. Elle n'est pas à lui, elle vient du ciel toute faite, pour ainsi dire, et dans toute sa perfection, et l'homme n'aime que son propre ouvrage, la fiction et la fable. Voyez le peuple : il controuve[6], il augmente, il charge par grossièreté et par sottise; demandez même au plus honnête homme s'il est toujours vrai[7] dans ses discours, s'il ne se surprend pas quelquefois dans des déguisements où[8] engagent nécessairement[9] la vanité et la légèreté, si pour faire un meilleur conte il ne

---

1. *Léons*. Saint Léon, pape en 440.
2. *Tristesse*. Cf. p. 129, n. 1.
3. *Tour*. Cf. p. 2, n. 3.
4. *Goût*. Plaisir.
5. *Du spécieux*. Cf. p. 8, n. 10. et p. 116, n. 18.
6. *Controuve*. Imagine.
7. *Vrai*. Ne s'applique plus guère aux personnes.
8. *Où*. Cf. p. 19, n. 4.
9. *Nécessairement*. Infailliblement. Cf. p. 317, n. 2.

CH. XVI. — DES ESPRITS FORTS. 377

lui échappe pas souvent d'ajouter à un fait qu'il récite[1] une circonstance qui y manque. Une chose arrive aujourd'hui, et presque sous nos yeux : cent personnes qui l'ont vue la racontent en cent façons différentes ; celui-ci, s'il est écouté, la dira encore d'une manière qui n'a pas été dite. Quelle créance donc pourrais-je donner à des faits qui sont anciens et éloignés de nous par[2] plusieurs siècles? quel fondement dois-je faire sur[3] les plus graves historiens? que devient l'histoire? César a-t-il été massacré au milieu du sénat? y a-t-il eu un César? « Quelle conséquence[4]! me dites-vous ; quels doutes! quelle demande! » Vous riez, vous ne me jugez pas digne[5] d'aucune réponse ; et je crois même que vous avez raison. Je suppose néanmoins que le livre qui fait mention de César ne soit pas un livre profane, écrit de la main des hommes, qui sont menteurs, trouvé par hasard dans les bibliothèques parmi d'autres manuscrits qui contiennent des histoires vraies ou apocryphes ; qu'au contraire il soit inspiré, saint, divin ; qu'il porte en soi[6] ces caractères ; qu'il se trouve depuis près de deux mille ans dans une société nombreuse qui n'a pas permis qu'on ait fait pendant tout ce temps la moindre altération, et qui s'est fait une religion de le conserver dans toute son intégrité ; qu'il y ait même un engagement[7] religieux et indispensable d'avoir de la foi pour tous les faits contenus dans ce volume où il est parlé de César et de sa dictature : avouez-le, *Lucile*, vous douterez alors qu'il y ait eu un César[8].

23. Toute musique n'est pas propre à louer Dieu et à être entendue dans le sanctuaire ; toute philosophie ne parle pas dignement de Dieu, de sa puissance, des principes de ses opérations et de ses mystères : plus cette[9] philosophie est subtile et idéale[10], plus elle est vaine et inutile pour expliquer des choses qui ne demandent des hommes qu'un sens droit pour être connues jusques à un certain point et qui au delà sont inexplicables. Vouloir rendre raison de Dieu,

---

1. *Récite.* Raconte. Cf. p. 9, n. 4.
2. *Par. Éloignés* a son sens verbal.
3. Nous disons *faire fond sur*.
4. *Conséquence.* Suite d'idées, raisonnement.
5. *Pas... d'aucune.* Aucun n'est pas par soi négatif. Sur la même construction avec *rien*, etc., cf. p.127, n. 11.
6. *Soi.* Cf. p. 39, n. 4.

7. *Engagement.* Cf. p. 35, n. 10.
8. Lucile est si prévenu contre la religion qu'il suspecte tout ce que renferment les Écritures.
9. *Cette.* Comme s'il y avait plus haut : la philosophie, de quelque manière qu'elle soit entendue.
10. *Idéale.* Il s'agit d'une philosophie qui perd de vue le sens commun pour raffiner sur les idées.

de ses perfections, et si j'ose ainsi parler, de ses actions, c'est aller plus loin que les anciens philosophes, que les Apôtres, que les premiers docteurs; mais ce n'est pas rencontrer si juste; c'est creuser longtemps et profondément, sans trouver les sources de la vérité. Dès qu'on a abandonné les termes de bonté, de miséricorde, de justice et de toute-puissance, qui donnent de Dieu de si hautes et de si aimables idées, quelque grand effort d'imagination qu'on puisse faire, il faut recevoir [1] les expressions sèches, stériles, vides de sens; admettre les pensées creuses, écartées des notions communes, ou tout au plus [2] les subtiles et les ingénieuses; et à mesure que l'on acquiert d'ouverture dans une nouvelle métaphysique, perdre un peu de sa religion [3].

24. Jusques où les hommes ne se portent-ils point par l'intérêt de la religion [4], dont ils sont si peu persuadés, et qu'ils pratiquent si mal [5]!

25. Cette même religion que les hommes défendent avec chaleur et avec zèle contre ceux qui en ont une toute contraire, ils l'altèrent eux-mêmes dans leur esprit par des sentiments particuliers : ils y ajoutent et ils en retranchent mille choses souvent essentielles, selon ce qui leur convient, et ils demeurent fermes et inébranlables dans cette forme qu'ils lui ont donnée. Ainsi, à parler populairement [6], on peut dire d'une seule nation qu'elle vit sous un même culte, et qu'elle n'a qu'une seule religion; mais à parler exactement, il est vrai qu'elle en a plusieurs, et que chacun presque y a la sienne.

26. Deux sortes de gens fleurissent dans les cours, et y dominent dans divers temps, les libertins [7] et les hypocrites : ceux-là gaiement, ouvertement, sans art et sans dissimulation; ceux-ci finement, par des artifices, par la cabale. Cent fois plus épris de la fortune que les premiers, ils en sont jaloux jusqu'à l'excès; ils veulent la gouverner [8], la posséder seuls, la partager entre eux et en exclure tout autre; dignités, charges, postes, bénéfices, pensions, honneurs, tout leur

---

1. *Recevoir.* Même signification qu'*admettre* de plus bas.
2. A supposer le mieux.
3. Allusion probable à Malebranche.
4. Comme nous dirions *par intérêt* (par zèle) *pour la religion.*
5. On pourrait croire que La Bruyère pense aux persécutions contre les protestants. Mais nous l'avons vu approuver et louer la révocation de l'édit de Nantes.
6. *Populairement.* Comme le peuple, sans y regarder de près.
7. *Libertins.* Cf. p. 133, n. 3.
8. *Ils en sont jaloux... ils veulent la gouverner,* etc. La fortune est ici comme personnifiée.

convient et ne convient qu'à eux; le reste des hommes en est indigne; ils ne comprennent point que sans leur attache [1] on ait l'imprudence de les espérer. Une troupe de masques entre dans un bal : ont-ils la main [2], ils dansent, ils se font danser les uns les autres, ils dansent encore, ils dansent toujours; ils ne rendent la main à personne de l'assemblée, quelque digne qu'elle soit [3] de leur attention : on languit, on sèche de les voir danser et de ne danser point : quelques-uns murmurent; les plus sages prennent leur parti et s'en vont.

27. Il y a deux espèces de libertins [4] : les libertins, ceux du moins qui croient l'être [5], et les hypocrites ou faux dévots, c'est-à-dire ceux qui ne veulent pas être crus libertins : les derniers dans ce genre-là sont les meilleurs [6].

Le faux dévot ou ne croit pas en Dieu, ou se moque de Dieu; parlons de lui obligeamment : il ne croit pas en Dieu.

28. Si toute religion est une crainte respectueuse de la Divinité, que penser de ceux qui osent la blesser [7] dans sa plus vive image, qui est le Prince?

29. Si l'on nous assurait que le motif secret de l'ambassade des Siamois [8] a été d'exciter le Roi très chrétien à renoncer au christianisme, à permettre l'entrée de son royaume aux *Talapoins* [9], qui eussent pénétré dans nos maisons pour persuader leur religion à nos femmes, à nos enfants et à nous mêmes par leurs entretiens, qui eussent élevé des *pagodes* au milieu des villes, où ils eussent placé des figures de métal pour être adorées, avec quelles risées et quel étrange mépris n'entendrions-nous pas des choses si extravagantes! Nous faisons cependant six mille lieues de mer pour la conversion des Indes, des royaumes de Siam,

---

1. *Sans leur attache.* Sans leur assentiment. Avoir l'attache de quelqu'un, c'est être autorisé par lui.
2. *Avoir la main,* se dit de ceux qui conduisent la danse.
3. *A personne..., quelque digne qu'elle soit.* Cf. p. 5, n. 8.
4. *Libertins.* Cf. p. 133, n. 3.
5. *Qui croient l'être.* Cf. § 16.
6. *Les derniers dans ce genre-là.* On explique partout *les moins habiles des hypocrites*. Mais cette explication ne paraît pas satisfaisante. La comparaison ne peut être qu'entre es deux « espèces » que l'on a tout d'abord distinguées. Par *les derniers*, La Bruyère doit certainement entendre les libertins, auxquels il donne la préférence sur les hypocrites. (Cf. d'ailleurs la fin du §.) Ce qui fait sans doute qu'ils sont appelés *les derniers*, c'est que le mot *libertins* se trouve répété après celui d'*hypocrites*. Par *ce genre-là*, entendons le *genre* que forment les deux « espèces » du libertinage, fausse dévotion et libertinage proprement dit.
7. *La blesser.* La Divinité.
8. Cf. chap. xii, § 22.
9. Prêtres siamois.

de la Chine et du Japon, c'est-à-dire pour faire très sérieusement à tous ces peuples des propositions qui doivent leur paraître très folles et très ridicules. Ils supportent néanmoins nos religieux et nos prêtres; il les écoutent quelquefois, leur laissent bâtir leurs églises et faire leurs missions. Qui[1] fait cela en eux et en nous? ne serait-ce point la force de la vérité?

30. Il ne convient pas à toute sorte de personnes de lever l'étendard[2] d'aumônier[3], et d'avoir tous les pauvres d'une ville assemblés à sa porte, qui y reçoivent leurs portions. Qui ne sait pas au contraire des misères plus secrètes qu'il peut entreprendre de soulager, ou immédiatement et par ses secours, ou du moins par sa médiation? De même il n'est pas donné à tous de monter en chaire et d'y distribuer, en missionnaire ou en catéchiste, la parole sainte; mais qui n'a pas quelquefois sous sa main un libertin à réduire, et à ramener par de douces et insinuantes conversations à la docilité? Quand on ne serait pendant sa vie que l'apôtre d'un seul homme, ce ne serait pas être en vain sur la terre, ni lui être un fardeau inutile[4].

31. Il y a deux mondes : l'un où l'on séjourne peu, et dont[5] l'on doit sortir pour n'y plus rentrer; l'autre où l'on doit bientôt entrer pour n'en jamais sortir. La faveur, l'autorité, les amis, la haute réputation, les grands biens, servent pour le premier monde; le mépris de toutes ces choses sert pour le second. Il s'agit de choisir.

32. Qui a vécu un seul jour a vécu un siècle : même soleil, même terre, même monde, mêmes sensations; rien ne ressemble mieux à aujourd'hui que demain[6]. Il y aurait quelque curiosité à mourir, c'est-à-dire à n'être plus un corps, mais à être seulement esprit : l'homme cependant, impatient de la nouveauté[7], n'est point curieux sur ce seul article[8]; né inquiet et qui s'ennuie de tout, il ne s'ennuie

---

1. *Qui.* Qu'est-ce qui. Cf. p. 350, n. 5.
2. *Lever l'étendard.* Comme on dirait *prendre l'enseigne*, au sens de faire profession.
3. *Aumônier.* Dans le sens étymologique de *distributeur d'aumônes.*
4. *Un fardeau inutile.* Expression homérique. Cf. l'Achille de Racine :
Voudrais-je, de la terre inutile fardeau,...
Attendre chez mon père une obscure vieillesse?
(*Iphig.*, I, ii.)
5. *Dont.* Pour *d'où*, conformément à l'usage du temps.
6. Cf. Montaigne, *Essais*, I, xix.
7. *Impatient de la nouveauté.* Quoiqu'il recherche la nouveauté avec impatience.
8. *N'est point curieux sur ce seul article.* C'est le seul article sur lequel l'homme ne soit jamais curieux.
— *Sur.* Cf. p. 40, n. 1.

point de vivre; il consentirait peut-être à vivre toujours. Ce qu'il voit de la mort le frappe plus violemment que ce qu'il en sait : la maladie, la douleur, le cadavre le dégoûtent de la connaissance d'un autre monde. Il faut tout le sérieux de la religion pour le réduire.

33. Si Dieu avait donné le choix ou de mourir ou de toujours vivre, après avoir médité profondément ce que c'est que de ne voir nulle fin à la pauvreté, à la dépendance, à l'ennui, à la maladie, ou de n'essayer des richesses, de la grandeur, des plaisirs et de la santé, que pour les voir changer inviolablement [1] et par la révolution des temps en leurs contraires, et être ainsi [2] le jouet des biens et des maux, l'on ne saurait guère à quoi se résoudre. La nature nous fixe et nous ôte l'embarras de choisir; et la mort qu'elle nous rend nécessaire [3] est encore adoucie par la religion [4].

34. Si ma religion était fausse, je l'avoue, voilà le piège le mieux dressé qu'il soit possible d'imaginer : il était inévitable de ne pas donner tout au travers [5], et de n'y être pas pris. Quelle majesté, quel éclat des mystères! quelle suite et quel enchaînement de toute la doctrine! quelle raison éminente! quelle candeur, quelle innocence de mœurs! quelle force invincible et accablante des témoignages rendus successivement et pendant trois siècles entiers par des millions de personnes les plus sages, les plus modérées qui fussent alors sur la terre, et que le sentiment d'une même vérité soutient dans l'exil, dans les fers contre la vue de la mort et du dernier supplice [6]! Prenez l'histoire, ouvrez, remontez jusqu'au commencement du monde, jusques à la veille de sa naissance : y a-t-il eu rien de semblable dans tous les temps? Dieu même pouvait-il jamais mieux rencontrer pour me séduire? Par où échapper [7]? où aller, où me jeter, je ne dis pas pour trouver rien de meilleur, mais quelque chose qui en approche? S'il faut périr [8], c'est par là [9] que je veux périr : il m'est plus doux de nier Dieu que de l'accorder avec [10] une tromperie [11] si spécieuse et si entière. Mais je l'ai

---

1. *Inviolablement.* Infailliblement, par une loi qui n'est jamais violée.
2. *Et être ainsi.* Coordonné à *pour les voir.*
3. *Nécessaire.* Inévitable. Cf. p. 317, n. 2.
4. Cf. Montaigne, *Essais*, I, xix.
5. *Donner.* Cf. p. 32, n. 2.
6. Cf. Pascal : « Je ne crois que les histoires dont les témoins se feraient égorger ».(*Pensées*, XXIV, 46.)
7. *Échapper.* Cf. *piège* de plus haut.
8. *Périr.* Être damné.
9. *Par là.* En niant Dieu.
10. *L'accorder avec*, etc. Reconnaître son existence, en lui attribuant une tromperie. *Accorder* veut dire ici *concilier*.
11. *Une tromperie*, etc. Cette hypo-

approfondi, je ne puis être athée : je suis donc ramené et entraîné dans ma religion; c'en est fait.

35. La religion est vraie, ou elle est fausse [1] : si elle n'est qu'une vaine fiction, voilà, si l'on veut, soixante années perdues pour l'homme de bien, pour le chartreux ou le solitaire : ils ne courent pas un autre risque. Mais si elle est fondée sur la vérité même, c'est alors un épouvantable malheur pour l'homme vicieux : l'idée seule des maux qu'il se prépare me trouble l'imagination; la pensée est trop faible pour les concevoir, et les paroles trop vaines pour les exprimer. Certes, en supposant même dans le monde moins de certitude qu'il ne s'en trouve en effet sur la vérité de la religion, il n'y a point pour l'homme un meilleur parti que la vertu [2].

36. Je ne sais si ceux qui osent nier Dieu méritent qu'on s'efforce de le leur prouver, et qu'on les traite plus sérieusement que l'on n'a fait [3] dans ce chapitre : l'ignorance, qui est leur caractère [4], les rend incapables [5] des principes les plus clairs et des raisonnements les mieux suivis. Je consens néanmoins qu'ils lisent celui que je vais faire, pourvu qu'ils ne se persuadent pas que c'est tout ce que l'on pouvait dire sur une vérité si éclatante.

Il y a quarante ans que je n'étais point, et qu'il n'était pas en moi de pouvoir jamais être, comme il ne dépend pas de moi, qui suis une fois, de n'être plus; j'ai donc commencé, et je continue d'être par quelque chose qui est hors de moi, qui durera après moi, qui est meilleur et plus puissant que moi : si ce quelque chose n'est pas Dieu, qu'on me dise ce que c'est [6].

Peut-être que moi qui existe, n'existe [7] ainsi que par la force d'une nature universelle qui a toujours été telle que nous la voyons, en remontant jusques à l'infinité des temps [8]. Mais cette nature, ou elle est seulement esprit, et c'est Dieu;

thèse de je ne sais quel Dieu malin n'est pas de La Bruyère. Il faut avouer qu'elle nous semble un peu bien bizarre.

1. Cf. le pari de Pascal, *Pensées*, X, 1.

2. Mais quelle piété serait-ce que celle qui aurait pour principe un pareil calcul? D'ailleurs, le même raisonnement se ferait sur n'importe quelle religion. Et puis, on peut écarter tout d'abord la possibilité même qu'il y ait un Dieu capable de tourmenter éternellement ceux dont tout le crime est de n'avoir pu croire.

3. *Fait.* Cf. p. 61, n. 5.

4. *Caractère.* Au sens étymologique de *marque.*

5. *Incapables.* Impropres à recevoir, à concevoir, à comprendre.

6. Argument déjà présenté par saint Augustin, par Descartes, par Bossuet, par Fénelon.

7. *N'existe.* L'usage moderne exigerait *je n'existe.*

8. « Objection ou système des libertins. » (*Note de La Bruyère.*)

ou elle est matière, et ne peut par conséquent avoir créé mon esprit; ou elle est un composé de matière et d'esprit, et alors ce qui est esprit dans la nature, je l'appelle Dieu.

Peut-être aussi que ce que j'appelle mon esprit n'est qu'une portion de matière qui existe par la force d'une nature universelle qui est aussi matière, qui a toujours été et qui sera toujours telle que nous la voyons, et qui n'est point Dieu [1]. Mais du moins faut-il m'accorder que ce que j'appelle mon esprit, quelque chose que ce puisse être, est une chose qui pense, et que, s'il est matière, il est nécessairement une matière qui pense; car l'on ne me persuadera point qu'il n'y ait pas en moi quelque chose qui pense pendant que je fais ce raisonnement. Or, ce quelque chose qui est en moi et qui pense, s'il doit son être et sa conservation à une nature universelle qui a toujours été et qui sera toujours, laquelle il reconraisse [2] comme sa cause, il faut indispensablement que ce soit à une nature universelle ou qui pense, ou qui soit plus noble et plus parfaite que ce qui pense; et si cette nature ainsi faite est matière, l'on doit encore conclure que c'est une matière universelle qui pense, ou qui est plus noble et plus parfaite que ce qui pense.

Je continue et je dis : Cette matière telle qu'elle vient d'être supposée, si elle n'est pas un être chimérique, mais réel, n'est pas aussi [3] imperceptible à tous les sens; et si elle ne se découvre pas par elle-même, on la connaît du moins dans le divers arrangement de ses parties qui constitue les corps, et qui en fait la différence : elle est donc elle-même tous ces différents corps; et comme elle est une matière qui pense, selon la supposition, ou qui vaut mieux que ce qui pense, il s'ensuit qu'elle est telle du moins selon quelques-uns de ces corps, et par une suite nécessaire, selon tous ces corps, c'est-à-dire qu'elle pense dans les pierres, dans les métaux, dans les mers, dans la terre, dans moi-même qui ne suis qu'un corps, comme dans toutes les autres parties qui la composent. C'est donc à l'assemblage de ces parties si terrestres, si grossières, si corporelles, qui toutes ensemble sont la matière universelle ou ce monde visible, que je dois ce quelque chose qui est en moi, qui pense, et que j'appelle mon esprit : ce qui est absurde.

Si au contraire cette nature universelle, quelque chose

---

1. « Instance des libertins. » (*Note de La Bruyère.*)
2. *Laquelle il reconnaisse*. Latinisme.
3. *Aussi*. Cf. p. 1, n. 8.

que ce puisse être, ne peut pas être tous ces corps, ni aucun de ces corps, il suit de là qu'elle n'est point matière, ni perceptible par aucun des sens; si cependant elle pense, ou si elle est plus parfaite que ce qui pense, je conclus encore qu'elle est esprit, ou un être meilleur et plus accompli que ce qui est esprit. Si d'ailleurs il ne reste plus à ce qui pense en moi, et que j'appelle mon esprit, que cette nature universelle à laquelle il puisse remonter pour rencontrer sa première cause et son unique origine, parce qu'il ne trouve point son principe en soi, et qu'il le trouve encore moins dans la matière, ainsi qu'il a été démontré, alors je ne dispute point des noms; mais cette source originaire de tout esprit, qui est esprit elle-même, et qui est plus excellente que tout esprit, je l'appelle Dieu.

En un mot je pense, donc Dieu existe; car ce qui pense en moi, je ne le dois point à moi-même, parce qu'il n'a pas plus dépendu de moi de me le donner une première fois, qu'il dépend [1] encore de moi de me le conserver un seul instant. Je ne le dois point à un être qui soit au-dessus de moi et qui soit matière, puisqu'il est impossible que la matière soit au-dessus de ce qui pense : je le dois donc à un être au-dessus de moi et qui n'est point matière; et c'est Dieu.

37. De ce qu'une nature universelle qui pense exclut de soi [2] généralement tout ce qui est matière, il suit nécessairement qu'un être particulier qui pense ne peut pas aussi [3] admettre en soi [4] la moindre matière; car bien qu'un être universel qui pense renferme dans son idée infiniment plus de grandeur, de puissance, d'indépendance et de capacité, qu'un être particulier qui pense, il ne renferme pas néanmoins une plus grande exclusion [5] de matière, puisque cette exclusion dans l'un et l'autre de ces deux êtres est aussi grande qu'elle peut être et comme infinie, et qu'il est autant impossible que ce qui pense en moi soit matière qu'il est inconcevable que Dieu soit matière : ainsi, comme Dieu est esprit, mon âme aussi est esprit.

38. Je ne sais point si le chien choisit, s'il se ressouvient, s'il affectionne [6], s'il craint, s'il imagine, s'il pense : quand

---

1. *Qu'il dépend.* Cf. p. 19, n. 2.
2. *Soi.* Cf. p. 39, n. 1.
3. *Aussi.* Cf. p. 1, n. 8.
4. *Soi.* Cf. p. 39, n. 1.
5. *Renfermer* perd ici son sens propre; il équivaut à *impliquer*.
6. *Affectionne.* Ce verbe ne s'emploie guère sans complément.

CH. XVI. — DES ESPRITS FORTS.

donc l'on me dit que toutes ces choses ne sont en lui ni passion, ni sentiment, mais l'effet naturel et nécessaire de la disposition de sa machine préparée par le divers arrangement des parties de la matière, je puis au moins [1] acquiescer à cette doctrine [2]. Mais je pense, et je suis certain que je pense : or quelle proportion y a-t-il de tel ou de tel arrangement des parties de la matière, c'est-à-dire d'une étendue selon toutes ses dimensions, qui est longue, large et profonde, et qui est divisible dans tous ces sens, avec ce qui pense?

39. Si tout est matière, et si la pensée en moi, comme dans tous les autres hommes, n'est qu'un effet de l'arrangement des parties de la matière, qui a mis dans le monde toute autre idée que celle des choses matérielles? La matière a-t-elle dans son fond une idée aussi pure, aussi simple, aussi immatérielle qu'est celle de l'esprit? Comment peut-elle être le principe de ce qui la nie et l'exclut de son propre être? Comment est-elle dans l'homme ce qui pense, c'est-à-dire ce qui est à [3] l'homme même une conviction qu'il n'est point matière.

40. Il y a des êtres qui durent peu, parce qu'ils sont composés de choses très différentes et qui se nuisent réciproquement. Il y en a d'autres qui durent davantage, parce qu'ils sont plus simples; mais ils périssent parce qu'ils ne laissent pas d'avoir des parties selon lesquelles ils peuvent être divisés. Ce qui pense en moi doit durer beaucoup, parce que c'est un être pur, exempt de tout mélange et de toute composition; et il n'y a pas de raison qu'il doive périr, car qui peut corrompre ou séparer un être simple et qui n'a point de parties?

41. L'âme voit la couleur par l'organe de l'œil, et entend les sons par l'organe de l'oreille; mais elle peut cesser de voir ou d'entendre, quand ces sons et ces objets lui manquent, sans que pour cela elle cesse d'être, parce que l'âme n'est pas précisément ce qui voit la couleur, ou ce qui entend les sons : elle n'est que ce qui pense. Or comment peut-elle cesser d'être telle? Ce n'est point par le défaut d'organe, puisqu'il est prouvé qu'elle n'est point matière; ni par le défaut d'objet, tant qu'il y aura un Dieu et d'éternelles vérités : elle est donc incorruptible.

---

1. *Au moins.* En ce cas, du moins pour ce qui est des bêtes. — Cf. p. 43, n. 3.
2. La doctrine de Descartes. Cf. La Fontaine, *Fables*, X, 1.
3. A. Cf. p. 4, n. 9.

42. Je ne conçois point qu'une âme que Dieu a voulu remplir de l'idée de son être infini et souverainement parfait, doive être anéantie.

43. Voyez, *Lucile*, ce morceau de terre [1], plus propre [2] et plus orné que les autres terres qui lui sont contiguës : ici ce sont des compartiments mêlés d'eaux plates [3] et d'eaux jaillissantes [4]; là des allées en palissade [5] qui n'ont pas de fin et qui vous couvrent des vents du nord; d'un côté c'est un bois épais qui défend de tous les soleils [6], et d'un autre un beau point de vue. Plus bas, une Yvette [7], un Lignon [8], qui coulait obscurément entre les saules et les peupliers, est devenu un canal qui est revêtu [9]; ailleurs, de longues et fraîches avenues se perdent dans la campagne, et annoncent la maison, qui est entourée d'eau. Vous récrierez-vous : « Quel jeu du hasard! combien de belles choses se sont rencontrées ensemble inopinément! » Non, sans doute; vous direz au contraire : « Cela est bien imaginé et bien ordonné; il règne ici un bon goût et beaucoup d'intelligence. » Je parlerai comme vous, et j'ajouterai que ce doit être la demeure de quelqu'un de ces gens [10] chez qui un NAUTRE [11] va tracer et prendre des alignements dès le jour même qu'ils [12] sont en place. Qu'est-ce pourtant que cette pièce de terre ainsi disposée, et où tout l'art d'un ouvrier [13] habile a été employé pour l'embellir, si même toute la terre [14] n'est qu'un atome suspendu en l'air, et si vous écoutez ce que je vais dire?

Vous êtes placé, ô Lucile, quelque part sur cet atome [15] : il faut donc que vous soyez bien petit, car vous n'y occupez pas une grande place; cependant vous avez des yeux, qui sont deux points imperceptibles : ne laissez pas de les ouvrir

---

1. *Ce morceau de terre.* C'est sans doute le parc de Chantilly. Mais La Bruyère dépayse ses lecteurs en nommant plus bas l'Yvette et le Lignon, au lieu de la Nonette et de la Thève, que le prince de Condé avait fait transformer en « canaux ».
2. *Propre.* Cf. p. 109, n. 6.
3. *Plates.* Par opposition à *jaillissantes*.
4. *Jaillissantes.* Dans son Oraison de Condé, Bossuet parle de ces « jets d'eau, qui ne se taisaient ni jour ni nuit ».
5. *Allées en palissade.* Plantées d'arbres dont les branches sont, dès le bas, établies en éventail.
6. *De tous les soleils.* Du soleil à toutes les heures.
7. *Yvette.* Petite rivière qui passe à Chevreuse, Orsay, Longjumeau, etc.
8. *Lignon.* C'est la rivière sur les bords de laquelle d'Urfé avait mis les bergers de l'*Astrée*.
9. *Revêtu.* Muni d'un revêtement.
10. *De ces gens*, etc. Trait satirique mis là sans doute pour éviter les applications. Cf. n. 1.
11. *Nautre.* Le Nostre, le dessinateur de jardins (1613-1700). Il avait dessiné, entre autres, le parc de Chantilly.
12. *Qu'ils.* Cf. p. 109, n. 4.
13. *Ouvrier.* Cf. p. 131, n. 3.
14. *Si même toute la terre.* Si toute la terre elle-même.
15. Cf. Pascal, *Pensées*, I, 1.

vers le ciel : qu'y apercevez-vous quelquefois? La lune dans son plein? Elle est belle alors et fort lumineuse, quoique sa lumière ne soit que la réflexion de celle du soleil; elle paraît grande comme le soleil, plus grande que les autres planètes, et qu'aucune des étoiles; mais ne vous laissez pas tromper par les dehors. Il n'y a rien au ciel de si petit que la lune : sa superficie est treize fois plus petite que celle de la terre, sa solidité [1] quarante-huit fois, et son diamètre, de sept cent cinquante lieues, n'est que le quart de celui de la terre : aussi est-il vrai qu'il n'y a que son voisinage qui lui donne une si grande apparence, puisqu'elle n'est guère éloignée de nous que de trente fois le diamètre de la terre, ou que sa distance n'est que de cent mille lieues [2]. Elle n'a presque pas même de chemin à faire en comparaison du vaste tour [3] que le soleil fait dans les espaces du ciel [4]; car il est certain qu'elle n'achève [5] par jour que cinq cent quarante mille lieues : ce n'est par heure que vingt-deux mille cinq cents lieues, et trois cent soixante et quinze lieues dans une minute. Il faut néanmoins, pour accomplir cette course, qu'elle aille cinq mille six cent fois plus vite qu'un cheval de poste qui ferait quatre lieues par heure, qu'elle vole quatre-vingts fois plus légèrement que le son, que le bruit par exemple du canon et du tonnerre, qui parcourt en une heure deux cent soixante et dix-sept lieues.

Mais quelle comparaison de la lune au soleil pour la grandeur, pour l'éloignement, pour la course? Vous verrez qu'il n'y en a aucune. Souvenez-vous seulement du diamètre de la terre, il est de trois mille lieues; celui du soleil est cent fois plus grand, il est donc de trois cent mille lieues. Si c'est là sa largeur en tous sens, quelle peut bien être sa superficie! quelle est sa solidité [6]! Comprenez-vous [7] bien cette étendue, et qu'un [8] million de terres comme la nôtre ne seraient toutes ensemble pas plus grosses que le soleil? « Quel est donc, direz-vous, son éloignement, si l'on en juge par son apparence? » Vous avez raison, il est prodigieux; il est démontré qu'il ne peut pas y avoir de la terre au soleil

---

1. *Solidité.* Volume. Cf. p. 387, n. 6; p. 390, n. 3.
2. Les chiffres donnés par La Bruyère ne sont pas d'une exactitude mathématique.
3. *Vaste tour.* Pascal, dans le morceau cité plus haut, avait employé cette expression.
4. La Bruyère semble ici ne pas admettre le système de Copernic. Cf. p. 390, n. 7.
5. *Achève.* Cf. p. 1, n. 3.
6. *Solidité.* Cf. n. 1.
7. *Comprenez-vous.* Dans le sens de *concevoir, embrasser par la pensée.*
8. *Et qu'un.* Cf. p. 48, n. 8.

moins de dix mille diamètres de la terre, autrement[1] moins de trente millions de lieues : peut-être y a-t-il quatre fois, six fois, dix fois plus loin ; on n'a aucune méthode pour déterminer cette distance[2].

Pour aider seulement votre imagination à se la représenter, supposons une meule de moulin qui tombe du soleil sur la terre ; donnons-lui la plus grande vitesse qu'elle soit capable d'avoir, celle même que n'ont pas les corps tombant de fort haut ; supposons encore qu'elle conserve toujours cette même vitesse, sans en acquérir[3] et sans en perdre ; qu'elle parcoure quinze toises par chaque seconde de temps, c'est-à-dire la moitié de l'élévation des plus hautes tours, et ainsi neuf cent toises en une minute ; passons-lui mille toises en une minute, pour une plus grande facilité ; mille toises font une demi-lieue commune ; ainsi, en deux minutes, la meule fera une lieue et en une heure elle en fera trente, et en un jour elle fera sept cent vingt lieues : or elle a trente millions à traverser[4] avant que d'arriver[5] à terre ; il lui faudra donc quarante-un mille six cent soixante-six jours, qui sont plus de cent quatorze années, pour faire ce voyage. Ne vous effrayez pas, Lucile, écoutez-moi : la distance de la terre à Saturne est au moins décuple de celle de la terre au soleil ; c'est vous dire qu'elle ne peut être moindre que de trois cents millions de lieues, et que cette pierre emploierait plus d'onze cent quarante ans pour tomber de Saturne en terre[6].

Par cette élévation de Saturne, élevez vous-même[7], si vous le pouvez, votre imagination à concevoir quelle doit être l'immensité du chemin qu'il parcourt chaque jour au-dessus de nos têtes : le cercle que Saturne décrit a plus de six cents millions de lieues de diamètre, et par conséquent plus de dix-huit cents millions de lieues de circonférence ; un cheval anglais qui ferait dix lieues par heure n'aurait à courir que vingt mille cinq cent quarante-huit ans pour faire ce tour.

Je n'ai pas tout dit, ô Lucile, sur le miracle de ce monde visible, ou, comme vous parlez quelquefois, sur les merveilles du hasard, que vous admettez seul pour la cause première

---

1. *Autrement.* En d'autres termes, autrement dit. Cf. p. 396, n. 4.
2. *Cette distance.* Depuis La Bruyère, la science l'a déterminée. Ce sont trente huit millions de lieues.
3. *Sans en acquérir.* Il faudrait régulièrement *sans en acquérir davantage.*
4. *A traverser.* A faire à travers l'espace.
5. *Avant que d'arriver.* Cf. p. 41, n. 9.
6. *En terre.* Nous dirions *sur la terre.*
7. *Elévation... élevez.* Il n'y a pas là un jeu de mots puéril. C'est l'idée même qui produit ce rapprochement.

de toutes choses. Il est encore un ouvrier plus admirable[1] que vous ne pensez : connaissez[2] le hasard, laissez-vous instruire de la toute-puissance de votre Dieu. Savez-vous que cette distance de trente millions de lieues qu'il y a de la terre au soleil, et celle de trois cents millions de lieues de la terre à Saturne, sont si peu de chose, comparées à l'éloignement qu'il y a de la terre aux étoiles, que ce n'est pas même s'énoncer assez juste que de se servir, sur le sujet de ces distances, du terme de comparaison? Quelle proportion, à la vérité, de ce qui se mesure, quelque grand qu'il[3] puisse être, avec ce qui ne se mesure pas? On ne connaît point la hauteur d'une étoile; elle est, si j'ose ainsi parler, *immensurable*[4]; il n'y a plus ni angles, ni sinus, ni parallaxes dont on puisse s'aider. Si un homme observait à Paris une étoile fixe, et qu'un autre la regardât du Japon, les deux lignes qui partiraient de leurs yeux pour aboutir jusqu'à cet astre ne feraient pas un angle, et se confondraient en une seule et même ligne, tant la terre entière n'est pas espace[5] par rapport à cet éloignement. Mais les étoiles ont cela de commun avec Saturne et avec le soleil : il faut dire quelque chose de plus. Si deux observateurs, l'un sur la terre et l'autre dans le soleil, observaient en même temps une étoile, les deux rayons visuels de ces deux observateurs ne formeraient point d'angle sensible. Pour concevoir la chose autrement, si un homme était situé dans une étoile, notre soleil, notre terre, et les trente millions de lieues qui les séparent, lui paraîtraient un même point : cela est démontré.

On ne sait pas aussi[6] la distance d'une étoile d'avec[7] une autre étoile, quelque voisines qu'elles nous paraissent. Les pléiades se touchent presque, à en juger par nos yeux : une étoile paraît assise sur l'une de celles qui forment la queue de la grande Ourse; à peine la vue peut-elle atteindre à discerner[8] la partie du ciel qui les sépare; c'est comme une étoile qui paraît double. Si cependant tout l'art des astronomes est inutile pour en marquer la distance, que doit-on penser de l'éloignement de deux étoiles qui en effet paraissent

---

1. *Encore* retombe sur *plus admirable*.
2. *Connaissez.* Apprenez à connaître.
3. *Il.* Pour *cela.* Cf. p. 60, n. 1.
4. *Immensurable.* Le mot n'a pas fait fortune, quoique sans équivalent.
5. *Tant la terre entière*, etc. Tant il est vrai que la terre entière est négligeable comme espace.
6. *Aussi.* Cf. p. 1, n. 8.
7. *D'avec. Distance* est construit comme *éloignement.*
8. *Atteindre à discerner. Atteindre* est construit comme *arriver* et *parvenir.*

éloignées l'une de l'autre, et à plus forte raison des deux polaires[1]? Quelle est donc l'immensité de la ligne qui passe d'une polaire à l'autre? et que sera-ce que le cercle dont cette ligne est le diamètre? Mais n'est-ce pas quelque chose de plus que de sonder les abîmes, que de vouloir[2] imaginer la solidité[3] du globe, dont le cercle n'est qu'une section? Serons-nous encore surpris que ces mêmes étoiles, si démesurées dans leur grandeur, ne nous paraissent néanmoins que comme des étincelles? N'admirerons-nous pas plutôt que d'une hauteur si prodigieuse elles puissent conserver une certaine apparence, et qu'on ne les perde pas toutes de vue? Il n'est pas aussi[4] imaginable combien il nous en échappe. On fixe le nombre des étoiles : oui, de celles qui sont apparentes; le moyen de compter celles qu'on n'aperçoit point, celles par exemple qui composent la voie de lait[5], cette trace lumineuse qu'on remarque au ciel, dans une nuit sereine, du nord au midi, et qui, par leur extraordinaire élévation, ne pouvant percer jusqu'à nos yeux pour être vues chacune en particulier, ne font au plus que blanchir cette route des cieux où elles sont placées?

Me voilà donc sur la terre comme sur un grain de sable qui ne tient à rien, et qui est suspendu[6] au milieu des airs : un nombre presque infini de globes de feu, d'une grandeur inexprimable et qui confond l'imagination, d'une hauteur qui surpasse nos conceptions, tournent, roulent autour de ce grain de sable, et traversent chaque jour, depuis plus de six mille ans, les vastes et immenses espaces des cieux.

Voulez-vous un autre système[7], et qui ne diminue rien du merveilleux? La terre elle-même est emportée avec une rapidité inconcevable autour du soleil, le centre de l'univers[8]. Je me les représente, tous ces globes, ces corps effroyables qui sont en marche; ils ne s'embarrassent point l'un l'autre, ils ne se choquent point, ils ne se dérangent point : si le

---

1. *Des deux polaires.* Il n'y a point de polaire australe.
2. *Que de sonder..., que de vouloir.* Construction équivoque par elle-même. *Que de vouloir* n'est pas coordonné à *que de sonder.* Le sens est : *vouloir*, etc., *n'est-ce pas quelque chose de plus que de sonder.*
3. *Solidité.* Cf. p. 387, n. 1.
4. *Il n'est pas aussi.* Cf. p. 1, n. 8. Nous pourrions dire : *aussi n'est-il pas.*

5. *Voie de lait.* Nous disons *voie lactée.*
6. Cf. Pascal : « Qui se considérera de la sorte s'effrayera sans doute de se voir comme suspendu dans la masse que la nature lui a donnée entre ces deux abîmes de l'infini et du néant ». (*Pensées*, I, 1.)
7. *Un autre système.* Celui de Copernic. Cf. p. 387, n. 1.
8. *De l'univers.* De notre monde planétaire.

plus petit d'eux tous venait à se démentir¹ et à rencontrer la terre, que deviendrait la terre? Tous au contraire sont en leur place, demeurent dans l'ordre qui leur est prescrit, suivent la route qui leur est marquée, et si paisiblement à notre égard, que personne n'a l'oreille assez fine pour les entendre marcher, et que le vulgaire ne sait pas s'ils sont au monde. O économie² merveilleuse du hasard! l'intelligence même pourrait-elle mieux réussir? Une seule chose, Lucile, me fait de la peine³ : ces grands corps sont si précis et si constants dans leur marche, dans leurs révolutions et dans leurs rapports, qu'un petit animal relégué en un coin de cet espace immense qu'on appelle le monde, après les avoir observés, s'est fait une méthode infaillible de prédire à quel point de leur course tous ces astres se trouveront d'aujourd'hui en deux, en quatre, en vingt mille ans. Voilà mon scrupule, Lucile; si c'est par hasard qu'ils observent des règles si invariables, qu'est-ce l'ordre⁴? qu'est-ce que la règle?

Je vous demanderai même ce que c'est que le hasard : est-il corps? est-il esprit? est-ce un être distingué⁵ des autres êtres, qui ait son existence particulière, qui soit quelque part? ou plutôt n'est-ce pas un mode, ou une façon d'être? Quand une boule rencontre une pierre, l'on dit : « c'est un hasard »; mais est-ce autre chose que ces deux corps qui se choquent fortuitement? Si par ce hasard ou cette rencontre la boule ne va pas plus droit, mais obliquement; si son mouvement n'est plus direct, mais réfléchi⁶, si elle ne roule plus sur son axe, mais qu'elle tournoie et qu'elle pirouette, conclurai-je que c'est par ce même hasard qu'en général la boule est en mouvement? ne soupçonnerai-je pas plus volontiers qu'elle se meut ou de soi-même⁷, ou par l'impulsion du bras qui l'a jetée? Et parce que les roues d'une pendule sont déterminées l'une par l'autre à un mouvement circulaire d'une telle ou telle vitesse, examiné-je moins curieusement quelle peut être la cause de tous ces mouvements, s'ils se font d'eux-mêmes ou par la force mouvante⁸ d'un poids qui les emporte? mais ni ces roues, ni

---

1. *A se démentir.* A violer sa loi.
2. *Économie.* Cf. p. 38, n. 8.
3. *Me fait de la peine.* M'inquiète.
4. *Qu'est-ce l'ordre?* Construction insolite.
5. *Distingué.* Non pas seulement distinct, mais, proprement, que l'on ait pu distinguer.
6. *Réfléchi.* Qui fait un angle de réflexion.
7. *Soi-même.* Cf. p. 39, n. 4.
8. *Mouvante.* Qui fait mouvoir.

cette boule n'ont pu se donner le mouvement d'eux-mêmes [1], ou ne l'ont point par leur nature, s'ils peuvent le perdre sans changer de nature : il y a donc apparence qu'ils sont mus d'ailleurs [2], et par une puissance qui leur est étrangère. Et les corps célestes, s'ils venaient à perdre leur mouvement, changeraient-ils de nature? seraient-ils moins des corps? Je ne me l'imagine pas ainsi; ils se meuvent cependant, et ce n'est point d'eux-mêmes et par leur nature. Il faudrait donc chercher, ô Lucile, s'il n'y a point hors d'eux un principe qui les fait mouvoir; qui que vous trouviez, je l'appelle Dieu.

Si nous supposions que ces grands corps sont sans mouvement, on ne demanderait plus, à la vérité, qui les met en mouvement, mais on serait toujours reçu à demander qui a fait ces corps, comme on peut s'informer qui a fait ces roues ou cette boule; et quand chacun de ces grands corps serait supposé un amas fortuit d'atomes qui se sont liés et enchaînés ensemble par la figure et la conformation de leurs parties, je prendrais un de ces atomes et je dirais : Qui a créé cet atome? Est-il matière? est-il intelligence? A-t-il eu quelque idée de soi-même [3], avant que de [4] se faire soi-même? Il était donc un moment avant que d'être [5]; il était et il n'était pas tout à la fois; et s'il est auteur de son être et de sa manière d'être, pourquoi s'est-il fait corps plutôt qu'esprit? Bien plus, cet atome n'a-t-il point commencé? est-il éternel? est-il infini? Ferez-vous un Dieu de cet atome [6]?

44. Le ciron a des yeux, il se détourne à la rencontre des objets qui lui pourraient nuire; quand on le met sur de l'ébène pour le mieux remarquer, si, dans le temps qu'il [7] marche vers un côté, on lui présente le moindre fétu, il change de route : est-ce un jeu du hasard que son cristallin, sa rétine et son nerf optique?

L'on voit, dans une goutte d'eau que le poivre qu'on y a mis tremper a altérée, un nombre presque innombrable de petits animaux, dont le microscope nous fait apercevoir la figure, et qui se meuvent avec une rapidité incroyable comme autant de monstres dans une vaste mer; chacun de

---

1. *D'eux-mêmes.* Il faudrait *d'elles-mêmes.* Ce raisonnement s'appliquerait du reste à n'importe quels objets.
2. *D'ailleurs.* Par autre chose qu'eux.
3. *Soi-même.* Cf. p. 39, n. 4.
4, 5. *Avant que de.* Cf. p. 41, n. 9.
6. La Bruyère réfute ici la théorie épicurienne adoptée par Gassendi.
7. *Dans le temps qu'il.* Cf. p. 109, n. 1.

ces animaux est plus petit mille fois qu'un ciron, et néanmoins c'est un corps qui vit, qui se nourrit, qui croît, qui doit avoir des muscles, des vaisseaux équivalents aux veines, aux nerfs, aux artères, et un cerveau pour distribuer les esprits animaux [1].

Une tache de moisissure de la grandeur d'un grain de sable paraît dans le microscope comme un amas de plusieurs plantes très distinctes, dont les unes ont des fleurs, les autres des fruits; il y en a qui n'ont que des boutons à demi ouverts; il y en a quelques-unes qui sont fanées : de quelle étrange petitesse doivent être les racines et les filtres qui séparent les aliments de ces petites plantes! Et si l'on vient à considérer que ces plantes ont leurs graines, ainsi que les chênes et les pins, et que ces petits animaux dont je viens de parler se multiplient par voie de génération, comme les éléphants et les baleines, où cela ne mène-t-il point [2]? Qui a su travailler à des ouvrages si délicats, si fins, qui échappent à la vue des hommes, et qui tiennent de l'infini comme les cieux, bien que dans l'autre extrémité [3]? Ne serait-ce point celui qui a fait les cieux, les astres, ces masses énormes, épouvantables par leur grandeur, par leur élévation, par la rapidité et l'étendue de leur course, et qui se joue [4] de les faire mouvoir?

45. Il est de fait que l'homme jouit du soleil, des astres, des cieux et de leurs influences, comme il jouit de l'air qu'il respire, et de la terre sur laquelle il marche et qui le soutient; et s'il fallait ajouter à la certitude d'un fait la convenance ou la vraisemblance, elle y est tout entière, puisque les cieux et tout ce qu'ils contiennent ne peuvent pas entrer en comparaison, par la noblesse et la dignité, avec le moindre des hommes qui sont sur la terre, et que la proportion qui se trouve entre eux et lui est celle de la matière incapable de sentiment, qui est seulement une étendue selon trois dimensions, à ce qui est esprit, raison ou intelligence [5]. Si l'on dit que l'homme aurait pu se passer à moins [6] pour sa conservation, je réponds que Dieu ne pouvait moins faire pour étaler son pouvoir, sa bonté et sa magnificence,

---

1. *Les esprits animaux.* Sorte de fluide, montant du cœur dans le cerveau, puis, de là, se rendant par les nerfs dans les muscles, et donnant le mouvement à tous les membres. Descartes expliquait par là les rapports de l'âme et du corps.
2, 3. Cf. Pascal, *Pensées*, I, 1.
4. *Se joue.* Se fait un jeu.
5. Cf. Pascal, *Pensées*, I, 6.
6. *Se passer à moins.* Se contenter de moins.

puisque, quelque chose que nous voyons qu'il ait fait, il pouvait faire infiniment davantage.

Le monde entier, s'il est fait pour l'homme, est littéralement la moindre chose que Dieu ait faite pour l'homme : la preuve s'en tire du fond de la religion. Ce n'est donc ni vanité ni présomption à l'homme de se rendre sur [1] ses avantages à la force de la vérité; ce serait en lui stupidité et aveuglement de ne pas se laisser convaincre par l'enchainement des preuves dont la religion se sert pour lui faire connaître ses privilèges, ses ressources, ses espérances, pour lui apprendre ce qu'il est et ce qu'il peut devenir. — Mais la lune est habitée; il n'est pas du moins impossible qu'elle le soit [2]. — Que parlez-vous, Lucile, de la lune, et à quel propos? En supposant Dieu, quelle est, en effet, la chose impossible? Vous demandez peut-être si nous sommes les seuls dans l'univers que Dieu ait si bien traités; s'il n'y a point dans la lune ou d'autres hommes, ou d'autres créatures que Dieu ait aussi favorisées? Vaine curiosité! frivole demande! La terre, Lucile, est habitée. Nous l'habitons, et nous savons que nous l'habitons; nous avons nos preuves, notre évidence, nos convictions [3] sur tout ce que nous devons penser de Dieu et de nous-mêmes; que ceux qui peuplent les globes célestes, quels qu'ils puissent être, s'inquiètent pour eux-mêmes; ils ont leurs soins [4], et nous les nôtres. Vous avez, Lucile, observé la lune; vous avez reconnu ses taches, ses abimes, ses inégalités, sa hauteur, son étendue, son cours, ses éclipses : tous les astronomes n'ont pas été plus loin [5]. Imaginez de nouveaux instruments, observez-la avec plus d'exactitude : voyez-vous qu'elle soit peuplée, et de quels animaux? ressemblent-ils aux hommes? sont-ce des hommes? Laissez-moi voir après vous; et si nous sommes convaincus l'un et l'autre que des hommes habitent la lune, examinons alors s'ils sont chrétiens, et si Dieu a partagé ses faveurs entre eux et nous.

46. Tout est grand et admirable dans la nature; il ne s'y voit rien qui ne soit marqué au coin de l'ouvrier; ce qui

---

1. *Sur.* Cf. p. 40, n. 1.
2. *Qu'elle le soit.* C'est ce qu'avait avancé Fontenelle dans ses *Entretiens sur la pluralité des mondes.*
3. *Convictions.* Arguments qui emportent la conviction.

4. *Soins.* Cf. p. 169, n. 5.
5. *Tous les astronomes n'ont pas été plus loin.* Aucun de tous les astronomes n'est allé plus loin. Ou plutôt : les astronomes, à eux tous, etc. Cf. p. 157, n. 5.

s'y voit quelquefois d'irrégulier et d'imparfait suppose règle et perfection [1]. Homme vain et présomptueux! faites un vermisseau [2] que vous foulez aux pieds, que vous méprisez; vous avez horreur du crapaud, faites un crapaud, s'il est possible. Quel excellent [3] maitre [4] que celui qui fait des ouvrages, je ne dis pas que les hommes admirent, mais qu'ils craignent! Je ne vous demande pas de vous mettre dans votre atelier pour faire un homme d'esprit, un homme bien fait, une belle femme : l'entreprise est forte et au-dessus de vous; essayez seulement de faire un bossu, un fou, un monstre, je suis content [5].

Rois, Monarques, Potentats, sacrées Majestés! vous ai-je nommés par tous vos superbes noms? Grands de la terre, très hauts, très puissants, et peut-être bientôt *tout-puissants Seigneurs* [6]! nous autres hommes [7], nous avons besoin pour nos moissons d'un peu de pluie, de quelque chose de moins, d'un peu de rosée; faites de la rosée, envoyez sur la terre une goutte d'eau.

L'ordre, la considération, les effets de la nature sont populaires [8]; les causes, les principes ne le sont point. Demandez à une femme comment un bel œil n'a qu'à s'ouvrir pour voir, demandez-le à un homme docte.

47. Plusieurs millions d'années, plusieurs centaines de millions d'années, en un mot tous les temps ne sont qu'un instant, comparés à la durée de Dieu, qui est éternelle : tous les espaces du monde entier ne sont qu'un point, qu'un léger atome, comparés à son immensité. S'il est ainsi [9], comme je l'avance (car quelle proportion du fini à l'infini?), je demande : Qu'est-ce que le cours de la vie d'un homme? qu'est-ce qu'un grain de poussière qu'on appelle la terre? qu'est-ce qu'une petite portion de terre que l'homme possède et qu'il habite? — Les méchants prospèrent pendant qu'ils vivent [10]. — Quelques méchants, je l'avoue. — La vertu est

---

1. *Suppose règle et perfection.* Si La Bruyère veut dire, comme la suite nous l'indique, que les choses imparfaites manifestent cependant la perfection de leur auteur, son raisonnement semble bizarre.
2. *Un vermisseau.* Un de ces vermisseaux.
3. *Excellent.* Dans toute la force que le mot avait au temps de La Bruyère.
4. *Maître.* A peu près au sens qu'a *ouvrier* plus haut.
5. *Je suis content.* Je me contente de cela. Cf. p. 70, n. 4.
6. *Bientôt tout-puissants Seigneurs.* Où l'adulation n'ira-t-elle pas?
7. *Nous autres hommes.* Par opposition aux rois, qui sont des dieux.
8. *Populaires.* A la portée du peuple. Cf. p. 367, n. 5.
9. *S'il est ainsi.* Si cela est ainsi. Cf. p. 60, n. 1.
10. On ne voit pas tout d'abord quel rapport l'objection peut avoir avec ce qui précède. Mais la suite

opprimée, et le crime impuni sur la terre. — Quelquefois, j'en conviens. — C'est une injustice. — Point du tout ; il faudrait, pour tirer cette conclusion, avoir prouvé qu'absolument les méchants sont heureux, que la vertu ne l'est pas, et que le crime demeure impuni ; il faudrait du moins [1] que ce peu de temps où les bons souffrent et où les méchants prospèrent eût une durée, et que ce que nous appelons prospérité et fortune ne fût pas une apparence fausse et une ombre vaine qui s'évanouit [2] ; que cette terre, cet atome, où il paraît que la vertu et le crime rencontrent si rarement ce qui leur est dû, fût le seul endroit de la scène où se doivent passer la punition et les récompenses.

De ce que je pense, je n'infère pas plus clairement que je suis esprit, que je conclus [3] de ce que je fais ou ne fais point selon qu'il me plaît, que je suis libre : or liberté, c'est choix, autrement [4] une détermination volontaire au bien ou au mal, et ainsi une action bonne ou mauvaise, et ce qu'on appelle vertu ou crime. Que le crime absolument soit impuni, il est vrai, c'est injustice ; qu'il le soit sur la terre, c'est un mystère [5]. Supposons pourtant avec l'athée que c'est injustice : toute injustice est une négation ou une privation de justice ; donc toute injustice suppose justice [6]. Toute justice est une conformité à une souveraine raison : je demande en effet quand il n'a pas été raisonnable que le crime soit puni, à moins qu'on ne dise que c'est quand le triangle avait moins de trois angles ; or toute conformité à la raison est une vérité ; cette conformité, comme il vient d'être dit, a toujours été ; elle est donc de celles [7] que l'on appelle des éternelles vérités [8]. Cette vérité, d'ailleurs, ou n'est point et ne peut être, ou elle est [9] l'objet d'une connais-

---

va nous l'expliquer. Cette existence terrestre n'est rien en comparaison de l'infini, et le temps où les méchants prospèrent n'a pas de durée.

1. *Du moins.* Cf. p. 43, n. 3.
2. Bossuet a développé la même idée dans son *Sermon sur la mort.*
3. *Que je conclus.* Cf. p. 19, n. 2.
4. *Autrement.* Cf. 388, n. 1.
5. La même idée a fourni de belles pages à Bossuet dans son *Sermon sur la Providence.*
6. *Suppose justice.* Si nous trouvons quelque chose injuste, c'est en vertu d'une idée de la justice ; or, cette justice dont nous avons l'idée, il faut bien qu'elle existe ;

elle est en Dieu, elle est Dieu. — Argument très ancien, et que Descartes avait repris avant La Bruyère.

7. *De celles.* Non pas *de ces conformités*, mais *de ces vérités*. C'est une construction latine. *Celles* équivaut par anticipation à *ces vérités*.

8. *Des éternelles vérités.* Les deux mots forment comme un mot composé. De là *des* et non *de*.

9. *Ou elle est.* Au lieu de *ou est*, pour la clarté de la phrase : sans l'adjonction de *elle*, on pourrait croire que *l'objet* est l'attribut de *n'est point et ne peut être* comme de *est*.

sance; elle est donc éternelle, cette connaissance, et c'est Dieu.

Les dénoûments qui découvrent les crimes les plus cachés, et où la précaution des coupables pour les dérober aux yeux des hommes a été plus grande [1], paraissent si simples et si faciles qu'il semble qu'il n'y ait que Dieu seul qui puisse en être l'auteur; et les faits d'ailleurs que l'on en rapporte sont en si grand nombre, que s'il plait à quelques-uns de les attribuer à de purs hasards, il faut donc qu'ils soutiennent que le hasard, de tout temps, a passé en coutume.

48. Si vous faites cette supposition, que tous les hommes qui peuplent la terre sans exception soient chacun dans l'abondance, et que rien ne leur manque, j'infère de là que nul homme qui est sur la terre n'est [2] dans l'abondance, et que tout lui manque. Il n'y a que deux sortes de richesses, et auxquelles [3] les autres se réduisent, l'argent et les terres : si tous sont riches, qui cultivera les terres, et qui fouillera les mines? Ceux qui sont éloignés des mines ne les fouilleront pas, ni ceux qui habitent des terres incultes et minérales ne pourront pas [4] en tirer des fruits. On aura recours au commerce, et on [5] le suppose. Mais si les hommes abondent de biens [6], et que nul ne soit dans le cas [7] de vivre par son travail, qui transportera d'une région à une autre les lingots ou les choses échangées? qui mettra des vaisseaux en mer? qui se chargera de les conduire? qui entreprendra des caravanes? On manquera alors du nécessaire et des choses utiles [8]. S'il n'y a plus de besoins, il n'y aura plus d'arts, plus de sciences, plus d'invention, plus de mécanique. D'ailleurs cette égalité de possessions et de richesses en établit une autre dans les conditions, bannit toute subordination, réduit les hommes à se servir eux-mêmes, et à ne pouvoir être secourus les uns des [9] autres, rend les lois frivoles et inutiles, entraîne une anarchie universelle, attire la violence, les injures [10], les massacres, l'impunité [11].

Si vous supposez au contraire que tous les hommes sont

---

1. *Plus grande.* Cf. p. 1, n. 6.
2. *L'hypothèse une fois admise.*
3. *Et auxquelles.* Le *et* fait double emploi avec la conjonction *que* contient le relatif. Cf. p. 7, n. 3.
4. *Ni ceux qui... ne pourront pas.* Cf. p. 127, n. 11.
5. *On... on.* Cf. p. 175, n. 5.
6. *Abondent de biens.* Construction d'un usage courant au xviie siècle.
7. *Dans le cas.* Dans la nécessité.
8. *Du nécessaire et des choses utiles.* Du nécessaire, et, à plus forte raison, des choses utiles.
9. *Des.* Cf. p. 46, n. 10.
10. *Injures.* Injustices.
11. Tout cela est au moins contestable.

pauvres, en vain le soleil se lève pour eux sur l'horizon, en vain il échauffe la terre et la rend féconde, en vain le ciel verse ¹ sur elle ses influences, les fleuves en vain l'arrosent et répandent dans les diverses contrées la fertilité et l'abondance; inutilement aussi la mer laisse sonder ses abîmes profonds, les rochers et les montagnes s'ouvrent pour laisser fouiller dans leur sein et en tirer tous les trésors qu'ils y renferment. Mais si vous établissez que de tous les hommes répandus dans le monde, les uns soient riches et les autres pauvres et indigents, vous faites alors que le besoin rapproche naturellement les hommes, les lie, les réconcilie : ceux-ci servent, obéissent, inventent, travaillent, cultivent, perfectionnent; ceux-là jouissent, nourrissent, secourent, protègent, gouvernent : tout ordre est rétabli, et Dieu se découvre.

49. Mettez l'autorité, les plaisirs et l'oisiveté d'un côté, la dépendance, les soins ² et la misère de l'autre ³ : ou ces choses sont déplacées par la malice ⁴ des hommes, ou Dieu n'est pas Dieu.

Une certaine inégalité dans les conditions, qui entretient l'ordre et la subordination, est l'ouvrage de Dieu, ou suppose une loi divine : une trop grande disproportion, et telle qu'elle se remarque parmi les hommes, est leur ouvrage, ou la loi des plus forts ⁵.

Les extrémités ⁶ sont vicieuses et partent de l'homme : toute compensation ⁷ est juste et vient de Dieu.

Si on ne goûte point ces *Caractères*, je m'en étonne ⁸; et si on les goûte, je m'en étonne ⁹ de même ¹⁰.

---

1. *Verse.* En accord avec *influences.*
2. *Soins.* Cf. p. 169, n. 5.
3. N'est-ce pas précisément ce que La Bruyère vient de faire? S'il est vrai que ses riches *nourrissent*, comme il dit, c'est avec les fruits d'un travail qui n'est pas le leur. Quant à *secourir et protéger*, la peinture que lui-même a faite de la plupart des riches ne s'y accorde guère.
4. *Malice.* Cf. p. 230, n. 4.
5. Cf. Rousseau : « Tout est bien sortant des mains de l'Auteur des choses, tout dégénère entre les mains de l'homme

6. *Extrémités.* Cf. p. 123, n. 2.
7. *Compensation.* Tempérament, équilibre.
8. *Je m'en étonne.* La malignité des lecteurs doit, en effet, y trouver son compte.
9. *Je m'en étonne de même.* Chacun croira y voir la satire de ses vices et de ses travers.
10. Cf. ce que dit à La Bruyère M. de Malézieu, après avoir lu le manuscrit des *Caractères* : « Il y a là de quoi vous faire bien des lecteurs et bien des ennemis ».

DISCOURS

PRONONCÉ DANS

L'ACADÉMIE FRANÇAISE

LE LUNDI QUINZIÈME JUIN 1693

Messieurs,

Il serait difficile d'avoir l'honneur de se trouver au milieu de vous, d'avoir devant ses yeux l'Académie française, d'avoir lu l'histoire de son établissement, sans penser d'abord à celui à qui elle en est redevable[1], et sans se persuader qu'il n'y a rien de plus naturel, et qui doive moins vous déplaire, que d'entamer ce tissu de louanges qu'exigent le devoir et la coutume[2], par quelques traits où ce grand cardinal soit reconnaissable, et qui en[3] renouvellent la mémoire.

Ce n'est point un personnage qu'il soit facile de rendre[4] ni d'exprimer[5] par de belles paroles ou par de riches figures, par ces discours moins faits pour relever le mérite de celui que l'on veut peindre, que pour montrer tout le feu et toute la vivacité de l'orateur. Suivez le règne de Louis le Juste : c'est la vie du cardinal de Richelieu, c'est son éloge et celui du prince qui l'a mis en œuvre. Que pourrais-je ajouter à des faits encore récents et si mémorables ? Ouvrez son *Testament politique*, digérez[6] cet ouvrage : c'est la peinture de son esprit ; son âme tout entière s'y déve-

---

1. Le cardinal Richelieu.
2. L'éloge du fondateur de l'Académie était de rigueur dans tous les discours de réception.
3. *En.* Cf. p. 18, n. 4.
4. *Rendre.* Restituer, remettre sous les yeux.

5. *Exprimer.* Ce mot s'employait ainsi. Cf. Boileau :

Si je pense exprimer un auteur sans défaut.
(*Sat.*, II, 19.)

6. *Digérez.* Méditez, assimilez-vous par la méditation.

400 LES CARACTÈRES.

loppe; l'on y découvre le secret de sa conduite [1] et de ses actions; l'on y trouve la source et la vraisemblance de tant et de si grands événements [2] qui ont paru sous son administration; l'on y voit sans peine qu'un homme qui pense si virilement et si juste a pu agir sûrement et avec succès, et que celui qui a achevé de si grandes choses, ou n'a jamais écrit, ou a dû écrire comme il a fait [3].

Génie fort et supérieur, il a su tout le fond et tout le mystère du gouvernement, il a connu le beau et le sublime [4] du ministère; il a respecté l'étranger, ménagé les couronnes, connu le poids [5] de leur alliance [6]; il a opposé des alliés à des ennemis; il a veillé aux intérêts du dehors, à ceux du dedans. Il n'a oublié que les siens; une vie laborieuse et languissante, souvent exposée, a été le prix d'une si haute vertu; dépositaire des trésors de son maître, comblé de ses bienfaits, ordonnateur, dispensateur de ses finances, on ne saurait dire qu'il est mort riche.

Le croirait-on, messieurs? cette âme sérieuse et austère, formidable aux ennemis de l'État, inexorable aux factieux, plongée dans la négociation [7], occupée tantôt à affaiblir le parti de l'hérésie, tantôt à déconcerter [8] une ligue, et tantôt à méditer une conquête, a trouvé le loisir d'être savante, a goûté les belles-lettres et ceux qui en faisaient profession. Comparez-vous, si vous l'osez, au grand Richelieu, hommes dévoués [9] à la fortune, qui, par le succès de vos affaires particulières, vous jugez dignes que l'on vous confie les affaires publiques [10]; qui vous donnez pour des génies heureux et pour de bonnes têtes [11]; qui dites que vous ne savez rien, que vous n'avez jamais lu, que vous ne lirez point, ou pour marquer l'inutilité des sciences, ou pour paraître ne devoir rien aux autres, mais puiser tout de votre fonds. Apprenez que le cardinal de Richelieu a su, qu'il a lu: je ne dis pas qu'il n'a point eu d'éloignement pour les gens de lettres, mais qu'il les a aimés, caressés, favorisés, qu'il

---

1. *Sa conduite.* Sa politique.
2. *La vraisemblance*, etc. Ce qui rend ces événements vraisemblables.
3. *Fait.* Cf. p. 61, n. 5.
4. *Le beau et le sublime.* Cf. p. 8, n. 10.
5. *Poids.* Importance.
6. Cet éloge est sans doute une critique indirecte à l'adresse des ministres du temps, qui avaient tourné toute l'Europe contre nous.
7. *Cette âme... plongée dans la négociation.* Expression qui nous semble bizarre. — Sur *négociation*, cf. p. 312, n. 7.
8. *Déconcerter.* Dans le sens étymologique. Ici, dissocier, dissoudre.
9. *Dévoués.* Dans toute la force du mot. Cf. plus bas *dévoué à l'État*.
10. Cf. chap. vi, § 37.
11. *Bonnes têtes.* Cf. p. 120, n. 1.

leur a ménagé des privilèges, qu'il leur destinait des pensions, qu'il les a réunis en une Compagnie célèbre, qu'il en a fait l'Académie française. Oui, hommes riches et ambitieux, contempteurs de la vertu, et de toute association qui ne roule pas sur les établissements [1] et sur l'intérêt, celle-ci [2] est une des pensées de ce grand ministre, né homme d'État, dévoué à l'État [3], esprit solide, éminent, capable dans ce qu'il faisait des motifs les plus relevés et qui tendaient au bien public comme à la gloire de la monarchie; incapable de concevoir jamais rien qui ne fût digne de lui, du prince qu'il servait, de la France, à qui il avait consacré ses méditations et ses veilles.

Il savait quelle est la force et l'utilité de l'éloquence, la puissance de la parole qui aide la raison et la fait valoir, qui insinue aux hommes la justice et la probité, qui porte dans le cœur du soldat l'intrépidité et l'audace, qui calme les émotions [4] populaires, qui excite à leurs devoirs les compagnies entières ou la multitude. Il n'ignorait pas quels sont les fruits de l'histoire et de la poésie, quelle est la nécessité de la grammaire, la base et le fondement des autres sciences [5]; et que [6] pour conduire ces choses à un degré de perfection qui les rendît avantageuses à la République [7], il fallait dresser le plan d'une compagnie où la vertu seule fût admise, le mérite placé, l'esprit et le savoir rassemblés par des suffrages. N'allons pas plus loin : voilà, messieurs, vos principes et votre règle, dont [8] je ne suis qu'une exception.

Rappelez en votre mémoire, la comparaison ne vous sera pas injurieuse, rappelez ce grand et premier concile [9] où les Pères qui le composaient étaient remarquables chacun par quelques membres mutilés, ou par les cicatrices qui leur étaient restées des fureurs de la persécution; ils semblaient tenir de leurs plaies le droit de s'asseoir dans cette assemblée générale de toute l'Église : il n'y avait aucun de vos illustres prédécesseurs qu'on ne s'empressât de voir, qu'on ne montrât dans les places, qu'on ne désignât par

---

1. *Établissements.* Charges et emplois qui établissent dans la société.
2. *Celle-ci.* Cette association-ci, l'Académie française.
3. *Dévoué à l'État.* Cf. plus haut *dévoués à la fortune.*
4. *Émotions.* Cf. *émeute,* qui a la même étymologie.

5. Cf. Molière :

Heurter le fondement de toutes les sciences.
(*Fem. sav.,* II, vi.)

6. *Et que.* Cf. p. 18, n. 8.
7. *République.* Cf. p. 37, n. 4.
8. *Dont.* Construction suspecte.
9. Le concile de Nicée (325).

quelque ouvrage fameux qui lui avait fait un grand nom [1];
et qui lui donnait rang dans cette Académie naissante qu'ils
avaient comme [2] fondée. Tels étaient ces grands artisans de
la parole, ces premiers maîtres de l'éloquence [3] française;
tels vous êtes, messieurs, qui ne cédez ni en savoir ni en
mérite à nul de ceux qui vous ont précédés.

L'un [4], aussi correct dans sa langue que s'il l'avait apprise
par règles et par principes, aussi élégant dans les langues
étrangères que si elles lui étaient naturelles, en quelque
idiome qu'il compose, semble toujours parler celui de son
pays : il a entrepris, il a fini une pénible [5] traduction, que
le plus bel esprit pourrait avouer [6], et que le plus pieux
personnage devrait désirer d'avoir faite.

L'autre [7] fait revivre Virgile parmi nous [8], transmet [9] dans
notre langue les grâces et les richesses de la latine, fait
des romans qui ont une fin [10], en bannit le prolixe et
l'incroyable [11], pour y substituer le vraisemblable et le
naturel.

Un autre [12], plus égal que Marot et plus poète que Voiture,
a le jeu [13], le tour, et la naïveté de tous les deux; il instruit
en badinant, persuade aux hommes la vertu par l'organe
des bêtes, élève les petits sujets jusqu'au sublime : homme
unique dans son genre d'écrire, toujours original, soit qu'il
invente, soit qu'il traduise, qui a été au delà de ses modèles,
modèle lui-même difficile à imiter [14].

Celui-ci [15] passe Juvénal, atteint Horace, semble créer les

---

1. Éloge exagéré, qui convient à bien peu des premiers académiciens.
2. *Comme.* Parce que le vrai *fondateur* en est Richelieu.
3. *Parole...éloquence.* Écrite aussi bien qu'orale.
4. Peut-être l'abbé de Choisy, traducteur des *Psaumes* et de l'*Imitation.* Plus probablement l'abbé Régnier-Desmarais, secrétaire perpétuel de l'Académie, qui avait traduit la *Pratique de la perfection chrétienne* du P. Rodriguez. Il faisait des vers en diverses langues. Il donna postérieurement un recueil de *Poésies françaises, italiennes, espagnoles et latines.* Ainsi que Racine, Boileau, etc., il avait soutenu la candidature de La Bruyère.
5. *Pénible.* Qui demandait beaucoup de peines, de soin.
6. *Avouer.* Reconnaître comme sienne.
7. Segrais (1625-1701).
8. Il avait traduit l'*Énéide*, et il traduisit peu après les *Géorgiques.*
9. *Transmet.* Fait passer. Le mot ne s'emploierait plus ainsi, mais il y a lieu de regretter ce très juste emploi.
10. *Qui ont une fin.* Par opposition à ceux de Mlle Scudéry. On attribuait à Segrais, outre les romans qui sont bien de lui et dont il est inutile de rappeler le titre, *Zaïde* et la *Princesse de Clèves*, qui sont de Mme de La Fayette.
11. *Le prolixe et l'incroyable.* Cf. p. 8, n. 10.
12. La Fontaine. Sur La Fontaine, cf. chap. xii, § 56.
13. *Le jeu.* Ce que Boileau appelle « l'élégant badinage ».
14. *Difficile à imiter.* L'inimitable La Fontaine.
15. Boileau.

pensées d'autrui et se rendre propre tout ce qu'il manie; il a dans ce qu'il emprunte des autres toutes les grâces de la nouveauté et tout le mérite de l'invention. Ses vers, forts et harmonieux, faits de génie[1], quoique travaillés avec art, pleins de traits[2] et de poésie[3], seront lus encore quand la langue aura vieilli, en seront les derniers débris : on y remarque une critique sûre, judicieuse et innocente[4], s'il est permis du moins de dire de ce qui est mauvais qu'il[5] est mauvais.

Cet autre[6] vient après un homme[7] loué, applaudi, admiré, dont les vers volent en tous lieux et passent en proverbe, qui prime, qui règne sur la scène, qui s'est emparé de tout le théâtre. Il ne l'en dépossède pas, il est vrai; mais il s'y établit avec lui : le monde s'accoutume à en[8] voir faire la comparaison. Quelques-uns ne souffrent pas que Corneille, le grand Corneille, lui soit préféré; quelques autres, qu'il lui soit égalé : ils en appellent à l'autre siècle; ils attendent la fin de quelques vieillards qui, touchés indifféremment de tout ce qui rappelle leurs premières années[9], n'aiment peut-être dans Œdipe[10] que le souvenir de leur jeunesse.

Que dirai-je de ce personnage[11] qui a fait parler si longtemps une envieuse critique et qui l'a fait taire : qu'on admire malgré soi, qui accable par le grand nombre et par l'éminence de ses talents? Orateur, historien, théologien, philosophe, d'une rare érudition, d'une plus rare éloquence soit dans ses entretiens, soit dans ses écrits, soit dans la chaire; un défenseur de la religion, une lumière de l'Église, parlons d'avance le langage de la postérité, un Père de l'Église. Que n'est-il point? Nommez, messieurs, une vertu qui ne soit point la sienne.

Toucherai-je aussi votre dernier choix[12], si digne de vous ? Quelles choses furent dites dans la place où je me trouve!

---

1. *De génie.* Si le génie était « une longue patience »; mais il y a *quoique travaillés avec art.* Cf. un peu plus bas la même expression avec le sens de *sans préparation.*
2. *Traits.* Pensées justes et fortes exprimées avec une heureuse concision.
3. *Poésie.* On ne se faisait pas généralement, au xvii° siècle, la même idée de la poésie que nous.
4. *Innocente.* Cf. la Satire IX de Boileau et son *Discours sur la satire.*
5. *Il.* Cf. p. 60, n. 1.
6. Racine.
7. Corneille.
8. *En.* De ces deux poètes. Cf. p. 18, n. 4.
9. Ce passage souleva, contre La Bruyère, Fontenelle, Thomas Corneille, et nombre d'autres académiciens.
10. *Œdipe.* Mais Corneille n'est pas seulement l'auteur d'*Œdipe.*
11. Bossuet.
12. Celui de Fénelon, qui venait d'être reçu.

Je m'en souviens, et après ce que vous avez entendu, comment osé-je parler? comment daignez-vous m'entendre? Avouons-le, on sent la force et l'ascendant de ce rare esprit, soit qu'il prêche de génie et sans préparation, soit qu'il prononce un discours étudié et oratoire, soit qu'il explique ses pensées dans la conversation : toujours maître de l'oreille et du cœur de ceux qui l'écoutent, il ne leur permet pas d'envier ni [1] tant d'élévation, ni tant de facilité, de délicatesse, de politesse. On est assez heureux [2] de l'entendre, de sentir ce qu'il dit, et comme il le dit : on doit être content de soi, si l'on emporte ses réflexions et si l'on en profite. Quelle grande acquisition avez-vous faite en cet homme illustre! A qui m'associez-vous!

Je voudrais, messieurs, moins pressé par le temps et par les bienséances qui mettent des bornes à ce discours, pouvoir louer chacun de ceux qui composent cette Académie par des endroits [3] encore plus marqués et par de plus vives expressions. Toutes les sortes de talents que l'on voit répandus [4] parmi les hommes se trouvent partagés entre vous. Veut-on de diserts orateurs qui aient semé dans la chaire toutes les fleurs de l'éloquence, qui avec une saine morale aient employé tous les tours et toutes les finesses de la langue, qui plaisent par un beau choix de paroles qui fassent aimer les solennités, les temples, qui y fassent courir? qu'on ne les recherche pas ailleurs, ils sont parmi vous [5]. Admire-t-on une vaste et profonde littérature [6] qui aille fouiller dans les archives de l'antiquité pour en retirer des choses ensevelies dans l'oubli, échappées aux esprits les plus curieux, ignorées des autres hommes; une mémoire, une méthode, une précision à ne pouvoir, dans ces recherches, s'égarer d'une seule année, quelquefois d'un seul jour sur tant de siècles? cette doctrine [7] admirable, vous la possédez; elle est du moins en quelques-uns de ceux qui forment cette savante assemblée [8]. Si l'on est curieux [9] du don des langues, joint au double talent de savoir avec exactitude les choses anciennes, et de narrer celles qui sont nouvelles

---

1. *Pas... ni.* Cf. p. 127, n. 11.
2. *Assez heureux.* Sans envier ses talents.
3. *Endroits.* Passages, traits.
4. *Répandus.* En accord avec *talents*, quoique le mot ne soit pas déterminé.
5. Outre Bossuet et Fénelon, il y avait encore Fléchier et l'archevêque de Paris, François de Harlay.
6. *Littérature.* Connaissance des lettres, particulièrement grecques et latines.
7. *Doctrine.* Cf. p. 176, n. 1.
8. Parmi les académiciens du temps, on ne voit guère que Huet auquel cet éloge convienne.
9. *Curieux.* Cf. p. 125, 8.

avec autant de simplicité que de vérité, des qualités si rares ne vous manquent pas et sont réunies en un même sujet ¹. Si l'on cherche des hommes habiles, pleins d'esprit et d'expérience, qui, par le privilège de leurs emplois, fassent parler le Prince avec dignité et avec justesse ² ; d'autres qui placent heureusement et avec succès, dans les négociations les plus délicates, les talents qu'ils ont de bien parler et de bien écrire ³ ; d'autres encore qui prêtent leurs soins et leur vigilance aux affaires publiques, après les avoir employés aux judiciaires, toujours avec une égale réputation ⁴ : tous se trouvent au milieu de vous, et je souffre à ⁵ ne les pas nommer.

Si vous aimez le savoir joint à l'éloquence, vous n'attendrez pas longtemps : réservez seulement toute votre attention pour celui qui parlera après moi ⁶. Que vous manque-t-il enfin ? vous avez des écrivains habiles en l'une et en l'autre oraison ⁷ ; des poètes en tout genre de poésies, soit morales, soit chrétiennes, soit héroïques, soit galantes et enjouées ; des imitateurs des anciens ; des critiques austères ; des esprits, fins, délicats, subtils, ingénieux, propres à briller dans les conversations et dans les cercles. Encore une fois, à quels hommes, à quels grands sujets ⁸ m'associez-vous !

Mais avec qui ⁹ daignez-vous aujourd'hui me recevoir ? Après qui vous fais-je ce public remerciement ? Il ne doit pas, néanmoins, cet homme si louable et si modeste, appréhender que je le loue : si proche de moi ¹⁰, il aurait autant de facilité que de disposition à m'interrompre. Je vous demanderai plus volontiers : A qui me faites-vous succéder ? A un homme ¹¹ QUI AVAIT DE LA VERTU.

Quelquefois, messieurs, il arrive que ceux qui vous doivent les louanges des illustres morts dont ils remplissent la

---

1. *Sujet.* Cf. p. 26, n. 3. — Renaudot savait les langues orientales, préparait des ouvrages sur les origines de l'histoire de l'Église, rédigeait enfin la *Gazette de France.*
2. Toussaint Rose, secrétaire du cabinet du Roi.
3. Le cardinal d'Estrées, le comte de Crécy.
4. Bergeret, ancien avocat général à Metz, alors secrétaire du cabinet du Roi.
5. A. Nous mettrions plutôt *de.* Cf. p. 52, n. 8.

6. François Charpentier, qui était aussi membre de l'Académie des Inscriptions.
7. *En l'une et en l'autre oraison.* En français et en latin. — Sur *oraison*, cf. p. 354, n. 10.
8. *Sujets.* Cf. p. 26, n. 3.
9. Avec l'abbé Bignon. Cf. chap. xii, § 19, et *Préface du Discours à l'Académie.*
10. *Si proche de moi.* Les récipiendaires siégeaient à l'une des extrémités de la table.
11. L'abbé de La Chambre.

place, hésitent, partagés entre plusieurs choses qui méritent également qu'on les relève. Vous aviez choisi en M. l'abbé de la Chambre un homme si pieux, si tendre, si charitable, si louable par le cœur, qui avait des mœurs si sages et si chrétiennes, qui était si touché de religion [1], si attaché à ses devoirs, qu'une de ses moindres qualités était de bien écrire. De solides vertus, qu'on voudrait célébrer, font passer légèrement sur son érudition ou sur son éloquence; on estime encore plus sa vie et sa conduite que ses ouvrages. Je préférerais en effet de prononcer le discours funèbre de celui à qui je succède, plutôt que de me borner à un simple éloge de son esprit. Le mérite en lui n'était pas une chose acquise, mais un patrimoine, un bien héréditaire [2], si du moins il en faut juger par le choix de celui qui avait livré son cœur, sa confiance, toute sa personne [3], à cette famille, qui l'avait rendue comme votre alliée, puisqu'on peut dire qu'il l'avait adoptée, et qu'il l'avait mise avec l'Académie française sous sa protection [4].

Je parle du chancelier Seguier. On s'en [5] souvient comme de l'un des plus grands magistrats que la France ait nourris depuis ses commencements. Il a laissé à douter en quoi il excellait davantage [6], ou dans les belles-lettres, ou dans les affaires; il est vrai du moins, et on en convient, qu'il surpassait en l'un et en l'autre [7] tous ceux de son temps. Homme grave et familier, profond dans les délibérations, quoique doux et facile dans le commerce [8], il a eu naturellement ce que tant d'autres veulent avoir et ne se donnent pas, ce qu'on n'a point par l'étude et par l'affectation, par les mots graves ou sentencieux, ce qui est plus rare que la science, et peut-être que la probité, je veux dire de la dignité. Il ne la devait point à l'éminence de son poste; au contraire, il l'a anobli [9]; il a été grand et accrédité sans ministère, et on ne voit pas que ceux qui ont su tout réunir en leurs personnes l'aient effacé.

Vous le perdîtes il y a quelques années [10], ce grand pro-

---

1. *Si touché de religion.* Cf. p. 162, n. 11.
2. *Héréditaire.* Le père de l'abbé de La Chambre avait été de l'Académie.
3. *Sa personne.* Le chancelier Séguier avait eu pour médecin le père de l'abbé de La Chambre.
4. *Protection.* Séguier avait été « protecteur » de l'Académie.
5. *En.* Cf. p. 18, n. 4.
6. *Davantage.* Cf. p. 1, n. 6.
7. *L'un et l'autre.* Employé au neutre.
8. *Commerce.* Société, « conversation ». Cf. p. 33, n. 2.
9. *Il l'a anobli.* C'est lui qui a rehaussé ce poste. *Anobli* ne s'emploie plus ainsi.
10. En 1672.

tecteur. Vous jetâtes la vue autour de vous, vous promenâtes vos yeux sur tous ceux qui s'offraient et qui se trouvaient honorés de vous recevoir [1]; mais le sentiment de votre perte fut tel, que dans les efforts que vous fîtes pour la réparer, vous osâtes penser à celui qui seul pouvait vous la faire oublier et la faire tourner à votre gloire. Avec quelle bonté, avec quelle humanité ce magnanime prince vous a-t-il reçus! N'en soyons pas surpris, c'est son caractère : le même, messieurs, que l'on voit éclater dans toutes les actions de sa belle vie, mais que les surprenantes révolutions [2] arrivées dans un royaume voisin et allié de la France ont mis dans le plus beau jour qu'il pouvait jamais recevoir.

Quelle facilité est la nôtre pour perdre tout d'un coup le sentiment et la mémoire des choses dont nous nous sommes vus le plus fortement imprimés [3]! Souvenons-nous de ces jours tristes que nous avons passés dans l'agitation et dans le trouble, curieux [4], incertains quelle fortune [5] auraient courue un grand roi, une grande reine, le prince leur fils, famille auguste, mais malheureuse, que la piété et la religion avait poussée jusqu'aux dernières épreuves de l'adversité [6]. Hélas! avaient-ils péri sur la mer ou par les mains de leurs ennemis? Nous ne le savions pas : on s'interrogeait, on se promettait réciproquement les premières nouvelles qui viendraient sur un événement si lamentable. Ce n'était plus une affaire publique, mais domestique : on n'en dormait plus, on s'éveillait les uns les autres pour s'annoncer ce qu'on avait appris. Et quand ces personnes royales, à qui l'on prenait tant d'intérêt, eussent pu échapper à la mer ou à leur patrie, était-ce assez? ne fallait-il pas une terre étrangère où ils [7] pussent aborder, un roi également bon et puissant [8] qui pût et qui voulût les recevoir? Je l'ai vue, cette réception, spectacle tendre s'il en fut jamais! On y versait des larmes d'admiration et de joie. Ce prince n'a pas plus de grâce, lorsqu'à la tête de ses camps et de ses armées, il foudroie une ville qui lui résiste, ou qu'il dissipe les troupes ennemies du [9] seul bruit de son approche.

---

1. *Recevoir.* L'Académie tenait séance jusque-là chez son protecteur.
2. Allusion à la révolution de 1688.
3. *Imprimés.* Le mot ne s'emploierait plus ainsi.
4. *Curieux.* Inquiets, impatients de nouvelles.

5. *Incertains quelle,* etc. Latinisme. Cf. p. 272, n. 10.
6. Allusion à la fuite de Jacques II et de sa famille.
7. *Ils.* Cf. p. 18, n. 9.
8. *Également bon et puissant.* Bon à la fois et non moins puissant.
9. *Du.* Par le. Cf. p. 46, n. 10.

S'il soutient cette longue guerre [1], n'en doutons pas, c'est pour nous donner une paix heureuse, c'est pour l'avoir à des conditions qui soient justes et qui fassent honneur à la nation, qui ôtent pour toujours à l'ennemi l'espérance de nous troubler par de nouvelles hostilités. Que d'autres publient, exaltent ce que ce grand roi a exécuté, ou par lui-même, ou par ses capitaines, durant le cours de ces mouvements dont toute l'Europe est ébranlée : ils ont un sujet vaste et qui les exercera longtemps. Que d'autres augurent, s'ils le peuvent, ce qu'il veut achever [2] dans cette campagne. Je ne parle que de son cœur, que de la pureté et de la droiture de ses intentions : elles sont connues, elles lui échappent [3]. On le félicite sur des titres d'honneur dont il vient de gratifier quelques grands de son État : que dit-il? qu'il ne peut être content quand tous ne le sont pas, et qu'il lui est impossible que tous le soient [4] comme il le voudrait. Il sait, messieurs, que la fortune d'un roi est de prendre des villes, de gagner des batailles, de reculer ses frontières, d'être craint de ses ennemis; mais que la gloire du souverain consiste à être aimé de ses peuples, en [5] avoir [6] le cœur, et par le cœur tout ce qu'ils possèdent. Provinces éloignées, provinces voisines, ce prince humain et bienfaisant, que les peintres et les statuaires nous défigurent [7], vous tend les bras, vous regarde avec des yeux tendres et pleins de douceur; c'est là son attitude : il veut voir vos habitants, vos bergers danser au son d'une flûte champêtre sous les saules et les peupliers, y mêler leurs voix rustiques [8], et chanter les louanges de celui qui, avec la paix et les fruits de la paix, leur aura rendu la joie et la sérénité [9].

C'est pour arriver à ce comble de ses souhaits, la félicité commune, qu'il se livre aux travaux et aux fatigues d'une guerre pénible, qu'il essuie l'inclémence du ciel et des saisons, qu'il expose sa personne, qu'il risque une vie heureuse : voilà son secret et les vues qui le font agir; on les pénètre, on les discerne par les seules qualités [10] de ceux qui sont en place, et qui l'aident de leurs conseils. Je ménage leur

---

1. Celle de la ligue d'Augsbourg.
2. *Achever.* Cf. p. 1, n. 3.
3. *Lui échappent.* Il ne peut les cacher.
4. *Il lui est impossible que tous le soient.* Impossible de faire que, etc.
5. *En.* Cf. p. 18, n. 4.
6. *En avoir.* Cf. p. 28, n. 1.
7. En le représentant toujours comme un conquérant.
8. Idylle bien déplacée.
9. Cf. chap. x, § 29.
10. *Par les seules qualités.* Seulement par les qualités, c'est-à-dire que ces qualités suffisent pour qu'on discerne, etc.

modestie : qu'ils me permettent seulement de remarquer qu'on ne devine point les projets de ce sage prince; qu'on devine, au contraire, qu'on nomme les personnes qu'il va placer, et qu'il ne fait que confirmer la voix du peuple dans le choix qu'il fait de ses ministres. Il ne se décharge pas entièrement sur eux du poids de ses affaires; lui-même, si je l'ose dire, il est son principal ministre. Toujours appliqué à nos besoins, il n'y a pour lui ni temps de relâche ni heures privilégiées : déjà la nuit s'avance; les gardes sont relevées aux avenues de son palais; les astres brillent au ciel et font leur course, toute la nature repose, privée du jour, ensevelie dans les ombres; nous reposons aussi, tandis que ce roi, retiré dans son balustre [1], veille seul sur nous et sur tout l'État. Tel est, messieurs, le protecteur que vous vous êtes procuré, celui de ses peuples.

Vous m'avez admis dans une Compagnie illustrée par une si haute protection. Je ne le dissimule pas, j'ai assez estimé cette distinction pour désirer de l'avoir dans toute sa fleur et dans toute son intégrité, je veux dire de la devoir à votre seul choix; et j'ai mis votre choix à tel prix, que je n'ai pas osé en blesser [2], pas même en effleurer la liberté, par une importune sollicitation. J'avais d'ailleurs une juste défiance de moi-même, je sentais de la répugnance à demander d'être préféré à d'autres qui pouvaient être choisis. J'avais cru entrevoir, messieurs, une chose que je ne devais avoir aucune peine à croire, que vos inclinations se tournaient ailleurs, sur un sujet [3] digne, sur un homme rempli de vertus, d'esprit et de connaissances, qui était tel avant le poste de confiance qu'il occupe et qui serait tel encor s'il ne l'occupait plus [4]. Je me sens touché, non de sa déférence [5], je sais celle que je lui dois, mais de l'amitié qu'il m'a témoignée, jusques à s'oublier en ma faveur. Un père mène son fils à un spectacle : la foule y est grande, la porte est assiégée; il est haut et robuste, il fend la presse; et comme [6] il est près d'entrer, il pousse son fils devant lui, qui [7] sans cette précaution, ou n'entrerait point, ou entrerait tard.

---

1. *Balustre.* Galerie formant l'alcôve royale.
2. *Blesser.* Porter atteinte à.
3. *Sujet.* Cf. p. 26, n. 3. — Simon de la Loubère, gouverneur du fils de Pontchartrain, qui fut reçu à l'Académie quelques mois après.
4. Cf. chap. VIII, § 32, etc.
5. *Déférence.* La Bruyère ne veut pas employer ce mot, qui blesserait sa modestie.
6. *Comme.* Au moment où.
7. *Qui.* Séparé de son antécédent. Cf. p. 335, n. 4.

Cette démarche[1] d'avoir supplié quelques-uns de vous, comme il a fait, de détourner vers moi leurs suffrages, qui pouvaient si justement aller à lui, elle est rare, puisque dans ses circonstances[2] elle est unique[3] et elle ne diminue rien de ma reconnaissance envers vous, puisque vos voix seules, toujours libres et arbitraires[4], donnent une place dans l'Académie française.

Vous me l'avez accordée, messieurs, et de si bonne grâce, avec un consentement si unanime, que je la dois et la veux tenir de[5] votre magnificence. Il n'y a ni poste, ni crédit, ni richesses, ni titres, ni autorité, ni faveur qui aient pu vous plier[6] à faire ce choix : je n'ai rien de toutes ces choses, tout me manque. Un ouvrage qui a eu quelque succès par sa singularité[7], et dont les fausses, je dis les fausses et malignes[8] applications pouvaient me nuire auprès des personnes moins équitables et moins éclairées que vous, a été toute la médiation[9] que j'ai employée, et que vous avez reçue. Quel moyen de me repentir jamais d'avoir écrit[10]?

1. *Démarche.* Cf. p. 189, n. 2.
2. *Dans ses circonstances.* Dans les circonstances particulières qui l'ont marquée.
3. *Elle est rare, puisque... elle est unique. Rare* peut s'entendre dans le sens de *beau, méritoire*, etc. Mais d'ailleurs, ce *puisque* est mis pour la symétrie de la phrase. Cf. celui qui va suivre.
4. *Arbitraires.* Qui ne dépendent que de votre libre arbitre.
5. *Je la dois et la veux tenir de.* Construction que l'usage n'admet plus.
6. *Vous plier à.* Cette locution ne s'emploierait plus. Elle tient le milieu entre *obliger à* et *incliner à.*
7. *Singularité.* Cf. p. 15, n. 2. — Voltaire, dans le *Siècle de Louis XIV*, chap. xxxii, met les *Caractères* au nombre des œuvres littéraires du siècle qui n'avaient eu aucun modèle.
8. *Malignes.* Cf. p. 162, n. 12.
9. Nous avons cependant un billet de Pontchartrain à Renaudot pour lui recommander instamment l'abbé Bignon et La Bruyère.
10. Comment pourrais-je me repentir d'un ouvrage qui m'a valu vos voix? La Bruyère fait ici allusion aux attaques de ses adversaires.

PRÉFACE [1]

Ceux qui, interrogés sur le discours que je fis à l'Académie française le jour que j'eus l'honneur d'y être reçu, ont dit sèchement que j'avais fait des caractères, croyant le blâmer, en ont donné l'idée la plus avantageuse que je pouvais moi-même désirer; car, le public ayant approuvé ce genre d'écrire où [2] je me suis appliqué depuis quelques années, c'était le prévenir en ma faveur que de faire une telle réponse. Il ne restait plus que de [3] savoir si je n'aurais pas dû renoncer aux caractères dans le discours dont il s'agissait; et cette question s'évanouit dès qu'on sait que l'usage a prévalu qu'un nouvel académicien compose celui qu'il doit prononcer, le jour de sa réception, de l'éloge du Roi, de ceux du cardinal de Richelieu, du chancelier Séguier, de la personne à qui il succède, et de l'Académie française. De ces cinq éloges il y en a quatre de personnels; or je demande à mes censeurs qu'ils me posent [4] si bien la différence qu'il y a des éloges personnels aux caractères qui louent, que je la puisse sentir, et avouer ma faute. Si, chargé de faire quelque autre harangue, je retombe encore dans des peintures, c'est alors qu'on pourra écouter leur critique,

---

1. Le discours que La Bruyère avait prononcé à l'Académie française fut violemment attaqué. Le *Mercure de France*, si maltraité par lui, prit sa revanche en déclarant que ce discours était « directement au-dessous de rien ». (Cf. chap. i, § 46.) Donneau de Visé, Fontenelle et Thomas Corneille ne ménagèrent pas à La Bruyère les injurieuses critiques. On l'accusait d'avoir dénigré les morts au profit des vivants, et, particulièrement, d'avoir mis Racine au-dessus de Corneille; on demanda même à l'Académie d'exiger, pour l'impression, que le parallèle des deux poètes fût retranché. La Bruyère sentit le besoin de répondre aux diatribes de ses adversaires, et fit paraître la préface suivante en 1694 dans la 8ᵉ édition des *Caractères*.

2. *Où*. Auquel. Cf. p. 19, n. 4.

3. *De*. Nous dirions *à*. Cf. p. 35, n. 8.

4. *Posent*. Établissent.

et peut-être me condamner; je dis peut-être, puisque les caractères, ou du moins les images des choses et des personnes, sont inévitables dans l'oraison [1], que tout écrivain est peintre [2], et tout excellent écrivain excellent peintre.

J'avoue que j'ai ajouté à ces tableaux, qui étaient de commande [3], les louanges de chacun des hommes illustres qui composent l'Académie française; et ils ont dû me le pardonner, s'ils ont fait attention qu'autant pour ménager leur pudeur [4] que pour éviter les caractères, je me suis abstenu de toucher à leurs personnes, pour ne parler que de leurs ouvrages, dont j'ai fait des éloges publics plus ou moins étendus, selon que les sujets qu'ils y ont traités pouvaient l'exiger. — J'ai loué des académiciens encore vivants, disent quelques-uns. — Il est vrai; mais je les ai loués tous [5]; qui d'entre eux aurait une raison de se plaindre? — C'est une coutume toute nouvelle, ajoutent-ils, et qui n'avait point encore eu d'exemple. — Je veux en convenir, et que [6] j'ai pris soin de m'écarter des lieux communs et des phrases proverbiales, usées depuis si longtemps, pour avoir servi à un nombre infini de pareils discours depuis la naissance de l'Académie française. M'était-il donc si difficile de faire entrer Rome et Athènes [7], le Lycée et le Portique, dans l'éloge de cette savante compagnie? « Être au comble de ses vœux de se voir académicien; protester que ce jour où l'on jouit pour la première fois d'un si rare bonheur est le jour le plus beau de sa vie; douter si cet honneur qu'on vient de recevoir est une chose vraie ou qu'on ait songée [8]; espérer de puiser désormais à la source des plus pures eaux de l'éloquence française; n'avoir accepté, n'avoir désiré une telle place, que pour profiter des lumières de tant de personnes si éclairées; promettre que tout indigne de leur choix qu'on se reconnaît, on s'efforcera de s'en rendre digne; cent autres formules de pareils compliments sont-elles si rares et si peu connues que je n'eusse pu les trouver, les placer et en mériter des applaudissements?

Parce donc que [9] j'ai cru que, quoi que l'envie et l'injus-

---

1. *L'oraison.* Cf. p. 354, n. 10.
2. Cf. chap. I, § 14.
3. *De commande.* De rigueur.
4. *Pudeur.* Modestie.
5. *Tous.* Mais non pas également; ses amis, disait-on, et les patrons de sa candidature, avaient été loués chacun à part, les autres tous ensemble et par des éloges d'une généralité banale.
6. *En... et que.* Cf. p. 48, n. 8.
7. Comme faisaient la plupart des récipiendaires, notamment l'abbé Bignon, reçu le même jour.
8. *Songée.* Rêvée.
9. *Parce donc que.* Parce que

PRÉFACE DU DISCOURS. 413

tice publient de [1] l'Académie française, quoi qu'elles veuillent dire de son âge d'or et de sa décadence, elle n'a jamais, depuis son établissement, rassemblé un si grand nombre de personnages illustres pour toutes sortes de talents et en tout genre d'érudition qu'il est facile aujourd'hui d'y en remarquer; et que, dans cette prévention où je suis, je n'ai pas espéré que cette Compagnie pût être une autre fois plus belle à peindre, ni prise dans un jour plus favorable, et que je me suis servi de l'occasion, ai-je rien fait qui doive m'attirer les moindres reproches? Cicéron a pu louer impunément Brutus, César, Pompée, Marcellus, qui étaient vivants, qui étaient présents : il les a loués plusieurs fois; il les a loués seuls dans le sénat, souvent en présence de leurs ennemis, toujours devant une compagnie jalouse de leur mérite, et qui avait bien d'autres délicatesses [2] de politique [3] sur la vertu des grands hommes que n'en saurait avoir l'Académie française. J'ai loué les académiciens, je les ai loués tous [4], et ce n'a pas été impunément : que me serait-il arrivé si je les avais blâmés tous?

« Je viens d'entendre, a dit Théobalde [5], une grande vilaine harangue qui m'a fait bâiller vingt fois, et qui m'a ennuyé à la mort. » Voilà ce qu'il a dit, et voilà [6] ensuite ce qu'il a fait, lui et peu d'autres qui ont cru devoir entrer dans les mêmes intérêts. Ils partirent pour la cour le lendemain de la prononciation [7] de ma harangue; ils allèrent de maisons en maisons; ils dirent aux personnes auprès de qui ils ont accès que je leur avais balbutié la veille un discours où il n'y avait ni style ni sens commun, qui était rempli d'extravagances, et une vraie satire [8]. Revenus à Paris, ils se cantonnèrent en divers quartiers, où ils répandirent tant de venin contre moi, s'acharnèrent si fort à diffamer cette harangue, soit dans leurs conversations, soit dans les lettres qu'ils écrivirent à leurs amis dans les provinces, en dirent tant de mal, et le persuadèrent si fortement à qui ne l'avait

s'emploie comme une sorte de mot composé; l'intercalation de *donc* n'est plus d'usage.
1. *De*. Cf. p. 172, n. 8.
2. *Délicatesses*. Susceptibilités.
3. Cf. p. 417, ligne 11 : « Palliant d'une politique zélée », etc.
4. *Tous*. Cf. p. 412, n. 5.
5. *Théobalde*. Ce nom, dans le chapitre v, § 66, désignait Benserade. Il désigne ici Fontenelle,

appelé ailleurs Cydias (même chapitre, § 75) ; se servir du même nom, c'eût été reconnaître que le portrait de Cydias était celui de Fontenelle.
6. *Voilà*. Voici.
7. *Prononciation*. Le mot n'a guère plus ce sens.
8. *Rempli... et une vraie satire*. Coordination d'un substantif avec un participe passé.

pas entendue, qu'ils crurent pouvoir insinuer au public, ou que les *Caractères* faits de la même main étaient mauvais, ou que s'ils étaient bons, je n'en étais pas l'auteur, mais qu'une femme [1] de mes amies m'avait fourni ce qu'il y avait de plus supportable. Ils prononcèrent aussi que je n'étais pas capable de faire rien [2] de suivi [3], pas même la moindre préface : tant ils estimaient impraticable à un homme même qui est dans l'habitude de penser et d'écrire ce qu'il pense, l'art de lier ses pensées et de faire des transitions.

Ils firent plus : violant les lois de l'Académie française, qui défend aux académiciens d'écrire ou de faire écrire contre leurs confrères, ils lâchèrent sur moi deux auteurs associés à une même gazette [4], ils les animèrent, non pas à publier contre moi une satire fine et ingénieuse, ouvrage trop au-dessous des uns et des autres [5], « facile à manier, et dont les moindres esprits se trouvent capables [6] », mais à me dire de ces injures grossières et personnelles, si difficiles à rencontrer [7], si pénibles à prononcer ou à écrire, surtout à des gens à qui je veux croire qu'il reste encore quelque pudeur et quelque soin de leur réputation.

Et en vérité je ne doute point que le public ne soit enfin étourdi et fatigué d'entendre, depuis quelques années, de vieux corbeaux croasser [8] autour de ceux qui, d'un vol libre et d'une plume légère [9], se sont élevés à quelque gloire par leurs écrits. Ces oiseaux lugubres semblent, par leurs cris continuels, leur vouloir imputer le décri universel où tombe nécessairement tout ce qu'ils exposent au grand jour de l'impression : comme si on était cause qu'ils manquent de force et d'haleine, ou qu'on dût être responsable de cette médiocrité répandue sur leurs ouvrages. S'il s'imprime un livre de mœurs assez mal digéré [10] pour tomber de soi-

---

1. Peut-être M*me* de Boislandry. Cf. chap. xii, § 28.
2. *Pas... rien.* Cf. p. 5, n. 5.
3. On sait que Boileau lui-même l'avait dit.
4. *Mercure galant* (*Note de La Bruyère.*) Les deux auteurs sont Donneau de Vizé et Thomas Corneille.
5. *Des uns et des autres.* De ceux qui animent ces deux auteurs et de ces deux auteurs eux-mêmes.
6. Ce sont à peu près les termes du *Mercure.*

7. Ironique. *Rencontrer* dans le sens de *trouver.* La Bruyère, ici et dans la suite, joue sur les mots, comme si *difficiles* et *pénibles* s'opposaient à *facile à manier*, etc.
8. Cf. Boileau :

Ses rivaux obscurcis autour de lui croassent.
(*Épît.*, VIII, 11.)

9. *D'une plume légère.* Ceci a l'air d'un calembour.
10. *Digéré.* Proprement, mené à maturité par un travail comparable à celui de la digestion.

même [1] et ne pas exciter leur jalousie, ils le louent volontiers, et plus volontiers encore ils n'en parlent point ; mais s'il est tel que le monde en parle, ils l'attaquent avec furie. Prose, vers, tout est sujet à leur censure, tout est en proie à une haine implacable qu'ils ont conçue contre ce qui ose paraître dans quelque perfection, et avec les signes d'une approbation publique. On ne sait plus quelle morale leur fournir qui leur agrée : il faudra leur rendre celle de la Serre [2] ou de des Marets [3], et s'ils en sont crus, revenir au *Pédagogue chrétien* et à *la Cour sainte* [4]. Il paraît une nouvelle satire écrite contre les vices en général, qui, d'un vers fort et d'un style d'airain, enfonce ses traits contre l'avarice, l'excès du jeu, la chicane, la mollesse, l'ordure et l'hypocrisie, où personne n'est nommé ni désigné, où nulle femme vertueuse ne peut ni ne doit se reconnaître [5] ; un Bourdaloue en chaire ne fait point de peintures du crime ni [6] plus vives ni plus innocentes : il n'importe, *c'est médisance, c'est calomnie.* Voilà depuis quelque temps leur unique ton, celui qu'ils emploient contre les ouvrages des mœurs qui réussissent : ils y prennent tout littéralement, ils les lisent comme une histoire ; ils n'y entendent ni la poésie, ni la figure [7] ; aussi ils les condamnent, ils y trouvent des endroits faibles : il y en a dans Homère, dans Pindare, dans Virgile et dans Horace : où n'y en a-t-il point? si ce n'est peut-être dans leurs écrits. Bernin [8] n'a pas manié le marbre ni traité toutes ses figures d'une [9] égale force ; mais on ne laisse pas de voir, dans ce qu'il a moins [10] heureusement rencontré, de certains traits si achevés, tout proches de quelques autres qui le sont moins, qu'ils découvrent aisément l'excellence de l'ouvrier [11] : si c'est un cheval, les crins sont tournés d'une main hardie, ils voltigent et semblent être le jouet du vent ; l'œil est ardent, les naseaux soufflent le feu et la vie ; un ciseau de maître s'y retrouve en mille en-

1. *Soi-même.* Cf. p. 39, n. 4.
2. *La Serre.* Celui dont Boileau s'est moqué. Comme prosateur il avait écrit, entre autres ouvrages de morale, l'*Entretien des bons esprits sur les vanités du monde.*
3. *Des Marets.* Des Marets de Saint-Sorlin, ridiculisé aussi par Boileau, avait composé, outre ses poésies, des livres de piété dans lesquels son imagination un peu folle se donne carrière.
4. Deux ouvrages sans valeur ; le dernier par le P. Caussin, jésuite, le premier publié sans nom d'auteur.
5. Allusion à la Xe satire de Boileau, publiée en 1694.
6. *Point... ni.* Cf. p. 127, n. 11.
7. *La figure.* Ils prennent au propre ce qui est dit figurément.
8. *Bernin.* Sculpteur et peintre italien (1598-1680).
9. *D'une.* Avec une.
10. *Moins.* Cf. p. 1, n. 6.
11. *Ouvrier.* Cf. p. 131, n. 3.

droits [1]; il n'est pas donné à ses copistes ni à ses envieux d'arriver à de telles fautes par leurs chefs-d'œuvre : l'on voit bien que c'est quelque chose de manqué par un habile homme, et une faute de Praxitèle [2].

Mais qui sont ceux qui, si tendres [3] et si scrupuleux, ne peuvent même supporter que, sans blesser et sans nommer les vicieux, on se déclare contre le vice? sont-ce des chartreux et des solitaires? sont-ce les jésuites, hommes pieux et éclairés? sont-ce ces hommes religieux qui habitent en France les cloîtres et les abbayes? Tous au contraire lisent ces sortes d'ouvrages, et en particulier, et en public, à leurs récréations : ils en inspirent la lecture à leurs pensionnaires, à leurs élèves; ils en dépeuplent les boutiques, ils les conservent dans leurs bibliothèques. N'ont-ils pas les premiers reconnu le plan et l'économie du livre des *Caractères*? N'ont-ils pas observé que de seize chapitres qui le composent, il y en a quinze qui s'attachant à découvrir le faux et le ridicule qui se rencontrent dans les objets des passions et des attachements humains, ne tendent qu'à ruiner tous les obstacles qui affaiblissent d'abord, et qui éteignent ensuite dans tous les hommes la connaissance de Dieu : qu'ainsi ils ne sont que des préparations au seizième et dernier chapitre, où l'athéisme est attaqué, et peut-être confondu [4]; où les preuves de Dieu, une partie du moins de celles que les faibles hommes sont capables de recevoir dans leur esprit, sont apportées; où la providence de Dieu est défendue contre l'insulte et les plaintes des libertins [5]? Qui sont donc ceux qui osent répéter contre un ouvrage si sérieux et si utile ce continuel refrain : *c'est médisance, c'est calomnie*? Il faut les nommer : ce sont des poètes; mais quels poètes? Des auteurs d'hymnes sacrés ou des traducteurs de psaumes, des Godeaux [6] ou des Corneilles [7]? Non, mais des faiseurs de stances et d'élégies amoureuses, de ces beaux esprits qui tournent un sonnet sur une absence ou sur un

---

1. Allusion à une statue équestre de Louis XIV faite par Bernin et qui avait été sur bien des points l'objet de justes critiques.
2. *Praxitèle.* Bernin, malgré son habileté, ne saurait être comparé à Praxitèle.
3. *Tendres.* Qui ont l'épiderme sensible; susceptibles.
4. Cette division des *Caractères* en deux parties, l'une de quinze chapitres, l'autre d'un seul, ne peut recevoir le nom de *plan*. Mais il n'est pas douteux que La Bruyère n'ait à dessein terminé son livre par le chapitre des *Esprits forts*.
5. *Libertins.* Cf. p. 133, 3.
6. *Des Godeaux.* Godeau, évêque de Grasse, avait mis en vers les *Psaumes*.
7. *Des Corneilles.* Le grand Corneille avait mis en vers l'*Imitation*.

retour, qui font une épigramme sur une belle gorge, et un madrigal sur une jouissance[1]. Voilà ceux qui, par délicatesse de conscience, ne souffrent qu'impatiemment qu'en ménageant les particuliers avec toutes les précautions que la prudence peut suggérer, j'essaye, dans mon livre des *Mœurs*, de décrier, s'il est possible, tous les vices du cœur et de l'esprit, de rendre l'homme raisonnable[2] et plus proche de devenir chrétien. Tels ont été les Théobaldes, ou ceux du moins qui travaillent sous eux et dans leur atelier[3].

Ils sont encore allés plus loin; car palliant d'une politique zélée le chagrin de ne se sentir pas à leur gré si[4] bien loués et si longtemps que chacun des autres académiciens, ils ont osé faire des applications délicates[5] et dangereuses de l'endroit de ma harangue[6] où, m'exposant[7] seul à prendre le parti de toute la littérature contre leurs[8] plus irréconciliables ennemis, gens pécunieux[9], que l'excès d'argent ou qu'une fortune faite par de certaines voies, jointe à la faveur des grands qu'elle leur attire nécessairement, mène jusqu'à une froide insolence, je leur fais à la vérité à tous une vive apostrophe, mais qu'il n'est pas permis de détourner de dessus eux pour la rejeter sur un seul[10] et sur tout autre.

Ainsi en usent à mon égard, excités peut-être par les Théobaldes, ceux qui se persuadant qu'un auteur écrit seulement pour les amuser par la satire, et point du tout pour les instruire par une saine morale[11], au lieu de prendre pour eux et de faire servir à la correction de leurs mœurs les divers traits qui sont semés dans un ouvrage, s'appliquent à découvrir, s'ils le peuvent, quels de leurs amis ou de leurs ennemis ces traits peuvent regarder, négligent dans un livre tout ce qui n'est que remarques solides ou sérieuses réflexions, quoique en si grand nombre qu'elles le composent presque tout entier, pour ne s'arrêter qu'aux peintures ou aux caractères; et après les avoir expliqués à leur manière et en avoir cru trouver les originaux, donnent au public de longues listes, ou, comme ils les appellent, des clefs : fausses

---

1. On reconnaît ici Fontenelle, sans parler des autres.
2. Cf. p. 436, n. 11.
3. Cf. chap. v, § 75.
4. *Si.* Aussi.
5. *Délicates.* Subtiles.
6. Le quatrième alinéa du Discours à l'Académie.
7. *M'exposant.* Me risquant.
8. *Leurs. Littérature* est ici un synonyme d'*écrivains*.
9. *Pécunieux.* Cf. p. 144, n. 3.
10. *Un seul.* Probablement Gourville, le familier des Condés.
11. Cf. le début de la Préface des *Caractères*.

clefs, et qui leur sont aussi inutiles qu'elles sont injurieuses aux personnes dont les noms s'y voient déchiffrés [1], et à l'écrivain qui en est la cause, quoique innocente.

J'avais pris la précaution de protester dans une préface [2] contre toutes ces interprétations, que quelque connaissance que j'ai des hommes m'avait fait prévoir, jusqu'à hésiter [3] quelque temps si je devais rendre mon livre public, et à balancer entre le désir d'être utile à ma patrie par mes écrits et la crainte de fournir à quelques-uns de quoi exercer leur malignité [4]. Mais puisque j'ai eu la faiblesse de publier ces *Caractères*, quelle digue élèverai-je contre ce déluge d'explications qui inonde la ville, et qui bientôt va gagner la cour? Dirai-je sérieusement, et protesterai-je avec d'horribles serments, que je ne suis ni auteur ni complice de ces clefs qui courent; que je n'en ai donné aucune; que mes plus familiers amis savent que je les leur ai toutes refusées [5], que les personnes les plus accréditées de la cour ont désespéré d'avoir mon secret? N'est-ce pas la même chose que si je me tourmentais beaucoup à soutenir que je ne suis pas un malhonnête homme, un homme sans pudeur, sans mœurs, sans conscience, tel enfin que les gazetiers dont je viens de parler ont voulu me représenter dans leur libelle diffamatoire?

Mais, d'ailleurs, comment aurais-je donné ces sortes de clefs, si je n'ai pu moi-même les forger telles qu'elles sont et que je les ai vues? Étant [6] presque toutes différentes entre elles, quel moyen de les faire servir à une même entrée [7], je veux dire à l'intelligence de mes *Remarques*? Nommant [8] des personnes de la cour et de la ville à qui je n'ai jamais parlé, que je ne connais point, peuvent-elles partir [9] de moi et être distribuées de ma main? Aurais-je donné celles qui se fabriquent à Romorantin, à Mortaignes et à Belesmes, dont les différentes applications sont à la baillive [10], à la femme de l'assesseur [11], au président de l'Élection [12], au prévôt

---

1. *Déchiffrés.* Cf. p. 116, n. 6.
2. Cf. p. 2.
3. *M'avait fait prévoir, jusqu'à hésiter.* Je les avais si bien prévues que j'hésitai même, etc. Construction libre de l'infinitif. Cf. p. 53, n. 2.
4. *Malignité.* Cf. p. 162, n. 12.
5. *Que je les leur ai toutes refusées.* Il y en a donc; et, à vrai dire, La Bruyère, pas plus que Molière, ne s'est abstenu de « toucher aux personnes ».

6. *Etant.* Cf. p. 278, n. 1.
7. *Entrée.* En accord avec *clefs.*
8. *Nommant.* Cf. p. 278, n. 1.
9. *Partir.* Comme nous dirions *venir.*
10. *Baillive.* Femme du bailli. Sur le bailli, cf. p. 100, n. 8.
11. *Assesseur.* Cf. p. 100, n. 8.
12. *Président de l'Élection.* On appelait élection un tribunal où l'on jugeait en première instance tout ce qui avait rapport aux tailles, aides ou gabelles.

PRÉFACE DU DISCOURS. 419

de la maréchaussée[1] et au prévôt de la collégiate[2]? Les noms y sont fort bien marqués; mais ils ne m'aident pas davantage à connaître les personnes. Qu'on me permette ici une vanité sur[3] mon ouvrage : je suis presque disposé à croire qu'il faut que mes peintures expriment[4] bien l'homme en général, puisqu'elles ressemblent à tant de particuliers, et que chacun y croit voir ceux de sa ville ou de sa province. J'ai peint, à la vérité, d'après nature, mais je n'ai pas toujours songé[5] à peindre celui-ci ou celle-là dans mon livre des Mœurs. Je ne me suis point loué au public[6] pour faire des portraits qui ne fussent que vrais et ressemblants, de peur que quelquefois ils ne fussent pas croyables, et ne parussent feints[7] ou imaginés. Me rendant plus difficile, je suis allé plus loin : j'ai pris un trait d'un côté et un trait d'un autre[8], et de ces divers traits qui pouvaient convenir à une même personne, j'en[9] ai fait des peintures vraisemblables, cherchant moins à réjouir les lecteurs par le caractère, ou comme le disent les mécontents, par la satire de quelqu'un, qu'à leur proposer des défauts à éviter et des modèles à suivre.

Il me semble donc que je dois être moins blâmé que plaint de ceux qui par hasard verraient leurs noms[10] écrits dans ces insolentes listes, que je désavoue et que je condamne autant qu'elles le méritent. J'ose même attendre d'eux cette justice, que sans s'arrêter à un auteur moral qui n'a eu nulle intention de les offenser par son ouvrage, ils passeront[11] jusqu'aux interprètes, dont la noirceur est inexcusable. Je dis en effet ce que je dis, et nullement ce qu'on assure que j'ai voulu dire; et je réponds encore moins de ce qu'on me fait dire, et que je ne dis point. Je nomme nettement les personnes que je veux nommer, toujours dans la vue[12] de louer leur vertu ou leur mérite; j'écris leur nom en lettres capitales, afin qu'on les voie de loin, et que le lecteur ne coure pas risque

---

1. *Prévôt de la maréchaussée.* Quelque chose comme nos officiers de gendarmerie.
2. *Collégiate.* Ou *collégiale*, comme on lit dans les sept premières éditions. Une collégiale (église collégiale) avait un chapitre de chanoines réguliers. Le prévôt de collégiale était un dignitaire du chapitre.
3. *Sur.* Cf. p. 40, n. 1.
4. *Expriment.* Cf. p. 399, n. 5.
5. *Je n'ai pas toujours songé*, etc. Concluons que La Bruyère y a songé la plupart du temps.
6. *Je ne me suis point loué au public.* Ce serait un travail de mercenaire que faire des portraits qui ne fussent que ressemblants, à seule fin de « réjouir » les lecteurs.
7. *Feints.* Fictifs. Cf. p. 20, n. 7.
8. Cf. Molière, *Impromptu de Versailles*, scène III.
9. *En.* Explétif; on le trouve fréquemment au XVIIe siècle dans des constructions analogues.
10. *Leurs noms.* Cf. p. 55, n. 3.
11. *Passeront.* Cf. p. 21, n. 10.
12. *Dans la vue de*, etc. Nous disons *en vue de*. Cf. p. 317, n. 8.

de les manquer. Si j'avais voulu mettre des noms véritables aux peintures moins obligeantes, je me serais épargné le travail d'emprunter les noms de l'ancienne histoire, d'employer des lettres initiales qui n'ont qu'une signification vaine et incertaine, de trouver enfin mille tours et mille faux fuyants pour dépayser ceux qui me lisent et les dégoûter des applications. Voilà la conduite que j'ai tenue dans la composition des *Caractères*.

Sur ce qui concerne la harangue, qui a paru longue et ennuyeuse au chef des mécontents [1], je ne sais en effet pourquoi j'ai tenté de faire de ce remerciement à l'Académie française un discours oratoire qui eût quelque force et quelque étendue. De zélés académiciens [2] m'avaient déjà frayé ce chemin, mais ils se sont trouvés en petit nombre, et leur zèle pour l'honneur et pour la réputation de l'Académie n'a eu que peu d'imitateurs. Je pouvais suivre l'exemple de ceux qui, postulant une place dans cette compagnie sans avoir jamais rien écrit, quoiqu'ils sachent écrire, annoncent dédaigneusement, la veille de leur réception, qu'ils n'ont que deux mots à dire et qu'un moment à parler, quoique capables de parler longtemps et de parler bien [3].

J'ai pensé, au contraire, qu'ainsi que nul artisan n'est agrégé à aucune société, ni n'a ses lettres de maîtrise sans faire son chef-d'œuvre, de même et avec encore plus de bienséance, un homme associé à un corps qui ne s'est soutenu et ne peut jamais se soutenir que par l'éloquence, se trouvait engagé [4] à faire, en y entrant, un effort en ce genre, qui le fît aux yeux de tous paraître digne du choix dont il venait de l'honorer. Il me semblait encore que puisque l'éloquence profane ne paraissait plus régner au barreau, d'où elle a été bannie par la nécessité de l'expédition [5], et qu'elle ne devait plus être admise dans la chaire où elle n'a été que trop soufferte [6], le seul asile qui pouvait lui rester était l'Académie française; et qu'il n'y avait rien de plus naturel, ni qui pût rendre cette compagnie plus célèbre, que si, au sujet des réceptions de nouveaux académiciens, elle savait quelquefois attirer la cour et la ville à ses assemblées, par la curiosité d'y entendre des pièces d'éloquence d'une juste

---

1. *Chef des mécontents*. Fontenelle.
2. Bossuet et Fénelon entre autres.
3. Allusion probable à l'abbé Bignon, reçu en même temps que La Bruyère.
4. *Engagé*. Cf. p. 37, n. 5.
5. *L'expédition*. Cf. p. 338, n. 8.
6. Cf. chap. xv, § 2, 4, 6-10.

étendue, faites de main de maîtres et dont [1] la profession est d'exceller dans la science de la parole.

Si je n'ai pas atteint mon but, qui était de prononcer un discours éloquent, il me paraît du moins que je me suis disculpé de l'avoir fait trop long de quelques minutes; car si, d'ailleurs, Paris, à qui on l'avait promis mauvais, satirique et insensé, s'est plaint qu'on lui avait manqué de parole; si Marly [2], où la curiosité de l'entendre s'était répandue, n'a point retenti d'applaudissements que la cour ait donnés à la critique qu'on en avait faite; s'il a su franchir Chantilly [3], écueil des mauvais ouvrages; si l'Académie française, à qui j'avais appelé [4] comme au juge souverain de ces sortes de pièces, étant assemblée extraordinairement, a adopté celle-ci, l'a fait imprimer par son libraire, l'a mise dans ses archives; si elle n'était pas en effet composée *d'un style affecté, dur et interrompu* [5]; ni chargée de louanges fades et outrées, telles qu'on les lit dans les *prologues d'opéras*, et dans tant d'*épîtres dédicatoires* [6], il ne faut plus s'étonner qu'elle ait ennuyé Théobalde. Je vois les temps, le public me permettra de le dire, où ce ne sera pas assez de l'approbation qu'il [7] aura donnée à un ouvrage pour en faire la réputation, et que [8], pour y mettre le dernier sceau, il sera nécessaire que de certaines gens [9] le désapprouvent, qu'ils y aient bâillé.

Car voudraient-ils, présentement qu'ils ont reconnu que cette harangue a moins mal réussi dans le public qu'ils ne l'avaient espéré, qu'ils savent que deux libraires ont plaidé [10] à qui l'imprimerait, voudraient-ils désavouer leur goût et le jugement qu'ils en ont porté dans les premiers jours qu'elle [11] fut prononcée? Me permettraient-ils de publier [12], ou seulement de soupçonner une toute [13] autre raison de l'âpre censure qu'ils en firent, que la persuasion où ils étaient qu'elle la

---

1. *Et dont.* Et de maîtres dont. Cf. p. 7, n. 3.
2. *Marly.* Le roi, paraît-il, se l'y fit lire.
3. *Chantilly.* Il ne s'agit point du grand Condé, mort en 1636, huit années avant cette préface. Mais La Bruyère avait soumis son discours au père de son élève.
4. *J'avais appelé.* Cf. p. 293, n. 7.
5. *D'un style affecté,* etc. La Bruyère rappelle sans doute des critiques que lui avait adressées Théobalde (Fontenelle).
6. Ceux auxquels La Bruyère fait ici allusion, c'est-à-dire Fontenelle, Th. Corneille, D. de Visé, etc., remplissaient, les uns leurs prologues d'opéras, les autres leurs épîtres dédicatoires, des louanges du roi ou des princes.
7. *Il.* Le public.
8. *Et que.* Coordonné à où. Cf. p. 48, n. 8, ou p. 109, n. 4.
9. Les Théobaldes.
10. *Plaidé.* « L'instance était aux requêtes de l'Hôtel. » (*Note de La Bruyère.*) Ces deux libraires sont Michallet, éditeur de La Bruyère, et Coignard, éditeur de l'Académie.
11. *Qu'elle.* Cf. p. 109, n. 4.
12. *Publier.* Faire connaître au public. Cf. p. 71, n. 5.
13. *Toute.* Cf. p. 119, n. 2.

méritait? On sait que cet homme, d'un nom et d'un mérite si distingué, avec qui j'eus l'honneur d'être reçu à l'Académie française [1], prié, sollicité, persécuté de consentir [2] à l'impression de sa harangue, par ceux mêmes qui voulaient supprimer la mienne et en éteindre la mémoire, leur résista toujours avec fermeté. Il leur dit « qu'il ne pouvait ni ne devait approuver une distinction si odieuse qu'ils voulaient faire entre lui et moi : que la préférence qu'ils donnaient à son discours avec cette affectation et cet empressement qu'ils lui marquaient, bien loin de l'obliger, comme ils pouvaient le croire, lui faisait au contraire une véritable peine; que deux discours également innocents, prononcés dans le même jour, devaient être imprimés dans le même temps ». Il s'expliqua ensuite obligeamment, en public et en particulier, sur le violent chagrin qu'il ressentait de ce que les deux auteurs de la gazette que j'ai cités avaient fait servir les louanges qu'il leur avait plu de lui donner à un dessein formé [3] de médire de moi, de mon discours et de mes *Caractères*; et il me fit, sur cette satire injurieuse, des explications et des excuses qu'il ne me devait point. Si donc on voulait inférer de cette conduite des Théobaldes, qu'ils ont cru faussement avoir besoin de comparaisons et d'une harangue folle et décriée pour relever celle de mon collègue, ils doivent répondre, pour se laver de ce soupçon qui les déshonore, qu'ils ne sont ni courtisans, ni dévoués à la faveur, ni intéressés, ni adulateurs; qu'au contraire ils sont sincères, et qu'ils ont dit naïvement ce qu'ils pensaient du plan, du style et des expressions de mon remerciement à l'Académie française. Mais on ne manquera pas d'insister et de leur dire que le jugement de la cour, et de la ville, des grands et du peuple, lui a été favorable. Qu'importe? Ils répliqueront avec confiance que le public a son goût, et qu'ils ont le leur : réponse qui ferme la bouche et qui termine tout différend. Il est vrai qu'elle m'éloigne de plus en plus de vouloir leur plaire par aucun de mes écrits; car si j'ai un peu de santé avec quelques années de vie, je n'aurai plus d'autre ambition que celle de rendre, par des soins assidus et par [4] de bons conseils, mes ouvrages tels qu'ils puissent toujours partager [5] les Théobaldes et le public.

1. Cf. p. 420, n. 3.
2. *Persécuté de consentir.* Construction insolite, mais qui s'explique ici par la coordination avec *prié, sollicité.*
3. *Formé.* Prémédité.
4. *Par.* A l'aide de.
5. *Partager*, etc. Etre décriés par les Théobaldes et appréciés par le public.

DISCOURS

SUR

THÉOPHRASTE [1]

Je n'estime pas que l'homme soit capable de former dans son esprit un projet plus vain et plus chimérique que de prétendre, en écrivant de [2] quelque art ou de quelque science que ce soit, échapper à toute sorte de critique, et enlever les suffrages de tous ses lecteurs.

Car, sans m'étendre sur la différence des esprits des hommes, aussi prodigieuse en eux que celle de leurs visages, qui fait goûter aux uns les choses de spéculation et aux autres celles de pratique, qui fait que quelques-uns cherchent dans les livres à exercer leur imagination, quelques autres à former leur jugement, qu'entre ceux qui lisent, ceux-ci aiment à être forcés [3] par la démonstration, et ceux-là veulent entendre délicatement [4], ou former des raisonnements [5] et des conjectures, je me renferme seulement dans cette science qui décrit les mœurs, qui examine les hommes, et qui développe [6] leurs caractères, et j'ose dire que, sur les ouvrages qui traitent de choses qui les touchent de si près, et où il ne s'agit que d'eux-mêmes, ils sont encore extrêmement difficiles à contenter.

---

1. Ce Discours était l'introduction de l'ouvrage entier que La Bruyère publia sous le titre de : *Les Caractères de Théophraste traduits du grec avec les Caractères ou les mœurs de ce siècle.*
2. *De.* Cf. p. 172, n. 8.
3. *A être forcés.* Une logique rigoureuse force la conviction.
4. *Délicatement.* En opposition avec la violence qu'une argumentation en règle fait à l'esprit.
5. *Former des raisonnements.* Les former d'eux-mêmes au lieu de se rendre à ceux de l'auteur.
6. *Développe.* Explique, expose.

Quelques savants ne goûtent que les apophtegmes des anciens et les exemples tirés des Romains, des Grecs, des Perses, des Égyptiens; l'histoire du monde présent leur est insipide; ils ne sont point touchés des hommes [1] qui les environnent et avec qui ils vivent, et ne font nulle attention à leurs mœurs [2]. Les femmes au contraire, les gens de la cour, et tous ceux qui n'ont que beaucoup d'esprit sans érudition, indifférents pour toutes les choses qui les ont précédés, sont avides de celles qui se passent à leurs yeux et qui sont comme sous leur main : ils les examinent, ils les discernent [3], ils ne perdent pas de vue les personnes qui les entourent, si charmés des descriptions et des peintures que l'on fait de leurs contemporains, de leurs concitoyens, de ceux enfin qui leur ressemblent et à qui ils ne croient pas ressembler, que jusque dans la chaire l'on se croit obligé souvent de suspendre l'Évangile pour les prendre par leur faible [4], et les ramener à leurs devoirs par des choses qui soient de leur goût et de leur portée [5].

La cour ou ne connaît pas la ville, ou par [6] le mépris qu'elle a pour elle néglige d'en relever le ridicule, et n'est point frappée des images qu'il peut fournir; et si, au contraire, l'on peint la cour, comme c'est toujours avec les ménagements qui lui sont dus, la ville ne tire pas de cette ébauche de quoi remplir sa curiosité, et se faire une juste idée d'un pays [7] où il faut même [8] avoir vécu pour le connaître.

D'autre part, il est naturel aux hommes de ne point convenir de la beauté ou de la délicatesse d'un trait de morale qui les peint, qui les désigne, et où ils se reconnaissent eux-mêmes : ils se tirent d'embarras en le condamnant; et tels n'approuvent la satire que lorsque, commençant à lâcher prise et à s'éloigner de leurs personnes, elle va mordre quelque autre.

Enfin, quelle apparence de pouvoir remplir [9] ous les goûts si différents des hommes par un seul ouvrage de

---

1. *Ils ne sont point touchés des hommes*, etc. Ils ne s'intéressent point aux hommes, etc. Nous avons déjà vu *touchés d'une amitié* (p. 231, n. 2), *touché de religion* (p. 406, n. 1).
2. Cf. chap. v, § 71.
3. *Discernent*. En distinguent tous les traits.
4. Allusion à Bourdaloue et à ses « mauvais copistes ». Cf. chapitre xv, § 25, et p. 359, n. 2.
5. *De leur portée*. Nous dirions *à*.
6. *Par*. En raison de. Cf. p. 4, n. 4.
7. *Pays*. Cf. p. 169, n. 1.
8. *Même*. Non seulement on lire des descriptions complètes, mais même, etc.
9. *Remplir*. Satisfaire. Cf. *remplir sa curiosité*, quelques lignes ci-dessus.

morale? Les uns cherchent des définitions, des divisions, des tables et de la méthode : ils veulent qu'on leur explique ce que c'est que la vertu en général, et cette [1] vertu en particulier; quelle différence se trouve entre la valeur, la force et la magnanimité; les vices extrêmes [2] par le défaut ou par l'excès [3] entre lesquels chaque vertu se trouve placée, et duquel de ces deux extrêmes elle emprunte davantage [4] : toute autre doctrine ne leur plait pas [5]. Les autres, contents [6] que l'on réduise les mœurs aux passions et que l'on explique celles-ci par le mouvement du sang, par celui des fibres et des artères [7], quittent [8] un auteur de tout le reste.

Il s'en trouve d'un troisième ordre, qui, persuadés que toute doctrine des mœurs doit tendre à les réformer, à discerner les bonnes d'avec les mauvaises, et à démêler dans les hommes ce qu'il y a de vain, de faible et de ridicule, d'avec ce qu'ils peuvent avoir de bon, de sain et de louable, se plaisent infiniment dans la lecture des livres qui, supposant [9] les principes physiques et moraux rebattus [10] par les anciens et les modernes, se jettent d'abord [11] dans leur application aux mœurs du temps, corrigent les hommes les uns par les autres, par ces images de choses qui leur sont si familières, et dont néanmoins ils ne s'avisaient pas de tirer leur instruction.

Tel est le traité des *Caractères des mœurs* [12] que nous a laissé Théophraste. Il l'a puisé dans les *Éthiques* [13] et dans les *grandes Morales* d'Aristote, dont il fut le disciple. Les excellentes définitions que l'on lit au commencement de chaque chapitre sont établies sur les idées et sur les principes de ce grand philosophe, et le fond des caractères qui y sont décrits est pris de la même source. Il est vrai qu'il se les rend propres par l'étendue qu'il leur donne, et par la satire ingénieuse qu'il en tire contre les vices des Grecs, et surtout des Athéniens.

1. *Cette.* Telle ou telle.
2. *Les vices extrêmes.* Dépend d'*explique.* Cf. p. 18, n. 8.
3. *Défaut... excès.* C'est la théorie d'Aristote.
4. *Davantage.* Cf. p. 1, n. 6.
5. *Aucune autre doctrine ne leur plait.* Cf. p. 157, n. 5.
6. *Contents.* Se contentant. Cf. p. 70, n. 4.
7. Allusion aux *Passions de l'âme* de Descartes.
8. *Quittent.* Cf. p. 16, n. 7.
9. *Supposant.* Admettant.
10. *Rebattus.* Le mot indique que La Bruyère est de ceux-là.
11. *D'abord.* Cf. p. 12, n. 2.
12. Ἠθικοὶ χαρακτῆρες, tel est le titre du livre de Théophraste; proprement Caractères moraux.
13. On appelle ainsi toutes les œuvres morales d'Aristote. La Bruyère désigne par là les petits traités tels que la *Morale à Nicomaque*, la *Morale à Eudème*, en les distinguant des *grandes Morales*.

426   LES CARACTÈRES.

Ce livre ne peut guère passer que pour le commencement d'un plus long ouvrage que Théophraste avait entrepris [1]. Le projet de ce philosophe, comme vous le remarquerez dans sa préface, était de traiter de toutes les vertus et de tous les vices ; et comme il assure lui-même dans cet endroit qu'il commence un si grand dessein à l'âge de quatre-vingt-dix-neuf ans, il y a apparence qu'une prompte mort l'empêcha de le conduire à sa perfection [2]. J'avoue que l'opinion commune a toujours été qu'il avait poussé sa vie au delà de cent ans [3], et saint Jérôme, dans une lettre [4] qu'il écrit à Népotien, assure qu'il est mort à cent sept ans accomplis : de sorte que je ne doute point qu'il n'y ait eu une ancienne erreur, ou dans les chiffres grecs qui ont servi de règle à Diogène Laërce [5], qui ne le fait vivre que quatre-vingt-quinze années, ou dans les premiers manuscrits qui ont été faits de cet historien, s'il est vrai d'ailleurs que les quatre-vingt-dix-neuf ans que cet auteur se donne dans cette préface se lisent également dans quatre manuscrits de la bibliothèque Palatine, où l'on a aussi trouvé les cinq derniers chapitres des *Caractères* de Théophraste qui manquaient aux anciennes impressions, et où l'on a vu deux titres, l'un : *du Goût qu'on a pour les vicieux*, et l'autre : *du Gain sordide*, qui sont seuls et dénués de leurs chapitres [6].

Ainsi cet ouvrage n'est peut-être même qu'un simple fragment, mais cependant un reste précieux de l'antiquité, et un monument de la vivacité de l'esprit et du jugement ferme et solide de ce philosophe dans un âge si avancé.

En effet, il a toujours été lu comme un chef-d'œuvre dans son genre : il ne se voit rien où le goût attique se fasse mieux remarquer et où l'élégance grecque éclate davantage; on l'a appelé un livre d'or. Les savants, faisant attention à la diversité des mœurs qui y sont traitées et à la manière naïve [7] dont tous les caractères y sont exprimés, et la comparant d'ailleurs [8] avec celle du poète Ménandre, disciple de Théophraste [9], et qui servit ensuite de modèle à

---

1. A moins qu'il ne soit composé d'extraits faits par d'anciens rhéteurs.
2. *Perfection.* Achèvement.
3. Théophraste a vécu un peu moins de quatre-vingt-dix ans.
4. *Epistulae selectae*, II, 12.
5. Écrivain grec du second siècle après J.-C. Nous ne pouvons entrer ici dans une discussion de ce genre.
6. Ces deux chapitres ont été découverts en 1712.
7. *Naïve.* A peu près synonyme de *naturel.* Cf. p. 435, n. 7. Cette signification tend à se perdre.
8. *D'ailleurs.* D'autre part.
9. *Disciple de Théophraste.* C'est ce que déclare Diogène Laërce.

Térence, qu'on a de nos jours si heureusement imité [1], ne peuvent s'empêcher de reconnaître dans ce petit ouvrage la première source de tout le comique : je dis de celui qui est épuré des pointes, des obscénités, des équivoques, qui est pris dans la nature, qui fait rire les sages et les vertueux [2].

Mais peut-être que pour relever le mérite de ce traité des *Caractères* et en inspirer la lecture, il ne sera pas inutile de dire quelque chose de celui de leur auteur. Il était d'Érèse, ville de Lesbos, fils d'un foulon ; il eut pour premier maître dans son pays un certain Leucippe [3], qui était de la même ville que lui ; de là il passa à l'école de Platon, et s'arrêta ensuite à celle d'Aristote, où il se distingua entre tous ses disciples. Ce nouveau maître, charmé de la facilité de son esprit et de la douceur de son élocution, lui changea son nom, qui était Tyrtame, en celui d'Euphraste, qui signifie celui qui parle bien ; et ce nom ne répondant point assez à la haute estime qu'il avait de la beauté de son génie et de ses expressions, il l'appela Théophraste, c'est-à-dire un homme dont le langage est divin. Et il semble que Cicéron ait entré [4] dans les sentiments de ce philosophe, lorsque dans le livre qu'il intitule *Brutus* ou *des Orateurs illustres*, il parle ainsi : « Qui est plus fécond et plus abondant que Platon ? plus solide et plus ferme qu'Aristote ? plus agréable et plus doux que Théophraste [5] ? » Et dans quelques-unes de ses Épîtres à Atticus, on voit que, parlant du même Théophraste, il l'appelle son ami [6], que la lecture de ses livres lui était familière, et qu'il en faisait ses délices [7].

Aristote disait de lui et de Callisthène [8], un autre de ses disciples, ce que Platon avait dit la première fois d'Aristote et de Xénocrate [9], que Callisthène était lent à concevoir et avait l'esprit tardif, et que Théophraste, au contraire, l'avait

---

1. *Imité*. Allusion à Molière, particulièrement à l'*École des maris* et aux *Fourberies de Scapin*.
2. Cf. p. 37, n. 10.
3. « Un autre que Leucippe, philosophe célèbre, et disciple de Zénon. » (*Note de La Bruyère*.) Le plus célèbre des Leucippes ne fut point disciple de Zénon. C'est le maître de Démocrite, et le chef de l'école atomistique.
4. *Ait entré*. Cf. p. 120, n. 4.
5. « Quis uberior in dicendo Platone ? Quis Aristotele nervosior ? Theophrasto dulcior ? » (*Brutus*, XXXI.)
6. « Cum Theophrasto, amico meo. » (*Epistulae ad Atticum*, II, XVI.)
7. *Ibid.*, II, III, IX.
8. *Callisthène*. Celui qu'Alexandre fit ou mettre en croix ou enfermer dans une cage de fer, parce que sa liberté de langage lui avait déplu. Cf. le récit de Montesquieu.
9. *Xénocrate*. Neveu de Platon. Il fut, après Speusippe, chef de l'Académie.

si vif, si perçant, si pénétrant, qu'il comprenait d'abord [1] d'une chose tout ce qui en pouvait être connu, que l'un avait besoin d'éperon pour être excité, et qu'il fallait à l'autre un frein pour le retenir.

Il estimait en celui-ci sur toutes choses un caractère de douceur qui régnait également dans ses mœurs et dans son style. L'on raconte que les disciples d'Aristote, voyant leur maître avancé en âge et d'une santé fort affaiblie, le prièrent de leur nommer son successeur; que, comme il avait deux hommes dans son école sur qui seuls ce choix pouvait tomber, Ménédème [2] le Rhodien et Théophraste d'Érèse, par un esprit de ménagement pour celui qu'il voulait exclure, il se déclara de cette manière : il feignit, peu de temps après que ces disciples lui eurent fait cette prière et en leur présence, que le vin dont il faisait un usage ordinaire lui était nuisible; il se fit apporter des vins de Rhodes et de Lesbos; il goûta de tous les deux, dit qu'ils ne démentaient point leur terroir, et que chacun dans son genre était excellent; que le premier avait de la force, mais que celui de Lesbos avait plus de douceur et qu'il lui donnait la préférence. Quoi qu'il en soit de ce fait, qu'on lit dans Aulu-Gelle [3], il est certain que lorsqu'Aristote, accusé par Eurymédon, prêtre de Cérès, d'avoir mal parlé des dieux, craignant le destin de Socrate, voulut sortir d'Athènes et se retirer à Chalcis, ville d'Eubée, il abandonna son école au Lesbien, lui confia ses écrits à condition de les tenir secrets; et c'est par Théophraste que sont venus jusques à nous les ouvrages de ce grand homme.

Son nom devint si célèbre par toute la Grèce que, successeur d'Aristote, il put compter bientôt dans l'école [4] qu'il lui avait laissée jusques à deux mille disciples. Il excita l'envie de Sophocle [5] fils d'Amphiclide, et qui pour lors était préteur [6] : celui-ci, en effet [7] son ennemi, mais sous prétexte d'une exacte police [8] et d'empêcher [9] les assemblées, fit une

---

1. *D'abord.* Cf. p. 12, n. 2.
2. *Ménédème.* « Il y en a eu deux autres du même nom : l'un philosophe cynique, l'autre, disciple de Platon. » (*Note de La Bruyère.*) En réalité, ce n'est pas à un Ménédème qu'a trait l'anecdote, mais à Eudème de Rhodes.
3. *Nuits attiques*, XIII, v.
4. Le Lycée.
5. *Sophocle.* « Un autre que le poète tragique. » (*Note de La Bruyère.*)
6. *Préteur.* La préture n'est point une magistrature grecque. Sophocle, du reste, n'exerçait aucune fonction publique.
7. *En effet.* Cf. p. 14, n. 1.
8. *Police.* Régime politique, gouvernement, administration. Cf. p. 216, n. 2.
9. *Et d'empêcher.* Coordination

loi [1] qui défendait, sur [2] peine de la vie, à aucun [3] philosophe, d'enseigner dans les écoles. Ils obéirent; mais l'année suivante, Philon ayant succédé à Sophocle, qui était sorti de charge, le peuple d'Athènes abrogea cette loi odieuse que ce dernier avait faite, le condamna à une amende de cinq talents, rétablit Théophraste et le reste des philosophes.

Plus heureux qu'Aristote, qui avait été contraint de céder à Eurymédon, il fut sur le point de voir un certain Agnonide puni comme impie par les Athéniens, seulement à cause qu'il [4] avait osé l'accuser d'impiété; tant était grande l'affection que ce peuple avait pour lui, et qu'il méritait par sa vertu!

En effet on lui rend ce témoignage qu'il avait une singulière prudence, qu'il était zélé pour le bien public, laborieux, officieux, affable, bienfaisant. Ainsi, au rapport de Plutarque [5], lorsque Érèse fut accablé de [6] tyrans qui avaient usurpé la domination de leur pays, il se joignit à Phidias [7], son compatriote, contribua avec lui de ses biens pour armer les bannis, qui rentrèrent dans leur ville, en chassèrent les traîtres, et rendirent à toute l'île de Lesbos sa liberté.

Tant de rares qualités ne lui acquirent pas seulement la bienveillance du peuple, mais encore l'estime et la familiarité des rois. Il fut ami de Cassandre, qui avait succédé à Aridée, frère d'Alexandre le Grand, au royaume de Macédoine; et Ptolémée, fils de Lagus, et premier roi d'Égypte, entretint toujours un commerce étroit avec ce philosophe. Il mourut enfin accablé d'années et de fatigues, et il cessa tout à la fois de travailler et de vivre. Toute la Grèce le pleura, et tout le peuple athénien assista à ses funérailles.

L'on raconte de lui que, dans son extrême vieillesse, ne pouvant plus marcher à pied, il se faisait porter en litière par la ville, où il était vu du peuple, à qui il était si cher. L'on dit aussi [8] que ses disciples, qui entouraient son lit lorsqu'il mourut, lui ayant demandé s'il n'avait rien à leur recommander, il leur tint ce discours : « La vie nous séduit,

---

d'un verbe et d'un substantif.
1. *Fit une loi.* La proposa et la fit passer. Sophocle était un orateur.
2. *Sur.* Nous disons *sous*.
3. *Aucun.* N'importe quel.
4. *A cause que.* Cf. p. 30, n. 5.
5. Cf. *Contre l'épicurien Colotès*, xxxiii; *Qu'on ne peut vivre agréablement en suivant la doctrine d'Épicure*, xv.
6. *De.* Cf. p. 46, n. 10.
7. *Phidias.* « Un autre que le fameux sculpteur. » (*Note de La Bruyère.*)
8. Diogène Laërce, V, 11.

elle nous promet de grands plaisirs dans la possession de la gloire; mais à peine commence-t-on à vivre qu'il faut mourir. Il n'y a souvent rien de plus stérile que l'amour de la réputation. Cependant, mes disciples, contentez-vous : si vous négligez l'estime des hommes, vous vous épargnez à vous-mêmes de grands travaux; s'ils ne rebutent point votre courage, il peut arriver que la gloire sera [1] votre récompense. Souvenez-vous seulement qu'il y a dans la vie beaucoup de choses inutiles, et qu'il y en a peu qui mènent à une fin solide. Ce n'est point à moi à délibérer sur le parti que je dois prendre, il n'est plus temps : pour vous, qui avez à me survivre, vous ne sauriez peser trop mûrement ce que vous devez faire. » Et ce furent là ses dernières paroles.

Cicéron, dans le troisième livre des *Tusculanes* [2], dit que Théophraste mourant se plaignit de la nature, de ce qu'elle avait accordé aux cerfs et aux corneilles une vie si longue et qui leur est si inutile, lorsqu'elle n'avait donné aux hommes qu'une vie très courte, bien qu'il leur importe si fort de vivre longtemps; que si l'âge des hommes eût pu s'étendre à un plus grand nombre d'années, il serait arrivé que leur vie aurait été cultivée [3] par une doctrine universelle, et qu'il n'y aurait eu dans le monde ni art ni science qui n'eût atteint sa perfection. Et saint Jérôme, dans l'endroit déjà cité [4], assure que Théophraste, à l'âge de cent sept ans, frappé de la maladie dont il mourut, regretta de sortir de la vie dans un temps où il ne faisait que commencer à être sage.

Il avait coutume de dire qu'il ne faut pas aimer ses amis pour les éprouver, mais les éprouver pour les aimer; que les amis doivent être communs entre les frères, comme tout est commun entre les amis; que l'on devait plutôt se fier à un cheval sans frein qu'à celui qui parle sans jugement; que la plus forte dépense que l'on puisse faire est celle du temps. Il dit un jour à un homme qui se taisait à table dans un festin : « Si tu es un habile [5] homme, tu as tort de ne pas parler; mais s'il n'est pas ainsi [6], tu en sais beaucoup [7] ». Voilà quelques-unes de ses maximes.

---

1. *Sera.* Nous dirions *soit.*
2. Chap. xxviii.
3. C'est l'expression latine *vitam excolere.* Dans Cicéron : *omni doctrina hominum vita erudiretur.*
4. Cf. p. 426, n. 4.
5. *Habile.* Cf. p. 7, n. 6.
6. *S'il n'est pas ainsi.* Cf. p. 60, n. 1.
7. *Tu en sais beaucoup.* Ton silence est une preuve de ta sagesse.

Mais si nous parlons de ses ouvrages, ils sont infinis, et nous n'apprenons pas que nul [1] ancien ait plus écrit que Théophraste. Diogène Laërce fait l'énumération de plus de deux cents traités différents, et sur toutes sortes de sujets qu'il a composés. La plus grande partie s'est perdue par le malheur des temps, et l'autre se réduit à vingt traités [2], qui sont recueillis dans le volume de ses œuvres. L'on y voit neuf livres de l'histoire des plantes, six livres de leurs causes. Il a écrit des vents, du feu [3], des pierres, du miel, des signes du beau temps, des signes de la pluie, des signes de la tempête, des odeurs, de la sueur, du vertige, de la lassitude, du relâchement des nerfs, de la défaillance, des poissons qui vivent hors de l'eau, des animaux qui changent de couleur, des animaux qui naissent subitement, des animaux sujets à l'envie, des caractères des mœurs. Voilà ce qui nous reste de ses écrits, entre lesquels ce dernier seul, dont on donne la traduction, peut répondre non seulement de la beauté de ceux que l'on vient de déduire [4], mais encore du mérite d'un nombre infini d'autres qui ne sont point venus jusques à nous.

Que si quelques-uns se refroidissaient pour cet ouvrage moral par [5] les choses qu'ils y voient, qui sont du temps auquel il a été écrit, et qui ne sont point selon leurs mœurs, que peuvent-ils faire de plus utile et de plus agréable pour eux que de se défaire de cette prévention pour leurs coutumes et leurs manières, qui, sans autre discussion, non seulement les leur fait trouver les meilleures de toutes, mais leur fait presque décider que tout ce qui n'y est pas conforme est méprisable [6], et qui les prive, dans la lecture des livres des anciens, du plaisir et de l'instruction qu'ils en doivent attendre?

Nous, qui sommes si modernes, serons anciens dans quelques siècles. Alors l'histoire du nôtre fera goûter à la postérité la vénalité des charges, c'est-à-dire le pouvoir de pro-

---

1. *Nul.* Construit comme *aucun*, malgré son sens négatif.
2. *Vingt traités.* Il reste les deux premiers, sur les plantes, et quelques fragments des autres.
3. *Des vents, du feu*, etc. Cf. p. 172, n. 8.
4. *Déduire.* Énumérer.
5. *Par.* Cf. p. 4, n. 4.
6. Cf. Descartes : « La lecture de tous les bons livres est comme une conversation avec les plus honnêtes gens des siècles passés.... C'est quasi le même de converser avec ceux des autres siècles que de voyager. Il est bon de savoir quelque chose des mœurs de divers peuples, afin de juger des nôtres plus sainement, et que nous ne pensions pas que tout ce qui est contre nos modes soit ridicule et contre raison. »

téger l'innocence, de punir le crime et de faire justice à tout le monde, acheté à deniers comptants comme une métairie; la splendeur des partisans [1], gens si méprisés chez les Hébreux et chez les Grecs. L'on entendra parler d'une capitale d'un grand royaume où il n'y avait ni places publiques, ni bains, ni fontaines, ni amphithéâtres, ni galeries, ni portiques, ni promenoirs, qui était pourtant une ville merveilleuse. L'on dira que tout le cours de la vie s'y passait presque à sortir de sa maison pour aller se renfermer dans celle d'un autre : que d'honnêtes femmes, qui n'étaient ni marchandes, ni hôtelières, avaient leurs maisons ouvertes à ceux qui payaient pour y entrer; que l'on avait à choisir des dés, des cartes et de tous les jeux [2]; que l'on mangeait dans ces maisons, et qu'elles étaient commodes à tout commerce [3]. L'on saura que le peuple ne paraissait dans la ville que pour y passer avec précipitation : nul entretien, nulle familiarité; que tout y était farouche et comme alarmé par le bruit des chars qu'il fallait éviter, et qui s'abandonnaient [4] au milieu des rues, comme on fait dans une lice pour remporter le prix de la course. L'on apprendra sans étonnement qu'en pleine paix et dans une tranquillité publique [5], des citoyens entraient dans les temples, allaient voir des femmes, ou visitaient leurs amis avec des armes offensives, et qu'il n'y avait presque personne qui n'eût à son côté de quoi pouvoir d'un seul coup en tuer un autre. Ou si ceux qui viendront après nous, rebutés par des mœurs si étranges et si différentes des leurs, se dégoûtent par là de nos mémoires, de nos poésies, de notre comique et de nos satires, pouvons-nous ne les pas plaindre par avance de se priver eux-mêmes, par cette fausse délicatesse, de la lecture de si beaux ouvrages, si travaillés, si réguliers [6] et de la connaissance du plus beau règne dont jamais l'histoire ait été embellie?

Ayons donc pour les livres des anciens cette même indulgence que nous espérons nous-mêmes de la postérité, persuadés que les hommes n'ont point d'usages ni de cou-

---

1. *Partisans.* Cf. p. 114, n. 3.
2. *Des dés, des cartes,* etc. Entre les dés, les cartes, etc.
3. Cf. Boileau :
T'ai-je encore décrit la dame brelandière
Qui des joueurs chez soi se fait cabaretière,
Et souffre des affronts que ne souffrirait pas
L'hôtesse d'une auberge à dix sols par repas ?
(*Sat.*, X, 673 sqq.)

4. *S'abandonnaient.* Ne modéraient pas leur allure.
5. *Dans une tranquillité publique.* Dans un temps de tranquillité publique.
6. *Réguliers.* C'est-à-dire conformes aux règles, et, en conséquence, parfaits.

tumes qui soient de tous les siècles, qu'elles[1] changent avec les temps, que nous sommes trop éloignés de celles qui ont passé, et trop proches de celles qui règnent encore, pour être dans[2] la distance qu'il faut pour faire des unes et des autres un juste discernement. Alors ni ce que nous appelons la politesse de nos mœurs, ni la bienséance de nos coutumes, ni notre faste, ni notre magnificence ne nous préviendront pas[3] davantage contre la vie simple des Athéniens que contre celle des premiers hommes, grands par eux-mêmes, et indépendamment de mille choses extérieures qui ont été depuis inventées pour suppléer peut-être à cette véritable grandeur qui n'est plus.

La nature se montrait en eux[4] dans toute sa pureté et sa dignité, et n'était point encore souillée par la vanité, par le luxe et par la sotte ambition. Un homme n'était honoré sur la terre qu'à cause de sa force[5] ou de sa vertu; il n'était point riche par des charges ou des pensions, mais par son champ, par ses troupeaux, par ses enfants et ses serviteurs; sa nourriture était saine et naturelle, les fruits de la terre, le lait de ses animaux et de ses brebis; ses vêtements simples et uniformes, leurs laines, leurs toisons; ses plaisirs innocents, une grande récolte, le mariage de ses enfants, l'union avec ses voisins, la paix dans sa famille. Rien n'est plus opposé à nos mœurs que toutes ces choses; mais l'éloignement des temps nous les fait goûter, ainsi que la distance des lieux nous fait recevoir[6] tout ce que les diverses relations ou les livres de voyages nous apprennent des pays lointains et des nations étrangères.

Ils racontent une religion, une police[7], une manière de se nourrir, de s'habiller, de bâtir et de faire la guerre, qu'on ne savait point, des mœurs que l'on ignorait. Celles qui approchent des nôtres nous touchent[8], celles qui s'en éloignent nous étonnent; mais toutes nous amusent. Moins rebutés par la barbarie des manières et des coutumes de peuples si éloignés, qu'instruits et même réjouis par leur

---

1. *Elles.* Se rapporte au dernier es deux mots. Substitut d'un nom indéterminé. Cf. p. 5, n. 8.
2. *Dans.* Cf. p. 176, n. 8.
3. *Ni... pas.* Cf. p. 127, n. 11.
4. Il y a là d'avance quelque chose de Jean-Jacques, auquel La Bruyère fait par instants penser.

5. *Force.* Ceci gâte un peu le tableau.
6. *Recevoir.* Admettre sans répugnance.
7. *Police.* Cf. p. 216, n. 2.
8. *Touchent.* Nous inspirent de l'intérêt, de la sympathie. Cf. p. 162, n. 11.

nouveauté, il nous suffit que ceux dont il s'agit soient Siamois, Chinois, Nègres ou Abyssins.

Or ceux dont Théophraste nous peint les mœurs dans ses *Caractères* étaient Athéniens, et nous sommes Français; et si nous joignons à la diversité des lieux et du climat le long intervalle des temps, et que nous considérions que ce livre a pu être écrit la dernière année de la cxv⁰ olympiade, trois cent quatorze ans avant l'ère chrétienne [1], et qu'ainsi il y a deux mille ans accomplis que vivait ce peuple d'Athènes dont il fait la peinture, nous admirerons [2] de nous y reconnaître nous-mêmes, nos amis [3], nos ennemis, ceux avec qui nous vivons, et que [4] cette ressemblance avec des hommes séparés par tant de siècles soit si entière. En effet, les hommes n'ont point changé selon [5] le cœur et selon les passions; ils sont encore tels qu'ils étaient alors, et qu'ils sont marqués dans Théophraste : vains, dissimulés, flatteurs, intéressés, effrontés, importuns, défiants, médisants, querelleux [6], superstitieux.

Il est vrai, Athènes était libre; c'était le centre d'une république; ses citoyens étaient égaux; ils ne rougissaient point l'un de l'autre; ils marchaient presque seuls et à pied dans une ville propre [7], paisible et spacieuse, entraient dans les boutiques et dans les marchés, achetaient eux-mêmes les choses nécessaires; l'émulation d'une cour ne les faisait point sortir d'une vie commune; ils réservaient leurs esclaves pour les bains, pour les repas, pour le service intérieur des maisons, pour les voyages [8]; ils passaient une partie de leur vie dans les places, dans les temples, aux amphithéâtres, sur un port sous des portiques, et au milieu d'une ville dont ils étaient également [9] les maîtres. Là le peuple s'assemblait pour délibérer des affaires publiques; ici il s'entretenait avec les étrangers; ailleurs les philosophes tantôt

---

1. L'an 314 avant J.-C. correspond en réalité aux années 3 et 4 de la cxvi⁰ olympiade, à la dernière moitié de l'une et à la première de l'autre.
2. *Nous admirerons de nous y reconnaître*. Locution hors d'usage. *Admirer* a ici le sens d'être surpris.
3. *Nous y reconnaître nous-mêmes, nos amis*, etc. Une syntaxe rigoureuse exigerait que le verbe fût répété avant *nos amis*. Mais cette construction peut fort bien s'admettre quand elle n'a rien d'obscur.

Et d'ailleurs *nous* est sans doute employé dans le sens le plus général, *nous, les modernes*, et comprend par suite les termes qu'il précède.
4. *Et que*. Cf. p. 48, n. 8.
5. *Selon*. Quant à.
6. *Querelleur*. Cf. p. 226, n. 7.
7. *Propre*. Cf. p. 109, n. 6.
8. La Bruyère veut dire qu'aucun citoyen d'Athènes ne s'avilissait à ces emplois. Mais il fallait des esclaves.
9. *Également*. Tous égaux entre eux.

enseignaient leur doctrine, tantôt conféraient avec leurs disciples. Ces lieux étaient tout à fois la scène des plaisirs et des affaires. Il y avait dans ces mœurs quelque chose de simple et de populaire, et qui ressemble peu aux nôtres, je l'avoue ; mais cependant quels hommes en général que les Athéniens, et quelle ville qu'Athènes ! quelles lois ! quelle police [1] ! quelle valeur ! quelle discipline ! quelle perfection dans toutes les sciences et dans tous les arts ! mais [2] quelle politesse dans le commerce ordinaire et dans le langage ! Théophraste, ce même Théophraste dont on vient de dire de si grandes choses, ce parleur agréable, cet homme qui s'exprimait divinement, fut reconnu étranger et appelé de ce nom par une femme de qui [3] il achetait des herbes au marché, et qui reconnut, par je ne sais quoi d'attique qui lui manquait [4] et que les Romains ont depuis appelé *urbanité* [5], qu'il n'était pas Athénien ; et Cicéron rapporte [6] que ce grand personnage demeura étonné de voir qu'ayant vieilli dans Athènes, possédant si parfaitement le langage attique et en ayant acquis l'accent par une habitude de tant d'années, il ne s'était pu donner ce que le simple peuple avait naturellement et sans nulle peine. Que si l'on ne laisse pas de lire quelquefois, dans ce traité des *Caractères*, de certaines mœurs qu'on ne peut excuser et qui nous paraissent ridicules, il faut se souvenir qu'elles ont paru telles à Théophraste, qu'il les a regardées comme des vices dont il a fait une peinture naïve [7] qui fit honte aux Athéniens et qui servit à les corriger.

Enfin, dans l'esprit de contenter ceux qui reçoivent froidement tout ce qui appartient aux étrangers et aux anciens, et qui n'estiment que leurs mœurs [8], on les ajoute à cet ouvrage. L'on a cru pouvoir se dispenser de suivre le projet [9] de ce philosophe, soit parce qu'il est toujours pernicieux de poursuivre le travail d'autrui, surtout si c'est d'un ancien [10] ou d'un auteur d'une grande réputation ; soit encore parce que cette unique figure qu'on appelle description ou énumération [11], employée avec tant de succès dans ces vingt-

---

1. *Police*. Cf. p. 216, n. 2.
2. *Mais*. Ce second *mais* est coordonné au premier.
3. *De qui*. La Bruyère construit *acheter*, comme *emprunter*, avec *de*.
4. C'est son accent éolien qui le fit reconnaître comme étranger.
5. Sur l'urbanité et l'atticisme, cf. Cicéron, *Brutus*, XLVI.
6. Même chapitre.
7. *Naïve*. Cf. p. 426, n. 7.
8. Cf. p. 421. « Quelques savants », etc.
9. *Suivre le projet*. Continuer Théophraste et le compléter en se conformant à son plan.
10. Si c'est celui d'un ancien.
11. *Énumération*. Cf. p. 358, n. 3.

huit chapitres des *Caractères*, pourrait en avoir un beaucoup moindre, si elle était traitée par un génie fort inférieur à celui de Théophraste.

Au contraire, se ressouvenant que parmi le grand nombre des traités de ce philosophe rapportés par Diogène Laërce, il s'en trouve un sous le titre de *Proverbes*[1], c'est-à-dire de pièces détachées, comme des réflexions ou des remarques[2], que le premier et le plus grand livre de morale qui ait été fait porte ce même nom dans les divines Écritures[3], on s'est trouvé excité par de si grands modèles à suivre selon ses forces une semblable manière[4] d'écrire des[5] mœurs ; et l'on n'a point été détourné de son entreprise par deux ouvrages de morale[6] qui sont dans les mains de tout le monde, et d'où[7], faute d'attention ou par un esprit de critique, quelques-uns pourraient penser que ces remarques sont imitées.

L'un, par l'engagement[8] de son auteur, fait servir la métaphysique à la religion, fait connaître l'âme, ses passions, ses vices, traite les grands et les sérieux motifs pour conduire à la vertu, et veut rendre l'homme chrétien. L'autre, qui est la production d'un esprit instruit par le commerce du monde et dont la délicatesse était égale à la pénétration, observant que l'amour-propre est dans l'homme la cause de tous ses faibles[9], l'attaque sans relâche, quelque part où il le trouve[10], et cette unique pensée, comme multipliée en mille manières différentes, a toujours, par le choix des mots et par la variété de l'expression, la grâce de la nouveauté.

L'on ne suit aucune de ces routes dans l'ouvrage qui est joint à la traduction des *Caractères* ; il est tout différent des deux autres que je viens de toucher : moins sublime que le premier et moins délicat que le second, il ne tend qu'à rendre l'homme raisonnable[11], mais par des voies simples et communes, et en l'examinant indifféremment, sans beaucoup de méthode et selon que les divers chapitres y conduisent,

---

1. Περὶ Παροιμιῶν.
2. *Comme des réflexions,* etc. Détachées, comme le sont des réflexions, etc.
3. Les *Proverbes* de Salomon sont intitulés Παροιμίαι.
4. « L'on entend cette manière coupée dont Salomon a écrit ses *Proverbes*, et nullement les choses, qui sont divines et hors de toute comparaison. » (*Note de La Bruyère.*)
5. *Des.* Cf. p. 172, n. 8.

6. Les *Pensées* de Pascal et les *Maximes* de La Rochefoucauld.
7. *D'où.* Desquelles. Cf. p. 19, n. 4.
8. *Engagement.* Nous avons déjà vu ce mot au sens d'*obligation, vœu,* etc. Cf. p. 37, n. 5. Il signifie ici que Pascal s'est fait un devoir de défendre la religion.
9. *Faibles.* Cf. p. 63, n. 9.
10. *Quelque part où,* etc. Cf. p. 253, n. 1.
11. Cf. p. 417, n. 2.

par les âges, les sexes[1] et les conditions, et par les vices, les faibles[2] et le ridicule qui y sont attachés.

L'on s'est plus appliqué aux vices de l'esprit, aux replis du cœur et à tout l'intérieur de l'homme que n'a fait Théophraste; et l'on peut dire que, comme ces *Caractères*, par mille choses extérieures qu'ils font remarquer dans l'homme, par ses actions, ses paroles et ses démarches, apprennent quel est son fond, et font remonter jusques à la source de son dérèglement, tout au contraire, les nouveaux *Caractères*, déployant d'abord les pensées, les sentiments et les mouvements[3] des hommes, découvrent le principe de leur malice[4] et de leurs faiblesses, font que l'on prévoit aisément tout ce qu'ils sont capables de dire ou de faire, et qu'on ne s'étonne plus de mille actions vicieuses ou frivoles dont leur vie est toute remplie.

Il faut avouer que sur les titres de ces deux ouvrages[5] l'embarras s'est trouvé presque égal. Pour ceux qui partagent le dernier[6], s'ils ne plaisent point assez, l'on permet d'en suppléer d'autres, mais à l'égard des titres des *Caractères* de Théophraste, la même liberté n'est pas accordée, parce qu'on n'est point maître du bien d'autrui. Il a fallu suivre l'esprit de l'auteur, et les traduire selon le sens le plus proche de la diction grecque, et en même temps selon la plus exacte conformité et avec leurs chapitres, ce qui n'est pas une chose facile, parce que souvent la signification d'un terme grec, traduit en français mot pour mot, n'est plus la même dans notre langue : par exemple, *ironie* est chez nous une raillerie dans la conversation, ou une figure de rhétorique, et chez Théophraste c'est quelque chose entre la fourberie et la dissimulation, qui n'est pourtant ni l'un ni l'autre, mais précisément[7] ce qui est décrit dans le premier chapitre.

Et d'ailleurs les Grecs ont quelquefois deux ou trois termes assez différents pour exprimer des choses qui le sont aussi et que nous ne saurions guère rendre que par un seul mot : cette pauvreté embarrasse. En effet, l'on remarque dans cet ouvrage grec trois espèces d'avarice, deux sortes d'importuns, des flatteurs de deux manières, et autant de grands parleurs :

---

1. Dans Théophraste, il n'y a pas un seul portrait de femme.
2. *Faibles.* Cf. p. 63, n. 9.
3. *Mouvements.* Intérieurs.
4. *Malice.* Cf. p. 230, n. 4.

5. *Les titres de ces deux ouvrages.* Les titres des différents chapitres.
6. Quant aux titres qui font la division des nouveaux *Caractères*.
7. *Précisément.* Exactement.

de sorte que les caractères de ces personnes semblent rentrer les uns dans les autres, au désavantage du titre; ils ne sont pas aussi[1] toujours suivis et parfaitement conformes[2] parce que Théophraste, emporté quelquefois par le dessein qu'il a de faire des portraits, se trouve déterminé à ces changements par le caractère et les mœurs du personnage qu'il peint ou dont il fait la satire.

Les définitions qui sont au commencement de chaque chapitre ont eu leurs difficultés. Elles sont courtes et concises dans Théophraste, selon la force du grec et le style d'Aristote, qui lui en a fourni les premières idées : on les a étendues dans la traduction pour les rendre intelligibles. Il se lit aussi dans ce traité des phrases qui ne sont pas achevées et qui forment un sens imparfait, auquel il a été facile de suppléer le véritable; il s'y trouve de différentes leçons, quelques endroits tout à fait interrompus, et qui pouvaient recevoir diverses explications; et pour ne point s'égarer dans ces doutes, on a suivi les meilleurs interprètes[3].

Enfin, comme cet ouvrage n'est qu'une simple instruction sur les mœurs des hommes, et qu'il vise moins à les rendre savants qu'à les rendre sages, l'on s'est trouvé exempt de le charger de longues et curieuses observations, ou de doctes commentaires qui rendissent un compte exact de l'antiquité. L'on s'est contenté de mettre de petites notes à côté[4] de certains endroits que l'on a cru les mériter, afin que nuls[5] de ceux qui ont de la justesse, de la vivacité, et à qui il ne manque que d'avoir lu beaucoup, ne se reprochent pas[6] même ce petit défaut, ne puissent être arrêtés dans la lecture des *Caractères* et douter un moment du sens de Théophraste.

1. *Aussi.* Cf. p. 1, n. 8.
2. *Conformes.* Constants avec eux-mêmes.
3. En particulier Casaubon, qui avait donné une traduction latine avec un excellent commentaire.
4. *A côté.* Sur la marge latérale.
5. *Nuls.* Rarement employé au pluriel.
6. *Nuls... pas.* Cf. p. 127, n. 11.

LES CARACTÈRES

DE THÉOPHRASTE

TRADUITS DU GREC

(Pour la traduction, l'on ne donne pas d'autres notes que celles de La Bruyère.)

J'ai admiré souvent, et j'avoue que je ne puis encore comprendre, quelque sérieuse réflexion que je fasse, pourquoi toute la Grèce étant placée sous un même ciel, et les Grecs nourris et élevés de la même manière [1], il se trouve néanmoins si peu de ressemblance dans leurs mœurs. Puis donc, mon cher Polyclès, qu'à l'âge de quatre-vingt-dix-neuf ans où je me trouve, j'ai assez vécu pour connaître les hommes; que j'ai vu, d'ailleurs, pendant le cours de ma vie, toutes sortes de personnes et de divers tempéraments, et que je me suis toujours attaché à étudier les hommes vertueux, comme ceux qui n'étaient connus que par leurs vices, il semble que j'ai dû marquer les caractères des uns et des autres [2] et ne me pas contenter de peindre les Grecs en général, mais même de toucher ce qui est personnel, et ce que plusieurs d'entre eux paraissent avoir de plus familier. J'espère, mon cher Polyclès, que cet ouvrage sera utile à ceux qui viendront après nous : il leur tracera des modèles qu'ils pourront suivre, il leur apprendra à faire le discernement de ceux avec qui ils doivent lier quelque commerce, et dont l'émulation les portera à imiter leur sagesse et leurs vertus. Ainsi je vais entrer en matière : c'est à vous de pénétrer dans mon sens, et sans faire une plus longue préface, je parlerai d'abord de la dissimulation, je définirai ce vice, je dirai ce que c'est qu'un homme dissimulé, je décrirai ses mœurs, et je traiterai ensuite des autres passions, suivant le projet que j'en ai fait.

---

1. Par rapport aux Barbares, dont les mœurs étaient très différentes de celles des Grecs.

2. Théophraste avait dessein de traiter de toutes les vertus et de tous les vices.

I. — DE LA DISSIMULATION.

La dissimulation [1] *n'est pas aisée à bien définir* [2] : si l'on se contente d'en faire une simple description, l'on peut dire que c'est un certain art de composer ses paroles et ses actions pour une mauvaise fin. Un homme dissimulé se comporte de cette manière : il aborde ses ennemis, *leur parle et leur fait croire par cette démarche* qu'il ne les hait point ; il loue ouvertement et en leur présence ceux à qui il dresse de secrètes embûches, et il s'afflige avec eux s'il leur est arrivé quelque disgrâce ; il semble pardonner les discours offensants que l'on lui tient ; il récite froidement les plus horribles choses que l'on lui aura dites contre sa réputation ; et il emploie les paroles les plus flatteuses pour adoucir ceux qui se plaignent de lui, et qui sont aigris par les injures qu'ils en ont reçues. S'il arrive que quelqu'un l'aborde avec empressement, il *feint des affaires, et* lui dit de revenir une autre fois. Il cache soigneusement tout ce qu'il fait ; et à l'entendre parler, on croirait toujours qu'il délibère. *Il ne parle point indifféremment ; il a ses raisons pour* dire tantôt qu'il ne fait que revenir de la campagne, tantôt qu'il est arrivé à la ville fort tard : et quelquefois qu'il est languissant, *ou qu'il a une mauvaise santé.* Il dit à celui qui lui emprunte de l'argent à intérêt, ou qui le prie de contribuer [3] de sa part *à une somme que ses amis consentent de lui prêter,* qu'il ne vend rien, *qu'il ne s'est jamais vu si dénué d'argent* ; pendant qu'il dit aux autres que le commerce va le mieux du monde, quoiqu'en effet il ne vende rien. Souvent, après avoir écouté ce que l'on lui a dit, il veut faire croire qu'il n'y a pas eu la moindre attention ; il feint de n'avoir pas aperçu les choses où il vient de jeter les yeux, ou, s'il est convenu d'un fait, de ne s'en plus souvenir. Il n'a pour ceux qui lui parlent d'affaires que cette seule réponse : « J'y penserai ». *Il sait de certaines choses,* il en ignore d'autres, il est saisi d'admiration, d'autres fois il aura pensé comme vous sur cet événement, *et cela selon ses différents intérêts.* Son langage le plus ordinaire est celui-ci : « Je n'en crois rien, je ne comprends pas que cela puisse être, je ne sais où j'en suis » ; ou bien : « Il me semble que je ne suis pas moi-même » ; et ensuite : « Ce n'est pas ainsi qu'il me l'a fait entendre ; voilà une chose merveilleuse et qui passe toute créance ; contez cela à d'autres ; dois-je vous croire ? ou me persuaderai-je qu'il m'ait dit la vérité ? » paroles doubles et artificieuses, dont il faut se méfier comme de ce qu'il y a au monde de plus pernicieux. Ces manières d'agir ne partent

---

1. L'auteur parle de celle qui ne vient pas de la prudence et que les Grecs appelaient *ironie.*
2. On a mis en italiques ce que La Bruyère ajoute au texte.
3. Cette sorte de contribution était fréquente à Athènes et autorisée par les lois.

point d'une âme simple et droite, mais *d'une mauvaise volonté, ou* d'un homme qui veut nuire: le venin des aspics est moins à craindre.

II. — DE LA FLATTERIE.

La flatterie est un commerce honteux qui n'est utile qu'au flatteur. Si un flatteur se promène avec quelqu'un *dans la place*: « Remarquez-vous, lui dit-il, comme tout le monde a les yeux sur vous? cela n'arrive qu'à vous seul. Hier il fut bien parlé de vous, *et l'on ne tarissait point sur vos louanges* : nous nous trouvâmes plus de trente personnes dans un endroit du Portique[1]; et comme par la suite du discours l'on vint à tomber sur celui que l'on devait estimer le plus homme de bien de la ville, tous d'une commune voix vous nommèrent, et il n'y en eut pas un seul qui vous refusât ses suffrages. » Il lui dit mille choses de cette nature. Il affecte de s'apercevoir du moindre duvet qui se sera attaché à votre habit, de le prendre *et de le souffler à terre*. Si par hasard le vent a fait voler quelques petites pailles sur votre barbe ou sur vos cheveux, il prend soin de vous les ôter; et vous souriant : « Il est merveilleux, dit-il, combien vous êtes blanchi[2], depuis deux jours que je ne vous ai pas vu »; et il ajoute : « Voilà encore, pour un homme de votre âge[3], assez de cheveux noirs ». Si celui qu'il veut flatter prend la parole, il impose silence à tous ceux qui se trouvent présents, et il les force d'approuver *aveuglément* tout ce qu'il avance, et dès qu'il a cessé de parler, il se récrie : « Cela est dit le mieux du monde, *rien n'est plus heureusement rencontré* ». D'autres fois, s'il lui arrive de faire à quelqu'un une raillerie froide, il ne manque pas de lui applaudir, *d'entrer dans cette mauvaise plaisanterie*; et quoiqu'il n'ait nulle envie de rire, il porte à sa bouche l'un des bouts de son manteau, comme s'il *ne pouvait se contenir et qu'il* voulût s'empêcher d'éclater; et s'il l'accompagne lorsqu'il marche par la ville, il dit à ceux qu'il rencontre dans son chemin de s'arrêter jusqu'à ce qu'il soit passé. Il achète des fruits et les porte chez ce citoyen; il les donne à ses enfants en sa présence; il les baise, il les caresse : « Voilà, dit-il, de jolis enfants et dignes d'un tel père ». *S'il sort de sa maison, il le suit;* s'il entre dans une boutique pour essayer des souliers, il lui dit : « Votre pied est mieux fait que cela ». Il l'accompagne ensuite chez ses amis, ou plutôt il entre le premier *dans leur maison*, et leur dit: « Un tel me suit et vient vous rendre visite »; et retournant sur ses pas : « Je vous ai annoncé, dit-il, et l'on se fait un grand honneur de vous rece-

---

1. Edifice public qui servit depuis à Zénon et à ses disciples de rendez-vous pour leurs disputes; ils en furent appelés stoïciens, car *stoa*, mot grec, signifie « portique ».
2. Allusion à la nuance que de petites pailles font dans les cheveux.
3. Il parle à un jeune homme.

voir ». Le flatteur se met à tout sans hésiter, se mêle des choses les plus viles et qui ne conviennent qu'à des femmes. S'il est invité à souper, il est le premier des conviés à louer le vin; assis à table le plus proche de celui qui fait le repas, il lui répète souvent : « En vérité, vous faites une chère délicate », et montrant aux autres l'un des mets qu'il soulève du plat : « Cela s'appelle, dit-il, un morceau friand ». Il a soin de lui demander s'il a froid, s'il ne voudrait point une autre robe; et il s'empresse de le mieux couvrir. Il lui parle sans cesse à l'oreille; et si quelqu'un de la compagnie l'interroge, il lui répond négligemment *et sans le regarder*, n'ayant des yeux que pour un seul. *Il ne faudrait pas croire qu'au* théâtre *il oublie* d'arracher des carreaux des mains du valet qui les distribue, pour les porter à sa place, et l'y faire asseoir plus mollement. *J'ai dû dire aussi qu'avant qu'il sorte de sa maison*, il en loue l'architecture, se récrie sur toutes choses, dit que les jardins sont bien plantés; et *s'il aperçoit quelque part* le portrait du maître, *où il soit extrêmement flatté*, il est touché de voir combien il lui ressemble, et il l'admire comme un chef-d'œuvre. En un mot, le flatteur *ne dit ni ne fait rien au hasard; mais il* rapporte toutes ses paroles et toutes ses actions au dessein qu'il a de plaire à quelqu'un et d'acquérir ses bonnes grâces.

III. — DE L'IMPERTINENT OU DU DISEUR DE RIENS.

La sotte envie de discourir vient d'une habitude qu'on a contractée de parler beaucoup et sans réflexion. Un homme qui veut parler, se trouvant assis proche d'une personne qu'il n'a jamais vue et qu'il ne connaît point, entre d'abord en matière, l'entretient de sa femme et lui fait son éloge, lui conte son songe, lui fait un long détail d'un repas où il s'est trouvé, sans oublier le moindre mets ni un seul service. Il s'échauffe ensuite dans la conversation, *déclame contre le temps présent*, et soutient que les hommes qui vivent présentement ne valent point leurs pères. De là il se jette sur ce qui se débite au marché, sur la cherté du blé, sur le grand nombre d'étrangers qui sont dans la ville; il dit qu'au printemps, où commencent les Bacchanales [1], la mer devient navigable; qu'un peu de pluie serait utile aux biens de la terre, *et ferait espérer une bonne récolte;* qu'il cultivera son champ l'année prochaine, et qu'il le mettra en valeur, *que le siècle est dur*, et qu'on a bien de la peine à vivre. *Il apprend à cet inconnu que* c'est Damippe qui a fait brûler la plus belle torche devant l'autel de Cérès à la fête des Mystères [2]; il lui

---

1. Premières Bacchanales, qui se célébraient dans la ville.
2. Les mystères de Cérès se célébraient la nuit, et il y avait une émulation entre les Athéniens, à qui y apporterait une plus grande torche.

demande combien de colonnes soutiennent le théâtre de la musique, quel est le quantième du mois; il lui dit qu'il a eu la veille une indigestion; et, si cet homme à qui il parle a la patience de l'écouter, il ne partira pas d'auprès de lui: il lui annoncera *comme une chose nouvelle* que les Mystères [1] se célèbrent dans le mois d'août, les *Apaturies* [2] au mois d'octobre; et à la campagne, dans le mois de décembre, les Bacchanales [3]. Il n'y a, avec de si grands causeurs, *qu'un parti à prendre, qui est de* fuir, si l'on veut du moins éviter la fièvre; car quel moyen de pouvoir tenir contre des gens qui ne savent pas discerner ni votre loisir ni le temps de vos affaires?

IV. — DE LA RUSTICITÉ.

Il semble que la rusticité n'est autre chose qu'une ignorance grossière des bienséances. L'on voit en effet des gens rustiques et sans réflexion sortir un jour de médecine [4], et se trouver en cet état dans un lieu public parmi le monde; ne pas faire la différence de l'odeur forte du thym ou de la marjolaine d'avec les parfums les plus délicieux; être chaussés large et grossièrement; parler haut et *ne pouvoir se réduire à un ton de voix modéré*; ne se pas fier à leurs amis *sur les moindres affaires*, pendant *qu'ils s'entretiennent avec leurs domestiques*, jusques à rendre compte à leurs moindres valets de ce qui aura été dit dans une assemblée publique. On les voit assis, leur robe relevée jusqu'aux genoux et d'une manière indécente. *Il ne leur arrive pas en toute leur vie* de rien admirer, ni de paraître surpris des choses les plus extraordinaires que l'on rencontre sur les chemins; mais si c'est un bœuf, un âne, ou un vieux bouc, alors ils s'arrêtent et *ne se lassent point* de les contempler. *Si quelquefois ils entrent* dans leur cuisine, ils mangent avidement tout ce qu'ils y trouvent, boivent *tout d'une haleine une grande tasse* de vin pur; ils se cachent pour cela de leur servante, avec qui d'ailleurs ils vont au moulin *et entrent dans les plus petits détails du domestique*. Ils interrompent leur *souper* et se lèvent pour donner une poignée d'herbes aux bêtes de charrue [5] *qu'ils ont dans leurs étables*. Heurte-t-on à leur porte *pendant qu'ils dînent*, ils sont attentifs et curieux. *Vous remarquez toujours proche de leur table* un gros chien de cour, qu'ils appellent, qu'ils empoignent par la gueule en disant : « Voilà celui

---

1. Fêtes de Cérès. Voyez ci-dessus.
2. En français « la Fête des Tromperies ». Elle se faisait en l'honneur de Bacchus. Son origine ne fait rien aux mœurs de ce chapitre.
3. Secondes Bacchanales, qui se célébraient en hiver à la campagne.
4. Le texte grec nomme une certaine drogue qui rendait l'haleine fort mauvaise le jour qu'on l'avait prise.
5. Des bœufs.

qui garde la place, qui prend soin de la maison et de ceux qui sont dedans ». Ces gens, épineux dans les payements qu'on leur fait, rebutent un grand nombre de pièces *qu'ils croient légères, ou qui ne brillent pas assez à leurs yeux*, et qu'on est obligé de leur changer. Ils sont occupés pendant la nuit d'une charrue, d'un sac, d'une faux, d'une corbeille, et ils rêvent à qui ils ont prêté ces ustensiles; et lorsqu'ils marchent par la ville: « Combien vaut, demandent-ils au premier qu'ils rencontrent, le poisson salé? Les fourrures se vendent-elles bien? N'est-ce pas aujourd'hui que *les jeux nous ramènent* une nouvelle lune [1]? » D'autres fois, *ne sachant que dire, ils vous apprennent* qu'ils vont se faire raser, *et qu'ils ne sortent que pour cela*. Ce sont ces mêmes personnes que l'on entend chanter dans le bain, qui mettent des clous à leurs souliers, et qui, *se trouvant tous portés* devant la boutique d'Archias [2], achètent eux-mêmes des viandes salées, et les apportent à la main en pleine rue.

V. — DU COMPLAISANT [3].

Pour faire une définition *un peu exacte* de cette affectation que quelques-uns ont de plaire *à tout le monde*, il faut dire que c'est *une manière de vivre* où l'on cherche beaucoup moins ce qui est vertueux et honnête que ce qui est agréable. Celui qui a cette passion, d'aussi loin qu'il aperçoit un homme dans la place, le salue en s'écriant : « Voilà ce qu'on appelle un homme de bien! » l'aborde, l'admire sur les moindres choses, le retient avec ses deux mains, de peur qu'il ne lui échappe; et, après avoir fait quelques pas avec lui, il lui demande avec empressement quel jour on pourra le voir et enfin ne s'en sépare qu'en lui donnant mille éloges. Si quelqu'un le choisit pour arbitre dans un procès, *il ne doit pas attendre de lui qu'il* lui soit plus favorable qu'à son adversaire ; comme il veut plaire à tous deux, il les ménagera également. *C'est dans cette vue que, pour se concilier* tous les étrangers qui sont dans la ville, il leur dit *quelquefois* qu'il leur trouve plus de raison et d'équité que dans ses concitoyens. S'il est prié d'un repas, il demande *en entrant* à celui qui l'a convié où sont ses enfants; et dès qu'ils paraissent, il se récrie sur la ressemblance qu'ils ont avec leur père, et que deux figures ne se ressemblent pas mieux; il les fait approcher de lui, il les baise, et les ayant fait asseoir à ses deux côtés, il badine avec eux : « A qui est, dit-il, la petite bouteille? A qui

---

1. Cela est dit rustiquement : un autre dirait que la nouvelle lune ramène les jeux ; et d'ailleurs c'est comme si le jour de Pâques quelqu'un disait : « N'est-ce pas aujourd'hui Pâques ? »
2. Fameux marchand de chairs salées, nourriture ordinaire du peuple.
3. Ou de l'envie de plaire.

est la jolie cognée¹? » Il les prend ensuite sur lui, et les laisse dormir sur son estomac, quoiqu'il en soit incommodé. Celui enfin qui veut plaire se fait raser souvent, a un fort grand soin de ses dents, *change tous les jours d'habit*, et les quitte presque tous neufs; *il ne sort point en public qu'il ne soit parfumé*; on ne le voit guère dans les salles publiques qu'auprès des comptoirs des banquiers; et dans les écoles², qu'aux endroits seulement où s'exercent les jeunes gens³; et au théâtre, *les jours de spectacle, que dans les meilleures places et* tout proche des préteurs. Ces gens encore n'achètent jamais rien pour eux; mais ils envoient à Byzance toute sorte de bijoux précieux, des chiens de Sparte à Cyzique, et à Rhodes l'excellent miel du mont Hymette; et ils prennent soin que toute la ville soit informée qu'ils font ces emplettes. Leur maison est toujours remplie *de mille choses curieuses qui font plaisir à voir, ou que l'on peut donner, comme* des singes et des satyres⁴, qu'ils savent nourrir, des pigeons de Sicile, des dés qu'ils font faire d'os de chèvre, des fioles pour des parfums, des cannes torses que l'on fait à Sparte, et des tapis de Perse à personnages. Ils ont chez eux jusques à un jeu de paume et une arène propre à s'exercer à la lutte; et s'ils se promènent par la ville et *qu'ils rencontrent en leur chemin* des philosophes, des sophistes⁵, des escrimeurs ou des musiciens, ils leur offrent leur maison pour s'y exercer *chacun dans son art indifféremment* : ils se trouvent présents à ces exercices; et se mêlant avec ceux qui viennent là pour regarder : « *A qui croyez-vous qu'appartiennent une si belle maison et cette arène si commode? Vous voyez, ajoutent-ils en leur montrant quelque homme puissant de la ville, celui qui en est le maître et qui en peut disposer.* »

VI. — DE L'IMAGE D'UN COQUIN.

Un coquin est celui à qui les choses les plus honteuses ne coûtent rien à dire ou à faire, qui jure volontiers et fait des serments en justice *autant que l'on lui en demande*, qui est perdu de réputation, que l'on outrage *impunément*, qui est un chicaneur de profession, un effronté, et qui se mêle de toutes sortes d'affaires. Un homme de ce caractère entre sans masque dans une danse comique⁶; et même sans être ivre, mais de sang-froid, *il se distingue*, dans la danse la plus obscène⁷, par

---

1. Petits jouets que les Grecs pendaient au cou de leurs enfants.
2. C'était l'endroit où s'assemblaient les plus honnêtes gens de la ville.
3. Pour être connu d'eux, et en être regardé, ainsi que de tous ceux qui s'y trouvaient.
4. Une espèce de singes.
5. Une sorte de philosophes vains et intéressés.
6. Sur le théâtre avec des farceurs.
7. Cette danse, la plus déréglée de toutes, s'appelle en grec *cordax*, parce que l'on s'y servait d'une corde pour faire des postures.

les postures les plus *indécentes.* C'est lui qui, dans ces lieux où l'on voit des prestiges [1], s'ingère de recueillir l'argent de chacun des spectateurs, et qui fait querelle à ceux qui, étant entrés par billets, croient ne devoir rien payer. *Il est d'ailleurs de tous métiers;* tantôt il tient une taverne, tantôt il est suppôt de quelque lieu infâme, une autre fois partisan : il n'y a point de sale commerce où il ne soit capable d'entrer; vous le verrez aujourd'hui crieur public, demain cuisinier ou brelandier : *tout lui est propre.* S'il a une mère, il la laisse mourir de faim. Il est sujet au larcin et à se voir traîner par la ville dans une prison sa demeure ordinaire, et où il passe une partie de sa vie. Ce sont ces sortes de gens que l'on voit se faire entourer du peuple, appeler ceux qui passent et *se plaindre à eux* avec une voix forte et enrouée, insulter ceux qui les contredisent : les uns fendent la presse pour les voir, pendant que les autres, contents de les avoir vus, se dégagent et poursuivent leur chemin sans vouloir les écouter; mais ces effrontés continuent de parler : ils disent à celui-ci le commencement d'un fait, quelque mot à cet autre, à peine peut-on tirer d'eux la moindre partie de ce dont il s'agit; et vous remarquerez qu'ils choisissent pour cela des jours d'assemblée publique, où il y a un grand concours de monde, qui se trouve le témoin de leur insolence. Toujours accablés de procès, que l'on intente contre eux ou qu'ils ont intentés à d'autres, de ceux dont ils se délivrent par de faux serments comme de ceux qui les obligent de comparaître, ils n'oublient jamais de porter leur boîte [2] dans leur sein, et une liasse de papiers entre leurs mains. Vous les voyez dominer parmi de vils praticiens, à qui ils prêtent à usure, retirant chaque jour une obole et demie de chaque dragme [3]; fréquenter les tavernes, parcourir les lieux où l'on débite le poisson frais ou salé, et consumer ainsi en bonne chère tout le profit qu'ils tirent de cette espèce de trafic. En un mot, ils sont querelleux et difficiles, ont sans cesse la bouche ouverte à la calomnie, ont une voix étourdissante, et qu'ils font retentir dans les marchés et dans les boutiques.

1. Choses fort extraordinaires, telles qu'on en voit dans nos foires.
2. Une petite boîte de cuivre fort légère, où les plaideurs mettaient leurs titres et les pièces de leurs procès.
3. Une obole était la sixième partie d'une dragme.

VII. — DU GRAND PARLEUR [1].

Ce que quelques-uns appellent *babil* est proprement une intempérance de langue *qui ne permet pas à un homme de se taire.* « Vous ne contez pas la chose comme elle est, dira quelqu'un de ces grands parleurs à quiconque veut l'entretenir de quelque affaire que ce soit : j'ai tout su, et si vous vous donnez la patience de m'écouter, je vous apprendrai tout »; et si cet autre continue de parler : « Vous avez déjà dit cela; songez, poursuit-il, à ne rien oublier. Fort bien, *cela est ainsi,* car vous m'avez *heureusement* remis dans le fait : voyez ce que c'est que de s'entendre les uns les autres »; et ensuite : « *Mais que veux-je dire? Ah!* j'oubliais une chose! oui, c'est cela même, et je voulais voir si vous tomberiez juste dans tout ce que j'en ai appris. » C'est par de telles ou semblables interruptions qu'il ne donne pas le loisir à celui qui lui parle de respirer; et lorsqu'il a comme assassiné de son *babil* chacun de ceux qui ont voulu lier avec lui quelque entretien, il va se jeter dans un cercle de personnes *graves* qui traitent ensemble de choses sérieuses, et les met en fuite. De là il entre dans les écoles publiques et dans les lieux des exercices [2], où il amuse les maîtres *par de vains discours,* et empêche la jeunesse *de profiter de leurs leçons.* S'il échappe à quelqu'un de dire : « Je m'en vais », celui-ci se met à le suivre, et il ne l'abandonne point qu'il ne l'ait remis jusque dans sa maison. Si par hasard il a appris ce qui aura été dit dans une assemblée *de ville,* il court *dans le même temps* le divulguer. Il s'étend *merveilleusement* sur la fameuse bataille qui s'est donnée sous le gouvernement de l'orateur Aristophon [3], comme le combat *célèbre* [4] que ceux de Lacédémone ont livré aux Athéniens sous la conduite de Lysandre. Il raconte une autre fois quels applaudissements a eus un discours qu'il a fait en public, *en répète une grande partie,* mêle dans ce récit ennuyeux des invectives contre le peuple, pendant que de ceux qui l'écoutent les uns s'endorment, les autres le quittent, et que nul ne se ressouvient d'un seul mot qu'il aura dit. Un grand causeur, en un mot, s'il est sur les tribunaux, ne laisse pas la liberté de juger; il ne permet pas que l'on mange à table; et s'il se trouve au théâtre, il empêche *non seulement d'entendre, mais même* de voir les acteurs. On lui fait avouer ingénument qu'il ne lui est pas possible de se taire, qu'il faut que sa langue se remue dans son palais *comme*

---

1. Ou du babil.
2. C'était un crime puni de mort à Athènes par une loi de Solon à laquelle on avait un peu dérogé au temps de Théophraste.
3. C'est-à-dire sur la bataille d'Arbelles et la victoire d'Alexandre, suivies de la mort de Darius, dont les nouvelles vinrent à Athènes lorsque Aristophon, célèbre orateur, était premier magistrat.
4. Il était plus ancien que la bataille d'Arbelles, mais trivial et su de tout le peuple.

le poisson dans l'eau, et que quand on l'accuserait d'être plus *babillard* qu'une hirondelle, il faut qu'il parle : aussi écoute-t-il froidement toutes les railleries que l'on fait de lui sur ce sujet ; et jusques à ses propres enfants, s'ils commencent à s'abandonner au sommeil : « Faites-nous, lui disent-ils, un conte qui *achève de nous endormir* ».

VIII. — DU DÉBIT DES NOUVELLES.

Un nouvelliste ou un conteur de fables est un homme qui arrange, selon son caprice, des discours et des faits remplis de faussetés ; qui, lorsqu'il rencontre l'un de ses amis, compose son visage, et lui souriant : « D'où venez-vous ainsi? lui dit-il : *que nous direz-vous de bon?* n'y a-t-il rien de nouveau? » Et continuant de l'interroger : « Quoi donc? n'y a-t-il aucune nouvelle? cependant il y a des choses étonnantes à raconter. » Et sans lui donner le loisir de lui répondre : « Que dites-vous donc? poursuit-il, n'avez-vous rien entendu *par la ville?* Je vois bien que vous ne savez rien, et que je vais vous régaler de grandes nouveautés. » Alors, ou c'est un soldat, ou le fils d'Astée le joueur de flûte[1], ou Lycon l'ingénieur, tous gens qui arrivent fraîchement de l'armée, de qui il sait toutes choses : car il allègue pour témoins de ce qu'il avance des hommes obscurs qu'on ne peut trouver *pour les convaincre de fausseté*. Il assure donc que ces personnes lui ont dit que le roi[2] et Polysperchon[3] ont gagné la bataille, et que Cassandre, *leur ennemi*, est tombé vif entre leurs mains[4]. Et lorsque quelqu'un lui dit : « Mais, en vérité, cela est-il croyable? » il lui réplique que cette nouvelle se crie et se répand par toute la ville, que tous s'accordent à dire la même chose, que c'est tout ce qui se raconte du combat, et qu'il y a eu un grand carnage. Il ajoute qu'il a lu cet événement sur le visage de ceux qui gouvernent : qu'il y a un homme caché chez l'un de ces magistrats depuis cinq jours entiers, qui revient de la Macédoine, qui a tout vu *et qui lui a tout dit*. Ensuite, interrompant le fil de sa narration : « Que pensez-vous de ce succès? » demande-t-il à ceux qui l'écoutent. « Pauvre Cassandre! malheureux prince! s'écrie-t-il d'une manière touchante. Voyez ce que c'est que la fortune ; car enfin Cassandre était puissant, et il avait avec lui de grandes forces. Ce que je vous dis, poursuit-il, est un secret qu'il faut garder pour vous seul », pendant qu'il court par toute la ville le débiter à qui le veut entendre. Je vous

1. L'usage de la flûte, très ancien dans les troupes.
2. Aridée (*Arrhidée*), frère d'Alexandre le Grand.
3. Capitaine du même Alexandre.
4. C'était un faux bruit ; et Cassandre, fils d'Antipater, disputant à Aridée et à Polysperchon la tutelle des enfants d'Alexandre, avait eu de l'avantage sur eux.

avoue que ces discurs de nouvelles me donnent de l'admiration, et que je ne conçois pas quelle est la fin qu'ils se proposent; car *pour ne rien dire de la bassesse* qu'il y a à toujours mentir, je ne vois pas qu'ils puissent recueillir le moindre fruit de cette pratique. Au contraire, il est arrivé à quelques-uns de se laisser voler leurs habits dans un bain public, pendant *qu'ils ne songeaient qu'à* rassembler autour d'eux une foule de peuple, *et à lui conter des nouvelles.* Quelques autres, après avoir vaincu sur mer et sur terre dans le Portique[1], ont payé l'amende pour n'avoir pas comparu à une cause appelée. Enfin il s'en est trouvé qui, le jour même qu'ils ont pris une ville, du moins par leurs beaux discours, ont manqué de dîner. Je ne crois pas qu'il y ait rien de si misérable que la condition de ces personnes; car quelle est la boutique, quel est le portique, quel est l'endroit d'un marché public où ils ne passent tout le jour à rendre sourds ceux qui les écoutent, ou à les fatiguer par leurs mensonges?

IX. — DE L'EFFRONTERIE CAUSÉE PAR L'AVARICE.

Pour faire connaître ce vice, il faut dire que c'est un mépris de l'honneur dans la vue d'un vil intérêt. Un homme que l'avarice rend effronté ose emprunter une somme d'argent à celui à qui il en doit déjà, et qu'il lui retient avec injustice. Le jour même qu'il aura sacrifié aux Dieux, au lieu de manger religieusement chez soi une partie des viandes consacrées[2], il les fait saler pour lui servir dans plusieurs repas, et va souper chez l'un de ses amis; et là, à table, à la vue de tout le monde, il appelle son valet, qu'il veut encore nourrir aux dépens de son hôte, et lui coupant un morceau de viande qu'il met sur un quartier de pain : « Tenez, mon ami, lui dit-il, faites bonne chère ». Il va lui-même au marché acheter des viandes *cuites*[3]; *avant que de convenir du prix, pour avoir une meilleure composition du marchand,* il lui fait ressouvenir qu'il lui a autrefois rendu service. Il fait ensuite peser ses viandes, et il en entasse le plus qu'il peut; s'il en est empêché *par celui qui les lui vend,* il jette du moins quelque os dans la balance; si elle peut tout contenir, il est satisfait; sinon, il ramasse sur la table des morceaux de rebut, *comme pour se dédommager,* sourit et s'en va. Une autre fois, sur l'argent qu'il aura reçu de quelques étrangers pour leur louer des places au théâtre, il trouve le secret d'avoir sa part franche du spectacle, et d'y envoyer le lendemain ses enfants et

---

1. Voyez le chapitre *de la Flatterie.*
2. C'était la coutume des Grecs. Voyez le chapitre *du Contre-temps* (chap. xii).
3. Comme le menu peuple, qui achetait son souper chez les charcutiers.

leur précepteur. *Tout lui fait envie* : il veut profiter des bons marchés, et demande hardiment au premier venu une chose qu'il ne vient que d'acheter. Se trouve-t-il dans une maison étrangère, il emprunte jusqu'à l'orge et la paille; encore faut-il que celui qui les lui prête fasse les frais de les faire porter chez lui. Cet effronté, en un mot, entre sans payer dans un bain public, et là, en présence du baigneur, qui crie inutilement contre lui, prenant le premier vase qu'il rencontre, il le plonge dans une cuve d'airain qui est remplie d'eau, se la répand sur tout le corps[1] : « Me voilà lavé, ajoute-t-il, *autant que j'en ai besoin*, et sans avoir obligation à personne », *remet sa robe et disparait.*

X. — DE L'ÉPARGNE SORDIDE.

Cette espèce d'avarice est dans les hommes une passion de vouloir ménager les plus petites choses sans aucune fin honnête. C'est dans cet esprit que quelques-uns, recevant tous les mois le loyer de leur maison, ne négligent pas d'aller eux-mêmes demander la moitié d'une obole *qui manquait au dernier payement qu'on leur a fait;* que d'autres, *faisant l'effort de* donner à manger chez eux, *ne sont occupés pendant le repas qu'à* compter le nombre de fois que chacun des conviés demande à boire. Ce sont eux encore dont la portion des prémices des viandes que l'on envoie sur l'autel de Diane[2] est toujours la plus petite. *Ils apprécient les choses au-dessous de ce qu'elles valent;* et de quelque bon marché qu'un autre, en leur rendant compte, veuille se prévaloir, ils lui soutiennent toujours qu'il a acheté trop cher. *Implacables à l'égard d'un* valet qui aura laissé tomber un pot de terre, ou cassé par malheur quelque vase d'argile, ils lui déduisent cette perte sur sa nourriture; mais si leurs femmes ont perdu seulement un denier, il faut alors renverser toute une maison, déranger les lits, transporter des coffres, et chercher dans les recoins les plus cachés. Lorsqu'ils vendent, ils n'ont que cette unique chose en vue, qu'il n'y ait qu'à perdre pour celui qui achète. Il n'est permis à personne de cueillir une figue dans leur jardin, de passer au travers de leur champ, de ramasser une petite branche de palmier ou quelques olives qui seront tombées de l'arbre. *Ils vont tous les jours se promener sur* leurs terres, en remarquent les bornes, voient si l'on n'y a rien changé et si elles sont toujours les mêmes. Ils tirent intérêt de l'intérêt, et *ce n'est qu'à cette condition qu'ils donnent du temps à leurs créanciers.* S'ils ont invité à dîner quelques-uns de leurs amis, et qui ne

---

1. Les plus pauvres se lavaient ainsi pour payer moins.

2. Les Grecs commençaient par ces offrandes leurs repas publics.

sont que des personnes du peuple, ils ne feignent point de leur faire servir un simple hachis : et *on les a vus souvent* aller eux-mêmes au marché pour ces repas, y trouver tout trop cher, et en revenir sans rien acheter. « *Ne prenez pas l'habitude*, disent-ils à leurs femmes, *de prêter* votre sel, votre orge, votre farine, ni même du cumin[1], de la marjolaine[2], des gâteaux pour l'autel[3], du coton, de la laine; car ces petits détails ne laissent pas de monter, à la fin d'une année, à une grosse somme. » Ces avares, en un mot, ont des trousseaux de clefs rouillées, dont ils ne se servent point, des cassettes *où leur argent est en dépôt, qu'ils n'ouvrent jamais, et* qu'ils laissent moisir *dans un coin de leur cabinet;* ils portent des habits qui leur sont trop courts *et trop étroits*; les plus petites fioles contiennent *plus d'huile qu'il n'en faut* pour les oindre; ils ont la tête rasée jusqu'au cuir, se déchaussent vers le milieu du jour[4] pour épargner leurs souliers, vont trouver les foulons pour obtenir d'eux de ne pas épargner la craie dans la laine *qu'ils leur ont donnée à préparer*, afin, disent-ils, que leur étoffe se tache moins[5].

XI. — DE L'IMPUDENT OU DE CELUI QUI NE ROUGIT DE RIEN.

L'impudence est facile à définir : il suffit de dire que c'est une profession ouverte d'une plaisanterie outrée, *comme de ce qu'il y a de plus honteux et de plus* contraire à la bienséance. Celui-là, par exemple, est impudent qui, voyant venir vers lui une femme de condition, *feint dans ce moment quelque besoin pour avoir occasion* de se montrer à elle d'une manière déshonnête; qui se plaît à battre des mains au théâtre lorsque tout le monde se tait, ou y siffler les acteurs que les autres voient et écoutent avec plaisir; qui, couché sur le dos pendant que toute l'assemblée garde un profond silence, fait entendre de sales hoquets qui obligent les spectateurs de tourner la tête *et d'interrompre leur attention*. Un homme de ce caractère achète en plein marché des noix, des pommes, toute sorte de fruits, les mange, cause debout avec la fruitière; appelle par leurs noms ceux qui passent sans presque les connaître, en arrête d'autres qui courent par la place *et qui ont leurs affaires*; et s'il voit venir quelque plaideur, il l'aborde, *le raille* et le félicite sur une cause importante qu'il vient de perdre. Il va lui-même choisir de la viande, et louer pour un souper des femmes qui jouent de la flûte; et,

---

1. Une sorte d'herbe.
2. Elle empêche les viandes de se corrompre, ainsi que le thym et le laurier.
3. Faits de farine et de miel, et qui servaient aux sacrifices.
4. Parce que dans cette partie du jour le froid, en toute saison, était supportable.
5. C'était aussi parce que cet apprêt avec de la craie, comme le pire de tous, et qui rendait les étoffes dures et grossières, était celui qui coûtait le moins.

montrant à ceux qu'il rencontre ce qu'il vient d'acheter, il les convie en riant d'en venir manger. On le voit s'arrêter devant la boutique d'un barbier ou d'un parfumeur[1], et là annoncer qu'il va faire un grand repas et s'enivrer.

Si quelquefois il vend du vin, il le fait mêler, pour ses amis comme pour les autres sans distinction. Il ne permet pas à ses enfants d'aller à l'amphithéâtre *avant que les jeux soient commencés et lorsque l'on paye pour être placé*, mais seulement *sur la fin du spectacle et* quand l'architecte[2] néglige les places et *les donne pour rien*. Étant envoyé avec quelques autres citoyens en ambassade, il laisse chez soi la somme que le public lui a donnée pour faire les frais de son voyage, et emprunte de l'argent de ses collègues; sa coutume alors est de charger son valet de fardeaux au delà de ce qu'il en peut porter, et de lui retrancher cependant de son ordinaire; et comme il arrive souvent que l'on fait dans les villes des présents aux ambassadeurs, il demande sa part pour la vendre : « Vous m'achetez toujours, dit-il au jeune esclave qui le sert dans le bain, une mauvaise huile *et qu'on ne peut supporter* »; il se sert ensuite de l'huile d'un autre *et épargne la sienne*. Il envie à ses propres valets *qui le suivent* la plus petite pièce de monnaie qu'ils auront ramassée dans les rues, et *il ne manque point* d'en retenir sa part avec ce mot : « Mercure est commun[3] ». Il fait pis : il distribue à ses domestiques leurs provisions dans une certaine mesure dont le fond, creux par-dessous, s'enfonce en dedans et s'élève *comme en pyramide*; et quand elle est pleine, il la rase lui-même avec le rouleau le plus près qu'il peut[4].... De même, s'il paye à quelqu'un trente mines[5] qu'il lui doit, il fait si bien qu'il y manque quatre dragmes[6], dont il profite. Mais dans ces grands repas où il faut traiter toute une tribu[7], il fait recueillir par ceux de ses domestiques qui ont soin de la table le reste des viandes qui ont été servies, pour lui en rendre compte; il serait fâché de leur laisser une rave à demi mangée.

---

1. Il y avait des gens fainéants et désoccupés qui s'assemblaient dans leurs boutiques.
2. L'architecte qui avait bâti l'amphithéâtre, et à qui la République donnait le louage des places en payement.
3. Proverbe grec, qui revient à notre *je retiens part*.
4. Quelque chose manque ici dans le texte.
5. Mine se doit prendre ici pour une pièce de monnaie.
6. *Dragmes*, petites pièces de monnaie, dont il en fallait cent à Athènes pour faire une mine.
7. Athènes était partagée en plusieurs tribus. Voyez (ch. xxviii) le chapitre *de la Médisance*. Théophraste parle ici, non de tribu, mais de *phratrie*, c'est-à-dire d'une simple section de tribu.

XII. — DU CONTRE-TEMPS.

Cette ignorance du temps et de l'occasion est une manière d'aborder les gens *ou d'agir avec eux, toujours incommode et embarrassante.* Un importun est celui qui choisit le moment que son ami est accablé de ses propres affaires pour lui parler des siennes; qui va souper chez sa maîtresse le soir même qu'elle a la fièvre; qui, voyant que quelqu'un vient d'être condamné en justice de payer pour un autre pour qui il s'est obligé, le prie néanmoins de répondre pour lui : qui comparaît pour servir de témoin dans un procès que l'on vient de juger; qui prend le temps des noces où il est invité pour se déchaîner contre les femmes; qui entraîne à la promenade des gens à peine arrivés d'un long voyage *et qui n'aspirent qu'à se reposer*; fort capable d'amener des marchands pour offrir d'une chose plus qu'elle ne vaut, après qu'elle est vendue; de se lever au milieu d'une assemblée pour reprendre un fait de ses commencements, et en instruire à fond ceux qui en ont les oreilles rebattues et qui le savent mieux que lui; souvent empressé pour engager dans une affaire des personnes qui, ne l'affectionnant point, n'osent pourtant refuser d'y entrer. S'il arrive que quelqu'un dans la ville doive faire un festin après avoir sacrifié[1], il va lui demander *une portion des viandes qu'il a préparées.* Une autre fois, s'il voit qu'un maître châtie devant lui son esclave : « J'ai perdu, dit-il, un des miens dans une pareille occasion : je le fis fouetter, *il se désespéra* et s'alla pendre ». Enfin il *n'est propre qu'à* commettre de nouveau deux personnes qui veulent s'accommoder, s'ils l'ont fait arbitre de leur différend. *C'est encore une action qui lui convient fort que d'aller* prendre au milieu du repas, pour danser[2], un homme *qui est de sang-froid* et qui n'a bu que modérément.

XIII. — DE L'AIR EMPRESSÉ.

Il semble que le trop grand empressement est une recherche importune, ou une vaine affectation de marquer aux autres la bienveillance par ses paroles et par toute sa conduite. Les manières d'un homme empressé sont de prendre sur soi l'événement d'une affaire qui est au-dessus de ses forces, *et dont il ne saurait sortir*

---

1. Les Grecs, le jour même qu'ils avaient sacrifié, ou soupaient avec leurs amis, ou leur envoyaient à chacun une portion de la victime. C'était donc un contre-temps de demander sa part prématurément,
et lorsque le festin était résolu, auquel on pouvait même être invité.

2. Cela ne se faisait chez les Grecs qu'après le repas, et lorsque les tables étaient enlevées.

avec honneur; et dans une chose que toute une assemblée juge raisonnable, *et où il ne se trouve pas la moindre difficulté,* d'insister longtemps sur une légère circonstance, pour être ensuite de l'avis des autres; de faire beaucoup plus apporter de vin dans un repas qu'on n'en peut boire; d'entrer dans une querelle où il se trouve présent, d'une manière à l'échauffer davantage. Rien n'est aussi plus ordinaire que de le voir s'offrir à servir de guide dans un chemin détourné qu'il ne connaît pas, et dont il ne peut ensuite trouver l'issue; venir vers son général, et lui demander quand il doit ranger son armée en bataille, quel jour il faudra combattre, et s'il n'a point d'ordres à lui donner pour le lendemain; une autre fois s'approcher de son père : « Ma mère, lui dit-il mystérieusement, vient de se coucher et ne commence qu'à s'endormir »; s'il entre enfin dans la chambre d'un malade à qui son médecin a défendu le vin, dire qu'on peut essayer s'il ne lui fera point de mal, et le soutenir doucement pour lui en faire prendre. S'il apprend qu'une femme soit morte dans la ville, il s'ingère de faire son épitaphe; il y fait graver son nom, celui de son mari, de son père, de sa mère, son pays, son origine, avec cet éloge : « Ils avaient tous de la vertu[1] ». S'il est quelquefois obligé de jurer devant *les juges qui exigent son serment* : « Ce n'est pas, dit-il, en perçant la foule *pour paraître à l'audience,* la première fois que cela m'est arrivé ».

XIV. — DE LA STUPIDITÉ.

La stupidité est en nous une pesanteur d'esprit qui accompagne nos actions et nos discours. Un homme stupide, ayant lui-même calculé avec des jetons une certaine somme, demande à ceux qui le regardent faire à quoi elle se monte. S'il est obligé de paraître dans un jour prescrit devant ses juges pour se défendre dans un procès que l'on fait, il oublie entièrement et part pour la campagne. Il s'endort à un spectacle, et il ne se réveille que longtemps après *qu'il est fini* et que le peuple s'est retiré. Après s'être rempli de viande le soir, il se lève la nuit pour une indigestion, va dans la rue se soulager, où il est mordu d'un chien du voisinage. Il cherche ce qu'on vient de lui donner, et qu'il a mis lui-même dans quelque endroit, où souvent il ne peut le retrouver. Lorsqu'on l'avertit de la mort de l'un de ses amis afin qu'il assiste à ses funérailles, il s'attriste, il pleure, il se désespère, et *prenant une façon de parler pour une autre* : « A la bonne heure », ajoute-t-il; ou une pareille sottise. Cette précaution qu'ont les personnes sages de ne pas donner sans témoin[2] de l'argent à leurs créanciers, il l'a pour en recevoir

---

1. Formule d'épitaphe.
2. Les témoins étaient fort en usage chez les Grecs dans les paiements et dans tous les actes.

de ses débiteurs. On le voit quereller son valet, dans le plus grand froid de l'hiver, pour ne lui avoir pas acheté des concombres. S'il *s'avise un jour* de faire exercer ses enfants à la lutte ou à la course, il ne leur permet pas de se retirer qu'ils ne soient tout en sueur et hors d'haleine. Il va cueillir lui-même des lentilles, les fait cuire, et, oubliant qu'il y a mis du sel, il les sale une seconde fois, de sorte que personne n'en peut goûter. Dans le temps d'une pluie incommode, et dont tout le monde se plaint, il lui échappera de dire que l'eau du ciel est une chose délicieuse, et si on lui demande par hasard combien il a vu emporter de morts par la porte Sacrée[1] : « Autant, répond-il, *pensant peut-être à de l'argent ou à des grains*, que je voudrais que vous et moi en puissions avoir ».

XV. — DE LA BRUTALITÉ.

La brutalité est une certaine dureté, et j'ose dire une férocité qui se rencontre dans nos manières d'agir et qui passe même jusqu'à nos paroles. Si vous demandez à un homme brutal : « Qu'est devenu un tel ? » il vous répond durement : « Ne me rompez point la tête ». Si vous le saluez, *il ne vous fait pas l'honneur de* vous rendre le salut. Si quelquefois il met en vente une chose qui lui appartient, il *est inutile de lui en demander le prix, il ne vous écoute pas;* mais il dit *fièrement* à celui qui la marchande : « Qu'y trouvez-vous à dire? » Il se moque de la *piété* de ceux qui envoient leurs offrandes dans les temples aux jours d'une grande célébrité : « *Si leurs prières*, dit-il, *vont jusques aux dieux, et s'ils en obtiennent les biens qu'ils souhaitent, l'on peut dire qu'ils les ont bien payés, et que ce n'est pas un présent du ciel.* » Il est inexorable à celui qui, sans dessein, l'aura poussé légèrement ou lui aura marché sur le pied : *c'est une faute qu'il ne pardonne pas.* La première chose qu'il dit à un ami qui lui emprunte quelque argent, c'est qu'il ne lui en prêtera point : il va le trouver ensuite, et le lui donne de mauvaise grâce, ajoutant qu'il le compte perdu. Il ne lui arrive jamais de se heurter à une pierre qu'il rencontre en son chemin, sans lui donner de grandes malédictions. Il ne daigne pas attendre personne; *et si l'on diffère un moment à se rendre au lieu dont l'on est convenu avec lui, il se retire. Il se distingue toujours par une grande singularité :* il ne veut ni chanter à son tour, ni réciter dans un repas, ni même danser avec les autres. *En un mot*, on ne le voit guère dans les temples importuner les dieux *et leur faire des vœux ou des sacrifices.*

1. Pour être enterrés hors de la ville, suivant la loi de Solon.

XVI. — DE LA SUPERSTITION.

La superstition semble n'être autre chose qu'une crainte mal réglée de la Divinité. Un homme supersitieux, après avoir lavé ses mains et s'être purifié avec de l'eau lustrale [1], *sort du temple et* se promène une grande partie du jour avec une feuille de laurier dans sa bouche. S'il voit une belette, il s'arrête tout court, et il ne continue pas de marcher que quelqu'un n'ait passé avant lui par le même endroit que cet animal a traversé, ou qu'il n'ait jeté lui-même trois petites pierres dans le chemin, *comme pour éloigner de lui ce mauvais présage.* En quelque endroit de sa maison qu'il ait aperçu un serpent, il ne diffère pas d'y élever un autel; et dès qu'il remarque dans les carrefours de ces pierres *que la dévotion du peuple y a consacrées*, il s'en approche, verse dessus toute l'huile de sa fiole, plie les genoux devant elles, et *les* adore. Si un rat lui a rongé un sac de farine, il court au devin, qui ne manque pas de lui enjoindre d'y faire mettre une pièce; mais, *bien loin d'être satisfait de sa réponse, effrayé d'une aventure si extraordinaire*, il n'ose plus se servir de son sac et s'en défait. Son faible encore est de purifier sans fin la maison qu'il habite, d'éviter de s'asseoir sur un tombeau, comme d'assister à des funérailles, ou d'entrer dans la chambre d'une femme qui est en couche [2]; et lorsqu'il lui arrive d'avoir pendant son sommeil quelque vision, il va trouver les interprètes des songes, les devins et les augures, pour savoir d'eux à quel dieu ou à quelle déesse il doit sacrifier. Il est fort exact à visiter, sur la fin de chaque mois, les prêtres d'Orphée, pour se faire initier dans ses mystères [3]; il y mène sa femme; ou, si elle s'en excuse par d'autres soins, il y fait conduire ses enfants par une nourrice. Lorsqu'il marche par la ville, il ne manque guère de se laver toute la tête avec l'eau des fontaines qui sont dans les places; quelquefois il a recours à des prêtresses, qui le purifient d'une autre manière, en liant et étendant autour de son corps un petit chien ou de la squille [4]. Enfin, s'il voit un homme frappé d'épilepsie, saisi d'horreur il crache dans son propre sein *comme pour rejeter le malheur de cette rencontre.*

---

1. Une eau où l'on avait éteint un tison ardent, pris sur l'autel où l'on brûlait la victime; elle était dans une chaudière à la porte du temple; l'on s'en lavait soi-même, ou l'on s'en faisait laver par les prêtres.

2. Le texte ajoute : « Il m'importe, dit-il, d'éviter toute souillure. Tous les trois ou tous les sept jours il fait cuire du pain par les gens de sa maison, et va lui-même acheter des rameaux de myrte et une tablette d'encens. »

3. Instruire de ses mystères.

4. Espèce d'oignon marin.

XVII. — DE L'ESPRIT CHAGRIN.

L'esprit chagrin fait *que l'on n'est jamais content de personne, et* que l'on fait aux autres mille plaintes sans fondement. Si quelqu'un *fait un festin, et qu'il se souvienne* d'envoyer un plat [1] à un homme de cette humeur, *il ne reçoit de lui pour tout remerciement* que le reproche d'avoir été oublié : « Je n'étais pas digne, dit cet esprit querelleux, de boire de son vin, ni de manger à sa table ». Tout lui est suspect, jusques aux caresses que lui fait sa maîtresse : « Je doute fort, lui dit-il, *que vous soyez sincère,* et que toutes ces démonstrations d'amitié partent du cœur ». *Après une grande sécheresse* venant à pleuvoir, comme il ne peut se plaindre de la pluie, il s'en prend au ciel de ce qu'elle n'a pas commencé plus tôt. Si le hasard lui fait voir une bourse dans son chemin, il s'incline : « Il y a *des gens,* ajoute-t-il, *qui ont du bonheur; pour* moi, je n'ai jamais eu celui de trouver un trésor ». Une autre fois, ayant envie d'un esclave, il prie instamment celui à qui il appartient d'y mettre le prix : et, dès que celui-ci, vaincu par ses importunités, le lui a vendu, il se repent de l'avoir acheté : « Ne suis-je pas trompé ? demande-t-il, et exigerait-on si peu d'une chose qui serait sans défauts ? » À ceux qui lui font des compliments ordinaires sur la naissance d'un fils *et l'augmentation de sa famille* : « Ajoutez, leur dit-il, pour ne rien oublier, sur ce que mon bien est diminué de la moitié ». Un homme chagrin, après avoir eu des juges ce qu'il demandait, et l'avoir emporté tout d'une voix sur son adversaire, se plaint encore de celui qui a écrit ou parlé pour lui, de ce qu'il n'a pas touché les meilleurs moyens de sa cause; ou lorsque ses amis ont fait ensemble une certaine somme pour le secourir dans un besoin pressant, si quelqu'un l'en félicite *et le convie à mieux espérer de la fortune* : « Comment, lui répondit-il, puis-je être sensible à la moindre joie, quand je pense que je dois rendre cet argent à chacun de ceux qui me l'ont prêté, et n'être pas encore quitte envers eux de la reconnaissance de leur bienfait ? »

XVIII. — DE LA DÉFIANCE.

L'esprit de défiance nous fait croire que tout le monde est capable de nous tromper. Un homme défiant, par exemple, s'il envoie *au marché* l'un de ses domestiques pour *y* acheter des provisions, il le fait suivre par un autre qui doit lui rapporter fidèlement combien elles ont coûté. Si quelquefois il porte de

---

1. Ç'a été la coutume des Juifs et d'autres peuples orientaux, des Grecs et des Romains.

l'argent sur lui *dans un voyage*, il le calcule à chaque stade[1] qu'il fait, *pour voir s'il a son compte*. Une autre fois étant couché avec sa femme, il lui demande si elle a remarqué que son coffre-fort fût bien fermé, si sa cassette est toujours scellée, et si on a eu soin de bien fermer la porte du vestibule; et, bien qu'elle assure que tout est en bon état, l'inquiétude le prend, il se lève du lit, va en chemise et les pieds nus, avec la lampe qui brûle dans sa chambre, visiter lui-même tous les endroits *de sa maison*, et ce n'est qu'avec beaucoup de peine qu'il s'endort *après cette recherche*. Il mène avec lui des témoins quand il va demander ses arrérages, afin *qu'il ne prenne pas un jour envie* à ses débiteurs de lui dénier sa dette. Ce n'est point chez le foulon qui passe pour le meilleur ouvrier qu'il envoie teindre sa robe, mais chez celui qui *consent de ne point la recevoir sans* donner caution. Si quelqu'un *se hasarde de* lui emprunter quelques vases [2], il les lui refuse souvent; ou s'il les accorde, il *ne les laisse pas enlever qu'ils ne soient pesés, il fait suivre celui qui les emporte, et envoie dès le lendemain prier qu'on les lui renvoie*. A-t-il un esclave *qu'il affectionne* et qui l'accompagne dans la ville, il le fait marcher devant lui, de peur que, s'il le perdait de vue, il ne lui échappât et ne prît la fuite. A un homme qui, emportant de chez lui quelque chose que ce soit, lui dirait : « Estimez cela, et mettez-le sur mon compte », il répondrait qu'il faut le laisser où on l'a pris, et qu'il a d'autres affaires que celle de courir après son argent.

XIX. — D'UN VILAIN HOMME.

Ce caractère suppose *toujours* dans un homme *une extrême malpropreté* et une négligence pour sa personne *qui passe dans l'excès* et qui blesse ceux qui s'en aperçoivent. Vous le verrez quelquefois tout couvert de lèpre, avec des ongles longs et malpropres, ne pas laisser de se mêler parmi le monde, et *croire en être quitte pour* dire que c'est une maladie de famille, et que son père et son aïeul y étaient sujets. Il a aux jambes des ulcères; on lui voit aux mains des poireaux et d'autres saletés, qu'il néglige de faire guérir; ou s'il pense à y remédier, c'est lorsque le mal, aigri par le temps, est devenu incurable. Il est hérissé de poil sous les aisselles et par tout le corps, comme une bête fauve; il a les dents noires, rongées et telles que son abord ne se peut souffrir. Ce n'est pas tout : il crache où il se mouche en mangeant; il parle la bouche pleine, fait en buvant des choses contre la bienséance; il ne se sert jamais au bain que d'une huile qui sent mauvais, et ne paraît guère dans une assemblée publique qu'avec une vieille robe et toute tachée.

S'il est obligé d'accompagner sa mère chez les devins, il n'ouvre

1. Six cents pas.
2. D'or ou d'argent.

la bouche que pour dire des choses de mauvais augure[1]. Une autre fois, dans le temple et en faisant des libations[2], il lui échappera des mains une coupe ou quelque autre vase; et il rira ensuite de cette aventure, comme s'il avait fait quelque chose de merveilleux. *Un homme si extraordinaire* ne sait point écouter un concert *ou d'excellents joueurs de flûte;* il bat des mains avec violence *comme pour leur applaudir*, ou bien il suit *d'une voix désagréable* le même air qu'ils jouent; il s'ennuie de la symphonie, et demande si elle ne doit pas bientôt finir. Enfin, si étant assis à table il veut cracher, c'est *justement* sur celui qui est derrière lui pour donner à boire.

XX. — D'UN HOMME INCOMMODE.

Ce qu'on appelle un fâcheux est celui qui, sans faire à quelqu'un un fort grand tort, ne laisse pas de l'embarrasser beaucoup; qui, entrant dans la chambre de son ami qui commence à s'endormir, le réveille pour l'entretenir de vains discours; qui, *se trouvant sur le bord de la mer*, sur le point qu'un homme est prêt de partir *et de monter dans son vaisseau*, l'arrête *sans nul besoin*, et l'engage insensiblement à se promener avec lui sur le rivage; qui, arrachant un petit enfant du sein de sa nourrice pendant qu'il tette, lui fait avaler quelque chose qu'il a mâché, bat des mains devant lui, le caresse et lui parle d'une voix contrefaite; qui choisit le temps du repas, *et que le potage est sur la table*, pour dire qu'ayant pris médecine depuis deux jours, il est allé par haut et par bas, et qu'une bile noire et recuite était mêlée dans ses déjections; qui, devant toute une assemblée, *s'avise* de demander à sa mère quel jour elle a accouché de lui; qui, *ne sachant que dire*, apprend que l'eau de sa citerne est fraîche, qu'il croît dans son jardin de bonnes légumes, ou que sa maison est ouverte à tout le monde, comme une hôtellerie; qui s'empresse de faire connaître à ses hôtes un parasite[3] qu'il a chez lui; qui l'invite à table à se mettre en bonne humeur et à réjouir la compagnie.

XXI. — DE LA SOTTE VANITÉ.

La sotte vanité semble être une passion inquiète de se faire valoir par les plus petites choses, *ou de chercher dans les sujets*

---

1. Les anciens avaient un grand égard pour les paroles qui étaient proférées même par hasard, par ceux qui venaient consulter les devins et les augures, prier ou sacrifier dans les temples.

2. Cérémonies où l'on répandait du vin ou du lait dans les sacrifices.

3. Mot grec qui signifie celui qui ne mange que chez autrui.

les plus frivoles du nom et de la distinction. Ainsi un homme vain, s'il se trouve à un repas, affecte toujours de s'asseoir proche de celui qui l'a convié. Il consacre à Apollon la chevelure d'un fils qui lui vient de naître ; et dès qu'il est parvenu à l'âge de puberté, il le conduit lui-même à Delphes, lui coupe les cheveux, *et les dépose dans le temple comme un monument d'un vœu solennel qu'il a accompli*[1]. Il aime à se faire suivre par un More. S'il fait un payement, il affecte que ce soit dans une monnaie toute neuve, et qui ne vienne que d'être frappée. Après qu'il a immolé un bœuf *devant quelque autel* il se fait réserver la peau du front de cet animal, il l'orne de rubans et de fleurs, et l'attache à l'endroit de sa maison le plus exposé à la vue de ceux qui passent, afin que personne *du peuple* n'ignore qu'il a sacrifié un bœuf. Une autre fois, au retour d'une cavalcade qu'il aura faite avec d'autres citoyens, il renvoie chez soi par un valet tout son équipage, et ne garde qu'une riche robe dont il est habillé, et qu'il traîne le reste du jour dans la place publique. S'il lui meurt un petit chien, il l'enterre, lui dresse une épitaphe avec ces mots : « Il était de race de Malte [2] ». Il consacre un anneau à Esculape, qu'il use à force d'y pendre des couronnes de fleurs. Il se parfume tous les jours. Il remplit avec un grand faste tout le temps de sa magistrature ; et, *sortant de charge*, il rend compte au peuple avec ostentation des sacrifices qu'il a faits, *comme du nombre et de la qualité des victimes qu'il a immolées*. Alors, revêtu d'une robe blanche et couronné de fleurs, il paraît dans l'assemblée du peuple : « Nous pouvons, dit-il, vous assurer, ô Athéniens, que pendant le temps de notre gouvernement nous avons sacrifié à Cybèle, et que nous lui avons rendu des honneurs tels que le mérite de nous la mère des dieux : espérez donc toutes choses heureuses de cette déesse ». Après avoir parlé ainsi, il se retire dans sa maison, où il fait un long récit à sa femme de la manière dont tout lui a réussi au delà même de ses souhaits.

XXII. — DE L'AVARICE.

Ce vice est dans l'homme un oubli de l'honneur *et de la gloire*, quand il s'agit d'éviter la moindre dépense. Si un tel homme a remporté le prix de la tragédie[3], il consacre à Bacchus des guirlandes ou des bandelettes faites d'écorce de bois, et il fait graver son nom *sur un présent si magnifique*. Quelquefois,

---

1. Le peuple d'Athènes, ou les personnes plus modestes, se contentaient d'assembler leurs parents, de couper en leur présence les cheveux de leur fils parvenu à l'âge de puberté, et de les consacrer ensuite à Hercule ou à quelque autre divinité qui avait un temple dans la ville.

2. Cette île portait de petits chiens fort estimés.

3. Qu'il a faite ou récitée.

dans les temps difficiles, le peuple est obligé de *s'assembler pour régler une contribution capable de subvenir aux besoins de la République*; alors il se lève et garde le silence[1], *ou le plus souvent il fend la presse* et se retire. Lorsqu'il marie sa fille, et qu'il sacrifie selon la coutume, il n'abandonne de la victime que les parties seules qui doivent être brûlées sur l'autel[2]; il réserve les autres pour les vendre; et comme il manque de domestiques pour servir à table et être chargés du soin des noces, il loue des gens pour tout le temps de la fête, qui se nourrissent à leurs dépens, *et à qui il donne une certaine somme*. S'il est capitaine de galère, voulant ménager son lit, il se contente de coucher indifféremment avec les autres sur la natte qu'il emprunte de son pilote. *Vous verrez une autre fois* cet homme sordide acheter en plein marché des viandes *cuites*, toutes sortes d'herbes, et les porter hardiment dans son sein et sous sa robe; s'il l'a un jour envoyée chez le teinturier pour la détacher, *comme il n'en a pas une seconde pour sortir*, il est obligé de garder la chambre. Il *sait* éviter dans la place la rencontre d'un ami pauvre qui pourrait lui demander, comme aux autres, quelque secours[3]; il se détourne de lui, et reprend le chemin de sa maison. Il ne donne point de servantes à sa femme, content de lui en louer quelques-unes pour l'accompagner à la ville toutes les fois qu'elle sort. Enfin *ne pensez pas que ce soit* un autre que lui qui balie le matin sa chambre, qui fasse son lit et le nettoie. Il faut ajouter qu'il porte un manteau usé, sale et tout couvert de taches; *qu'en ayant honte lui-même*, il le retourne quand il est obligé d'aller tenir sa place dans quelque assemblée.

XXIII. — DE L'OSTENTATION.

Je n'estime pas que l'on puisse donner une idée plus juste de l'ostentation, qu'en disant que c'est dans l'homme une passion de faire montre du bien ou des avantages qu'il n'a pas. Celui en qui elle domine s'arrête dans l'endroit du Pirée[4] où les marchands étalent, *et où se trouve un plus grand nombre d'étrangers; il entre en matière avec eux*, il leur dit qu'il a beaucoup d'argent sur la mer; il discourt avec eux des avantages de ce commerce, des gains immenses qu'il y a à espérer pour ceux qui y entrent, et de ceux surtout que lui *qui leur parle* y a faits. *Il aborde dans un voyage le premier qu'il trouve sur son chemin, lui fait compagnie, et lui dit bientôt* qu'il a servi sous Alexandre, quels beaux

---

1. Ceux qui voulaient donner se levaient et offraient une somme; ceux qui ne voulaient rien donner se levaient et se taisaient.
2. C'étaient les cuisses et les intestins.
3. Par forme de contribution. Voyez ci-dessus les chapitres *de la Dissimulation* et *de l'Esprit chagrin.*
4. Port à Athènes fort célèbre.

vases et tout enrichis de pierreries il a rapportés de l'Asie, quels excellents ouvriers s'y rencontrent, et combien ceux de l'Europe leur sont inférieurs[1]. Il se vante, *dans une autre occasion*, d'une lettre qu'il a reçue d'Antipater[2], qui apprend que lui troisième est entré dans la Macédoine. *Il dit une autre fois* que bien que les magistrats lui aient permis *tels* transports de bois[3] *qu'il lui plairait* sans payer de tribut, pour éviter néanmoins l'envie du peuple, il n'a point voulu user de ce privilège. Il ajoute que, pendant une grande cherté de vivres, il a distribué aux pauvres citoyens d'Athènes jusqu'à la somme de cinq talents[4], et s'il parle à des gens qu'il ne connaît point, et dont il n'est pas mieux connu, il leur fait prendre des jetons, compter le nombre de ceux à qui il a fait ces largesses; et quoiqu'il monte à plus de six cents personnes, il leur donne à tous des noms convenables; et, après avoir supputé les sommes particulières qu'il a données à chacun d'eux, il se trouve qu'il en résulte le double de ce qu'il pensait, et que dix talents y sont employés, « sans compter, poursuit-il, les galères que j'ai armées à mes dépens, et les charges publiques que j'ai exercées à mes frais et sans récompense ». Cet homme fastueux va chez un fameux marchand de chevaux, fait sortir de l'écurie les plus beaux et les meilleurs, fait ses offres, comme s'il voulait les acheter. De même il *visite les foires les plus célèbres*, entre sous les tentes des marchands, se fait déployer une riche robe, et qui vaut jusqu'à deux talents; et il sort en querellant son valet de ce qu'il ose le suivre sans porter de l'or sur lui[5] pour les besoins où l'on se trouve. Enfin, s'il habite une maison dont il paye le loyer, il dit hardiment à quelqu'un qui l'ignore que c'est une maison *de famille et* qu'il a héritée de son père; mais qu'il veut s'en défaire, *seulement* parce qu'elle est trop petite pour le grand nombre d'étrangers qu'il retire chez lui[6].

---

1. C'était contre l'opinion commune de toute la Grèce.
2. L'un des capitaines d'Alexandre le Grand, et dont la famille régna quelque temps dans la Macédoine.
3. Parce que les pins, les sapins, le cyprès et tout autre bois propre à construire des vaisseaux étaient rares dans le pays attique, l'on n'en permettait le transport en d'autres pays qu'en payant un fort gros tribut.
4. Un talent attique, dont il s'agit, valait soixante mines attiques; une mine, cent dragmes; une dragme, six oboles. Le talent attique valait quelques six cents écus de notre monnaie.
5. Coutume des anciens.
6. Par droit d'hospitalité.

XXIV. — DE L'ORGUEIL.

Il faut définir l'orgueil une passion qui fait que de tout ce qui est au monde l'on n'estime que soi. Un homme fier et superbe *n'écoute pas* celui qui l'aborde dans la place *pour lui parler de quelque affaire; mais sans s'arrêter*, et se faisant suivre quelque temps, il lui dit enfin qu'on peut le voir après son souper. Si l'on a reçu de lui le moindre bienfait, il ne veut pas qu'on en perde jamais le souvenir : il le reprochera en pleine rue, à la vue de tout le monde. *N'attendez pas de lui qu'en quelque endroit qu'il vous rencontre*, il s'approche de vous et qu'il vous parle le premier; de même, *au lieu d'expédier sur-le-champ* des marchands ou des ouvriers, il ne feint point de les renvoyer *au lendemain matin et* à l'heure de son lever. Vous le voyez marcher dans les rues de la ville la tête baissée, sans daigner parler à personne de ceux qui vont et viennent. S'il *se familiarise quelquefois jusques à* inviter ses amis à un repas, il prétexte des raisons pour ne pas se mettre à table *et manger avec eux*, et il charge ses principaux domestiques du soin de les régaler. *Il ne lui arrive point de* rendre visite à personne *sans* prendre la précaution d'envoyer quelqu'un des siens pour avertir qu'il va venir[1]. On ne le voit point chez lui lorsqu'il mange ou qu'il se parfume[2]. *Il ne se donne pas la peine de* régler lui-même des parties; mais il dit *négligemment* à un valet de les calculer, de les arrêter *et les passer à compte.* Il ne sait point écrire dans une lettre : « Je vous prie de me faire ce plaisir ou de me rendre ce service », mais : « J'entends que cela soit ainsi ; j'envoie un homme vers vous pour recevoir une telle chose ; je ne veux pas que l'affaire se passe autrement ; faites ce que je vous dis promptement et sans différer ». *Voilà son style.*

XXV. — DE LA PEUR, OU DU DÉFAUT DE COURAGE.

Cette crainte est un mouvement de l'âme *qui s'ébranle ou* qui cède en vue d'un péril *vrai ou imaginaire*, et l'homme timide est celui *dont je vais faire la peinture.* S'il *lui arrive d'être* sur la mer et s'il aperçoit de loin des dunes *ou des promontoires*, la peur lui fait croire que c'est le débris de quelques vaisseaux *qui ont fait naufrage sur cette côte*; aussi tremble-t-il au moindre flot qui s'élève, et il s'informe avec soin si tous ceux qui naviguent avec lui sont initiés[3]. S'il vient à remarquer que le pilote

---

1. Voyez le chapitre *de la Flatterie.*
2. Avec des huiles de senteur.
3. Les anciens naviguaient rarement avec ceux qui passaient pour impies, et ils se faisaient initier avant de partir, c'est-à-dire instruire des mystères de quelque divinité,

fait une nouvelle manœuvre, *ou semble se détourner comme pour éviter un écueil, il l'interroge*, il lui demande avec inquiétude s'il ne croit pas s'être écarté de sa route, *s'il tient toujours la haute mer*, et si les dieux sont propices [1]. Après cela il se met à raconter une vision qu'il a eue pendant la nuit, dont il est encore tout épouvanté, *et qu'il prend pour un mauvais présage*. Ensuite ses frayeurs venant à croître, il se déshabille et ôte jusques à sa chemise pour pouvoir mieux se sauver à la nage; et *après cette précaution il ne laisse de* prier les nautoniers de le mettre à terre. Que si cet homme faible, dans une expédition militaire *où il s'est engagé*, entend dire que les ennemis sont proches, il appelle ses compagnons de guerre, observe leur contenance *sur ce bruit qui court*, leur dit *qu'il est sans fondement, et* que les coureurs n'ont pu discerner si ce qu'ils ont découvert à la campagne sont amis ou ennemis; mais si l'on n'en peut plus douter par les clameurs que l'on entend, et s'il a vu lui-même de loin le commencement du combat, et que quelques hommes aient paru tomber à ses yeux, alors feignant que la précipitation et le tumulte lui ont fait oublier ses armes, il court les quérir dans sa tente, où il cache son épée sous le chevet de son lit, et emploie beaucoup de temps à la chercher pendant que d'un autre côté son valet va par ses ordres savoir des nouvelles des ennemis, *observer quelle route ils ont prise et où en sont les affaires;* et dès qu'il voit apporter au camp quelqu'un tout sanglant d'une blessure qu'il a reçue, il accourt vers lui, le console et l'encourage, étanche le sang qui coule de sa plaie, chasse les mouches qui l'importunent, ne lui refuse aucun secours, et se mêle de tout, excepté de combattre. Si, pendant le temps qu'il est dans la chambre du malade, *qu'il ne perd pas de vue*, il entend la trompette qui sonne la charge : « Ah! *dit-il avec imprécation*, puisses-tu être pendu, maudit sonneur qui *cornes incessamment, et* fais un bruit enragé qui empêche ce pauvre homme de dormir! » Il arrive même que, tout plein d'un sang qui n'est pas le sien, mais qui a rejailli sur lui de la plaie du blessé, il fait accroire à ceux qui reviennent du combat qu'il a couru un grand risque de sa vie pour sauver celle de son ami; il conduit vers lui ceux qui y prennent intérêt, ou comme ses parents, ou parce qu'ils sont d'un même pays, et là *il ne rougit pas de* leur raconter quand et de quelle manière il *a tiré cet homme des ennemis et* l'a rapporté dans sa tente.

pour se la rendre propice dans leurs voyages. Voyez ci-dessus le chapitre *de la Superstition*.

1. Ils consultaient les dieux par les sacrifices ou par les augures, c'est-à-dire par le vol, le chant et le manger des oiseaux, et encore par les entrailles des bêtes.

XXVI. — DES GRANDS D'UNE RÉPUBLIQUE.

La plus grande passion de ceux qui ont les premières places dans un État populaire *n'est pas le désir du gain ou de l'accroissement de leurs revenus, mais* une patience de s'agrandir *et de se fonder, s'il se pouvait, une souveraine puissance sur celle du peuple.* S'il s'est assemblé pour délibérer à qui des citoyens il donnera la commission d'aider de ses soins le premier magistrat dans la conduite d'une fête *ou d'un spectacle,* cet homme ambitieux, *et tel que je viens de le définir,* se lève, demande cet emploi, et proteste que nul autre ne peut si bien s'en acquitter. *Il n'approuve point la domination de plusieurs,* et de tous les vers d'Homère il n'a retenu que celui-ci :

Les peuples sont heureux quand un seul les gouverne.

Son langage le plus ordinaire est tel : « Retirons-nous de cette multitude qui nous environne; tenons ensemble un conseil particulier où le peuple ne soit point admis! essayons même de lui fermer le chemin à la magistrature ». Et *s'il se laisse prévenir contre* une personne d'une condition privée, de qui il croit avoir reçu quelque injure : « Cela, dit-il, ne se peut souffrir et il faut que lui ou moi abandonnions la ville ». Vous le voyez se promener dans la place, sur le milieu du jour, avec les ongles propres, la barbe et les cheveux en bon ordre, repousser fièrement ceux qui se trouvent sur ses pas, dire *avec chagrin aux premiers qu'il rencontre* que la ville est un lieu où il n'y a plus moyen de vivre, qu'il ne peut plus tenir contre l'horrible foule des plaideurs, *ni supporter plus longtemps les longueurs, les criries et les mensonges des avocats,* qu'il commence à avoir honte de se trouver assis, dans une assemblée publique *ou sur les tribunaux,* auprès d'un homme mal habillé, sale et qui dégoûte, et qu'il n'y a pas un seul de ces orateurs dévoués au peuple qui ne lui soit insupportable. Il ajoute que c'est Thésée[1] qu'on peut appeler le premier auteur de tous ces maux; et il fait de pareils discours aux étrangers qui arrivent dans la ville, comme à ceux avec qui il sympathise de mœurs et de sentiments.

XXVII. — D'UNE TARDIVE INSTRUCTION.

Il s'agit de décrire quelques inconvénients où tombent ceux qui *ayant méprisé dans leur jeunesse les sciences et les exercices,* veulent réparer cette négligence dans un âge avancé *par un*

---

1. Thésée avait jeté les fondements de la république d'Athènes en établissant l'égalité entre les citoyens.

travail souvent inutile. Ainsi un vieillard de soixante ans s'avise d'apprendre des vers par cœur, et de les réciter à table dans un festin [1], où *la mémoire venant à lui manquer*, il a la confusion de demeurer court. Une autre fois il apprend de son propre fils les évolutions qu'il faut faire dans les rangs à droite ou à gauche, *le maniement des armes,* et quel est l'usage à la guerre de la lance et du bouclier. S'il monte un cheval que l'on lui a prêté, *il le presse de l'éperon,* veut le manier, *et lui faisant faire des voltes ou des caracoles,* il tombe lourdement et se casse la tête. On le voit tantôt, pour s'exercer au javelot, le lancer tout un jour contre l'homme de bois [2], tantôt tirer de l'arc et disputer avec son valet lequel des deux donnera mieux dans un blanc avec des flèches, vouloir d'abord apprendre de lui, se mettre ensuite à l'instruire et à le corriger comme s'il était le plus habile. Enfin, se voyant tout nu au sortir d'un bain, i¹ imite les postures d'un lutteur, *et par le défaut d'habitude, il les fait de mauvaise grâce,* et il s'agite d'une manière ridicule.

XXVIII. — DE LA MÉDISANCE.

Je définis ainsi la médisance : une pente *secrète* de l'âme à penser mal de tous les hommes, laquelle se manifeste par les paroles; et pour ce qui concerne le médisant, voici ses mœurs : Si on l'interroge sur quelque autre, *et que l'on lui demande quel est cet homme,* il fait d'abord sa généalogie : « Son père, dit-il, s'appelait Sosie [3], que l'on a connu dans le service *et parmi les troupes* sous le nom de Sosistrate : *il a été affranchi depuis ce temps,* et reçu dans l'une des tribus de la ville [4]; pour sa mère, c'était une noble Thracienne [5], car les femmes de Thrace, ajoute-t-il, se piquent la plupart d'une ancienne noblesse : celui-ci, né de si honnêtes gens, est un scélérat et qui ne mérite que le gibet ». En retournant à la mère de cet homme *qu'il peint avec de si belles couleurs* : « Elle est, poursuit-il, de ces femmes qui épient sur les grands chemins les jeunes gens au passage [6], et qui pour ainsi dire les enlèvent et les ravissent ». Dans une compagnie où il trouve quelqu'un qui parle mal d'une personne absente, il relève la conversation : « Je suis, lui dit-il, de votre sentiment : cet homme m'est odieux, et je ne le puis souffrir. Qu'il est insupportable par sa physio-

---

1. Voyez le chapitre *de la Brutalité.*
2. Une grande statue de bois qui était dans le lieu des exercices pour apprendre à darder.
3. C'était chez les Grecs un nom de valet ou d'esclave.
4. Le peuple d'Athènes était partagé en diverses tribus.
5. Cela est dit par dérision des Thraciennes, qui venaient dans la Grèce pour être servantes, et quelque chose de pis.
6. Elles tenaient hôtellerie sur les chemins publics, où elles se mêlaient à d'infâmes commerces.

nomie! Y a-t-il un plus grand fripon et des manières plus extravagantes? Savez-vous combien il donne à sa femme pour la dépense de chaque repas? Trois oboles [1], et rien davantage; *et croiriez-vous que, dans les rigueurs de l'hiver* et au mois de décembre, il l'oblige de se laver avec de l'eau froide? » Si alors quelqu'un de ceux qui l'écoutent se lève et se retire, il parle de lui presque dans les mêmes termes. Nul de ses plus familiers n'est épargné; les morts *dans le tombeau ne trouvent pas un asile contre sa mauvaise langue* [2].

1. Il y avait au-dessous de cette monnaie d'autres encore de moindre prix.

2. Il était défendu chez les Athéniens de parler mal des morts, par une loi de Solon, leur législateur.

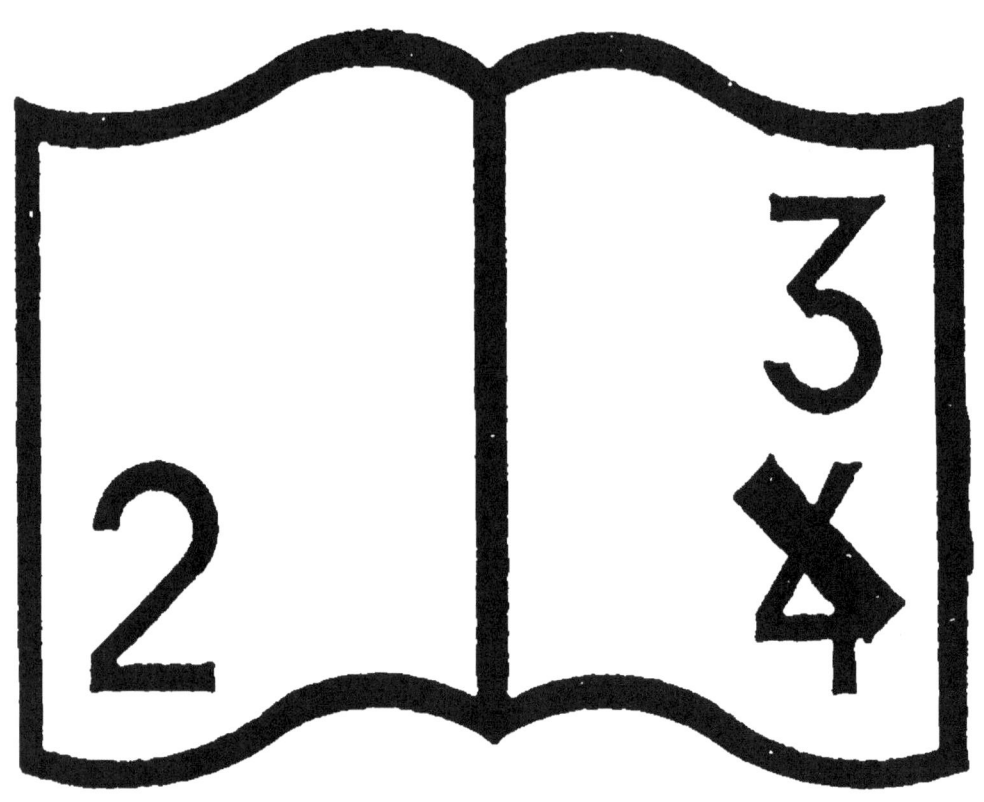

Pagination incorrecte — date incorrecte

NF Z 43-120-12

TABLE ANALYTIQUE

DES MATIÈRES CONTENUES DANS LES CARACTÈRES [1]

Académie française. Éloge des membres de l'Académie, pages 402 sqq.
Acis, le diseur de phébus, v, 7.
Émile. Le grand Condé, II, 32.
Affaires (gens). v, 26; VII, 6.
Alain, sot comparé aux hommes d'esprit, XI, 143.
Alcippe. XI, 74.
Ambition. II, 43; IV, 75, 76; VI, 50.
Ame. Ames sales, VI. 58. — Ames nobles, VI, 59. — Existence et immortalité de l'âme, XVI, 36-42.
Amis. II, 19; IV, 23, 53, 56; v, 61, 64.
Amitié. III, 55; IV, 1, 2 sqq., 13, 18, 22, 25 sqq., 55, 57; v, 62.
Amour. IV, *passim*.
Anciens. I, 15.
Antithèse. I, 55.
Arfure, l'enrichie, VI, 16.
Arrias, l'homme universel, v, 9.
Arsène, l'homme orgueilleux de son esprit, I, 24.
Art. Point de perfection, I, 10. — L'art est nécessaire pour rentrer dans la nature, XII, 34.
Athéisme. XVI, 15, 16, et *passim*.
Auteur. I, 3, 15, 16, 17, 26, 27, 28, 31, 36, 64; XIV, 72.
Avare. VI, 49, 63; XI, 113, 114.
Avocat. VII, 6; XV, 26.

Balzac. I, 37, 40, 45, 60.
Baron. III, 33 (sous le nom de Roscius).
Basilide, le nouvelliste optimiste, X, 11.
Bâtir (manie de). VI, 40, 41, 79; XIII, 2.
Bienfaits. IV, 43, 46; VIII, 45.
Biens de fortune. VI, pages 111-134.
Boileau. I, 69; p. 402.

Bossuet. II, 26 (sous le nom de Trophime); XV, 25; page 403.
Bourdaloue. XV, 25.
Bourgeois. v, 68; III, 29; VII, 22.

Capys, le juge du beau style, I, 32.
Carro Carri, l'empirique, XIV, 68.
Celse, l'homme important qui a l'air de revenir d'une ambassade, II, 39.
Chaire (éloquence de la). XV, *passim*.
Chrysante, le riche impertinent, VI, 54.
Chrysippe, le parvenu, VI, 27.
Cid (le). I, 30, 54.
Cimon, l'homme important, VIII, 19.
Cléante, le mari qui demain quitte sa femme, v, 43.
Cléarque, l'homme sans héritier, VI, 63.
Clitiphon. VI, 12.
Cliton, né pour la digestion, XI, 122.
Cœur (du). IV, pages 73-84.
Comédiens (les). XII, 16, 17.
Condé (le grand). II, 32 (sous le nom d'Émile).
Conditions (les). VI, 71; IX, 5; XVI, 49.
Conteur (le) prétentieux, v, 11.
Conversation (de la). v, pages 85-110.
Coquillages (l'amateur de). XIII, 2.
Corneille (Pierre). I, 30, 54; II, 24; XII, 14, 17; p. 403.
Cour (la) et les courtisans, pages 149-179; III, 29, 30; v, 71; VII, 15, 16; IX, 53; XIII, 16, 19, 28, 29.
Critique (de la). I, 20, 26-28, 63.
Cydias (le bel esprit). v, 75.

Délicatesse (la fausse). XI, 114.
Démocède, l'amateur d'estampes, XIII, 2.

---

[1]. Le numéro en chiffres romains est celui du chapitre; le numéro en chiffres arabes, celui du paragraphe.

Démophile, le nouvelliste pessimiste, x, 11.
Descartes. vi, 56 ; xii, 42.
Dévot. Le faux dévot, xiii, 21. — Portrait d'Onuphre, xiii, 24. — Le vrai dévot, xiii, 23.
Dévote. Comment on devient dévote, iii, 43. — Portrait de Zélie, xiii, 25.
Dieu. Preuves de son existence, xvi, 13-15, 36. — Le sentiment de Dieu, xvi, 15. — Justice, durée, immensité de Dieu, xvi, 47.
Diognète, l'amateur de médailles. xiii, 2.
Diphile, l'amateur d'oiseaux, xiii, 2.
Diplomate (du). x, 12.
Distrait (le). xi, 7.
Drance, qui veut passer pour gouverner son maître, iv, 71.

Ecrire. i, 14, 17, 18, 57, 59, 60, 67.
Edit de Nantes (révocation de l'). x, 21, 35.
Egésippe, propre à tout, ii, 10.
Emire, la jeune insensible, iii, 81.
Emulation. xi, 85.
Enfants (les). xi, 50 sqq.
Ennemis (les). iv, 55, 56 ; xi, 150.
Ennui (l'). xi, 100, 101.
Entretiens (les). v, 5, 10.
Envie (l'). ix, 51 ; xi, 22, 85 ; xii, 8.
Ergaste, qui mettrait en parti jusqu'à l'harmonie, vi, 28.
Esprits forts (les). Pages 371-398.
Estampes (la manie des), xiii, 2.
Eumolpe, le favori de la fortune, vi, 80.
Eustrate, le favori noyé, xiii, 9.

Familles (les). v, 40 ; vi, 80 ; ix, 47.
Fat (le). v, 29 ; vi, 3 ; xii, 45, 51, 53.
Fauste, l'héritier, xi, 107.
Faveur (la), iv, 58 ; v, 1, 4 ; viii, 24, 26, 84, 90, 93, 97 ; ix, 10 ; xi, 94 ; xii, 6.
Favori (le). viii, 94 ; x, 17-21 ; xii, 77.
Femmes (les). Pages 51-72. Leur talent épistolaire, i, 37.
Flatterie (la). v, 25 ; ix, 56.
Fleuriste (le). xiii, 2.
Fontaine (La). xii, 19, 56 ; p. 102.
Fontenelle. v, 75 (sous le nom de Cydias).
Fortune (Des biens de). Pages 111-134.
Frontin, l'héritier, xi, 107.

Géronte, le vieux mari intestat, xi, 105.
Giton, le riche, vi, 83.
Gnathon, l'égoïste, xi, 121.
Goût (le bon et le mauvais). i, 10.
Gouvernement. x, 1, 3, 21, 32.
Grandeur (la fausse et la vraie). ii, 42.

Grands (des). Pages 179-196. — ii, 11 ; xiii, 6 ; xvi, 16.
Guerre (la). x, 9, 10.

Hérille, le citateur, xii, 64.
Homme (de l'). Pages 218-265.
Hyperbole (l'). i, 55.
Hypocrisie (l'). xiii, 23, 24, 30.

Important (l'). vi, 12 ; xii, 54.
Incapable (l'), ou le propre à tout, ii, 10.
Indiscrets (les). v, 81.
Inégal (l'homme). xi, 6.
Insectes (l'amateur d'). xiii, 2.
Iphis, l'homme à la mode, xiii, 14.
Irène. xi, 35.

Jalousie (la). i, 19 ; iii, 25 ; xi, 85.
Jeu (le). vi, 71, 73-75 ; xii, 56 ; xiii, 7.
Jugements (des). Pages 266-305.

Langues (les). xii, 19 ; xiv, 71.
Libertins (les). xvi, 27.
Lise, la coquette de quarante ans, iii, 8 ; Lise qui contrefait, iii, 56.
Louanges. i, 13 ; v, 35.
Louis XIV. x, 35.

Magistrats. iii, 29 ; vii, 7-10 ; xiv, 46, 47, 53, 54.
Malherbe. i, 39, 42, 60.
Mariage. ii, 25 ; vi, 61 ; xiv, 33 sqq.
Marot. i, 41-43 ; xiv, 73.
Médecins. xiv, 65-68.
Ménalque, le distrait, xi, 7.
Ménippe, paré de plumages d'emprunt, ii, 40.
Ménophile, qui masque, viii, 48.
Mérite, pages 35-50. vi, 54 ; viii, 27 ; ix, 35 ; xiii, 8.
Métaphore. i, 55.
Misanthrope (le). xi, 155.
Misère. xi, 47 ; xi, 79, 82.
Mode (de la). Pages 306-325.
Modernes (les). i, 15.
Modestie. ii, 17 ; iii, 46, 48 ; xi, 66, 69, 71, 72.
Molière. i, 38 ; xii, 19.
Mopse, qui s'insinue partout, ii, 38.
Moquerie (la). v, 57 ; xi, 78.
Mort (la). viii, 59 ; xi, 36-38, 41-44, 108 ; xvi, 8, 32-33.
Mots. xiv, 73.

Narcisse, l'homme régulier, vii, 12.
Nature (la). vii, 21 ; xii, 110 ; xvi, 46.
Nicandre, qui veut se remarier, v, 82.
Nobles et Noblesse. viii, 67 ; ix, 40, 41 ; xiv, 1-7, 9-13, 15.
Nouvellistes. i, 33 ; v, 11 ; x, 11.

Oiseaux (l'amateur d'). xiii, 2.
Onuphre. xiii, 24.

TABLE ANALYTIQUE.

Opéra. i, 47.
Oraisons funèbres. xv, 13, 20.
Orange (Guillaume d'). xii, 117, 118.
Orateurs. xiv, 49; xv, 27.
Orgueil. vi, 57; ix, 50.

Pamphile, qui veut être grand. ix, 50.
Papillons (manie des). xiii, 2,
Partisans. vi, 13-35, 55-56.
Parvenus. vi, 21; vii, 11; viii, 95.
Pascal. xi, 143.
Pauvre (le) ou Phédon. vi, 83.
Pauvres, pauvreté. v, 36; vi, 39, 44, 47, 48, 49; xi, 13; xvi, 48.
Paysans (les). xi, 128.
Pédantisme (le). i, 16, 62; xii, 17.
Périandre, le riche orgueilleux, vi, 21.
Peuple. ix, 22, 23, 25, 53; x, 6, 10.
Phébus (diseurs de). v, 7.
Phédon, le pauvre, vi, 83.
Phidippe, le vieillard raffiné, xi, 120.
Philanthe, serviteur d'un grand, ix, 8.
Philosophe (le). i, 34; vi, 12; xii, 67, 68, 75; xiii, 11.
Plaisants (les bons et les mauvais). v, 3.
Plénipotentiaire (portrait du). x, 12.
Politesse (la). v, 32, 33; xii, 18.
Précieuses (les). v, 65.
Prédicateurs (les). xv, 1-30.
Prince, princes. viii, 55, 71, 79; ix, 27, 29, 39, 42, 43; xvi, 28.
Province (la). viii, 6, 11, 12.
Prude (la). iii, 44, 48.
Prunes (l'amateur de). xiii, 2.
Puristes. v, 15.

Quinault. xii, 13.

Rabelais. i, 43.
Racan. i, 42.
Racine. i, 54, p. 403.
Raillerie. v, 4, 27, 54, 55.
Reconnaissance. iv, 22, 80; vi, 33.
Religion. xvi, 20, 24, 25, 28, 32-35.
République (de la). Pages 197-217.
Riche (le) ou Giton. vi, 83.
Riches. vi, 1, 10, 47, 48, 49.
Richelieu. xi, 143.
Ridicule. i, 68; vi, 4, 10; viii, 88; xi, 158; xii, 47.
Rochefoucauld (La). Page 436.
Ronsard. i, 40-42.
Roture. viii, 21; xiv, 5, 10.
Ruffin, l'homme sans passions, xi, 123.

Sage (le). ii, 12, 43; v, 41, 83; vi, 49.
Sannion (les), parvenus anoblis. vii, 10.
Santeul. xii, 56.
Sarrazin. xiii, 10.
Scudéry (Madeleine de). xii, 18.
Segrais. Page 402.

Serments. v, 20.
Société (de la). Pages 85-110.
Socrate. ii, 34; ix, 20.
Sosie, laquais, sous-fermier, marguillier, vi, 15.
Sot, sots. i, 35; ii, 37; v, 2, 51, 56; xi, 62, 142, 143; xii, 43, 44, 53.
Souverain (du). Pages 197-217.
Spectateur (le) de profession, vii, 13.
Straton, né sous deux étoiles. viii, 96.
Sublime (du). i, 30, 55.
Suffisants (les). v, 26; xii, 51.

Téléphe, l'homme à prétentions exagérées, xi, 141.
Téléphon, l'indéfinissable. ix, 20.
Temps (le). iv, 4; xi, 46; xii, 101; xiii, 31.
Térence. i, 38.
Théagène, l'homme vicieux, ix, 2.
Théâtre (le). i, 50, 52.
Théobalde, l'auteur vieilli, v, 66.
Théocrine, l'auteur personnel, i, 25.
Théodas, l'auteur bizarre, xii, 56.
Théodat, le froid prédicateur, xv, 16.
Théodecte, l'impertinent, v, 12.
Théodote. viii, 61.
Théognis, le gracieux, ix, 48.
Théophile, qui gouverne les grands, ix, 15.
Théophile (de Viau). i, 39.
Théramène, le riche à marier, vii, 14.
Timante, le favori, viii, 56.
Timon, le misanthrope, xi, 155.
Tite, l'homme de mérite sacrifié à un favori, xiv, 25.
Titius, qui s'est cru légataire, xiv, 59.
Tragédie (la). i, 51.
Traitants. (Cf. Partisans.)
Troïle, le parasite-maître, v, 13.
Typhon dans sa province, xiv, 62.

Universel (l'homme). v, 9.
Usages (De quelques). Pages 326-357.

Vanité. vii, 11; xi, 64-66, 72, 73, 148.
Vauban. xii, 94.
Vertu, vertus. ii, 20; ix, 12; xi, 84, 148; xiii, 5, 20; xvi, 35.
Veuf (qui veut se remarier). v, 82.
Vice, vices. iv, 72; xi, 4, 15, 158; xii, 47.
Vieillard, vieillards. xi, 47, 111, 113, 115-119.
Ville (de la). Pages 135-148.
Voiture. i, 37, 45; xiii, 10.

Xantippe, venu de la province, viii, 68.

Zélie, la dévote enrichie, xiii, 23.
Zélotes, les envieux littéraires, i, 21.
Zénobie, reine de Palmyre, vi, 78.
Zoïle, le jaloux, i, 19.

TABLE DES MATIÈRES

Préface des Caractères.................................. 1

LES CARACTÈRES

Chapitre   I. — Des Ouvrages de l'esprit................ 7
   —   II. — Du Mérite personnel................... 35
   —   III. — Des Femmes........................... 51
   —   IV. — Du Cœur.............................. 73
   —   V. — De la Société et de la Conversation...... 85
   —   VI. — Des Biens de fortune................... 111
   —   VII. — De la Ville........................... 135
   —   VIII. — De la Cour........................... 149
   —   IX. — Des Grands............................ 179
   —   X. — Du Souverain ou de la République........ 197
   —   XI. — De l'Homme............................ 218
   —   XII. — Des Jugements........................ 266
   —   XIII. — De la Mode......................... 306
   —   XIV. — De quelques Usages................... 326
   —   XV. — De la Chaire......................... 358
   —   XVI. — Des Esprits forts.................... 371

Discours prononcé dans l'Académie française............ 399
Préface de ce Discours................................. 411
Discours sur Théophraste............................... 423
Les Caractères de Théophraste.......................... 439

Armand COLIN & C¹ᵉ, Éditeurs, 5, rue de Mézières, Paris.

Lettres du XVIIIᵉ siècle. Lettres choisies de VOLTAIRE, de Mᵐᵉ DU DEFFAND, de DIDEROT, de Mᵐᵉ ROLAND et de divers auteurs, publiées avec une introduction, des notices et des notes, par M. ALBERT CAHEN, professeur de rhétorique au lycée Louis-le-Grand. 1 vol. in-18 jésus, broché............................ 3 50
    Relié toile.. 4 »

Le Siècle de Louis XIV, de Voltaire, annoté par MM. RÉBELLIAU, sous-bibliothécaire à l'Institut, et MARION, professeur adjoint à la Faculté des lettres de Toulouse. 1 vol. in-18 jésus, orné de 77 gravures, broché........................ 4 »
    Relié toile.. 4 50

Précis du Siècle de Louis XV, de Voltaire, annoté par M. MAURICE FALLEX, agrégé de l'Université, professeur au lycée Carnot. 1 vol. in-18 jésus, orné de 79 gravures et cartes, broché. 3 »
    Relié toile.. 3 50

Histoire de Charles XII, de Voltaire, annotée par M. MAURICE WAHL, docteur ès lettres, professeur au lycée Charlemagne. 1 vol. in-18 jésus, broché........................ 2 »
    Relié toile.. 2 50

Théâtre choisi de Racine, annoté par M. PETIT DE JULLEVILLE, professeur à la Faculté des lettres de l'Université de Paris. 1 vol. in-18 jésus, broché........................ 3 »
    Relié toile.. 3 50

Théâtre choisi de Molière, annoté par M. MAURICE ALBERT, agrégé de l'Université, docteur ès lettres, professeur au lycée Condorcet. 1 vol. in-18 jésus, broché................. 4 »
    Relié toile.. 4 50

Œuvres poétiques de Boileau, annotées par M. A. GAZIER, docteur ès lettres, professeur adjoint à la Faculté des lettres de l'Université de Paris. 1 vol. in-18 jésus, broché............. 2 »
    Relié toile.. 2 50

Oraisons funèbres de Bossuet, annotées par M. A. GAZIER, 1 vol. in-18 jésus, broché...................................... 2 »
    Relié toile.. 2 50

Petite Histoire de la Littérature française, principalement depuis la Renaissance, par M. A. GAZIER. 1 vol. in-18 jésus, broché.. 4 »
    Relié toile.. 4 50

www.ingramcontent.com/pod-product-compliance
Lightning Source LLC
Chambersburg PA
CBHW072103220426
43664CB00013B/1977